HALF RAW CUCUMBER MUSIC COLLECTION

半根生黄瓜歌曲集

TONGGUI WANG
汪同贵

(IN CHINESE)

(中文)

Copyright © 2022 TONGGUI WANG

All rights reserved

权利保留

侵权必究

ISBN： 978-1-7378679-5-1

序言

　　我喜欢听歌唱歌，小时候歌不离口，五六十年代的歌几乎首首会唱。后来忙工作、忙孩子，歌声慢慢少了。退休后闲下来又唱歌时，发现嗓音已不是当年，不过有时还是要吼几句，权当是锻炼身体。

　　我作曲要归功于两个人，一个是我的同学好友刘忠才，一个是我的爱妻史瑞芳。在川外读书的时候，刘忠才喜欢写诗，有一天他把他写的《我们的学院实在美》拿给我看。我看后说："写得好！朴实，有诗意。" 他说："你喜欢唱歌，你把它谱成歌来唱嘛。" 我说"我不行，从来没谱过曲。"他鼓励我"你肯定行，试试看。"那天我竟然睡不着午觉，躺在床上看着歌词，心里哼唧哼唧，自己觉得还行，就把谱子记下来给刘忠才看，哼给他听。他说："好！"我的第一首歌就这样诞生了。这首歌得到了老师和同学们的肯定。不知谁告诉我们说中央歌舞团有两个人在北泉采风，一个是作词的，一个是作曲的，我们就拿着这首歌去请他们指点，没想到居然得到他们的表扬和鼓励。四十七年后，俄语系63级的一个校友见到我还说他还记得这首歌，还哼了两句给我听，我听了真的感动。有了这首歌，后来我们年级又自编自演了《嘉陵大合唱》。《嘉陵大合唱》是我们四川外语学院（现名《四川外国语大学》）俄语系62级全年级全体同学参加创作演出的。词由刘忠才负责，让我负责曲，当时成立了一个创作组，成员有郑美玲，赵友陵，唐宗贤等，时间长了记不全了。全年级同学齐上阵，演出获得成功，受到了全校老师同学的好评。

退休后，我和瑞芳都喜欢读古诗词。在湖北咸宁东方外国语学校代课期间，有一天晚上无事，我们又读陆游的《钗头凤·红酥手》，瑞芳说："背了很多遍，老是记不住。你不是说读大学时作过曲吗？你把它谱成歌，我们来唱，不就容易记住了吗？"《钗头凤·红酥手》当天晚上一气呵成，她说："好！"我们马上就唱起来了。接下来一下子就谱了十几首古诗词。那是2003年冬。

自己写歌词，也是退休后的事。由于喜欢，有感而发。歌，出于爱，表达爱。《我爱你 美丽的山城重庆》，《家乡风景美如画》，《梦》，写对家乡的爱。《门前那棵老枇杷》写三峡移民，《溪水淙淙》，《长相思·共诵红酥手》等写爱情，《拉手》就写在瑞芳住重医附二院的病床前。《站台上》是真实的送两个儿子上北京外国语大学读书时在菜园坝火车站的感受，特别清楚地记得送二娃那次，火车缓缓离去的那一刻，我的眼泪不可遏制地一下子就滚了出来，还想到当年我的妈妈送我到川外读书时又何尝不是这样啊！所以也是写我妈。《游子之歌》是想到了孩子在外求学打工生活艰辛，也是为儿子写作。《蝴蝶蝴蝶真美丽》，《MARIANNE 玛丽安》写给秀秀。《安息吧，妈妈！》写跟瑞芳去给她的妈妈上坟，也是对我的妈妈的怀念。《谢谢你，小松鼠》，《我家门前的小路》，《小树林》是对小时生活的回忆。《南国初夏北国春》，《阿里山的姑娘你在哪里》，《燕儿飞》，《躺在海边听海浪》，写旅游。有些歌的灵感来自看电视看电影，所见所闻所想，例如：《山那边也许有盛开的茉莉》，《只怕凉了黄花菜》，《姑娘的心事》，《军山的夜》，《让我再玩一会儿吧》，《半根生黄瓜》，《画马》，《李家幺妹长得乖》，《二月桃花盛开》，《浣溪沙·春游古仙亭》，《妹妹你等着我哟》等。《还我清清桃花溪》，《保护地球》写环境保护，我们和唐良泽在杨家坪电影院看了灾难片《后天》后有感而作。

现在已经写了两百余首了。一部分歌我已经放到网上，业余爱好，谈不上水平，不过有些歌曲自己还感到满意，别人听了也觉得好听。

部分歌词不可避免会有时代的痕迹。例如《嘉陵大合唱》中的《嘉陵人民紧握枪》，《嘉陵儿女有志气》等。

本来我写歌只是自娱自乐而已，老有所乐嘛，没有想过出版成书。现在有人鼓动，有人愿意帮忙，我想就把它作为一个总结吧，就答应了。殊不知单单这个"总结"就很不轻松，要把这几十年写的东西归纳、整理、修正、编辑，花了我很多时间和精力，熬了好多夜！

关于版权，歌曲是词作者和曲作者两个人的。歌词的来源有同学的，同学的同学的，有亲戚朋友的，朋友的朋友的，有书刊报纸上刊登的，有网络上传播的，微信上转发的。有的词是作者请我谱曲，有的词是我觉得写得很好，激发了我的创作热情，我就写了，而词作者并不知道。有些词作者我不认识，不知道他们姓甚名谁（指真实姓名）、联系方式。我现在出版我的歌集无法一一联系词作者征得他们的同意。如果有词作者有意见不愿意的，请联系我，我就把它删掉。我的邮箱：tongguiw@126.com。

关于本歌曲集里的某些歌曲的作曲时间与作曲背景，请见《汪同贵家书与散文》（Letters and Essays of Tonggui Wang），作者汪同贵，ISBN：978-1-7378679-6-8。

本歌曲集采用我的一首歌《半根生黄瓜》命名，取"半路出家"，"半生半熟"之意，黄瓜脆香可口，营养丰富，也是我之所爱。

汪同贵

二零二二年一月二日

目录 (歌名分别按古代与当代汉语拼音顺序排列)

古代 1

1. 卜算子·独自上层楼 词：程垓（宋）；曲：汪同贵 1
2. 卜算子·我住长江头 词：李之仪（宋）；曲：汪同贵 3
3. 蚕妇 词：张俞（宋）；曲：汪同贵 5
4. 钗头凤·红酥手 词：陆游（宋）；曲：汪同贵 6
5. 钗头凤·世情薄 词：唐婉（宋）；曲：汪同贵 7
6. 长相思·汴水流 词：白居易（唐）；曲：汪同贵 8
7. 朝天子·瓶杏为鼠所啮 词：王磐（明）；曲：汪同贵 9
8. 朝天子·咏喇叭 词：王磐（明）；曲：汪同贵 10
9. 敕勒歌 词：佚名（北朝）；曲：汪同贵 12
10. 赤日炎炎似火烧 词：施耐庵（明）；曲：汪同贵 13
11. 春晓 词：孟浩然（唐）；曲：汪同贵 14
12. 春夜喜雨 词：杜甫（唐）；曲：汪同贵 16
13. 从军行·琵琶起舞换新声 词：王昌龄（唐）；曲：汪同贵 18
14. 村夜 词：白居易（唐）；曲：汪同贵 19
15. 大林寺桃花 词：白居易（唐）；曲：汪同贵 20
16. 登鹳雀楼 词：王之涣（唐）；曲：汪同贵 22
17. 蝶恋花·春景 词：苏轼（宋）；曲：汪同贵 23
18. 蝶恋花·伫倚危楼风细细 词：柳永（宋）；曲：汪同贵 25

i

19.	渡汉江 词：宋之问（唐）；曲：汪同贵	27
20.	枫桥夜泊 词：张继（唐）；曲：汪同贵	28
21.	赋得古原草送别 词：白居易（唐）；曲：汪同贵	30
22.	古蟾宫·元宵 词：王磐（明）；曲：汪同贵	35
23.	观沧海 词：曹操（东汉）；曲：汪同贵	36
24.	龟虽寿 词：曹操（东汉）；曲：汪同贵	38
25.	过故人庄 词：孟浩然（唐）；曲：汪同贵	40
26.	浣溪沙·惆怅梦余山月斜 词：韦庄（唐）；曲：汪同贵	42
27.	黄鹤楼送孟浩然之广陵 词：李白（唐）；曲：汪同贵	44
28.	江城子·西城杨柳弄春柔 词：秦观（宋）；曲：汪同贵	45
29.	江城子·乙卯正月二十日夜记梦 词：苏轼（宋）；曲：汪同贵	47
30.	江畔独步寻花 词：杜甫（唐）；曲：汪同贵	49
31.	锦瑟 词：李商隐（唐）；曲：汪同贵	50
32.	静夜思 词：李白（唐）；曲：汪同贵	52
33.	九月九日忆山东兄弟 词：王维（唐）；曲：汪同贵	55
34.	绝句 两个黄鹂鸣翠柳 词：杜甫（唐）；曲：汪同贵	56
35.	浪淘沙·帘外雨潺潺 词：李煜（南唐）；曲：汪同贵	58
36.	凉州词 词：王之涣（唐）；曲：汪同贵	60
37.	悯农 词：李绅（唐）；曲：汪同贵	62
38.	南乡子·登京口北固亭有怀 词：辛弃疾（宋）；曲：汪同贵	63
39.	南乡子·四川道中作 词：曹伯启（元）；曲：汪同贵	64

40.	念奴娇·赤壁怀古 词：苏轼（宋）；曲：汪同贵	65
41.	破阵子·为陈同甫赋壮词以寄之 词：辛弃疾（宋）；曲：汪同贵	67
42.	七步诗 词：曹植（东汉）；曲：汪同贵	68
43.	前出塞 挽弓当挽强 词：杜甫（唐）；曲：汪同贵	69
44.	将进酒 词：李白（唐）；曲：汪同贵	71
45.	清明 词：杜牧（唐）；曲：汪同贵	73
46.	清平调 词：李白（唐）；曲：汪同贵	74
47.	清平乐·红笺小字 词：晏殊（宋）；曲：汪同贵	76
48.	青玉案·元夕 词：辛弃疾（宋）；曲：汪同贵	77
49.	鹊桥仙·纤云弄巧 词：秦观（宋）；曲：汪同贵	79
50.	如梦令·常记溪亭日暮 词：李清照（宋）；曲：汪同贵	80
51.	如梦令·昨夜雨疏风骤 词：李清照（宋）；曲：汪同贵	81
52.	山行 词：杜牧（唐）；曲：汪同贵	83
53.	声声慢·寻寻觅觅 词：李清照（宋）；曲：汪同贵	84
54.	生查子·元夕 词：欧阳修（宋）；曲：汪同贵	86
55.	蜀道难 词：李白（唐）；曲：汪同贵	88
56.	锁南枝·风情 词：佚名（明）；曲：汪同贵	93
57.	唐多令·芦叶满汀洲 词：刘过（宋）；曲：汪同贵	95
58.	题西林壁 词：苏轼（宋）；曲：汪同贵	97
59.	天净沙·秋思 词：马致远（元）；曲：汪同贵	98
60.	田园乐 词：王维（唐）；曲：汪同贵	100

61.	望庐山瀑布 词：李白（唐）；曲：汪同贵	102
62.	望岳 词：杜甫（唐）；曲：汪同贵	103
63.	武陵春·春晚 词：李清照（宋）；曲：汪同贵	105
64.	乌夜啼·无言独上西楼 词：李煜（南唐）；曲：汪同贵	106
65.	喜春来·春景 词：胡祗遹（元）；曲：汪同贵	107
66.	西江月·夜行黄沙道中 词：辛弃疾（宋）；曲：汪同贵	108
67.	夏日绝句 生当作人杰 词：李清照（宋）；曲：汪同贵	109
68.	相思 词：王维（唐）；曲：汪同贵	110
69.	兴唐寺 词：李白（唐）；曲：汪同贵	111
70.	行香子·树绕村庄 词：秦观（宋）；曲：汪同贵	112
71.	一剪梅·红藕香残玉簟秋 词：李清照（宋）；曲：汪同贵	114
72.	一剪梅·舟过吴江 词：蒋捷（宋）；曲：汪同贵	115
73.	忆江南 词：白居易（唐）；曲：汪同贵	118
74.	饮湖上初晴后雨 词：苏轼（宋）；曲：汪同贵	119
75.	咏鹅 词：骆宾王（唐）；曲：汪同贵	120
76.	咏柳 词：贺知章（唐）；曲：汪同贵	121
77.	游园不值 词：叶绍翁（宋）；曲：汪同贵	122
78.	游子吟 词：孟郊（唐）；曲：汪同贵	123
79.	渔歌子·西塞山前白鹭飞 词：张志和（唐）；曲：汪同贵	124
80.	雨霖铃·寒蝉凄切 词：柳永（宋）；曲：汪同贵	126
81.	虞美人·听雨 词：蒋捷（宋）；曲：汪同贵	128

82. 雨夜寄北 词：李商隐（唐）；曲：汪同贵 130

83. 岳阳楼记 词：范仲淹（宋）；曲：汪同贵 132

84. 早春呈水部张十八员外 词：韩愈（唐）；曲：汪同贵 136

85. 早发白帝城 词：李白（唐）；曲：汪同贵 137

86. 赠汪伦 词：李白（唐）；曲：汪同贵 139

87. 鹧鸪天·送人 词：辛弃疾（宋）；曲：汪同贵 140

88. 竹枝词·杨柳青青江水平 词：刘禹锡（唐）；曲：汪同贵 142

89. 醉花阴·薄雾浓云愁永昼 词：李清照（宋）；曲：汪同贵 144

当代 146

90. MARIANNE 玛丽安 词：汪同贵；曲：汪同贵 146

91. MARIANNE'S SONG 玛丽安之歌 词：汪一陟；曲：汪同贵 148

92. MARIANNE'S SONG 玛丽安之歌 词：汪一陟；曲：汪一陟 150

93. MORNING 清晨 词：汪同贵；曲：汪一陟 152

94. SPRING HAS COME 春天来了 词：汪一陟；曲：汪一陟 153

95. 阿里山的姑娘你在哪里 词：汪同贵；曲：汪同贵 154

96. 安息吧，妈妈！ 词：汪同贵；曲：汪同贵 155

97. 八个坚持，八个反对 词：佚名；曲：汪同贵 157

98. 半根生黄瓜 词：汪同贵；曲：汪同贵 158

99. 保护地球 词：汪同贵；曲：汪同贵 161

100. 卜算子·江北城河边看船 词：汪同贵；曲：汪同贵 164

101. 卜算子·赞梅 词：刘忠才；曲：汪同贵 166

102.	采茶姐妹爱唱歌 词：汪同贵；曲：汪同贵	167
103.	采桑子·重阳 词：毛泽东；曲：汪同贵	170
104.	长长的麻花辫 词：雷无声；曲：汪同贵	171
105.	唱邻水赞邻水爱邻水 词：刘忠才；曲：汪同贵	173
106.	长寿的故事 词：谭连兴；曲：汪同贵	175
107.	长相思·共诵红酥手 词：汪同贵；曲：汪同贵	177
108.	重庆老太婆 1 广场坝坝舞 词：佚名；曲：汪同贵	178
109.	重庆老太婆 2 爱耍农家乐 词：佚名；曲：汪同贵	178
110.	重庆老太婆 3 麻将打五角 词：佚名；曲：汪同贵	179
111.	重庆老太婆 4 电脑上网络 词：佚名；曲：汪同贵	179
112.	重游陪都 词：王家骥；曲：汪同贵	180
113.	川外赋 词：佘德银；曲：汪同贵	182
114.	川外聚英贤 词：狼爪2号；曲：汪同贵	186
115.	当你步入老年的时候 词：曾宪瑞；曲：汪同贵	188
116.	笛声忧伤 词：汪同贵；曲：汪同贵	190
117.	蝶恋花·老马已随财主去 词：杨泰良；曲：汪同贵	193
118.	蝶恋花·杏叶无心侬有意 词：杨泰良；曲：汪同贵	194
119.	俄语字母歌 词：佚名；曲：汪同贵	196
120.	二月桃花盛开 词：汪同贵；曲：汪同贵	197
121.	风筝之都，美丽之城 词：王培元；曲：汪同贵	199
122.	歌女之歌 词：刘忠才；曲：汪同贵	201

123. 姑娘的歌声　词：汪同贵；曲：汪同贵 202

124. 姑娘的心事　词：汪同贵；曲：汪同贵 204

125. 还是算了吧　词：汪同贵；曲：汪同贵 206

126. 好奇的小蜜蜂　词：虞文琴；曲：汪同贵 207

127. 皓首重聚百花潭　词：顾三钧；曲：汪同贵 208

128. 蝴蝶蝴蝶真美丽　词：汪同贵；曲：汪同贵 209

129. 画马　词：汪同贵；曲：汪同贵 212

130. 花舞香飘蜂蝶追　词：刘忠才；曲：汪同贵 214

131. 还我清清桃花溪　词：汪同贵；曲：汪同贵 215

132. 浣溪沙·春游古仙亭　词：汪同贵；曲：汪同贵 219

133. 黄叶满地枝头稀　词：俞才抡；曲：汪同贵 221

134. 回家　词：王培元；曲：汪同贵 223

135. 嘉陵大合唱 1 前奏曲　词曲：川外俄语系 62 级集体 224

136. 嘉陵大合唱 2 嘉陵江颂　词曲：川外俄语系 62 级集体 225

137. 嘉陵大合唱 3 嘉陵烽火 曲 1　词曲：川外俄语系 62 级集体 226

138. 嘉陵大合唱 3 嘉陵烽火 曲 2　词曲：川外俄语系 62 级集体 227

139. 嘉陵大合唱 3 嘉陵烽火 曲 3-5　词曲：川外俄语系 62 级集体 228

140. 嘉陵大合唱 4 纤夫曲　词曲：川外俄语系 62 级集体 229

141. 嘉陵大合唱 5 嘉陵儿女有志气 曲 1-2　词曲：川外俄语系 62 级集体 230

142. 嘉陵大合唱 6 嘉陵人民紧握枪　词曲：川外俄语系 62 级集体 231

143. 嘉陵大合唱 7 高举红旗直向前　词曲：川外俄语系 62 级集体 232

144.	家乡风景美如画 词：汪同贵；曲：汪同贵	233
145.	警告 词：刘忠才；曲：汪同贵	235
146.	军垦战友聚会 绝句三首 词：刘培轩；曲：汪同贵	236
147.	军山的夜 词：汪同贵；曲：汪同贵	237
148.	伉俪情深手牵手 词：于红；曲：汪同贵	239
149.	可还记得那一天 词：阎肃；曲：汪同贵	241
150.	可知蚯蚓是益虫 词：汪同贵；曲：汪同贵	242
151.	快来吧 我心爱的姑娘 词：汪同贵；曲：汪同贵	243
152.	昆华赠围巾 词：史瑞芳；曲：汪同贵	245
153.	拉手 词：汪同贵；曲：汪同贵	246
154.	蓝天旷野草场 词：杨泰良；曲：汪同贵	248
155.	老父亲 词：刘忠才；曲：汪同贵	249
156.	老师 您好 词：汪同贵；曲：汪同贵	250
157.	老同学相会 词：彭章春；曲：汪同贵	252
158.	李家幺妹长得乖 词：汪同贵；曲：汪同贵	254
159.	联通，绚丽的彩虹 词：王培元；曲：汪同贵	256
160.	刘晓庆纪念馆留歌 词：彭章春；曲：汪同贵	259
161.	美丽的澳门我的家 词：孙新凯；曲：汪同贵	260
162.	美丽的湘西 词：张深奥；曲：汪同贵	262
163.	妹妹啊你不要走 词：刘忠才；曲：汪同贵	265
164.	妹妹你等着我哟 词：汪同贵；曲：汪同贵	266

165.	门前那棵老枇杷 词：汪同贵；曲：汪同贵	268
166.	梦 词：汪同贵；曲：汪同贵	270
167.	奶奶的拐杖 词：王培元；曲：汪同贵	273
168.	南国初夏北国春 词：汪同贵；曲：汪同贵	275
169.	你们是我的骄傲 词：汪同贵；曲：汪同贵	276
170.	七律 高中同学会有感 词：彭应侯；曲：汪同贵	278
171.	情爱 词：汪同贵；曲：汪同贵	279
172.	清晨的小鸟 词：汪同贵；曲：汪同贵	281
173.	青山无墨千年画 词：饶士宪；曲：汪同贵	283
174.	请相信我们 词：佚名；曲：汪同贵	284
175.	轻摇澳门金色的甜梦 词：若舟；曲：汪同贵	285
176.	让我再玩一会儿吧 词：汪同贵；曲：汪同贵	287
177.	人生甲子转眼至 词：申屠基达；曲：汪同贵	290
178.	日 月 卿 词：佚名；曲：汪同贵	291
179.	三花石回眸 词：刘忠才；曲：汪同贵	292
180.	山那边也许有盛开的茉莉 词：汪同贵；曲：汪同贵	294
181.	生日 词：任裕群；曲：汪同贵	295
182.	十二生肖歌 词：汪同贵；曲：汪同贵	296
183.	蜀道坦坦不再难 词：赵启发；曲：汪同贵	298
184.	树桩 词：史瑞芳；曲：汪同贵	299
185.	树桩（五绝律诗&英文） 词：史瑞芳，汪一陟；曲：汪同贵	300

186.	水调歌头·中秋遐想 词：刘忠才；曲：汪同贵	302
187.	水蜜桃 词：刘忠才；曲：汪同贵	307
188.	四大纪律 八项要求 词：佚名；曲：汪同贵	308
189.	松鹤延年 词：杨泰良；曲：汪同贵	309
190.	诉衷情·变生不测 词：史重威；曲：汪同贵	310
191.	锁定爱情的誓言 词：王培元；曲：汪同贵	311
192.	所发帖子真够乐 词：于红；曲：汪同贵	312
193.	踏莎行·闲上栖山 词：杨泰良；曲：汪同贵	313
194.	躺在海边听海浪 词：汪同贵；曲：汪同贵	314
195.	天净沙·忆祖父 词：王权；曲：汪同贵	316
196.	同事相见 词：彭章春；曲：汪同贵	317
197.	同学情谊长 词：汪同贵；曲：汪同贵	318
198.	徒步缙云 词：史瑞芳；曲：史瑞芳	320
199.	团年 词：刘忠才；曲：汪同贵	321
200.	往日同窗在天涯 词：彭波；曲：汪同贵	322
201.	我爱你 丰都 词：汪同贵；曲：汪同贵	324
202.	我爱你 美丽的山城重庆 词：汪同贵；曲：汪同贵	326
203.	我家门前的小路 词：汪同贵；曲：汪同贵	328
204.	我们的学院实在美 词：刘忠才；曲：汪同贵	330
205.	我们在阿尔卑斯山巅 词：汪同贵；曲：汪同贵	331
206.	我愿意是激流 词：裴多菲（匈牙利）；曲：汪同贵	332

207.	五环之花 词：长青；曲：汪同贵	333
208.	洗贝贝 词：汪同贵；曲：汪同贵	334
209.	惜分飞·其一 相思赋劳燕 词：史重威；曲：汪同贵	335
210.	惜分飞·其二 梦醒交织 词：史重威；曲：汪同贵	336
211.	惜分飞·其三 拟怀故国 词：史重威；曲：汪同贵	337
212.	惜分飞·其四 戏拟小结 词：史重威；曲：汪同贵	338
213.	惜分飞·其五 十年一梦 词：史重威；曲：汪同贵	339
214.	西江月·清晨漫步校园 词：汪同贵；曲：汪同贵	340
215.	溪水淙淙 词：汪同贵；曲：汪同贵	341
216.	喜雪四章 其一 怪来静夜冷莫支 词：刘培轩；曲：汪同贵	343
217.	喜迎亚太市长峰会 词：汪同贵；曲：汪同贵	345
218.	乡愁 词：余光中（台湾）；曲：汪同贵	346
219.	相见欢·红梅 词：饶士宪；曲：汪同贵	347
220.	相见欢·乐翻天 词：王权；曲：汪同贵	349
221.	小宝宝睡觉觉 词：汪同贵；曲：汪同贵	350
222.	小树林 词：汪同贵；曲：汪同贵	350
223.	谢谢你，小松鼠 词：汪同贵；曲：汪同贵	352
224.	幸福的回忆 词：汪同贵；曲：汪同贵	354
225.	幸福生活 词：汪同贵；曲：汪同贵	355
226.	学友天涯祝健安 词：于红；曲：汪同贵	356
227.	鸭子河畔 词：汪同贵；曲：汪同贵	357

228. 燕儿飞 词：汪同贵；曲：汪同贵	359
229. 阳台看书 词：彭章春；曲：汪同贵	361
230. 夜静未眠铃声响 词：于红；曲：汪同贵	362
231. 移动，爱的心声 词：王培元；曲：汪同贵	364
232. 忆秦娥·长相忆 词：杨泰良；曲：汪同贵	365
233. 引吭高歌新时代 词：刘忠才；曲：汪同贵	366
234. 游鹅岭公园 词：周朝诚；曲：汪同贵	368
235. 游子之歌 词：汪同贵；曲：汪同贵	369
236. 玉楼春·晚照 词：朱晓轩；曲：汪同贵	371
237. 站台上 词：汪同贵；曲：汪同贵	373
238. 鹧鸪天·烟雨蒙蒙黄叶地 词：汪同贵；曲：汪同贵	378
239. 这世界上最烦的人是你 词：汪同贵；曲：汪同贵	380
240. 只怕凉了黄花菜 词：汪同贵；曲：汪同贵	381

《嘉陵大合唱》原版（1966年五月）影印件 383

歌词作者索引 395

古代

1. 卜算子·独自上层楼 词：程垓（宋）；曲：汪同贵

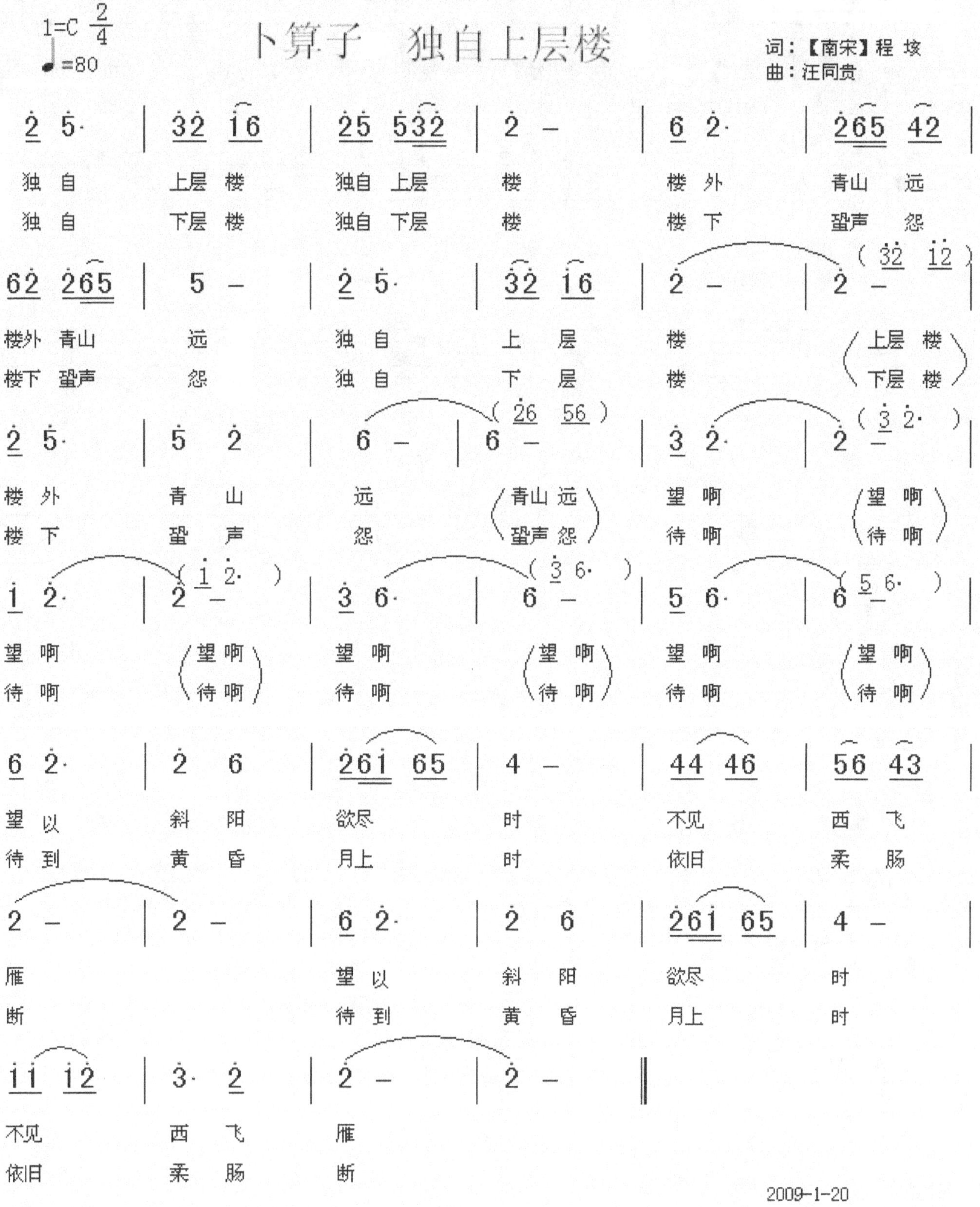

卜算子 独自上层楼

词：【南宋】程 垓
曲：汪同贵

1=C 2/4 ♩=80

独自 上层楼 独自 上层 楼 楼外 青山 远
独自 下层楼 独自 下层 楼 楼下 蛩声 怨

楼外 青山 远 独自 上 层 楼 （上层楼
楼下 蛩声 怨 独自 下 层 楼 下层楼）

楼外 青山 远 （青山远 望啊 （望啊
楼下 蛩声 怨 蛩声怨） 待啊 待啊）

望啊 （望啊 望啊 （望啊 望啊 （望啊
待啊 待啊） 待啊 待啊） 待啊 待啊）

望以 斜阳 欲尽 时 不见 西飞
待到 黄昏 月上 时 依旧 柔肠

雁 望以 斜阳 欲尽 时
断 待到 黄昏 月上 时

不见 西飞 雁
依旧 柔肠 断

2009-1-20

卜算子 独自上层楼

作词:宋 程垓
作曲:汪同贵

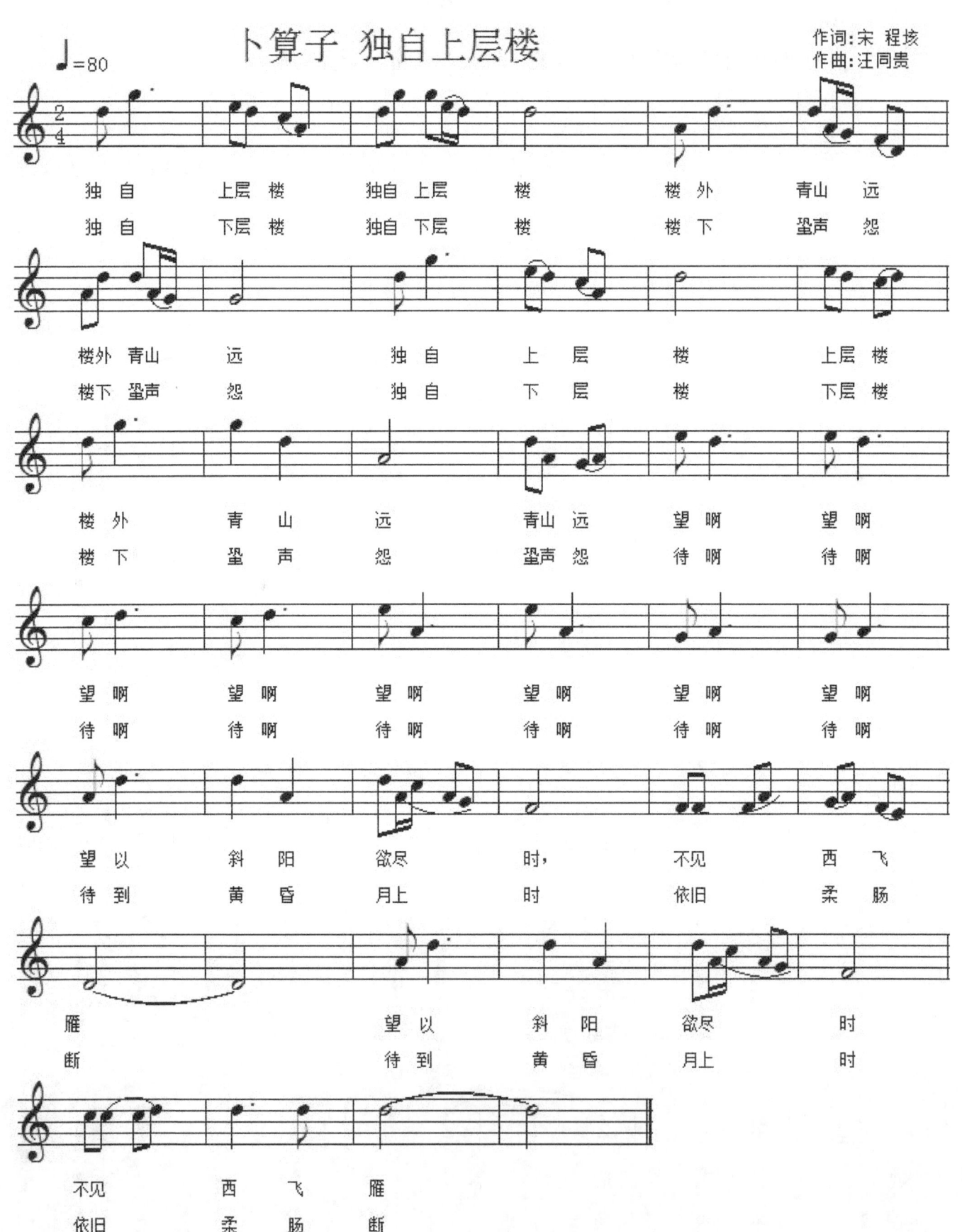

2. 卜算子·我住长江头 词：李之仪（宋）；曲：汪同贵

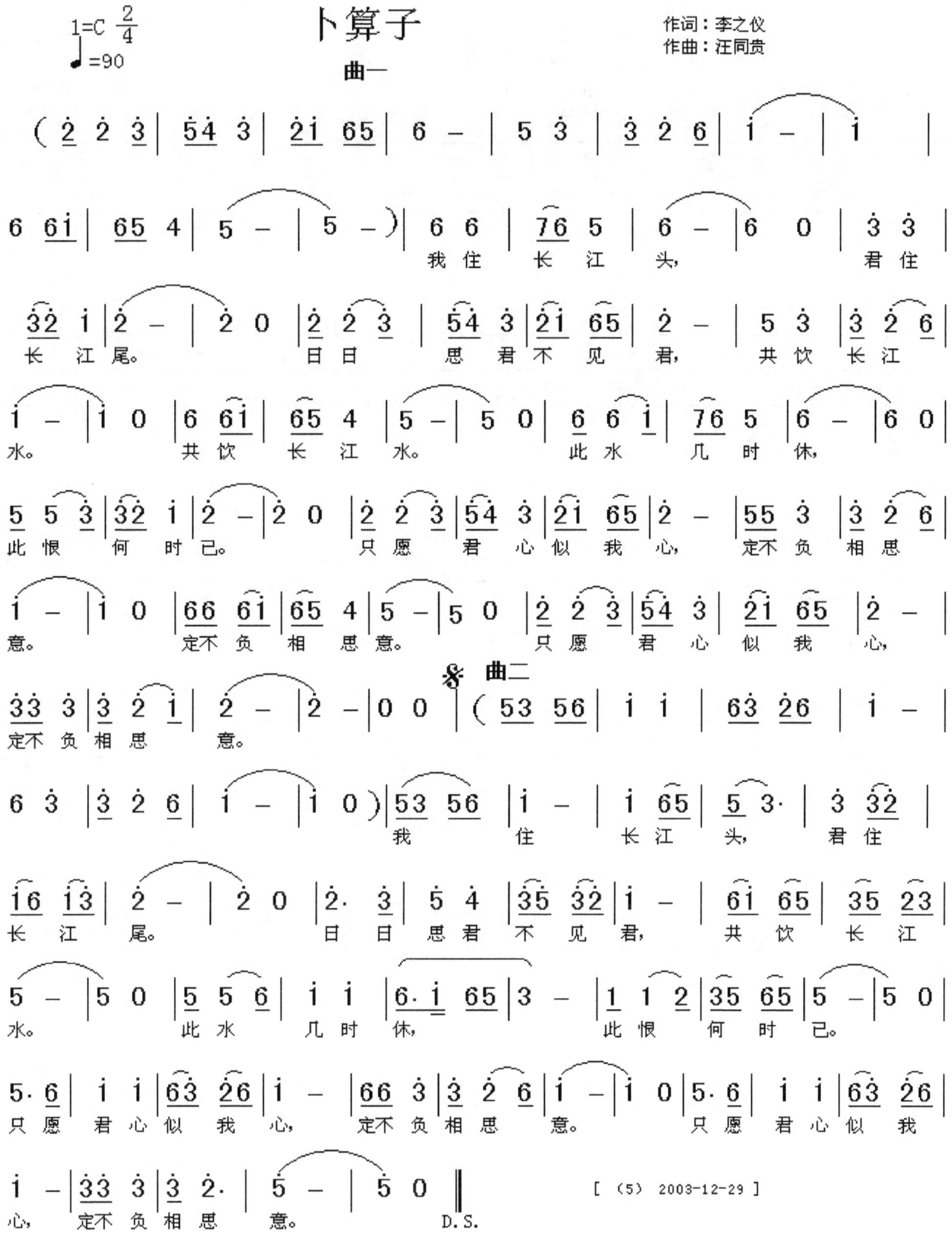

我住长江头

曲二

词：(唐)李之仪
曲：汪同贵

我住长江头，君住长江尾。
日日思君不见君，共饮长江水。
此水几时休，此恨何时已。
只愿君心似我心，定不负相思意。
只愿君心似我心，定不负相思意

3. 蚕妇 词：张俞（宋）；曲：汪同贵

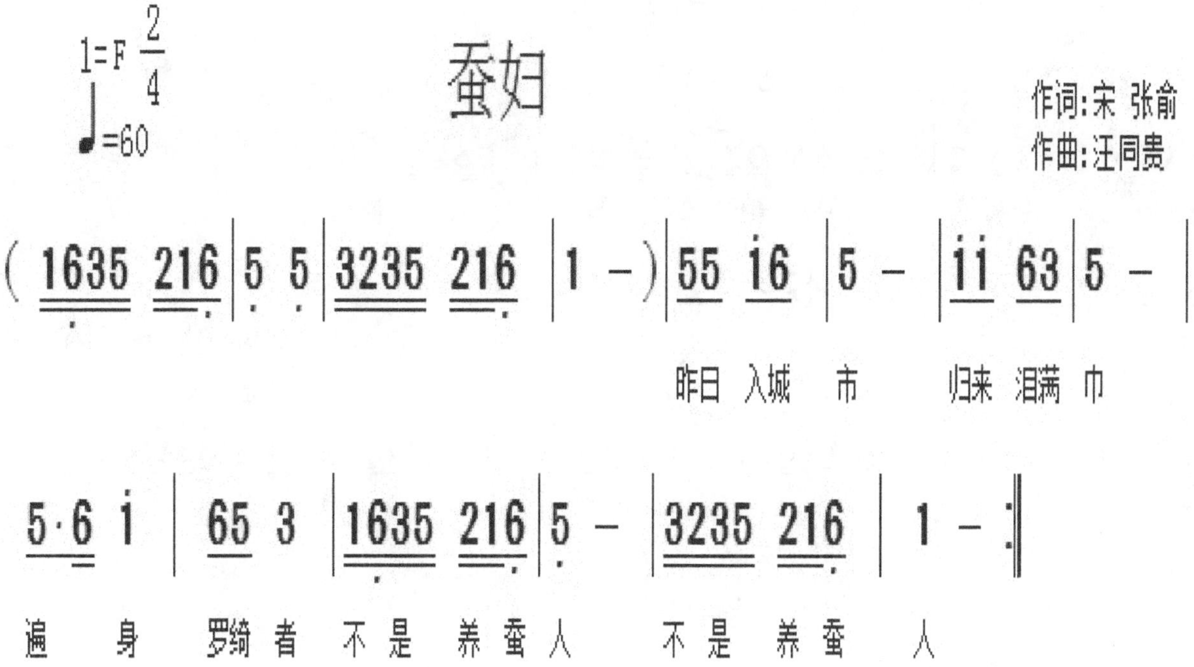

蚕妇

1=F 2/4　♩=60

作词：宋 张俞
作曲：汪同贵

(1635 216 | 5· 5· | 3235 216 | 1 -) | 55 16 | 5 - | 11 63 | 5 - |
　　　　　　　　　　　　　　　　　　　昨日 入城 市　　归来 泪满 巾

5·6 1 | 65 3 | 1635 216 | 5 - | 3235 216 | 1 - ‖
遍身 罗绮者 不是 养蚕人　　不是 养蚕 人

昨日 入城 市　　归来 泪满

巾　遍 身 罗绮者 不是 养蚕人　　不是 养蚕 人

4. 钗头凤·红酥手 词：陆游（宋）；曲：汪同贵

5. 钗头凤·世情薄 词：唐婉（宋）；曲：汪同贵

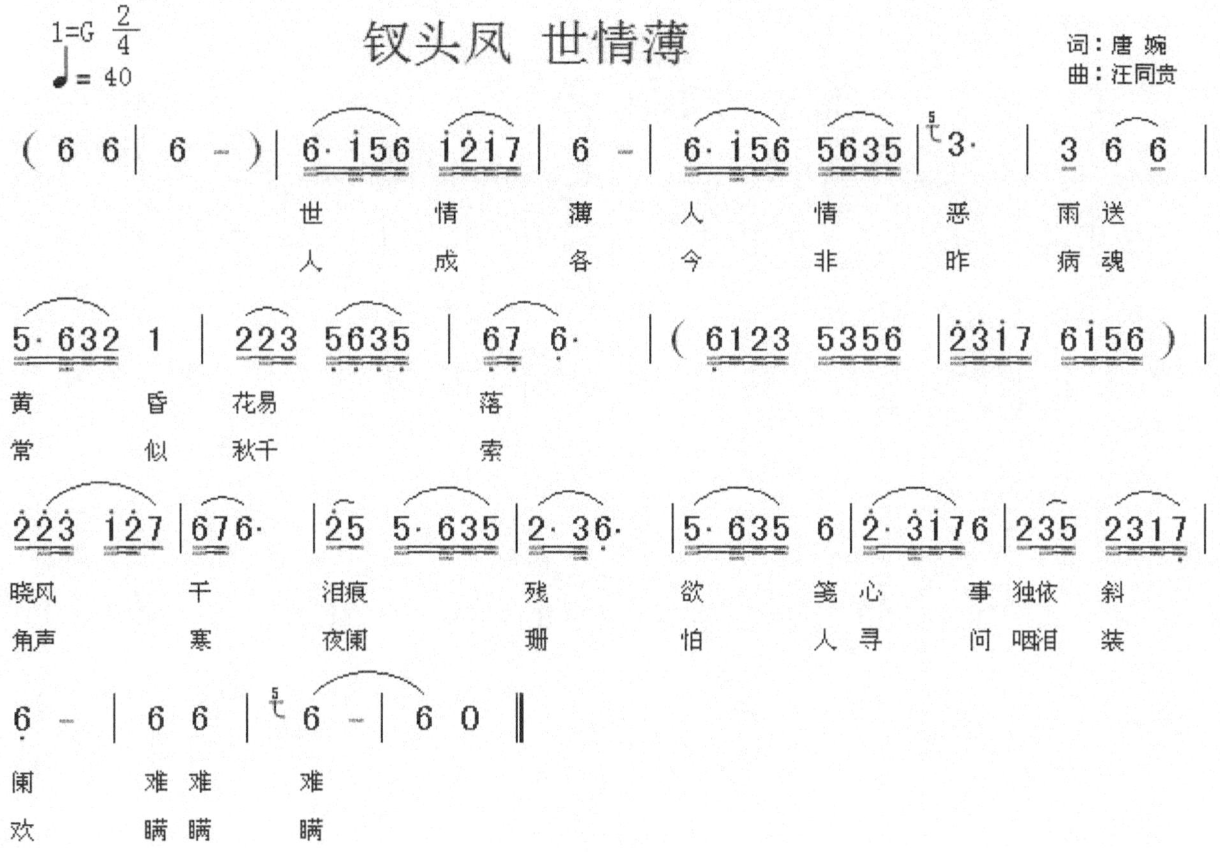

6. 长相思·汴水流 词：白居易（唐）；曲：汪同贵

长相思 汴水流

词：(唐)白居易
曲：汪同贵

1=G 3/4 ♩=132

```
(3 5 3 | 6 - - | 2̇ 1̇ 7 | 6 - - | 3 - 5 | 6 - 3̇ |
2̇ - 7 | 6 - 32 | 1 - 3 | 2 - 7 | 6̣ - - ‖: 3 5 3 |
```

汴 水
思 悠

```
6 - - | 2̇ 1̇ 7 | 6 - - | 3 - 5 | 6 - 3̇ | 2̇ - 7 |
```

流， 泗 水 流， 流 到 瓜 洲 古 渡
悠， 恨 悠 悠， 恨 到 归 时 方 始

```
6 - 32 | 1 - 3 | 2 - 7 | 6̣ - - | 6̣ - 0 :‖
```

头， 吴 山 点 点 愁。
休， 月 明 人 倚 楼。　　　　（2004-1-8）

♩=132

汴水 流，泗水 流，流到
思悠 悠，恨悠 悠，恨到

瓜 洲 古 渡 头， 吴 山 点 点 愁。
归 时 方 始 休， 月 明 人 倚 楼。

7. 朝天子·瓶杏为鼠所啮 词：王磐（明）；曲：汪同贵

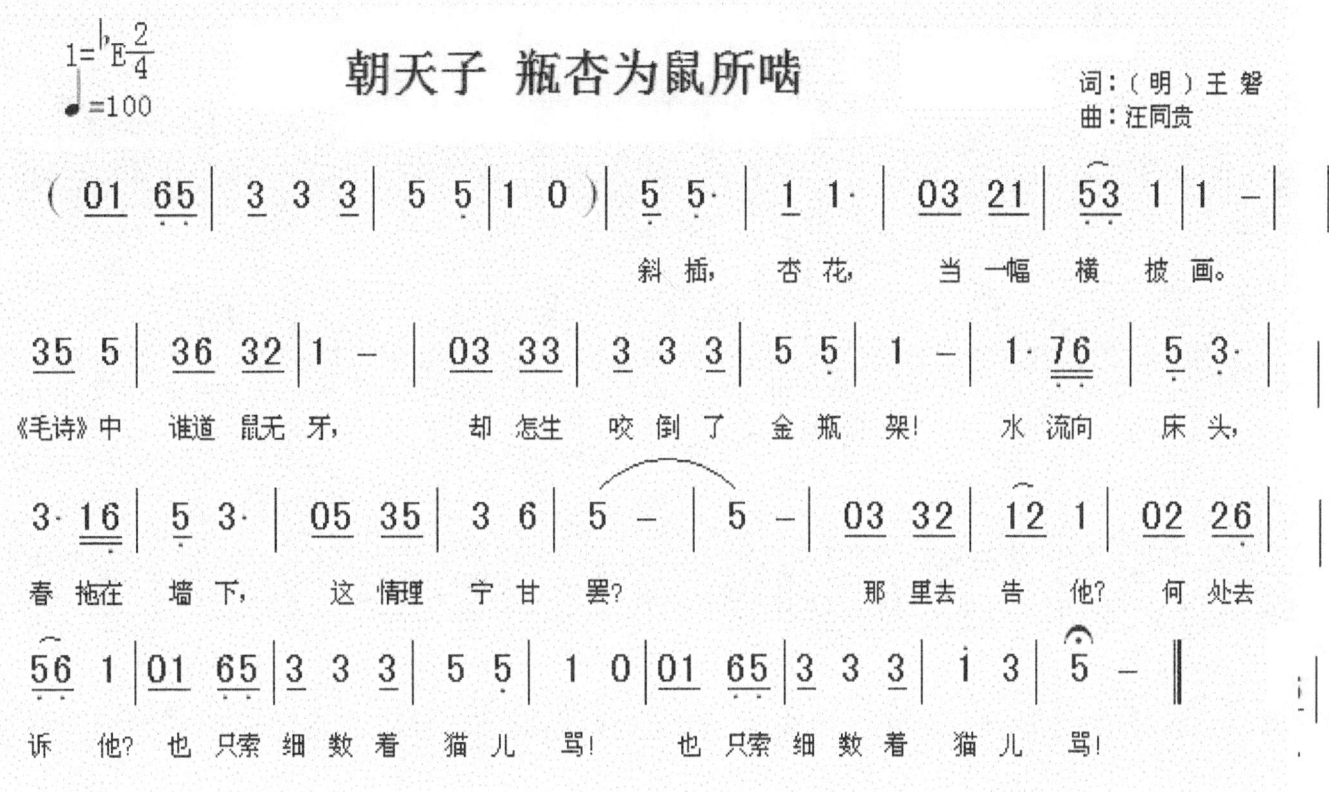

8. 朝天子·咏喇叭 词：王磐（明）；曲：汪同贵

朝天子·咏喇叭

作词：（明）王磐
作曲：汪同贵

1=C 2/4 ♩=86

喇叭，唢呐，曲儿小，腔儿大。
官船来往乱如麻，全仗你抬身价。
军听了军愁，民听了民怕，哪里去辨什么真共假？
哪里去辨什么真共假？眼见的吹翻了这家，吹伤了
那家，只吹的水尽鹅飞罢。

♩=92

朝天子 咏喇叭

作词:明 王磐
作曲:汪同贵

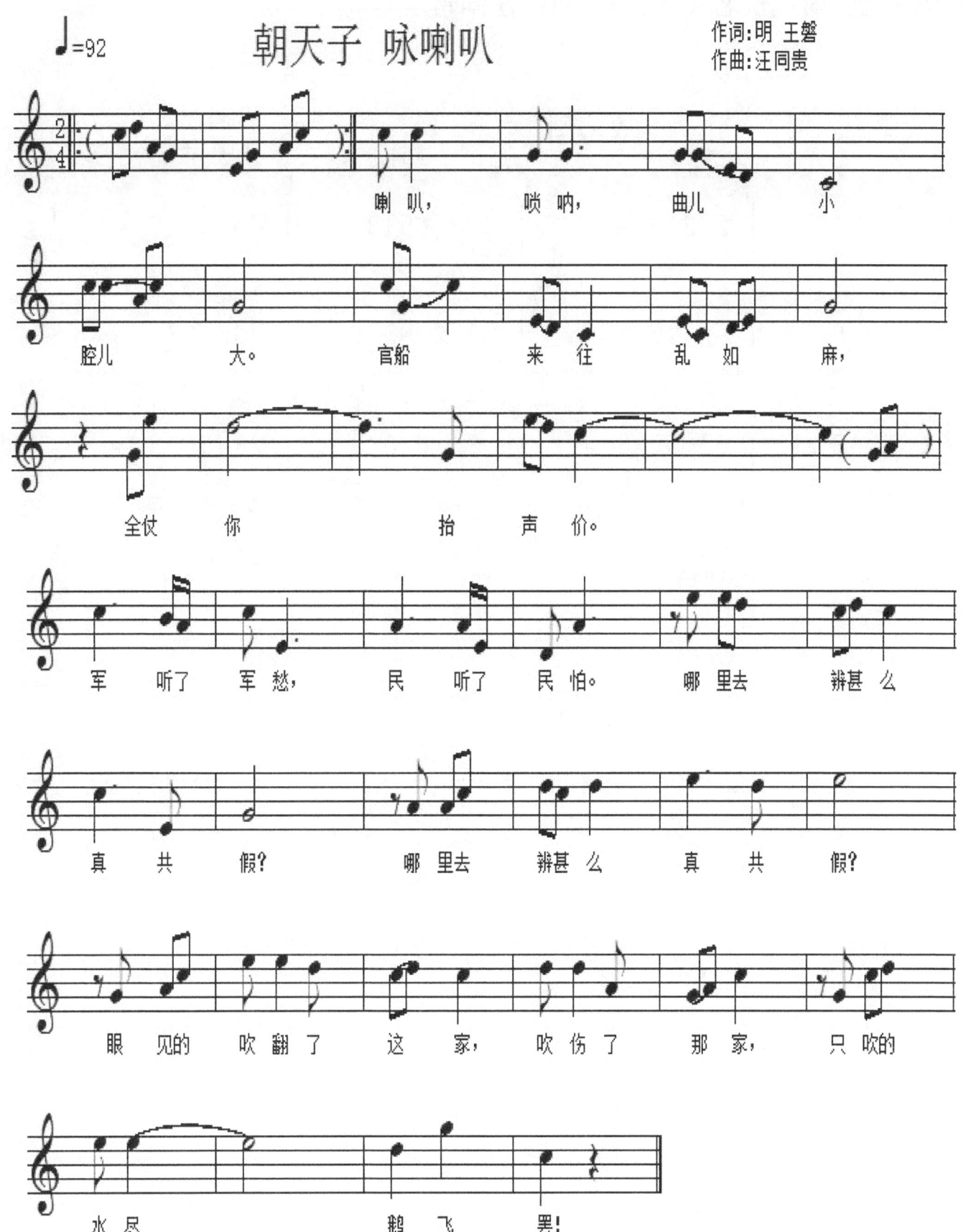

9. 敕勒歌 词：佚名（北朝）；曲：汪同贵

2004－2－29

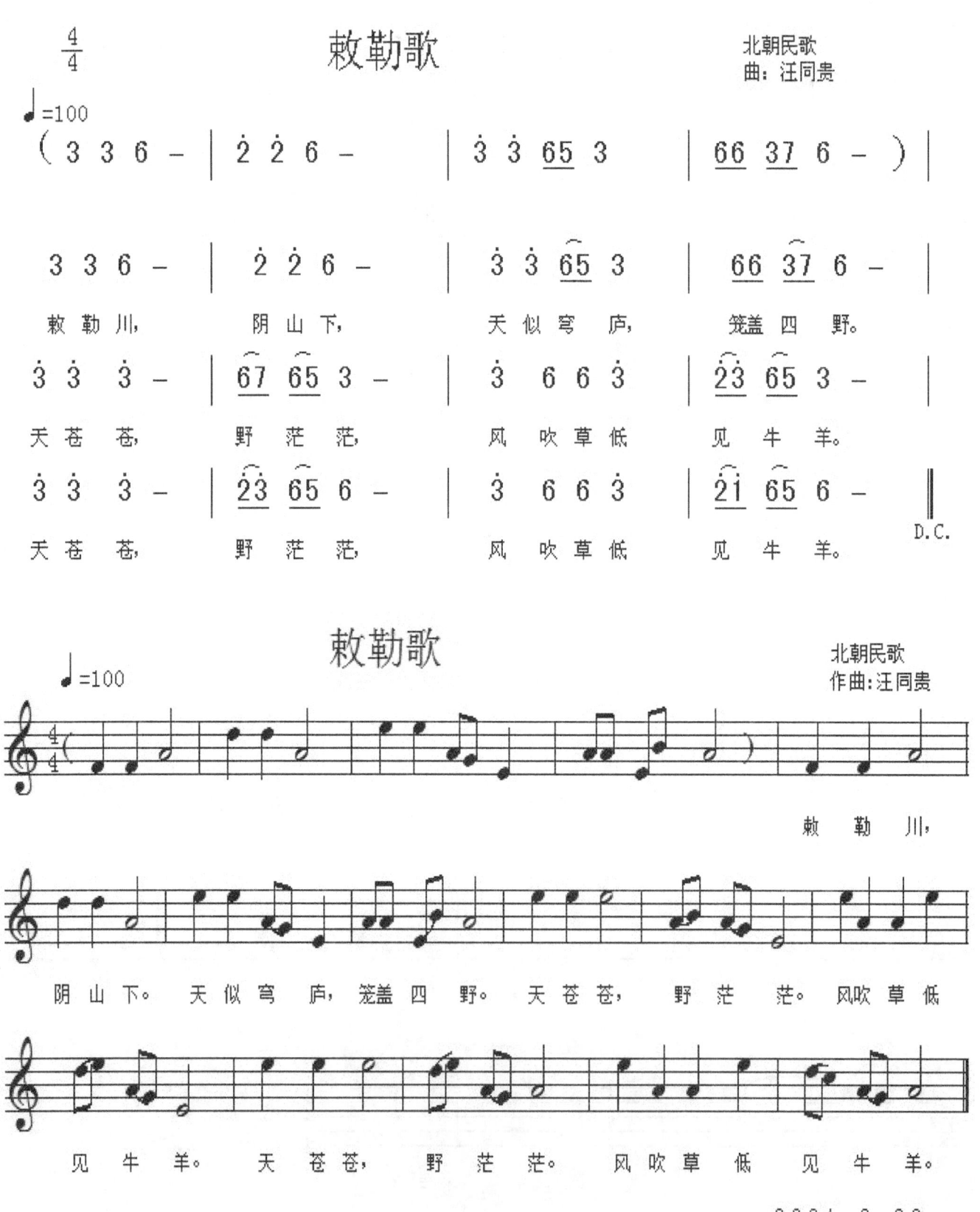

10.赤日炎炎似火烧 词：施耐庵（明）；曲：汪同贵

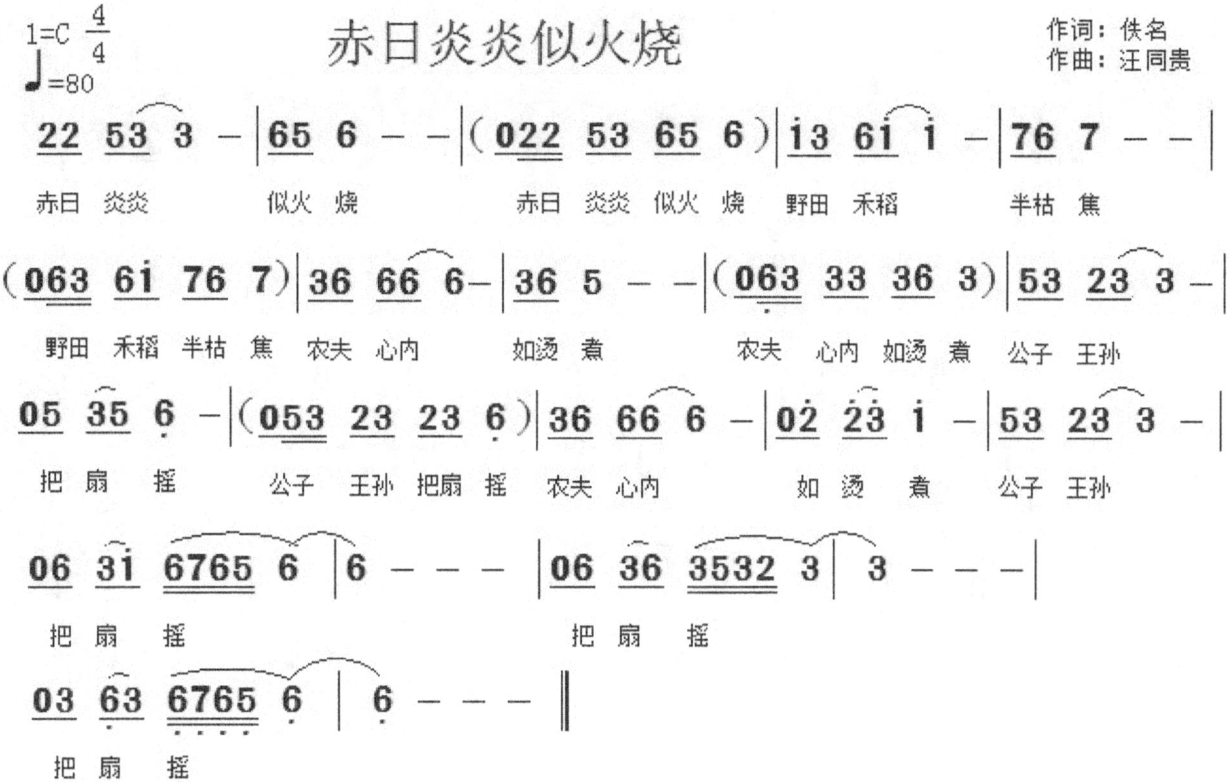

赤日炎炎似火烧

1=C 4/4 ♩=80

作词：佚名
作曲：汪同贵

22 53 3 - | 65 6 - - | (022 53 65 6) | 13 61 1̇ - | 76 7 - -
赤日 炎炎　　似火 烧　　　　　　　　　　　赤日 炎炎 似火 烧 野田 禾稻　半枯 焦

(063 61 76 7) | 36 66 6 - | 36 5 - - | (063 33 36 3) | 53 23 3 -
野田 禾稻 半枯 焦 农夫 心内　如汤 煮　　　　　　　　　　农夫 心内 如汤 煮 公子 王孙

05 35 6̣ - | (053 23 23 6̣) | 36 66 6 - | 02 23 1 | 53 23 3 -
把扇 摇　　公子 王孙 把扇 摇 农夫 心内　如 汤 煮 公子 王孙

06 31 6765 6 | 6 - - - | 06 36 3532 3 | 3 - - -
把扇 摇　　　　　　　　　把扇 摇

03 63 6765 6̣ | 6̣ - - - ‖
把扇 摇

11. 春晓 词：孟浩然（唐）；曲：汪同贵

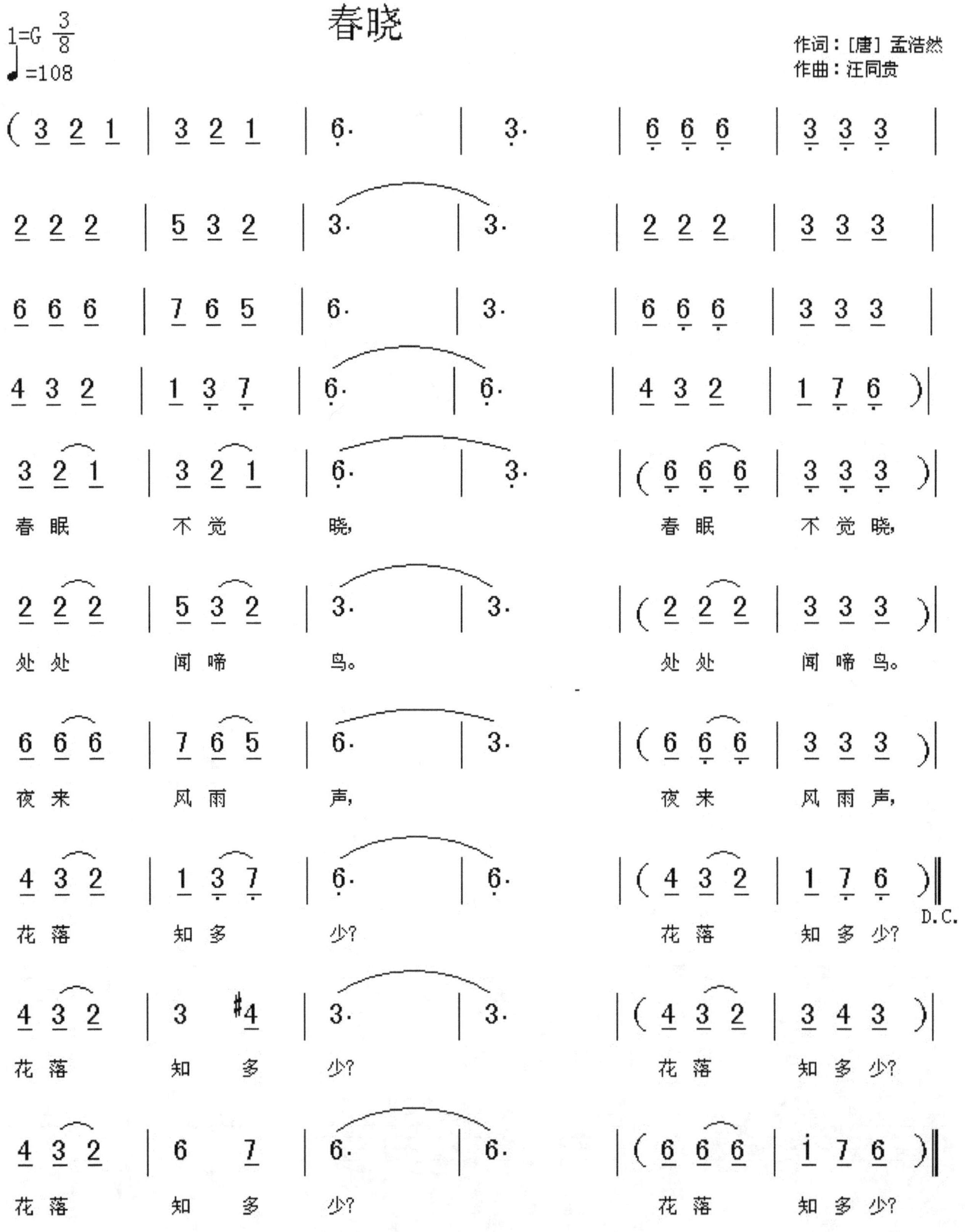

春晓

作词：[唐]孟浩然
作曲：汪同贵

1=G 3/8 ♩=108

(3 2 1 | 3 2 1 | 6· | 3· | 6 6 6 | 3 3 3 |

2 2 2 | 5 3 2 | 3· | 3· | 2 2 2 | 3 3 3 |

6 6 6 | 7 6 5 | 6· | 3· | 6 6 6 | 3 3 3 |

4 3 2 | 1 3 7 | 6· | 6· | 4 3 2 | 1 7 6)

3 2 1 | 3 2 1 | 6· | 3· | (6 6 6 | 3 3 3)
春眠　　不觉　晓，　　　　　　　春眠　　不觉　晓，

2 2 2 | 5 3 2 | 3· | 3· | (2 2 2 | 3 3 3)
处处　　闻啼　鸟。　　　　　　　处处　　闻啼　鸟。

6 6 6 | 7 6 5 | 6· | 3· | (6 6 6 | 3 3 3)
夜来　　风雨　声，　　　　　　　夜来　　风雨　声，

4 3 2 | 1 3 7 | 6· | 6· | (4 3 2 | 1 7 6)‖
花落　　知多　少？　　　　　　　花落　　知多　少？ D.C.

4 3 2 | 3 #4 | 3· | 3· | (4 3 2 | 3 4 3)
花落　　知多　少？　　　　　　　花落　　知多　少？

4 3 2 | 6 7 | 6· | 6· | (6 6 6 | 1 7 6)‖
花落　　知多　少？　　　　　　　花落　　知多　少？

12. 春夜喜雨　词：杜甫（唐）；曲：汪同贵

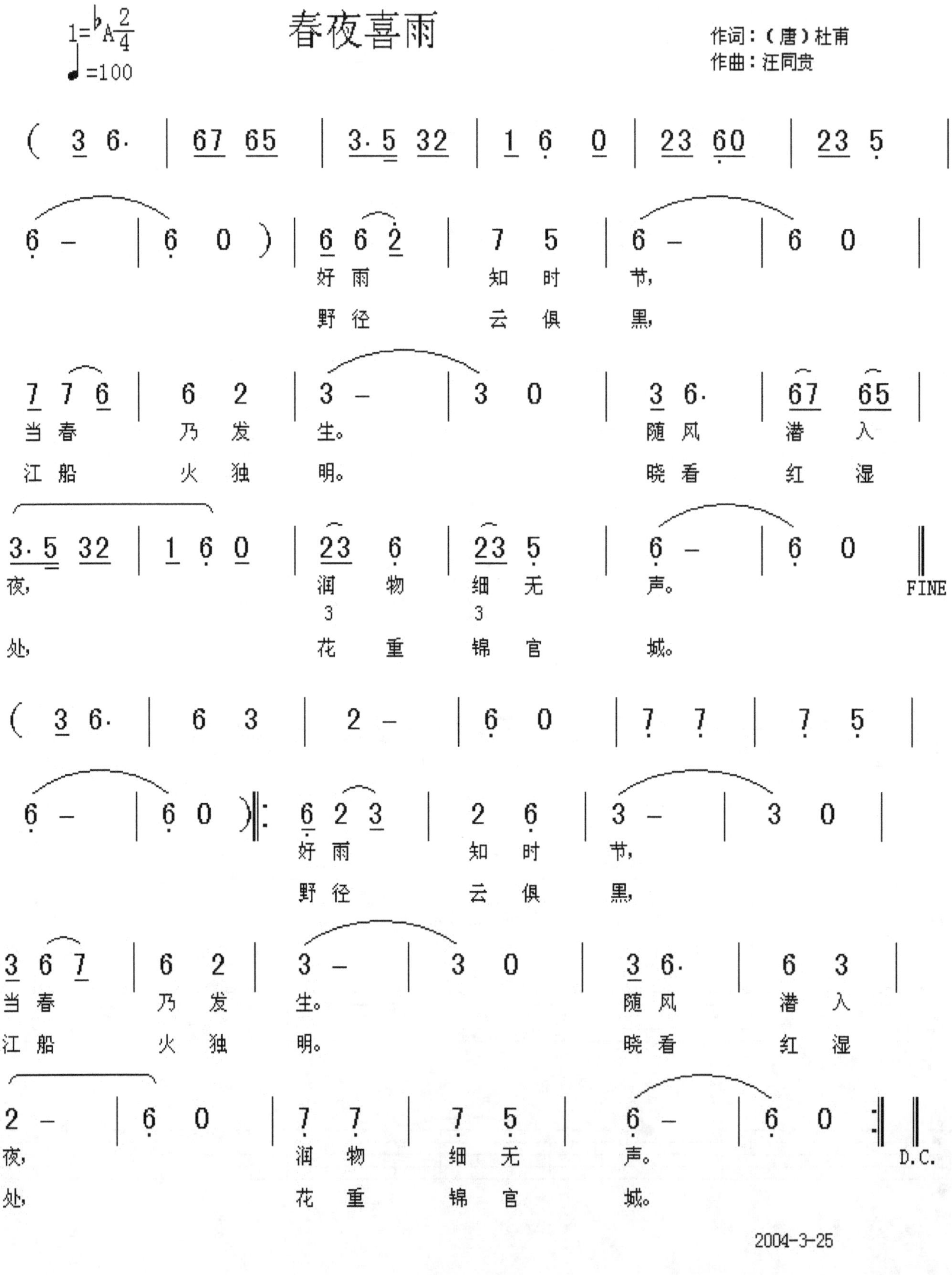

春夜喜雨

作词：唐 杜甫
作曲：汪同贵

13. 从军行·琵琶起舞换新声 词：王昌龄（唐）；曲：汪同贵

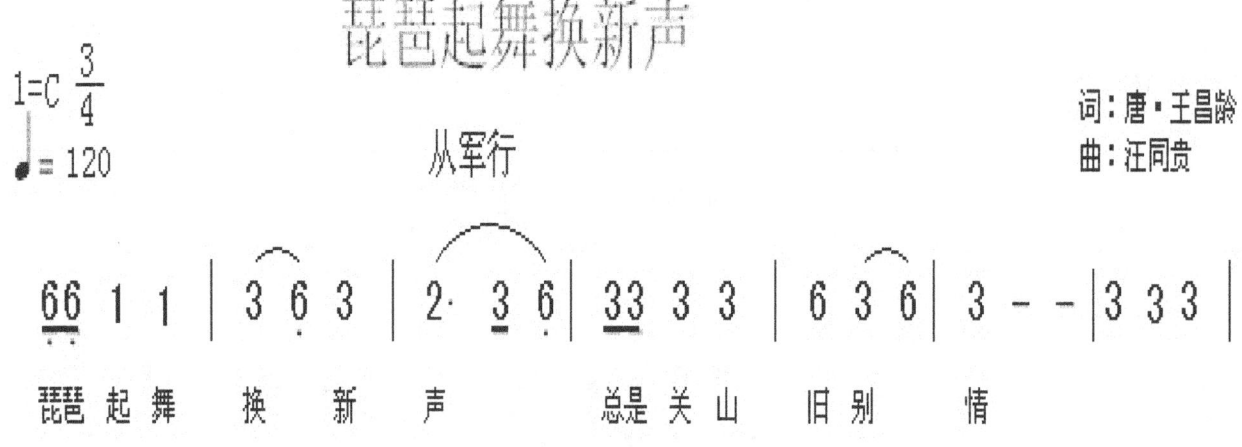

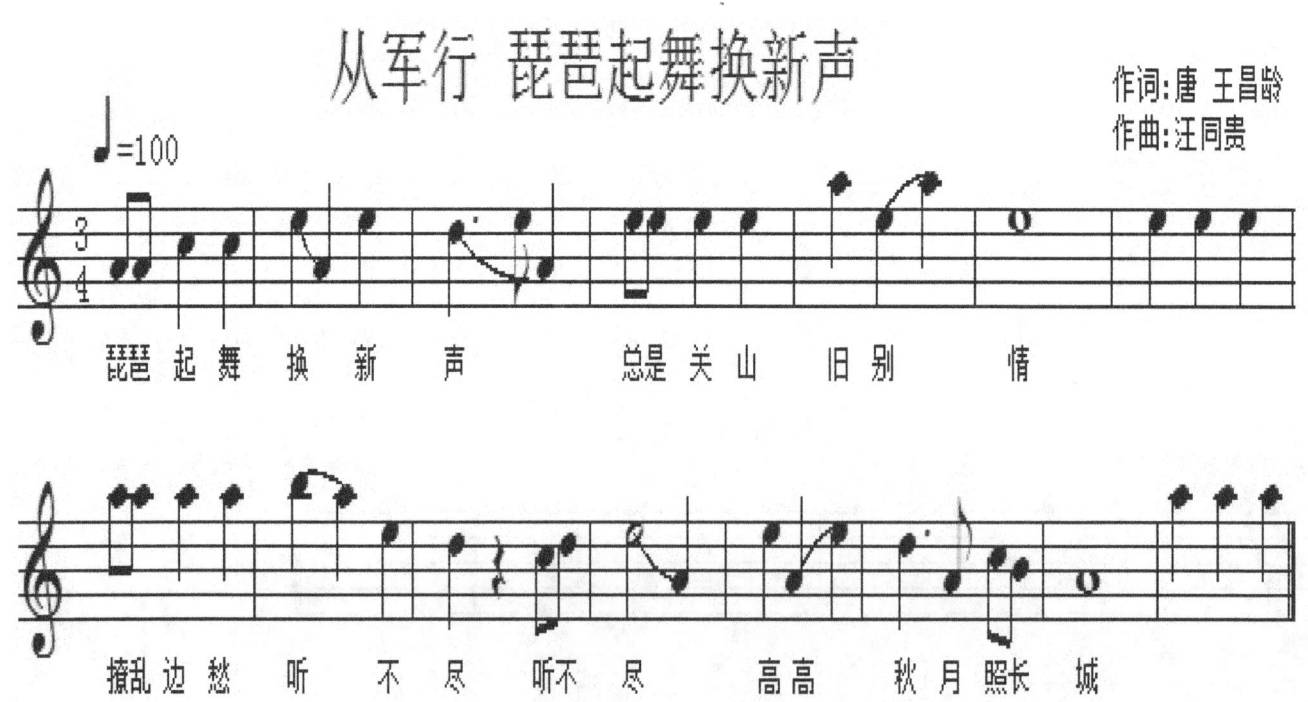

14.村夜 词：白居易（唐）；曲：汪同贵

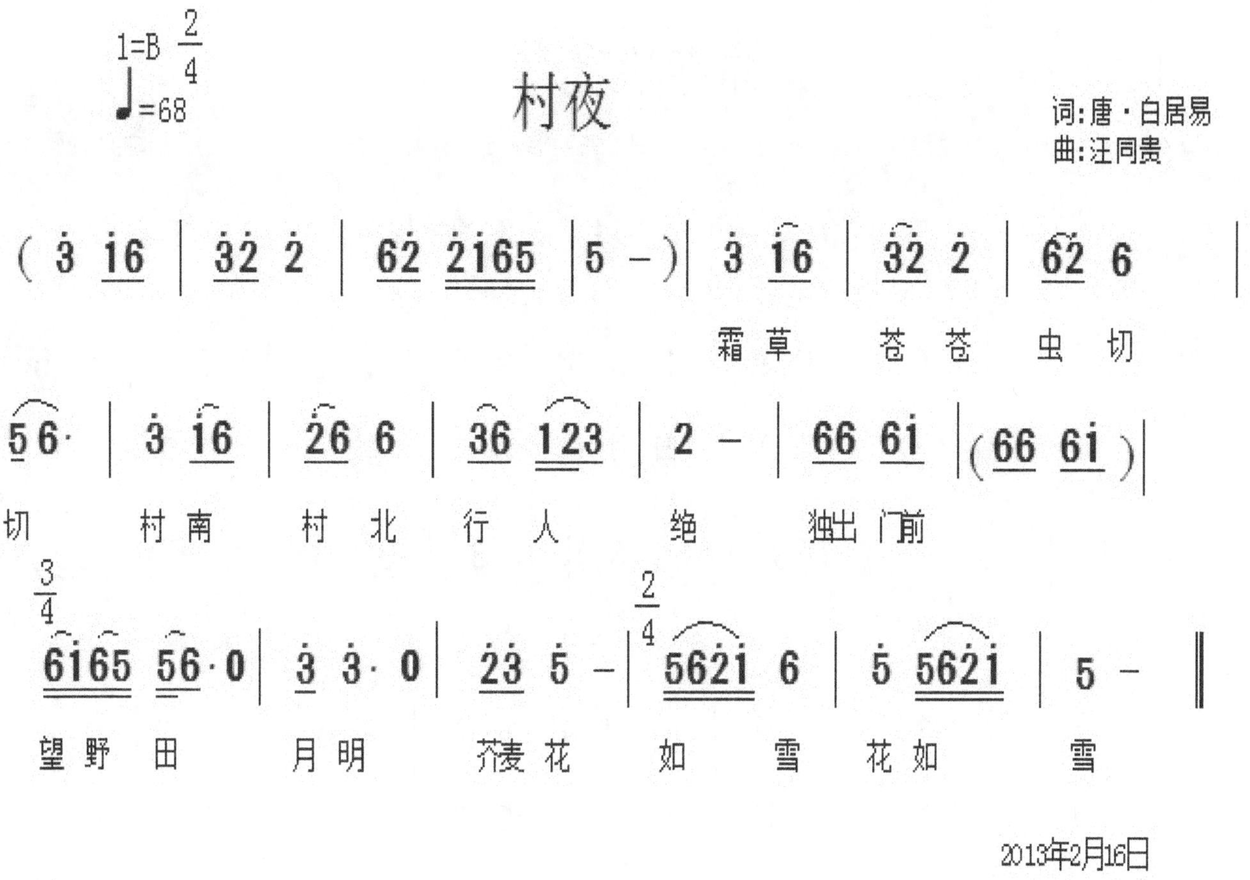

15. 大林寺桃花 词：白居易（唐）；曲：汪同贵

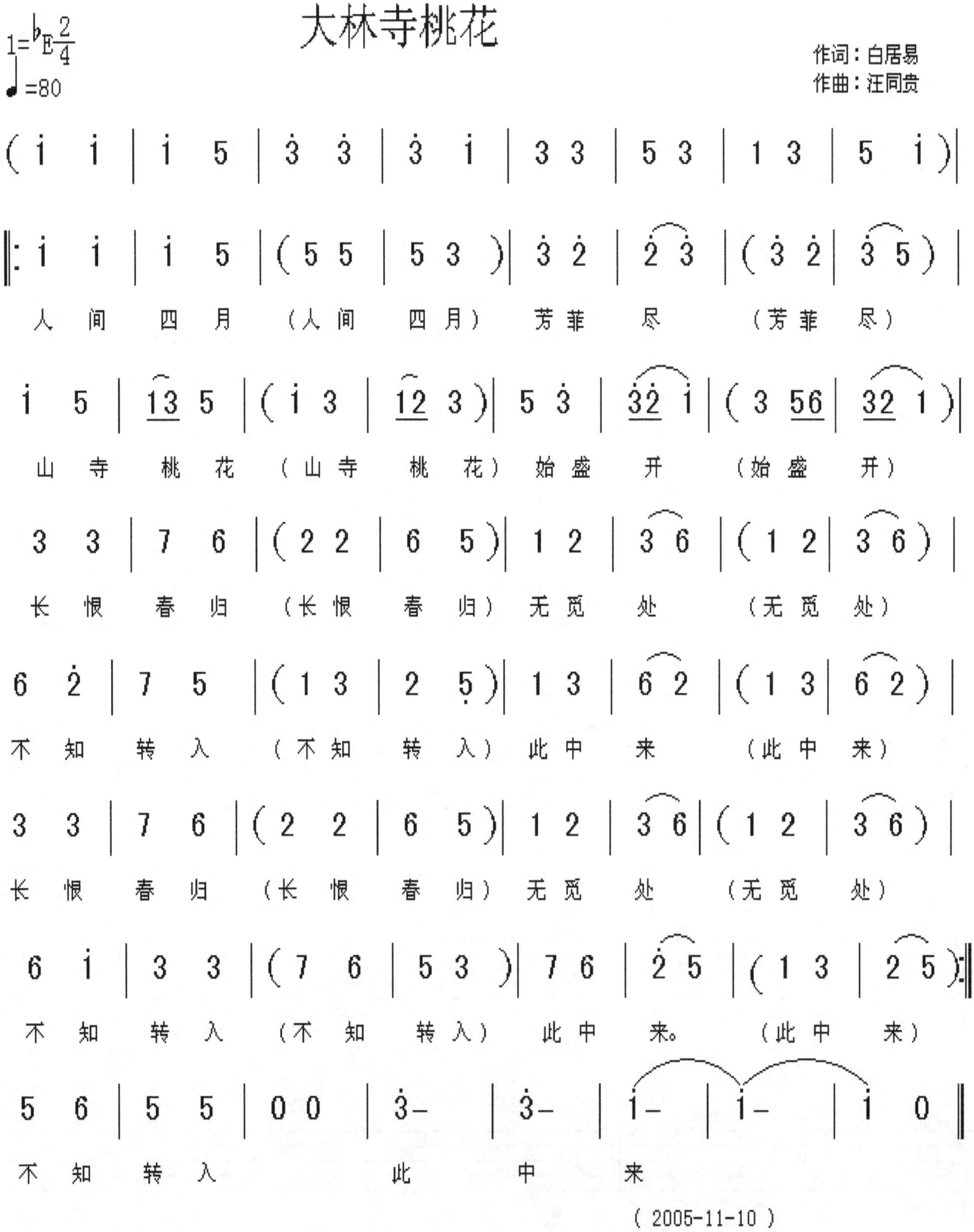

大林寺桃花

1=♭E 2/4
♩=80

作词：白居易
作曲：汪同贵

(1̇ 1̇ | 1̇ 5 | 3̇ 3̇ | 3̇ 1̇ | 3 3 | 5 3 | 1 3 | 5 1̇)

‖: 1̇ 1̇ | 1̇ 5 | (5 5 | 5 3) | 3̇ 2̇ | 2̇ 3̇ | (3̇ 2̇ | 3̇ 5̇) |

人　间　四　月　（人　间　四　月）芳　菲　尽　（芳　菲　尽）

1̇ 5 | 1̇ 3 5 | (1̇ 3 | 1̇ 2 3) | 5 3̇ | 3̇ 2̇ 1̇ | (3 5̇ 6̇ | 3̇ 2̇ 1̇) |

山　寺　桃　花　（山　寺　桃　花）始　盛　开　（始　盛　开）

3 3 | 7 6 | (2 2 | 6 5) | 1 2 | 3 6 | (1 2 | 3 6) |

长　恨　春　归　（长　恨　春　归）无　觅　处　（无　觅　处）

6 2̇ | 7 5 | (1 3 | 2 5.) | 1 3 | 6 2̇ | (1 3 | 6 2̇) |

不　知　转　入　（不　知　转　入）此　中　来　（此　中　来）

3 3 | 7 6 | (2 2 | 6 5) | 1 2 | 3 6 | (1 2 | 3 6) |

长　恨　春　归　（长　恨　春　归）无　觅　处　（无　觅　处）

6 1̇ | 3 3 | (7 6 | 5 3) | 7 6 | 2̇ 5 | (1 3 | 2 5) ‖

不　知　转　入　（不　知　转　入）此　中　来。（此　中　来）

5 6 | 5 5 | 0 0 | 3̇ - | 3̇ - | 1̇ - | 1̇ - | 1̇ 0 ‖

不　知　转　入　　　　此　　中　　来

(2005-11-10)

大林寺桃花

作词：[唐] 白居易
作曲：汪同贵

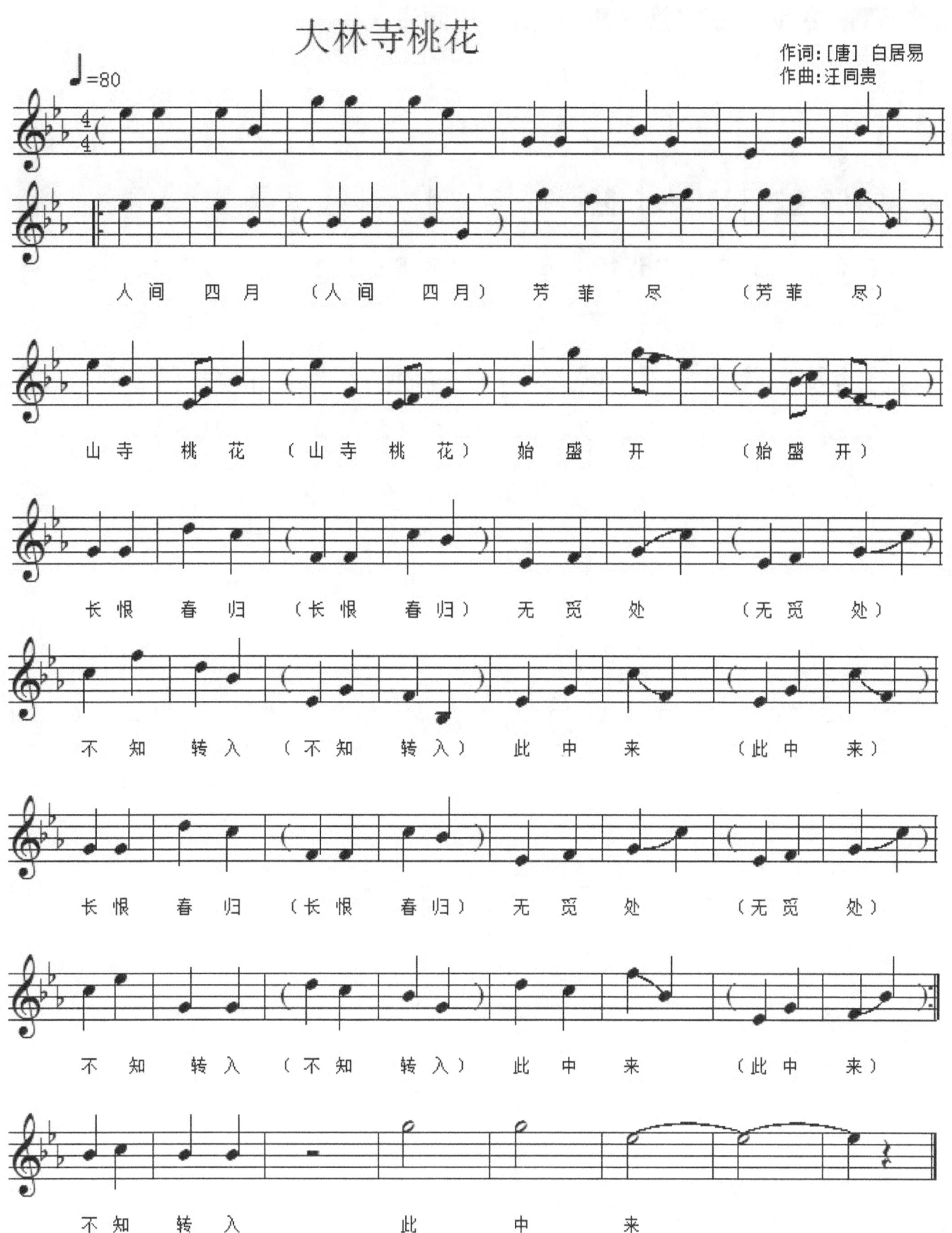

16. 登鹳雀楼 词：王之涣（唐）；曲：汪同贵

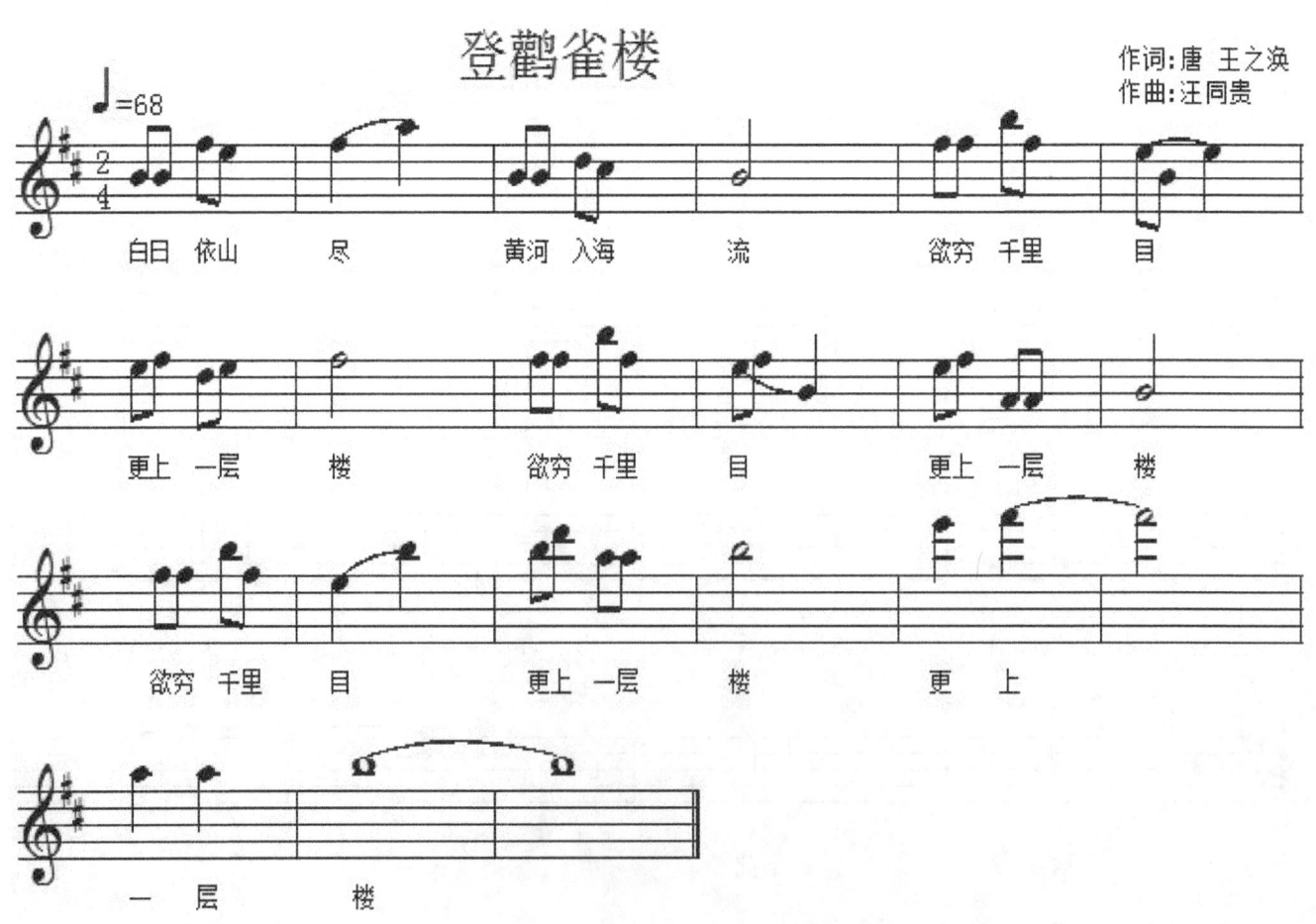

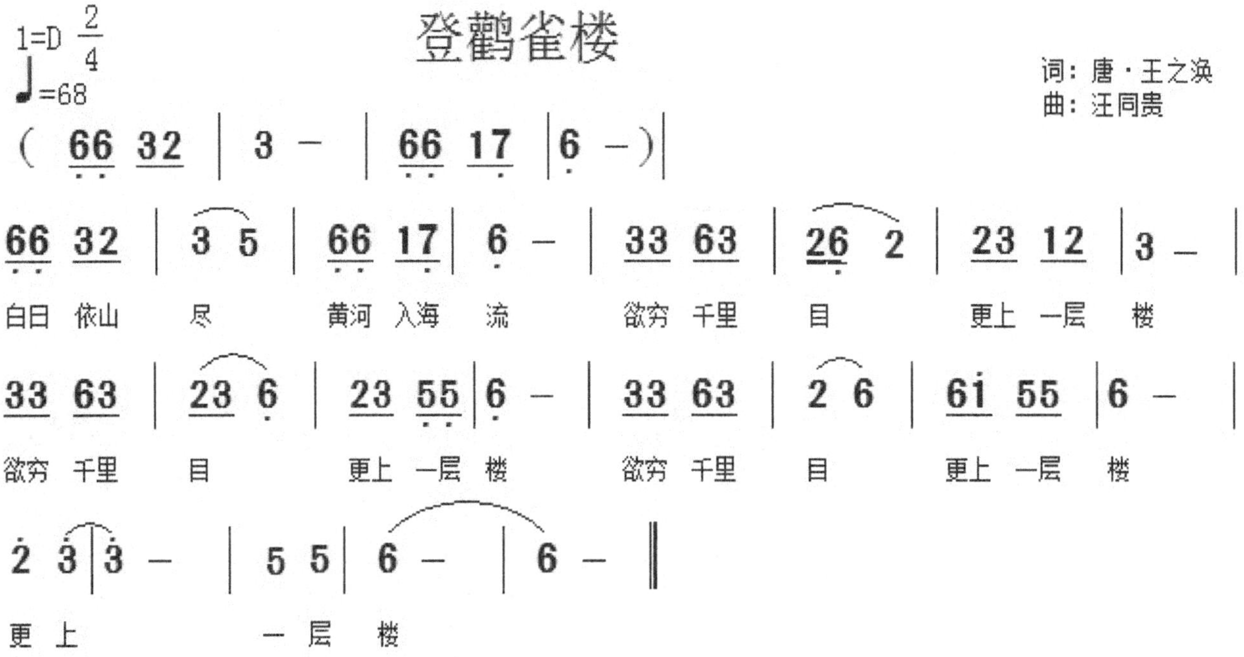

17. 蝶恋花·春景　词：苏轼（宋）；曲：汪同贵

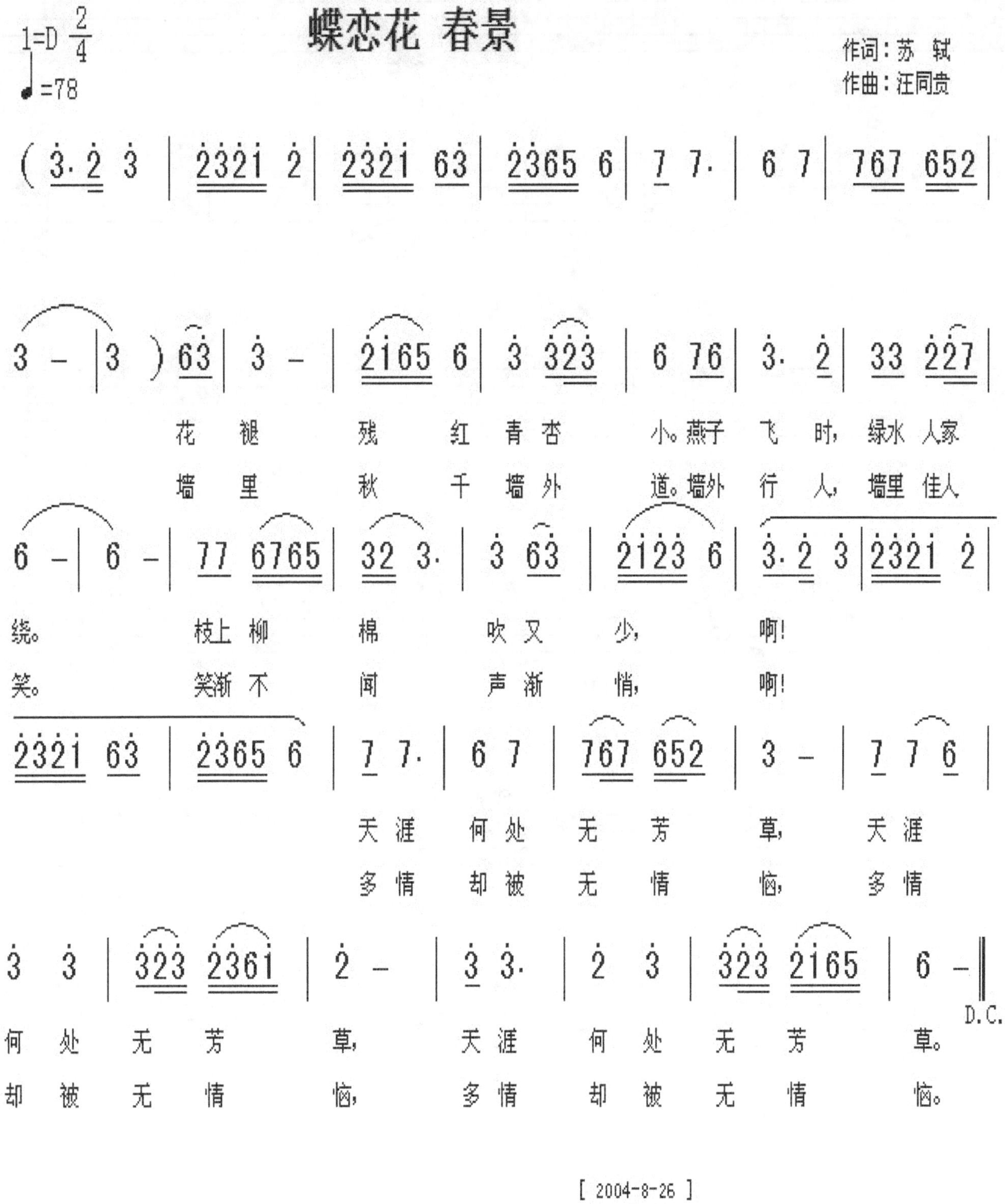

蝶恋花 春景

1=D 2/4　♩=78

作词：苏　轼
作曲：汪同贵

(3· 2 3 | 2321 2 | 2321 63 | 2365 6 | 7 7· | 6 7 | 767 652 |

3 - | 3) 63 | 3 - | 2165 6 | 3 323 | 6 76 | 3· 2 | 33 227 |

花　褪　残　红　青　杏　小。燕子　飞　时，绿水　人家
墙　里　秋　千　墙　外　道。墙外　行　人，墙里　佳人

6 - | 6 - | 77 6765 | 32 3· | 3 63 | 2123 6 | 3· 2 3 | 2321 2 |

绕。　　枝上　柳　棉　吹又　少，　啊！
笑。　　笑渐　不　闻　声渐　悄，　啊！

2321 63 | 2365 6 | 7 7· | 6 7 | 767 652 | 3 - | 7 7 6 |

天涯　何处　无　芳　草，　天涯
多情　却被　无　情　恼，　多情

3 3 | 323 2361 | 2 - | 3 3· | 2 3 | 323 2165 | 6 - ‖
　　　　　　　　　　　　　　　　　　　　　　　D.C.
何　处　无　芳　　草，　天涯　何处　无　芳　　草。
却　被　无　情　　恼，　多情　却被　无　情　　恼。

[2004-8-26]

蝶恋花 春景

作词：苏 轼
作曲：汪同贵

18. 蝶恋花·伫倚危楼风细细　词：柳永（宋）；曲：汪同贵
阑

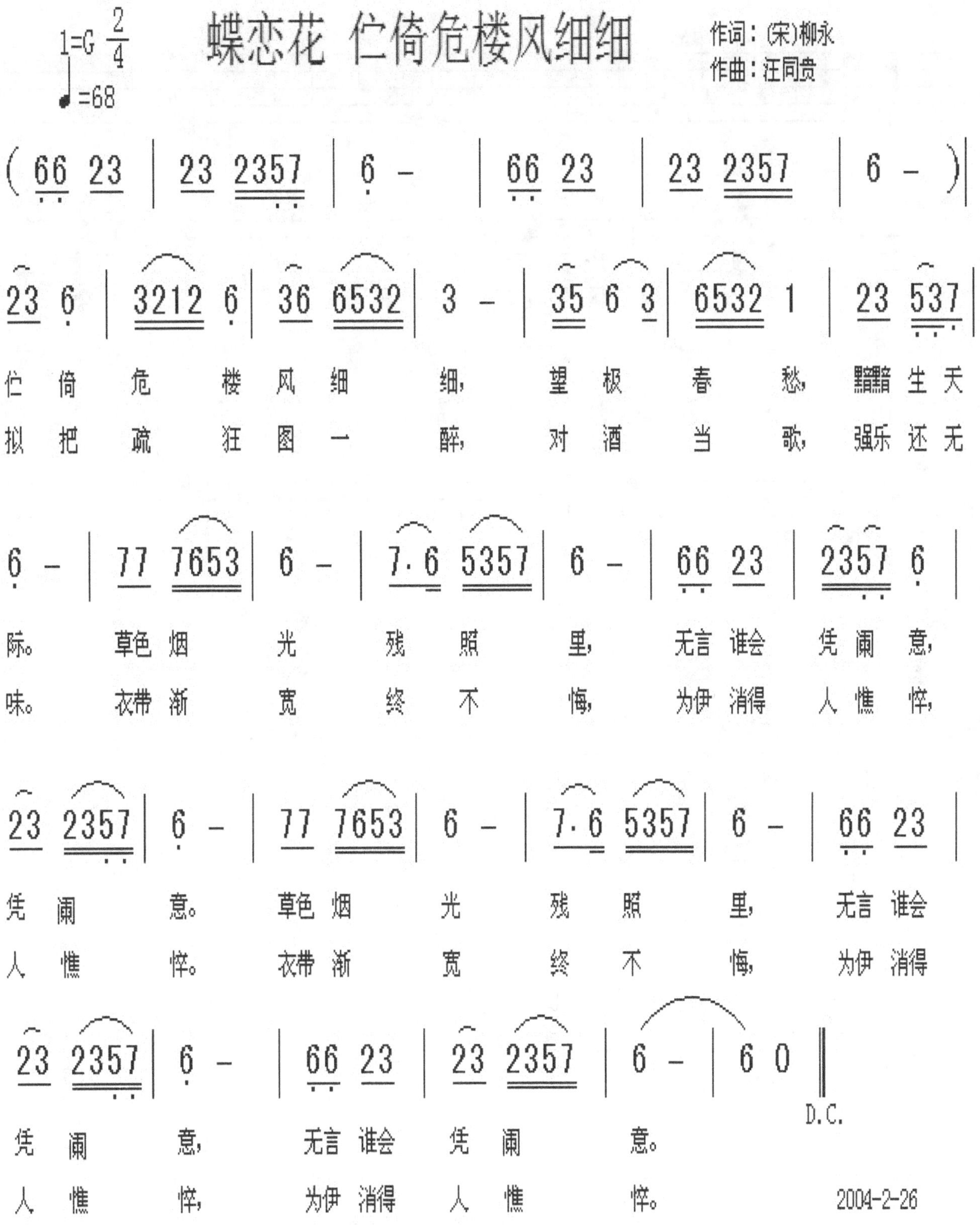

蝶恋花 伫倚危楼风细细

作词：(宋)柳永
作曲：汪同贵

1=G 2/4　♩=68

(66 23 | 23 2357 | 6 - | 66 23 | 23 2357 | 6 -)

23 6 | 3212 6 | 36 6532 | 3 - | 35 6 3 | 6532 1 | 23 537 |

伫倚危楼风细细，望极春愁，黯黯生天
拟把疏狂图一醉，对酒当歌，强乐还无

6 - | 77 7653 | 6 - | 7·6 5357 | 6 - | 66 23 | 2357 6 |

际。草色烟光残照里，无言谁会凭阑意，
味。衣带渐宽终不悔，为伊消得人憔悴，

23 2357 | 6 - | 77 7653 | 6 - | 7·6 5357 | 6 - | 66 23 |

凭阑意。草色烟光残照里，无言谁会
人憔悴。衣带渐宽终不悔，为伊消得

23 2357 | 6 - | 66 23 | 23 2357 | 6 - | 6 0 ‖

凭阑意，无言谁会凭阑意。
人憔悴，为伊消得人憔悴。

D.C.

2004-2-26

蝶恋花 伫倚危楼风细细

作词：宋 柳永
作曲：汪同贵

19.渡汉江 词：宋之问（唐）；曲：汪同贵

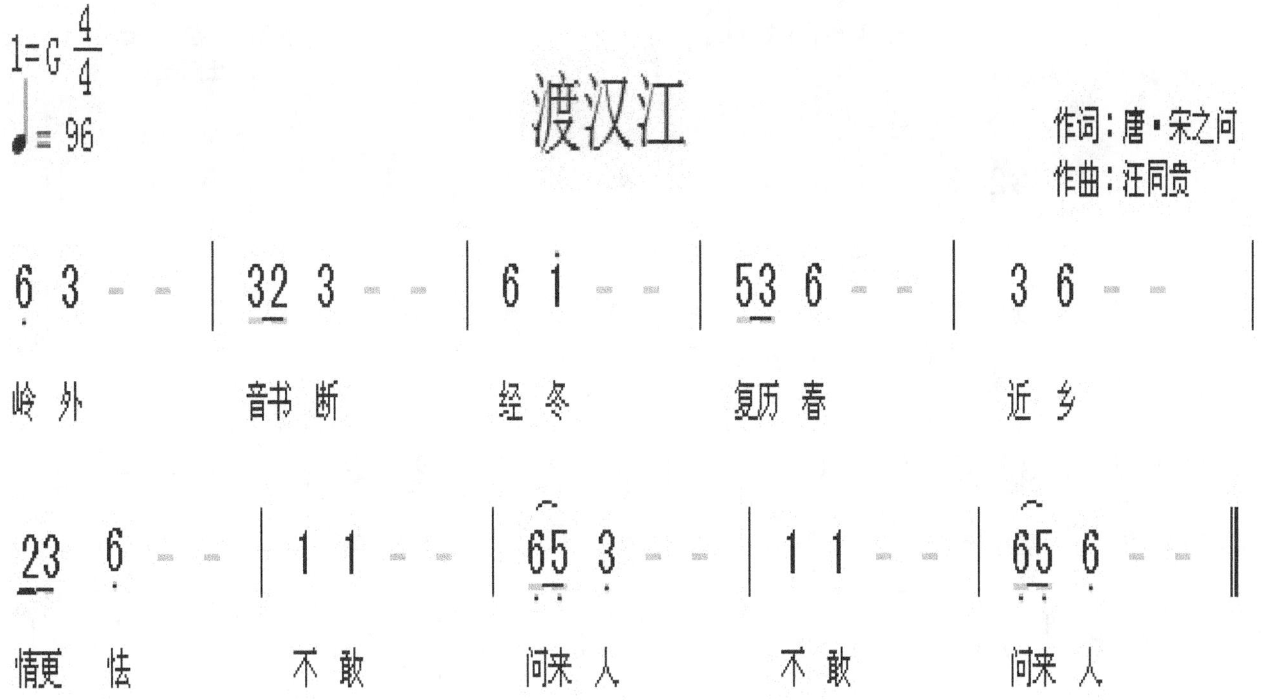

2009年4月24日

20. 枫桥夜泊　词：张继（唐）；曲：汪同贵

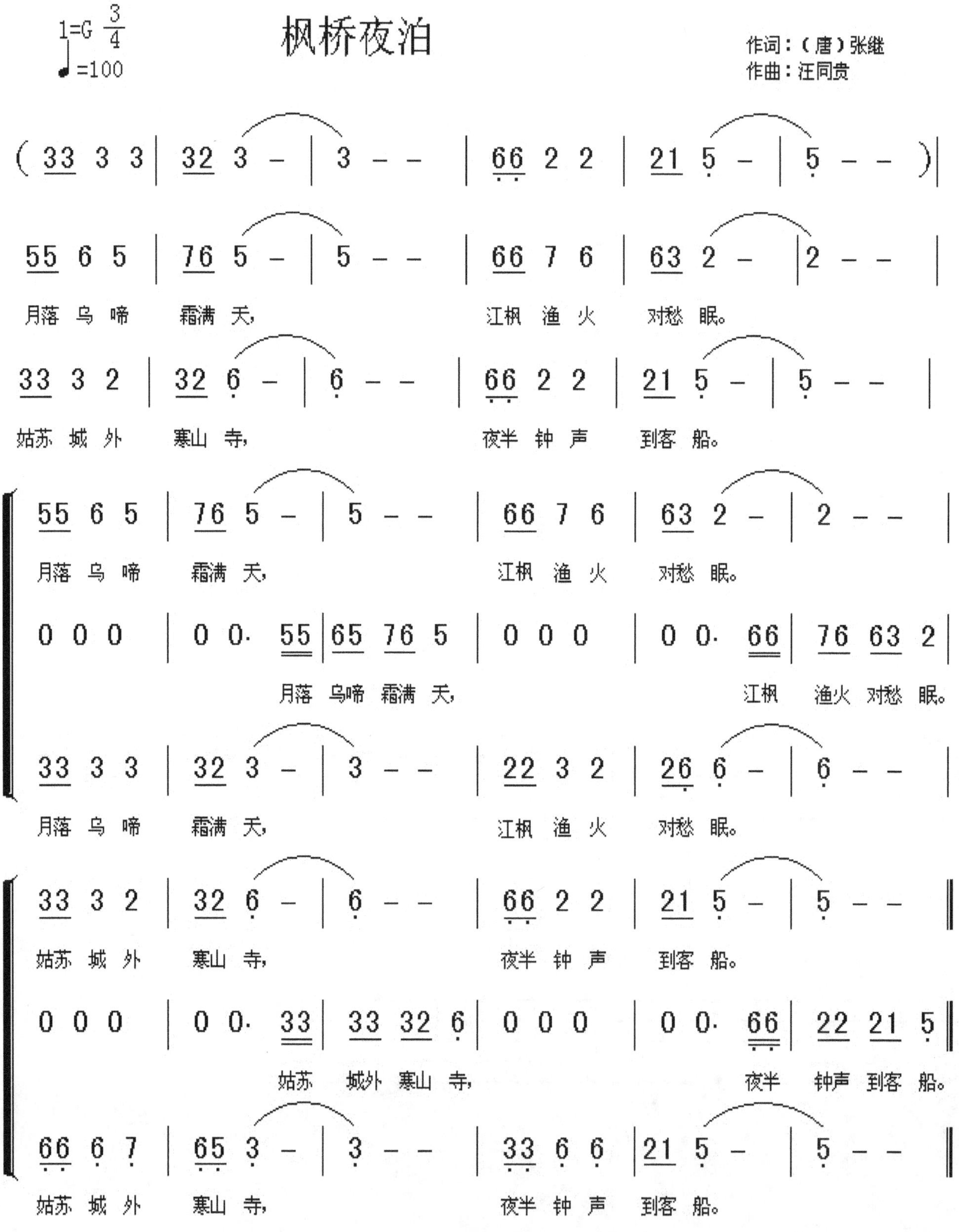

枫桥夜泊

作词:张　继
作曲:汪同贵

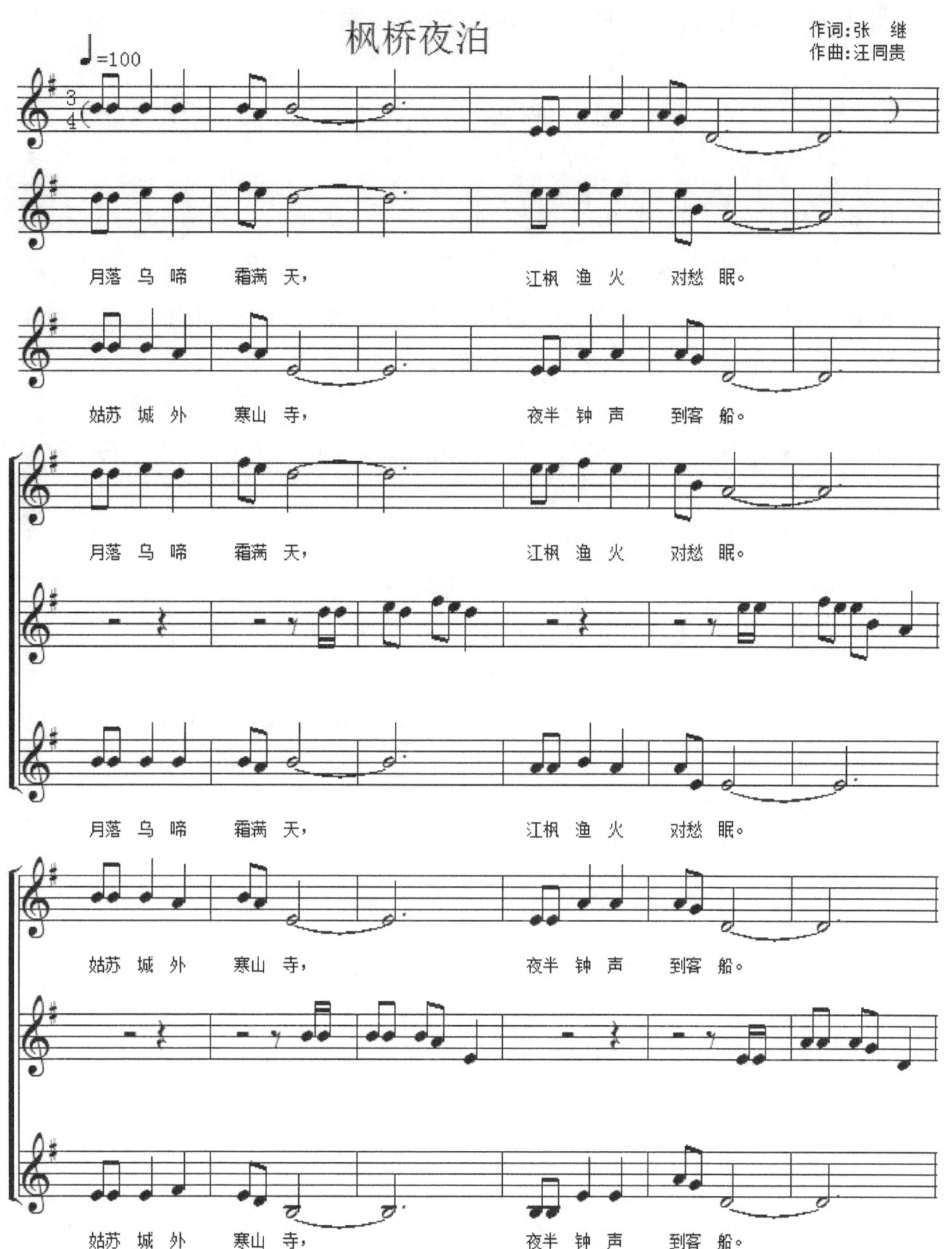

21. 赋得古原草送别 词：白居易（唐）；曲：汪同贵

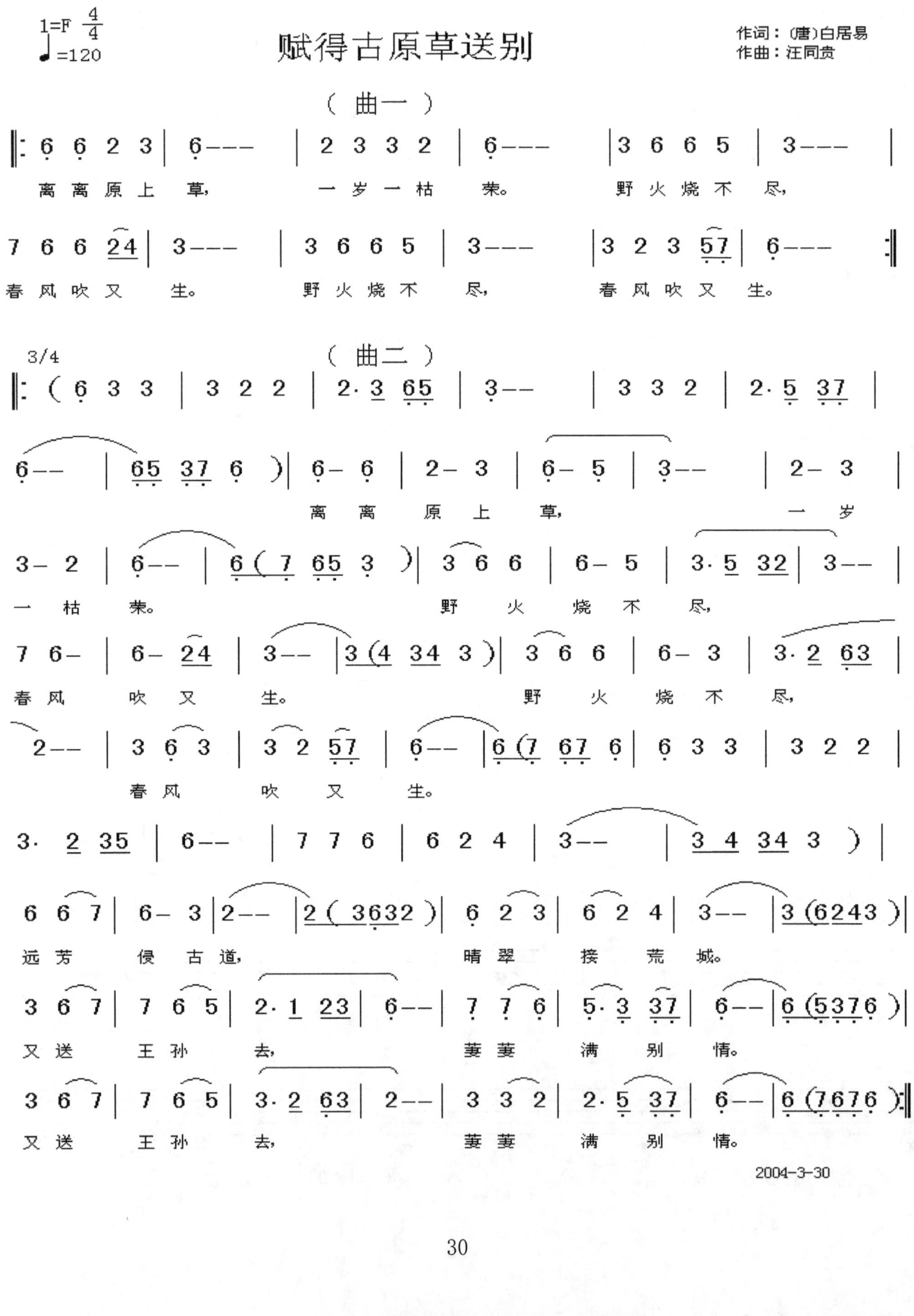

赋得古原草送别

作词：(唐)白居易
作曲：汪同贵

1=F 4/4 ♩=120

（曲一）

```
‖: 6̣ 6̣ 2 3 | 6̣ - - - | 2 3 3 2 | 6̣ - - - | 3 6 6 5 | 3 - - - |
   离 离 原 上  草，         一 岁 一 枯   荣。        野 火 烧 不  尽，

   7 6 6 24 | 3 - - - | 3 6 6 5 | 3 - - - | 3 2 3 57 | 6̣ - - - :‖
   春 风 吹 又    生。         野 火 烧 不  尽，        春 风 吹 又     生。
```

（曲二） 3/4

离离原上草，一岁一枯荣。野火烧不尽，春风吹又生。野火烧不尽，春风吹又生。远芳侵古道，晴翠接荒城。又送王孙去，萋萋满别情。又送王孙去，萋萋满别情。

2004-3-30

离离原上草（3）

赋得古原草送别

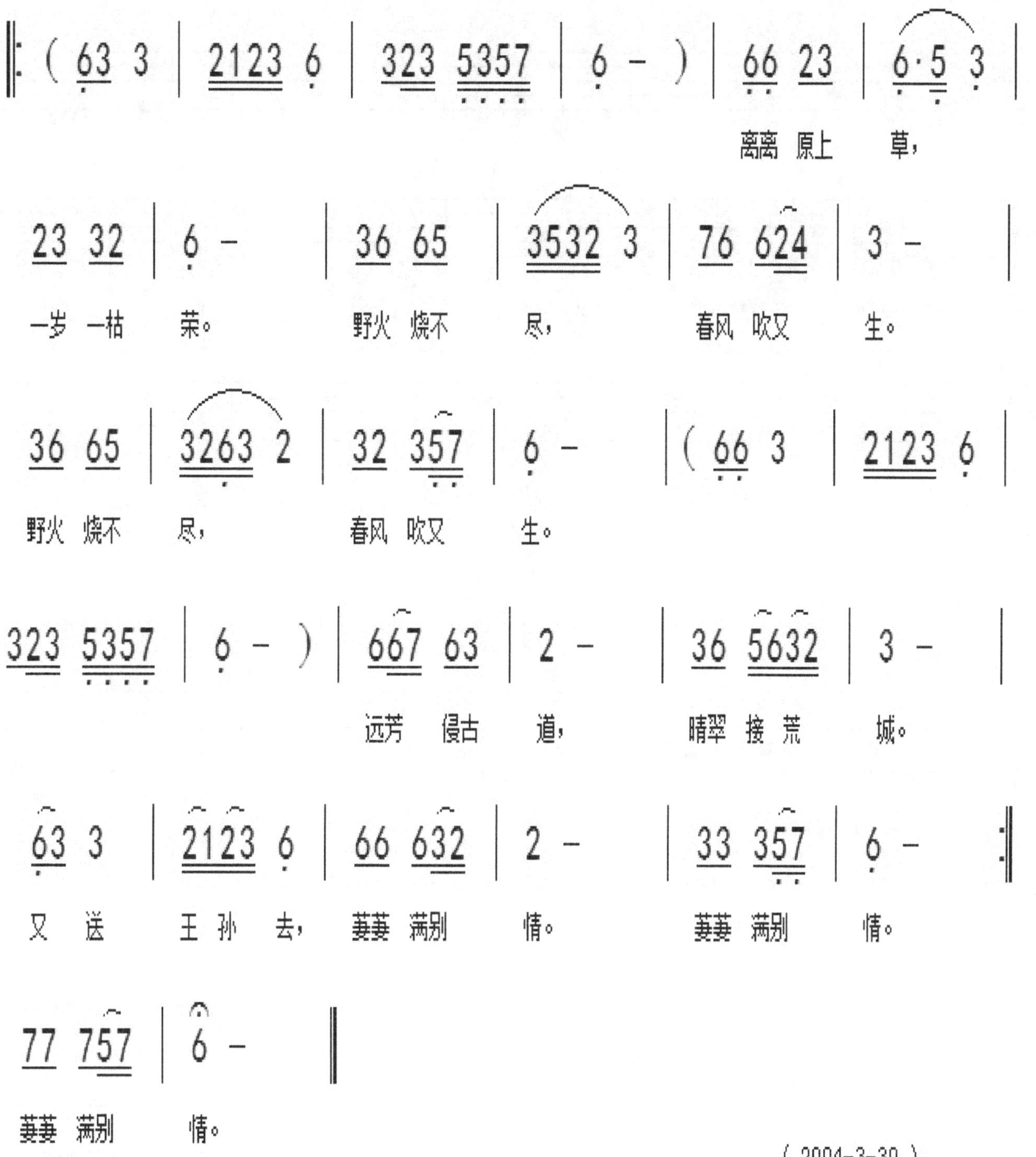

1=F 2/4 ♩=76

‖: (6̲3̲ 3 | 2̲1̲2̲3̲ 6̣ | 3̲2̲3̲ 5̲3̲5̲7̲ | 6̣ -) | 6̲6̲ 2̲3̲ | 6̣·5̲ 3 |

离离 原上　草，

2̲3̲ 3̲2̲ | 6̣ - | 3̲6̲ 6̲5̲ | 3̲5̲3̲2̲ 3 | 7̲6̲ 6̲2̲4̲ | 3 - |

一岁 一枯　荣。　　野火 烧不　尽，　春风 吹又　生。

3̲6̲ 6̲5̲ | 3̲2̲6̲3̲ 2 | 3̲2̲ 3̲5̲7̲ | 6̣ - | (6̲6̲ 3 | 2̲1̲2̲3̲ 6̣ |

野火 烧不　尽，　春风 吹又　生。

3̲2̲3̲ 5̲3̲5̲7̲ | 6̣ -) | 6̲6̲7̲ 6̲3̲ | 2 - | 3̲6̲ 5̲6̲3̲2̲ | 3 - |

远芳 侵古　道，　晴翠 接荒　城。

6̲3̲ 3 | 2̲1̲2̲3̲ 6̣ | 6̲6̲ 6̲3̲2̲ | 2 - | 3̲3̲ 3̲5̲7̲ | 6̣ - ‖

又 送　王孙 去，萋萋 满别　情。　　萋萋 满别　情。

7̲7̲ 7̲5̲7̲ | 6̣ - ‖

萋萋 满别　情。

（2004-3-30）

赋得古原草送别
（曲一）

作词：白居易
作曲：汪同贵

（曲二）

22. 古蟾宫·元宵 词：王磐（明）；曲：汪同贵

23. 观沧海　词：曹操（东汉）；曲：汪同贵

观沧海

作词：（东汉）曹操
作曲：汪同贵

1=♭E 4/4　♩=80

(2 22 3 - | 32 13 2 - | 3 3 3 3 | 56 6 - -) |

6 6 6 24 | 3 - - - | 6 3 3 - | 5 - - - |

东临碣　石，　　　　　以观沧　　海。

6 6 1 71 | 3 - - - | 7 67 7 63 | 5 - - - |

水何澹　澹，　　　　　山岛竦　　峙。

3 3 6 7 | 1 - - - | 6 36 32 1 | 2 - - - |

树木丛　生，　　　　　百草丰　　茂。

2 2 3 7 6 | 636 32 2 3· | 636 32 32 57 | 6 - - - |

秋风萧瑟，　洪波涌起，　洪波涌　起。

6 6 7 6· | 23 765 6 - | 22 32 32 73 | 7 - - - |

日月之行，　若出其中。　星汉灿烂，若出其里。

2 2 2 3· | 32 13 2 - | 3 3 3 - | 23 3 - - |

幸甚至哉，　歌以咏志，　歌以咏　志。

2 2 2 3· | 32 13 2 - | 3 3 3 - | 56 6 - - ‖

幸甚至哉，　歌以咏志，　歌以咏　志。

D.C.

2004-9-23

观沧海

作词:曹 操
作曲:汪同贵

(2004-9-23)

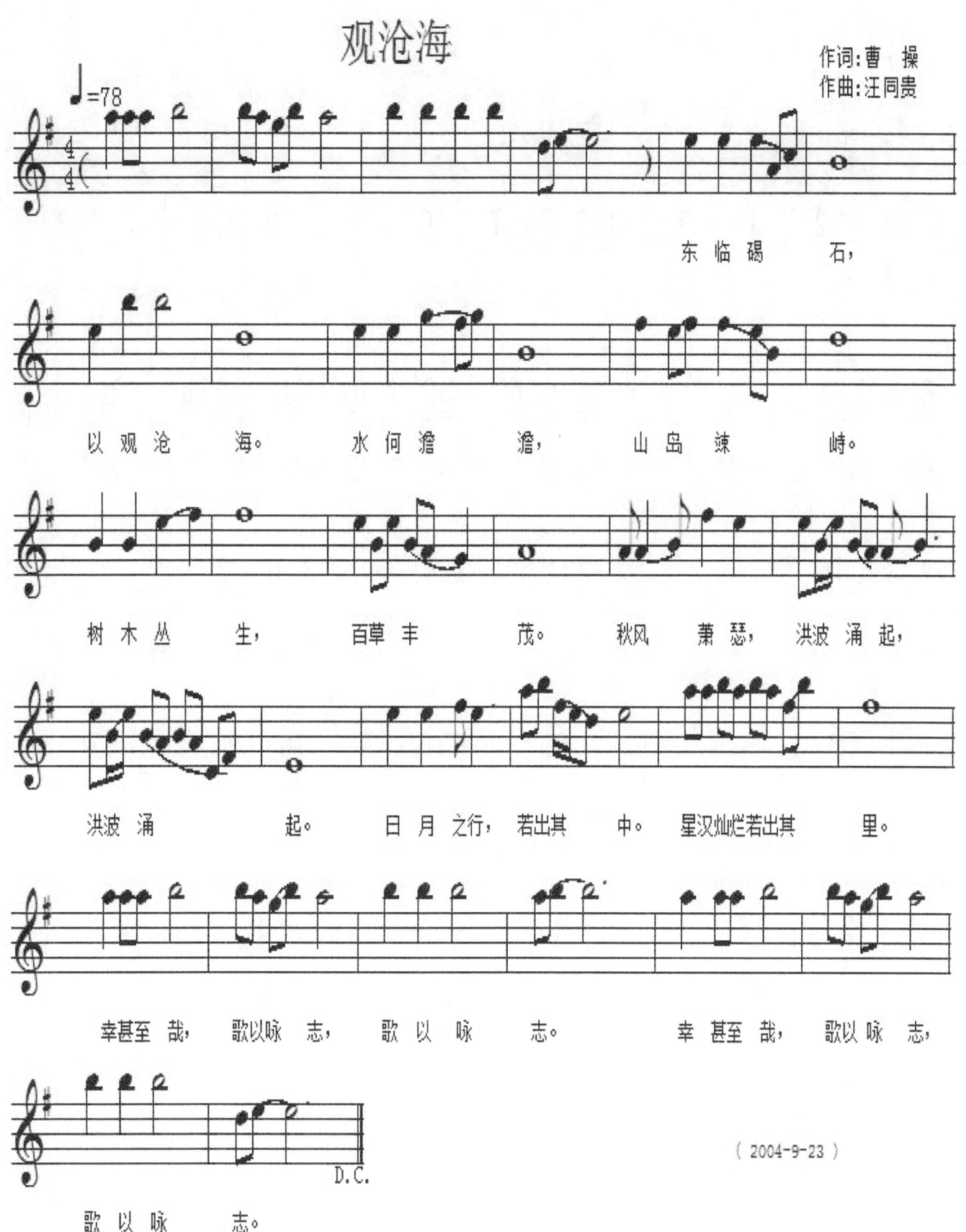

24. 龟虽寿 词：曹操（东汉）；曲：汪同贵

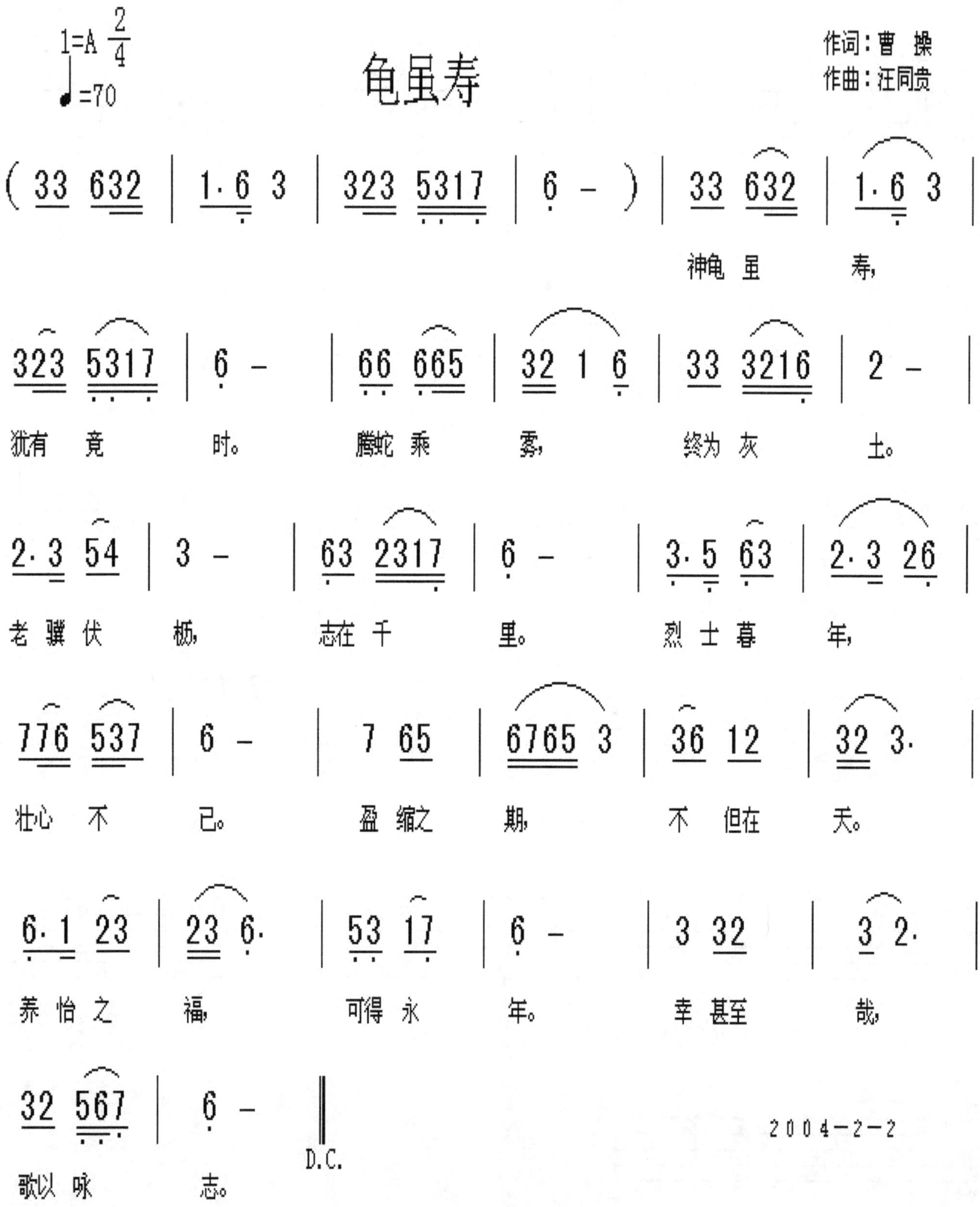

龟虽寿

1=A 2/4 ♩=70

作词：曹 操
作曲：汪同贵

(33 632 | 1·6 3 | 323 5317 | 6 -) | 33 632 | 1·6 3 |
　　　　　　　　　　　　　　　　　　　　　神龟 虽　 寿，

323 5317 | 6 - | 66 665 | 32 1 6 | 33 3216 | 2 - |
犹有 竞　 时。 腾蛇 乘 雾，　终为 灰　 土。

2·3 54 | 3 - | 63 2317 | 6 - | 3·5 63 | 2·3 26 |
老骥 伏 枥， 志在 千　里。 烈士 暮 年，

776 537 | 6 - | 7 65 | 6765 3 | 36 12 | 32 3· |
壮心 不　已。　　盈 缩 之 期，　不 但 在 天。

6·1 23 | 23 6 | 53 17 | 6 - | 3 32 | 3 2· |
养怡 之 福， 可得 永 年。　　幸 甚 至　 哉，

32 567 | 6 - ‖
歌以 咏　 志。
　　　　D.C.

2004-2-2

25. 过故人庄 词：孟浩然（唐）；曲：汪同贵

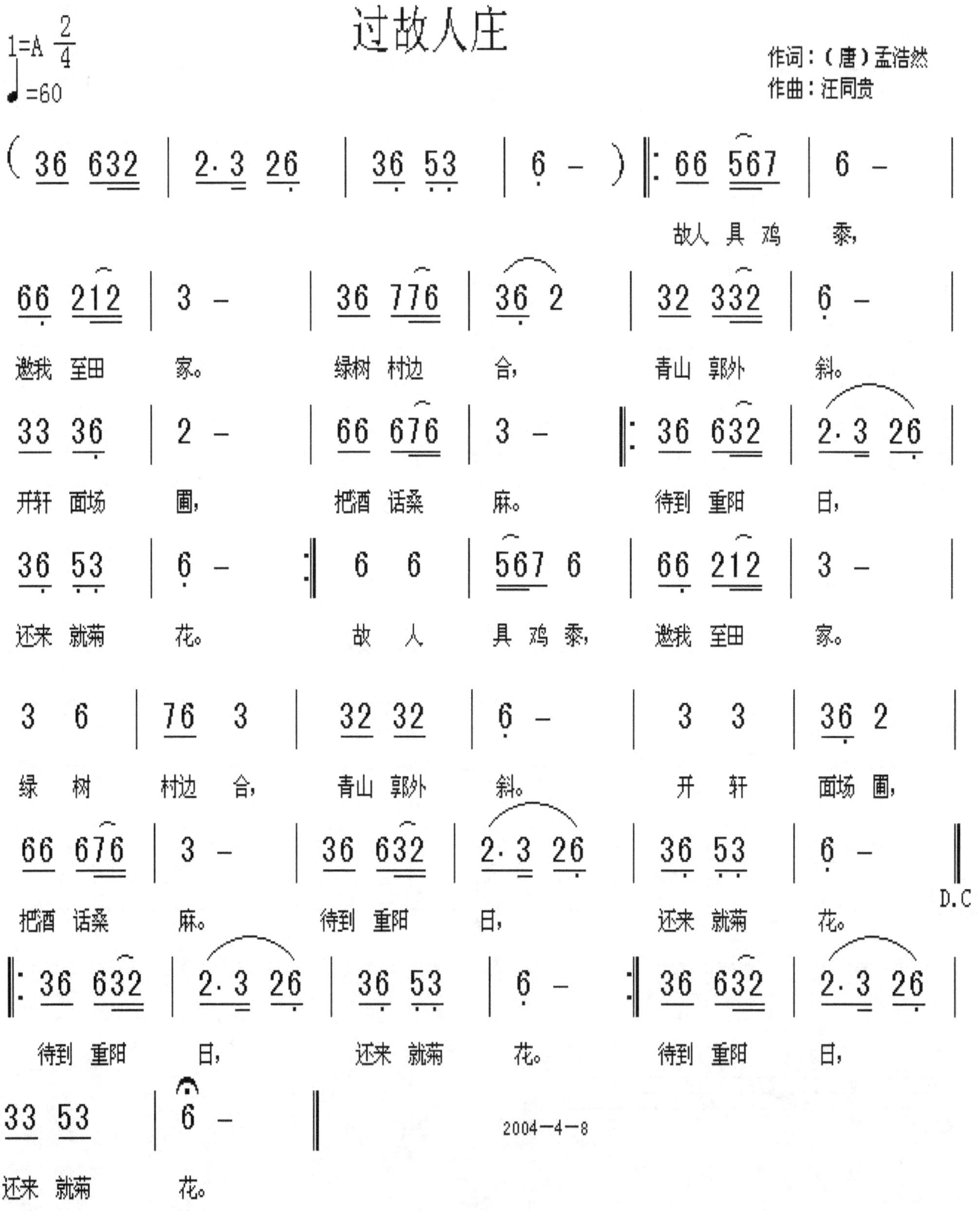

过故人庄

作词:孟浩然
作曲:汪同贵

(2004-4-8)

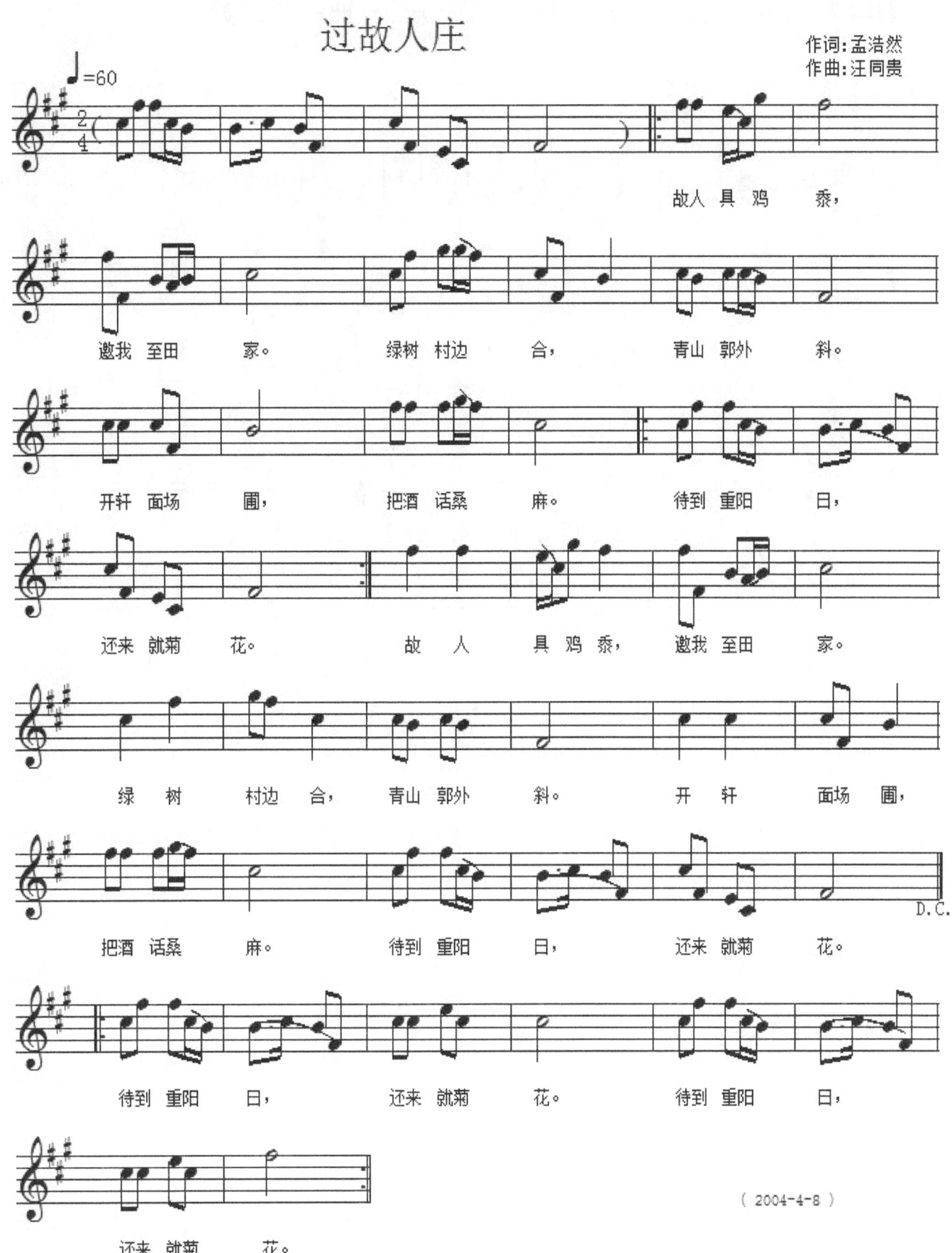

26. 浣溪沙·惆怅梦余山月斜 词：韦庄（唐）；曲：汪同贵

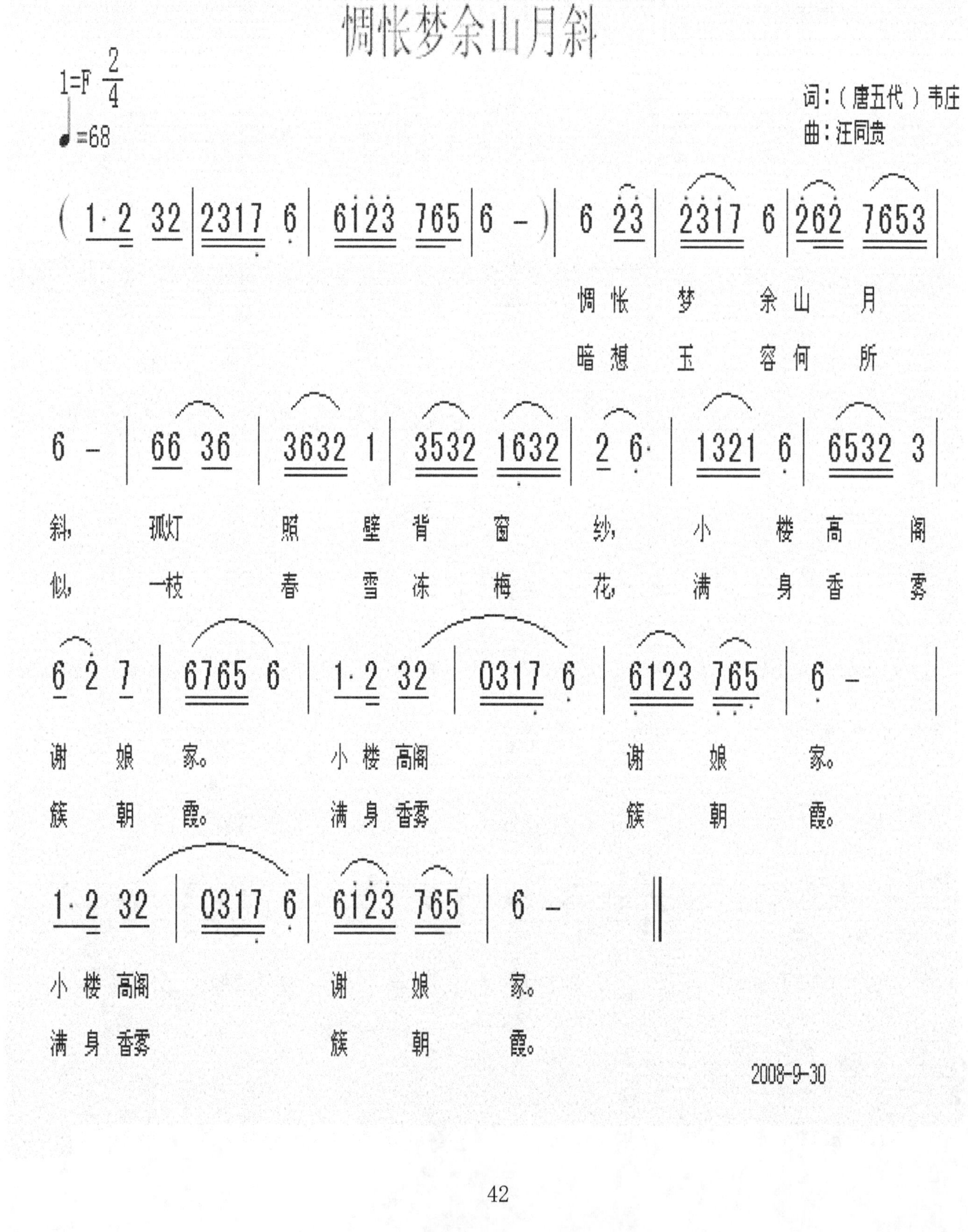

惆怅梦余山月斜

词：（唐五代）韦庄
曲：汪同贵

1=F 2/4
♩=68

(1·2 32 | 2317 6 | 6123 765 | 6 -) | 6 23 | 2317 6 | 262 7653 |

惆怅梦　余山月
暗想玉　容何所

6 - | 66 36 | 3632 1 | 3532 1632 | 2 6· | 1321 6 | 6532 3 |

斜，　孤灯　照壁背　窗　纱，　小楼高　阁
似，　一枝　春雪冻　梅　花　满身香　雾

6 2 7 | 6765 6 | 1·2 32 | 0317 6 | 6123 765 | 6 - |

谢　娘　家。　　　小楼 高阁　　　　谢　娘　家。
簇　朝　霞。　　　满身 香雾　　　　簇　朝　霞。

1·2 32 | 0317 6 | 6123 765 | 6 - ‖

小楼 高阁　　　谢　娘　家。
满身 香雾　　　簇　朝　霞。

2008-9-30

惆怅梦余山月斜

作词：唐五代 韦庄
作曲：汪同贵

27.黄鹤楼送孟浩然之广陵 词：李白（唐）；曲：汪同贵

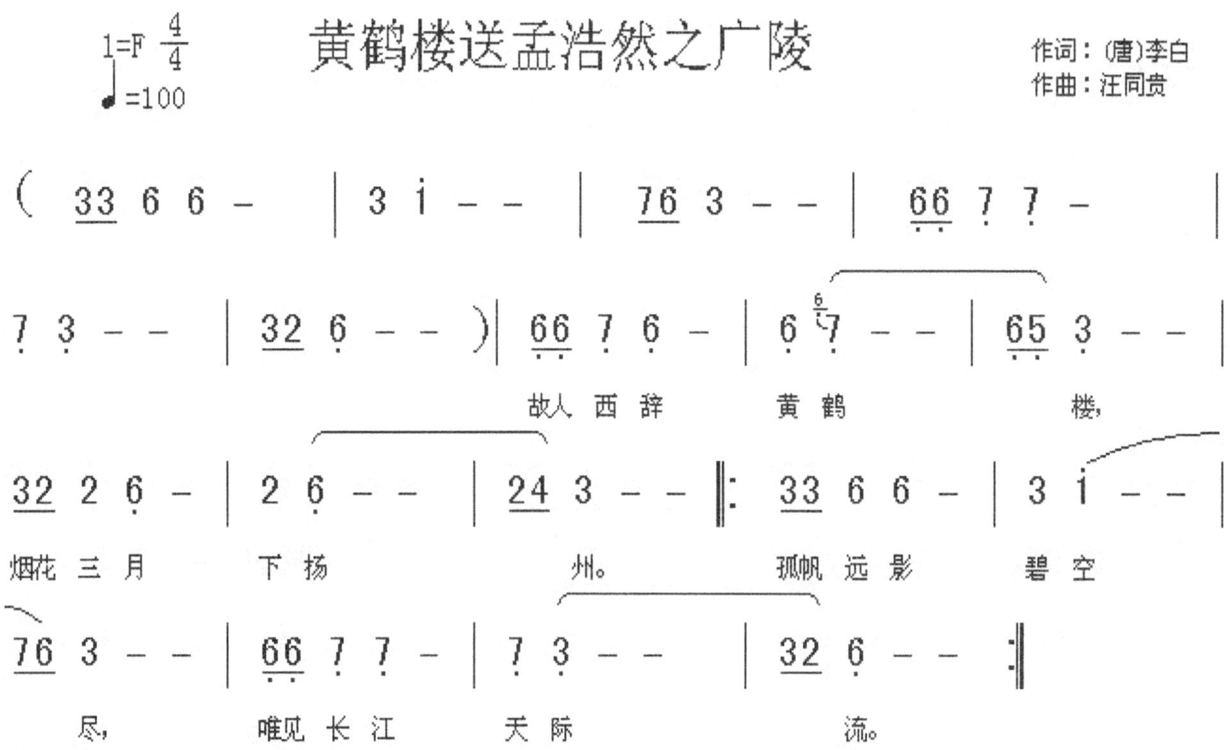

黄鹤楼送孟浩然之广陵

作词：(唐)李白
作曲：汪同贵

1=F 4/4　♩=100

(33 6 6 - | 3 1 - - | 7 6 3 - - | 66 7 7 - |
7 3 - - | 32 6 - -) | 66 7 6 - | 6 7 - - | 65 3 - - |
　　　　　　　　　　　　 故人西辞　 黄鹤　　　　 楼，

32 2 6 - | 2 6 - - | 24 3 - - ‖: 33 6 6 - | 3 1 - - |
烟花三月　 下扬　　　　 州。　　　 孤帆远影　 碧空

7 6 3 - - | 66 7 7 - | 7 3 - - | 32 6 - - :‖
尽，　 唯见长江　 天际　　　 流。

D.C.

28. 江城子·西城杨柳弄春柔　词：秦观（宋）；曲：汪同贵

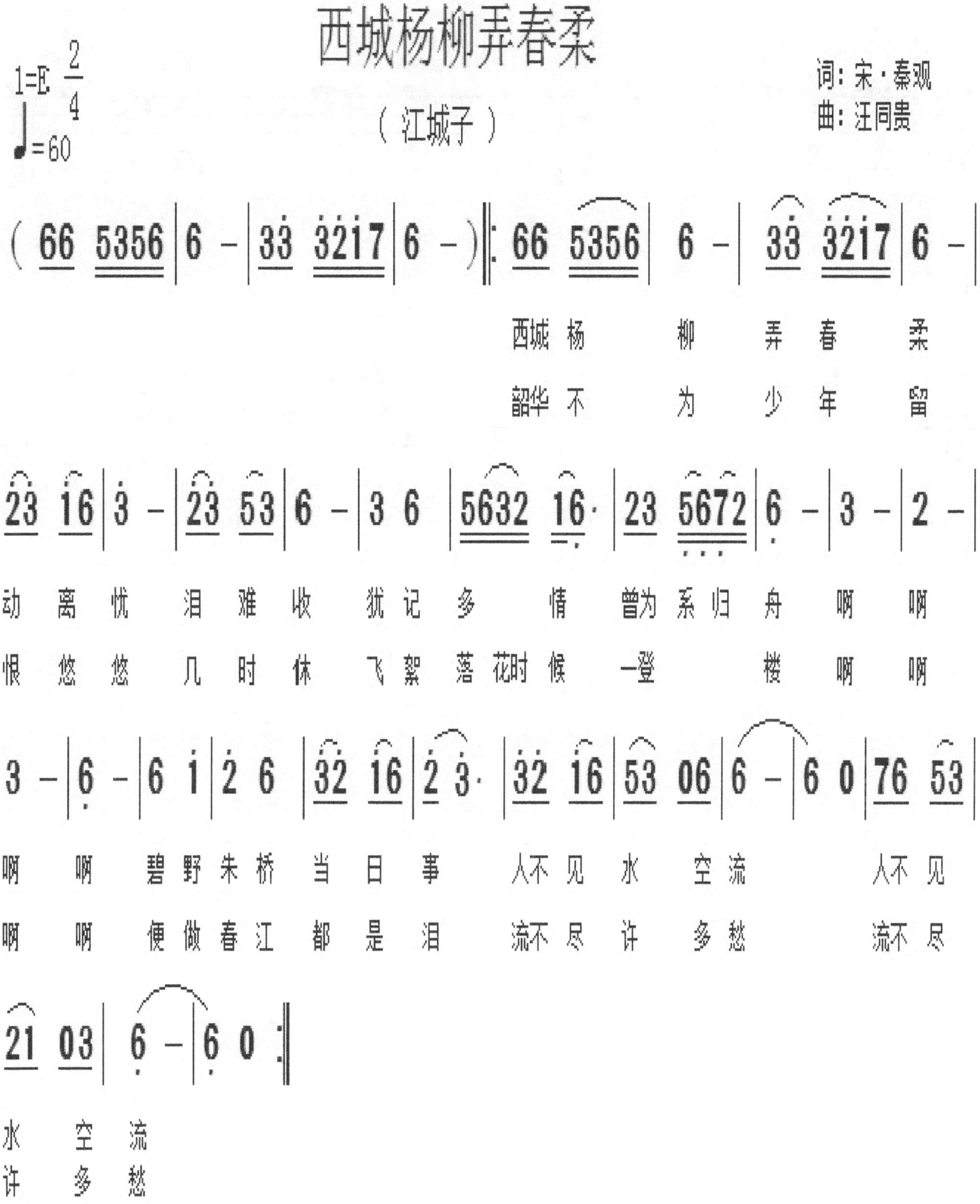

西城杨柳弄春柔
（江城子）

词：宋·秦观
曲：汪同贵

1=E　2/4　♩=60

(6 6 5 3 5 6 | 6 - | 3 3 3 2 1 7 | 6 -):‖ 6 6 5 3 5 6 | 6 - | 3 3 3 2 1 7 | 6 - |

西城杨　柳　弄春柔
韶华不　为　少年留

2 3 1 6 | 3 - | 2 3 5 3 | 6 - | 3 6 | 5 6 3 2 1 6· | 2 3 5 6 7 2 | 6 - | 3 - | 2 - |

动离忧　泪难收　犹记多　情　曾为系归舟　啊　啊
恨悠悠　几时休　飞絮落　花时候　一登　楼　啊　啊

3 - | 6 - | 6 1 2 6 | 3 2 1 6 | 2 3 | 3 2 1 6 | 5 3 0 6 | 6 - | 6 0 7 6 | 5 3 |

啊　啊　碧野朱桥　当日事　人不　见水　空　流　人不见
啊　啊　便做春江　都是泪　流不　尽许　多　愁　流不尽

2 1 0 3 | 6 - | 6 0 ‖

水　空　流
许　多　愁

西城杨柳弄春柔

江城子

作词:宋·秦观
作曲:汪同贵

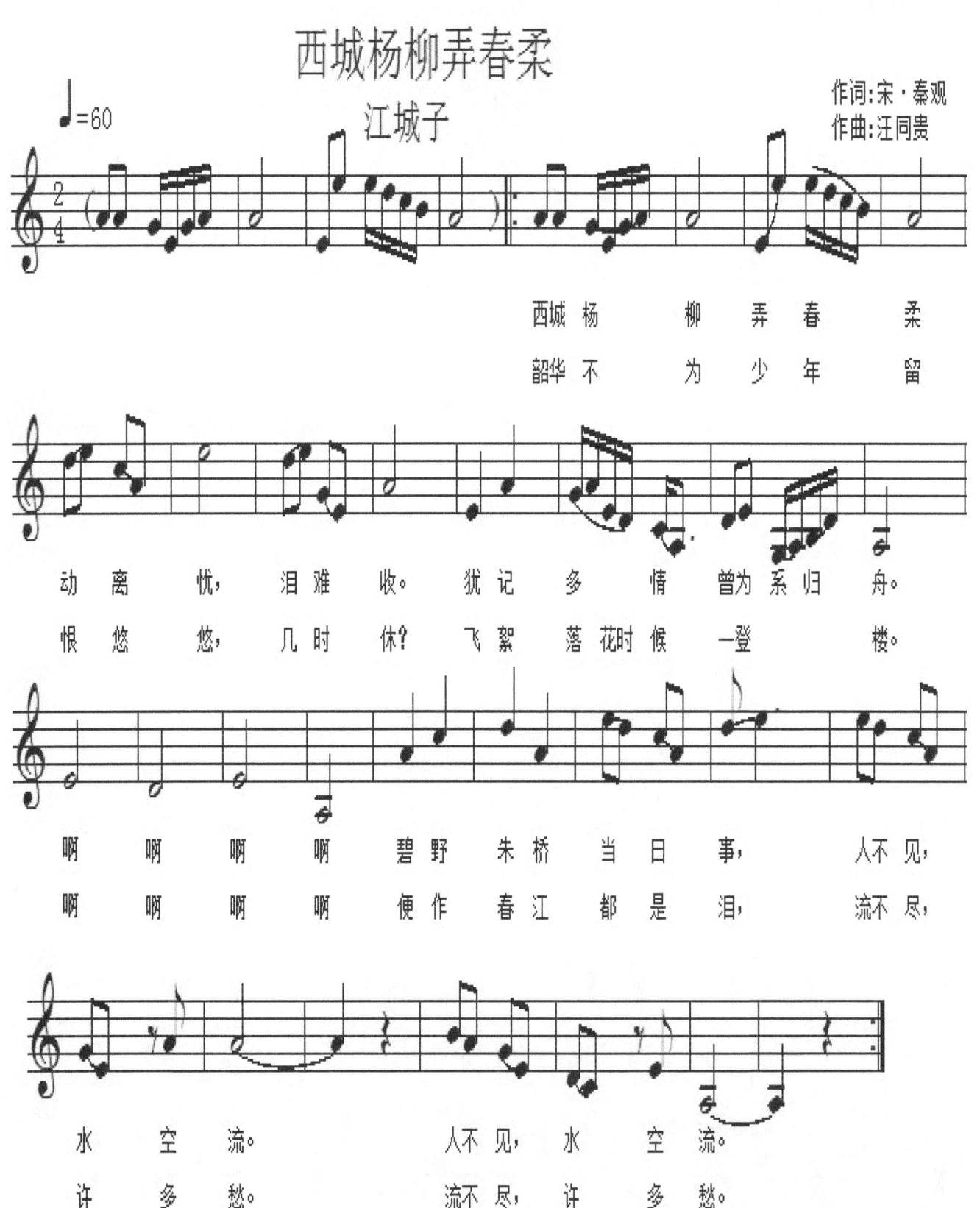

29.江城子·乙卯正月二十日夜记梦 词：苏轼（宋）；曲：汪同贵

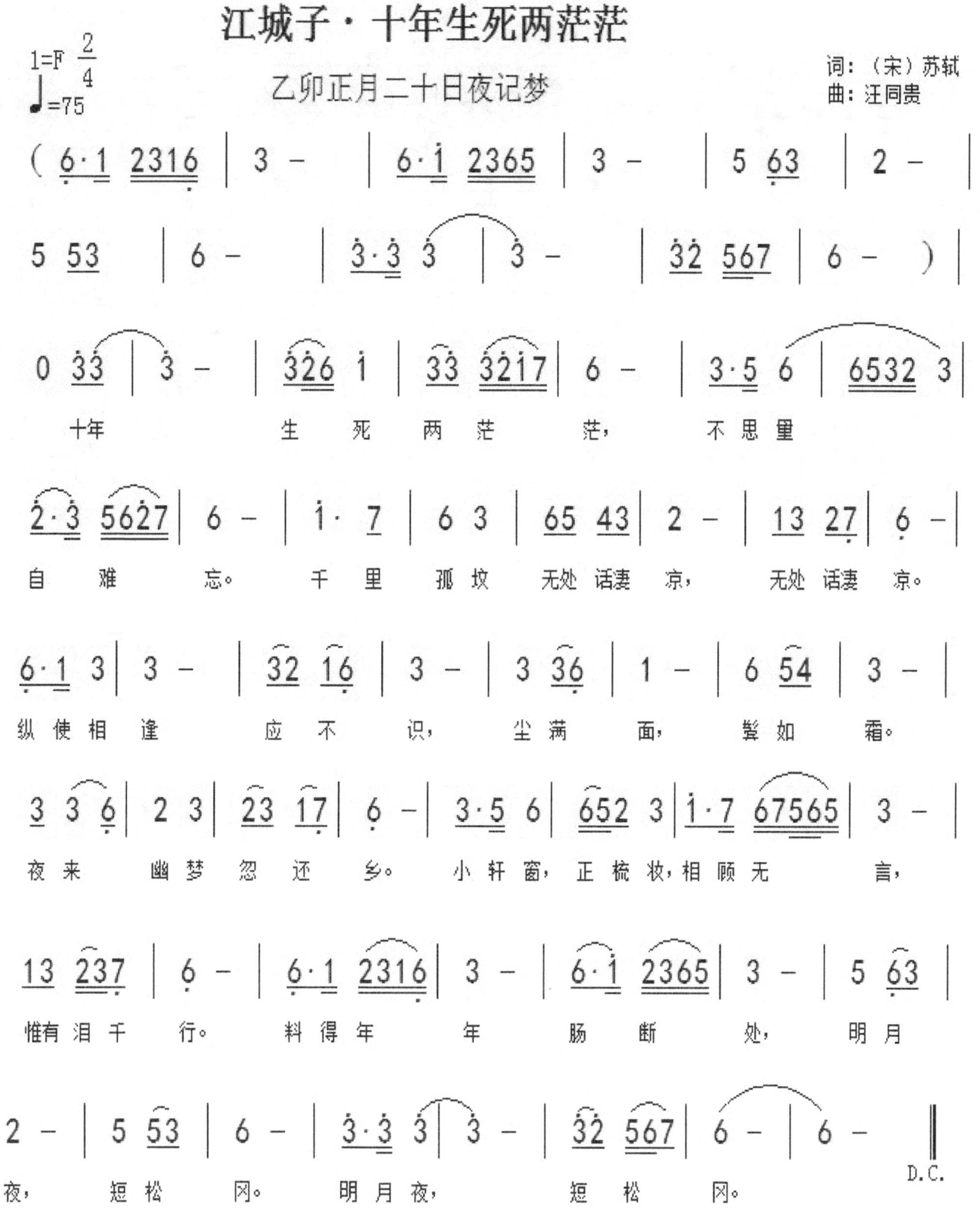

江城子·十年生死两茫茫
乙卯正月二十日夜记梦

1=F 2/4　♩=75

词：（宋）苏轼
曲：汪同贵

(6·1 2316 | 3 - | 6·1 2365 | 3 - | 5 63 | 2 - |
5 53 | 6 - | 3·3 3 | 3 - | 32 567 | 6 -) |

0 33 | 3 - | 326 1 | 33 3217 | 6 - | 3·5 6 | 6532 3 |
十年　　　　生　死　两　茫　茫，　　不　思　量

2·3 5627 | 6 - | 1· 7 | 6 3 | 65 43 | 2 - | 13 27 | 6 - |
自　难　　忘。　千　里　孤　坟　无处　话　凄　凉，　无处　话　凄　凉。

6·1 3 | 3 - | 32 16 | 3 - | 3 36 | 1 - | 6 54 | 3 - |
纵　使　相　逢　　应　不　识，　尘　满　面，　鬓　如　霜。

3 36 | 2 3 | 23 17 | 6 - | 3·5 6 | 652 3 | 1·7 67565 | 3 - |
夜　来　幽　梦　忽　还　乡。　小　轩　窗，正　梳　妆，相　顾　无　　言，

13 237 | 6 - | 6·1 2316 | 3 - | 6·1 2365 | 3 - | 5 63 |
惟　有　泪　千　行。　料　得　年　年　　肠　断　处，　明　月

2 - | 5 53 | 6 - | 3·3 3 | 3 - | 32 567 | 6 - | 6 - ‖
夜，　短　松　冈。　明　月　夜，　　短　松　冈。
　　　　　　　　　　　　　　　　　　　　　　　　　　　　D.C.

江城子·十年生死两茫茫

乙卯正月二十日夜记梦

作词：（宋）苏轼
作曲：汪同贵

30.江畔独步寻花 词：杜甫（唐）；曲：汪同贵

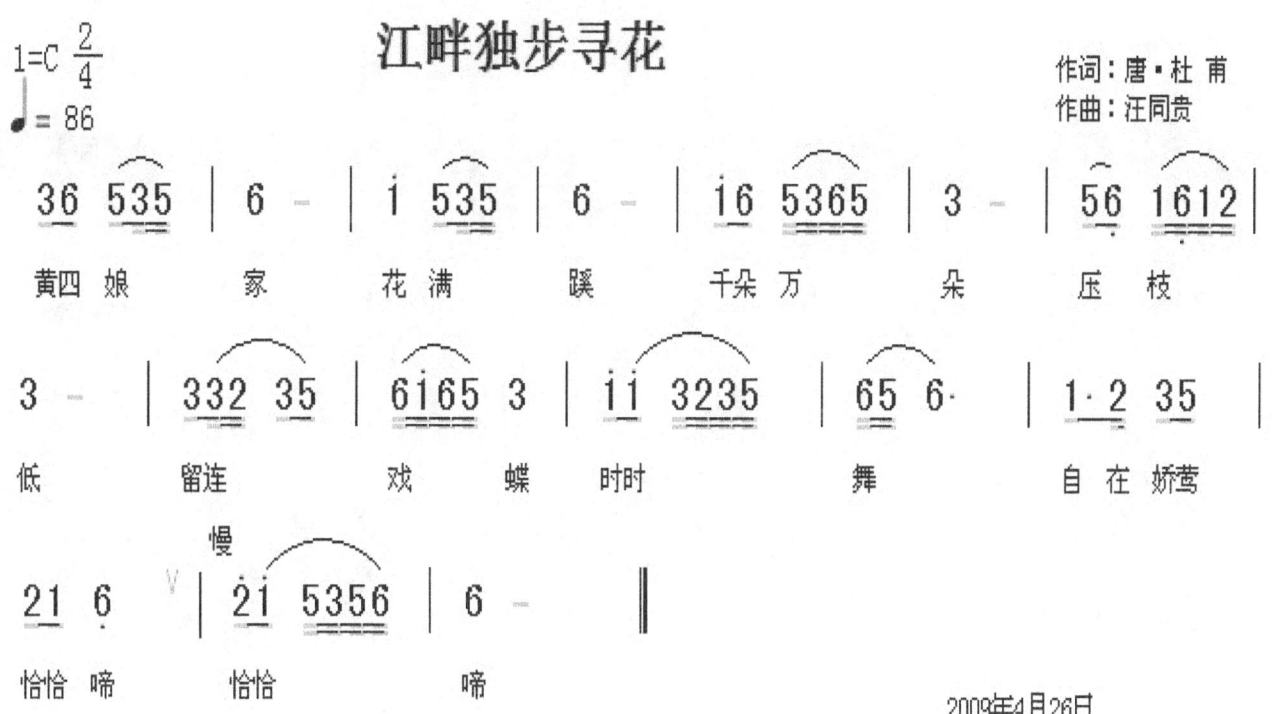

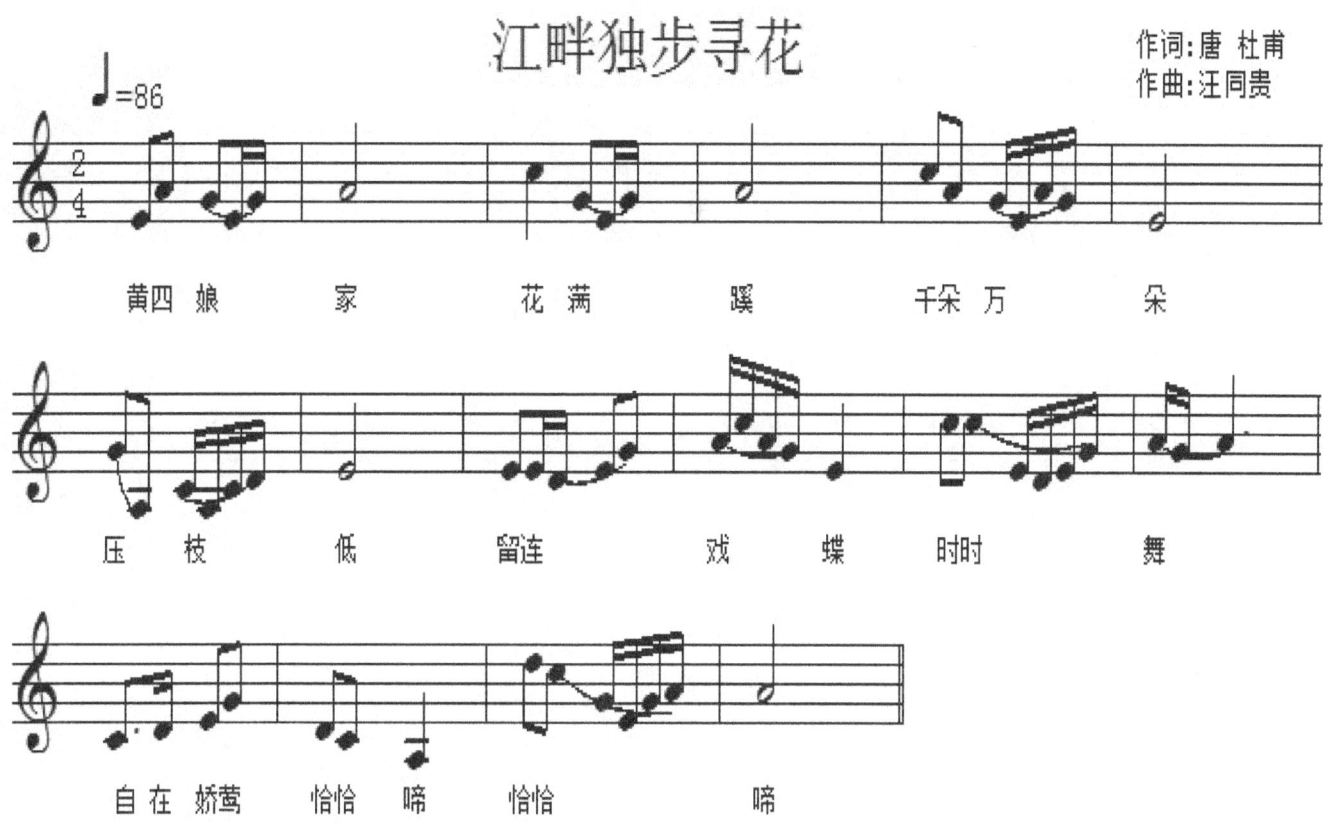

31. 锦瑟 词：李商隐（唐）；曲：汪同贵

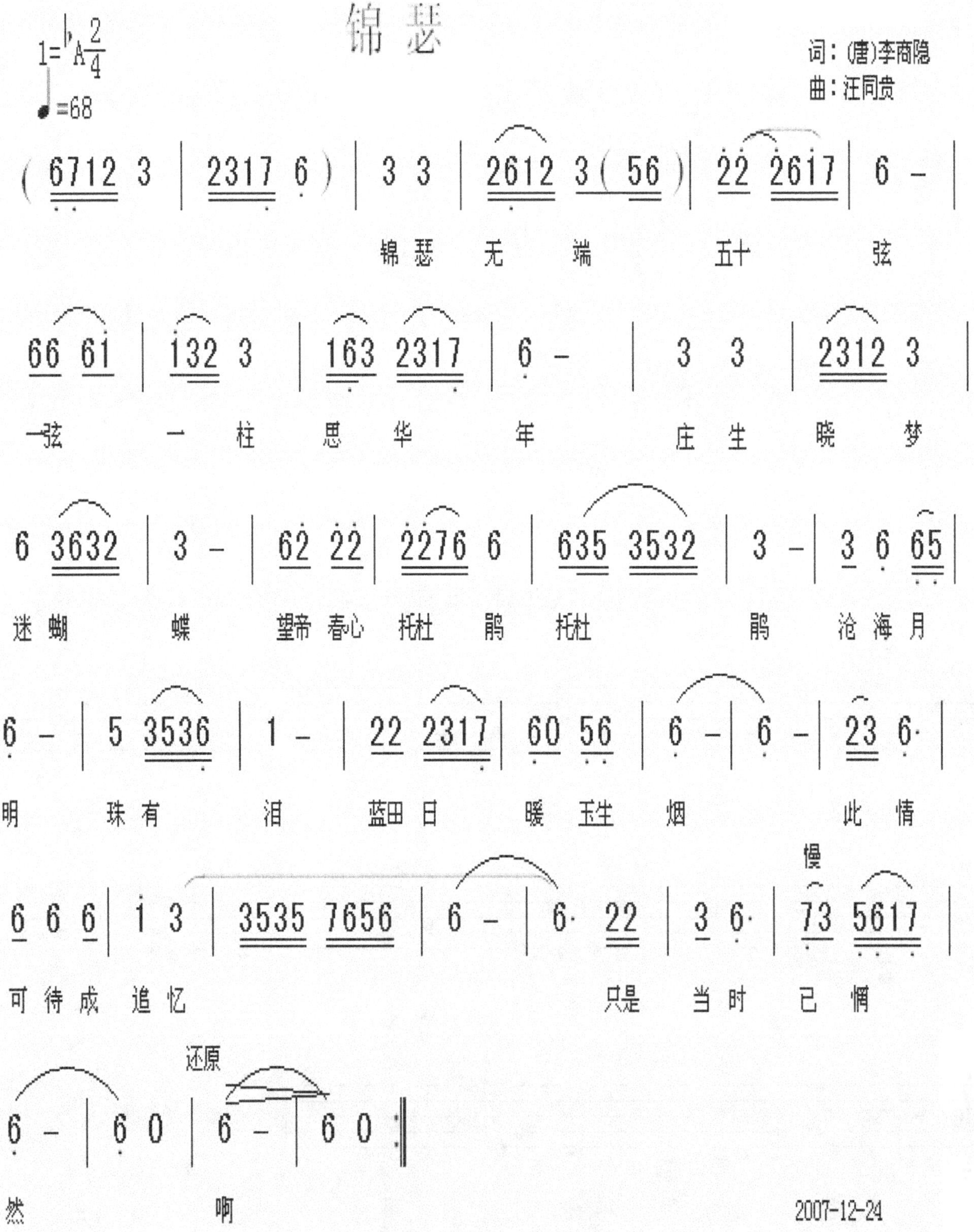

锦瑟

词：（唐）李商隐
曲：汪同贵

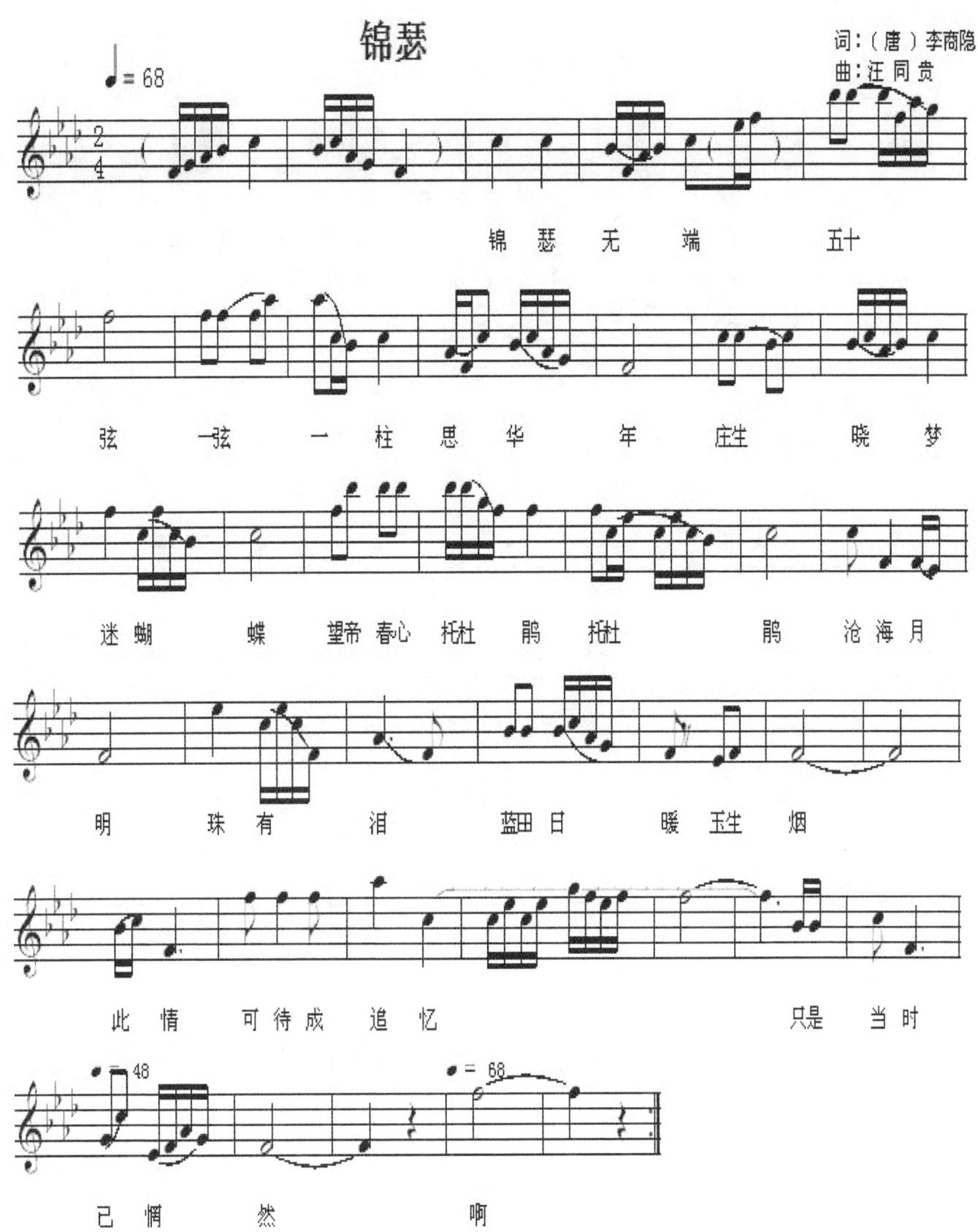

32. 静夜思 词：李白（唐）；曲：汪同贵

夜静思 床前明月光 曲一

作词：唐 李白
作曲：汪同贵

1=F 3/4 ♩=152

| 6 - 6 | 6 - 6 | 3 - - | (3 3 3) | 3 - 6 | 6 1 2 |
| 床 前 | 明 月 | 光 | | 疑 是 | 地 上 |

| 3 - - | (3 3 3) | 6 - 3 | 6 - 3 | 2 2 3 | 6 - - |
| 霜 | | 举 头 | 望 明 | 月 | |

| (6 6 6) | 3 - 6 | 2 - 57 | 6 - - | (6 6 6) ‖
| | 低 头 | 思 故 | 乡 | |

静夜思 曲二

词：唐·李白
曲：汪同贵

1=G 3/4 ♩=128

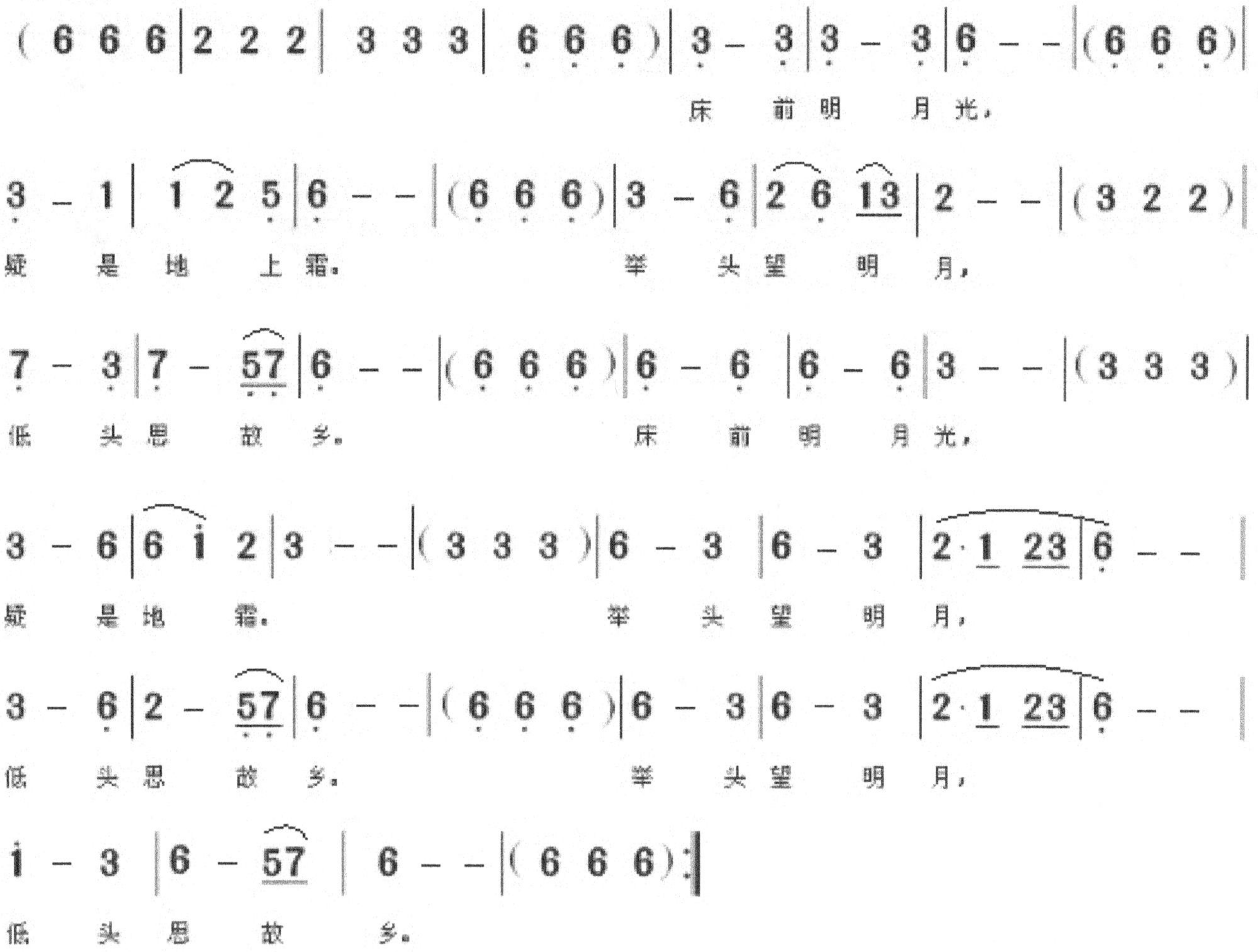

| (6 6 6 | 2 2 2 | 3 3 3 | 6 6 6) | 3 - 3 | 3 - 3 | 6 - - | (6 6 6) |
| | | | | 床 前 | 明 月 | 光， | |

| 3 - 1 | 1 2 5 | 6 - - | (6 6 6) | 3 - 6 | 2 6 13 | 2 - - | (3 2 2) |
| 疑 是 | 地 上 霜， | | | 举 头 | 望 明 | 月， | |

| 7 - 3 | 7 - 57 | 6 - - | (6 6 6) | 6 - 6 | 6 - 6 | 3 - - | (3 3 3) |
| 低 头 | 思 故 | 乡。 | | 床 前 | 明 月 | 光， | |

| 3 - 6 | 6 1 2 | 3 - - | (3 3 3) | 6 - 3 | 6 - 3 | 2·1 23 | 6 - - |
| 疑 是 | 地 上 | 霜。 | | 举 头 | 望 明 | 月， | |

| 3 - 6 | 2 - 57 | 6 - - | (6 6 6) | 6 - 3 | 6 - 3 | 2·1 23 | 6 - - |
| 低 头 | 思 故 | 乡。 | | 举 头 | 望 明 | 月， | |

| 1 - 3 | 6 - 57 | 6 - - | (6 6 6) ‖
| 低 头 | 思 故 | 乡。 | |

静夜思 曲1

作词:唐 李白
作曲:汪同贵

静夜思 曲2

作词:唐 李白
作曲:汪同贵

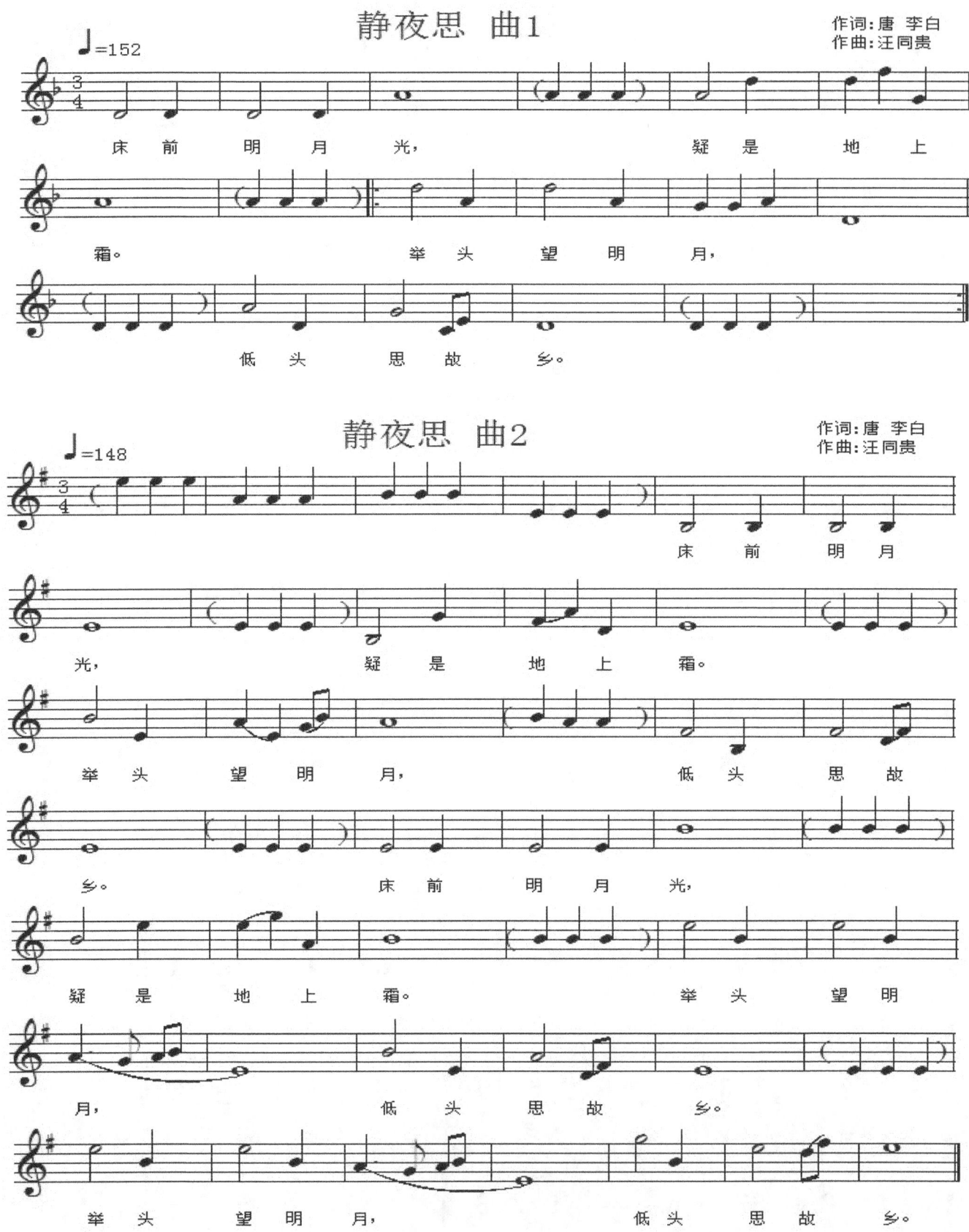

33. 九月九日忆山东兄弟 词：王维（唐）；曲：汪同贵

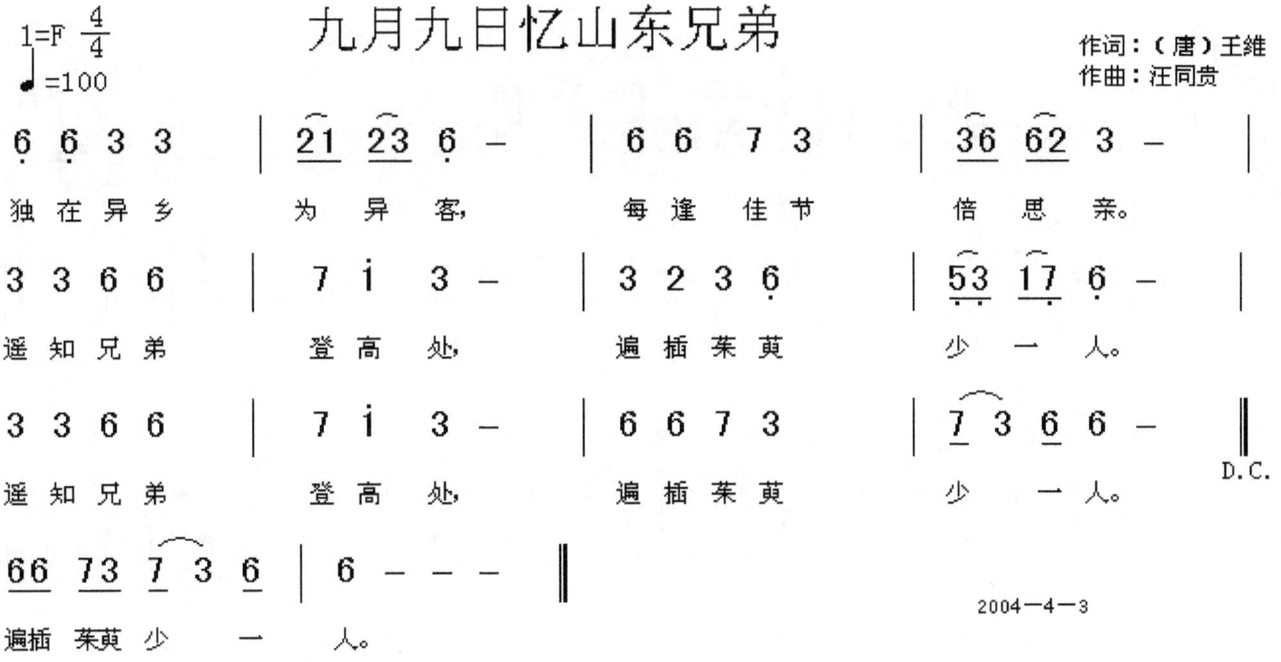

34. 绝句 两个黄鹂鸣翠柳 词：杜甫（唐）；曲：汪同贵

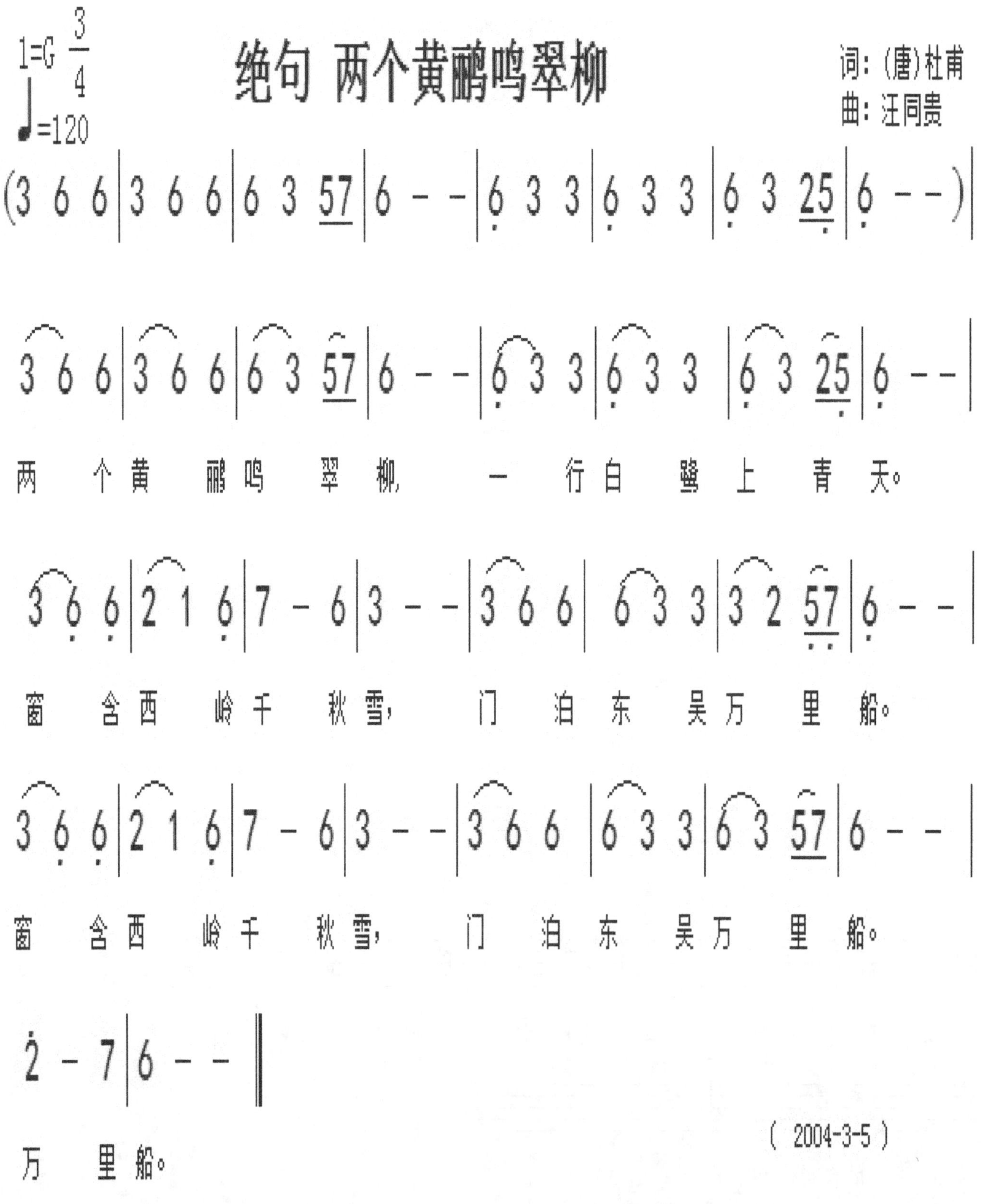

绝句 两个黄鹂鸣翠柳

1=G 3/4　♩=120

词：(唐)杜甫
曲：汪同贵

(3 6 6 | 3 6 6 | 6 3 57 | 6 - - | 6̣ 3 3 | 6̣ 3 3 | 6̣ 3 25 | 6 - -)

3 6 6 | 3 6 6 | 6 3 57 | 6 - - | 6̣ 3 3 | 6̣ 3 3 | 6̣ 3 25 | 6 - -

两　个黄　鹂鸣　翠　柳，　一　行白　鹭上　青　天。

3 6̣ 6̣ | 2 1 6̣ | 7 - 6 | 3 - - | 3 6 6 | 6̣ 3 3 | 3 2 57 | 6 - -

窗　含西　岭千　秋　雪，　门　泊东　吴万　里　船。

3 6̣ 6̣ | 2 1 6̣ | 7 - 6 | 3 - - | 3 6 6 | 6̣ 3 3 | 6̣ 3 57 | 6 - -

窗　含西　岭千　秋　雪，　门　泊东　吴万　里　船。

2̇ - 7 | 6 - - ‖

万　　里　船。

(2004-3-5)

绝句 两个黄鹂鸣翠柳

作词:唐 杜甫
作曲:汪同贵

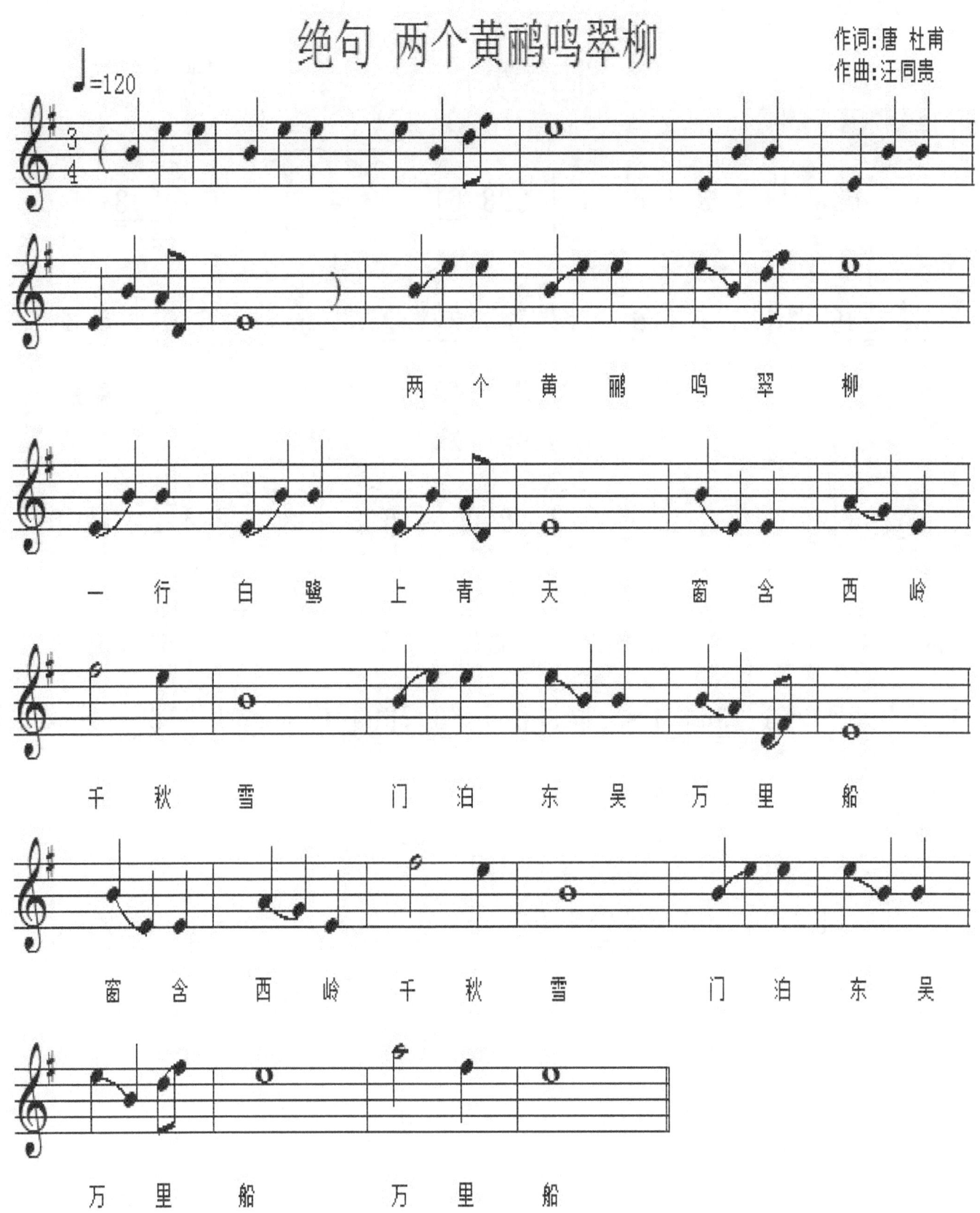

35. 浪淘沙·帘外雨潺潺　词：李煜（南唐）；曲：汪同贵

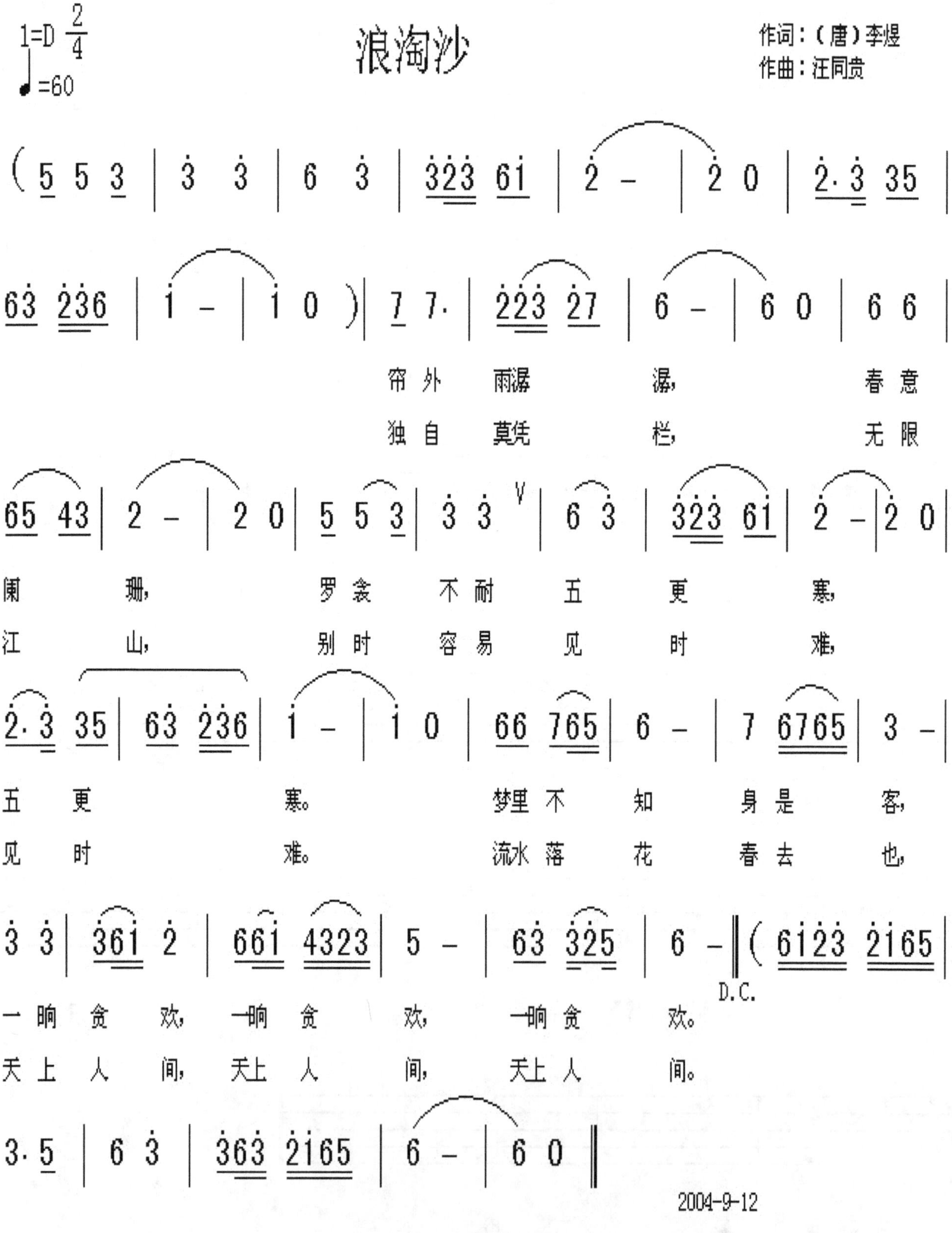

浪淘沙

作词：（唐）李煜
作曲：汪同贵

1=D 2/4　♩=60

帘外雨潺潺，春意阑珊，罗衾不耐五更寒，
独自莫凭栏，无限江山，别时容易见时难，
五更寒。梦里不知身是客，一晌贪欢，一晌贪欢，一晌贪欢。
见时难。流水落花春去也，天上人间，天上人间，天上人间。

2004-9-12

浪淘沙

♩=68

作词：（唐）李煜
作曲：汪同贵

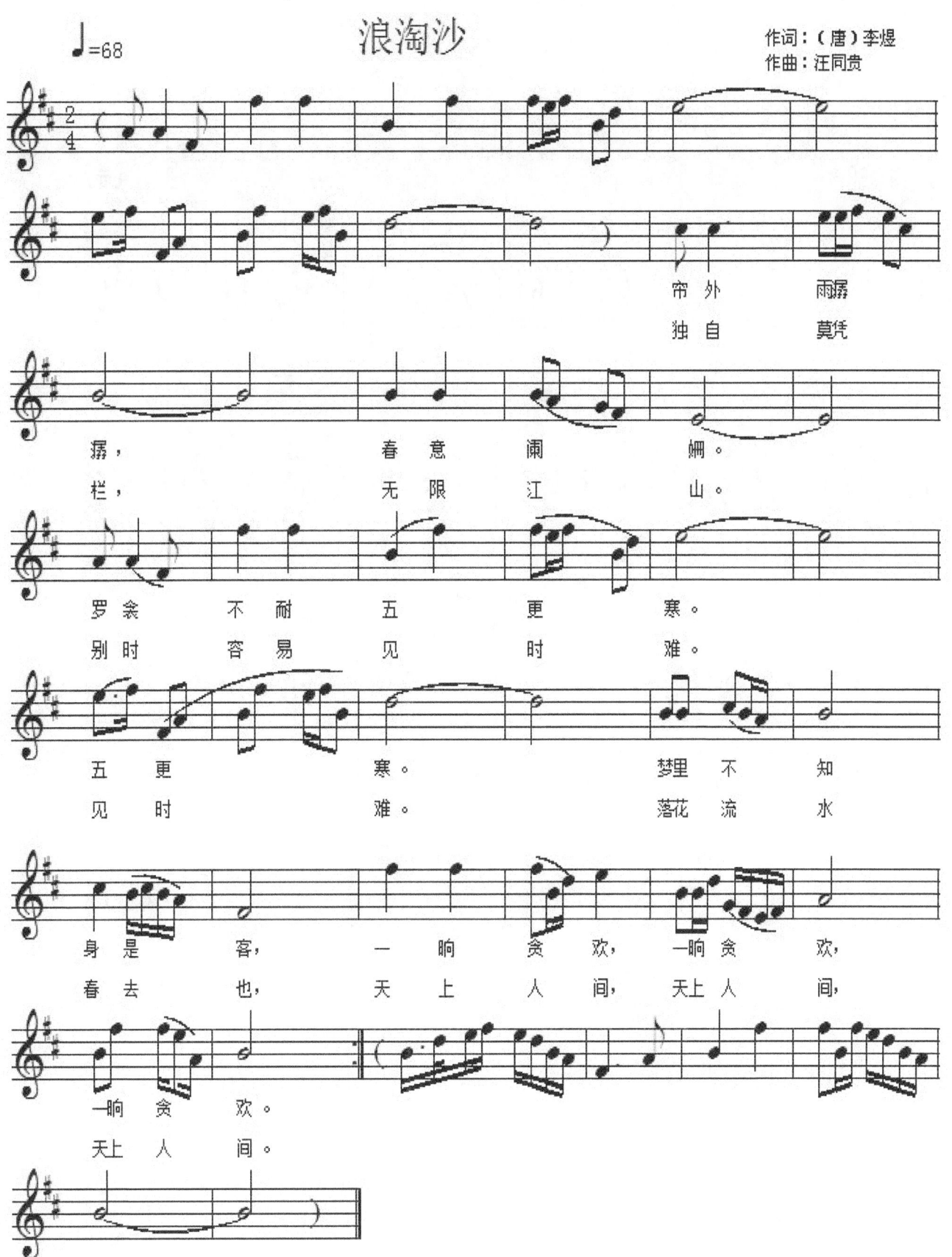

36. 凉州词 词：王之涣（唐）；曲：汪同贵

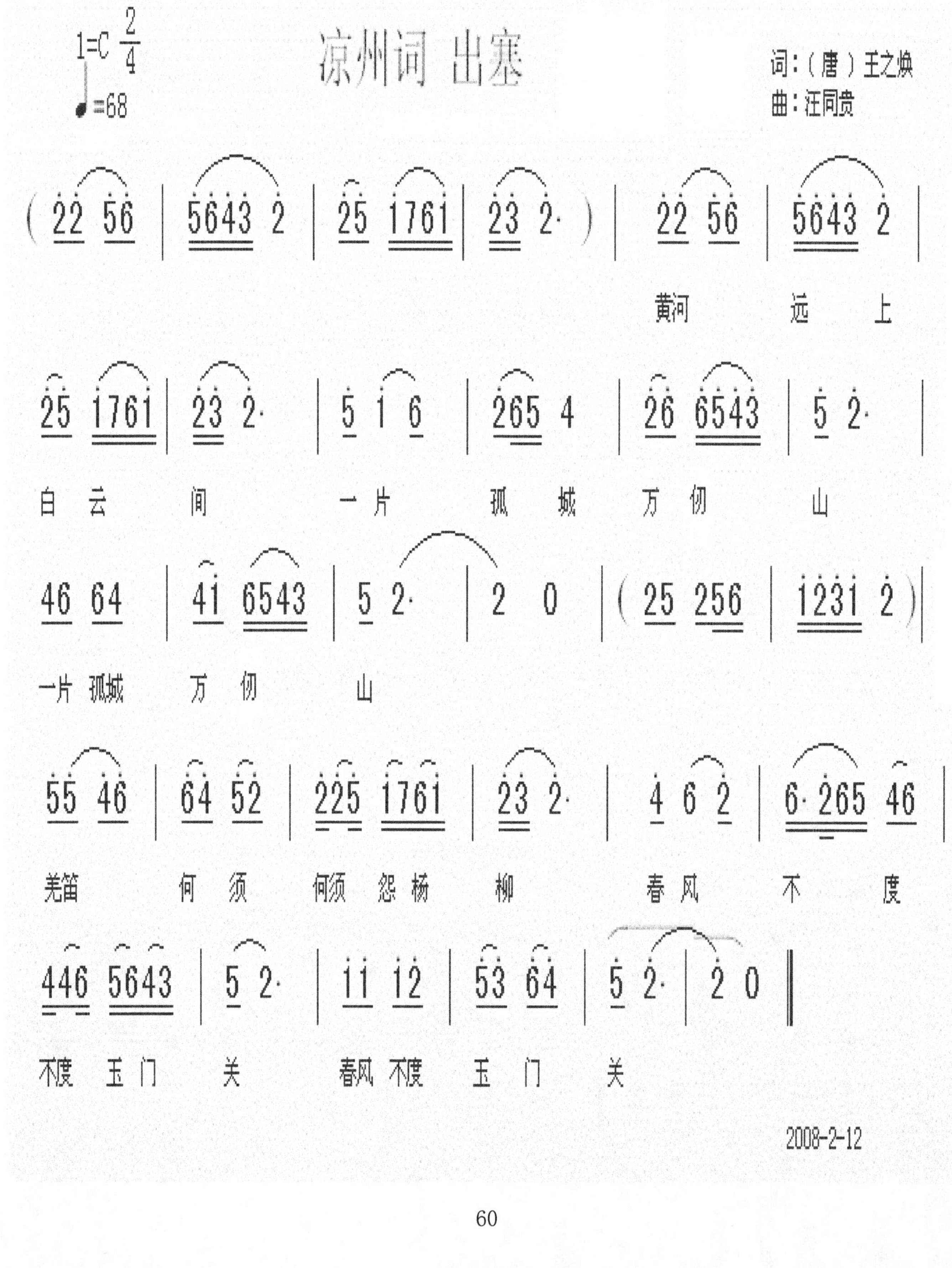

凉州词 出塞

词：（唐）王之涣
曲：汪同贵

1=C 2/4 ♩=68

(22 56 | 5643 2 | 25 1761 | 23 2·) | 22 56 | 5643 2 |

　　　　　　　　　　　　　　　　　　　黄河　　远　　上

25 1761 | 23 2· | 5 1 6 | 265 4 | 26 6543 | 5 2· |

白　云　间　　　　一　片　孤 城　万 仞　　　山

46 64 | 41 6543 | 5 2· | 2 0 | (25 256 | 1231 2) |

一片 孤城　万　仞　　山

55 46 | 64 52 | 225 1761 | 23 2· | 4 6 2 | 6·2 65 46 |

羌笛　　何 须　　何须 怨杨　柳　　　春 风　不　　度

446 5643 | 5 2· | 11 12 | 53 64 | 5 2· | 2 0 ‖

不度 玉门　关　　春风 不度　玉 门　关

2008-2-12

37.悯农 词：李绅（唐）；曲：汪同贵

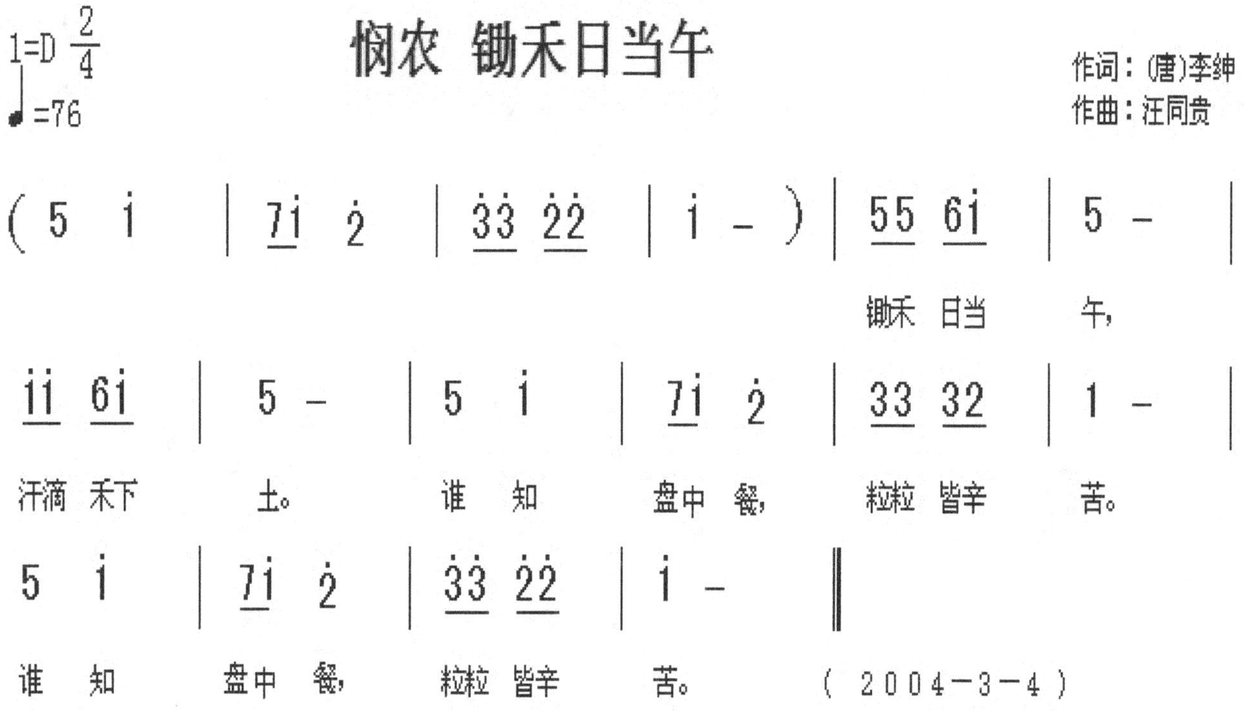

38. 南乡子·登京口北固亭有怀　词：辛弃疾（宋）；曲：汪同贵

1=G 2/4　♩=68

南乡子·登京口北固亭有怀

作词：(宋)辛弃疾

```
(6̱1̇ 7̱6̱5 | 6 - | 3̱6 6̱5̱3̱2 | 3 - ‖: 6̱1̇ 7̱6̱5 | 6 - | 3̱6 6̱5̱3̱2 | 3 -
                                    何处 望神  州，   望 神    州，
                                    年少 万兜  鍪，   万 兜    鍪，

6̱6̱ 3̱2̱ | 6̱3̱ 2̱5̱· | 6̣ - | 3̱·2̱ 3̱2̱1̱6̱ | 3̱2̱1̱6̱ 3̱ 7̱ 6·̱ | 6 - | 3̱·6̱ 6̱5̱3̱
满眼 风光 北固 楼。     千古兴亡 多少事  七 六·   悠 悠。 不尽 长江
坐断 东南 战未 休。     天下英雄 谁敌手  曹 刘。   生子 当如

2̱3̱6̱ 2̱3̱5̱7̱ | 6̣ - | 3̱·6̱ 6̱5̱3̱ | 2̱3̱6̱ 2̱3̱5̱6̱ | 6 - | 6 0 :‖
滚 滚   流。   不尽 长江 滚 滚   流。
孙 仲   谋。   生子 当如 孙 仲   谋。
```

2004-2-25

39. 南乡子·四川道中作　词：曹伯启（元）；曲：汪同贵

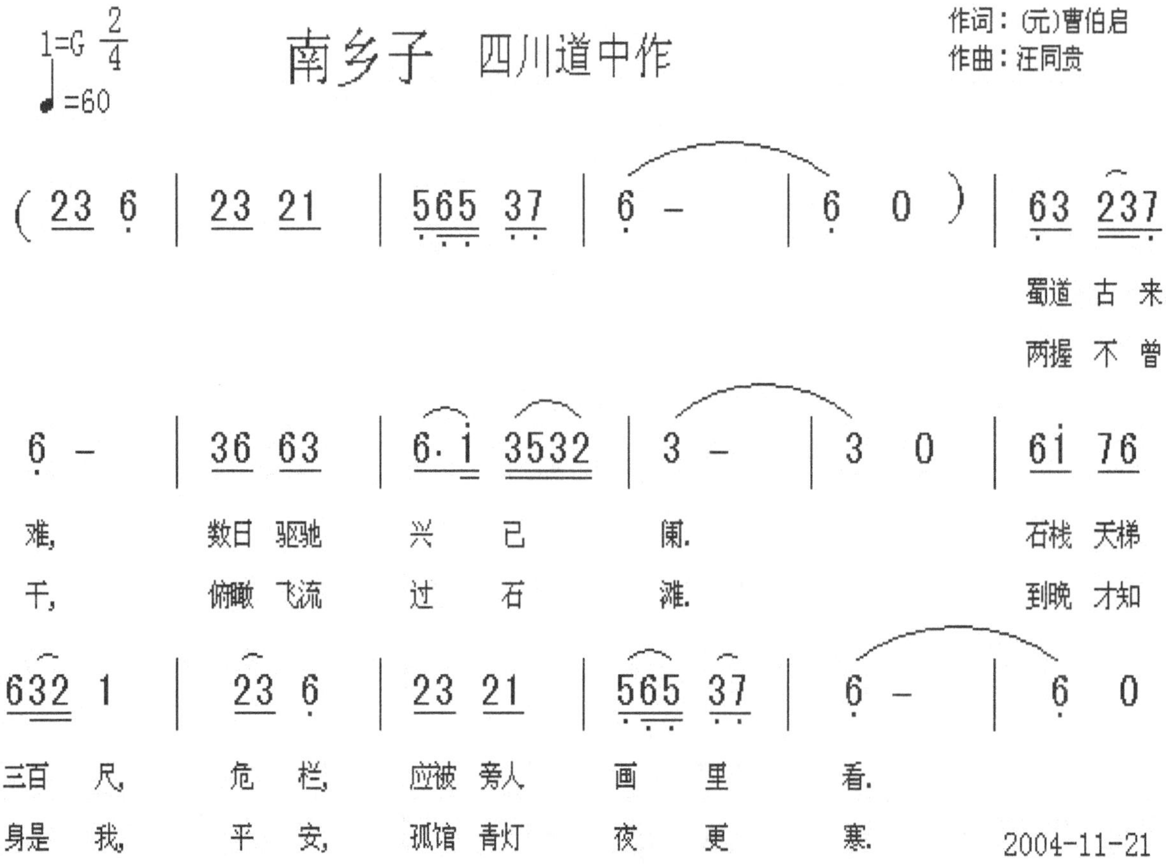

南乡子　四川道中作

作词：(元)曹伯启
作曲：汪同贵

1=G　2/4　♩=60

(2 3 6̣ | 2 3 2 1 | 5 6 5 3 7 | 6̣ - | 6̣ 0) | 6 3 2 3 7 |

　　　　　　　　　　　　　　　　　　　　　　　　蜀道 古 来
　　　　　　　　　　　　　　　　　　　　　　　　两握 不 曾

6̣ - | 3 6 6 3 | 6̣·1 3 5 3 2 | 3 - | 3 0 | 6 1 7 6 |

难，　数日 驱驰　兴 已 阑.　　　　　　石栈 天梯
干，　俯瞰 飞流　过 石 滩.　　　　　　到晚 才知

6 3 2 1 | 2 3 6̣ | 2 3 2 1 | 5 6 5 3 7 | 6̣ - | 6̣ 0 ‖

三百 尺，危 栏，应被 旁人　画 里 看.
身是 我，平 安，孤馆 青灯　夜 更 寒.

D.C.

2004-11-21

40. 念奴娇·赤壁怀古　词：苏轼（宋）；曲：汪同贵

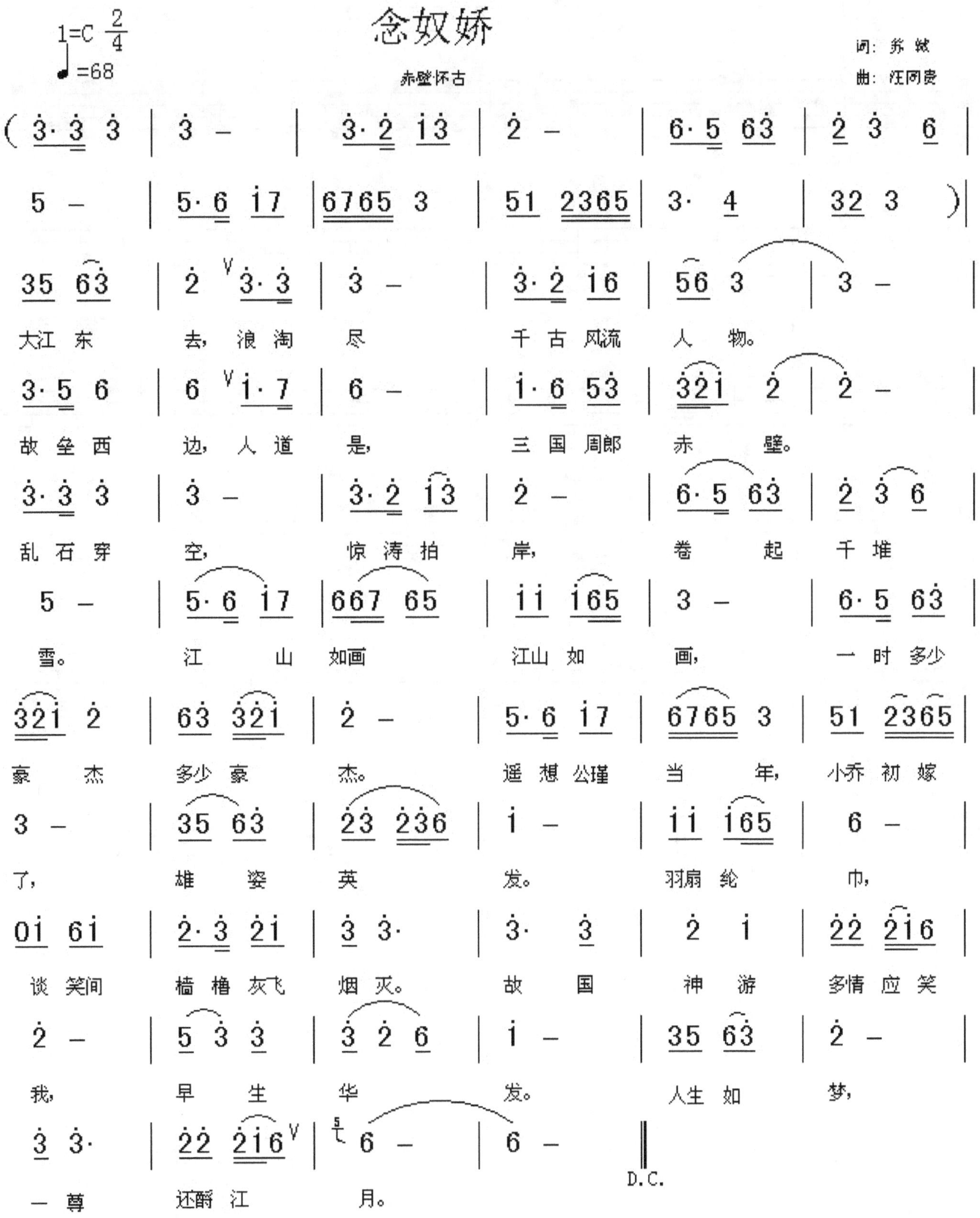

念奴娇 赤壁怀古

作词：(宋)苏轼
作曲：汪同贵

41.破阵子·为陈同甫赋壮词以寄之　词：辛弃疾（宋）；曲：汪同贵

42. 七步诗 词：曹植（东汉）；曲：汪同贵

七步诗

作词：(东汉)曹植
作曲：汪同贵

2/4

(3 6 7 | 6765 3 | 36 632 | 3 - | 6. 3 | 2312 3 | 66 765 |

3 - | 32 5623 | 6 -) 3 6 7 | 6765 3 | 36 632 | 3 - |

煮豆　燃豆萁，豆在釜中　泣。

6. 3 | 2312 3 | 66 765 | 3 - | 32 5623 | 6 - ‖ D.C.

本是　同根生，相煎何太　急！　　相煎何太　急！

2004-2-20

43. 前出塞 挽弓当挽强 词：杜甫（唐）；曲：汪同贵

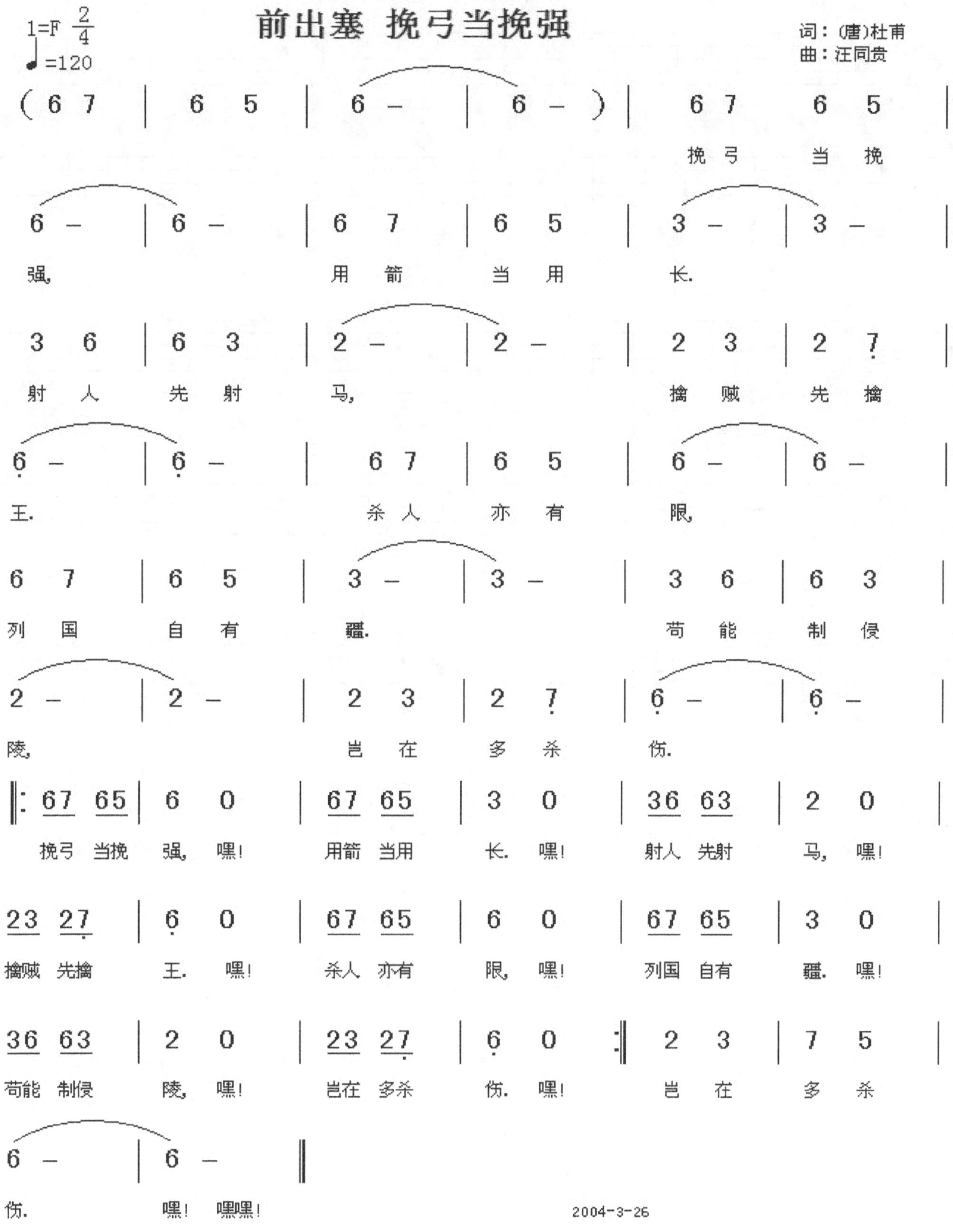

前出塞 挽弓当挽强

1=F 2/4　♩=120

词：(唐)杜甫
曲：汪同贵

```
( 6 7 | 6 5 | 6 - | 6 - ) | 6 7  6 5 |
                                挽弓  当挽

 6 -  | 6 -  | 6 7  6 5 | 3 -  | 3 -  |
 强，          用箭  当用   长.

 3 6  | 6 3  | 2 -  | 2 -  | 2 3  2 7 |
 射人  先射    马，            擒贼  先擒

 6 -  | 6 -  | 6 7  6 5 | 6 -  | 6 -  |
 王.           杀人  亦有   限，

 6 7  | 6 5  | 3 -  | 3 -  | 3 6  | 6 3 |
 列国  自有    疆.            苟能   制侵

 2 -  | 2 -  | 2 3  2 7 | 6 -  | 6 -  |
 陵，          岂在  多杀   伤.

‖: 6 7  6 5 | 6  0 | 6 7  6 5 | 3  0 | 3 6  6 3 | 2  0 |
   挽弓 当挽  强， 嘿！ 用箭 当用    长. 嘿！ 射人 先射   马，嘿！

 2 3  2 7 | 6  0 | 6 7  6 5 | 6  0 | 6 7  6 5 | 3  0 |
 擒贼 先擒  王. 嘿！ 杀人 亦有   限，嘿！ 列国 自有   疆.嘿！

 3 6  6 3 | 2  0 | 2 3  2 7 | 6  0 :‖ 2 3 | 7 5 |
 苟能 制侵  陵， 嘿！ 岂在 多杀   伤. 嘿！    岂在   多杀

 6 -  | 6 -  ‖
 伤.    嘿！ 嘿嘿！
```

2004-3-26

前出塞 挽弓当挽强

作词:(唐)杜甫
作曲:汪同贵

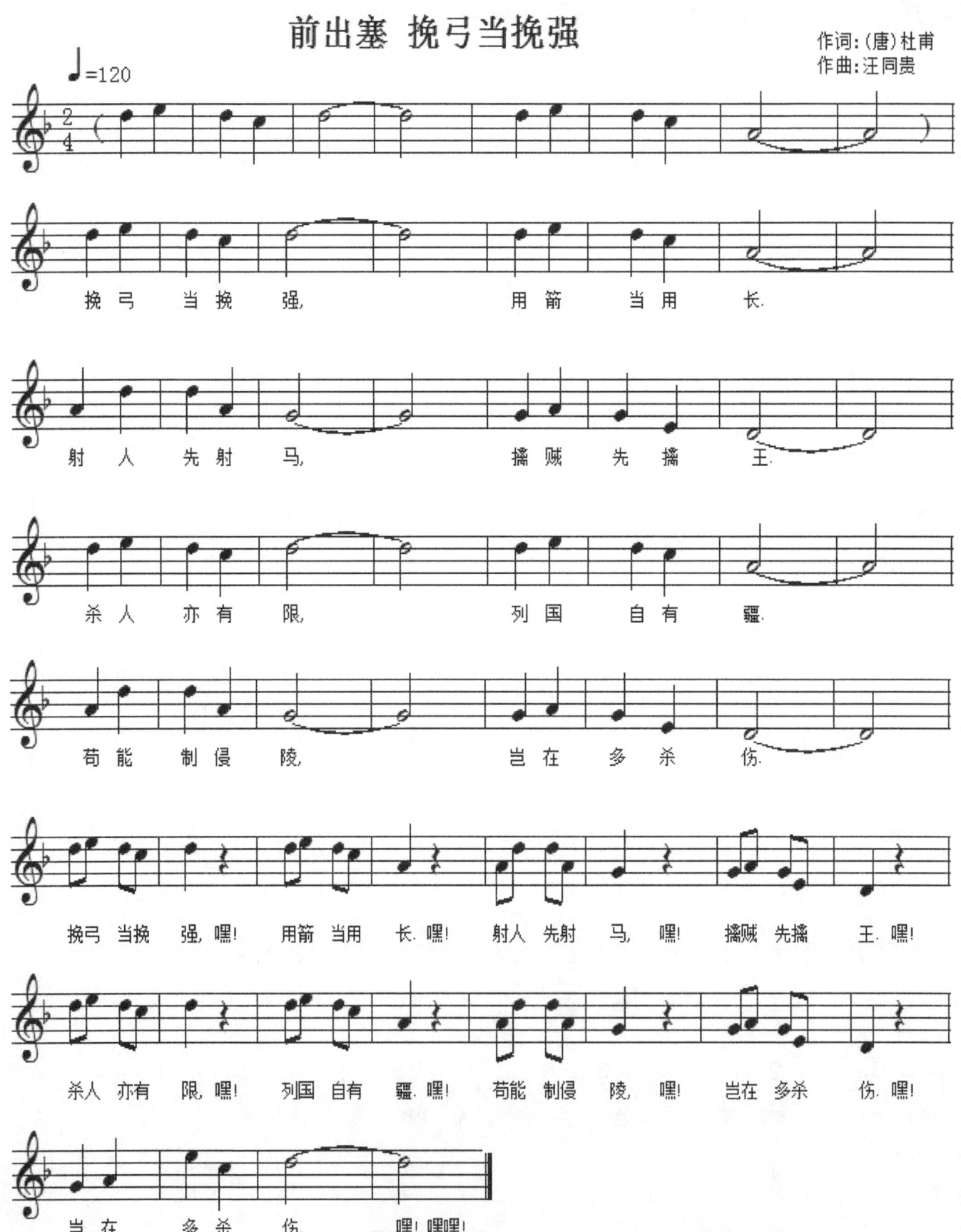

44. 将进酒 词：李白（唐）；曲：汪同贵

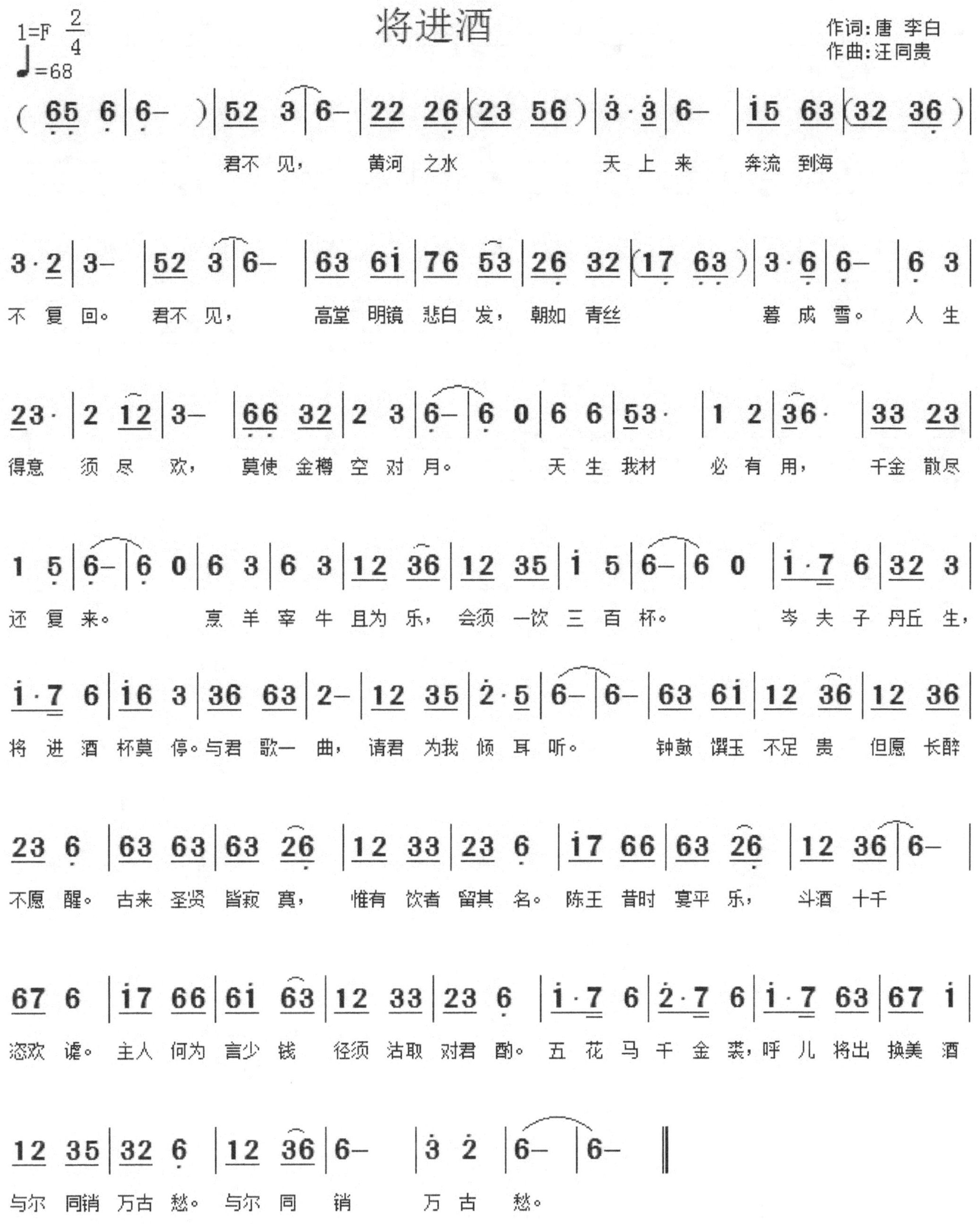

将进酒

作词：唐 李白
作曲：汪同贵

1=F 2/4 ♩=68

(6̲5̲ 6̣· | 6̣ -) | 5̲2̲ 3 | 6 - | 2̲2̲ 2̲6̣̲ | (2̲3̲ 5̲6̲) | 3̇·3̲ | 6 - | 1̇5̲ 6̲3̲ | (3̲2̲ 3̲6̣̲) |
　　　　　　　　　君不见，　黄河　之水　　　　　　　天　上　来　　奔流　到海

3·2̲ | 3 - | 5̲2̲ 3 | 6 - | 6̲3̲ 6̲1̲ | 7̲6̲ 5̲3̲ | 2̲6̲ 3̲2̲ | (1̲7̲ 6̲3̲) | 3·6̲ | 6 - | 6̣ 3 |
不 复 回。君不见，　高堂 明镜 悲白 发，朝如 青丝　　　　　暮 成 雪。 人 生

2̲3̲· | 2 1̲2̲ | 3 - | 6̲6̲ 3̲2̲ | 2 3 | 6̲ - | 6̣· 0 | 6 6 | 5̲3̲· | 1 2 | 3̲6̲· | 3̲3̲ 2̲3̲ |
得意　须尽 欢，　莫使 金樽 空 对 月。　天生 我材　必有 用，　千金 散尽

1 5̲ | 6̲ - | 6̣· 0 | 6 3̲ | 6 3̲ | 1̲2̲ 3̲6̲ | 1̲2̲ 3̲5̲ | 1̇ 5̲ | 6̲ - | 6̣· 0 | 1̇·7̲ 6̲ | 3̲2̲ 3 |
还 复 来。　烹羊 宰牛 且为 乐，会须 一饮 三 百 杯。　　　岑 夫子 丹丘 生，

1̇·7̲ 6̲ | 1̲6̣̲ 3 | 3̲6̲ 6̲3̲ | 2 - | 1̲2̲ 3̲5̲ | 2̇·5̲ | 6̲ - | 6̣ - | 6̲3̲ 6̲1̲ | 1̲2̲ 3̲6̲ | 1̲2̲ 3̲6̲ |
将 进 酒 杯莫 停。与君 歌一　曲，　请君　为我　倾耳 听。　钟鼓 馔玉 不足 贵 但愿 长醉

2̲3̲ 6̣ | 6̲3̲ 6̲3̲ | 6̲3̲ 2̲6̣̲ | 1̲2̲ 3̲3̲ | 2̲3̲ 6̣ | 1̇7̲ 6̲6̲ | 6̲3̲ 2̲6̣̲ | 1̲2̲ 3̲6̲ | 6̲ - |
不 愿 醒。古来 圣贤 皆寂 寞，　惟有 饮者 留其 名。陈王 昔时 宴平 乐，　斗酒 十千

6̲7̲ 6̣ | 1̲7̲ 6̲6̲ | 6̲1̲ 6̲3̲ | 1̲2̲ 3̲3̲ | 2̲3̲ 6̣ | 1̇·7̲ 6̲ | 2̇·7̲ 6̲ | 1̇·7̲ 6̲3̲ | 6̲7̲ 1̇ |
恣欢　谑。主人 何为　言少 钱　径须 沽取　对君 酌。五花 马 千 金裘，呼儿 将出　换美酒

1̲2̲ 3̲5̲ | 3̲2̲ 6̣ | 1̲2̲ 3̲6̲ | 6 - | 3̇ 2 | 6 - | 6 - ‖
与尔　同销 万古 愁。与尔 同销　　万 古　　愁。

将进酒

作词:唐 李白
作曲:汪同贵

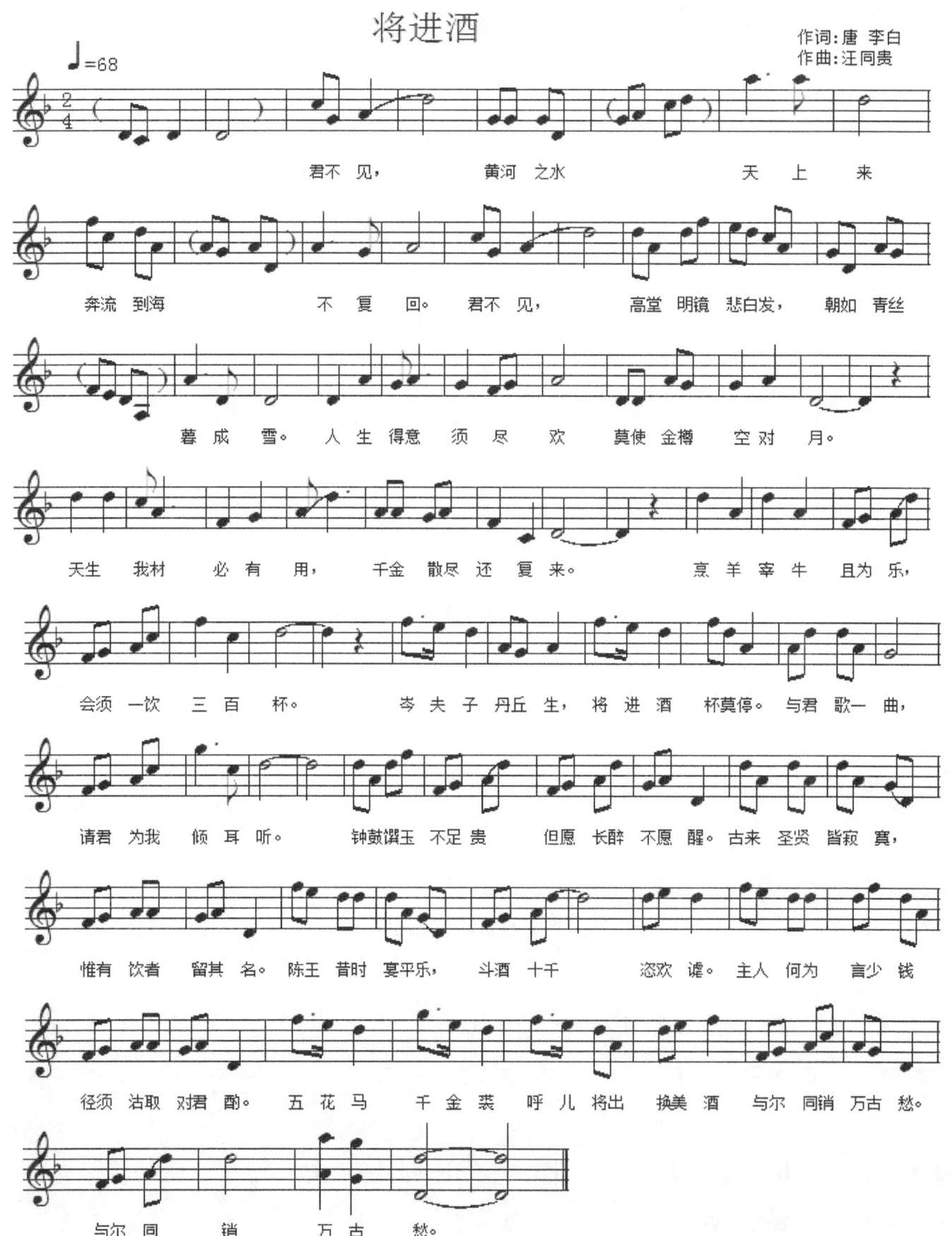

45.清明 词：杜牧（唐）；曲：汪同贵

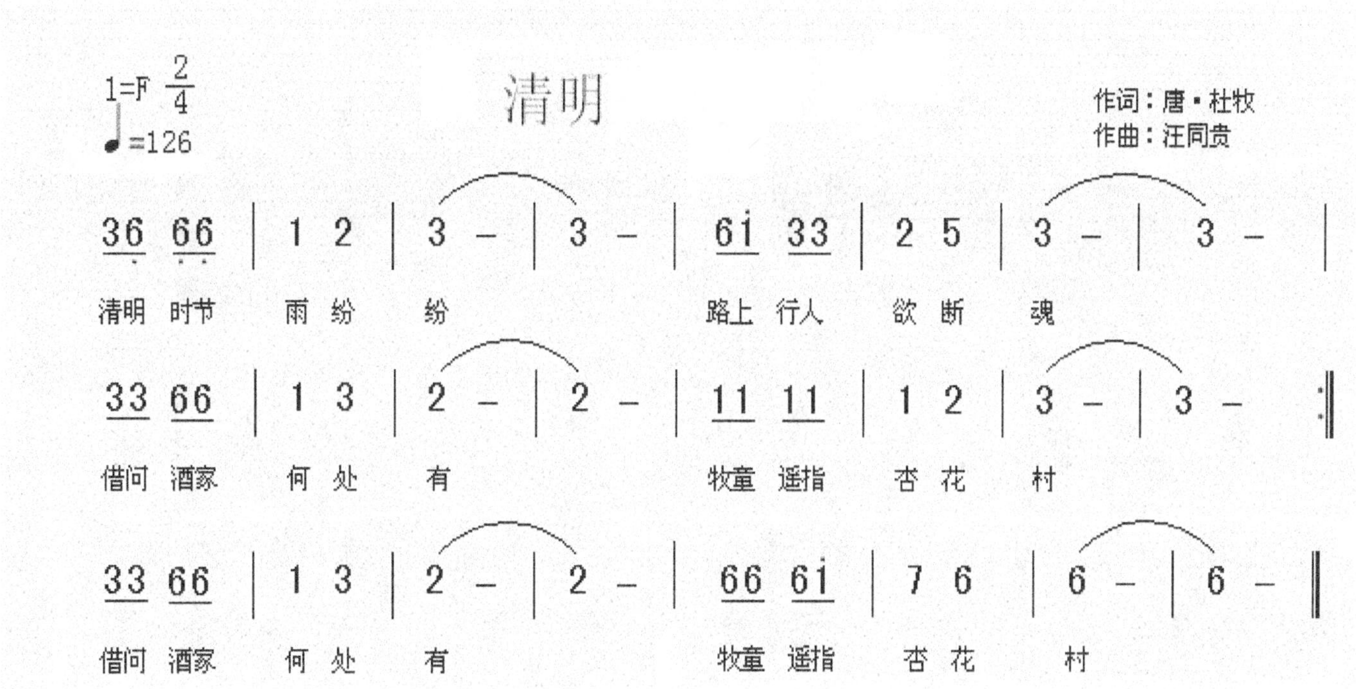

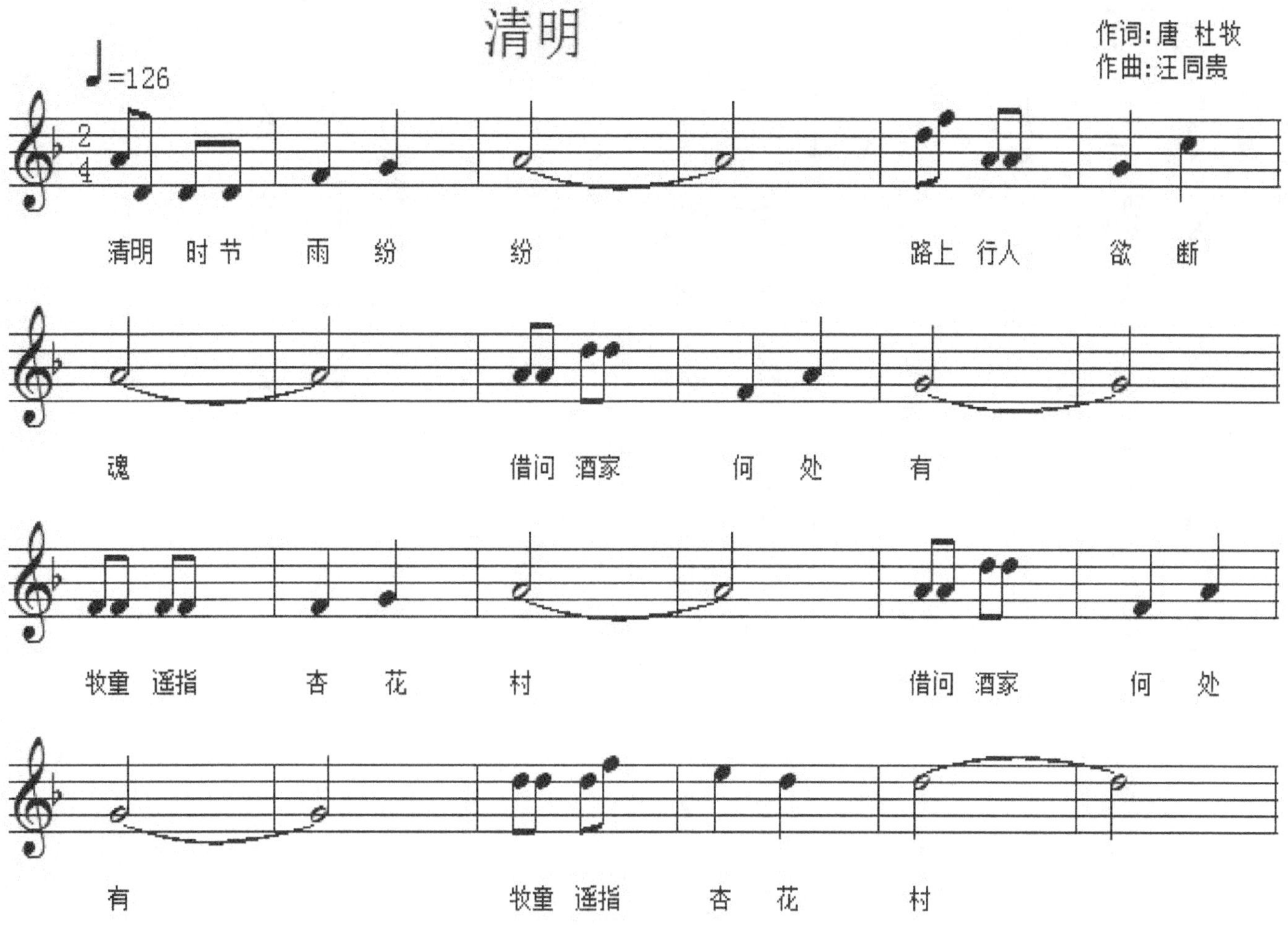

清明

1=F 2/4
♩=126

作词：唐·杜牧
作曲：汪同贵

| 3̲6̲ 6̲6̲ | 1 2 | 3 - | 3 - | 6̲1̲̇ 3̲3̲ | 2 5 | 3 - | 3 - |

清明 时节　雨 纷　纷　　　　路上 行人　欲 断　魂

| 3̲3̲ 6̲6̲ | 1 3 | 2 - | 2 - | 1̲1̲ 1̲1̲ | 1 2 | 3 - | 3 - ‖

借问 酒家　何 处　有　　　　牧童 遥指　杏 花　村

| 3̲3̲ 6̲6̲ | 1 3 | 2 - | 2 - | 6̲6̲ 6̲1̲̇ | 7 6 | 6 - | 6 - ‖

借问 酒家　何 处　有　　　　牧童 遥指　杏 花　村

清明

♩=126

作词：唐 杜牧
作曲：汪同贵

清明 时节 雨 纷 纷　　　路上 行人 欲 断

魂　　　借问 酒家 何 处 有

牧童 遥指 杏 花 村　　　借问 酒家 何 处

有　　　牧童 遥指 杏 花 村

46. 清平调 词：李白（唐）；曲：汪同贵

其一

　　云想衣裳花想容，　春风拂槛露华浓。

　　若非群玉山头见，　会向瑶台月下逢。

其二

　　一枝红艳露凝香，云雨巫山枉断肠。

　　借问汉宫谁得似？　可怜飞燕倚新妆。

其三

　　名花倾国两相欢，长得君王带笑看。

　　解释春风无限恨，沉香亭北倚阑干

47.清平乐·红笺小字 词：晏殊（宋）；曲：汪同贵

48. 青玉案·元夕 词：辛弃疾（宋）；曲：汪同贵

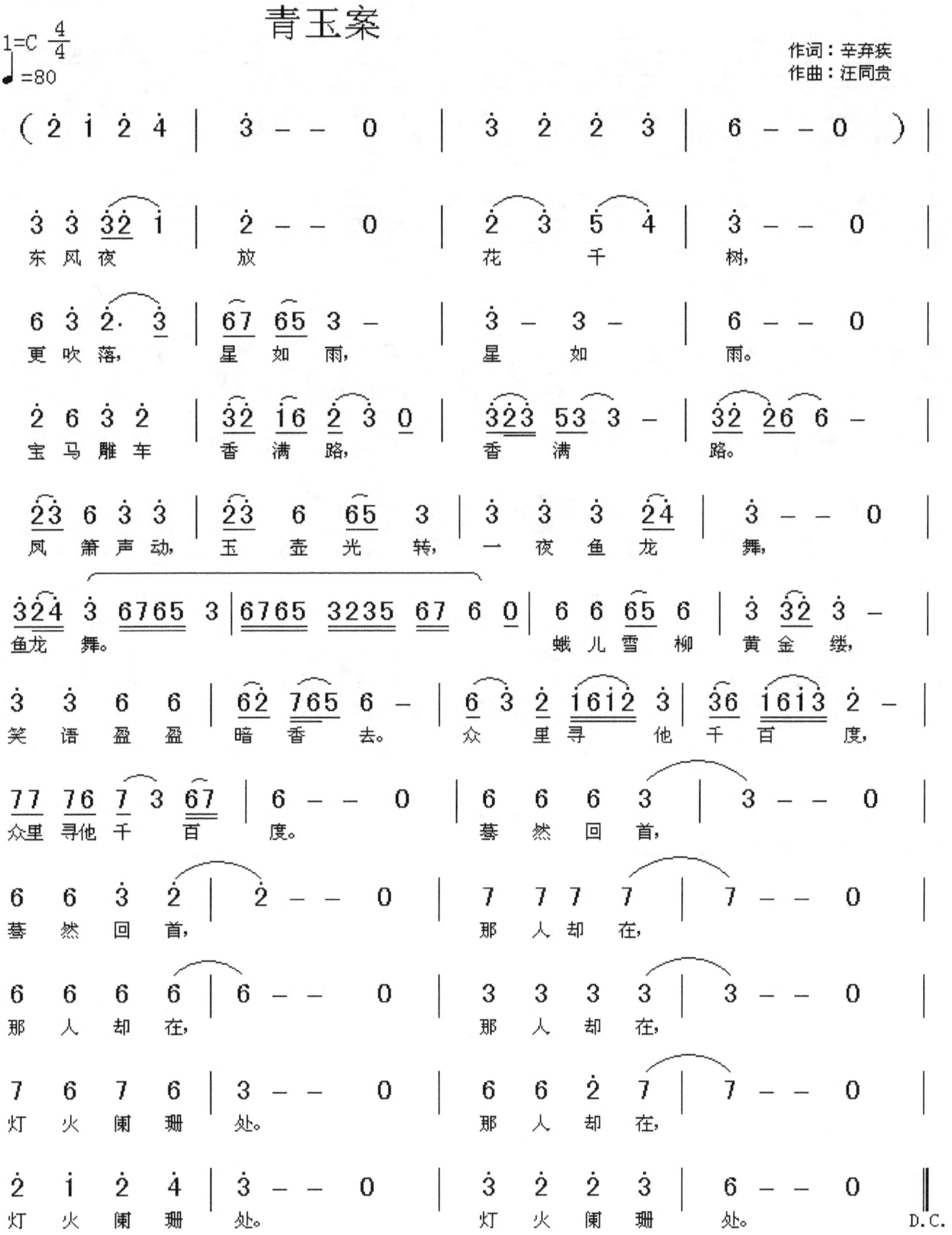

青玉案

作词：辛弃疾
作曲：汪同贵

1=C 4/4 ♩=80

(2̇ 1̇ 2̇ 4 | 3̇ - - 0 | 3̇ 2̇ 2̇ 3̇ | 6 - - 0) |

3̇ 3̇ 3̇2̇ 1̇ | 2̇ - - 0 | 2̇ 3̇ 5̇ 4 | 3̇ - - 0 |
东 风 夜　放　　　　　　花　千　树,

6 3̇ 2̇· 3̇ | 67 65 3 - | 3̇ - 3̇ - | 6 - - 0 |
更 吹 落,　星 如 雨,　星　如　雨。

2̇ 6 3̇ 2̇ | 3̇2̇ 16 2̇ 0 | 3̇2̇3̇ 53̇ 3̇ - | 3̇2̇ 2̇6 6 - |
宝 马 雕 车　香 满 路,　香　满　路。

23̇ 6 3̇ 3̇ | 23̇ 6 65 3 | 3̇ 3̇ 3̇ 2̇4 | 3̇ - - 0 |
凤 箫 声 动, 玉 壶 光 转,　一 夜 鱼 龙　舞,

3̇2̇4 3̇ 6765 3 | 6765 3235 67 6 0 | 6 6 65 6 | 3̇ 3̇2̇ 3̇ - |
鱼 龙　舞。　　　　　　　　　　　　蛾 儿 雪 柳　黄 金 缕,

3̇ 3̇ 6 6 | 62̇ 765 6 - | 6 3̇ 2̇ 16̇1̇2̇ 3̇ | 3̇6̇ 1̇6̇1̇3̇ 2̇ - |
笑 语 盈 盈　暗 香 去。　众 里 寻 他 千 百　度,

77 76 7 3 67 | 6 - - 0 | 6 6 6 3 | 3̇ - - 0 |
众 里 寻 他 千 百　度。　　蓦 然 回 首,

6 6 3̇ 2̇ | 2̇ - - 0 | 7 7 7 7 | 7̇ - - 0 |
蓦 然 回 首,　　　　　那 人 却 在,

6 6 6 6 | 6 - - 0 | 3̇ 3̇ 3̇ 3̇ | 3̇ - - 0 |
那 人 却 在,　　　　　那 人 却 在,

7 6 7 6 | 3 - - 0 | 6 6 2̇ 7 | 7̇ - - 0 |
灯 火 阑 珊　处。　　那 人 却 在,

2̇ 1̇ 2̇ 4 | 3̇ - - 0 | 3̇ 2̇ 2̇ 3̇ | 6 - - 0 ‖
灯 火 阑 珊　处。　　灯 火 阑 珊　处。 D.C.

青玉案·元夕

作词：辛弃疾
作曲：汪同贵

49. 鹊桥仙·纤云弄巧 词：秦观（宋）；曲：汪同贵

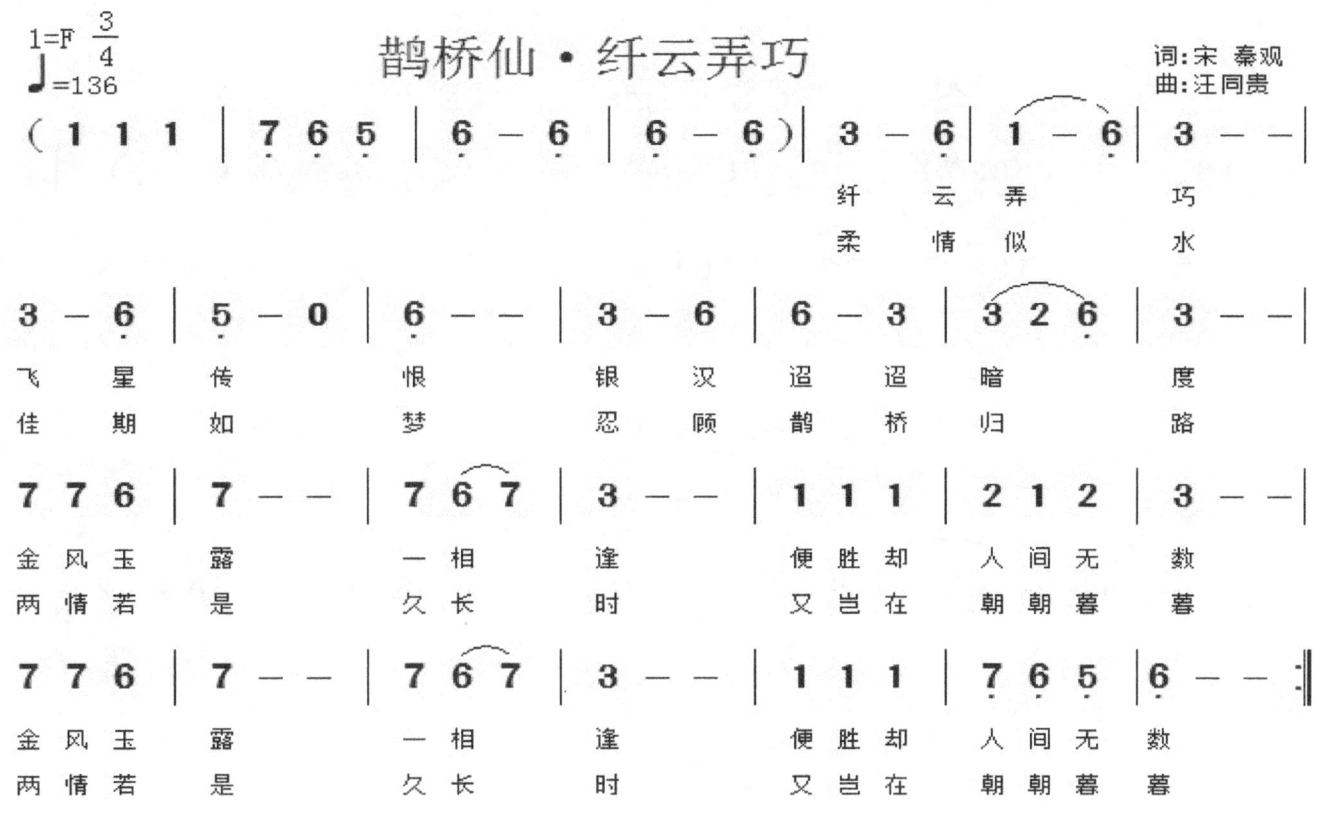

50.如梦令·常记溪亭日暮 词：李清照（宋）；曲：汪同贵

51. 如梦令·昨夜雨疏风骤 词：李清照（宋）；曲：汪同贵

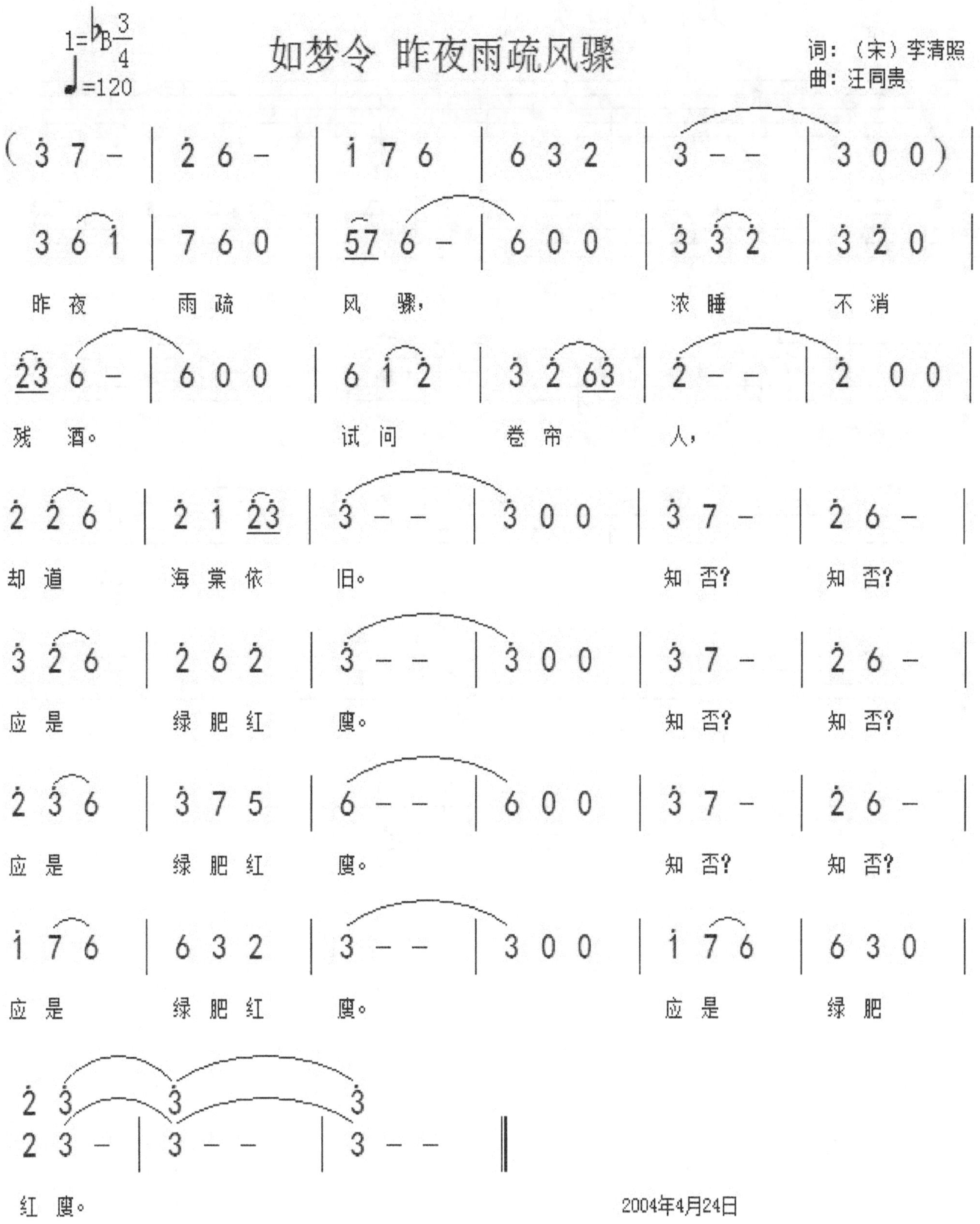

如梦令 昨夜雨疏风骤

词：（宋）李清照
曲：汪同贵

1=♭B 3/4　♩=120

(3 7 - | 2 6 - | 1 7 6 | 6 3 2 | 3 - - | 3 0 0) |

3 6 1 | 7 6 0 | 5 7 6 - | 6 0 0 | 3 3 2 | 3 2 0 |
昨 夜　雨 疏　风　骤，　　　浓 睡　不 消

2 3 6 - | 6 0 0 | 6 1 2 | 3 2 6 3 | 2 - - | 2 0 0 |
残 酒。　　　　试 问　卷 帘　人，

2 2 6 | 2 1 2 3 | 3 - - | 3 0 0 | 3 7 - | 2 6 - |
却 道　海 棠 依　旧。　　　知 否？　知 否？

3 2 6 | 2 6 2 | 3 - - | 3 0 0 | 3 7 - | 2 6 - |
应 是　绿 肥 红　瘦。　　　知 否？　知 否？

2 3 6 | 3 7 5 | 6 - - | 6 0 0 | 3 7 - | 2 6 - |
应 是　绿 肥 红　瘦。　　　知 否？　知 否？

1 7 6 | 6 3 2 | 3 - - | 3 0 0 | 1 7 6 | 6 3 0 |
应 是　绿 肥 红　瘦。　　　应 是　绿 肥

2 3　3　3
2 3 - | 3 - - | 3 - - ‖
红 瘦。

2004年4月24日

如梦令 昨夜雨疏风骤

作词：李清照
作曲：汪同贵

（2004-4-24）

52. 山行 词：杜牧（唐）；曲：汪同贵

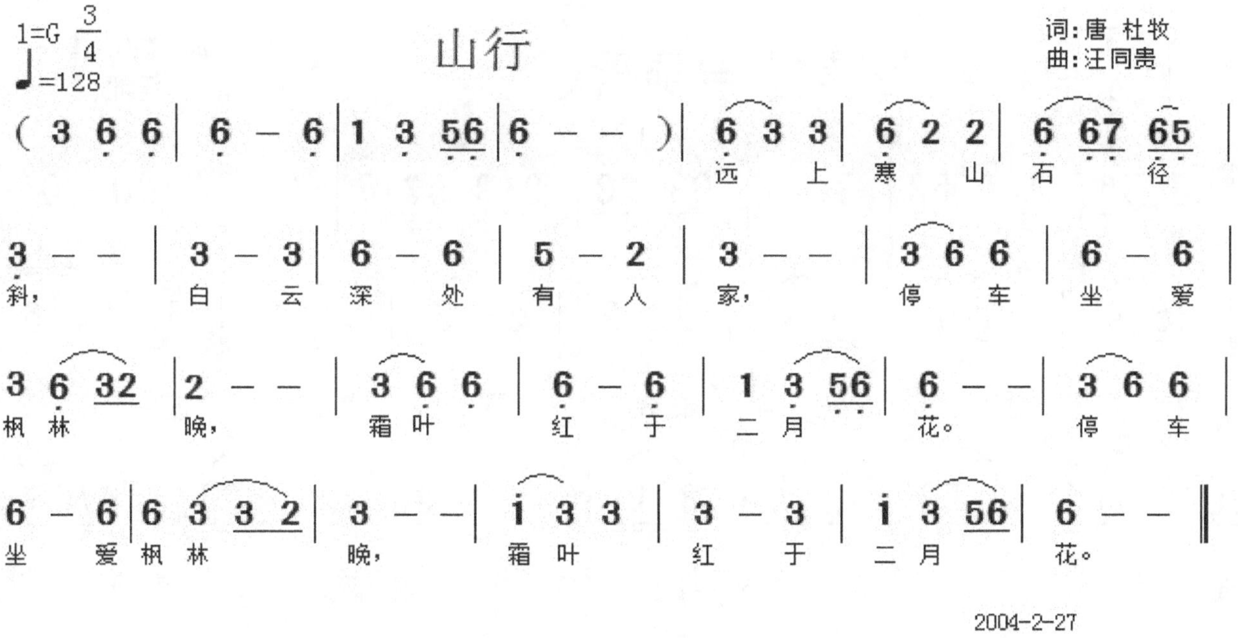

山行

1=G 3/4 ♩=128

词：唐 杜牧
曲：汪同贵

(3 6 6 | 6 - 6 | 1 3 56 | 6 - -) | 6 3 3 | 6 2 2 | 6 67 65 |
　　　　　　　　　　　　　　　　　　　远　上　寒　山　石　径

3 - - | 3 - 3 | 6 - 6 | 5 - 2 | 3 - - | 3 6 6 | 6 - 6 |
斜，　白　云　深　处　有　人　家，　停　车　坐　爱

3 6 32 | 2 - - | 3 6 6 | 6 - 6 | 1 3 56 | 6 - - | 3 6 6 |
枫　林　晚，　霜　叶　红　于　二　月　花。　停　车

6 - 6 6 3 32 | 3 - - | 1 3 3 | 3 - 3 | 1 3 56 | 6 - - ‖
坐　爱　枫　林　晚，　霜　叶　红　于　二　月　花。

2004-2-27

山行

♩=128

作词：唐 杜牧
作曲：汪同贵

远上寒山石径斜，白云深处有人家，停车坐爱枫林晚，霜叶红于二月花。停车坐爱枫林晚，霜叶红于二月花。

53. 声声慢·寻寻觅觅 词：李清照（宋）；曲：汪同贵

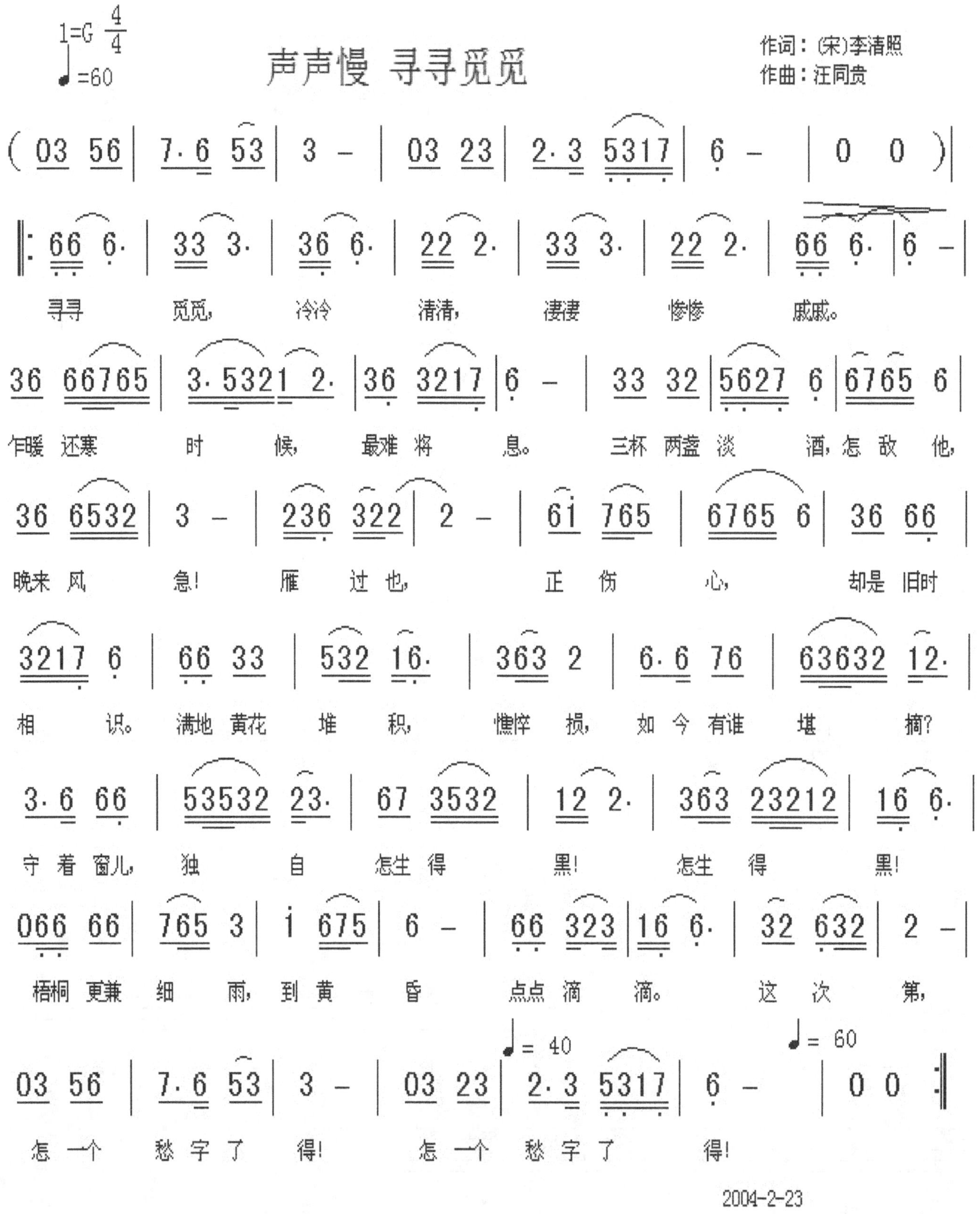

声声慢 寻寻觅觅

1=G 4/4　♩=60

作词：(宋)李清照
作曲：汪同贵

(03 56 | 7·6 53 | 3 - | 03 23 | 2·3 5317 | 6 - | 0 0)

‖: 66 6· | 33 3· | 36 6· | 22 2· | 33 3· | 22 2· | 66 6· | 6 - |

寻寻　觅觅，　冷冷　清清，　凄凄　惨惨　戚戚。

36 66765 | 3·5321 2· | 36 3217 | 6 - | 33 32 | 5627 6 | 6765 6 |

乍暖　还寒　时　候，　最难　将　息。　三杯　两盏　淡　酒，怎 敌 他，

36 6532 | 3 - | 236 322 | 2 - | 61 765 | 6765 6 | 36 66 |

晚来 风　急！　雁 过 也，　　正 伤　心，　却 是 旧时

3217 6· | 66 33 | 532 16· | 363 2 | 6·6 76 | 63632 12· |

相　识。满地 黄花　堆 积，　憔悴 损，　如今 有谁 堪　摘？

3·6 66 | 53532 23· | 67 3532 | 12 2· | 363 23212 | 16 6· |

守着 窗儿，　独　自　怎生 得　黑！　怎生 得　黑！

066 66 | 765 3 | 1 675 | 6 - | 66 323 | 16 6· | 32 632 | 2 - |

梧桐 更兼 细雨，到 黄　昏　点点 滴 滴。　这 次 第，

♩=40　　　　　　　　　　　　　　　　♩=60

03 56 | 7·6 53 | 3 - | 03 23 | 2·3 5317 | 6 - | 0 0 :‖

怎 一个　愁 字 了　得！　怎 一个　愁 字 了　得！

2004-2-23

声声慢 寻寻觅觅

词：(宋)李清照
曲：汪同贵

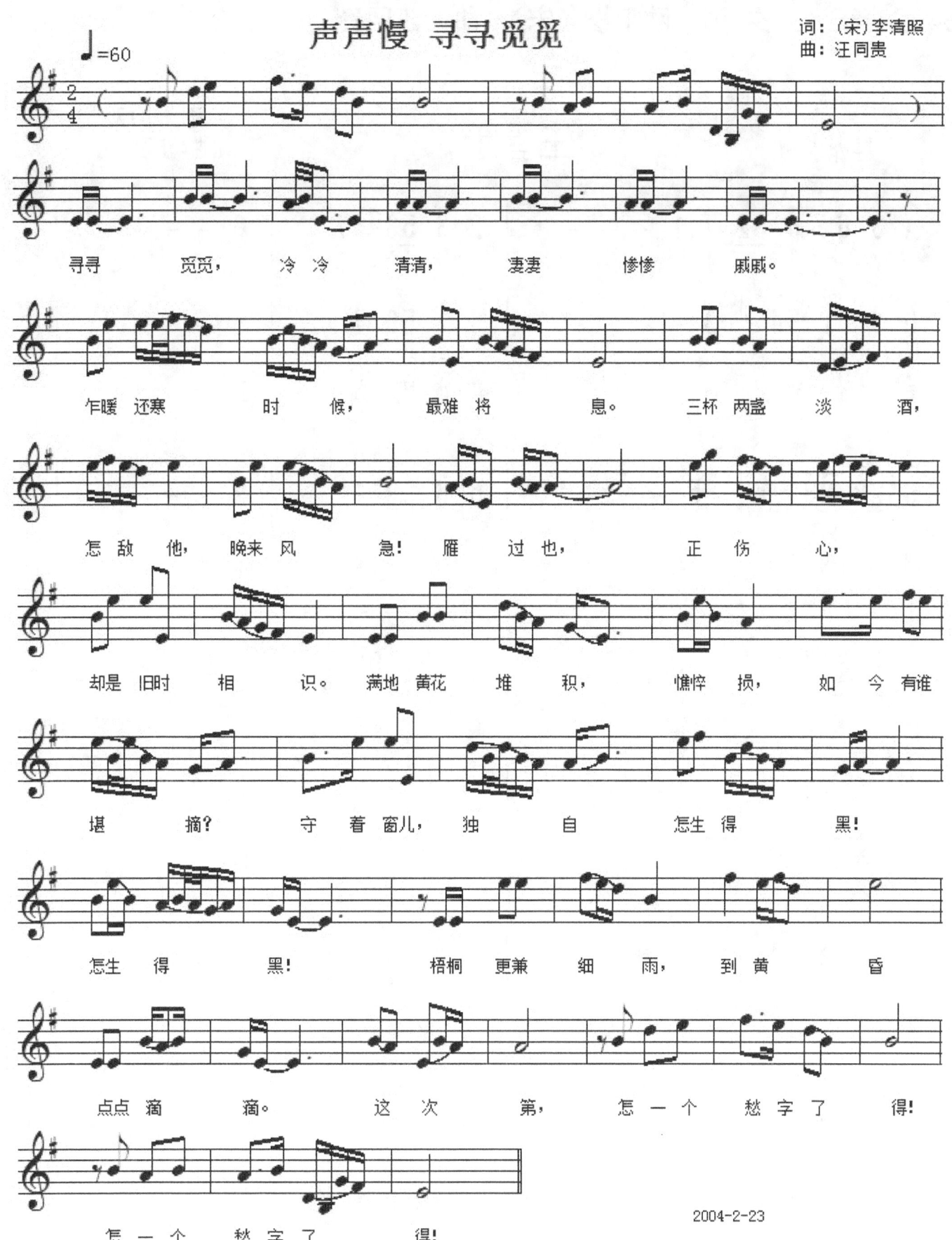

54. 生查子·元夕 词：欧阳修（宋）；曲：汪同贵

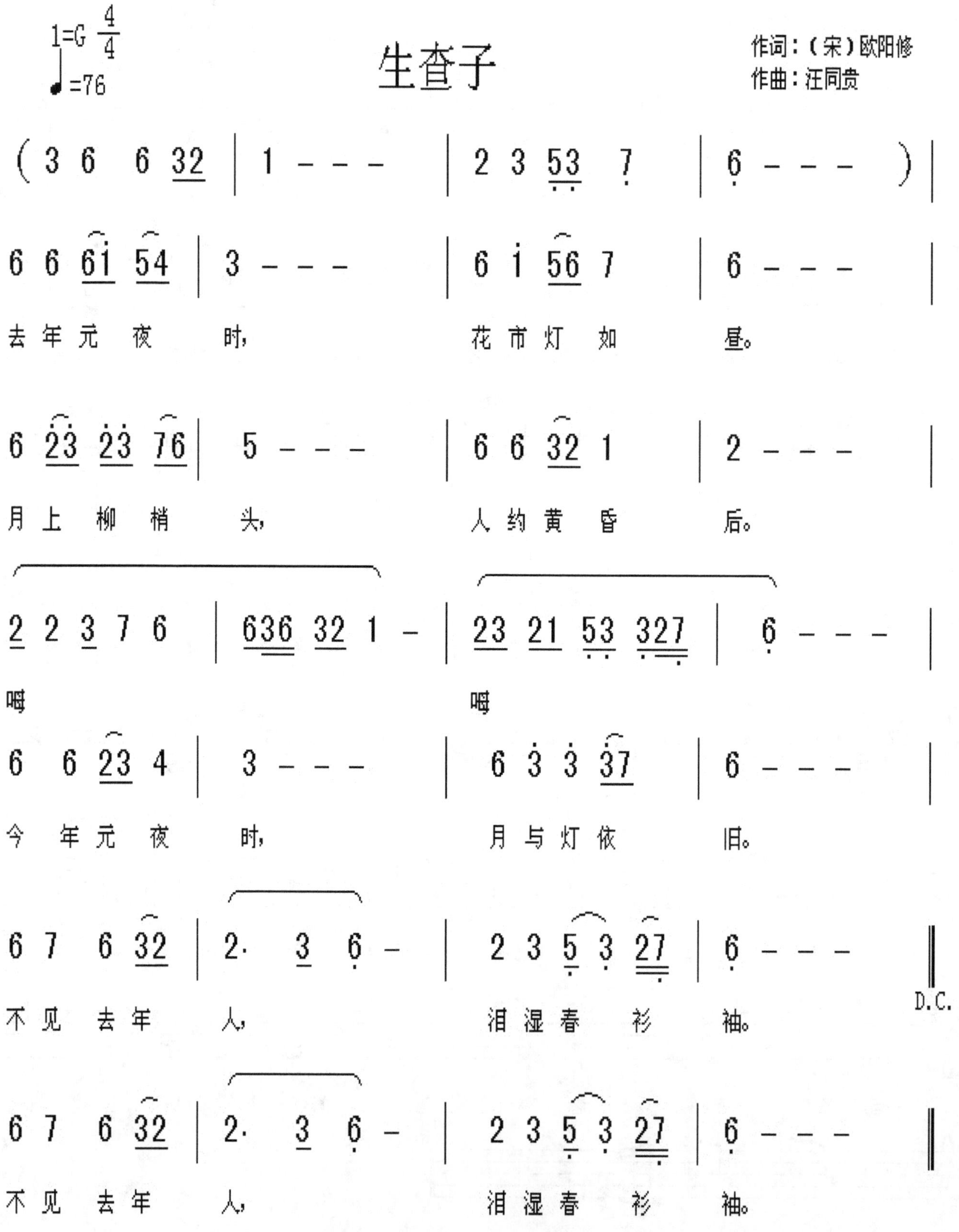

生查子

作词：（宋）欧阳修
作曲：汪同贵

1=G 4/4 ♩=76

(3 6 6 32 | 1 - - - | 2 3 53 7 | 6 - - -)

6 6 61 54 | 3 - - - | 6 1 56 7 | 6 - - -
去 年 元 夜 时， 花 市 灯 如 昼。

6 23 23 76 | 5 - - - | 6 6 32 1 | 2 - - -
月 上 柳 梢 头， 人 约 黄 昏 后。

2 2 3 7 6 | 636 32 1 - | 23 21 53 327 | 6 - - -
啊 啊

6 6 23 4 | 3 - - - | 6 3 3 37 | 6 - - -
今 年 元 夜 时， 月 与 灯 依 旧。

6 7 6 32 | 2· 3 6 - | 2 3 5 3 27 | 6 - - -
不 见 去 年 人， 泪 湿 春 衫 袖。

D.C.

6 7 6 32 | 2· 3 6 - | 2 3 5 3 27 | 6 - - -
不 见 去 年 人， 泪 湿 春 衫 袖。

55. 蜀道难 词：李白（唐）；曲：汪同贵

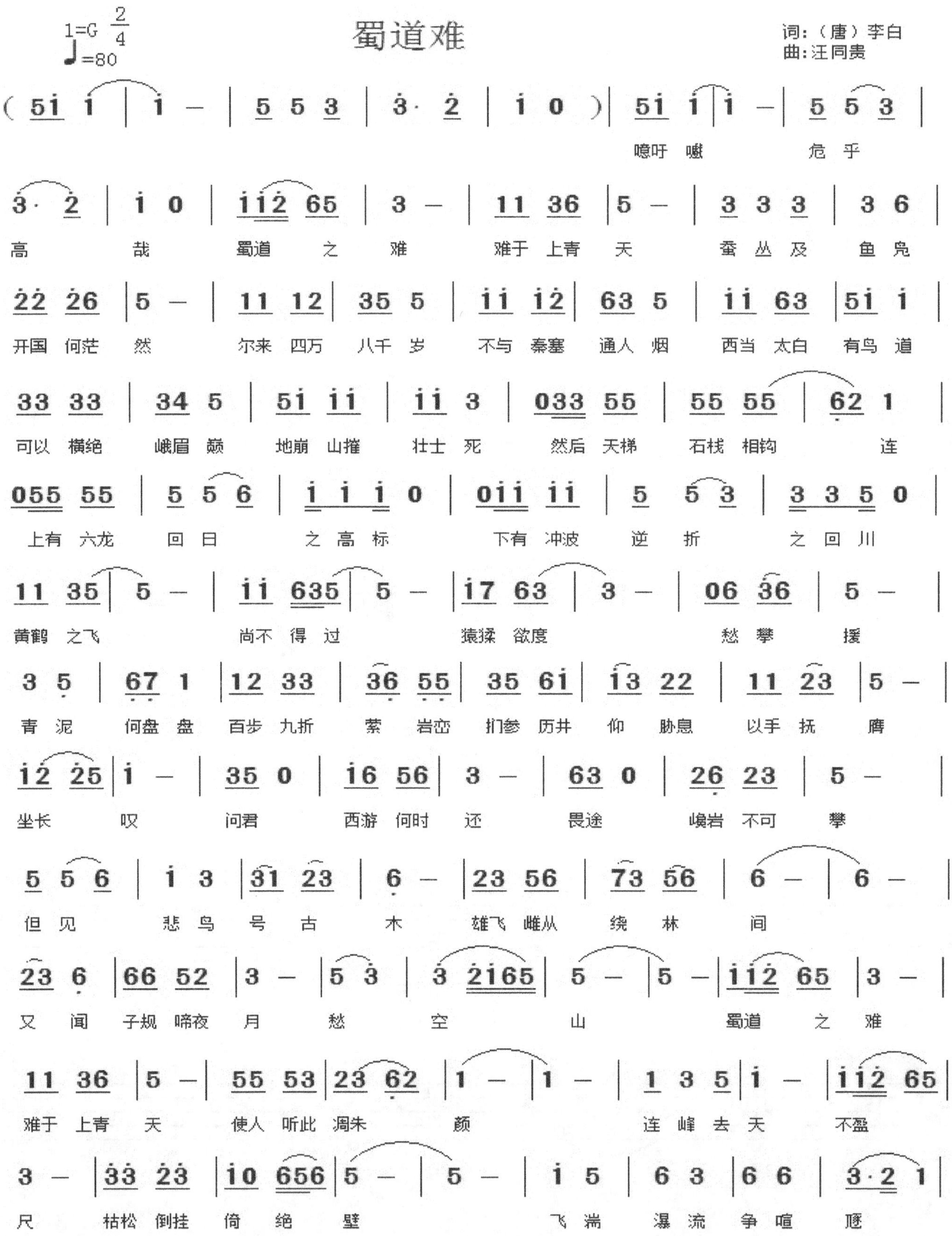

| 33 33 | 21 23 | 5 - | 5 - | 5 1· | 33 3 | 033 33 | 3 3· |

砯崖 转石 万壑 雷　　　其险 也如 此　嗟尔 远道 之人

| 1 1 2 3 5 | (11 12 33 35) | 1 5 | 1 1· | 35 1 | 0 13 | 5 5· |

胡为乎来哉　　　　　　　　剑阁 峥嵘 而崔 嵬　　一夫 当关

| 22 61 | 1 - | 1 1· | 12 3 | 53 26 | 1 - | 1· 7 | 66 0 | 6 6 |

万夫 莫开　　所守 或匪 亲化为 狼与 豺　　朝避 猛虎　夕避

| 33 0 | 55 56 | 3 - | 22 26 | 5 - | (53 53 53 53) | 3 6 | 36 1 |

长蛇　磨牙 吮　血　杀人 如麻　　　　　　　　锦城 虽云 乐

| 22 23 | 5 - ‖ 1 1 2 65 | 3 - | 1 1 36 | 5 - ‖ 3 3· | 6 6· |

不如 早还 家　　蜀道 之难　难于 上青 天　　侧身 西望

| 2 2 | 1 - | 55 55 | 0 0 | 5 5 | 5 - | 5 - | 5 0 ‖

长咨 嗟　　侧身 西望　　　长咨 嗟

蜀道难

作词:唐 李白
作曲:汪同贵

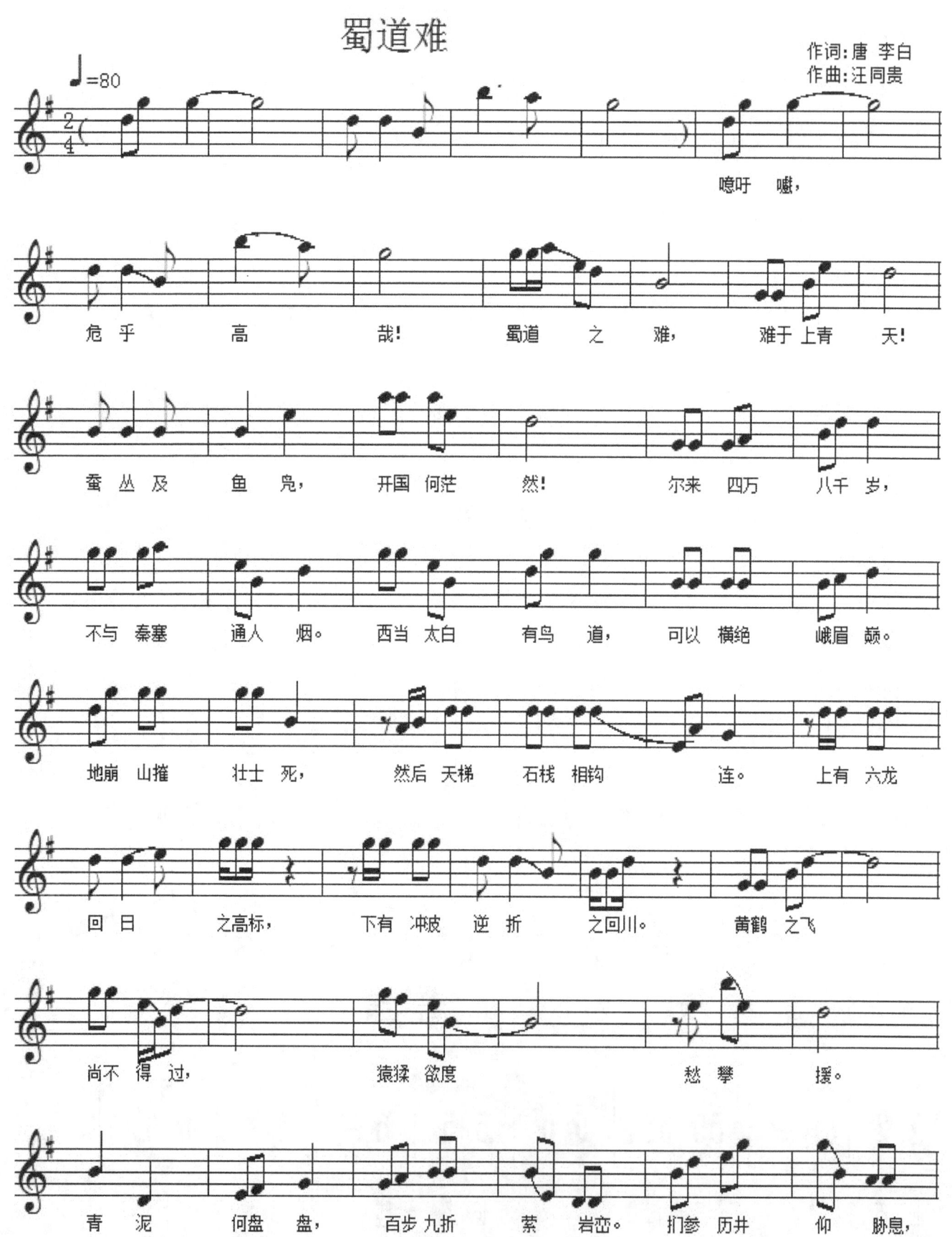

以手 抚 膺 坐长 叹。 问君 西游 何时
还? 畏途 巉岩 不可 攀。 但 见 悲 鸟
号 古 木， 雄飞 雌从 绕 林 间。 又 闻
子规 啼夜 月， 愁 空 山。
蜀道 之 难， 难于 上青 天， 使人 听此 凋朱 颜!
连 峰 去 天 不盈 尺， 枯松 倒挂 倚 绝 壁。
飞 湍 瀑 流 争 喧 豗， 砯崖 转石 万 壑 雷。
其 险 也如 此， 嗟尔 远道 之 人 胡 为 乎 来 哉!

剑 阁 峥 嵘 而崔 嵬，一夫 当关，
万夫 莫开。所 守 或匪 亲，化为 狼与 豺。
朝 避 猛虎，夕 避 长蛇；磨牙 吮 血，
杀人 如 麻。锦 城 虽云 乐，
不如 早还 家。蜀道 之 难，难于 上青 天，
侧 身 西 望 长 咨 嗟 侧身 西望 长 咨 嗟

56. 锁南枝·风情 词：佚名（明）；曲：汪同贵

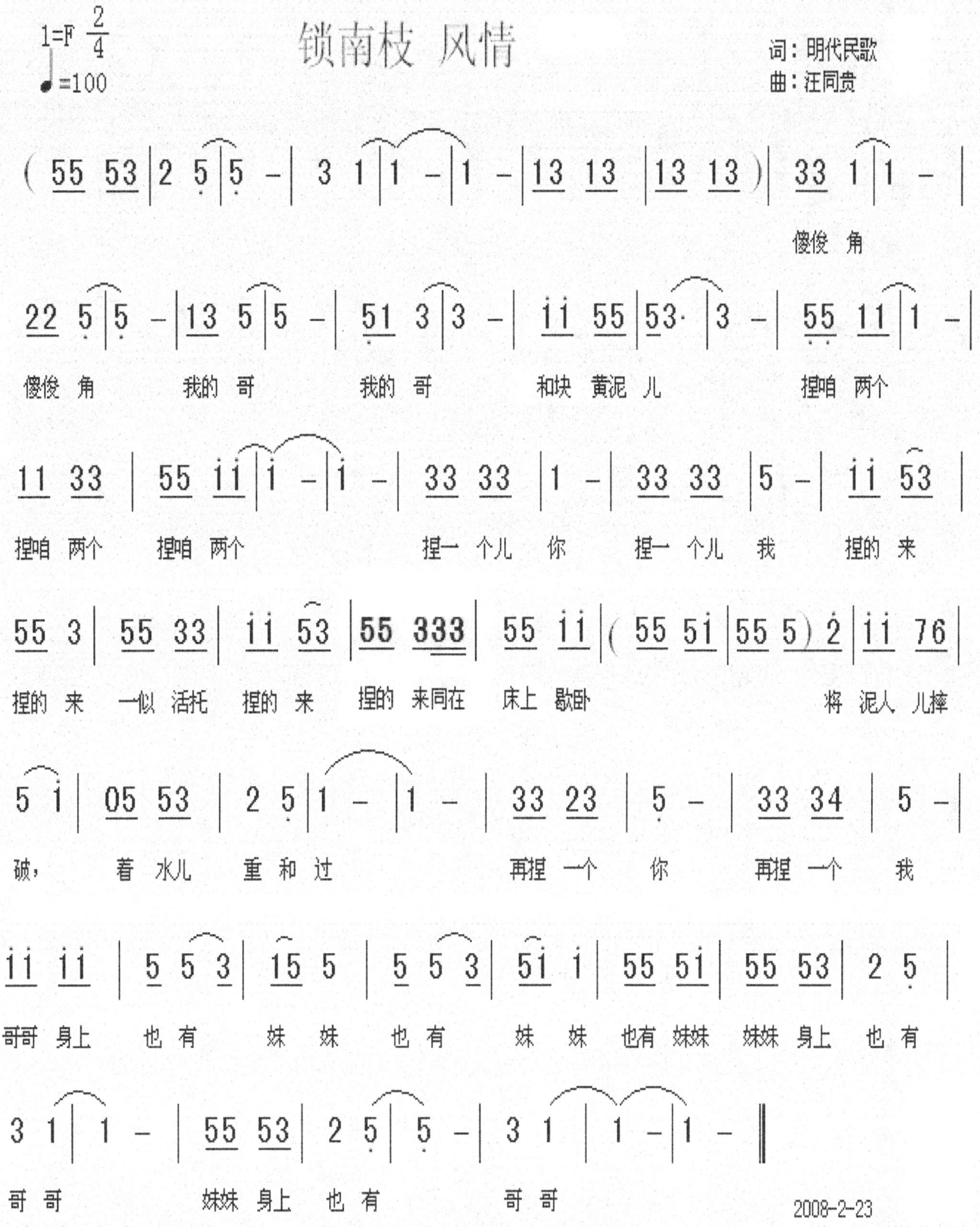

锁南枝 风情

57.唐多令·芦叶满汀洲 词：刘过（宋）；曲：汪同贵

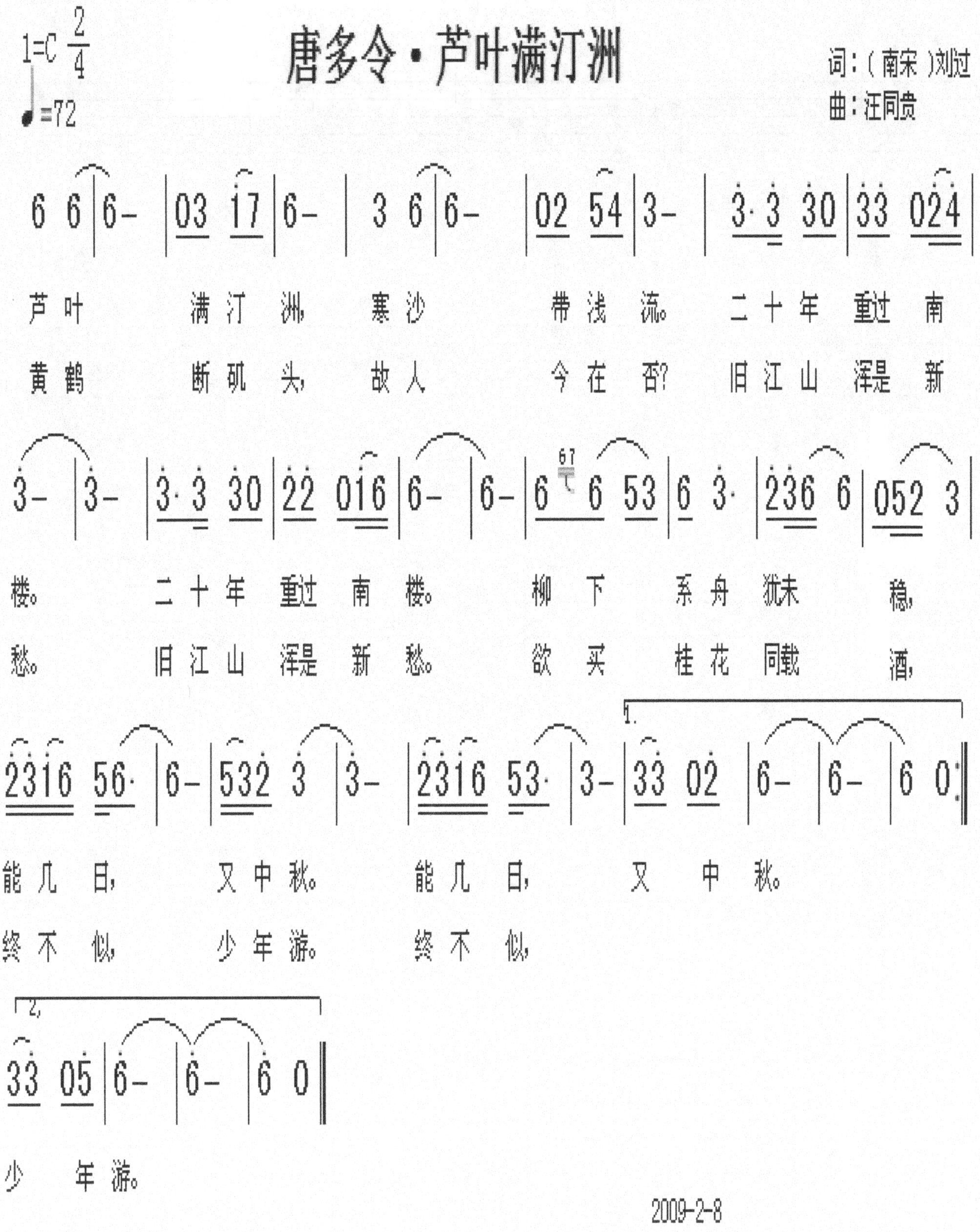

唐多令·芦叶满汀洲
1=C 2/4
=72
词：(南宋)刘过
曲：汪同贵
芦叶 满汀洲，寒沙 带浅流。二十年重过南
黄鹤 断矶头，故人 今在否？旧江山浑是新
楼。二十年重过南楼。柳下 系舟犹未稳，
愁。旧江山浑是新愁。欲买 桂花同载酒，
终不似，少年游。终不似，
少年游。
2009-2-8

唐多令·芦叶满汀洲

作词:南宋 刘过
作曲:汪同贵

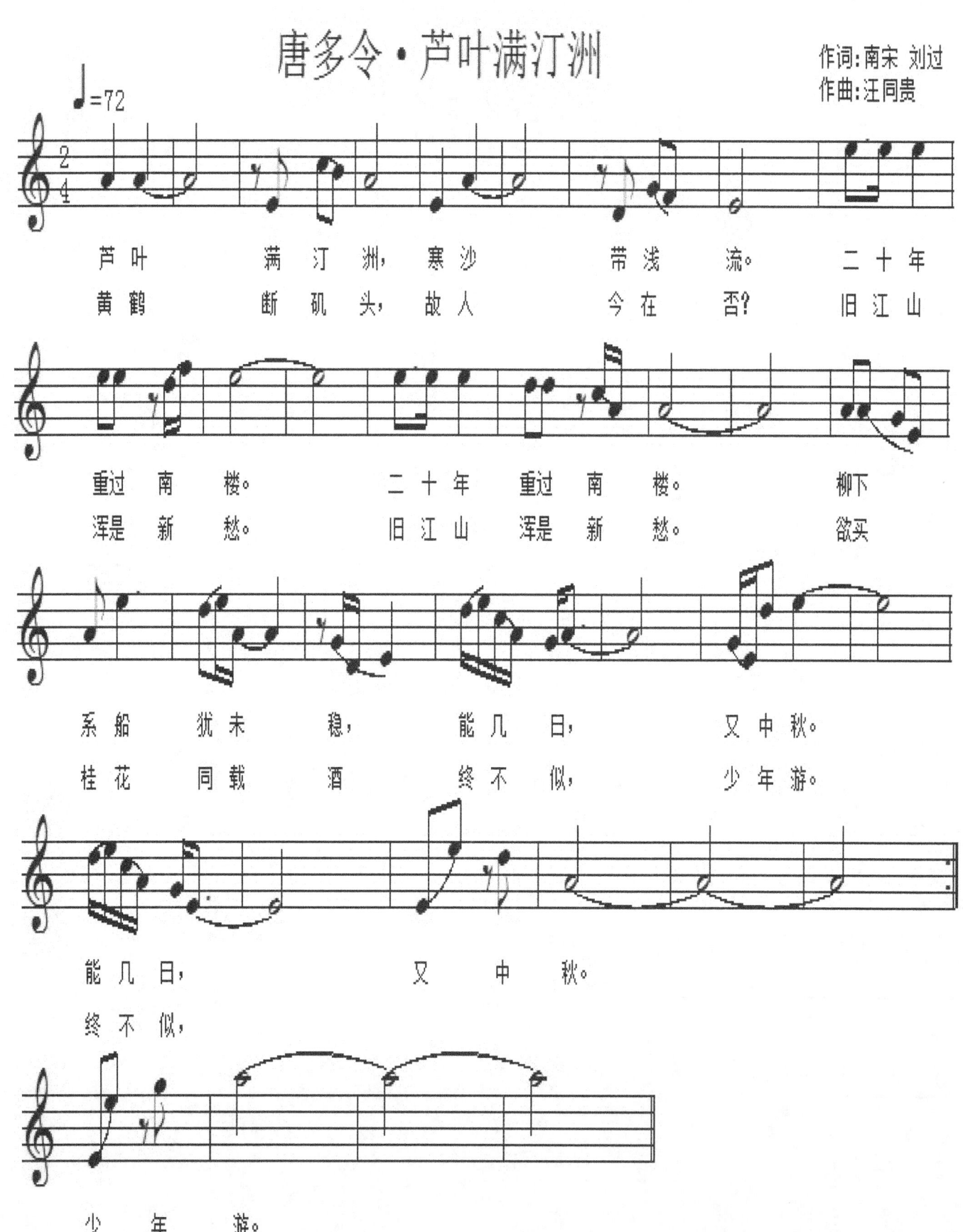

58. 题西林壁 词：苏轼（宋）；曲：汪同贵

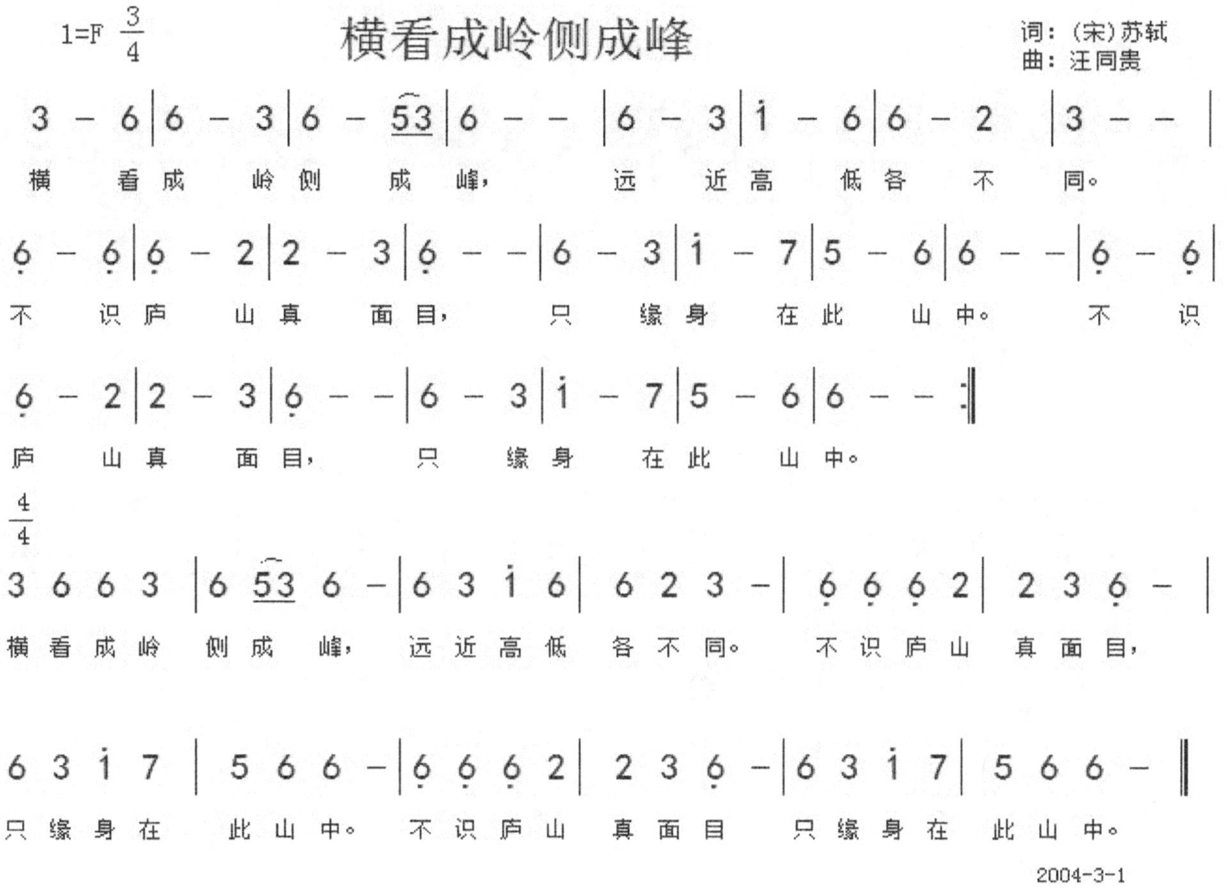

横看成岭侧成峰

1=F 3/4

词：(宋)苏轼
曲：汪同贵

```
3 - 6 | 6 - 3 | 6 - 53 | 6 - - | 6 - 3 | 1 - 6 | 6 - 2 | 3 - - |
横  看 成  岭 侧  成 峰，      远 近 高  低 各  不 同。

6 - 6 | 6 - 2 | 2 - 3 | 6 - - | 6 - 3 | 1 - 7 | 5 - 6 | 6 - - | 6 - 6 |
不 识 庐  山 真  面 目，      只 缘 身  在 此  山 中。      不 识

6 - 2 | 2 - 3 | 6 - - | 6 - 3 | 1 - 7 | 5 - 6 | 6 - - ‖
庐 山 真  面 目，      只 缘 身  在 此  山 中。
```

4/4

```
3 6 6 3 | 6 53 6 - | 6 3 1 6 | 6 2 3 - | 6 6 6 2 | 2 3 6 - |
横看成岭 侧成峰，    远近高低  各不同。  不识庐山  真面目，

6 3 1 7 | 5 6 6 - | 6 6 6 2 | 2 3 6 - | 6 3 1 7 | 5 6 6 - ‖
只缘身在 此山中。   不识庐山 真面目   只缘身在 此山中。
```

2004-3-1

59. 天净沙·秋思 词：马致远（元）；曲：汪同贵

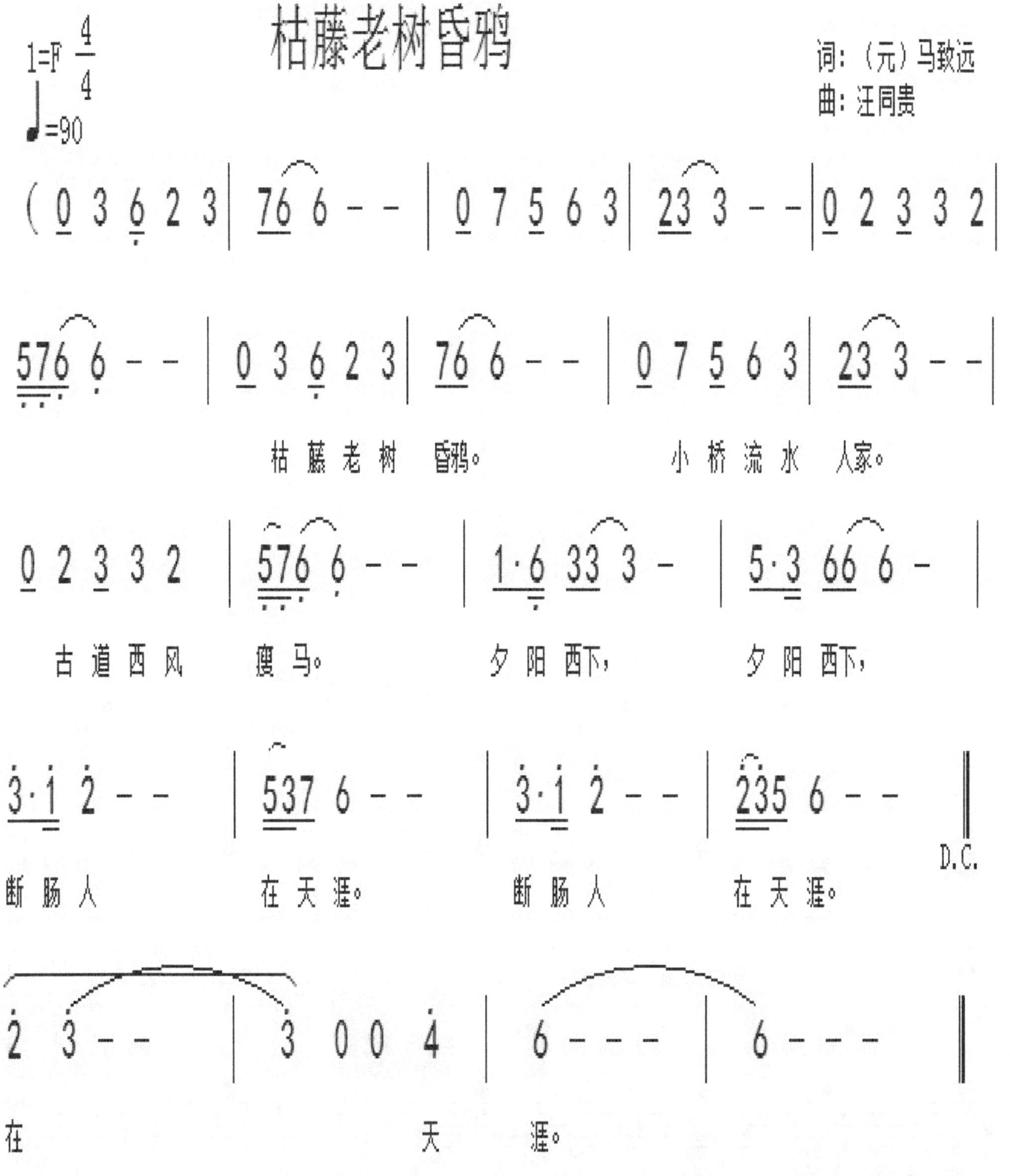

枯藤老树昏鸦

1=F 4/4
♩=90

词：（元）马致远
曲：汪同贵

(0 3 6 2 3 | 7 6 6 - - | 0 7 5 6 3 | 2 3 3 - - | 0 2 3 3 2 |

5 7 6 6 - - | 0 3 6 2 3 | 7 6 6 - - | 0 7 5 6 3 | 2 3 3 - -

　　　　　　　　　　　枯 藤 老 树　昏 鸦。　　　　　　　小 桥 流 水　人 家。

0 2 3 3 2 | 5 7 6 6 - - | 1·6 3 3 3 - | 5·3 6 6 6 -

古 道 西 风　瘦 马。　　　　　夕 阳 西 下，　　夕 阳 西 下，

3·1 2 - - | 5 3 7 6 - - | 3·1 2 - - | 2 3 5 6 - - ‖
　　　　　　　　　　　　　　　　　　　　　　　　　　　D.C.
断 肠 人　　在 天 涯。　　断 肠 人　　在 天 涯。

2 3 - - | 3 0 0 4 | 6 - - - | 6 - - -
在　　　　　　　　　天　　　涯。

枯藤老树昏鸦

♩=90

词：（元）马致远
曲：汪同贵

2004-2-13

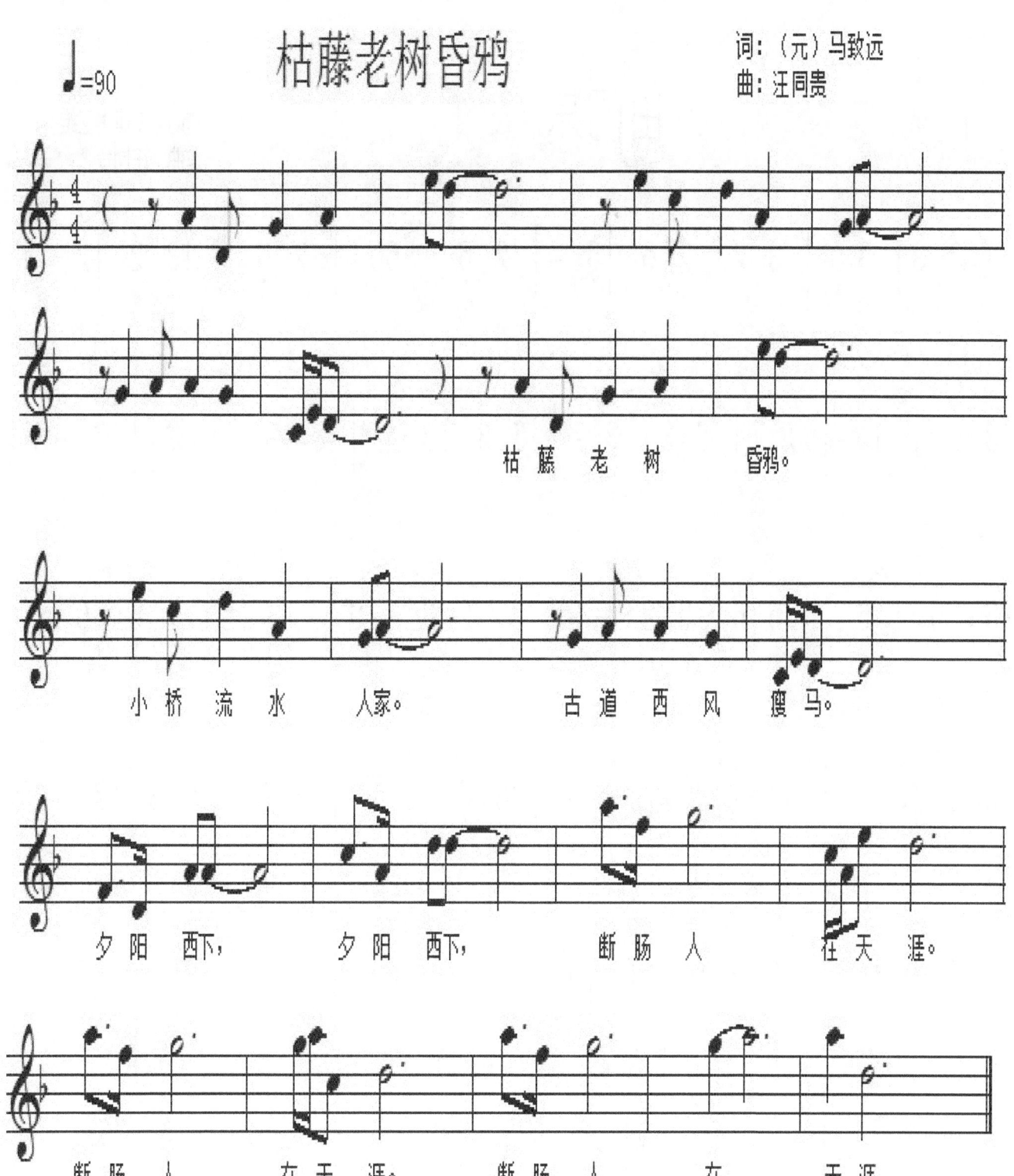

60.田园乐 词：王维（唐）；曲：汪同贵

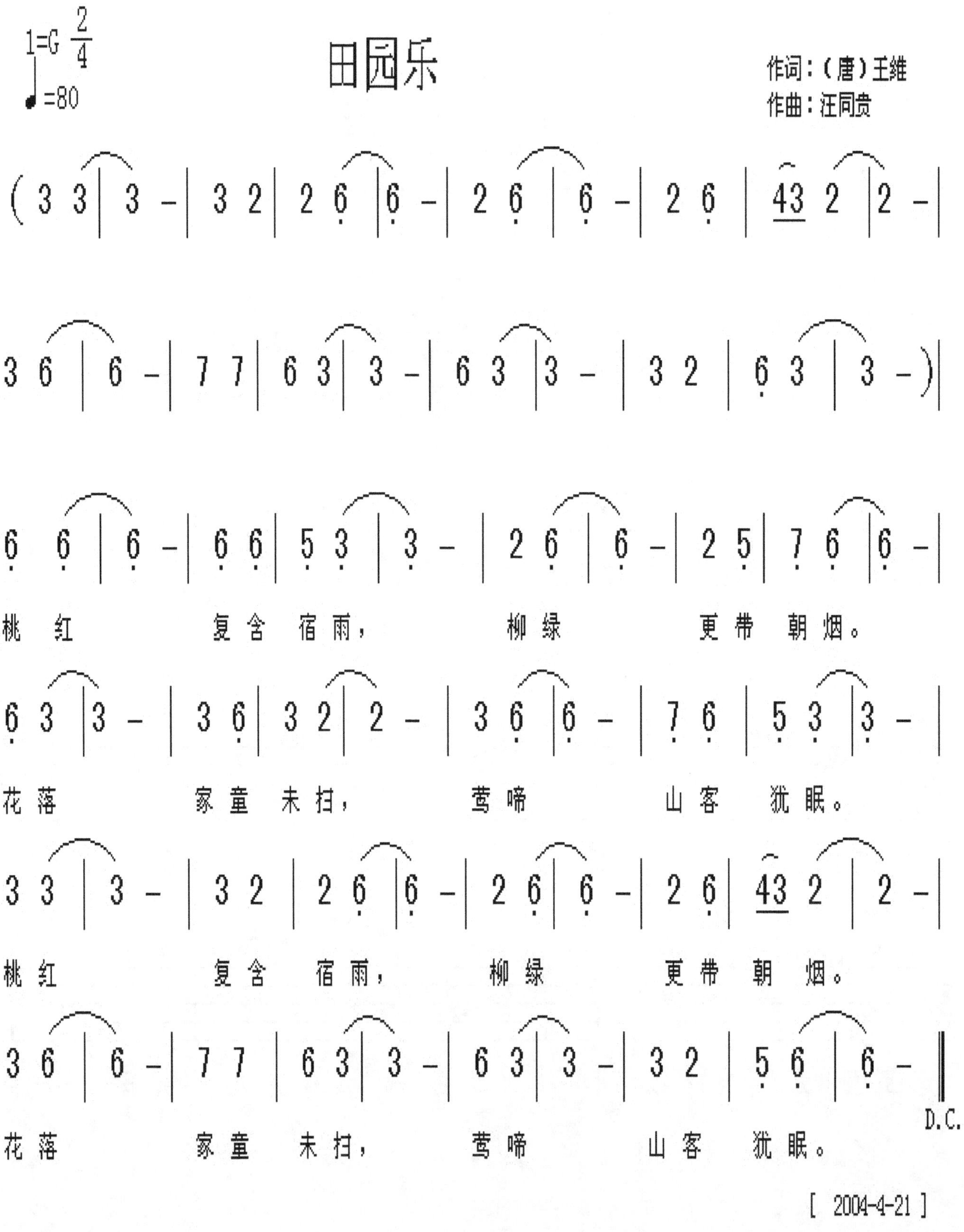

田园乐

作词：（唐）王维
作曲：汪同贵

1=G 2/4 ♩=80

(3 3 | 3 - | 3 2 | 2 6 | 6 - | 2 6 | 6 - | 2 6 | 43 2 | 2 - |

3 6 | 6 - | 7 7 | 6 3 | 3 - | 6 3 | 3 - | 3 2 | 6 3 | 3 -)

6 6 | 6 - | 6 6 | 5 3 | 3 - | 2 6 | 6 - | 2 5 | 7 6 | 6 - |
桃 红　　复含 宿 雨，　　柳 绿　　更 带 朝 烟。

6 3 | 3 - | 3 6 | 3 2 | 2 - | 3 6 | 6 - | 7 6 | 5 3 | 3 - |
花 落　　家童 未 扫，　　莺 啼　　山 客 犹 眠。

3 3 | 3 - | 3 2 | 2 6 | 6 - | 2 6 | 6 - | 2 6 | 43 2 | 2 - |
桃 红　　复含 宿 雨，　　柳 绿　　更 带 朝 烟。

3 6 | 6 - | 7 7 | 6 3 | 3 - | 6 3 | 3 - | 3 2 | 5 6 | 6 - ‖
花 落　　家童 未 扫，　　莺 啼　　山 客 犹 眠。

D.C.

[2004-4-21]

田园乐

作词:王　维
作曲:汪同贵

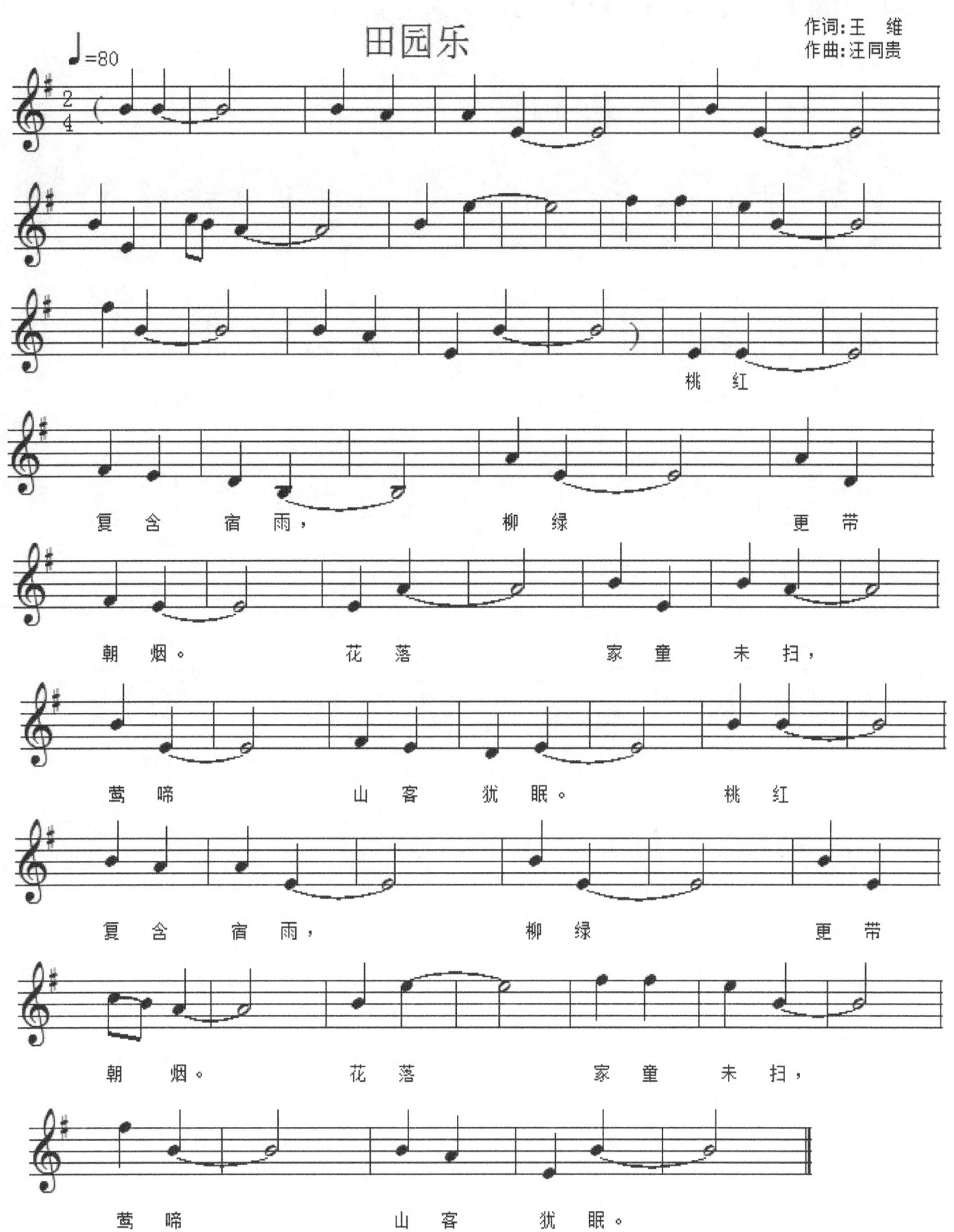

61.望庐山瀑布 词：李白（唐）；曲：汪同贵

62. 望岳 词：杜甫（唐）；曲：汪同贵

望岳

作词:(唐)杜甫
作曲:汪同贵

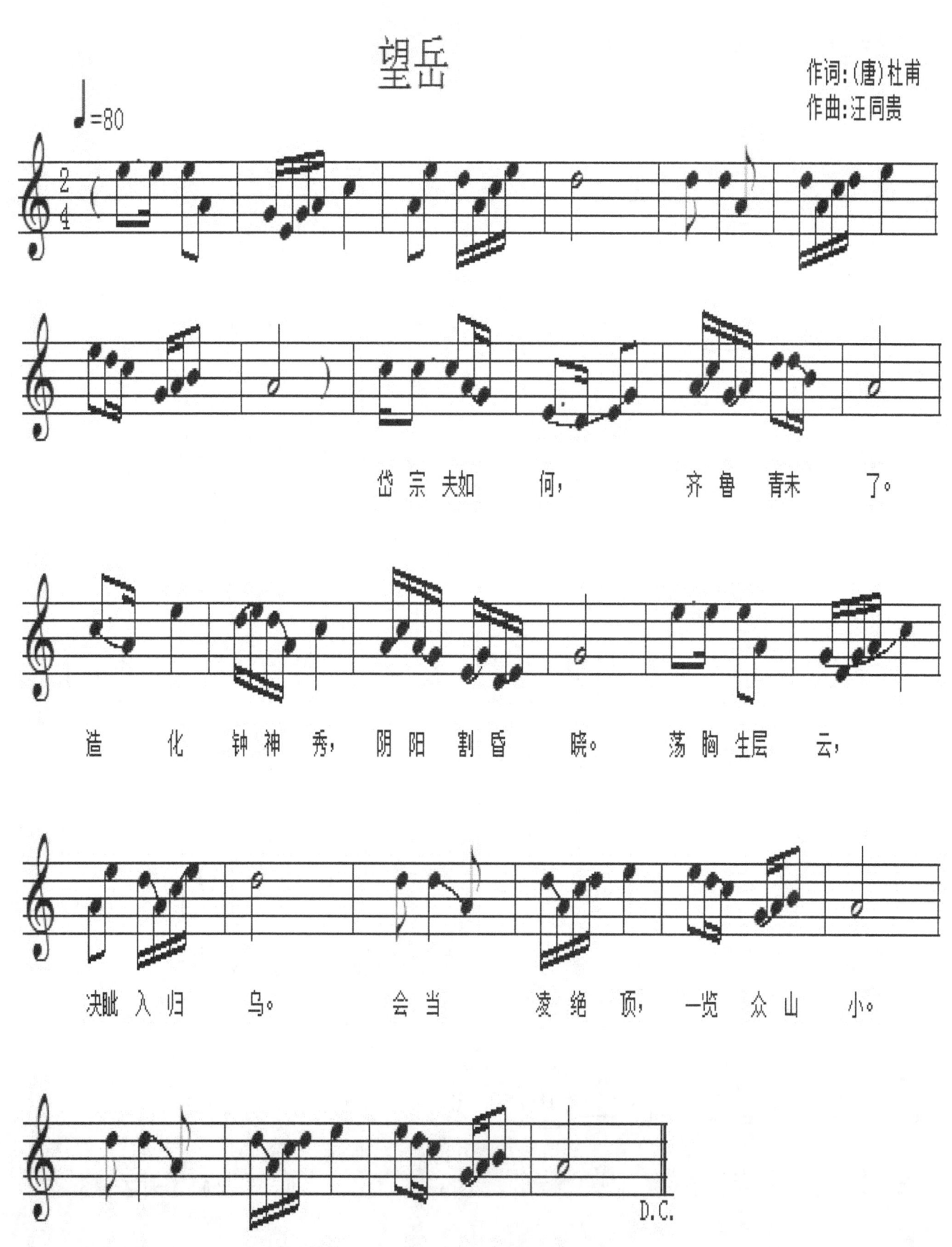

63.武陵春·春晚 词：李清照（宋）；曲：汪同贵

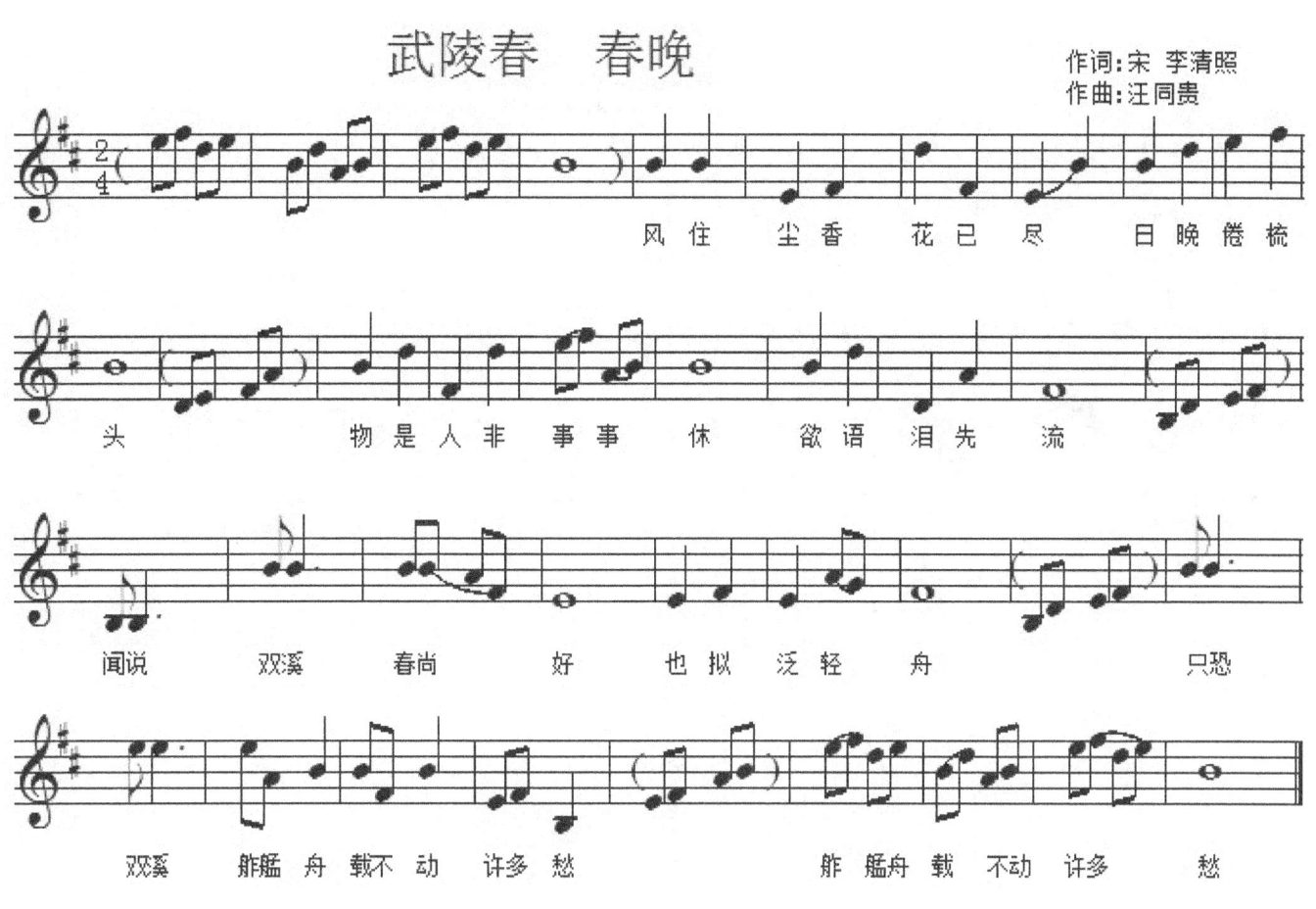

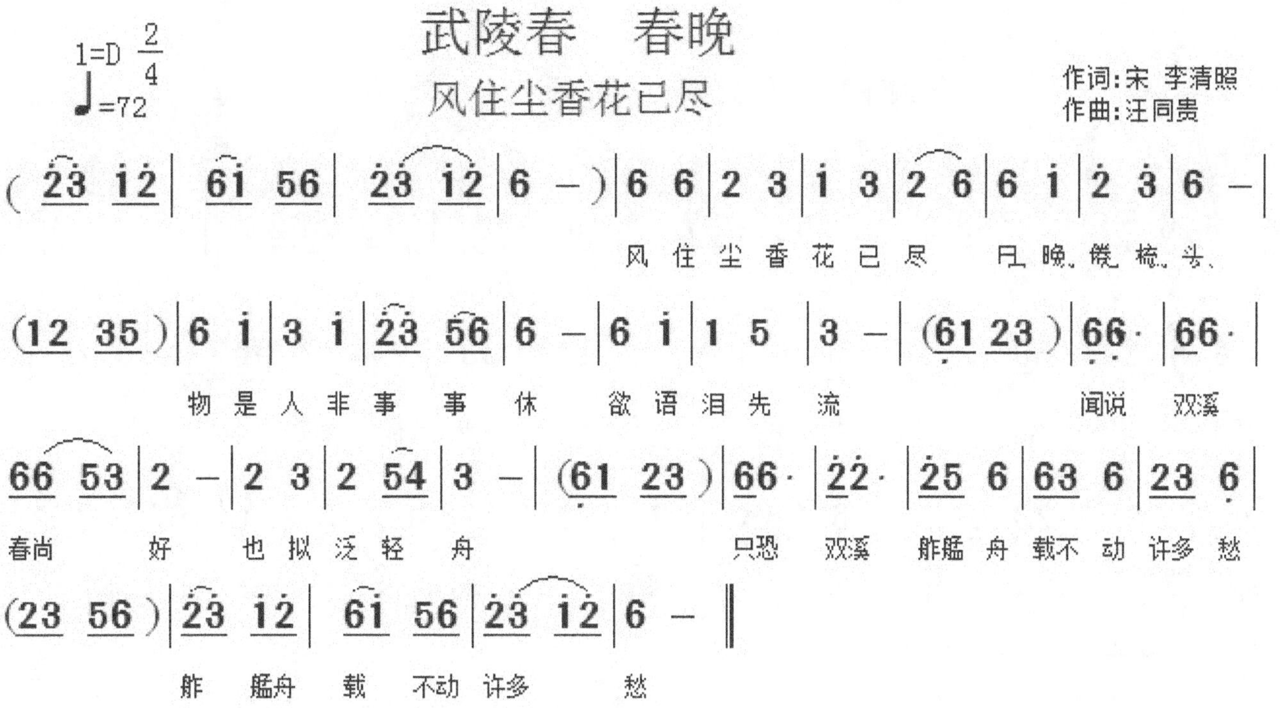

64. 乌夜啼·无言独上西楼 词：李煜（南唐）；曲：汪同贵

乌夜啼·无言独上西楼

词：(唐) 李煜
曲：汪同贵

1=G 3/4　♩=50

(3·6 65 | 632 1 | 63 237 | 6· 23 | 76 5627 | 6 -)

66 623 | 37 6 | 6765 6 | 3532 1 | 33 32 | 32 5627 | 6 -
无言独上　西楼，月如钩，　　　　　寂寞梧桐　深院锁清　秋。

3· 3 36 | 2316 3 | 6 265 | 3 - | 3·6 65 | 632 1 | 63 237 |
剪不断，　理还乱，　是离　愁，　别是一般　滋味在　心

6· 23 | 76 5627 | 6 - | 3· 3 36 | 2316 3 | 6 265 | 3 - |
头。　　　　　　　剪不断，　理还乱，　是离　愁，

♩=40
3·6 65 | 632 1 | 63 237 | 6· 23 | 76 5627 | 6 - ‖
别是一般　滋味在　心　头。

2004-1-3

65. 喜春来·春景 词：胡祗遹（元）；曲：汪同贵

喜春来·春景

1=E 3/8　♩=78

词：(元)胡祗遹
曲：汪同贵

(6 3 3 | 6 3 3 | 3 6 23 | 2· | 6 3 2 | 2· | 3 2 57 | 6·)

‖: 6· | 6· | 3 2 1 | 6· | 6· | 3· | 3 0 | 6 6 6 6 | 6 7 65 | 3· | 3 0 |
残 花 酝 酿 蜂 儿 蜜， 细 雨 调 合 燕 子 泥，

6 3 3 | 6 3 3 | 3 6 23 | 2· | 2 0 | 6 3 2 | 2· | 3 2 57 | 6· :‖
绿 窗 春 睡 觉 来 迟。 谁 唤 起， 窗 外 晓 莺 啼。

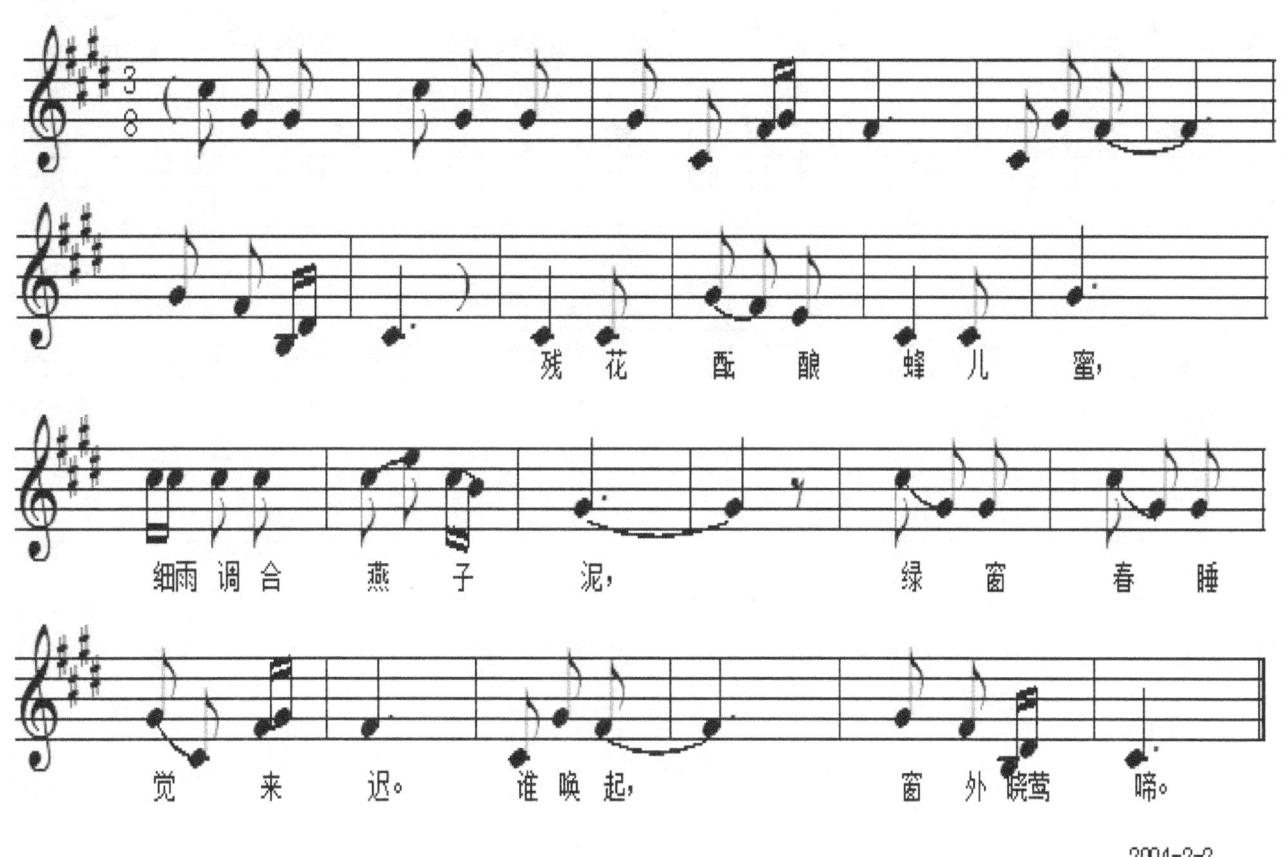

2004-2-2

66. 西江月·夜行黄沙道中 词：辛弃疾（宋）；曲：汪同贵

67. 夏日绝句 生当作人杰 词：李清照（宋）；曲：汪同贵

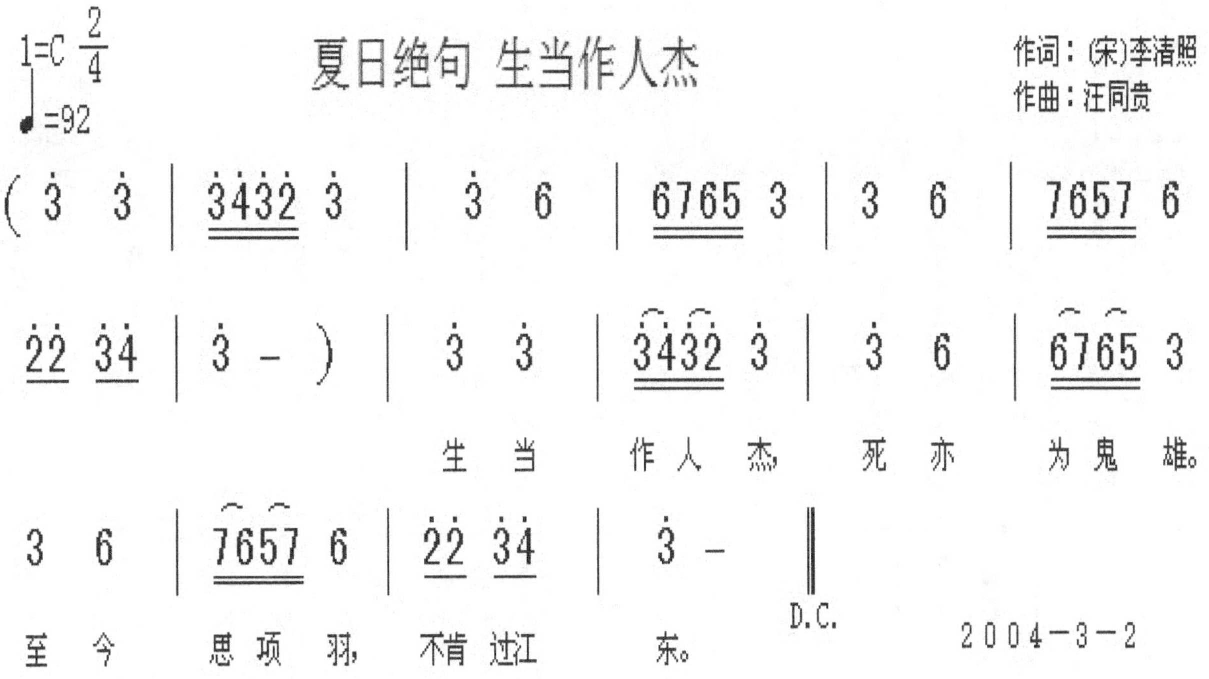

68.相思 词：王维（唐）；曲：汪同贵

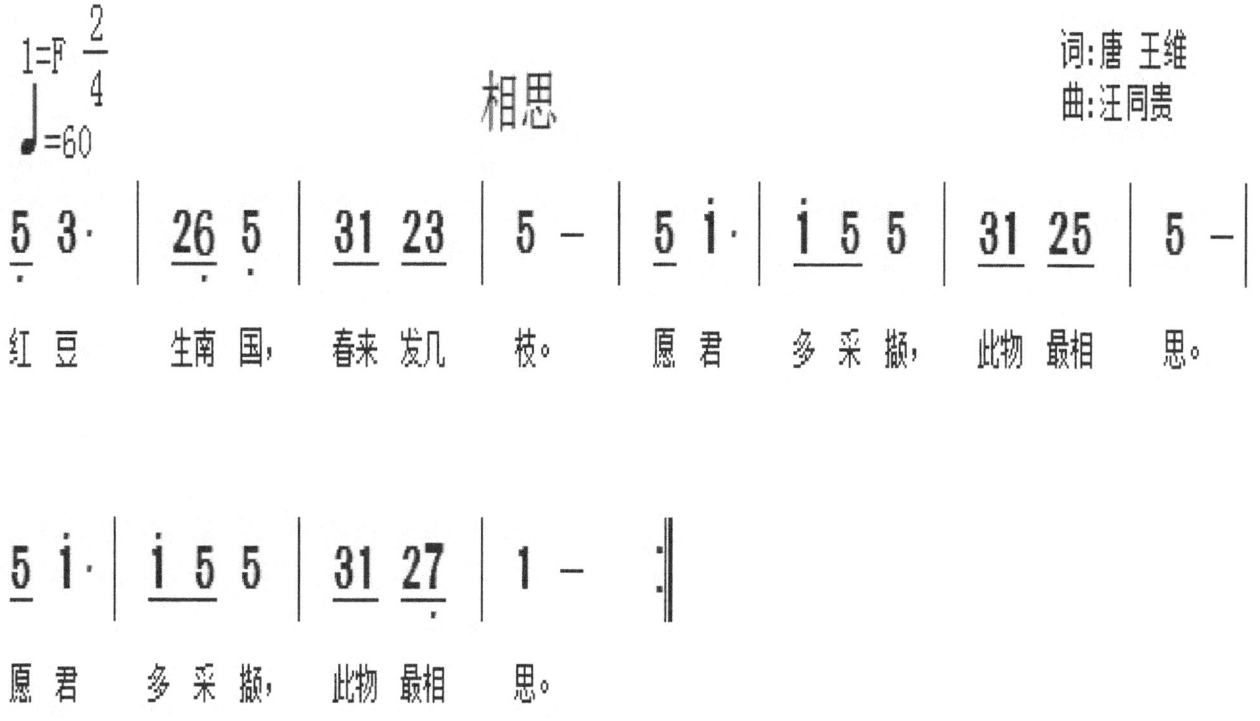

相思

词：唐 王维
曲：汪同贵

1=F 2/4 ♩=60

| 5 3· | 26 5 | 31 23 | 5 - | 5 1· | 1 5 5 | 31 25 | 5 - |

红豆　生南国，春来发几　枝。愿君　多采撷，此物最相　思。

| 5 1· | 1 5 5 | 31 27 | 1 - ‖

愿君　多采撷，此物最相　思。

相思

作词：唐 王维
作曲：汪同贵

♩=60

红豆　生南国　春来发几　枝　愿君　多采撷
此物最相　思　愿君　多采撷　此物最相　思

69. 兴唐寺　词：李白（唐）；曲：汪同贵

70. 行香子·树绕村庄　词：秦观（宋）；曲：汪同贵

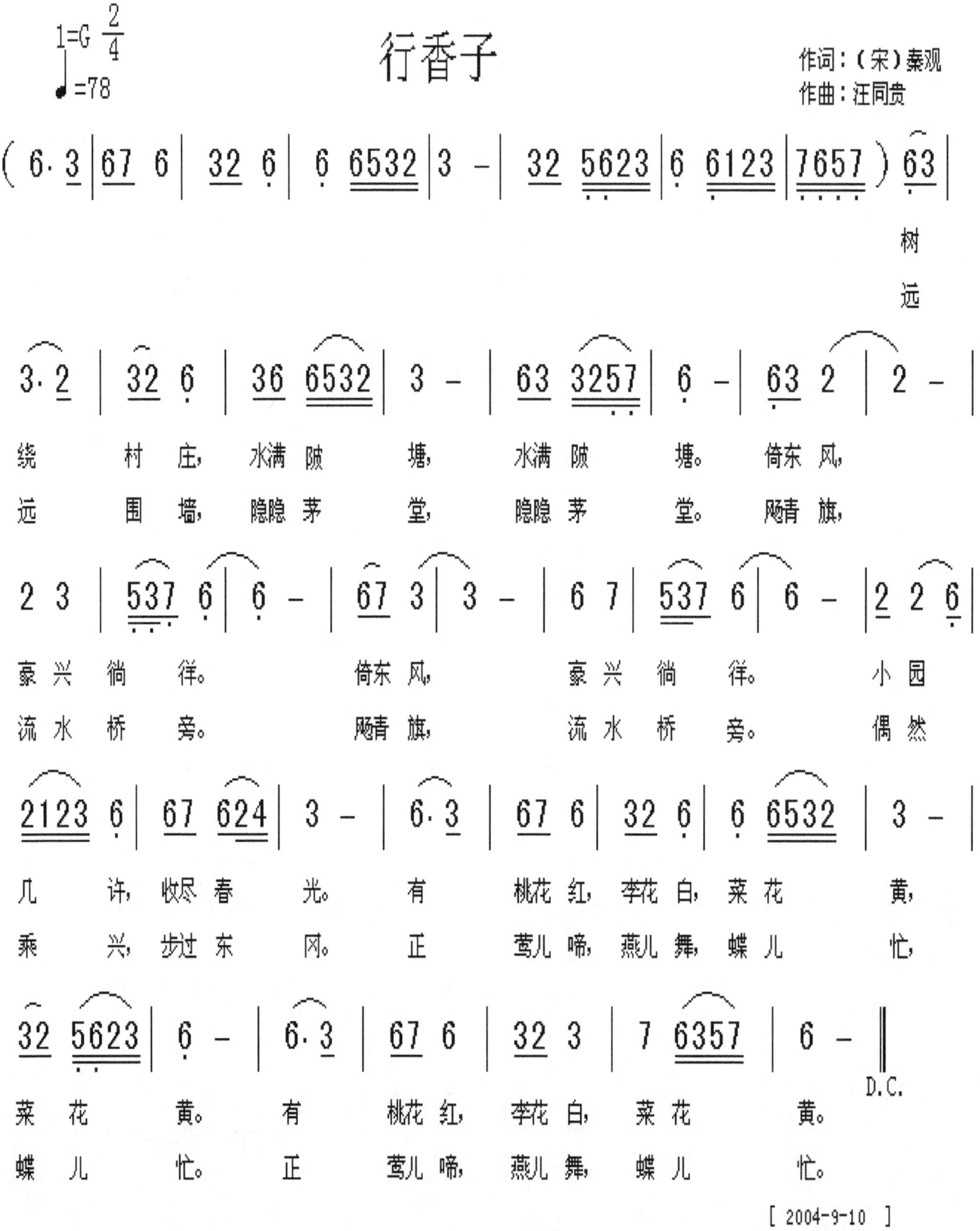

行香子

作词：（宋）秦观
作曲：汪同贵

1=G 2/4　♩=78

(6·3 | 67 6 | 32 6 | 6 6532 | 3 - | 32 5623 | 6 6123 | 7657) 6 3 |

树　　　　　　　　　　　　　　　　　　　　　　　　　　　　　　远

3·2 | 32 6 | 36 6532 | 3 - | 63 3257 | 6 - | 63 2 | 2 - |

绕　村　庄，水满陂　塘，水满陂　塘。倚东　风，
远　围　墙，隐隐茅　堂，隐隐茅　堂。飏青　旗，

2 3 | 537 6 | 6 - | 67 3 | 3 - | 6 7 | 537 6 | 6 - | 2 2 6 |

豪　兴　徜　徉。　倚东　风，　豪　兴　徜　徉。小　园
流　水　桥　旁。　飏青　旗，　流　水　桥　旁。偶　然

2123 6 | 67 624 | 3 - | 6·3 | 67 6 | 32 6 | 6 6532 | 3 - |

几　许，收尽春　光。有　桃花　红，李花　白，菜　花　黄，
乘　兴，步过东　冈。正　莺儿　啼，燕儿　舞，蝶　儿　忙，

32 5623 | 6 - | 6·3 | 67 6 | 32 3 | 7 6357 | 6 - ‖

菜　花　黄。有　桃花　红，李花　白，菜花　黄。
蝶　儿　忙。正　莺儿　啼，燕儿　舞，蝶儿　忙。

D.C.

[2004-9-10]

行香子 树绕村庄

作词:秦　观
作曲:汪同贵

(2004-9-10)

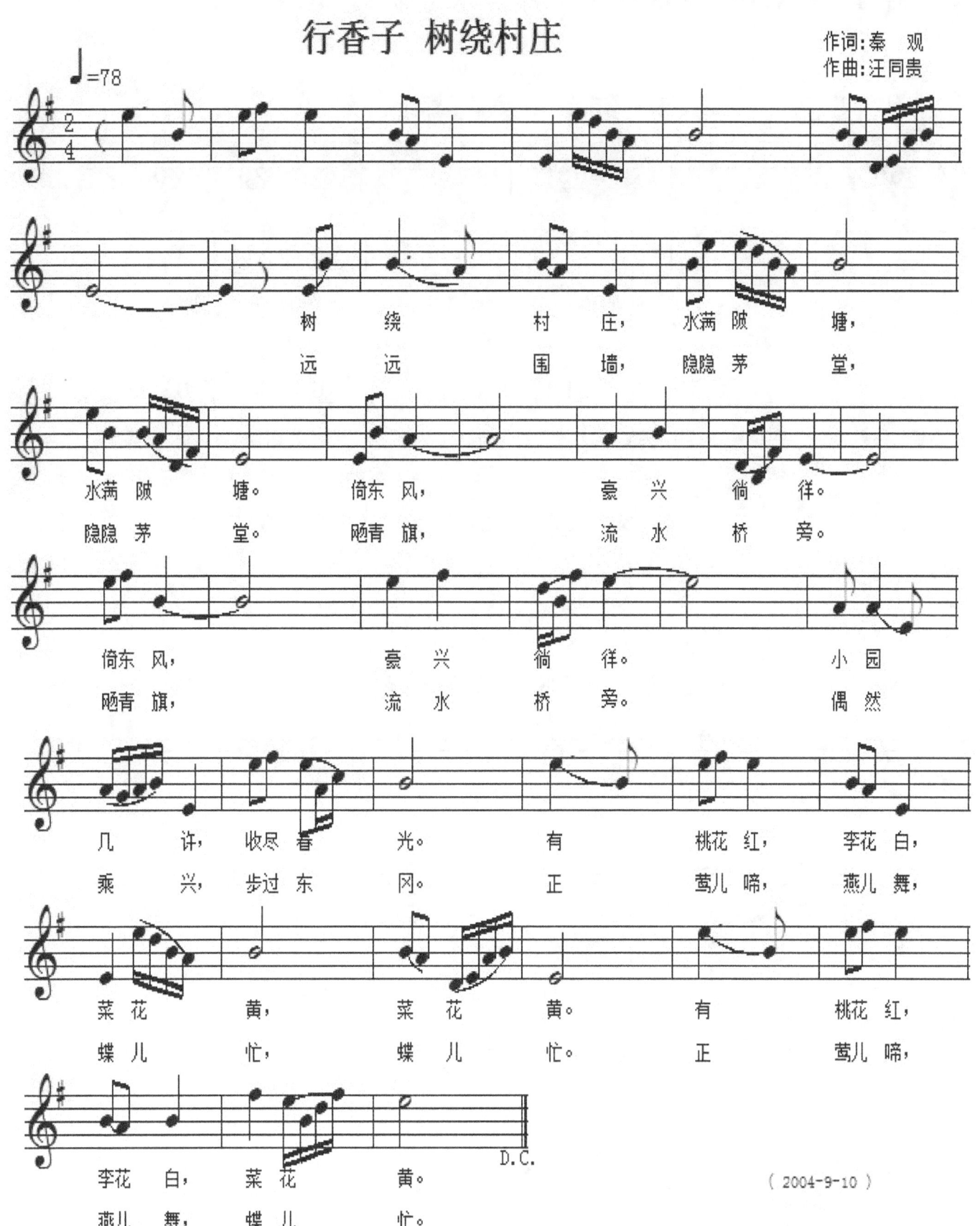

71. 一剪梅·红藕香残玉簟秋　词：李清照（宋）；曲：汪同贵

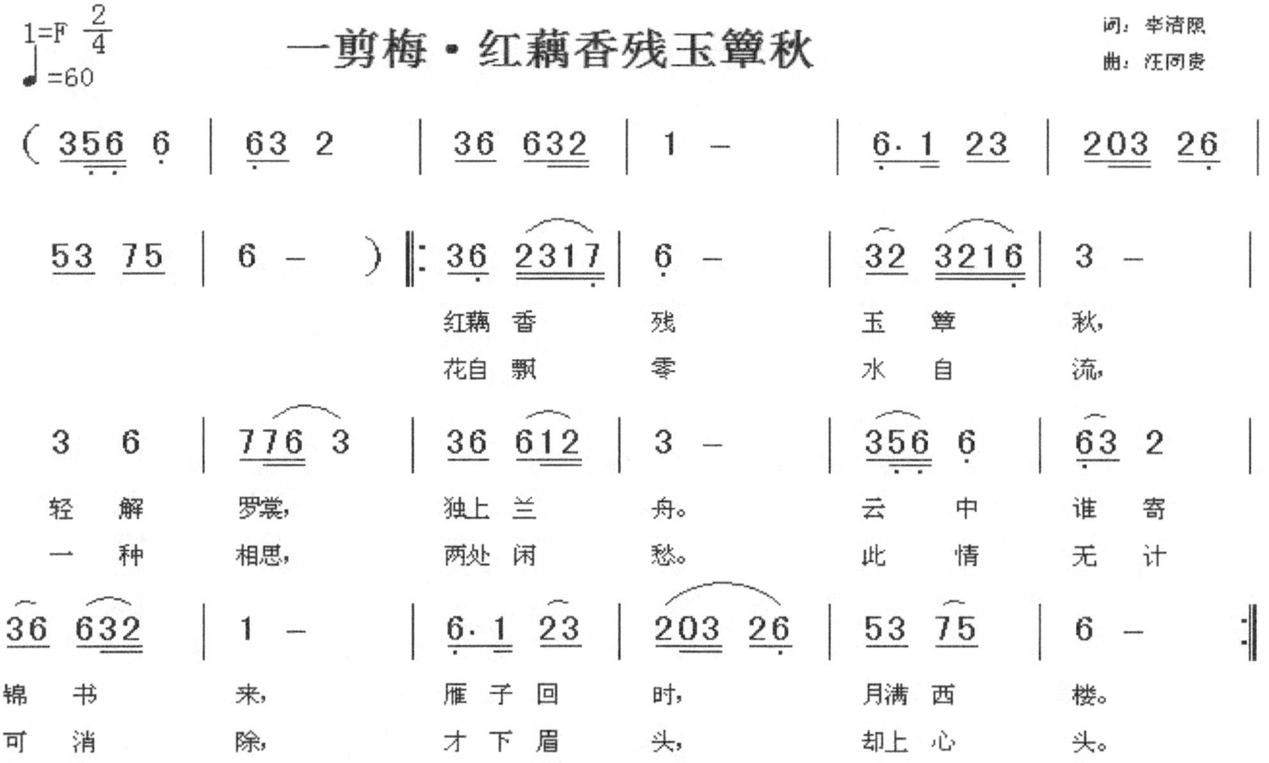

一剪梅·红藕香残玉簟秋

词：李清照
曲：汪同贵

1=F 2/4 ♩=60

(356 6̣ | 63 2 | 36 632 | 1 - | 6·1 23 | 203 26̣ |
53 75̣ | 6 -) ‖: 36 2317 | 6 - | 32 3216 | 3 - |

红藕　香　　残　　　玉簟　秋，
花自　飘　　零　　　水自　流，

3 6 | 776 3 | 36 612 | 3 - | 356 6̣ | 63 2 |

轻解　　罗裳，　独上兰　舟。　云中　谁寄
一种　　相思，　两处闲　愁。　此情　无计

36 632 | 1 - | 6·1 23 | 203 26̣ | 53 75̣ | 6 - ‖

锦书　来，　雁子回　时，　月满西　楼。
可消　除，　才下眉　头，　却上心　头。

2004-1-10

72. 一剪梅·舟过吴江 词：蒋捷（宋）；曲：汪同贵

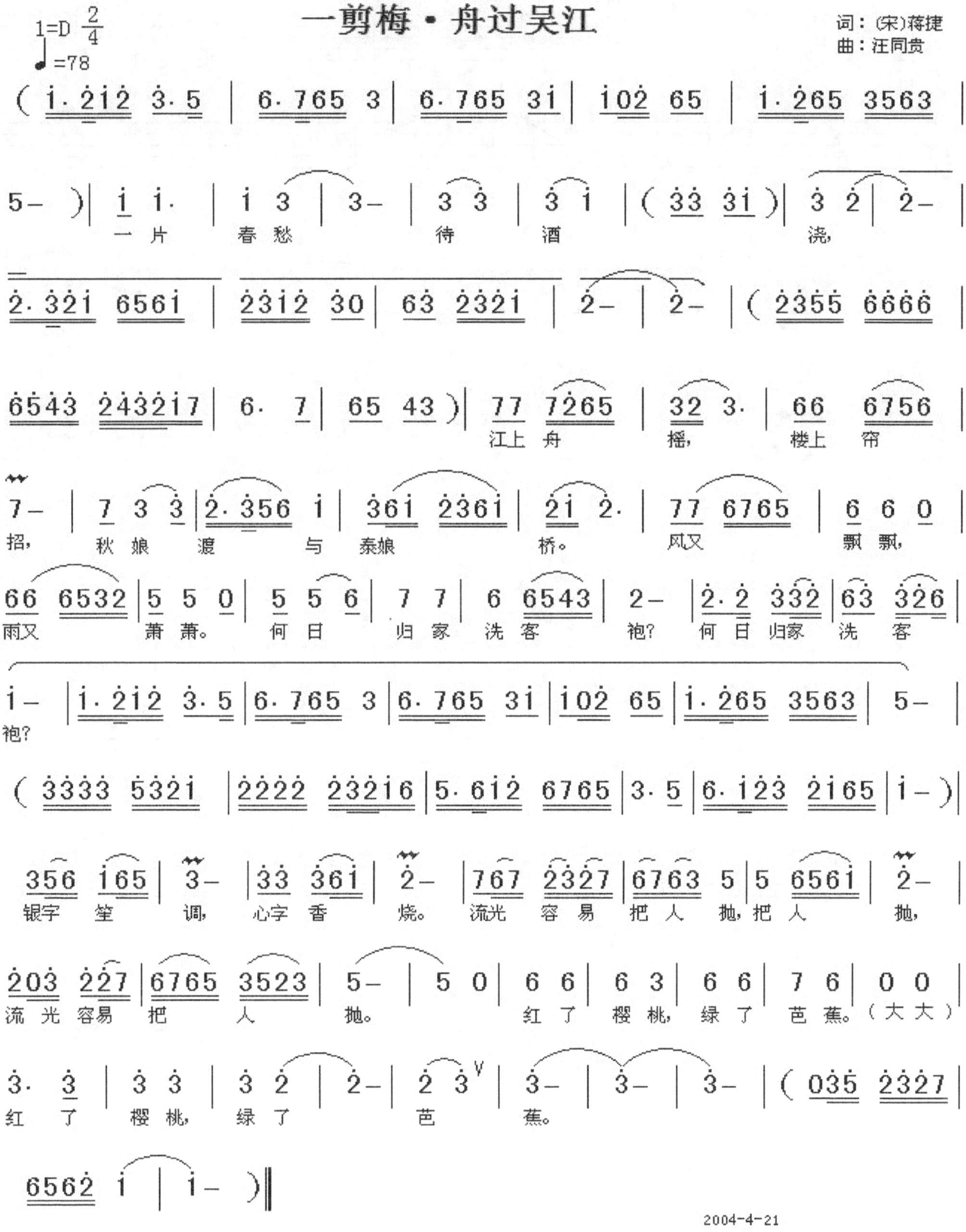

一剪梅·舟过吴江

作词：蒋　捷
作曲：汪同贵

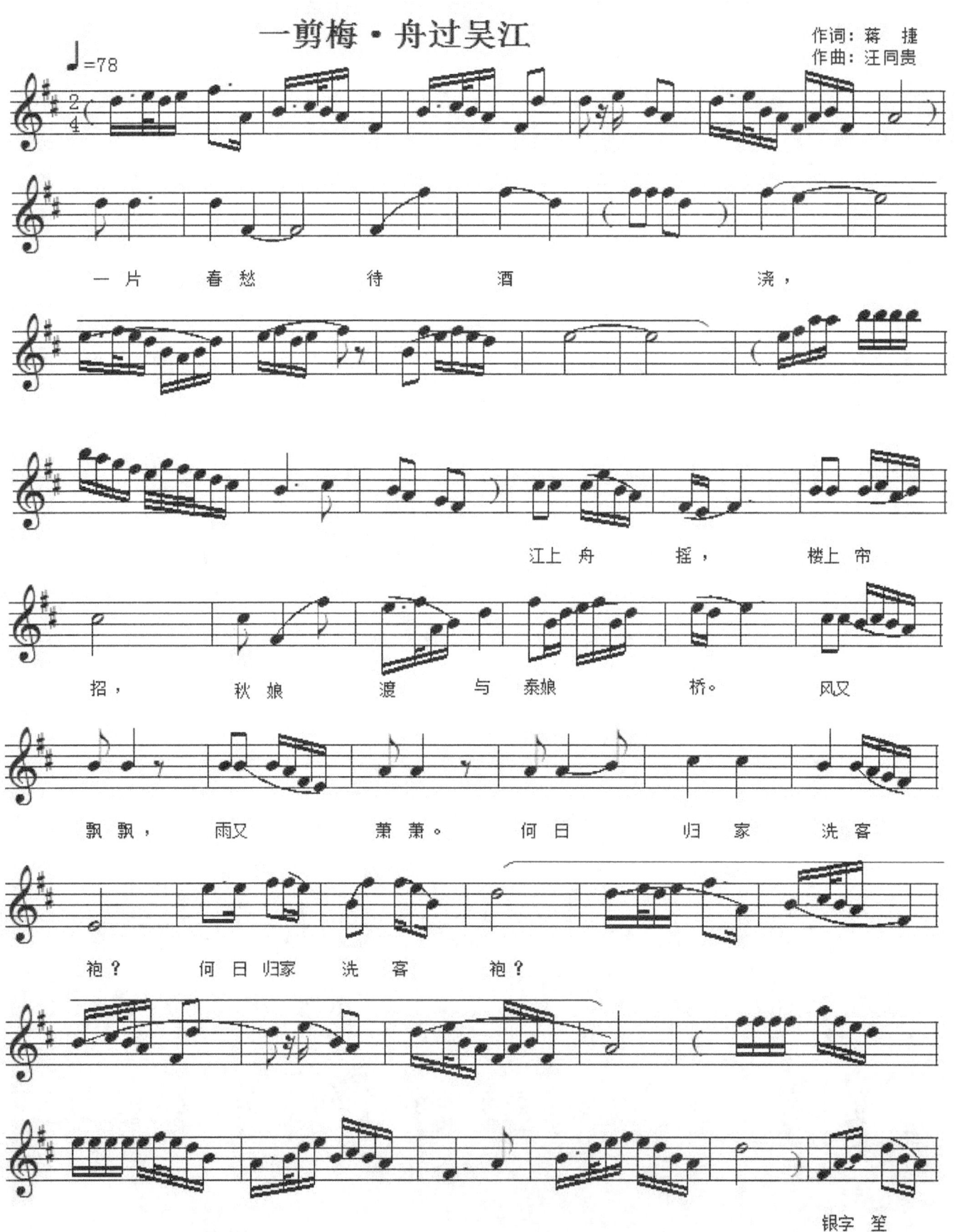

73. 忆江南　词：白居易（唐）；曲：汪同贵

忆江南

词：(唐)白居易
曲：汪同贵

1=G 2/4　♩=50

```
( 22 336 | 5165 3 | 356 163 | 21 2 0 | 356 236 | 5 - )

‖: 3 3 6 | 5 3 0 | 35 6563 | 21 2 0 | 23 52 | 323 0 | 65 532
   江南    好，   风景旧曾   谙。    日出 江   花       红 胜
   江南    忆，   最忆是杭   州。    山寺 月   中       寻 桂

1 - | 22 336 | 5165 3 | 356 163 | 21 2 0 | 356 236 | 5 - :‖
火，  春来江水  绿如 蓝。 能不 忆 江南？           能不 忆 江   南？
子，  郡亭枕上  看潮 头。 何日 更 重游？           何日 更 重   游？
```

2004-2-22

74.饮湖上初晴后雨 词：苏轼（宋）；曲：汪同贵

75.咏鹅 词：骆宾王（唐）；曲：汪同贵

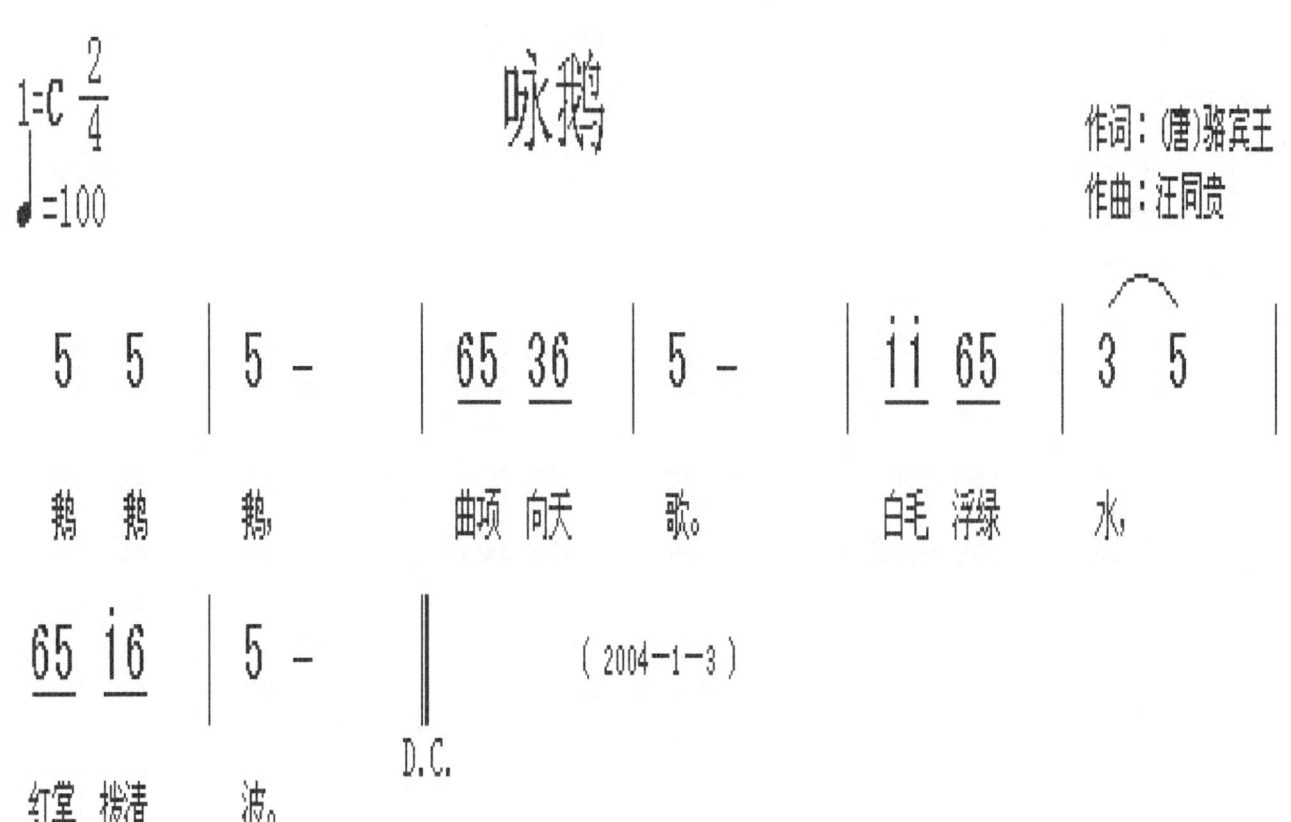

76.咏柳 词：贺知章（唐）；曲：汪同贵

77. 游园不值 词：叶绍翁（宋）；曲：汪同贵

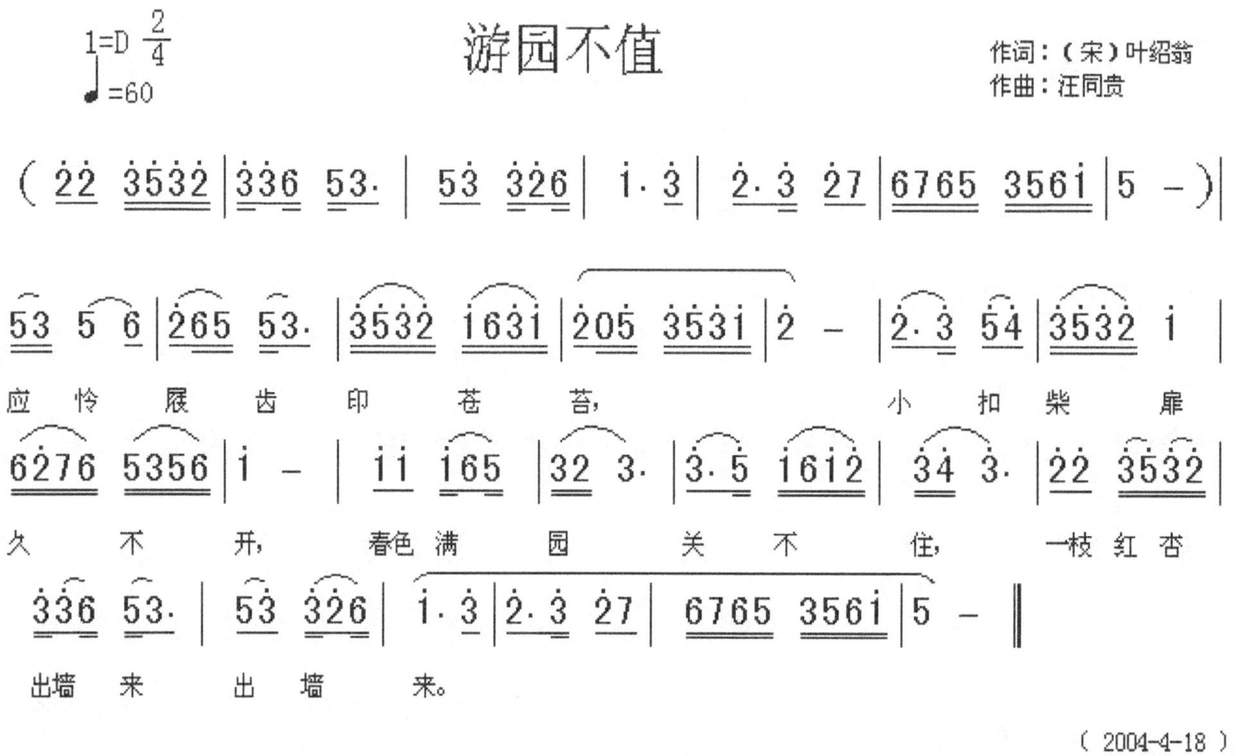

游园不值

作词：（宋）叶绍翁
作曲：汪同贵

1=D 2/4
♩=60

(22 3532 | 336 53· | 53 326 | 1·3 2·3 27 | 6765 3561 | 5 —)

53 5 6 | 265 53· | 3532 1631 | 205 3531 | 2 — | 2·3 54 3532 1 |
应怜　屐齿　印苍　苔，　　　　　　小扣　柴扉

6276 5356 | 1 — | 11 165 | 32 3· | 3·5 1612 | 34 3· | 22 3532 |
久　不　开，春色满　园　关不　住，　一枝红杏

336 53· | 53 326 | 1·3 2·3 27 | 6765 3561 | 5 — ‖
出墙　来　出墙　来。

（2004-4-18）

D.C.

78.游子吟 词：孟郊（唐）；曲：汪同贵

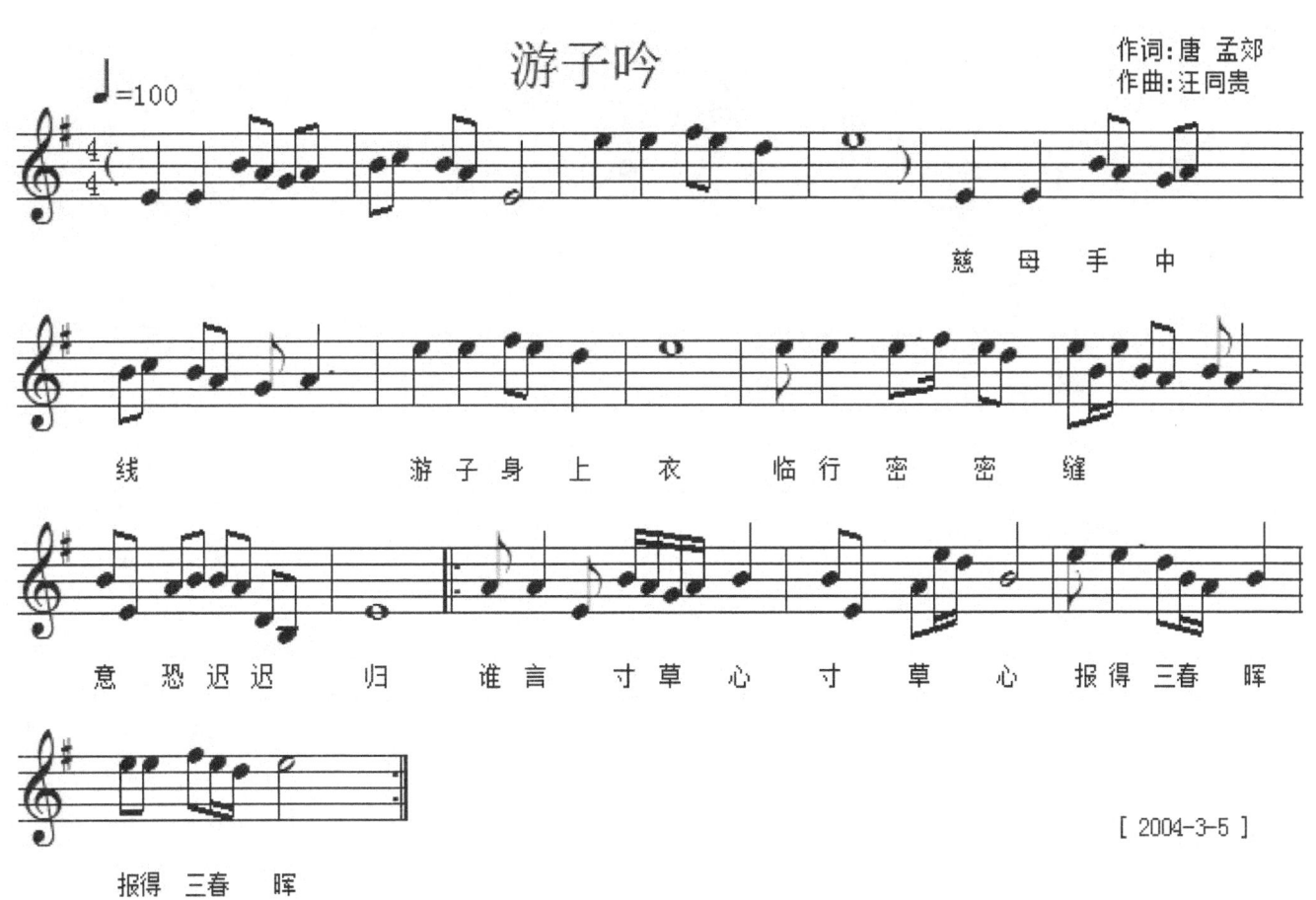

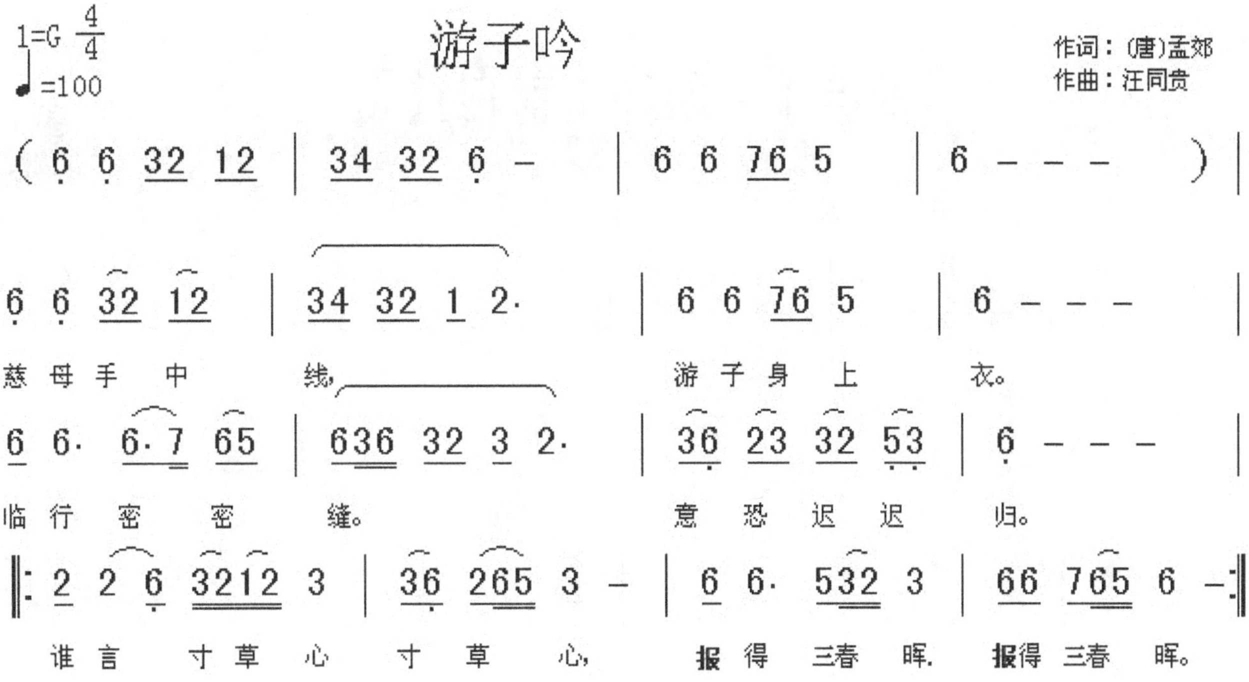

79. 渔歌子·西塞山前白鹭飞 词：张志和（唐）；曲：汪同贵

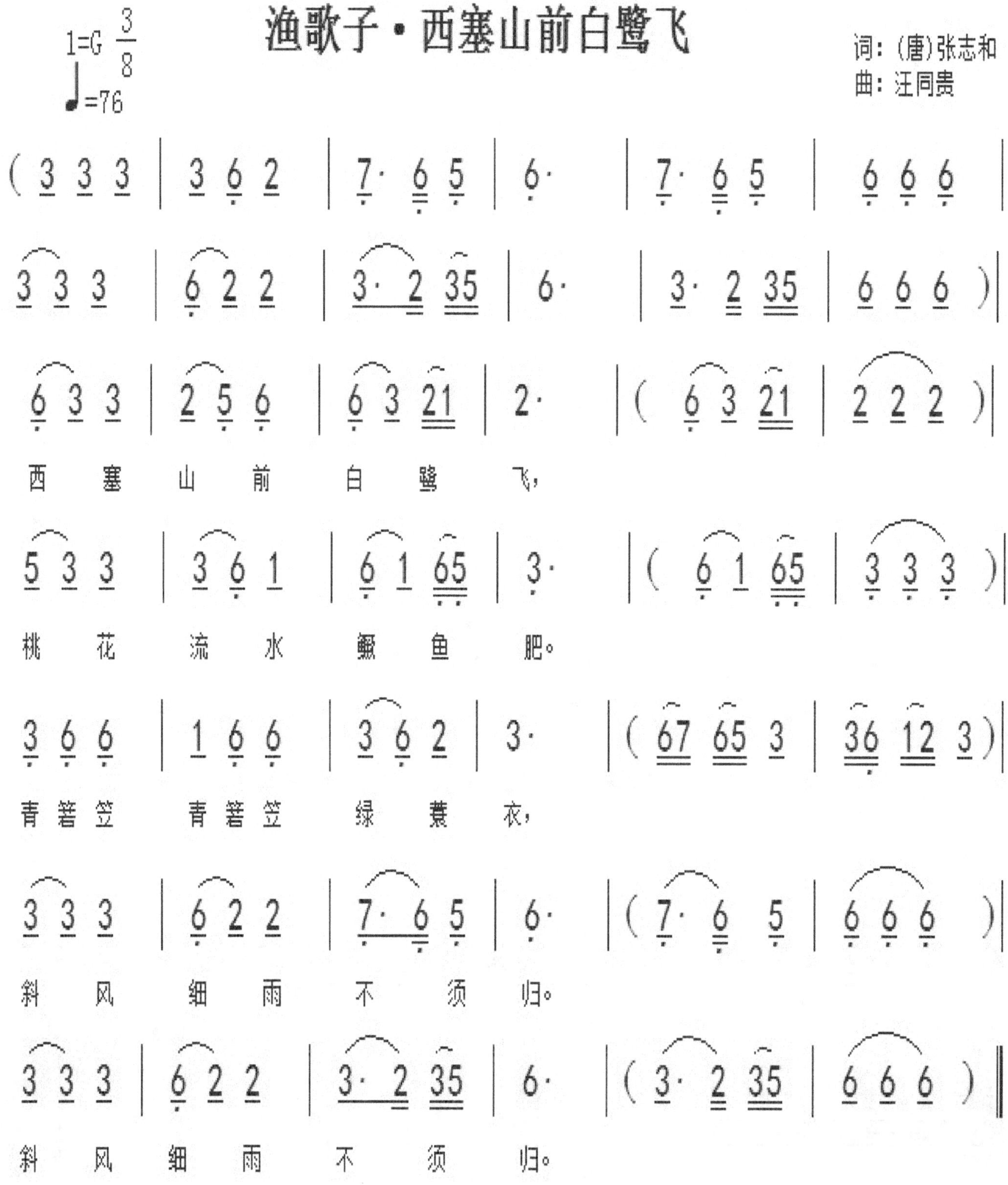

渔歌子·西塞山前白鹭飞

词：（唐）张志和
曲：汪同贵

1=G 3/8　♩=76

(3 3 3 | 3 6 2 | 7· 6 5 | 6· | 7· 6 5 | 6 6 6 |

3 3 3 | 6 2 2 | 3· 2 3 5 | 6· | 3· 2 3 5 | 6 6 6)

6 3 3 | 2 5 6 | 6 3 2 1 | 2· | (6 3 2 1 | 2 2 2)
西　塞　山　前　　白　鹭　　飞，

5 3 3 | 3 6 1 | 6 1 6 5 | 3· | (6 1 6 5 | 3 3 3)
桃　花　流　水　　鳜　鱼　　肥。

3 6 6 | 1 6 6 | 3 6 2 | 3· | (67 65 3 | 36 12 3)
青　箬　笠　青　箬　笠　绿　蓑　衣，

3 3 3 | 6 2 2 | 7· 6 5 | 6· | (7· 6 5 | 6 6 6)
斜　风　细　雨　　不　须　　归。

3 3 3 | 6 2 2 | 3· 2 3 5 | 6· | (3· 2 3 5 | 6 6 6)
斜　风　细　雨　　不　须　　归。

渔歌子·西塞山前白鹭飞

作词：(唐)张志和
作曲：汪同贵

80.雨霖铃·寒蝉凄切 词：柳永（宋）；曲：汪同贵

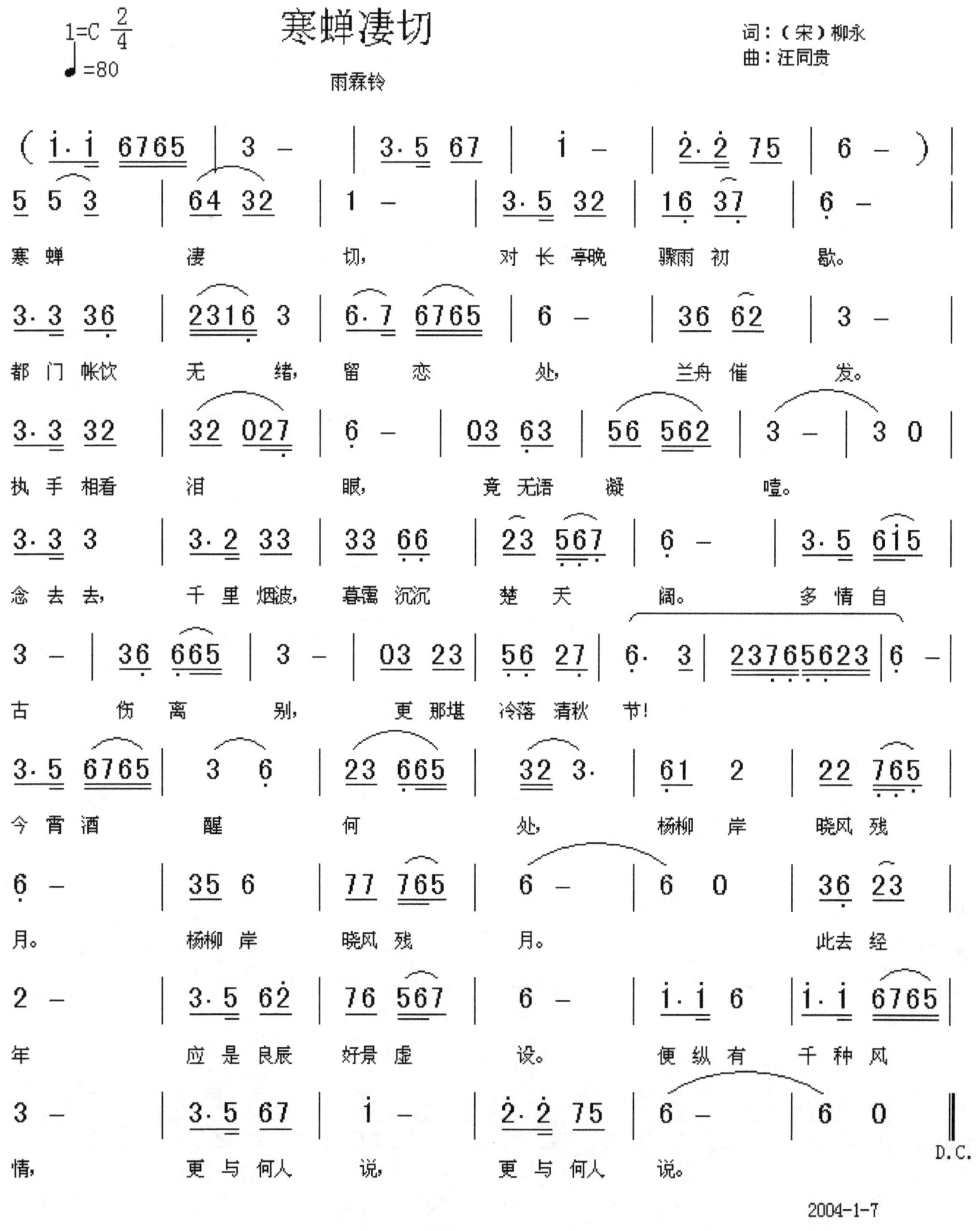

寒蝉凄切
雨霖铃

词：（宋）柳永
曲：汪同贵

1=C 2/4 ♩=80

(i·i 6765 | 3 - | 3·5 67 | i - | 2·2 75 | 6 -)

5 5 3 | 64 32 | 1 - | 3·5 32 | 16 37 | 6 -
寒 蝉 凄 切， 对 长 亭 晚 骤雨 初 歇。

3·3 36 | 2316 3 | 6·7 6765 | 6 - | 36 62 | 3 -
都 门 帐饮 无 绪， 留 恋 处， 兰 舟 催 发。

3·3 32 | 32 027 | 6 - | 03 63 | 56 562 | 3 - | 3 0
执 手 相 看 泪 眼， 竟 无语 凝 噎。

3·3 3 | 3·2 33 | 33 66 | 23 567 | 6 - | 3·5 615
念 去 去， 千里 烟波， 暮霭 沉沉 楚 天 阔。 多情 自

3 - | 36 665 | 3 - | 03 23 | 56 27 | 6· 3 | 23765623 | 6 -
古 伤 离 别， 更 那堪 冷落 清秋 节！

3·5 6765 | 3 6 | 23 665 | 32 3 | 61 2 | 22 765
今 宵 酒 醒 何 处， 杨柳 岸 晓风 残

6 - | 35 6 | 77 765 | 6 - | 6 0 | 36 23
月。 杨柳 岸 晓风 残 月。 此去 经

2 - | 3·5 62 | 76 567 | 6 - | i·i 6 | i·i 6765
年 应是 良辰 好景 虚 设。 便纵 有 千种 风

3 - | 3·5 67 | i - | 2·2 75 | 6 - | 6 0 ‖
情， 更 与 何人 说， 更 与 何人 说。

D.C.

2004-1-7

雨霖铃 寒蝉凄切

词：（宋）柳永
曲：汪同贵

2004-1-7

81. 虞美人·听雨　词：蒋捷（宋）；曲：汪同贵

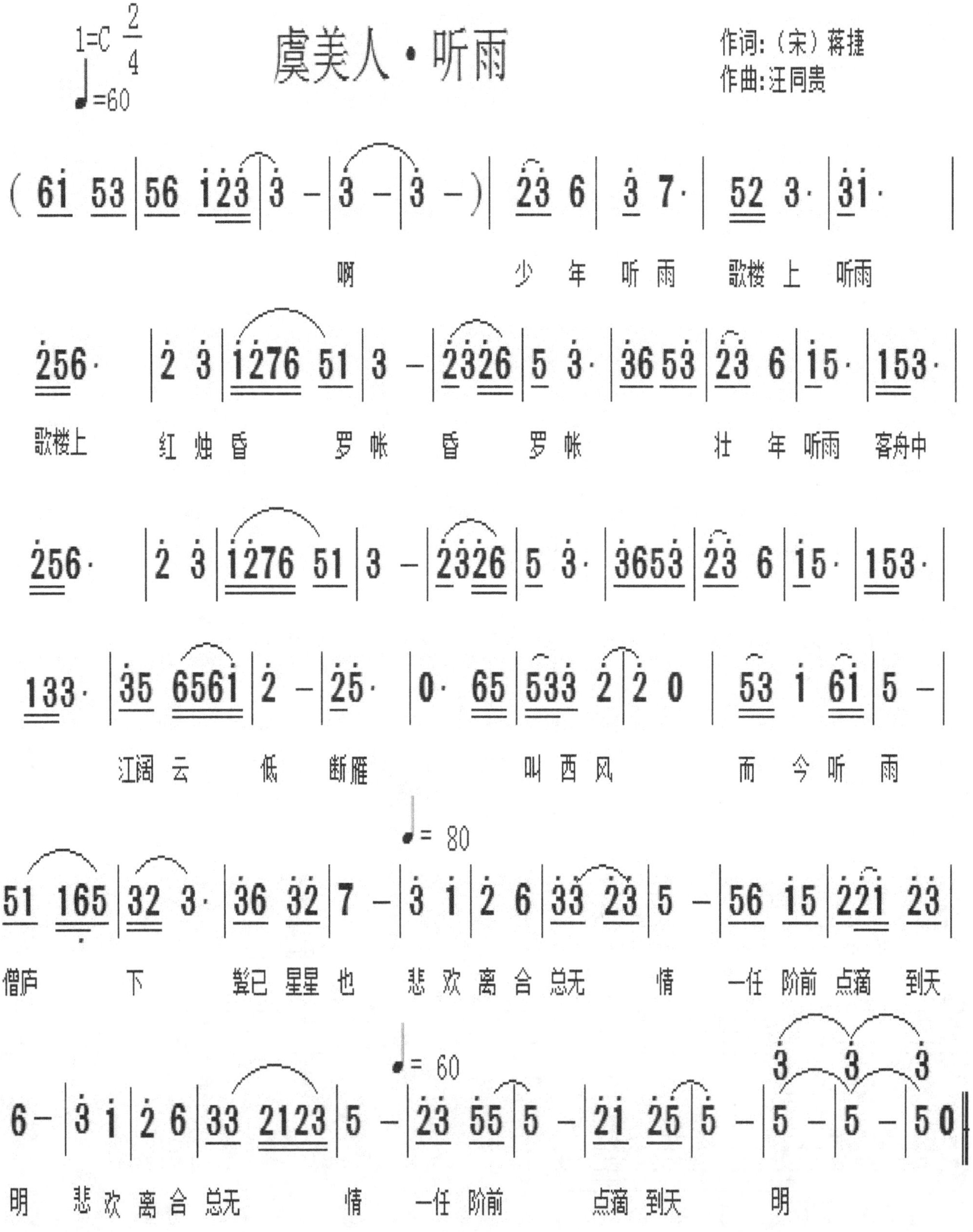

虞美人 听雨

作词:宋 蒋捷
作曲:汪同贵

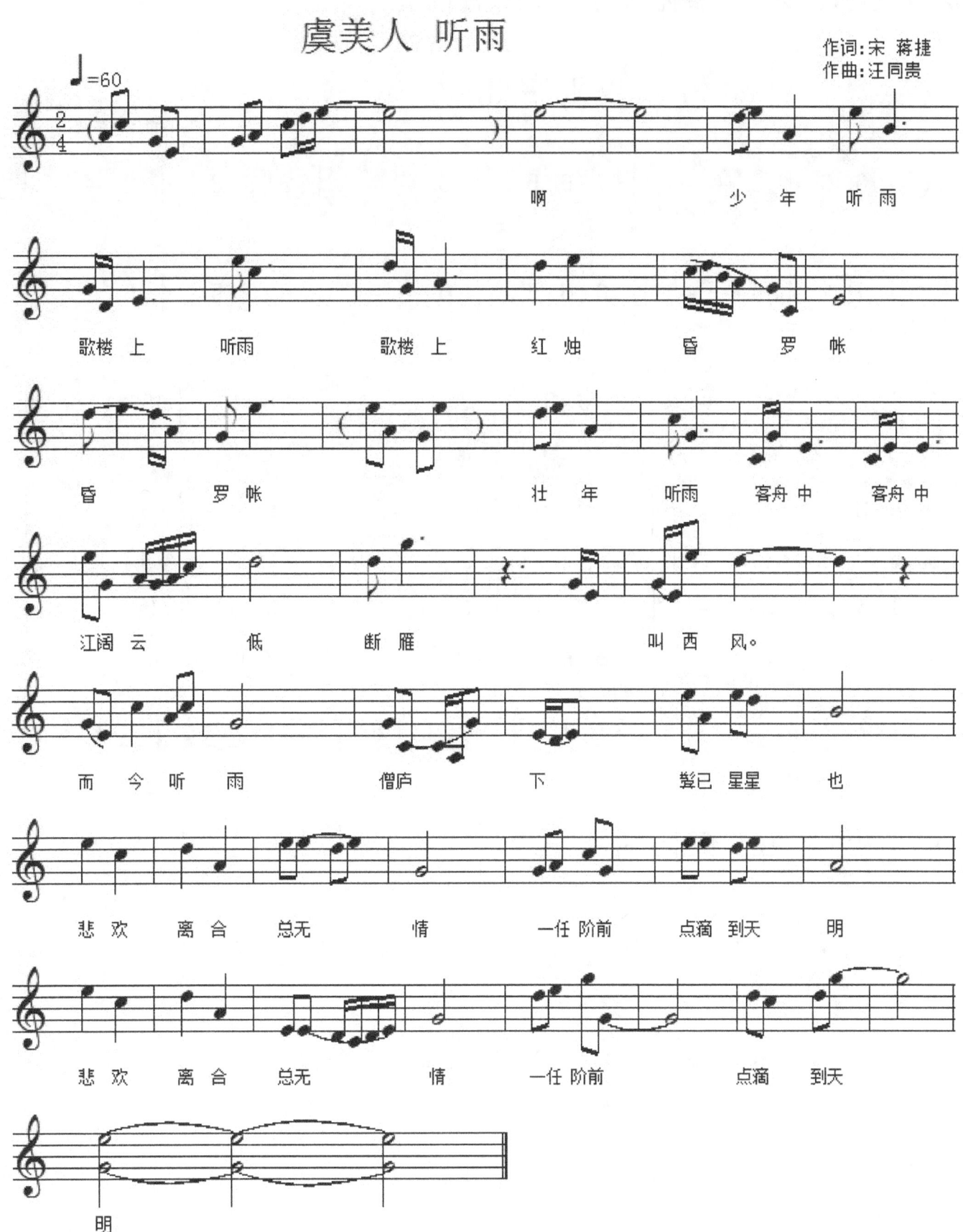

82. 雨夜寄北 词：李商隐（唐）；曲：汪同贵

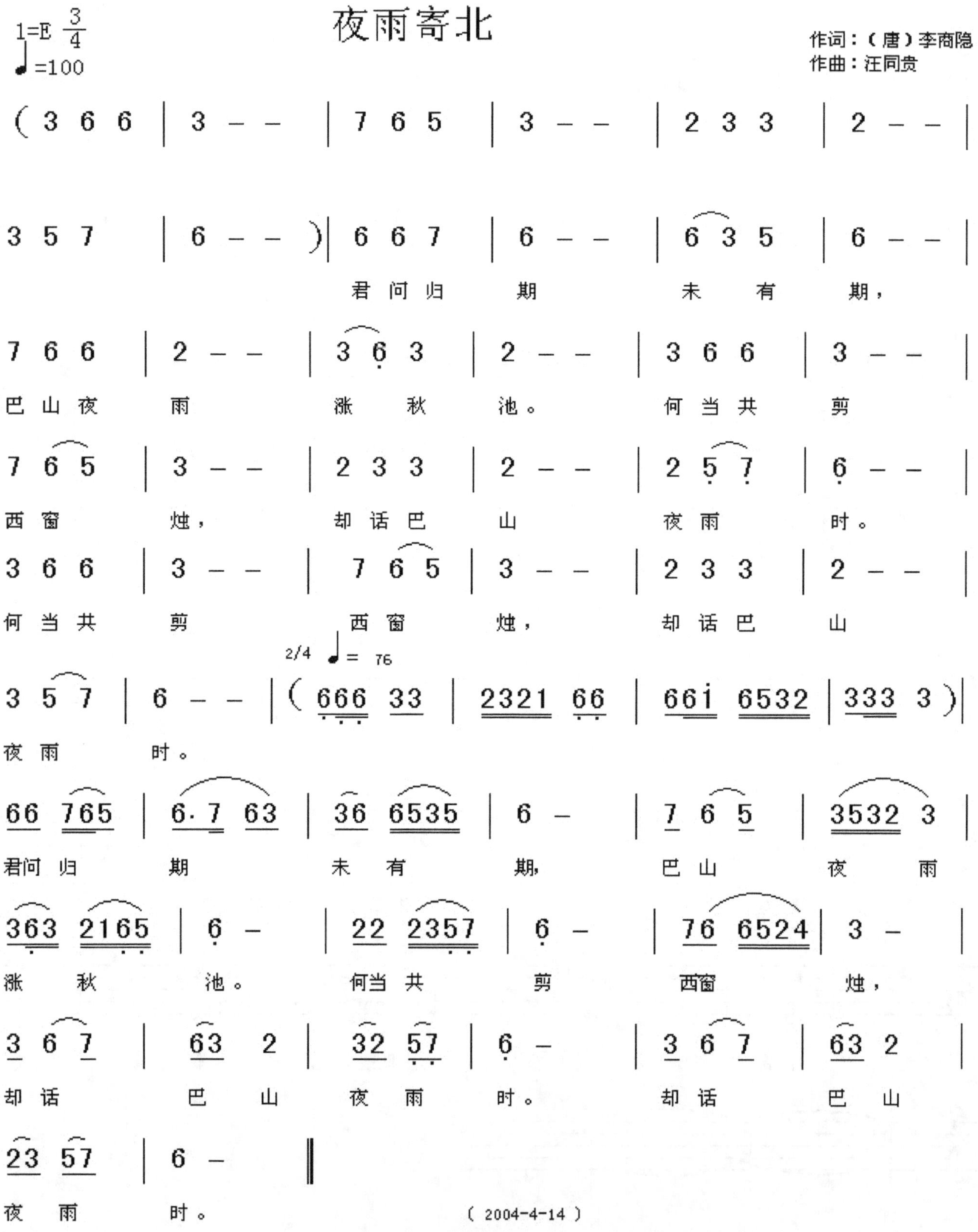

夜雨寄北

作词：（唐）李商隐
作曲：汪同贵

1=E 3/4 ♩=100

(3 6 6 | 3 - - | 7 6 5 | 3 - - | 2 3 3 | 2 - - |

3 5 7 | 6 - -) | 6 6 7 | 6 - - | 6 3 5 | 6 - - |
　　　　　　　　　 君 问 归　期　　　未 有　期，

7 6 6 | 2 - - | 3 6 3 | 2 - - | 3 6 6 | 3 - - |
巴 山 夜　雨　　　涨 秋　池。　　何 当 共　剪

7 6 5 | 3 - - | 2 3 3 | 2 - - | 2 5 7 | 6 - - |
西 窗　烛，　　　却 话 巴　山　　　夜 雨　时。

3 6 6 | 3 - - | 7 6 5 | 3 - - | 2 3 3 | 2 - - |
何 当 共　剪　　　西 窗　烛，　　　却 话 巴 山

2/4 ♩=76

3 5 7 | 6 - - | (666 33 | 2321 66 | 661 6532 | 333 3)|
夜 雨　时。

66 765 | 6·7 63 | 36 6535 | 6 - | 7 6 5 | 3532 3 |
君问 归期　未有 期，　巴山 夜雨　　　巴 山　夜 雨

363 2165 | 6 - | 22 2357 | 6 - | 76 6524 | 3 - |
涨秋　池。　　何当 共剪　　西窗　烛，

3 6 7 | 63 2 | 32 57 | 6 - | 3 6 7 | 63 2 |
却 话　巴 山　夜雨 时。　　却 话　巴 山

23 57 | 6 - ‖
夜雨　时。

(2004-4-14)

夜雨寄北

作词:李商隐
作曲:汪同贵

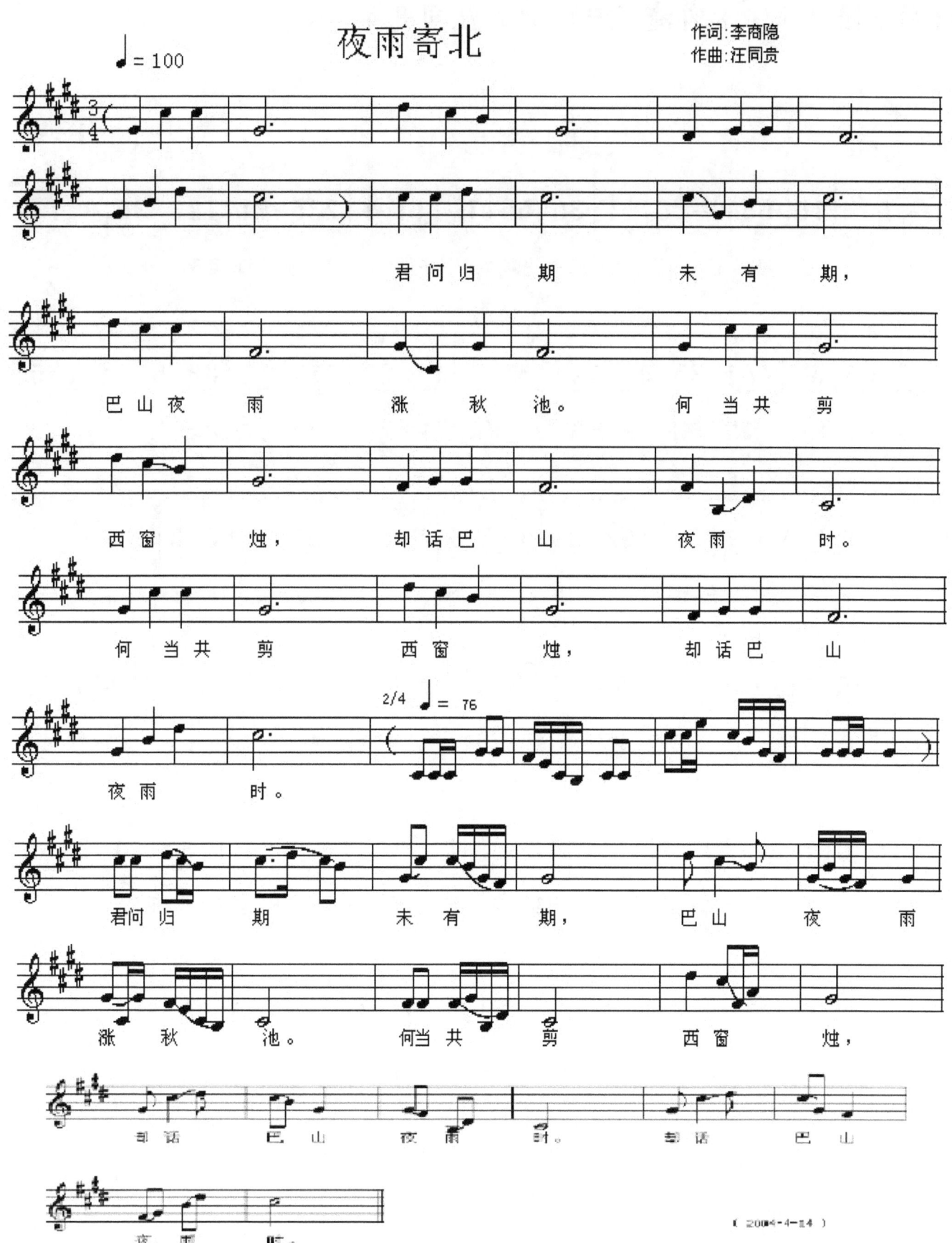

83. 岳阳楼记　词：范仲淹（宋）；曲：汪同贵

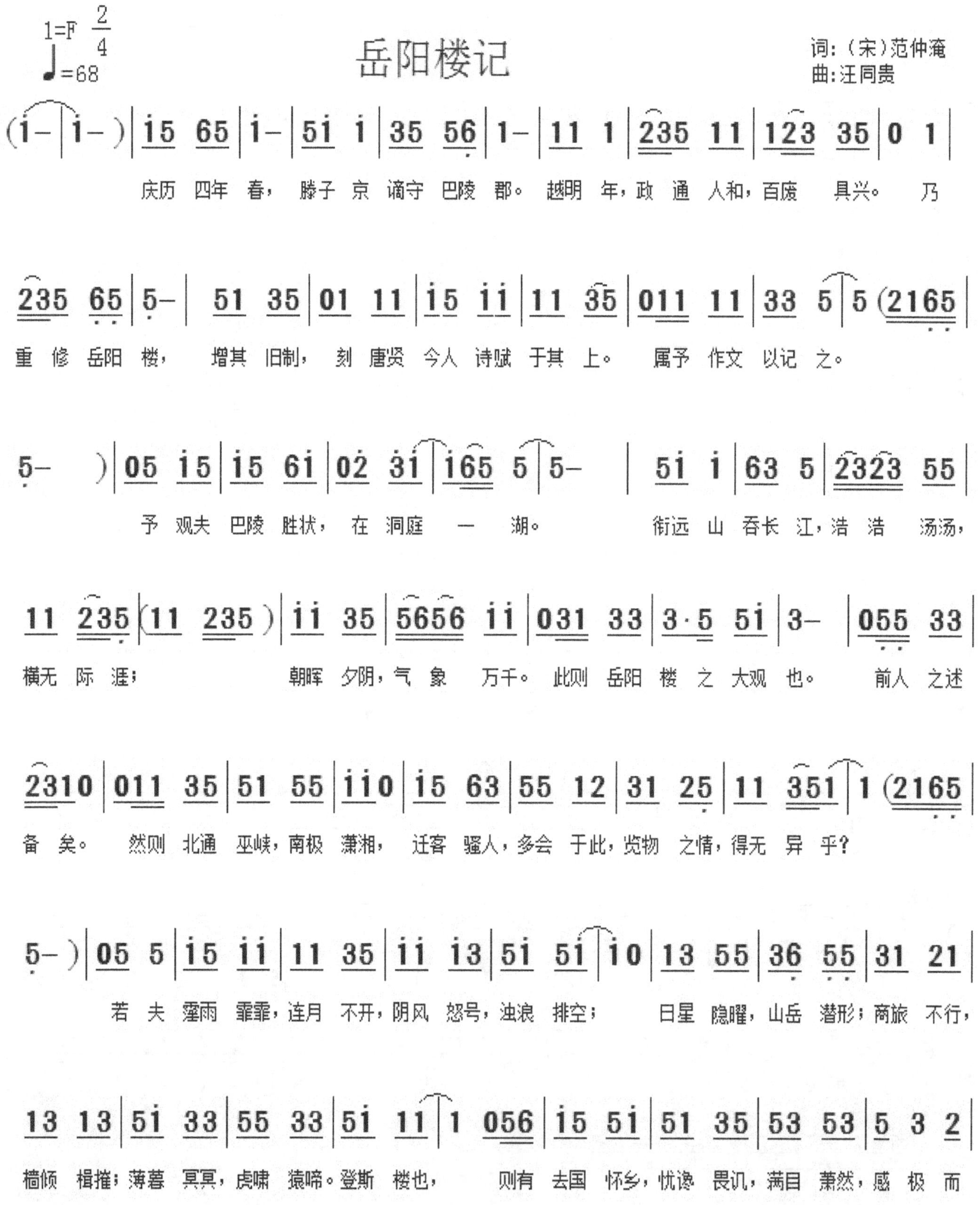

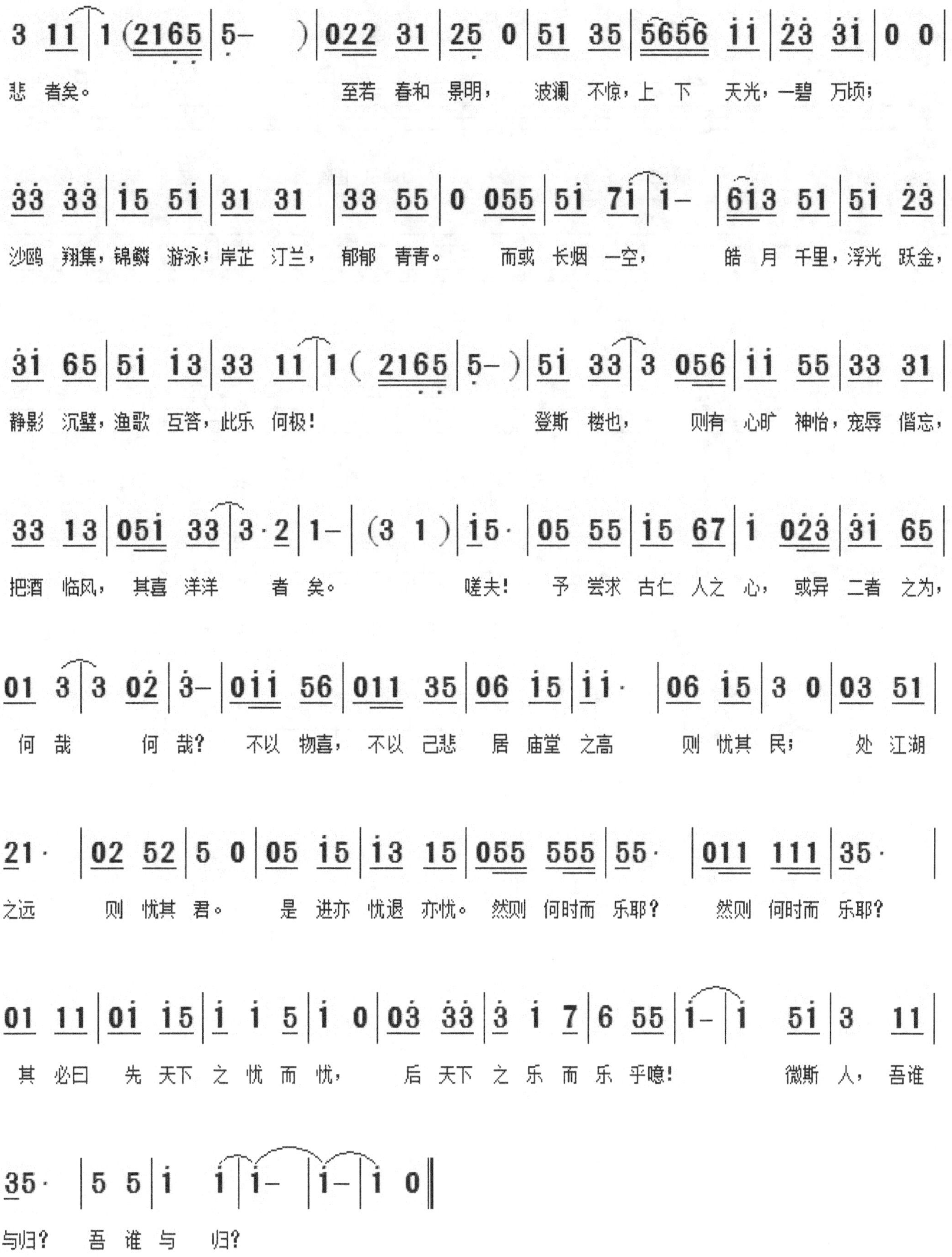

| 3 11 | 1 (2165 | 5 —) | 022 31 | 25 0 | 51 35 | 5656 11 | 23 31 | 0 0 |

悲 者矣。　　　　　　　　至若 春和 景明，　波澜 不惊，上下 天光，一碧 万顷；

| 33 33 | 15 51 | 31 31 | 33 55 | 0 055 | 51 71 | 1 — | 613 51 | 51 23 |

沙鸥 翔集，锦鳞 游泳；岸芷 汀兰，郁郁 青青。　而或 长烟 一空，　皓月 千里，浮光 跃金，

| 31 65 | 51 13 | 33 11 | 1 (2165 | 5 —) | 51 33 | 3 056 | 11 55 | 33 31 |

静影 沉璧，渔歌 互答，此乐 何极！　　　　　　登斯 楼也，　则有 心旷 神怡，宠辱 偕忘，

| 33 13 | 051 33 | 3·2 | 1— | (3 1) | 15· | 05 55 | 15 67 | 1 023 | 31 65 |

把酒 临风，其喜 洋洋 者 矣。　　　嗟夫！予 尝求 古仁 人之 心， 或异 二者 之为，

| 01 3 | 3 02 | 3 — | 011 56 | 011 35 | 06 15 | 11· | 06 15 | 3 0 | 03 51 |

何哉　何哉？　不以 物喜，不以 己悲　居庙堂 之高　则 忧其 民；　处 江湖

| 21· | 02 52 | 5 0 | 05 15 | 13 15 | 055 555 | 55· | 011 111 | 35· |

之远　则 忧其 君。　是 进亦 忧退 亦忧。然则 何时而 乐耶？　然则 何时而 乐耶？

| 01 11 | 01 15 | 1 1 5 | 1 0 | 03 33 | 3 1 7 | 6 55 | 1— 1 | 51 3 11 |

其 必曰 先 天下 之 忧而 忧，　后 天下 之 乐而 乐 乎噫！　微斯 人，吾谁

| 35· | 5 5 | 1 1 | 1— | 1— | 1 0 ||

与归？ 吾谁 与 归？

133

岳阳楼记

作词：宋 范仲淹
作曲：汪同贵

上下 天光，一碧万顷； 沙鸥 翔集，锦鳞 游泳；岸芷 汀兰，郁郁 青青。 而或 长烟一空，
皓 月 千里，浮光 跃金，静影沉璧，渔歌互答，此乐 何极！ 登斯楼也， 则有
心旷神怡，宠辱 偕忘，把酒 临风， 其喜 洋洋 者 矣。 嗟夫！ 予 尝求
古仁 人之 心 ，或异 二者之为， 何 哉？ 何 哉？ 不以物喜， 不以 己悲；
居 庙堂 之高 则 忧其 民； 处 江湖 之远 则 忧其 君。 是 进亦 忧退亦忧。
然则 何时而 乐耶？ 然则 何时而 乐 耶？ 其 必曰 “先 天下 之 忧 而 忧，
后 天下 之乐 而 乐”乎噫！ 微斯 人，吾谁 与 归？ 吾 谁 与 归？

84. 早春呈水部张十八员外 词：韩愈（唐）；曲：汪同贵

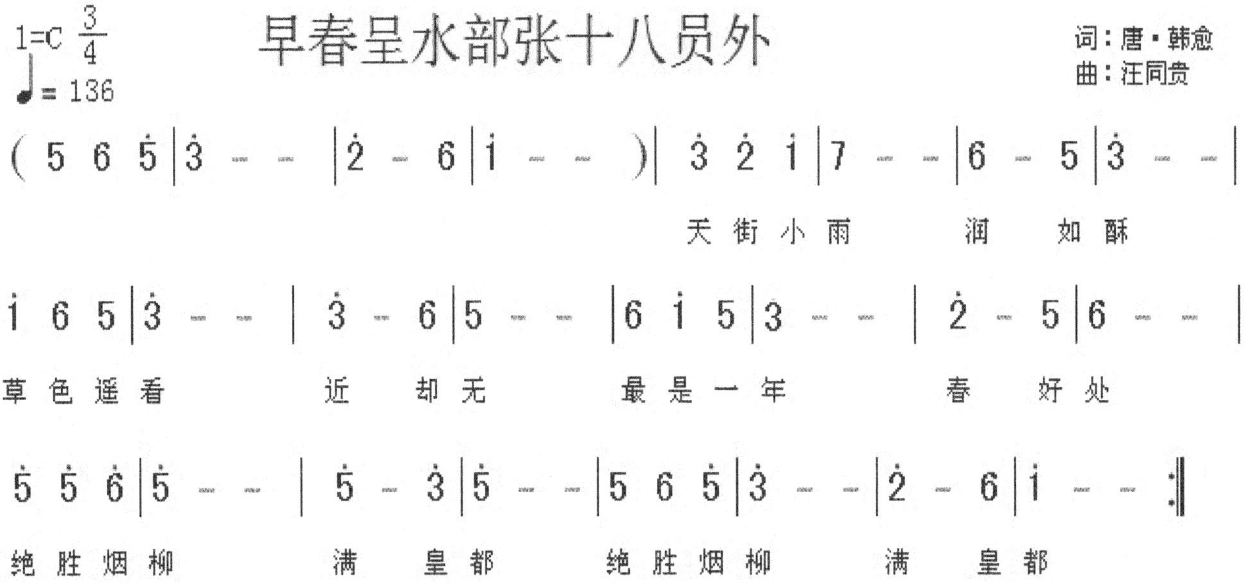

早春呈水部张十八员外

词：唐·韩愈
曲：汪同贵

1=C 3/4　♩=136

(5 6 5｜3 - -｜2 - 6 1｜i - -) ｜3 2 i｜7 - -｜6 - 5｜3 - -｜
　　　　　　　　　　　　　　　天 街 小 雨　　润　如 酥

i 6 5｜3 - -｜3 - 6 5｜- -｜6 i 5｜3 - -｜2 - 5｜6 - -｜
草 色 遥 看　　　　近 却 无　　最 是 一 年　　春　好 处

5 5 6 5｜- -｜5 - 3 5｜- -｜5 6 5｜3 - -｜2 - 6｜i - -‖
绝 胜 烟 柳　　满 皇 都　　绝 胜 烟 柳　　满　皇 都

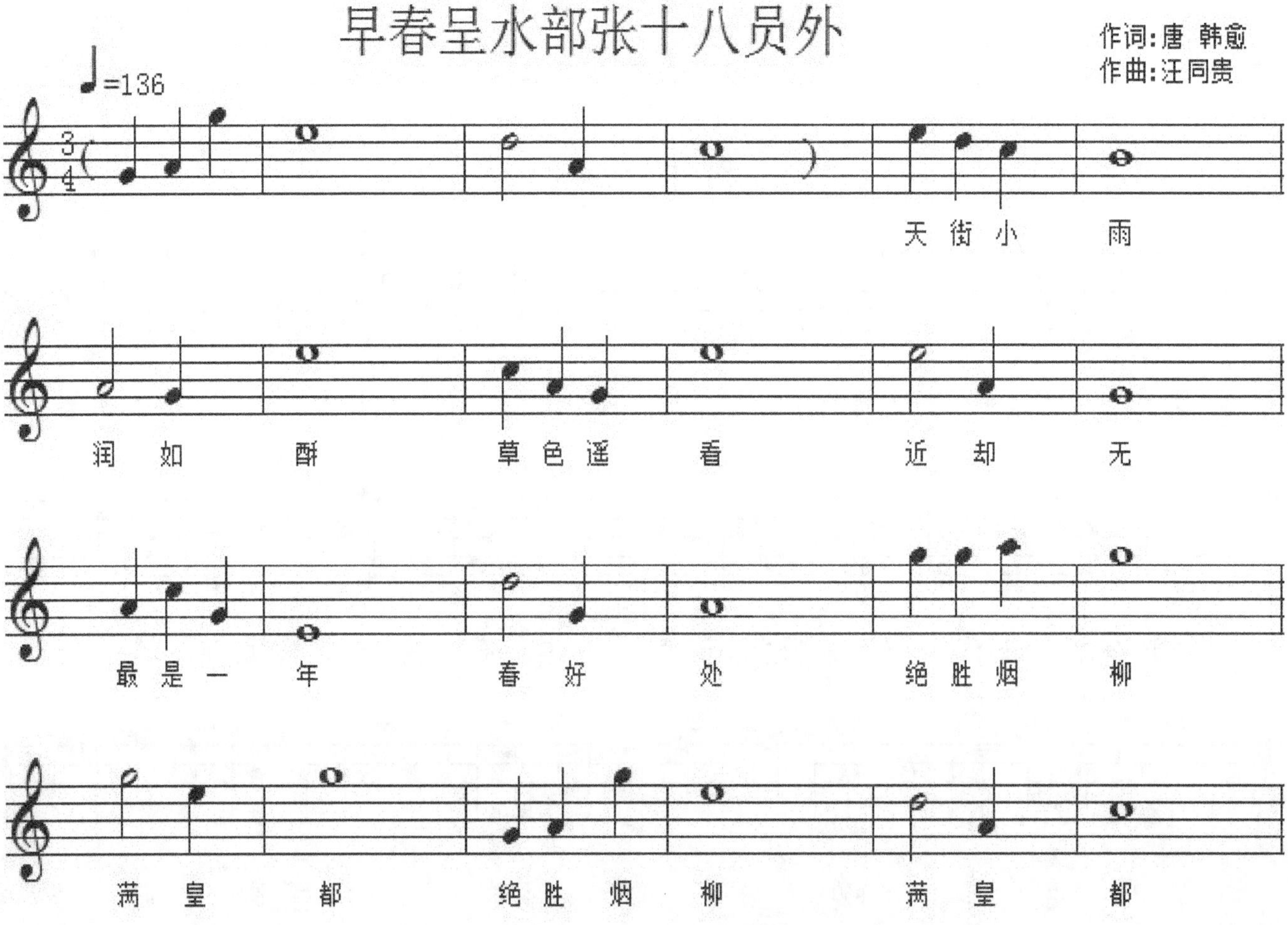

早春呈水部张十八员外

作词：唐 韩愈
作曲：汪同贵

85. 早发白帝城 词：李白（唐）；曲：汪同贵

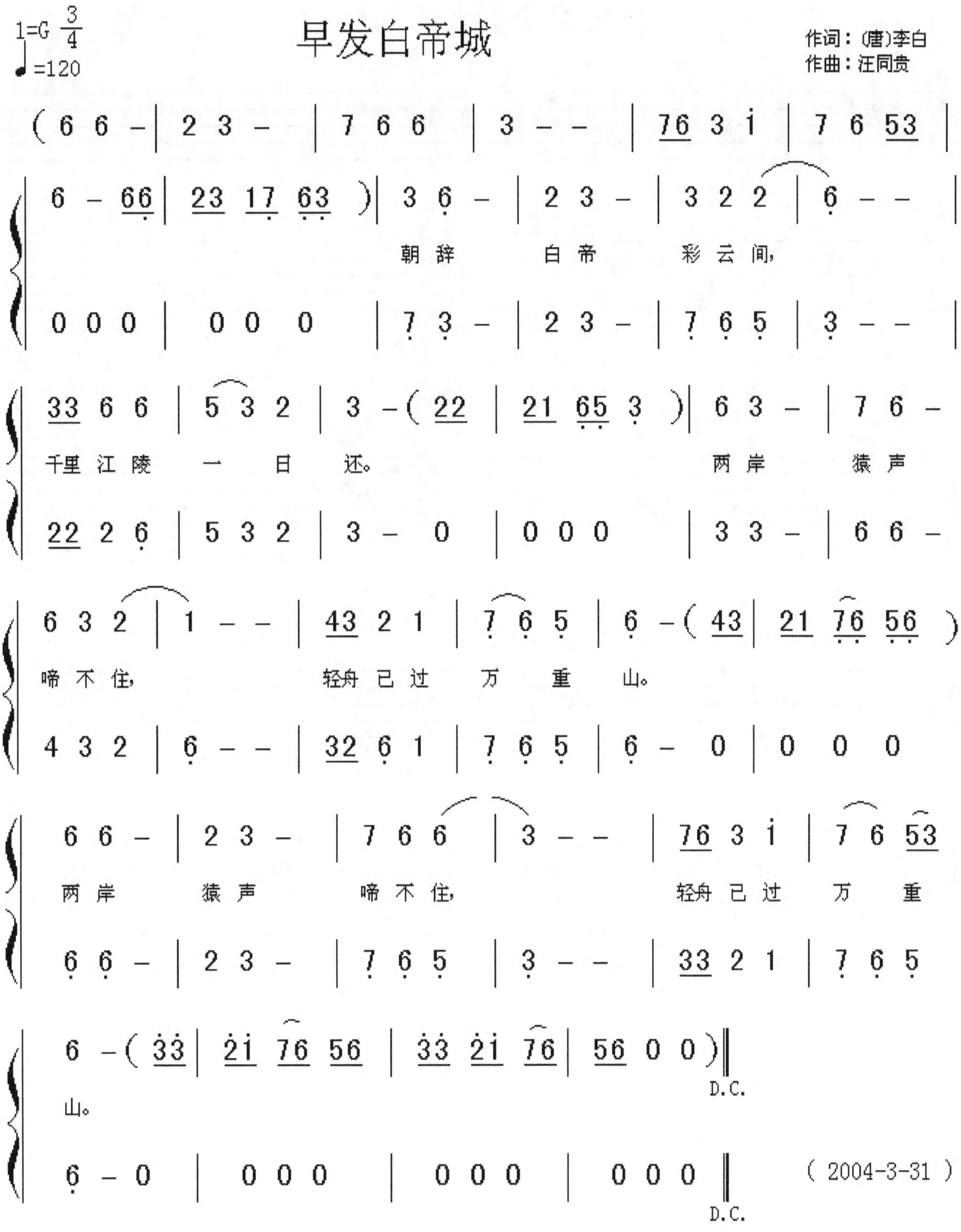

早发白帝城

作词：(唐)李白
作曲：汪同贵

1=G 3/4 ♩=120

(6 6 - | 2 3 - | 7 6 6 | 3 - - | 76 3 1 | 7 6 53 |

6 - 66 | 23 17 63) | 3 6 - | 2 3 - | 3 2 2 | 6 - - |
　　　　　　　　　　　　　朝辞　　白帝　　彩云　间，

0 0 0 | 0 0 0 | 7 3 - | 2 3 - | 7 6 5 | 3 - - |

33 6 6 | 5 3 2 | 3 - (22 | 21 65 3) | 6 3 - | 7 6 - |
千里 江陵　一　日　还。　　　　　　　　　　两岸　　猿声

22 2 6 | 5 3 2 | 3 - 0 | 0 0 0 | 3 3 - | 6 6 - |

6 3 2 | 1 - - | 43 2 1 | 7 6 5 | 6 - (43 | 21 76 56) |
啼不住，　轻舟 已过　万 重　山。

4 3 2 | 6 - - | 32 6 1 | 7 6 5 | 6 - 0 | 0 0 0 |

6 6 - | 2 3 - | 7 6 6 | 3 - - | 76 3 1 | 7 6 53 |
两岸　　猿声　　啼不住，　　　　　　　轻舟 已过　万 重

6 6 - | 2 3 - | 7 6 5 | 3 - - | 33 2 1 | 7 6 5 |

6 - (33 | 21 76 56 | 33 21 76 | 56 0 0) ‖
山。
　　　　　　　　　　　　　　　　　　　　　　　D.C.

6 - 0 | 0 0 0 | 0 0 0 | 0 0 0 ‖ （2004-3-31）
　　　　　　　　　　　　　　　　　D.C.

早发白帝城

作词:李 白
作曲:汪同贵

(2004-3-31)

86.赠汪伦 词：李白（唐）；曲：汪同贵

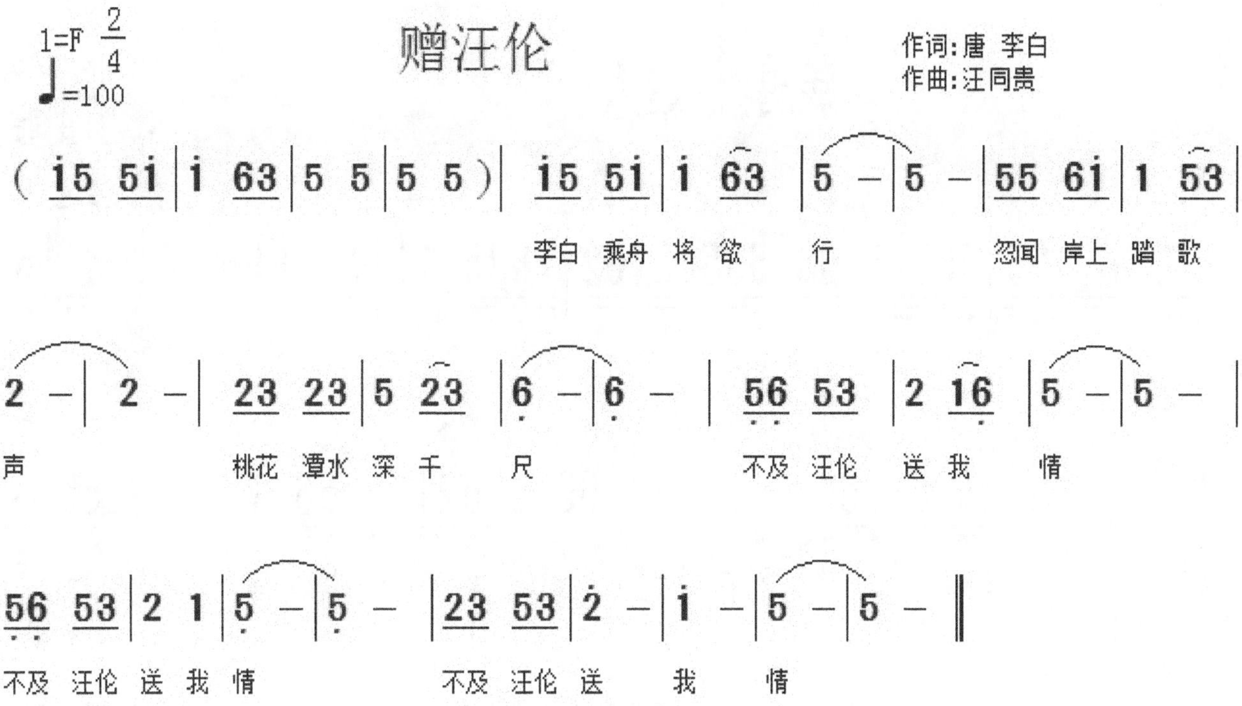

赠汪伦

作词：唐 李白
作曲：汪同贵

1=F 2/4 ♩=100

(15 51 | 1 63 | 5 5 | 5 5) | 15 51 | 1 63 | 5 - | 5 - | 55 61 | 1 53 |
　　　　　　　　　　　　　　　李白 乘舟 将 欲　行　　　　　忽闻 岸上 踏歌

2 - | 2 - | 23 23 | 5 23 | 6 - | 6 - | 56 53 | 2 16 | 5 - | 5 - |
声　　　　桃花 潭水 深 千　尺　　　　不及 汪伦 送我 情

56 53 | 2 1 | 5 - | 5 - | 23 53 | 2 - | 1 - | 5 - | 5 - ‖
不及 汪伦 送我　情　　　　不及 汪伦 送　我　情

87. 鹧鸪天·送人　词：辛弃疾（宋）；曲：汪同贵

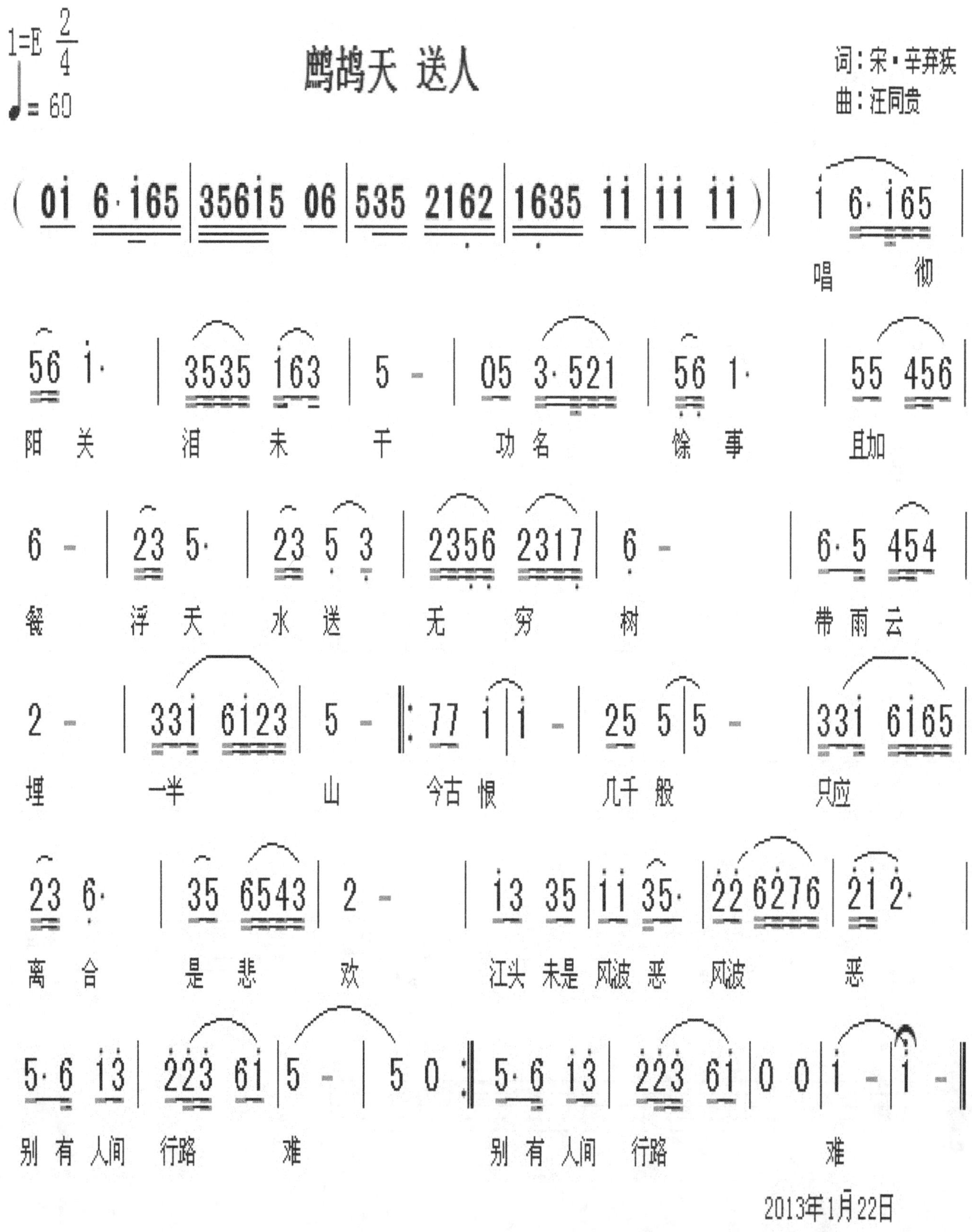

鹧鸪天　送人

词：宋·辛弃疾
曲：汪同贵

1=E　2/4　♩=60

(0 1 | 6· 1 6 5 | 3 5 6 1 5 | 0 6 | 5 3 5 | 2 1 6 2 | 1 6 3 5 | 1 1 | 1 1 | 1 1) | 1 6· 1 6 5 |

　　　　　　　　　　　　　　　　　　　　　　　　　　　　　　　　　　　　　唱　　彻

5 6 1· | 3 5 3 5 1 6 3 | 5 — | 0 5 3· 5 2 1 | 5 6 1· | 5 5 4 5 6 |

阳　关　泪　未　　干　　　功　名　余　事　且　加

6 — | 2 3 5· | 2 3 5 3 | 2 3 5 6 2 3 1 7 | 6 — | 6· 5 4 5 4 |

餐　　浮　天　水　送　无　穷　　树　　带　雨　云

2 — | 3 3 1 6 1 2 3 | 5 — ‖: 7 7 1 1 | — | 2 5 5 | 5 — | 3 3 1 6 1 6 5 |

埋　　一　半　　山　　今古恨　　　几千般　　　只应

2 3 6· | 3 5 6 5 4 3 | 2 — | 1 3 3 5 | 1 1 3 5· | 2 2 6 2 7 6 | 2 1 2· |

离　合　是　悲　欢　　江头 未是 风波 恶　风波　恶

5· 6 1 3 | 2 2 3 6 1 | 5 — | 5 0 :‖ 5· 6 1 3 | 2 2 3 6 1 | 0 0 1 — | 1 — ‖

别 有 人间 行路　难　　　　别 有 人间 行路　　　　　难

2013年1月22日

鹧鸪天 送人

88.竹枝词·杨柳青青江水平 词：刘禹锡（唐）；曲：汪同贵

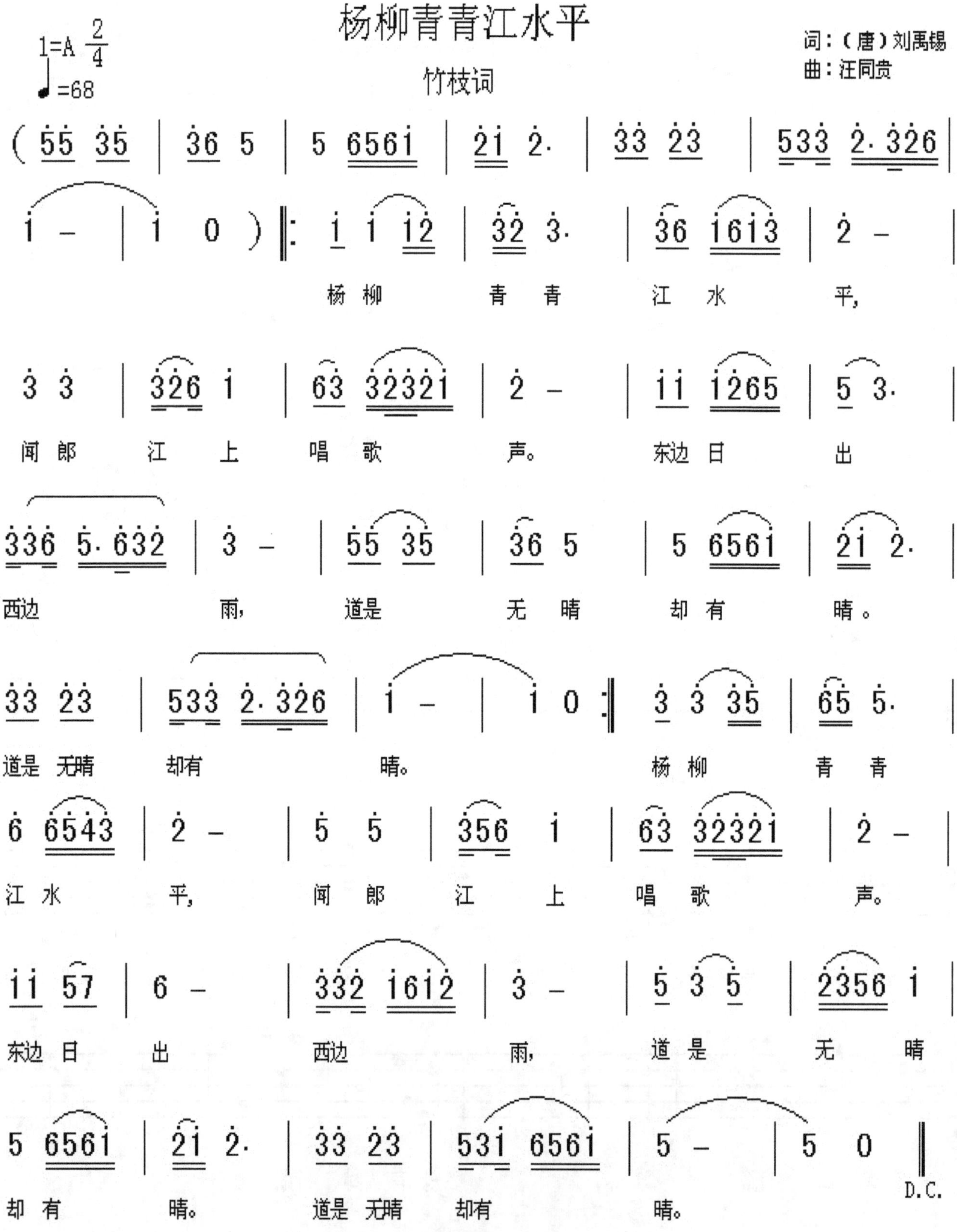

杨柳青青江水平
竹枝词

词：（唐）刘禹锡
曲：汪同贵

1=A 2/4 ♩=68

（5 5 35 | 36 5 | 5 6561 | 2̇1 2· | 33 23 | 533 2·326 | 1̇ - | 1̇ 0）‖: 1̇ 1̇ 1̇2 | 3̇2 3· | 3̇6 1̇61̇3 | 2̇ -

杨 柳 青 青 江 水 平，

| 3 3 | 326 1̇ | 63 32321 | 2̇ - | 1̇1 1̇265 | 5 3·

闻 郎 江 上 唱 歌 声。 东 边 日 出

| 336 5·632 | 3 - | 55 35 | 36 5 | 5 6561 | 2̇1 2·

西 边 雨， 道 是 无 晴 却 有 晴。

| 33 23 | 533 2·326 | 1̇ - | 1̇ 0 :‖ 3 3 35 | 65 5·

道 是 无 晴 却 有 晴。 杨 柳 青 青

| 6̇ 6543 | 2̇ - | 5 5 | 356 1̇ | 63 32321 | 2̇ -

江 水 平， 闻 郎 江 上 唱 歌 声。

| 1̇1 57 | 6̇ - | 332 1̇61̇2 | 3̇ - | 5̇ 3 5̇ | 2̇356 1̇

东 边 日 出 西 边 雨， 道 是 无 晴

| 5 6561 | 2̇1 2· | 33 23 | 531 6561 | 5 - | 5 0 ‖

却 有 晴。 道 是 无 晴 却 有 晴。

D.C.

竹枝词

作词:刘禹锡
作曲:汪同贵

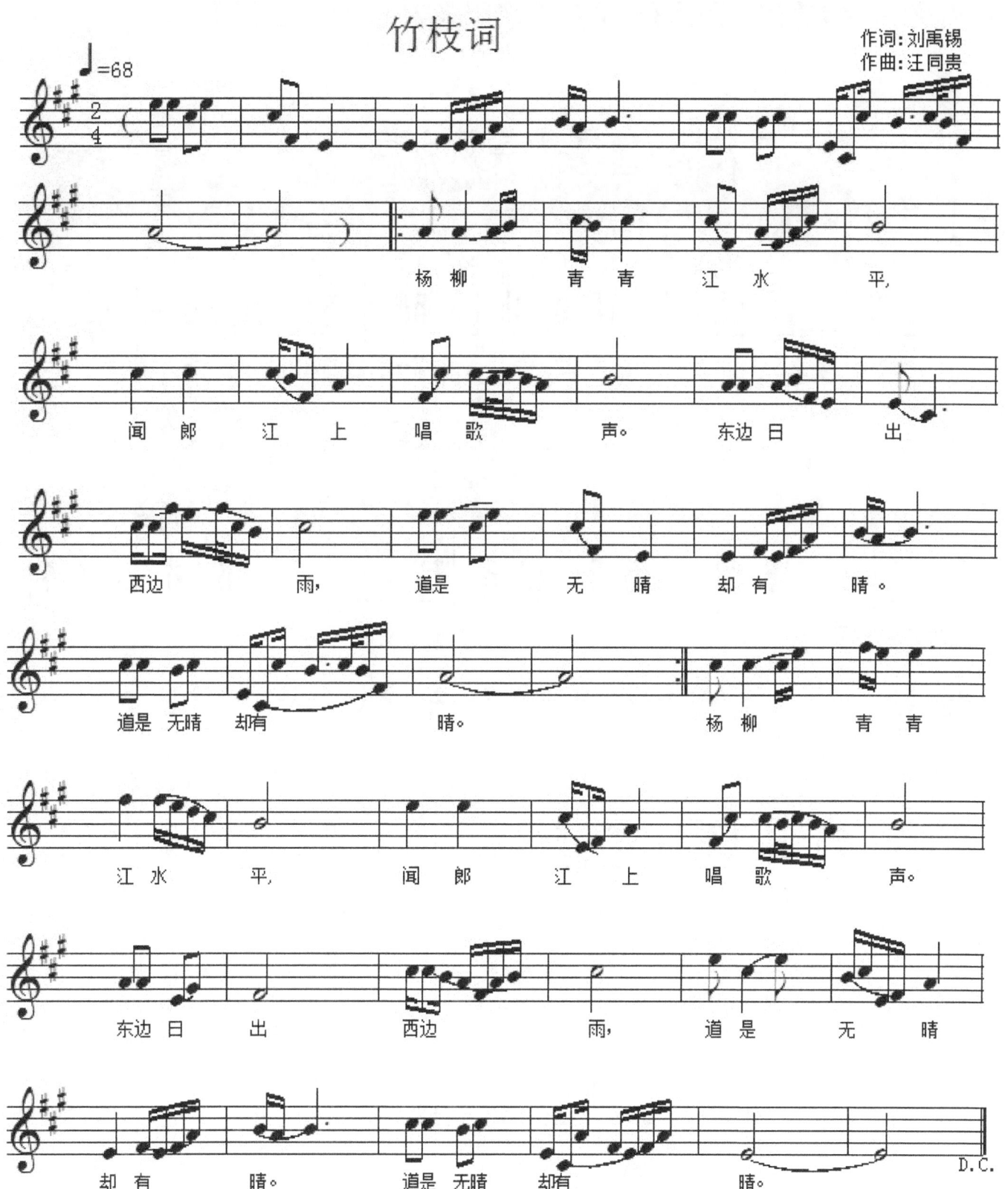

89. 醉花阴·薄雾浓云愁永昼　词：李清照（宋）；曲：汪同贵

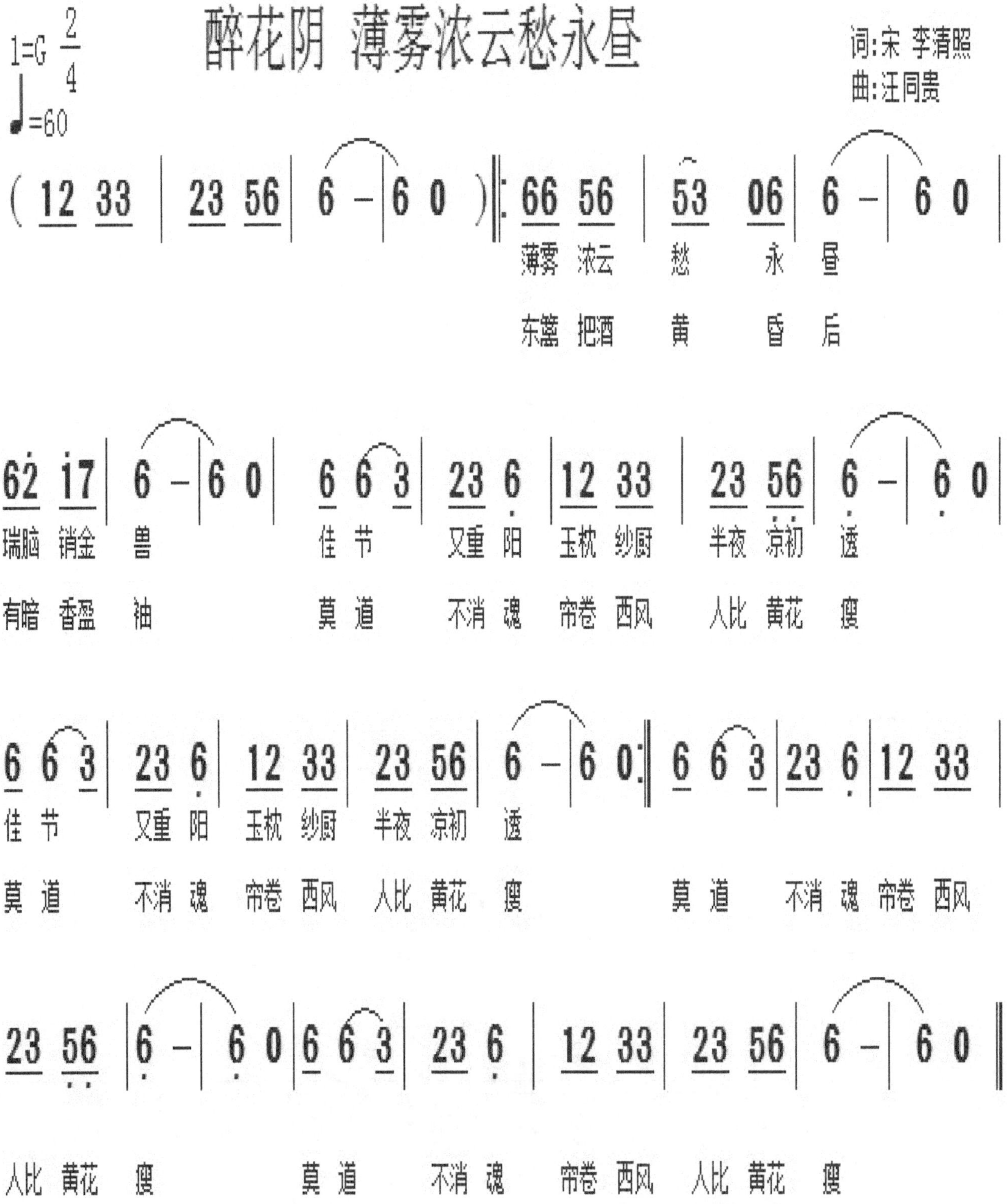

醉花阴 薄雾浓云愁永昼

词：宋 李清照
曲：汪同贵

1=G　2/4　♩=60

(1 2　3 3 | 2 3　5 6 | 6 - 6 0)‖: 6 6　5 6 | 5 3　0 6 | 6 - 6 0 |
　　　　　　　　　　　　　　　　　　薄雾 浓云　愁　永 昼
　　　　　　　　　　　　　　　　　　东篱 把酒　黄　昏 后

6 2　1 7 | 6 - 6 0 | 6 6　3 | 2 3　6 | 1 2　3 3 | 2 3　5 6 | 6 - 6 0 |
瑞脑 销金　兽　　　　佳 节　又重 阳　玉枕 纱厨　半夜 凉初　透
有暗 香盈　袖　　　　莫 道　不消 魂　帘卷 西风　人比 黄花　瘦

6 6　3 | 2 3　6 | 1 2　3 3 | 2 3　5 6 | 6 - 6 0‖ 6 6　3 | 2 3　6 | 1 2　3 3 |
佳 节　又重 阳　玉枕 纱厨　半夜 凉初　透　　　　
莫 道　不消 魂　帘卷 西风　人比 黄花　瘦　　　　莫 道　不消 魂　帘卷 西风

2 3　5 6 | 6 - 6 0 6 6　3 | 2 3　6 | 1 2　3 3 | 2 3　5 6 | 6 - 6 0 ‖
人比 黄花 瘦　　　　莫 道　不消 魂　帘卷 西风　人比 黄花　瘦

醉花阴 薄雾浓云愁永昼

作词：宋 李清照
作曲：汪同贵

当代

90.MARIANNE 玛丽安 词：汪同贵；曲：汪同贵

MARIANNE

词曲：汪同贵

1=E 4/4 ♩=120

```
3 3 3 - | 3 3 5 - | 3 3 3 - | 3 1 5. - |
玛丽安      最漂亮      玛丽安      最聪明
Mar-i-anne is the   pret-tiest.  Mar-i-anne is the   clev-er-est.

3 3 3 - | 1 1 5 3 | 1 1 1 1 - | 1 7 1 - |
玛丽安       最可爱      玛丽安的笑       最灿烂
Mar-i-anne is the   most lovable  Mar-i-anne's smile is the  most brilliant.

1 1 3 - | 3 3 5 - | 1 1 3 3 2 1 | 5 - - - |
玛丽安      玛丽安      漂亮女孩玛丽      安
Mar-i--anne   Mar-i--anne   Pretty girl  Mar-i-   -anne

1 1 3 - | 3 3 5 - | 5 5 6 6 7 6 | 5 - - - |
玛丽安      玛丽安      我们大家都喜欢
Mar-i--anne   Mar-i--anne   You are loved  by every-one

1 1 3 - | 3 3 5 - | 1 1 3 3 2 1 | 5 - - - |
玛丽安      玛丽安      聪明女孩玛丽      安
Mar-i--anne   Mar-i--anne   clever girl  Mar-i-   -anne

1 1 3 - | 3 3 5 - | 5 5 6 6 7 6 | 1 - - - |
玛丽安      玛丽安      我们大家都喜欢
Mar-i--anne   Mar-i--anne   You are loved  by every-one

1 - 5 - | 1 - - - ‖
玛丽安         耶！
Mar-i--anne    Yeah!
```

2012-02-02

91. MARIANNE'S SONG 玛丽安之歌 词：汪一陟；曲：汪同贵

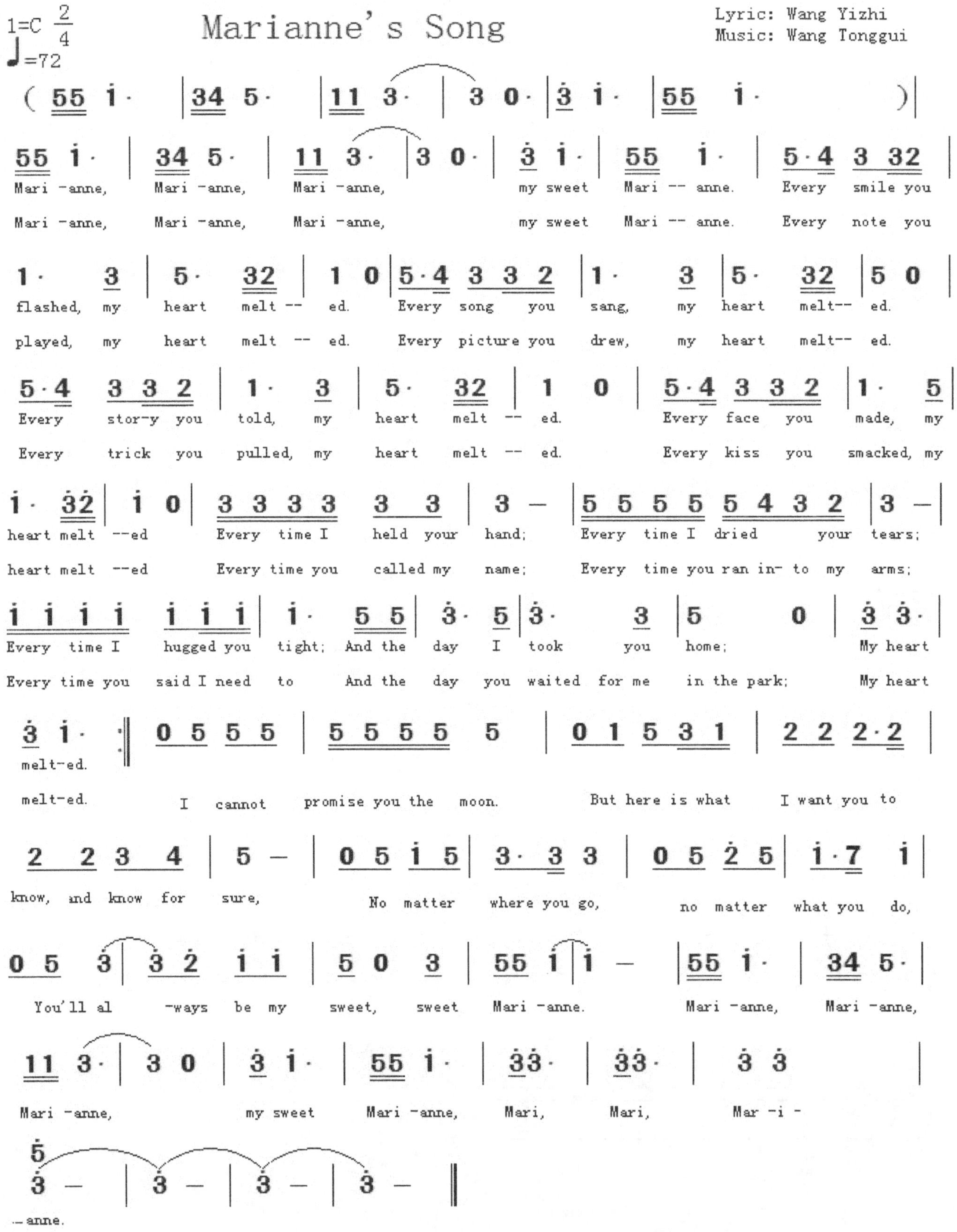

Marianne's Song

Lyric: Wang Yizhi
Music: Wang Tonggui

1=C 2/4 ♩=72

(55 1· | 34 5· | 11 3· | 3 0 · 3 1· | 55 1·)

55 1· | 34 5· | 11 3· | 3 0 · | 3 1· | 55 1· | 5·4 3 32 |
Mari-anne, Mari-anne, Mari-anne, my sweet Mari--anne. Every smile you
Mari-anne, Mari-anne, Mari-anne, my sweet Mari--anne. Every note you

1· 3 | 5· 32 | 1 0 | 5·4 3 32 | 1· 3 | 5· 32 | 5 0 |
flashed, my heart melt--ed. Every song you sang, my heart melt--ed.
played, my heart melt--ed. Every picture you drew, my heart melt--ed.

5·4 3 32 | 1· 3 | 5· 32 | 1 0 | 5·4 3 32 | 1· 5 |
Every stor-y you told, my heart melt--ed. Every face you made, my
Every trick you pulled, my heart melt--ed. Every kiss you smacked, my

1· 32 | 1 0 | 3 3 3 3 | 3 3 | 3 — | 5 5 5 5 5 4 3 2 | 3 — |
heart melt--ed Every time I held your hand; Every time I dried your tears;
heart melt--ed Every time you called my name; Every time you ran in-to my arms;

1 1 1 1 | 1 1 1 | 1· 5 5 | 3· 5 3· | 3 5 | 0 3 3· |
Every time I hugged you tight; And the day I took you home; My heart
Every time you said I need to And the day you waited for me in the park; My heart

3 1· :‖ 0 5 5 5 | 5 5 5 5 5 | 0 1 5 3 1 | 2 2 2·2 |
melt-ed.   I cannot promise you the moon. But here is what I want you to
melt-ed.

2 2 3 4 | 5 — | 0 5 1 5 | 3· 3 3 | 0 5 2 5 | 1·7 1 |
know, and know for sure, No matter where you go, no matter what you do,

0 5 3 3 2 1 1 | 5 0 3 | 55 1 1 — | 55 1· | 34 5· |
You'll al-ways be my sweet, sweet Mari-anne. Mari-anne, Mari-anne,

11 3· | 3 0 | 3 1· | 55 1· | 3 3· | 3 3· | 3 3 |
Mari-anne, my sweet Mari-anne, Mari, Mari, Mar-i-

5
3 — | 3 — | 3 — | 3 — ‖
--anne.

92. MARIANNE'S SONG 玛丽安之歌 词：汪一陟；曲：汪一陟

Marianne's Song

词曲：汪一陟

1=C 4/4 ♩=120

```
7 6  7 · —  | 6 5  6 · —  :|| 6 5  6 · —  | 6 · 5  6 · —  | 6 5  3 · —  |
```
Mari-anne,   Mari-anne,   Mari-anne,   my sweet   Mari--anne.
Mari-anne,   Mari-anne,   Mari-anne,   my sweet   Mari--anne.

```
3 3  1 · 7 6 | 6 5  6 · 5 6 | 0 0 5 5 1 | 1 7 6 · 5 6 | 6 6 5 0 0 |
```
Every smile you flashed, my heart melted. Every song you sang, my heart melted.
Every note you played, my heart melted. Every picture you drew, my heart melted.

```
5 5  1 · 7 6 | 6 5  6 · 5 6 | 0 0 5 5 1 | 1 7 6 · 5 6 | 6 6 5 0 0 |
```
Every story you told, my heart melted. Every face you made, my heart melted
Every trick you pulled, my heart melted. Every kiss you smacked, my heart melted

```
5 5 3 · 5 6  1 | 2 · — 0 7 6 5 · 3 5 | 1 · — 0 7 6 5 · 6 6 1 |
```
Every time I held your hand; Every time I dried your tears; Every time I hugged you
Every time you called my name; Every time you ran into my arms; Every time you said I

```
2 · — 0 | 7 6 5 · 6 5 6 | 7 — — 0 6 | 7 · 1 5 0 | 5 5 3 5 1 1 1 |
```
tight;   And the day I took you home;   My heart melted.
need to And the day you waited for me   My heart melted.   I can nev-er promise the

```
1 — 0 7 6 5 · 6 6 7 · | 0 6 7 6 5  6 7 1 7 6 5  5 3 |
```
moon. But I want you to know, No matter where you are, no matter what you do,

```
0 5 5  5 5  3 5 | 1 — 6  5 5 | 3 — 7 6  7 | 7 — 6 5  6 | 6 — 6 5  6 | 6 — |
```
You'll always be my sweet, sweet Mari-anne. Mari-anne, Mari-anne, Mari-anne,

```
6 · 5 6 | 6 — 6 5  3 | 3 — 6 · 5  6 7 | 7 — 6 5 | 3 — — — ||
```
my sweet   Mari--anne.   Mar-i, Mari,   Mar-i -anne.

Feb. 16 2012

Marianne's Song

Lyric & Music by Wang Yizhi

1=C 4/4 ♩=120

```
32 3·  -  | 21 2·  -  | 21 2·  -  | 2·1 2  -  | 21 6·  - |   1=F
Mari-anne,   Mari-anne,   Mari-anne,   my sweet    Mari-anne.     6=3
```

```
3 3 i· 7 6 | 6 5 6· 5 6 | 00 5 5 i | i 7 6· 5 6 | 66 5 00 |
Every smile you flashed,  my heart melted.  Every song you sang, my heart melted.
Every note  you played,   my heart melted.  Every picture you drew, my heart melted.
```

```
5 5 i· 7 6 | 6 5 6· 5 6 | 00 5 5 i | i 7 6· 5 6 | 66 5 00 |
Every story you told,    my heart melted.  Every face you made, my heart melted
Every trick you pulled,  my heart melted.  Every kiss you smacked, my heart melted
```

```
5 5 3·5 6 i | 2· - 0 7 6 | 5 5·3 5 | i· - 0 | 7 6 5·6 6 i |
Every time I held your hand;  Every time I dried your tears;  Every time I hugged you
Every time you called my name;  Every time you ran into my arms;  Every time you said I
```

```
2· - 0 | 7 6 5·6 5 6 | 7 - - 06 | 7· i 5 0 : | 5 5 3 5 i i i |
tight;    And the day I took you home;   My heart melted.
need to   And the day you waited for me   My heart melted.  I can nev-er promise the
```

```
i - 0 7 6 | 5·6 6 7· | 0 6 7 6 5 6 7 | 7 i 7 6 5 5 3 |
moon.  But I want you to know,  No matter where you are,  no matter what you do,
```

```
0 5 5 5 3 5 | i - 6 55 | 3 -     7=3    1=C
You'll always be my sweet, sweet Mari-anne.
```

```
32 3 3 - | 21 2 2 - | 21 2 2 - | 2·1 23 | 3 - 21 | 6· - 0 ‖
Mari-anne,   Mari-anne,  Mari-anne,  Mari Mari   Mari-  anne.
```

93.MORNING 清晨 词：汪同贵；曲：汪一陟

Morning

清晨

Lyric by Tonggui

Music:Yizhi Wang

1=A

2014年4月27日

94.SPRING HAS COME 春天来了 词：汪一陟；曲：汪一陟

Spring Has Come

1=F

春天来了

Lyric & music:Yizhi

95. 阿里山的姑娘你在哪里　词：汪同贵；曲：汪同贵

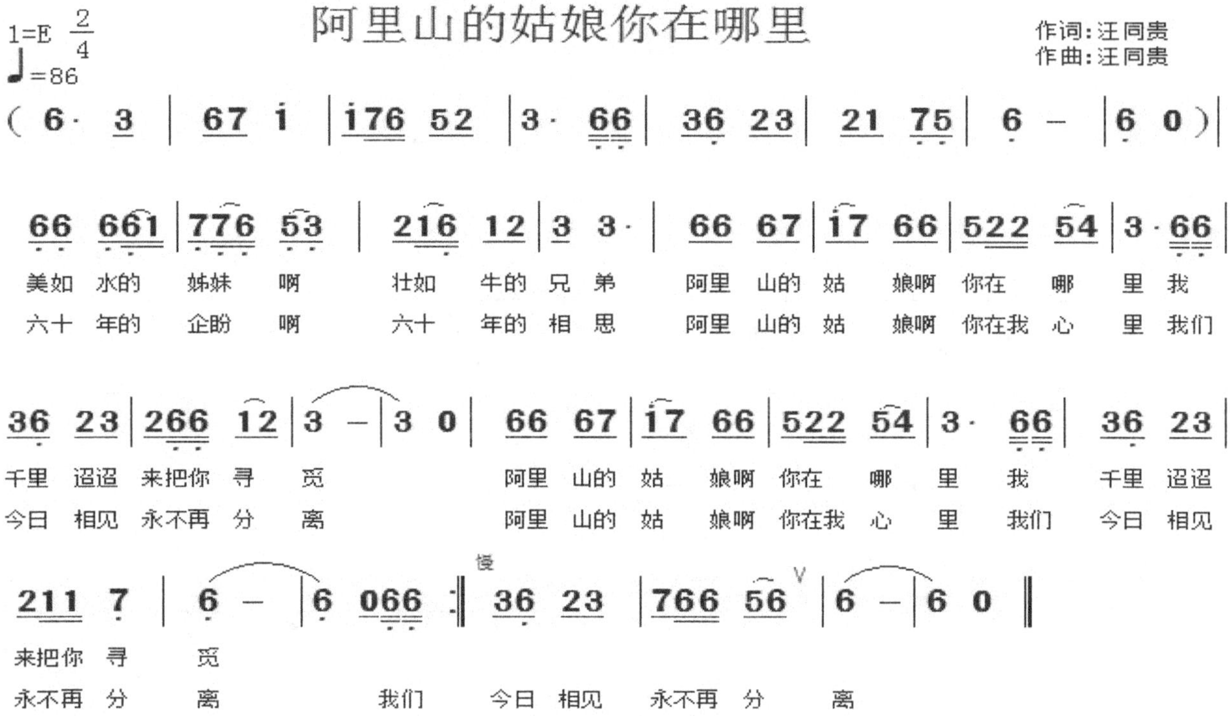

阿里山的姑娘你在哪里

作词：汪同贵
作曲：汪同贵

1=E 2/4　♩=86

(6· 3 | 67 1̇ | 1̇76 52 | 3· 66 | 36 23 | 21 75 | 6 - | 6 0)

66 661 | 776 53 | 216 12 | 3 3· | 66 67 | 1̇7 66 | 522 54 | 3·66 |
美如水的　姊妹啊　壮如　牛的兄弟　阿里山的　姑娘啊你在哪里我
六十年的　企盼啊　六十　年的相思　阿里山的　姑娘啊你在我心里我们

36 23 | 266 12 | 3 - 3 0 | 66 67 | 1̇7 66 | 522 54 | 3·66 | 36 23 |
千里迢迢　来把你寻觅　阿里山的　姑娘啊你在哪里我　千里迢迢
今日相见　永不再分离　阿里山的　姑娘啊你在我心里　我们今日相见

211 7 | 6 - | 6 066 | 36 23 | 766 56 | 6 - | 6 0 ‖
来把你寻觅
永不再分离　　我们　今日相见　永不再分离

2009-3-19 于花莲回澜

96. 安息吧，妈妈！ 词：汪同贵；曲：汪同贵

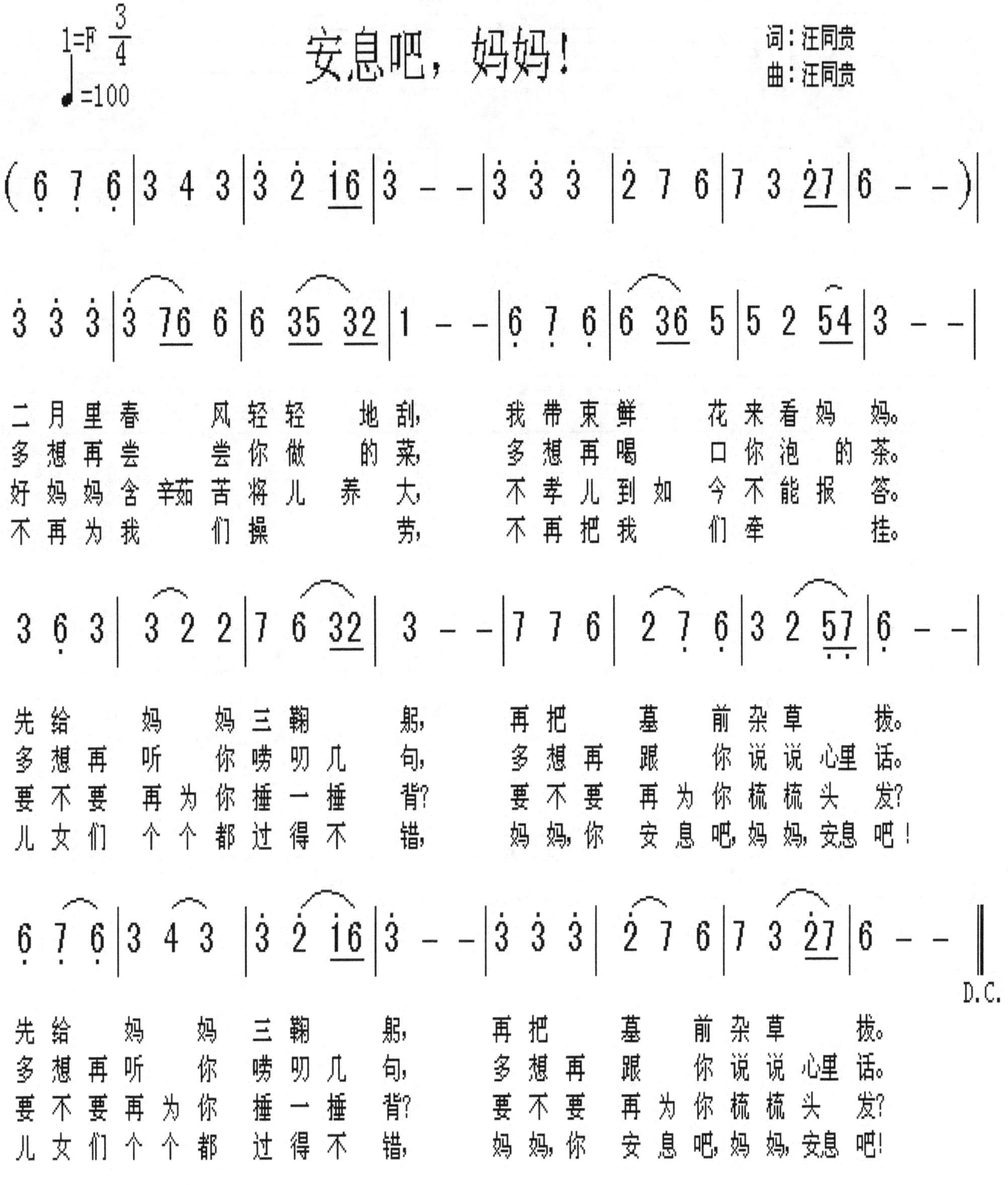

安息吧，妈妈！

1=F 3/4 ♩=100

词：汪同贵
曲：汪同贵

(6 7 6 | 3 4 3 | 3 2 16 | 3 - - | 3 3 3 | 2 7 6 | 7 3 27 | 6 - -)

3 3 3 | 3 76 6 | 6 35 32 | 1 - - | 6 7 6 | 6 36 5 | 5 2 54 | 3 - -

二月里春　风轻轻　地刮，　我带束鲜　花来看妈　妈。
多想再尝　尝你做　的菜，　多想再喝　口你泡　的茶。
好妈妈含辛茹苦将儿　养大，　不孝儿到如　今不能报　答。
不再为我　们操　　劳，　不再把我　们牵　　挂。

3 6 3 | 3 2 2 | 7 6 32 | 3 - - | 7 7 6 | 2 7 6 | 3 2 57 | 6 - -

先给　妈　妈三鞠　躬，　再把　墓　前杂草　拔。
多想再听　你唠叨几　句，　多想再跟　你说说心里　话。
要不要　再为你捶一捶　背？　要不要　再为你梳梳头　发？
儿女们　个个都过得不　错，　妈妈，你　安息吧,妈妈,安息 吧！

6 7 6 | 3 4 3 | 3 2 16 | 3 - - | 3 3 3 | 2 7 6 | 7 3 27 | 6 - - ‖

D.C.

先给　妈　妈三鞠　躬，　再把　墓　前杂草　拔。
多想再听　你唠叨几　句，　多想再跟　你说说心里　话。
要不要　再为你捶一捶　背？　要不要　再为你梳梳头　发？
儿女们　个个都过得不　错，　妈妈，你　安息吧,妈妈,安息 吧！

(2005-5-24)

97. 八个坚持，八个反对　词：佚名；曲：汪同贵

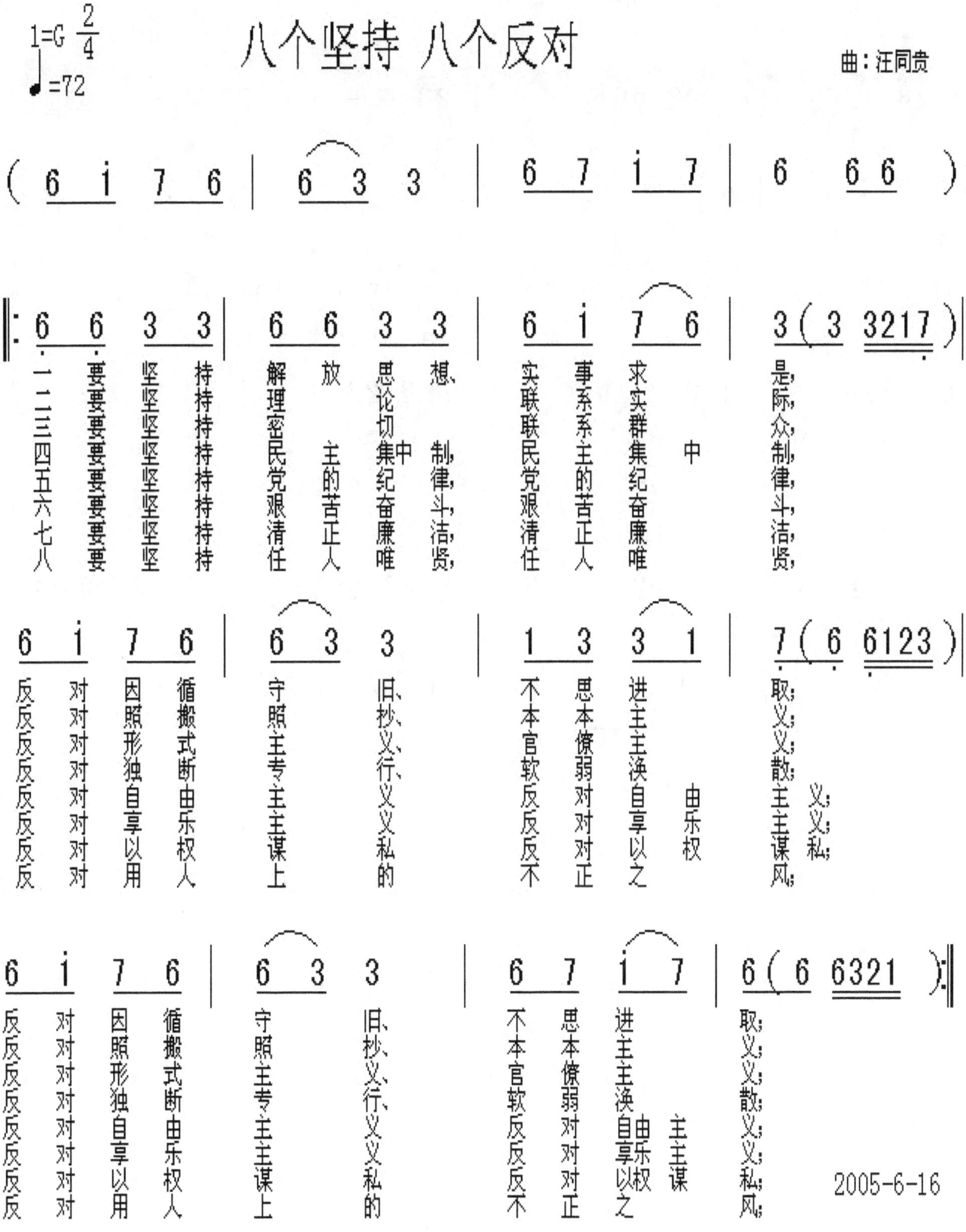

八个坚持 八个反对

曲：汪同贵

1=G 2/4　♩=72

```
( 6  1  7  6 | 6⌒3  3 | 6  7  1  7 | 6  6  6 )

‖: 6·  6  3  3 | 6  6  3  3 | 6  1  7⌒6 | 3 ( 3  3217 )
   要要要要要要要要  坚坚坚坚持持持持  解理密民党艰清任  是际众制律斗洁贤，
   一二三四五六七八                    放             　
                                     想             　
                                     思论切中纪奋廉唯
                                     实联联民党艰清任
                                     事系系主的苦正人
                                     求实群集纪奋廉唯
                                     　中

   6  1  7  6 | 6⌒3  3 | 1  3  3  1 | 7·( 6  6123 )
   反反对对因循搬守旧    守照主专      思进不本官僚反对  取义义散义义私风；
   反反对对照式式抄     照主            本官僚弱反对      义义谋
   对对形断义行         主谋义私        软反反不          　
   独自由由             的              　                　
   享以                                                   　
   权用                                                   　

   6  1  7  6 | 6⌒3  3 | 6  7  1  7 | 6 ( 6  6321 ) :‖
   反反对对因循搬守旧   守照主专       思进不本官僚反对  取义义散义义私风；
   反反对对照式式抄    照主            本官僚弱反对      义义谋
   对对形断义行        主谋义私        软反反不          　
   独自由由            的              主                　
   享以                                之                　
   权用                                正                　
```

2005-6-16

98. 半根生黄瓜 词：汪同贵；曲：汪同贵

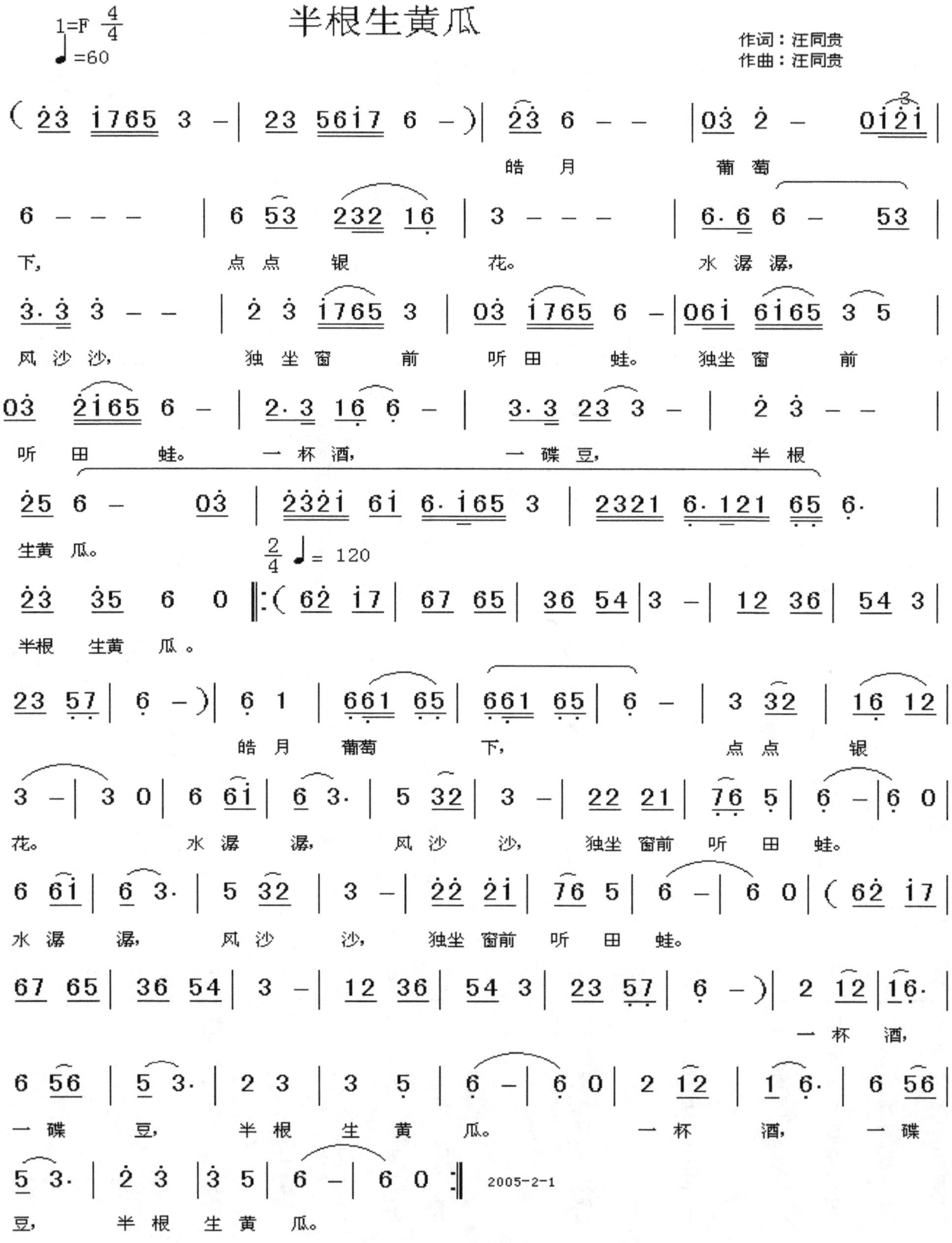

半根生黄瓜

（曲一）

作词：汪同贵
作曲：汪同贵

（ 曲二 ）2/4 ♩= 120

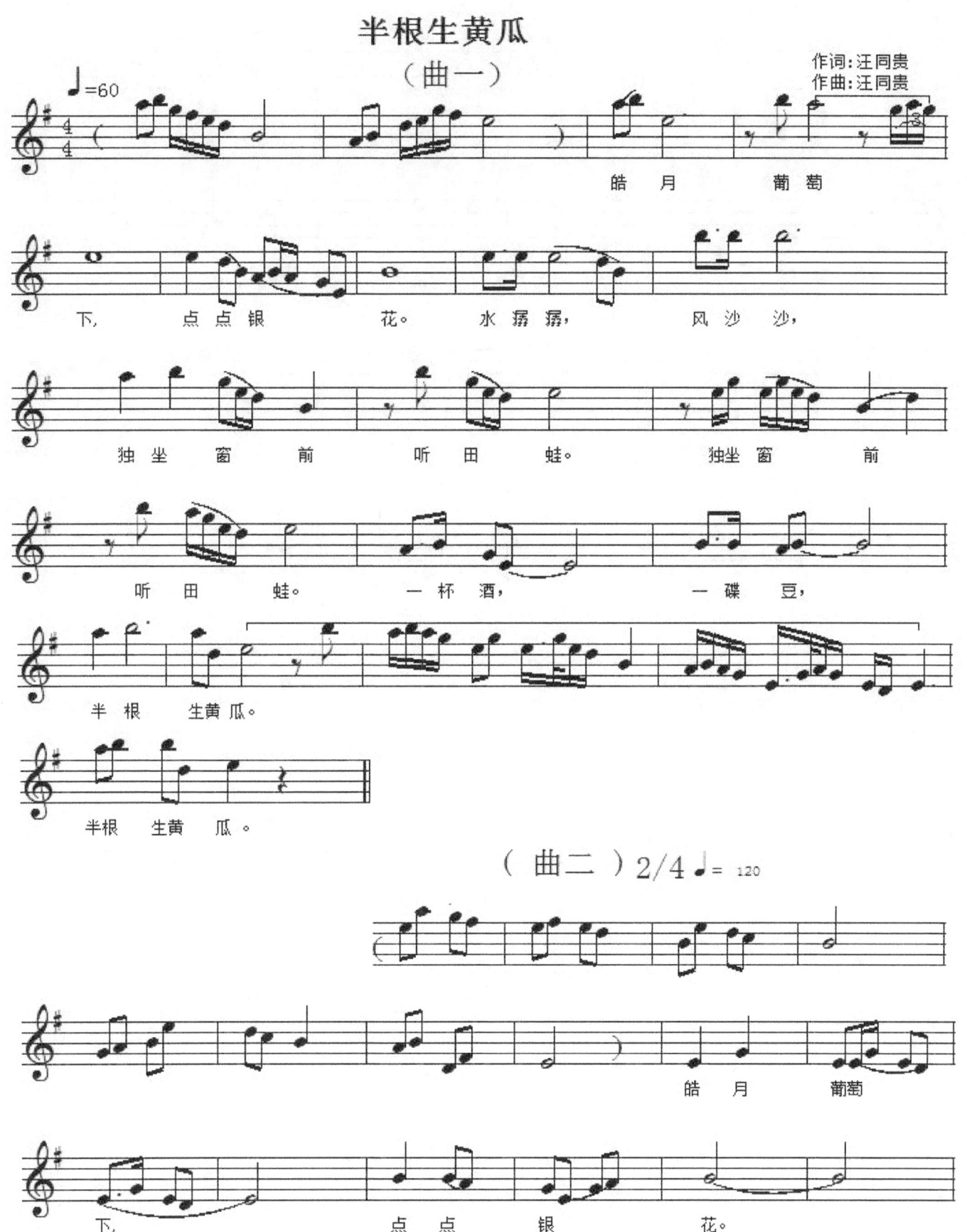

水 潺 潺， 风 沙 沙， 独坐 窗前 听 田
蛙。 水 潺 潺， 风 沙 沙，
独坐 窗前 听 田 蛙。
一 杯 酒， 一 碟 豆， 半 根 生 黄
瓜。 一 杯 酒， 一 碟 豆，
半 根 生 黄 瓜。

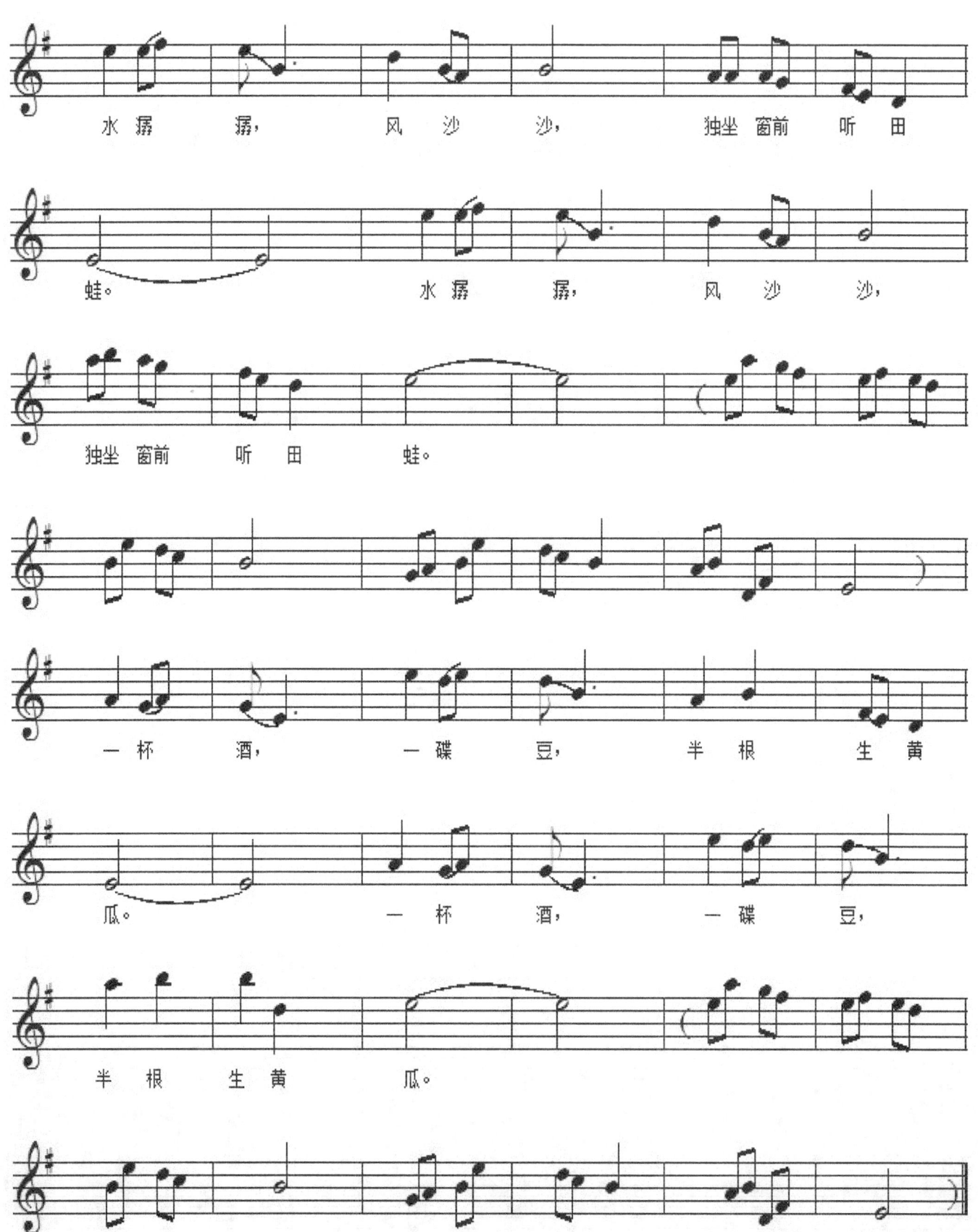

99. 保护地球 词：汪同贵；曲：汪同贵

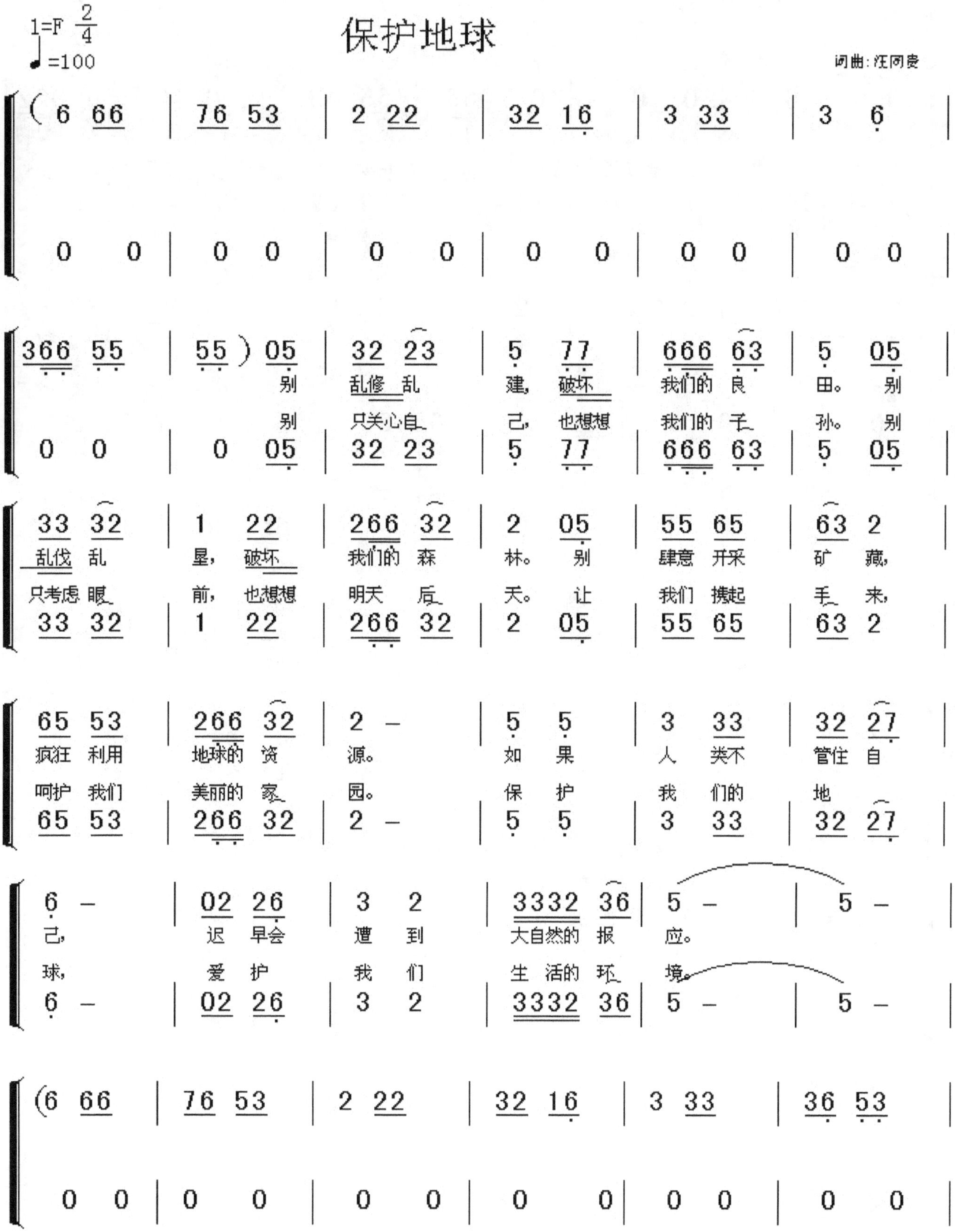

鸟儿 飞走 了， 动物 减少 了，
鸟儿 回来 了， 动物 增多 了，
鸟儿 飞走 了， 动物
鸟儿 回来 了， 动物
生态 失衡 了， 灾难 降临 了。
天空 更蓝 了， 地球 更绿 了。
减少 了， 生态 失衡 了， 灾难 降临 了。
增多了， 天空 更蓝 了， 地球 更绿 了。
鸟 儿 飞走 了， 动 物
鸟 儿 回来 了， 动 物
鸟 儿 飞走 了，
鸟 儿 回来 了，
减少 了， 生 态 失衡 了，
增多 了， 天 空 更蓝 了，
动 物 减少 了， 生 态 失衡 了，
动 物 增多 了， 天 空 更蓝 了，
灾 难 降临 了。 D.S.
地 球 更绿 了。 地 球
灾 难 降临 了。 D.S.
地 球 更绿 了。 地 球
更绿 了。
更绿 了。

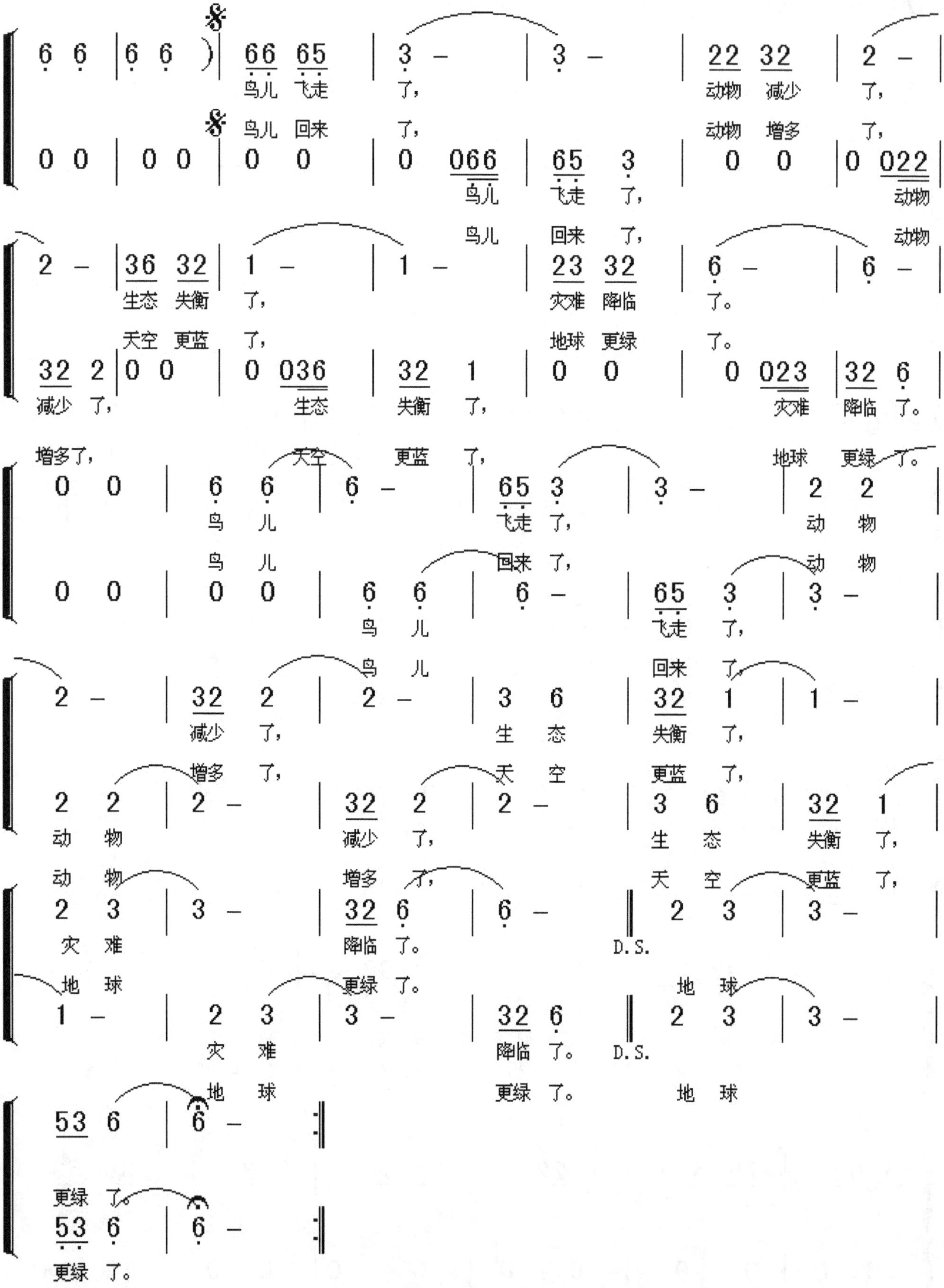

♩=100

保护地球

作词:汪同贵
作曲:汪同贵

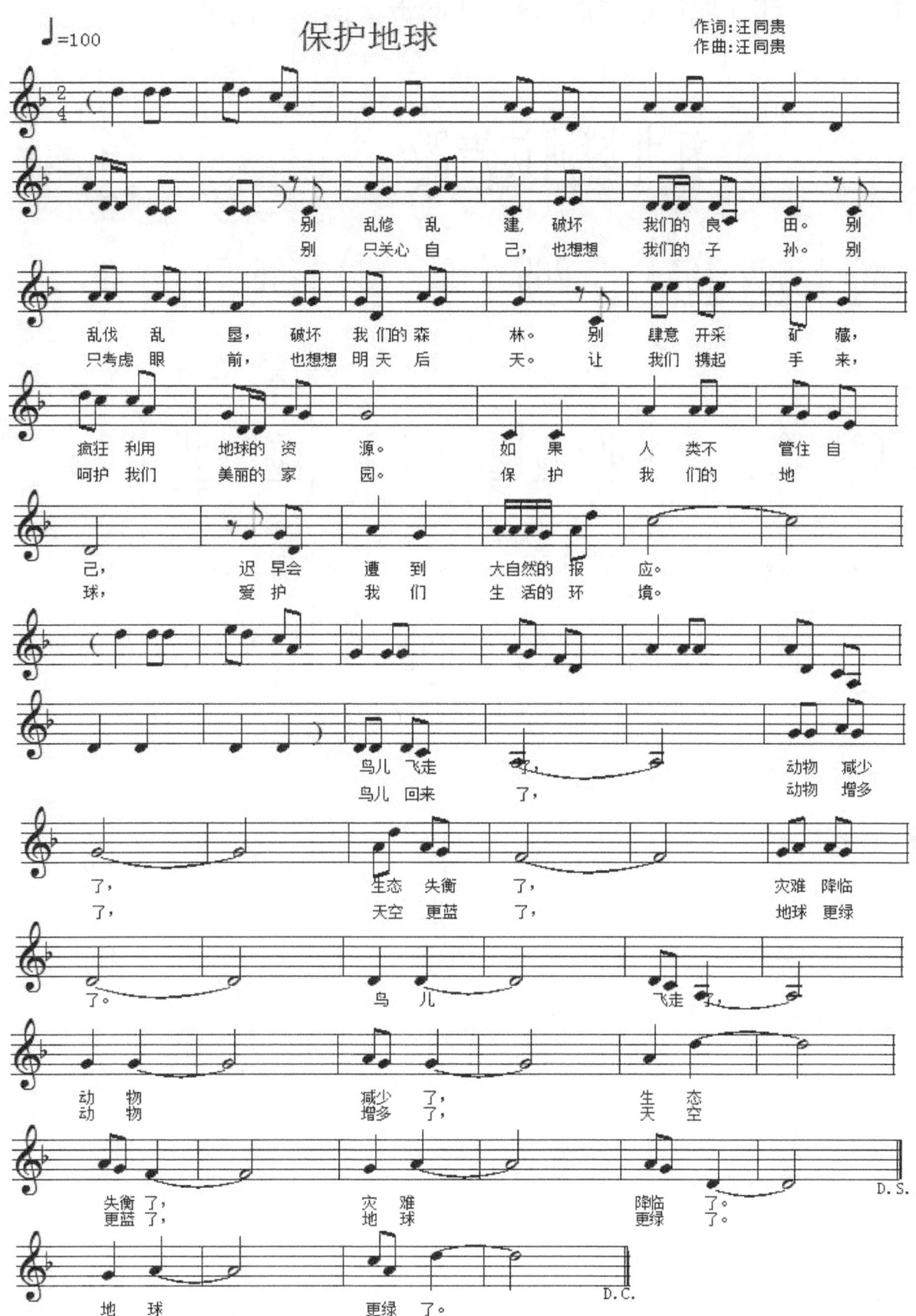

100. 卜算子·江北城河边看船 词：汪同贵；曲：汪同贵

江北城河边看船

词：汪同贵
曲：汪同贵

1=F 2/4 ♩=60

(33 66 | 632 16 | 33 265 | 6 -) | 66 765 | 3 - |
　　　　　　　　　　　　　　　　　　　嘉陵 江水　蓝，

36 624 | 3 - | 66 33 | 632 3 | 33 265 | 6 - |
河边 来看　船。　　一艘 轮船　江中 过，碧浪 推沙　滩。

66 765 | 6 - | (66 33 | 632 3 | 33 265 | 6 -) |
碧浪 推沙　滩。

66 765 | 6 - | 667 624 | 3 - | 33 66 | 632 16 |
嘉陵 江水　清，　卵石 铺岸　边。　捡块 石头　　投江 中，

33 265 | 6 - | 66 765 | 6 - ‖ (33 66 | 632 16 |
石头 漂水　面。　石头 漂水　面。　　D.C.

33 265 | 6 -) ‖

（2005-4-12）

江北城河边看船

作词:汪同贵
作曲:汪同贵

(2005-4-12)

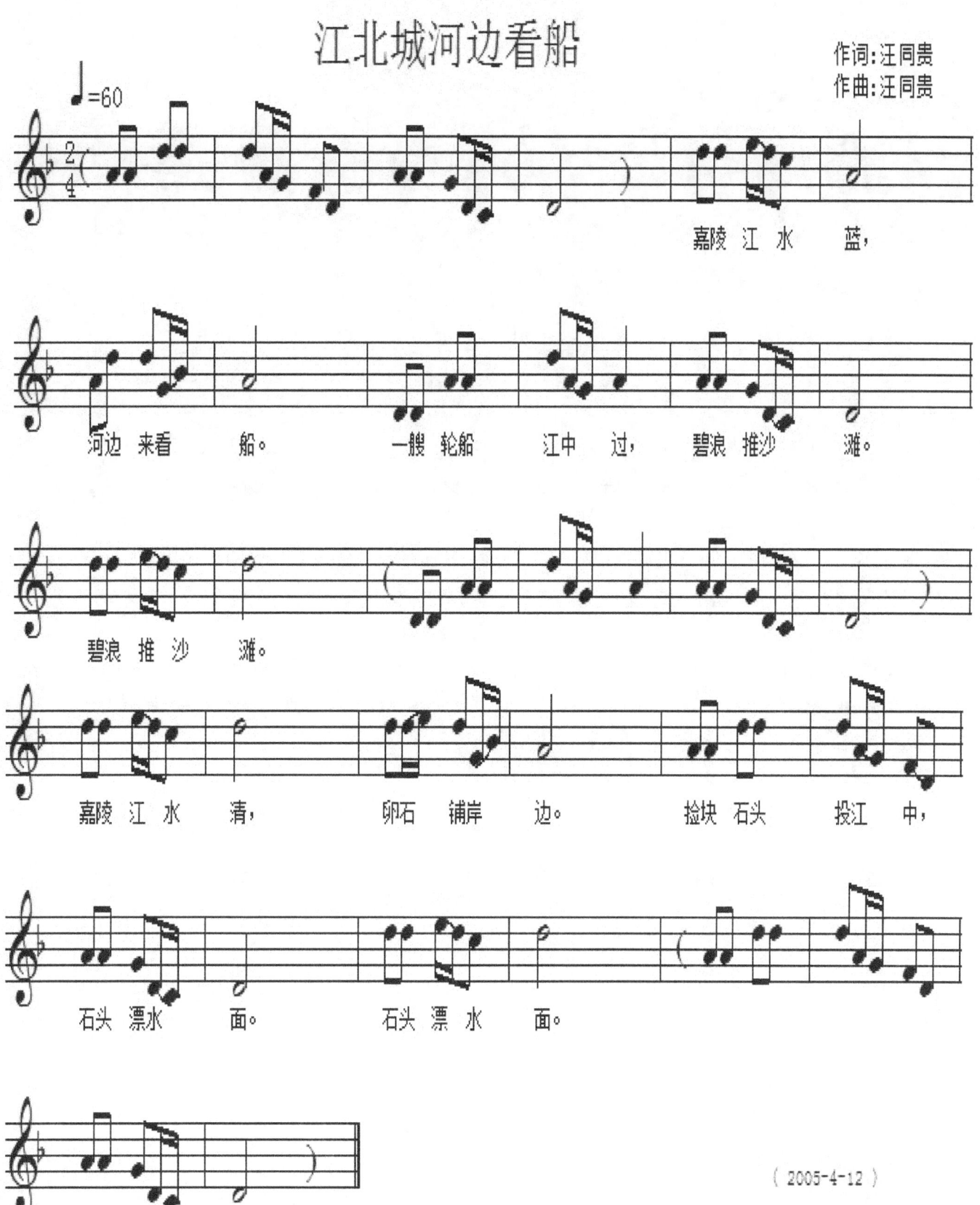

101. 卜算子·赞梅 词：刘忠才；曲：汪同贵

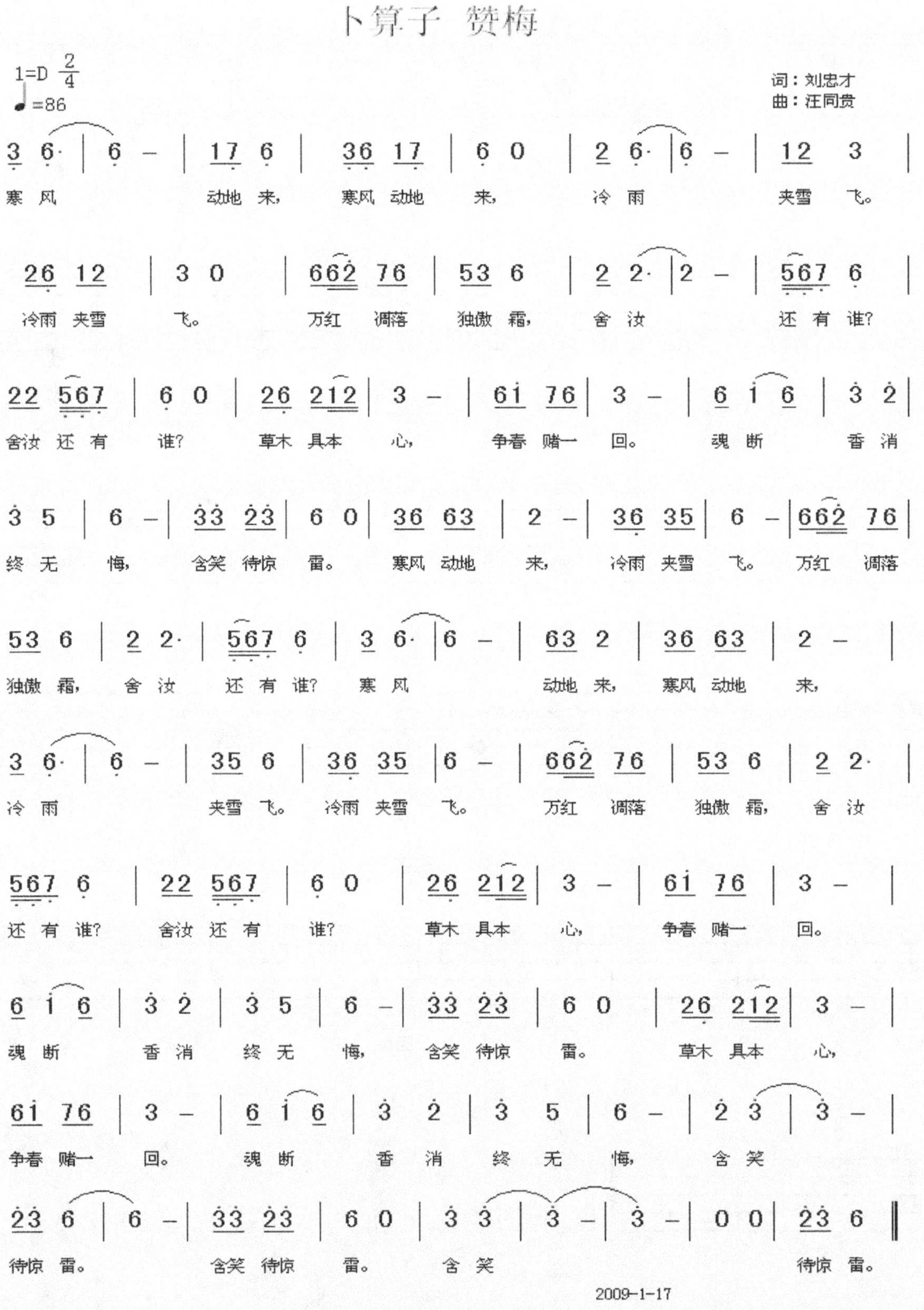

102. 采茶姐妹爱唱歌 词：汪同贵；曲：汪同贵

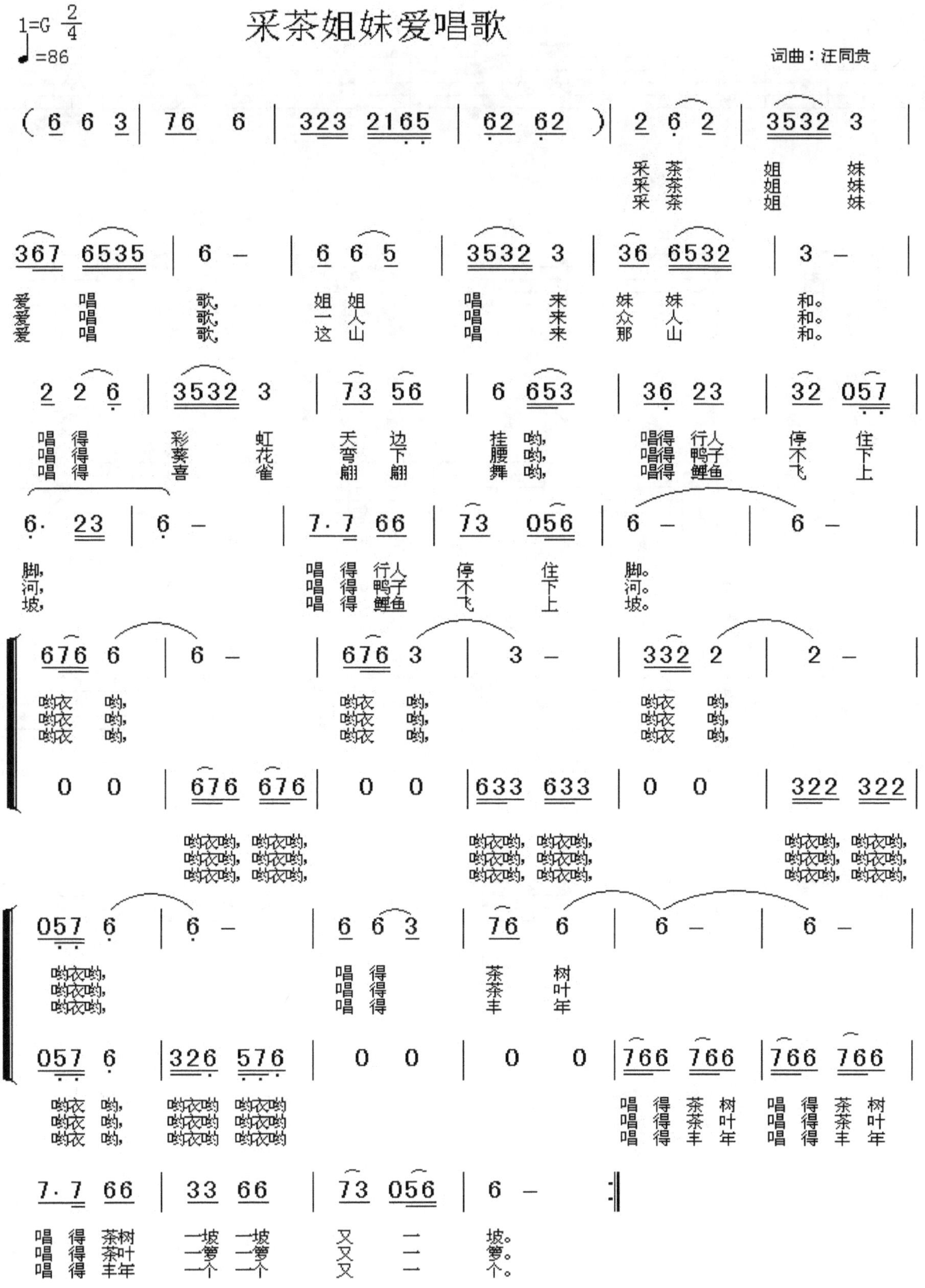

采茶姐妹爱唱歌

词曲：汪同贵

1=G 2/4 ♩=86

(6 6 3 | 76 6 | 323 2165 | 62 62) | 2 6 2 | 3532 3 |
　　　　　　　　　　　　　　　　　　采 茶　姐　　妹
　　　　　　　　　　　　　　　　　　采 茶　姐　　妹

367 6535 | 6 - | 6 6 5 | 3532 3 | 36 6532 | 3 - |
爱爱 爱唱 歌，　　姐 姐　唱 来　妹 妹　　和。
爱　 唱 歌，　　一 这　来 来　众 那　　人
　　　　　　　　　　　　　　山　　　　山 　和。

2 6 | 3532 3 | 73 56 | 6 653 | 36 23 | 32 057 |
唱唱 得　彩虹　天　边　挂　哟，唱得 行人 停不 住下
唱唱 得　花雀　翩翩　舞 腰　哟，唱得 鲤鱼 飞不 上
唱唱 得　喜　　　　　　　　　　

6·23 | 6 - | 7·7 66 | 73 056 | 6 - | 6 - |
脚，　　　唱唱 得行人 停 住下 脚。
河，　　　唱唱 得鲤鱼 飞 上 河。
坡，　　　　　　　　　　　　　坡。

676 6 | 6 - | 676 3 | 3 - | 332 2 | 2 - |
哟衣 哟，　　　哟衣 哟，　　哟衣 哟，
哟衣 哟，　　　哟衣 哟，　　哟衣 哟，
哟衣 哟，　　　哟衣 哟，　　哟衣 哟，

0 0 | 676 676 | 0 0 | 633 633 | 0 0 | 322 322 |
哟衣哟，哟衣哟，　　　哟衣哟，哟衣哟，　　哟衣哟，哟衣哟，

057 6 | 6 - | 6 3 | 76 6 | 6 - | 6 - |
哟衣 哟，　　　唱唱 得　茶　树　丰　年
哟衣 哟，　　　
哟衣 哟，　　　

057 6 | 326 576 | 0 0 | 0 0 | 766 766 | 766 766 |
哟衣 哟，哟衣哟哟衣哟　　　　　　　唱得 茶树 唱得 茶树
哟衣 哟，　　　　　　　　　　　　　唱得 茶叶 唱得 茶叶
哟衣 哟，　　　　　　　　　　　　　唱得 丰年 唱得 丰年

7·7 66 | 33 66 | 73 056 | 6 - ‖
唱得 茶树 一坡 一坡 又 一 坡。
唱得 茶叶 一箩 一箩 又 一 箩。
唱得 丰年 一个 一个 又 一 个。

采茶歌

作词：汪同贵
作曲：汪同贵

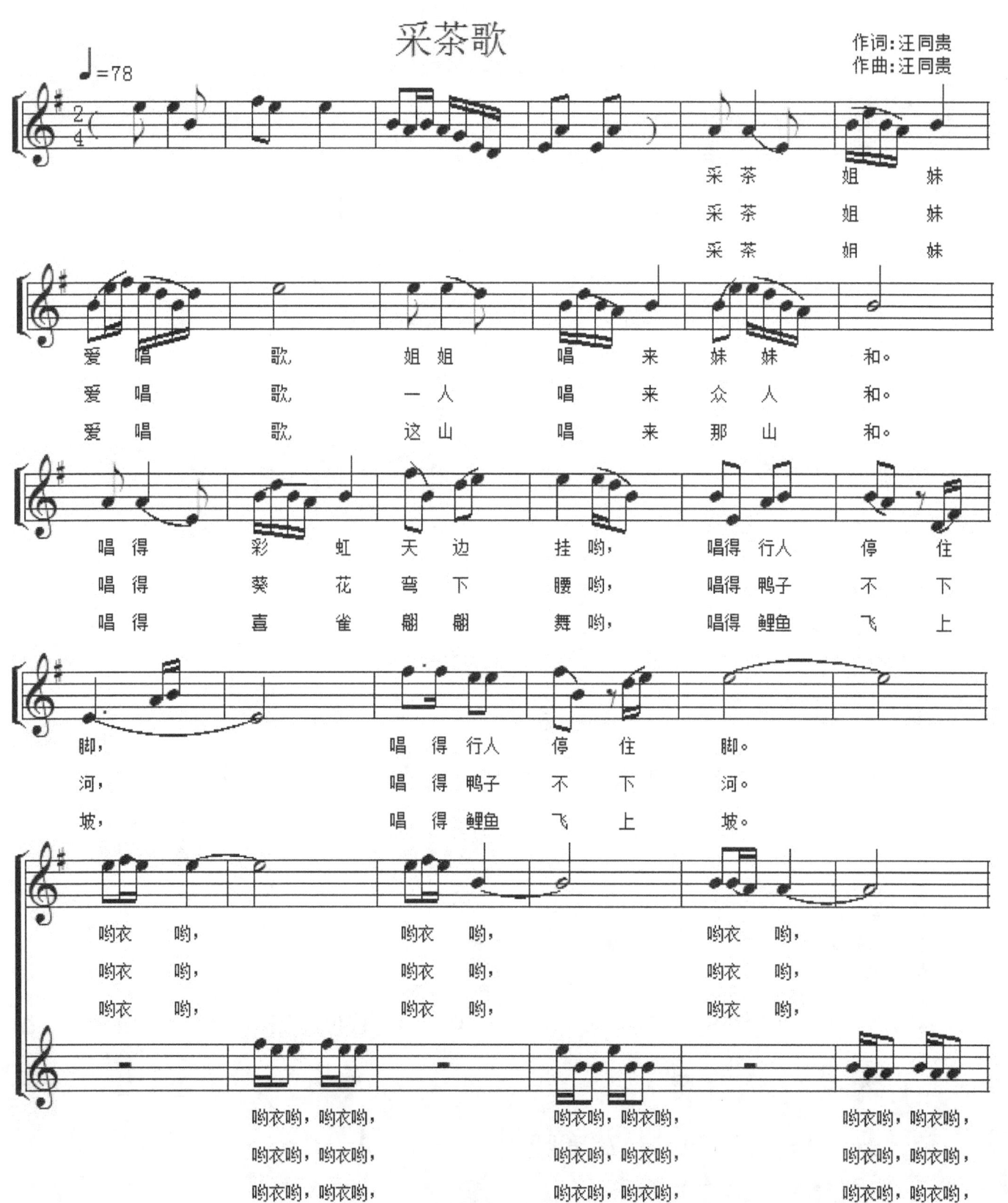

哟衣 哟， 唱得 茶 树
哟衣 哟， 唱得 茶 叶
哟衣 哟， 唱得 丰 年
哟衣哟 哟衣哟 唱得茶树 唱得茶树
哟衣哟 哟衣哟 唱得茶叶 唱得茶叶
哟衣哟 哟衣哟 唱得丰年 唱得丰年
唱得茶树 一坡一坡 又 一 坡。
唱得茶叶 一箩一箩 又 一 箩。
唱得丰年 一个一个 又 一 个。

103. 采桑子·重阳 词：毛泽东；曲：汪同贵

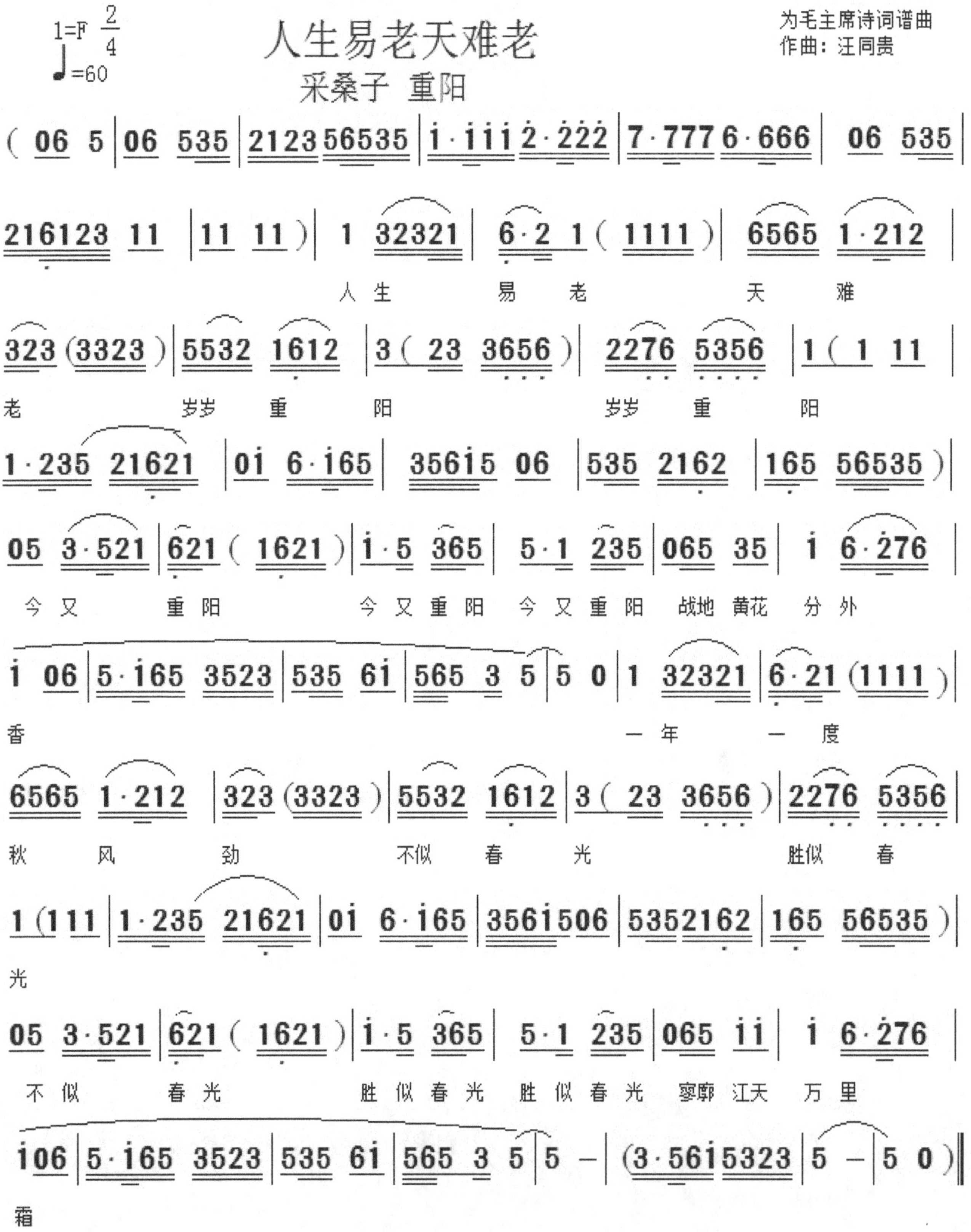
1=F 2/4
♩=60
人生易老天难老
采桑子 重阳
为毛主席诗词谱曲
作曲：汪同贵
人 生 易 老 天 难 老 岁岁 重 阳 岁岁 重 阳
今 又 重 阳 今 又 重 阳 今 又 重 阳 战地 黄花 分 外 香
一 年 一 度 秋 风 劲 不似 春 光 胜似 春 光
不 似 春 光 胜 似 春 光 胜 似 春 光 寥廓 江天 万 里 霜

104. 长长的麻花辫　词：雷无声；曲：汪同贵

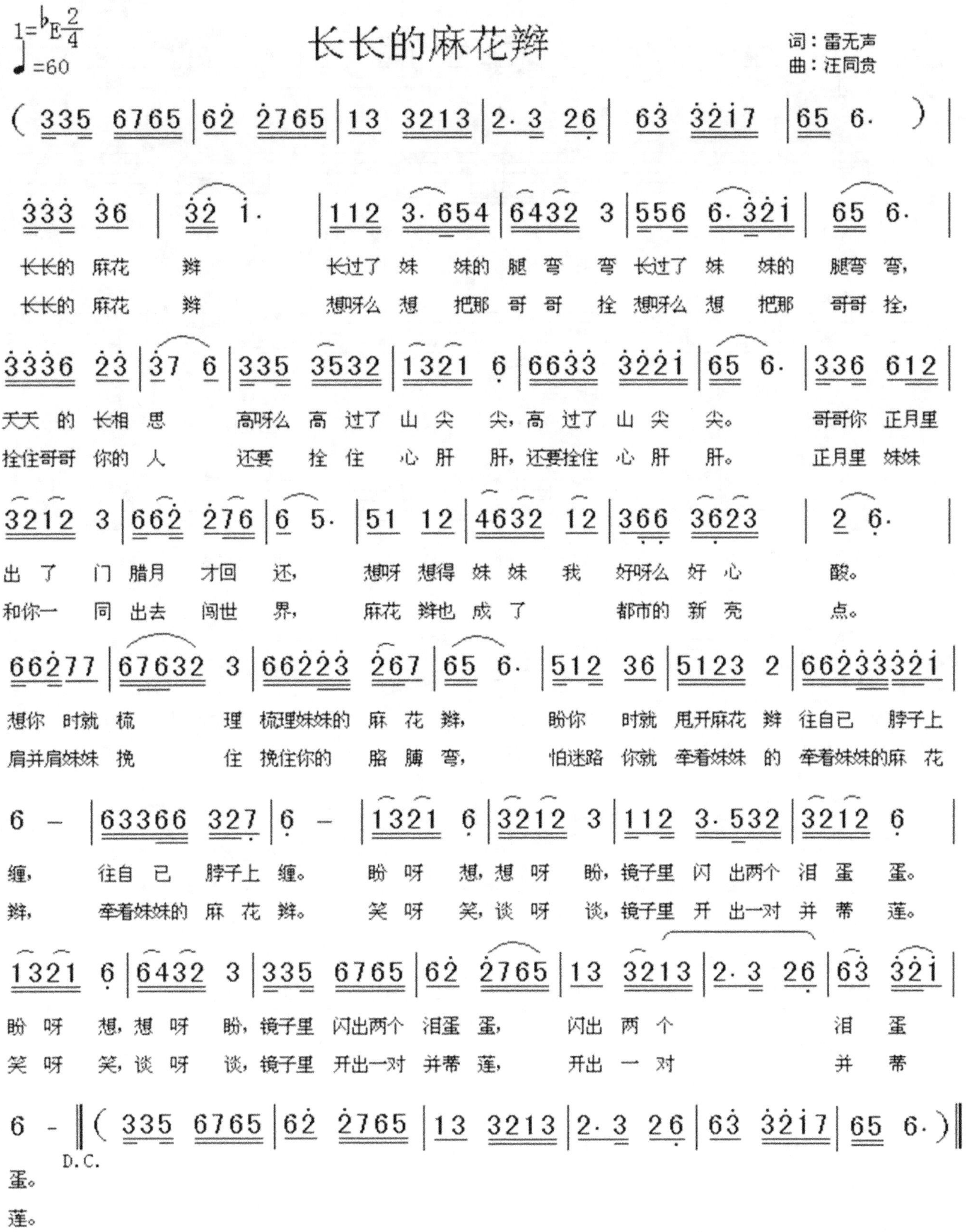

长长的麻花辫

作词:雷无声
作曲:汪同贵

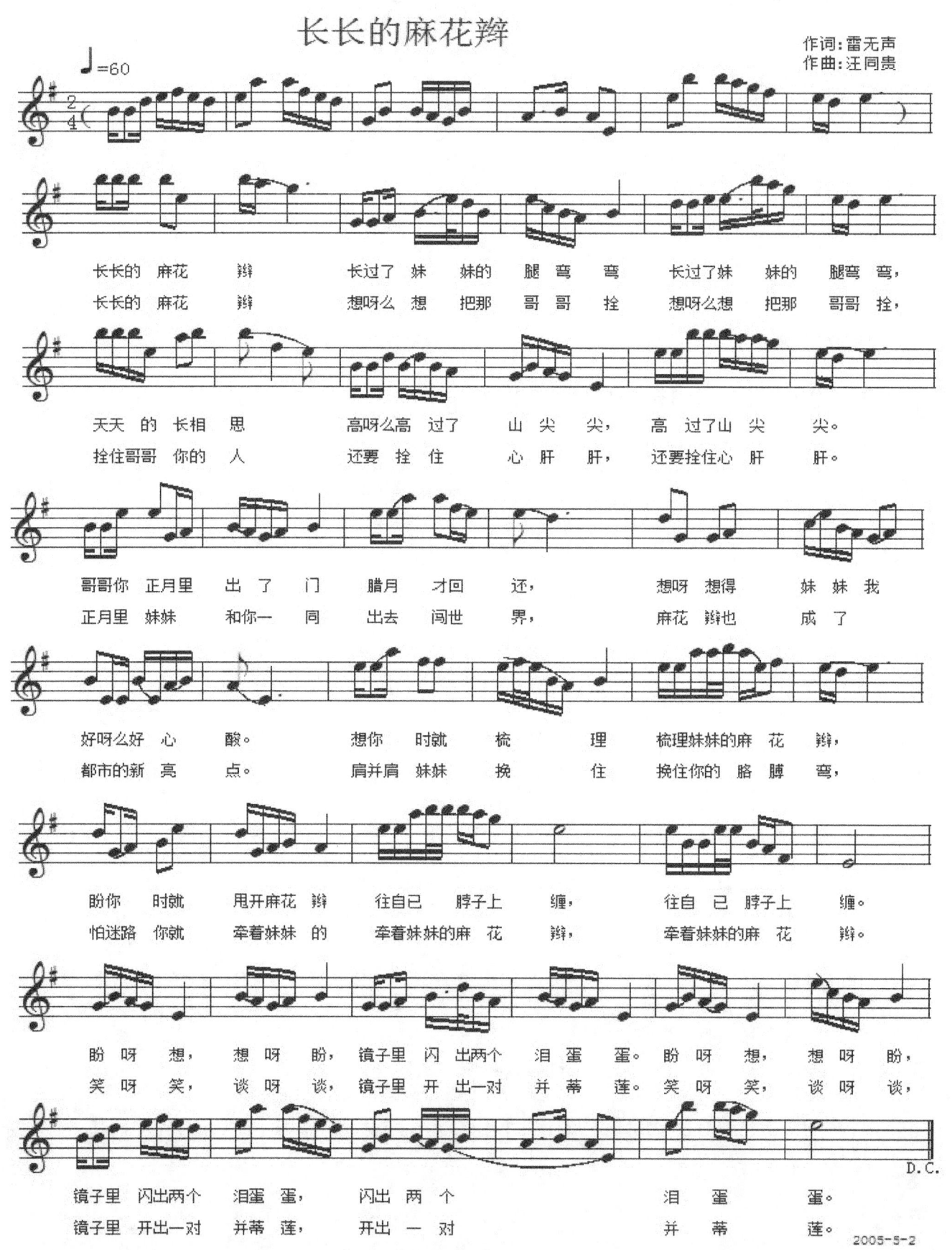

105. 唱邻水赞邻水爱邻水 词：刘忠才；曲：汪同贵

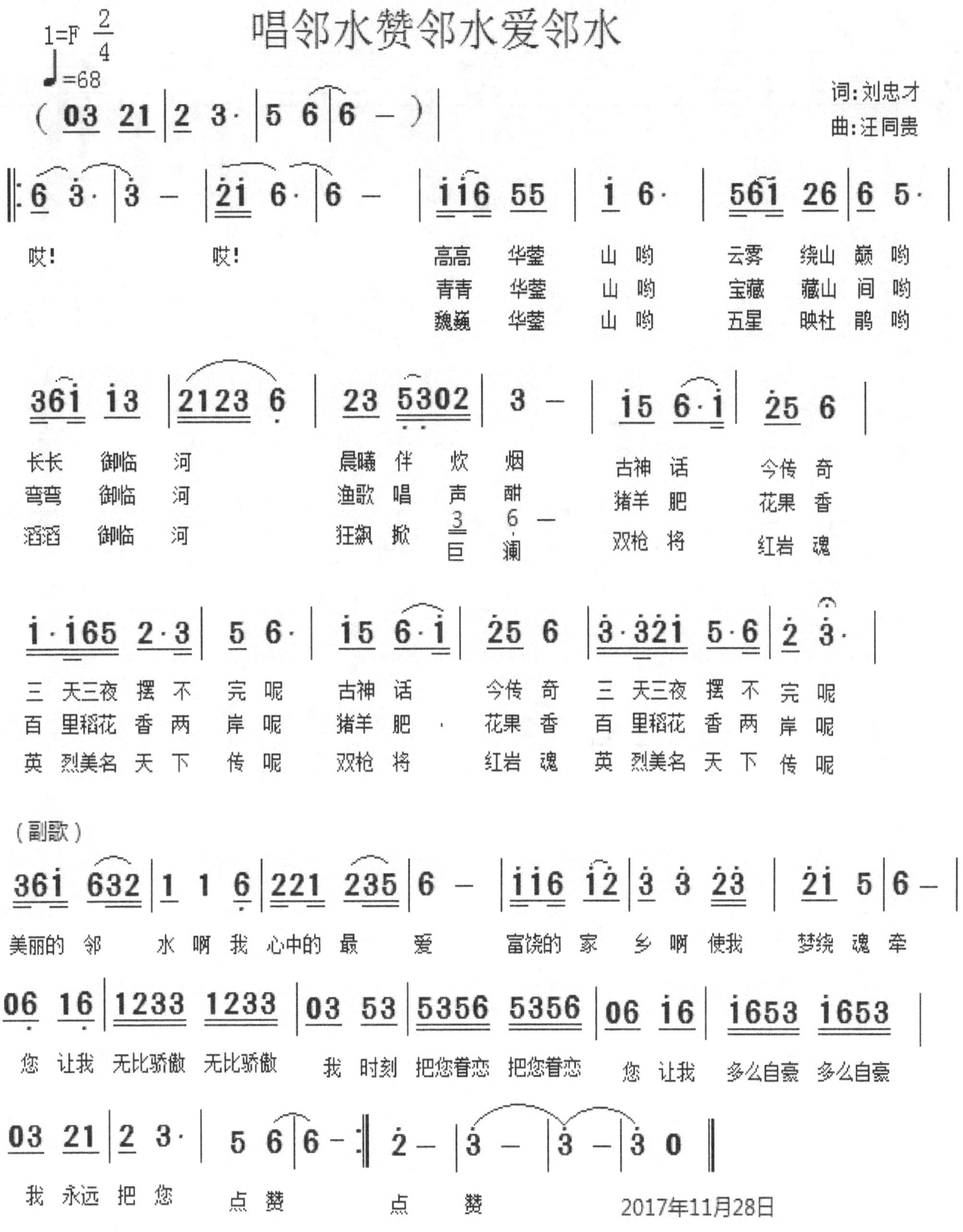

唱邻水赞邻水爱邻水

1=F 2/4 ♩=68

词：刘忠才
曲：汪同贵

(0 3 21 | 2 3· | 5 6 6 —)

| 6 3· 3 — | 2i 6· 6 — | ii6 55 | i 6· | 56i 26 | 6 5 |
哎！　　　　哎！　　　　高高 华蓥　山哟　云雾　绕山巅哟
　　　　　　　　　　　　青青 华蓥　山哟　宝藏　藏山间哟
　　　　　　　　　　　　巍巍 华蓥　山哟　五星　映杜鹃哟

| 36i i3 | 2i23 6 | 23 5302 | 3 — | i5 6·i | 25 6 |
长长　御临　河　　晨曦伴炊　烟　　古神　话　今传　奇
弯弯　御临　河　　渔歌唱声　酣　　猪羊　肥　花果　香
滔滔　御临　河　　狂飙掀巨澜　　双枪　将　红岩　魂

| i·i65 2·3 | 56· | i5 6·i | 25 6 | 3·32i 5·6 | 2 3 |
三天三夜摆不　完呢　古神　话　今传　奇　三天三夜摆不　完呢
百里稻花香两　岸呢　猪羊　肥　花果　香　百里稻花香两　岸呢
英烈美名天下　传呢　双枪　将　红岩　魂　英烈美名天下　传呢

(副歌)

| 36i 632 | 1 1 6 | 22i 235 | 6 — | ii6 i2 | 3 3 23 | 2i 5 6 — |
美丽的 邻　水啊 我 心中的 最　爱　　富饶的 家 乡啊 使 我 梦绕魂牵

| 06 i6 | 1233 1233 | 03 53 | 5356 5356 | 06 i6 | 1653 1653 |
您 让我 无比骄傲 无比骄傲　我 时刻 把您眷恋 把您眷恋　您 让我 多么自豪 多么自豪

| 03 21 | 2 3· | 5 6 6 — | 2 — | 3 — | 3 — 3 0 ||
我 永远 把您　　点 赞　　　　点　　赞

2017年11月28日

唱邻水赞邻水爱邻水

词：刘忠才
曲：汪同贵

2017年11月28日

106. 长寿的故事 词：谭连兴；曲：汪同贵

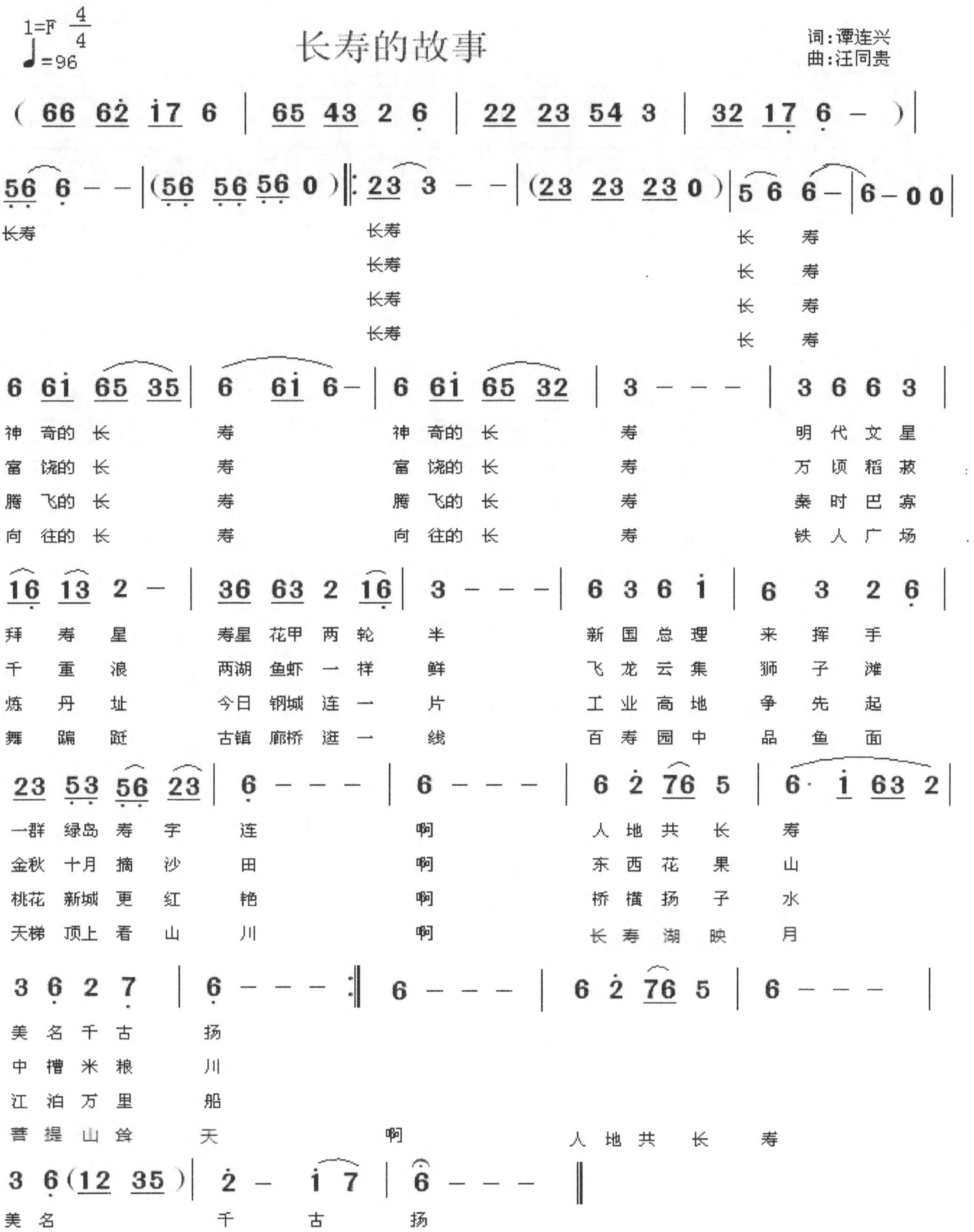

长寿的故事

词：谭连兴
曲：汪同贵

107. 长相思·共诵红酥手　词：汪同贵；曲：汪同贵

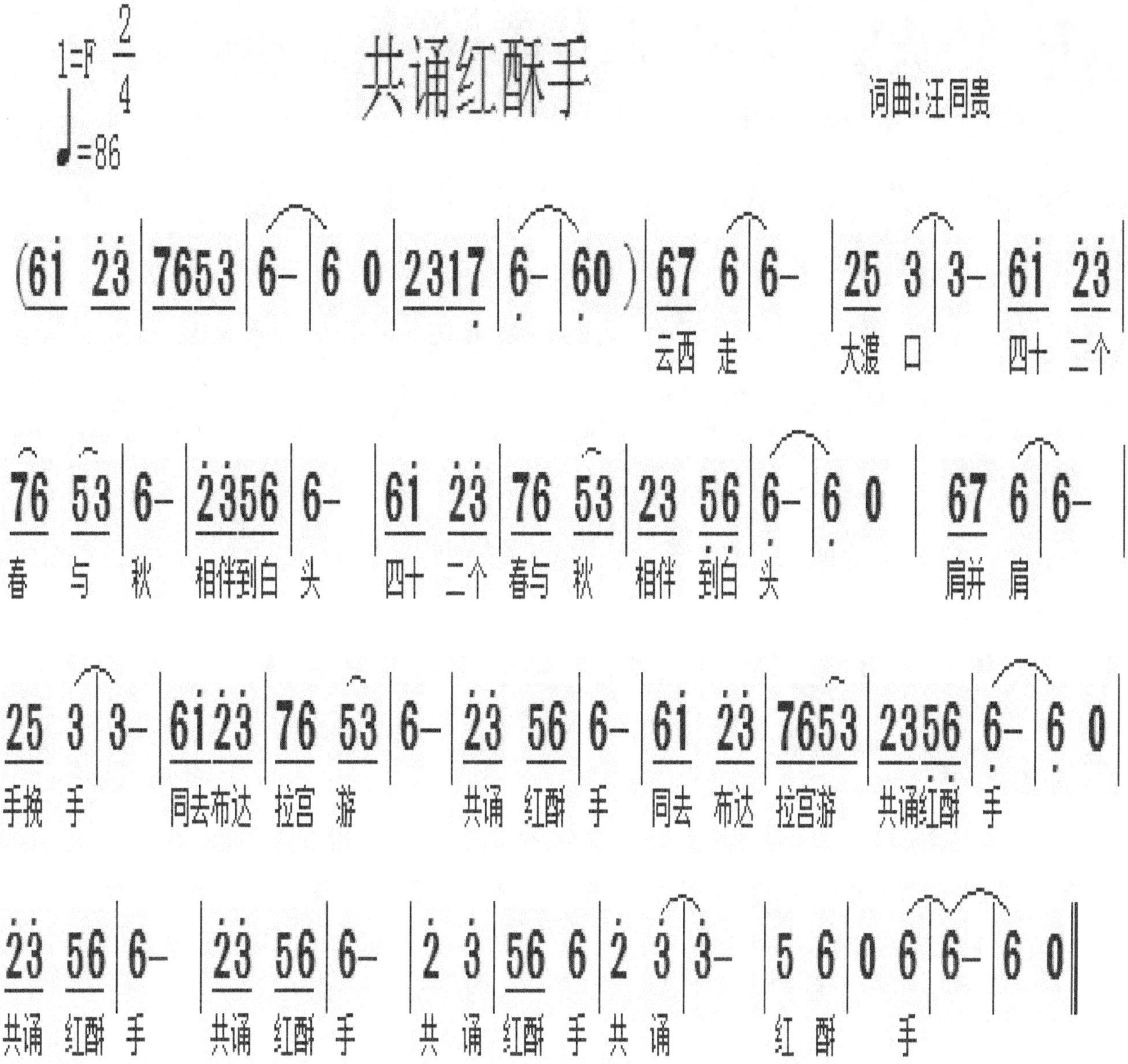

共诵红酥手

词曲：汪同贵

1=F 2/4 ♩=86

(6 1 2 3 | 7 6 5 3 | 6 - | 6 0 | 2 3 1 7 | 6 - | 6 0) | 6 7 6 | 6 - | 2 5 3 | 3 - | 6 1 2 3 |
　　　　　　　　　　　　　　　　　　　　　　　　　　　　　　　　　云西 走　大渡 口　四十 二个

7 6 5 3 | 6 - | 2 3 5 6 | 6 - | 6 1 2 3 | 7 6 5 3 | 2 3 5 6 | 6. 0 | 6 7 6 | 6 - |
春 与 秋　相伴到白 头　四十 二个 春与 秋 相伴 到白 头　肩并 肩

2 5 3 | 3 - | 6 1 2 3 | 7 6 5 3 | 6 - | 2 3 5 6 | 6 - | 6 1 2 3 | 7 6 5 3 | 2 3 5 6 | 6 - | 6. 0 |
手挽 手　同去布达 拉宫 游　共诵 红酥 手　同去 布达 拉宫游　共诵红酥 手

2 3 5 6 | 6 - | 2 3 5 6 | 6 - | 2 3 | 5 6 6 2 | 3 3 - | 5 6 0 6 | 6 - | 6 0 ||
共诵 红酥 手　共诵 红酥 手　共诵 红酥 手共诵　红酥　手

云西：四川省什邡县云西镇；大渡口：重庆市大渡口；布达拉宫：西藏拉萨布达拉宫；红酥手：《钗头凤·红酥手》 陆游（宋）

108. 重庆老太婆 1 广场坝坝舞 词：佚名；曲：汪同贵

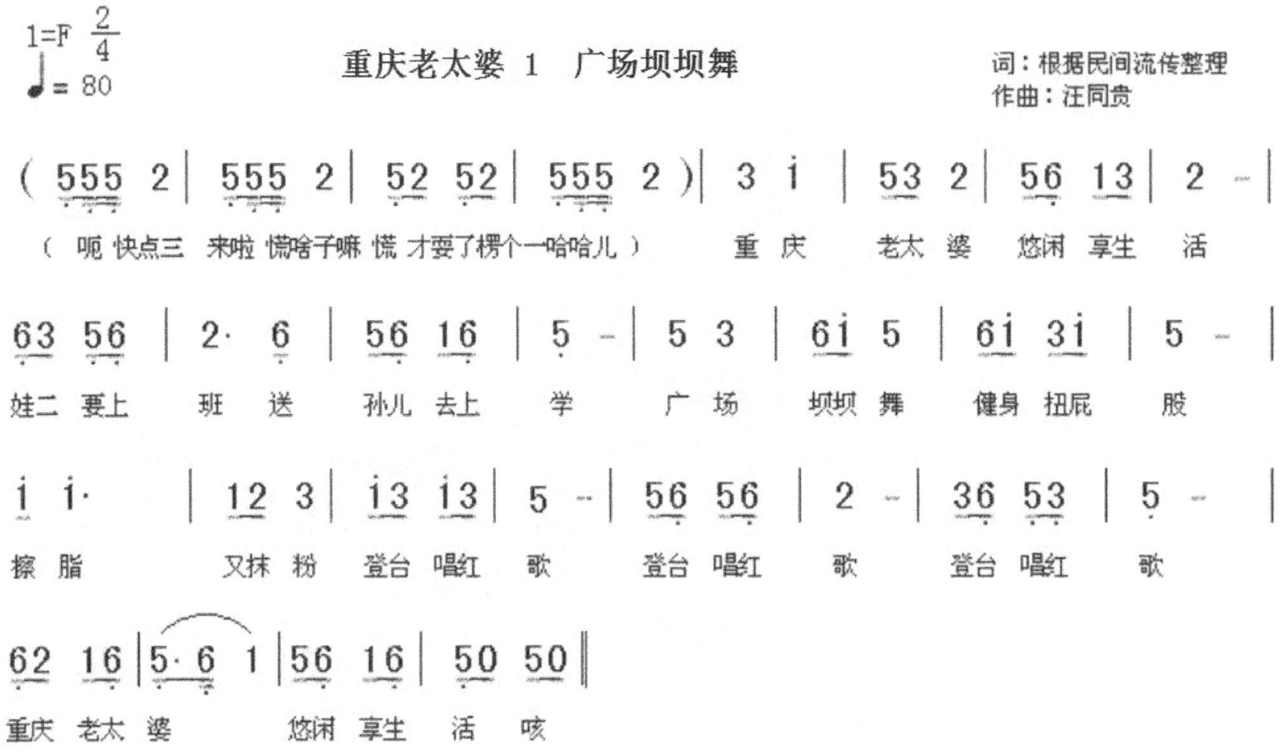

重庆老太婆 1 广场坝坝舞

1=F 2/4 ♩=80

词：根据民间流传整理
作曲：汪同贵

(555 2 | 555 2 | 52 52 | 555 2) | 3 1 | 53 2 | 56 13 | 2 -
(呃 快点三 来啦 慌啥子嘛 慌 才要了楞个一哈哈儿) 重庆 老太婆 悠闲享生 活

63 56 | 2· 6 | 56 16 | 5 - | 5 3 | 61 5 | 61 31 | 5 -
娃二要上 班 送 孙儿去上 学 广场 坝坝舞 健身扭屁 股

1 1· | 12 3 | 13 13 | 5 - | 56 56 | 2 - | 36 53 | 5 -
擦 脂 又抹粉 登台 唱红 歌 登台 唱红 歌 登台 唱红 歌

62 16 | 5·6 1 | 56 16 | 50 50 ‖
重庆 老太 婆 悠闲 享生 活 咳

109. 重庆老太婆 2 爱耍农家乐 词：佚名；曲：汪同贵

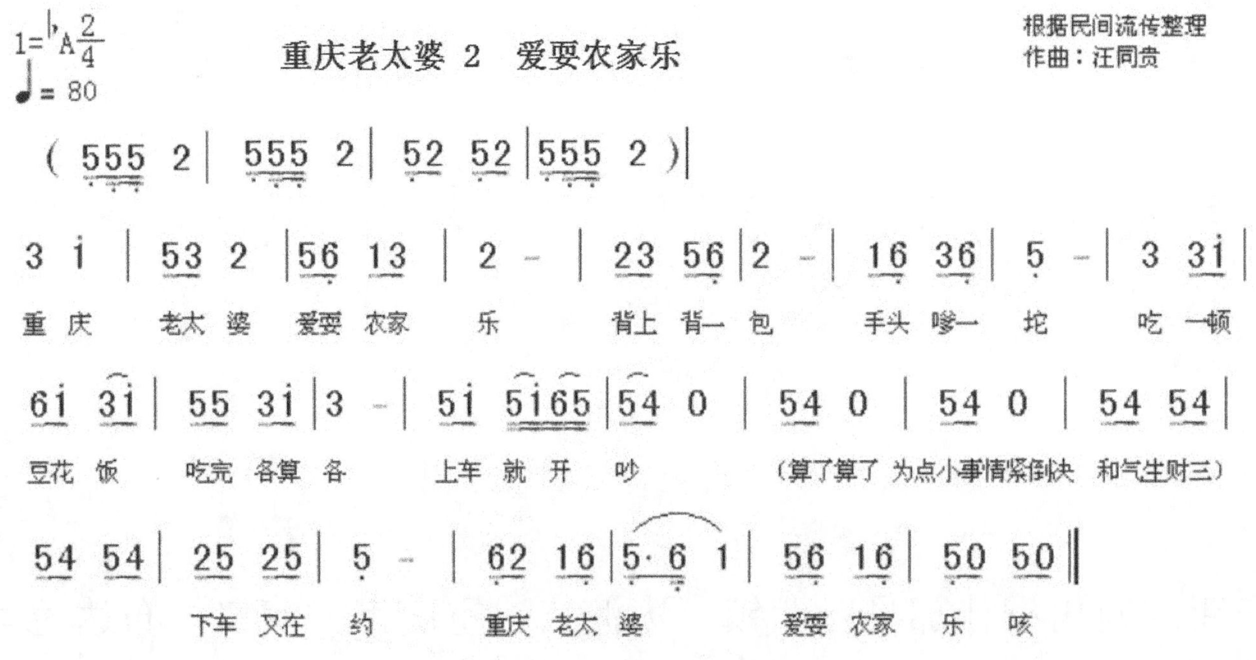

重庆老太婆 2 爱耍农家乐

1=♭A 2/4 ♩=80

根据民间流传整理
作曲：汪同贵

(555 2 | 555 2 | 52 52 | 555 2) |

3 1 | 53 2 | 56 13 | 2 - | 23 56 | 2 - | 16 36 | 5 - | 3 31
重庆 老太婆 爱耍农家 乐 背上 背一 包 手头 嗲一 坨 吃一顿

61 31 | 55 31 | 3 - | 51 5165 | 54 0 | 54 0 | 54 0 | 54 54
豆花 饭 吃完各算各 上车 就开 吵 (算了算了 为点小事情紧倒快 和气生财三)

54 54 | 25 25 | 5 - | 62 16 | 5·6 1 | 56 16 | 50 50 ‖
下车又在 约 重庆 老太 婆 爱耍 农家 乐 咳

110. **重庆老太婆 3 麻将打五角** 词：佚名；曲：汪同贵

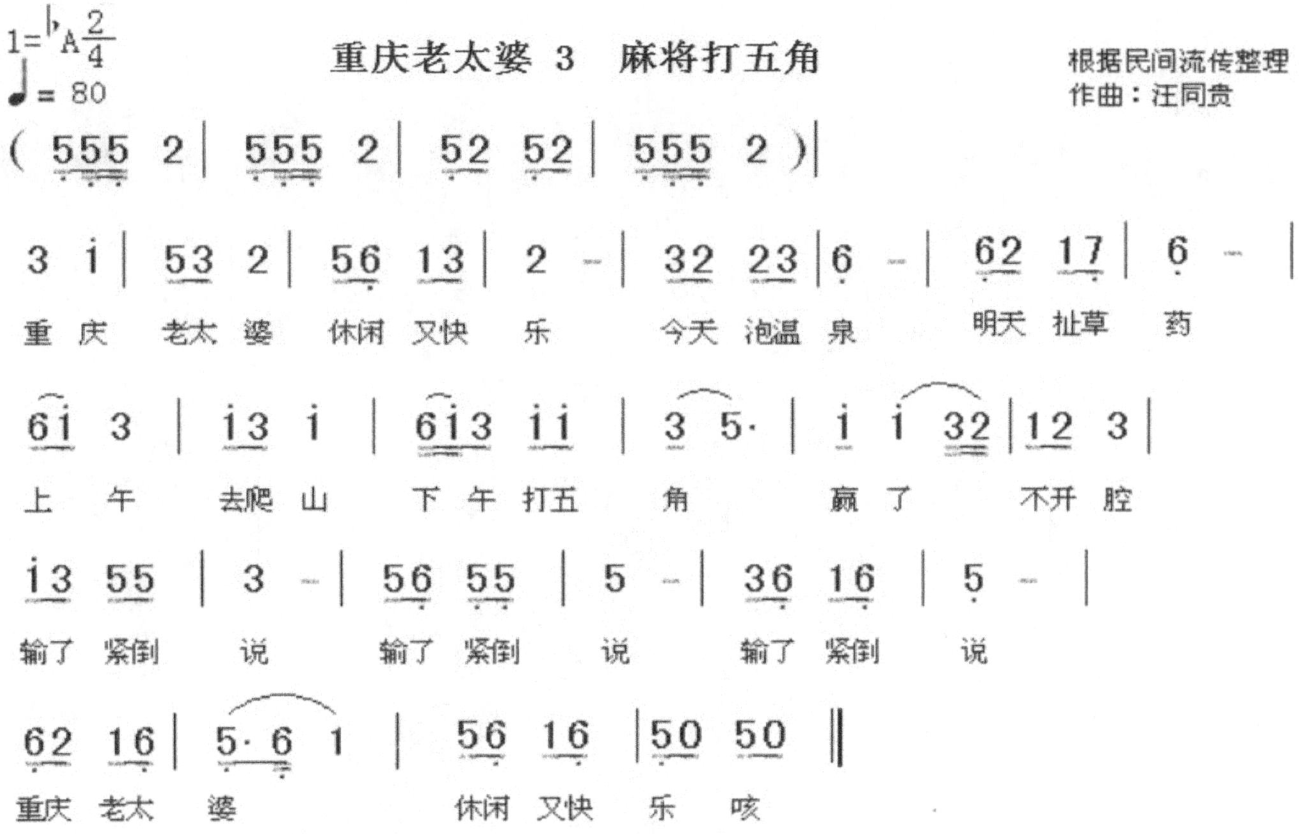

重庆老太婆 3　麻将打五角

1=♭A 2/4　♩=80

根据民间流传整理
作曲：汪同贵

(555 2 | 555 2 | 52 52 | 555 2)|

3 1 | 53 2 | 56 13 | 2 - | 32 23 | 6 - | 62 17 | 6 - |
重庆　老太婆　休闲　又快　乐　　今天　泡温泉　明天　扯草　药

61 3 | 13 1 | 61 3 11 | 3 5· | 1 1 32 | 12 3 |
上　午　去爬　山　下午打五　角　　赢了　不开　腔

13 55 | 3 | 56 55 | 5 | 36 16 | 5 |
输了　紧倒　说　　输了　紧倒　说　输了　紧倒　说

62 16 | 5·6 1 | 56 16 | 50 50 ‖
重庆　老太　婆　　休闲　又快　乐 咳

111. **重庆老太婆 4 电脑上网络** 词：佚名；曲：汪同贵

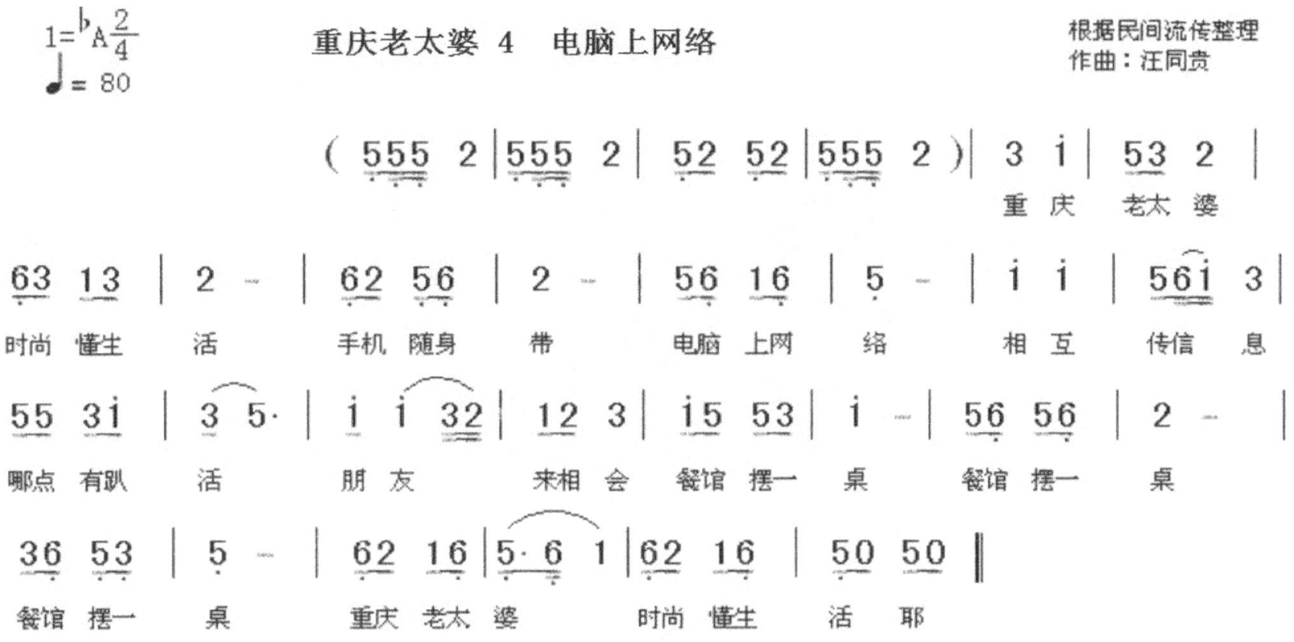

重庆老太婆 4　电脑上网络

1=♭A 2/4　♩=80

根据民间流传整理
作曲：汪同贵

(555 2 | 555 2 | 52 52 | 555 2) 3 1 | 53 2 |
　　　　　　　　　　　　　　　　　　　　　重庆　老太婆

63 13 | 2 - | 62 56 | 2 - | 56 16 | 5 - | 1 1 | 561 3 |
时尚　懂生　活　　手机　随身　带　电脑　上网　络　相互　传信　息

55 31 | 3 5· | 1 1 32 | 12 3 | 15 53 | 1 | 56 56 | 2 - |
哪点　有趴　活　朋友　来相　会　餐馆　摆一桌　餐馆　摆一　桌

36 53 | 5 | 62 16 | 5·6 1 | 62 16 | 50 50 ‖
餐馆　摆一　桌　重庆　老太　婆　时尚　懂生　活 耶

112. 重游陪都　词：王家骥；曲：汪同贵

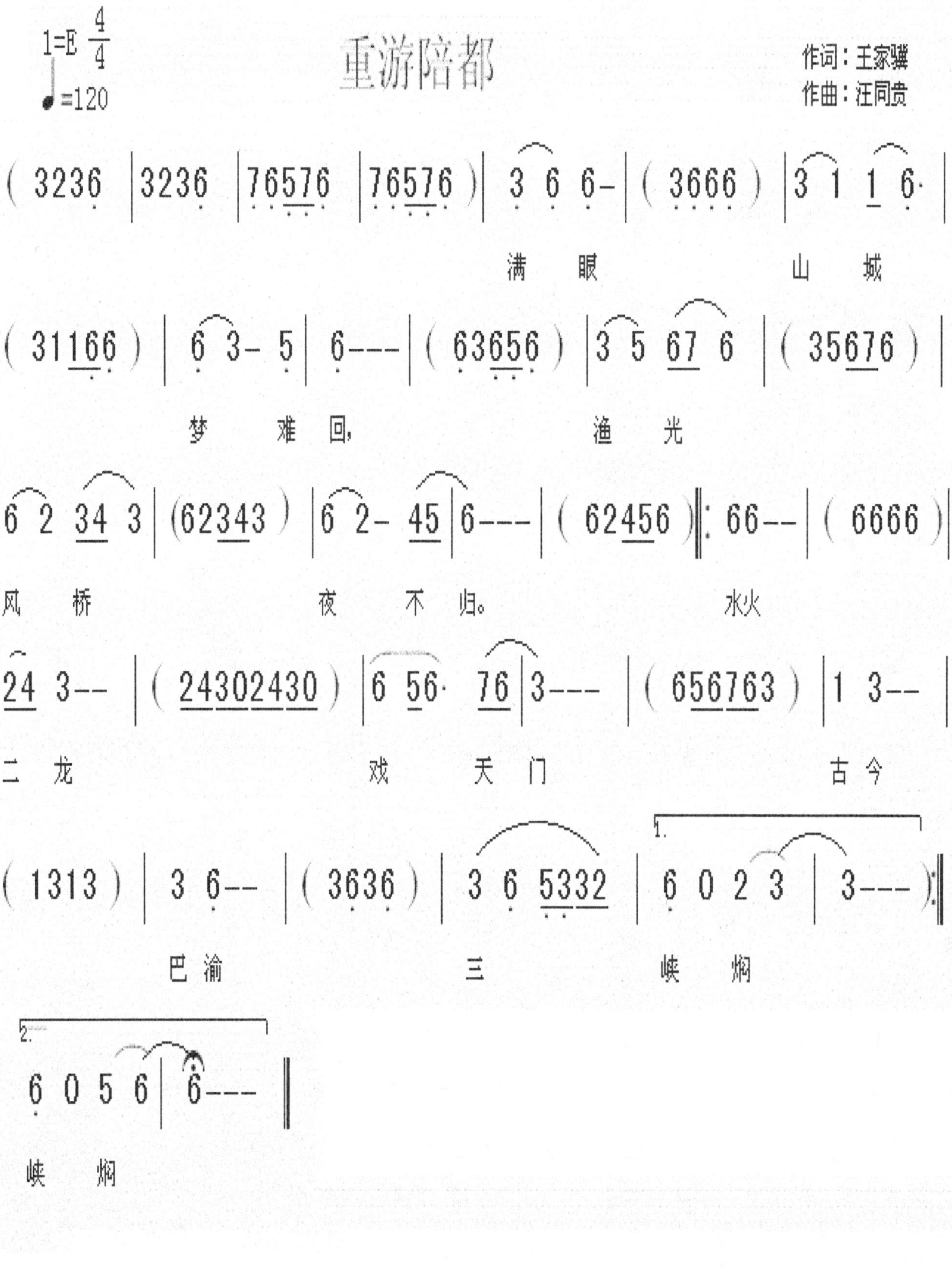

重游陪都

作词：王家骥
作曲：汪同贵

1=E 4/4
♩=120

(3236 | 3236 | 76576 | 76576) | 3 6 6 - | (3666) | 3 1 1 6 |
　　　　　　　　　　　　　　　　　满 眼　　　　　　　　　山 城

(3116) | 6 3 - 5 | 6 - - - | (63656) | 3 5 67 6 | (35676) |
　　　　　 梦　难　回，　　　　　　　　　渔　光

6 2 34 3 | (62343) | 6 2 - 45 | 6 - - - | (62456 ‖ 66 - - | (6666)
风　桥　　　　　　　 夜　不　归。　　　　　　　　　水火

24 3 - - | (24302430) | 6 56 76 3 - - - | (656763) | 1 3 - - |
二 龙　　　　　　　　　 戏　天 门　　　　　　　　　　 古 今

(1313) | 3 6 - - | (3636) | 3 6 5332 | 6 0 2 3 | 3 - - - ‖
巴 渝　　　　　　　　　　　　 三　　峡焖

2.
| 6 0 5 6 | 6 - - - ‖
  峡　焖

113. 川外赋 词：佘德银；曲：汪同贵

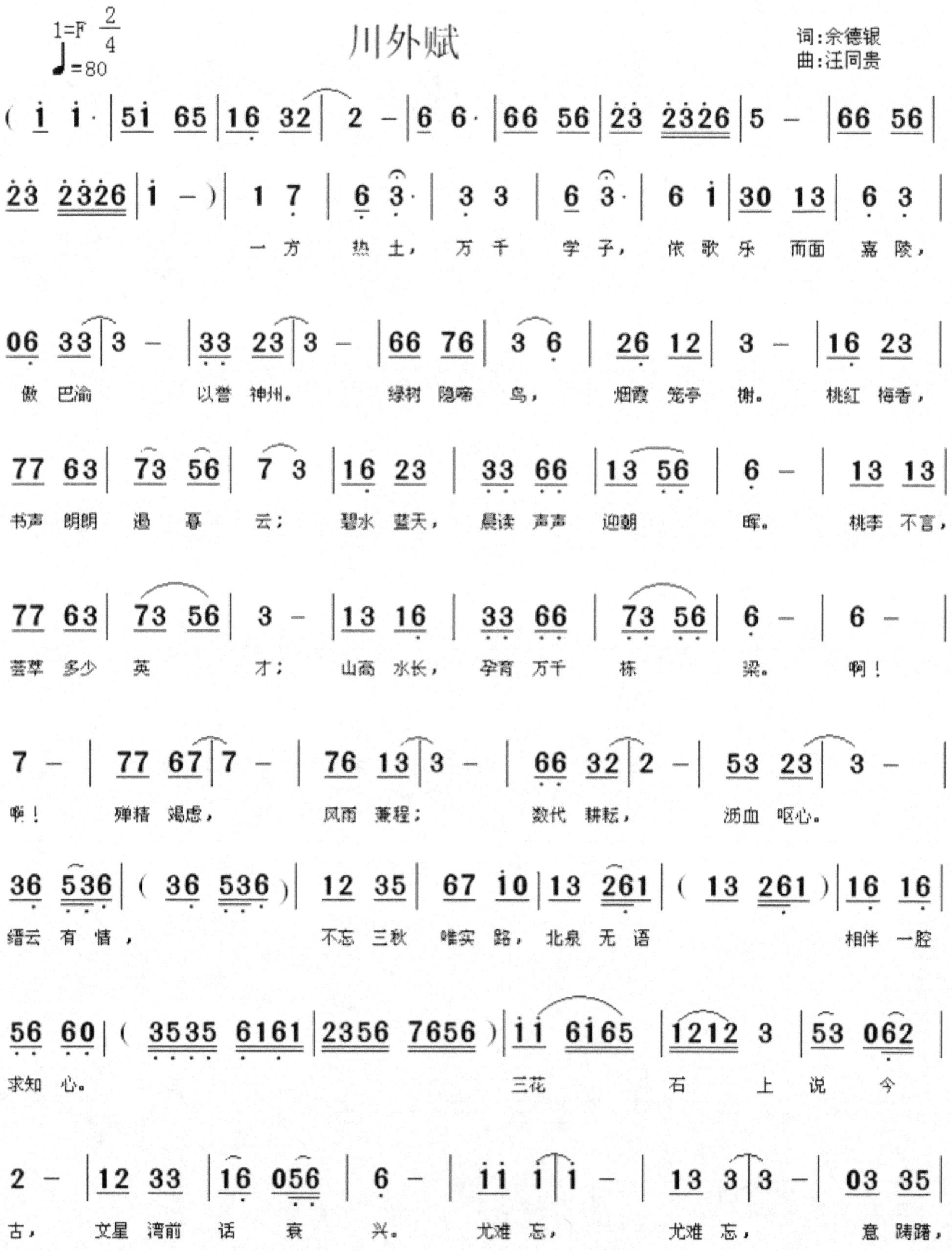

(无歌词部分为前奏与间奏)

一方热土，万千学子，倚歌乐而面嘉陵，傲巴渝以誉神州。绿树隐啼鸟，烟霞笼亭榭。桃红梅香，书声朗朗过暮云；碧水蓝天，晨读声声迎朝晖。桃李不言，荟萃多少英才；山高水长，孕育万千栋梁。啊！啊！殚精竭虑，风雨兼程；数代耕耘，沥血呕心。缙云有情，不忘三秋唯实路，北泉无语相伴一腔求知心。三花石上说今古，文星湾前话衰兴。尤难忘，尤难忘，意踌躇，

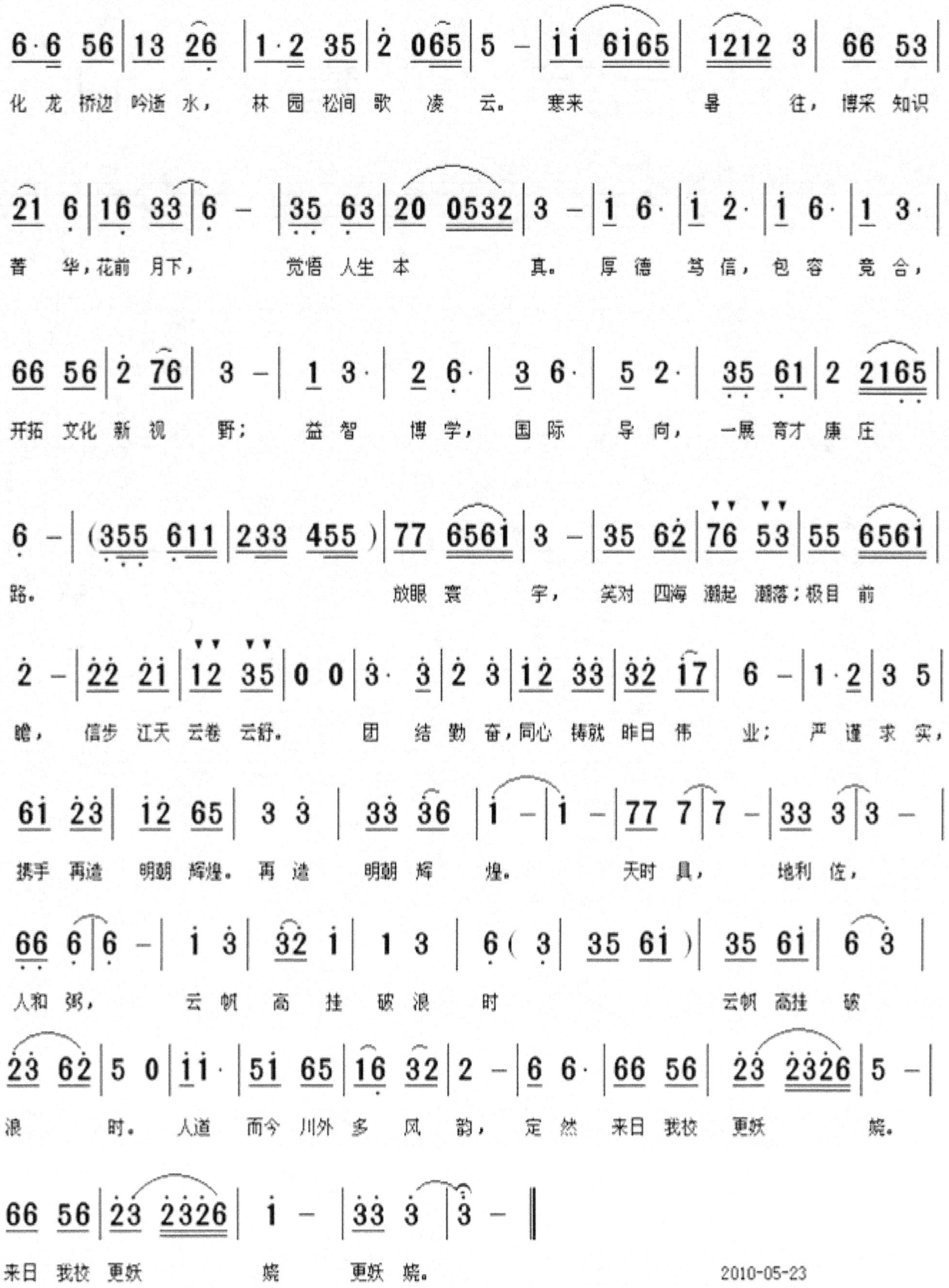

| 6·6 56 | 13 26 | 1·2 35 | 2 065 | 5 - 11 6165 | 1212 3 | 66 53 |

化龙桥边吟逝水，林园松间歌凌云。寒　　暑　往，博采知识

| 21 6 | 16 33 | 6 - | 35 63 | 20 0532 | 3 - 16·1 | 2·1 6·1 3· |

菁华，花前月下，　觉悟人生本　真。厚德笃信，包容竞合，

| 66 56 | 2 76 | 3 - | 13· 26· | 36· 52· | 35 61 | 2 2165 |

开拓文化新视野；益智博学，国际导向，一展育才康庄

| 6 - | (355 611 | 233 455) | 77 6561 | 3 - 35 62 | 76 53 | 55 6561 |

路。　　　　　　　　　　　　放眼寰宇，笑对四海潮起潮落；极目前

| 2 - | 22 21 | 12 35 | 0 0 3· | 3 23 12 | 33 32 17 | 6 - 1·2 35 |

瞻，信步江天云卷云舒。团　结勤奋，同心铸就昨日伟　业；严谨求实，

| 61 23 | 12 65 | 3 3 | 33 36 | 1 - 1 - | 77 7 7 - | 33 3 3 - |

携手再造明朝辉煌。再造　明朝辉　煌。　　天时具，　地利佐，

| 66 6 6 - | 1 3 | 32 1 | 1 3 | 6 (3 | 35 61) | 35 61 | 6 3 |

人和弼，　云帆高挂破浪时　　　　　　　云帆高挂破

| 23 62 | 5 0 11· | 51 65 | 16 32 | 2 - 6 6· | 66 56 | 23 2326 | 5 - |

浪　时。人道而今川外多风韵，定然来日我校更妖　　娆。

| 66 56 | 23 2326 | 1 - | 33 3 | 3 - ‖

来日我校更妖　　娆　更妖娆。　　　　　　　2010-05-23

川外赋

♩=80

词:余德银
曲:汪同贵

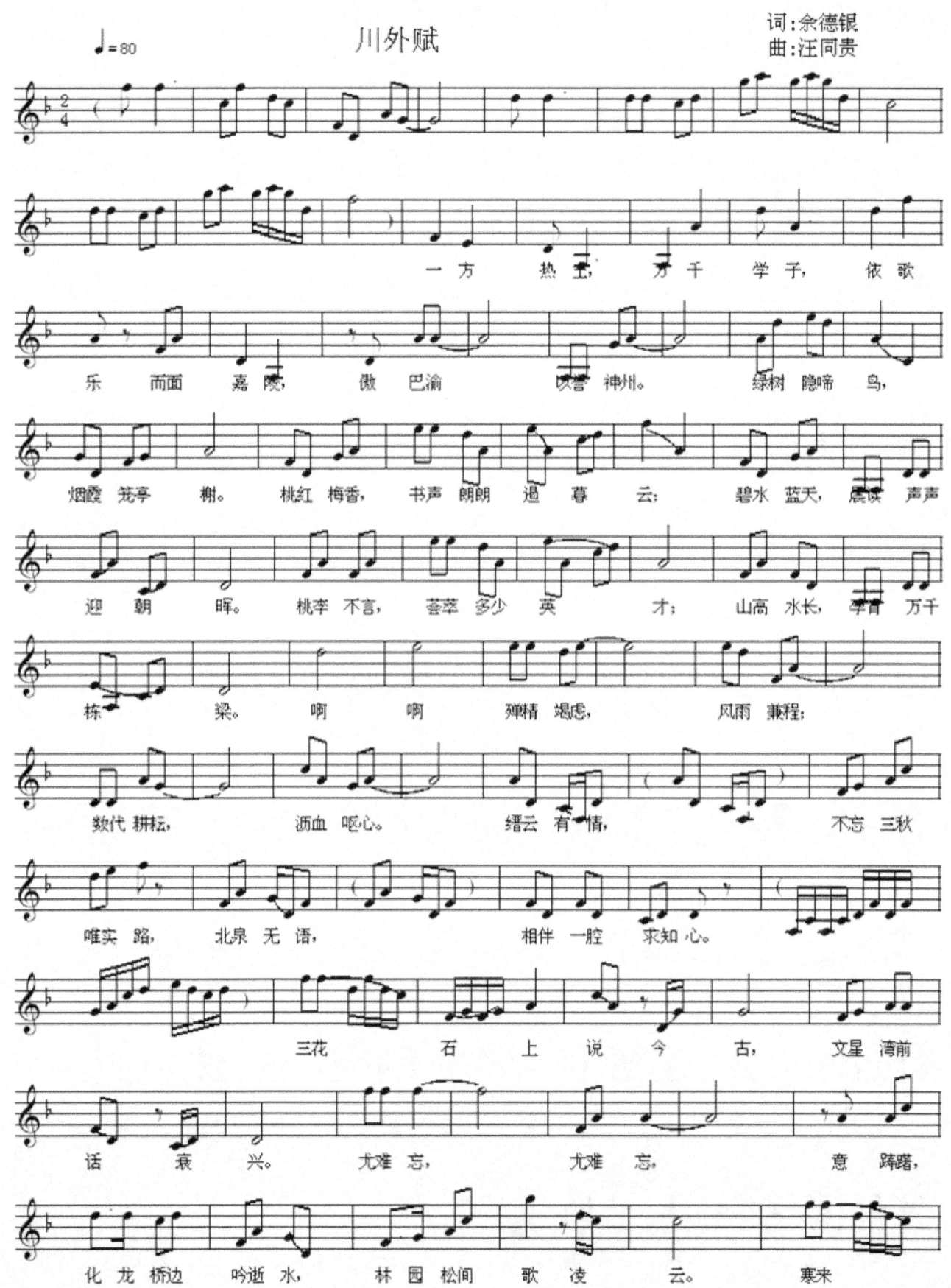

暑 往， 博采 知识 菁 华， 花前 月下， 觉悟 人生 本
真。 厚 德 笃 信， 包 容 竟 合， 开拓 文化 新 视
野； 益 智 博 学， 国 际 导 向， 一展 育才 康 庄
路。 放眼 寰 宇， 笑对 四海
潮起 潮落； 极目 前 瞻， 信步 江天 云卷 云舒。 团 结
勤 奋， 同心 铸就 昨日 伟 业； 严 谨 求 实， 携手 再造 明朝 辉煌
再 造 明朝 辉 煌。 天时 具， 地利 佐，
人和 弼， 云 帆 高 挂 破 浪 时。 云帆 高挂
破 浪 时。 人 道 而今 川外 多 风 韵， 定 然
来日 我校 更妖 娆 来日 我校 更妖 娆 更妖 娆。

2010-05-23

114. 川外聚英贤 词：狼爪 2 号；曲：汪同贵

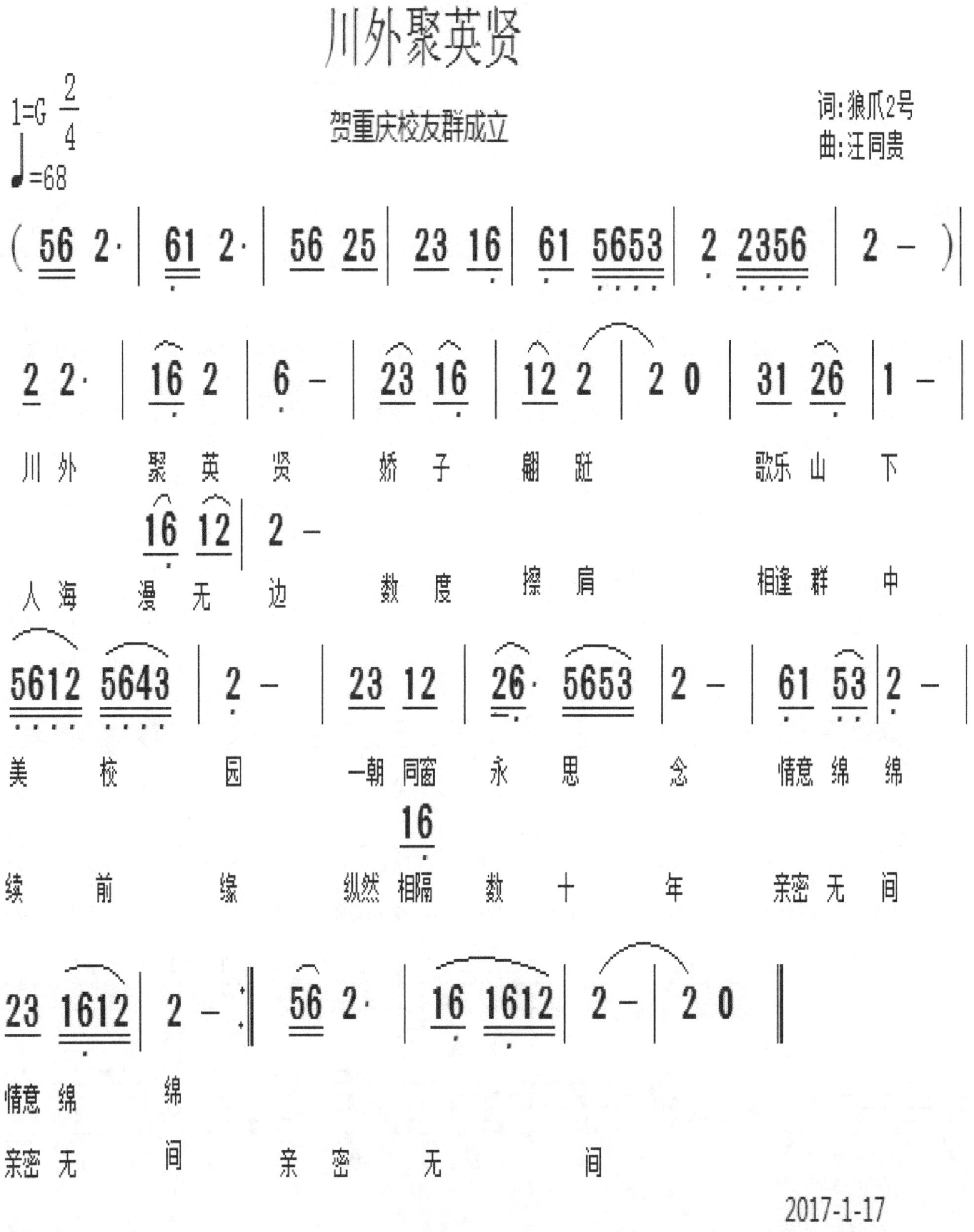

川外聚英贤
贺重庆校友群成立
1=G 2/4
=68
词:狼爪2号
曲:汪同贵
川外 聚 英 贤 娇 子 翩 跹 歌乐 山 下
人海 漫 无 边 数 度 擦 肩 相逢 群 中
美 校 园 一朝 同窗 永 思 念 情意 绵 绵
续 前 缘 纵然 相隔 数 十 年 亲密 无 间
情意 绵 绵
亲密 无 间 亲 密 无 间
2017-1-17

川外聚英贤

词:狼爪2号
曲:汪同贵

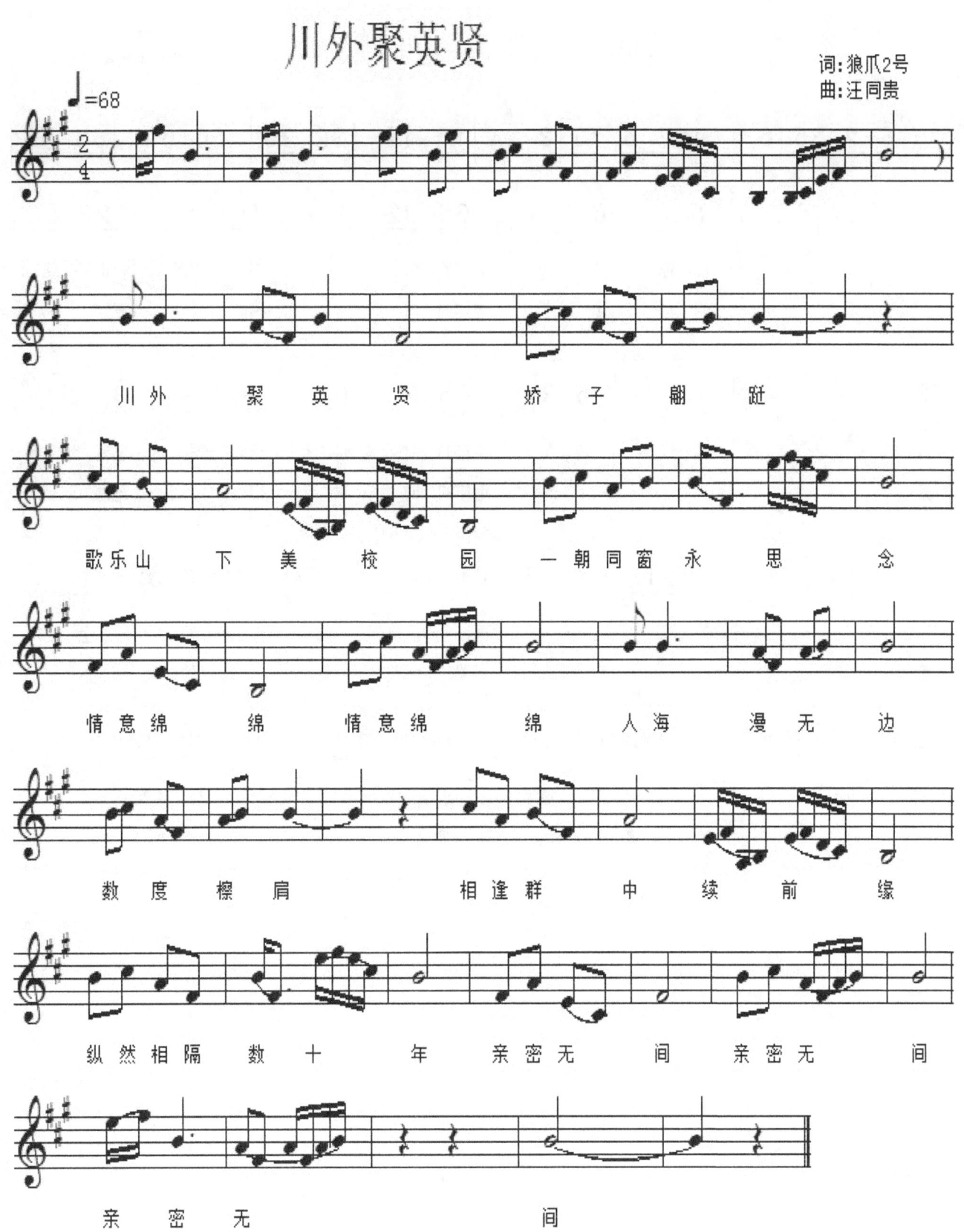

115. 当你步入老年的时候 词：曾宪瑞；曲：汪同贵

当你步入老年的时候

词：曾宪瑞
曲：汪同贵

1=F 2/4 ♩=100

(3. 2 36 | 6 - | 7. 6 73 | 3 - | 1 6 12 | 32 35 | 66 60 | 63 56 |

33 567 | 6 -) | 1 7 | 6 3 | 666 32 | 1 - | 1 6 12 | 323 56 |

当你　步入　老年的　时　候，　白发　银丝　也很　风
当你　步入　老年的　时　候，　是非　功过　已经　远

3 - | 3 - | 1 7 | 6 3 | 665 37 | 6 - | 66 33 | 32 57 |

流，　　当你　步入　老年的　时　候，　远离　青春　也有　追
走，　　当你　步入　老年的　时　候，　得失　成败　已抛　脑

6 - | 6 - | 666 212 | 1 6. | 61 765 | 3 - | 666 32 | 16 3 |

求。　　求知的　海　洋　再扬　一次风　帆，　攀登的　路　上
后。　　舒心的　日　子　多喝　一杯美　酒，　激情的　岁　月

23 567 | 6 - | 2 2 6. | 12 3 | 66 5324 | 3 - | 33 32 | 7 - |

再上　一层高　楼；　风帆　能送　你　追波　逐　流，　高楼　能让　你
多展　一次歌　喉；　美酒　能让　你　神清　气　爽，　歌声　能让　你

76 56 | 6 - | 3. 2 | 3 6 | 76 32 | 3 - | 1 6 12 | 32 35 |

美不　胜　收。　啊！　　　　　　　　　　　　　轻轻　松松，　快快　活活，
健康　长　寿。　啊！　　　　　　　　　　　　　开开　心心，　欢欢　喜喜，

66 60 | 63 56 | 33 567 | 6 - ‖
　　　　　　　　　　　　　D.C.

夕阳　下　也有　春风　杨　柳。
晚霞　里　也有　人生　享　受。

(2005-5-10)

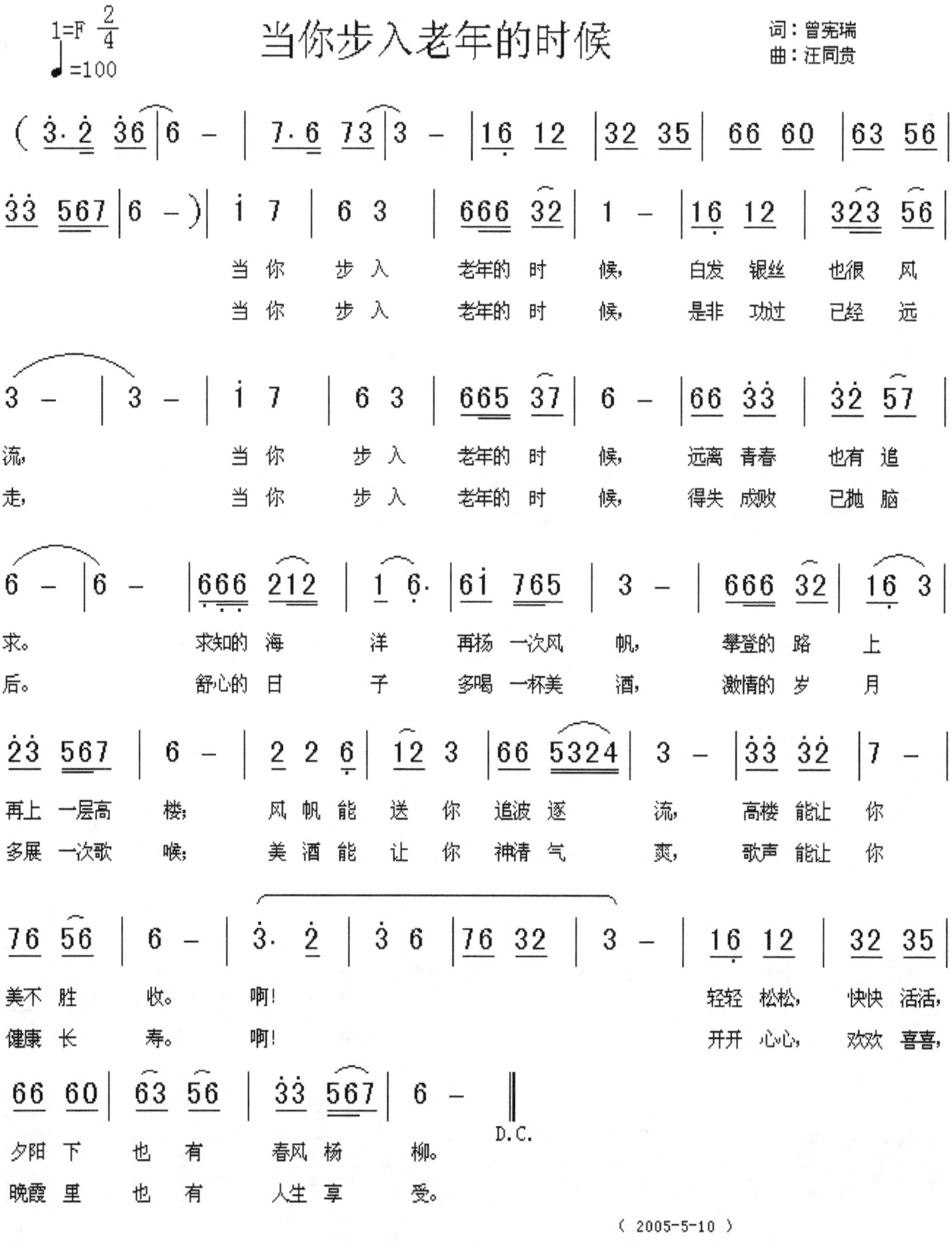

当你步入老年的时候

作词:曾宪瑞
作曲:汪同贵

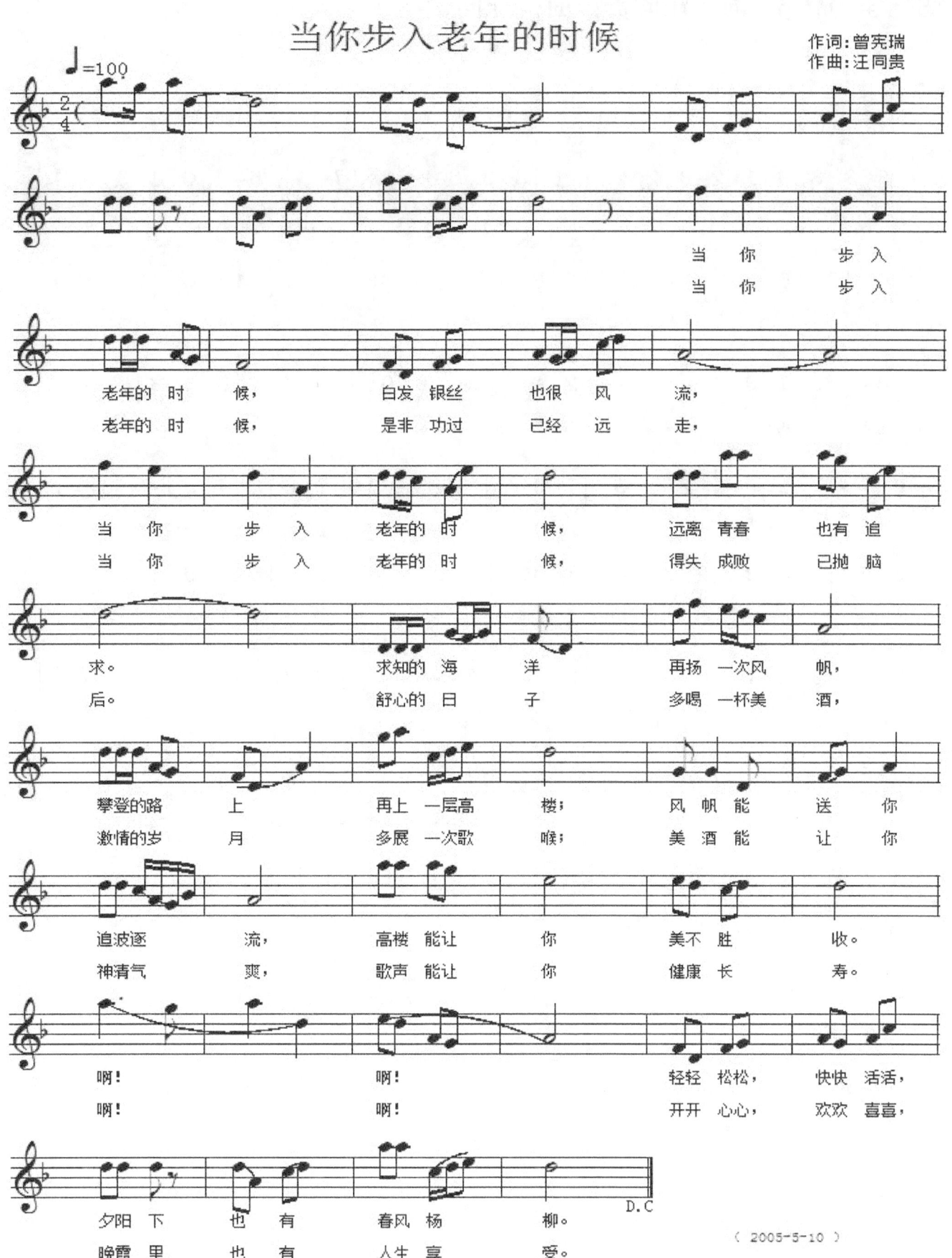

116. 笛声忧伤 词：汪同贵；曲：汪同贵

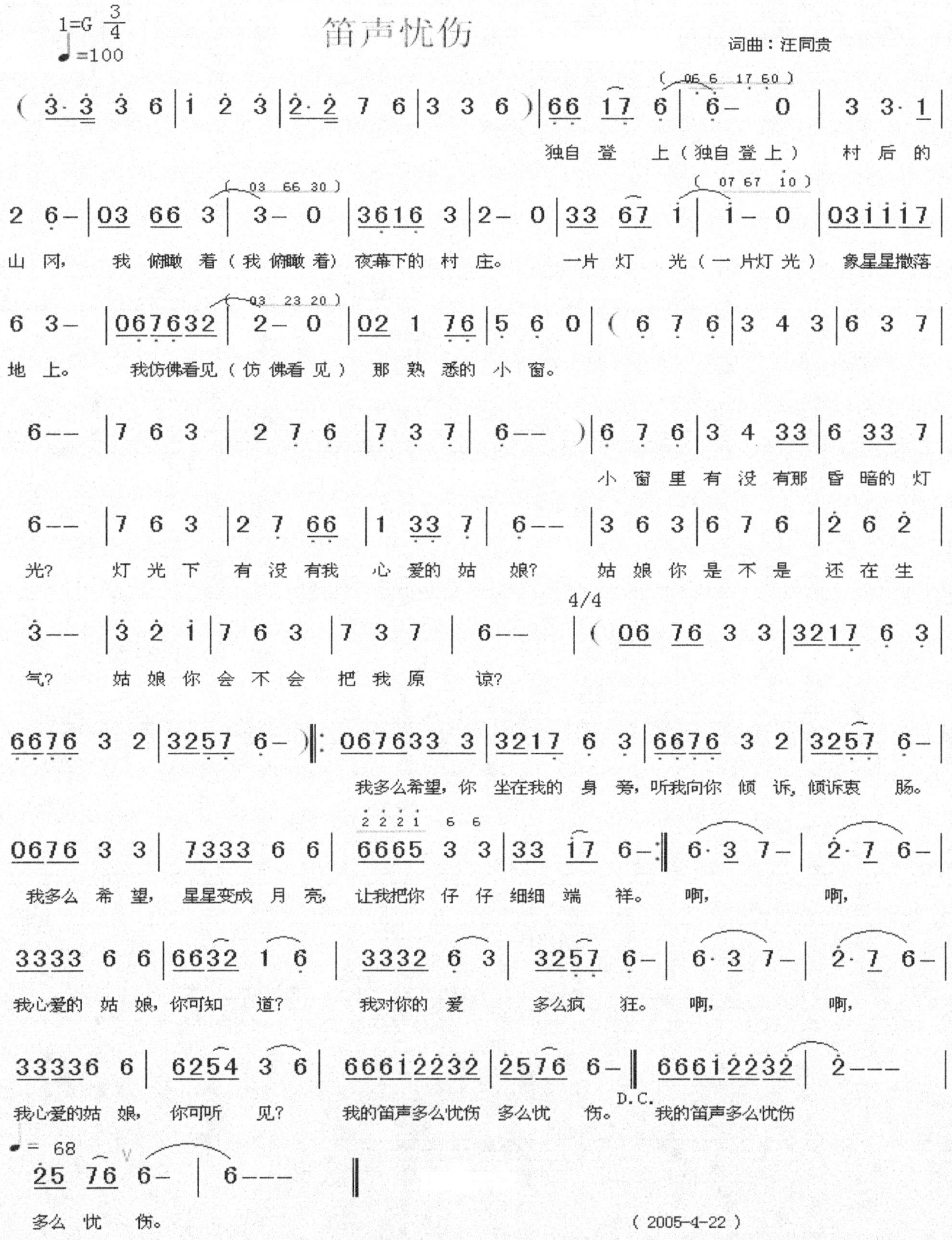

独自登上（独自登上）村后的山冈，我俯瞰着（我俯瞰着）夜幕下的村庄。一片灯光（一片灯光）象星星撒落地上。我仿佛看见（仿佛看见）那熟悉的小窗。

小窗里有没有那昏暗的灯光？灯光下有没有我心爱的姑娘？姑娘你是不是还在生气？姑娘你会不会把我原谅？

我多么希望，你坐在我的身旁，听我向你倾诉，倾诉衷肠。我多么希望，星星变成月亮，让我把你仔仔细细端祥。啊，啊，我心爱的姑娘，你可知道？我对你的爱多么疯狂。啊，啊，我心爱的姑娘，你可听见？我的笛声多么忧伤多么忧伤。我的笛声多么忧伤多么忧伤。

（2005-4-22）

笛声忧伤

作词:汪同贵
作曲:汪同贵

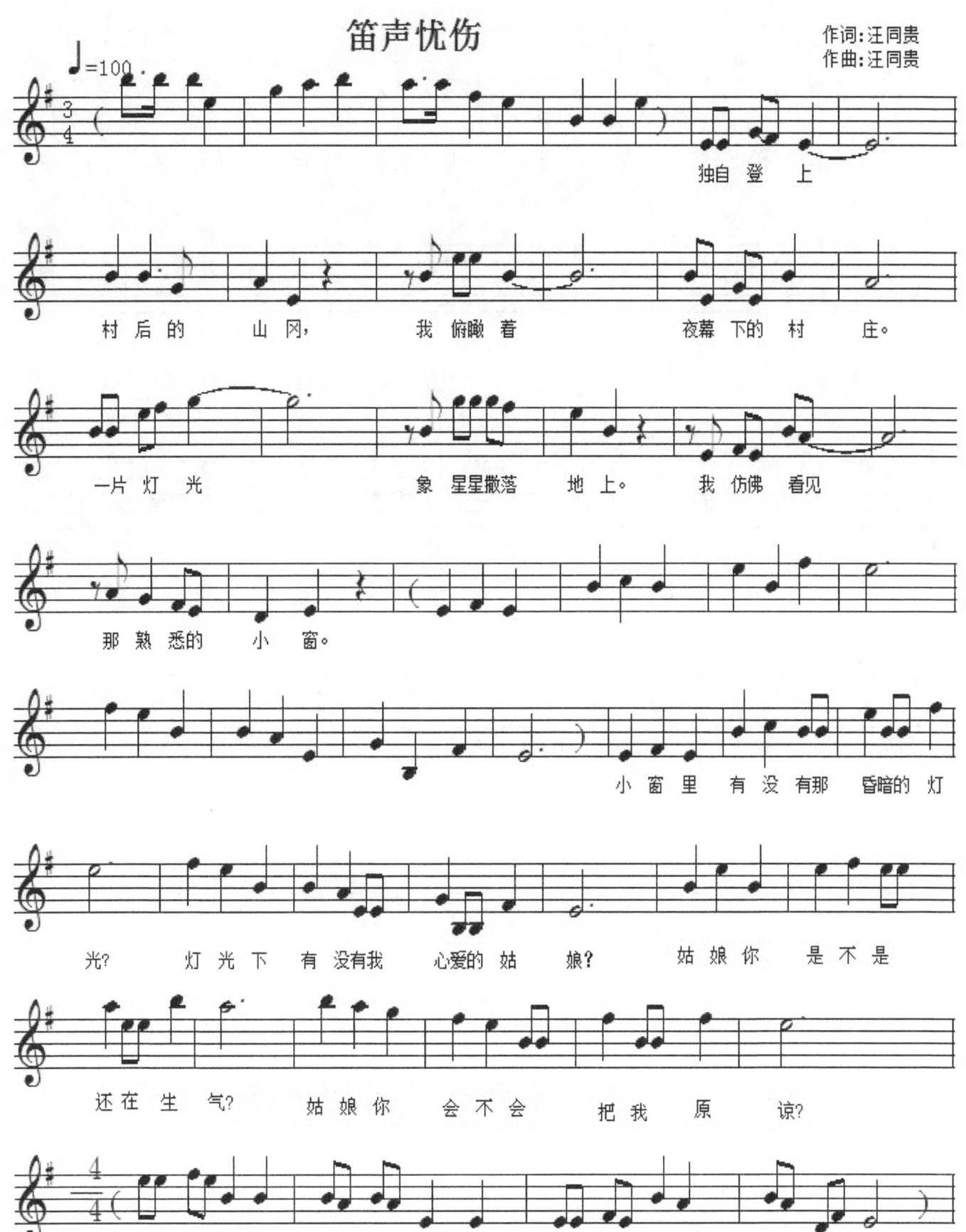

我 多么 希 望 你坐 在我 身 旁， 听我 向你 倾 诉， 倾诉 衷 肠。
我 多么 希 望 星星 变成 月 亮， 让我 把你 仔 仔 细细 端 祥。
啊， 啊， 我心 爱的 姑 娘 你可 知 道?
我对 你的 爱 多么 疯 狂。 啊， 啊，
我心 爱的 姑 娘 你可 听 见? 我的 笛声 多么 忧伤 多么 忧 伤。
D.C.
我的 笛声 多么忧伤 多么 忧 伤。
(2005-4-22)

117. 蝶恋花·老马已随财主去 词：杨泰良；曲：汪同贵

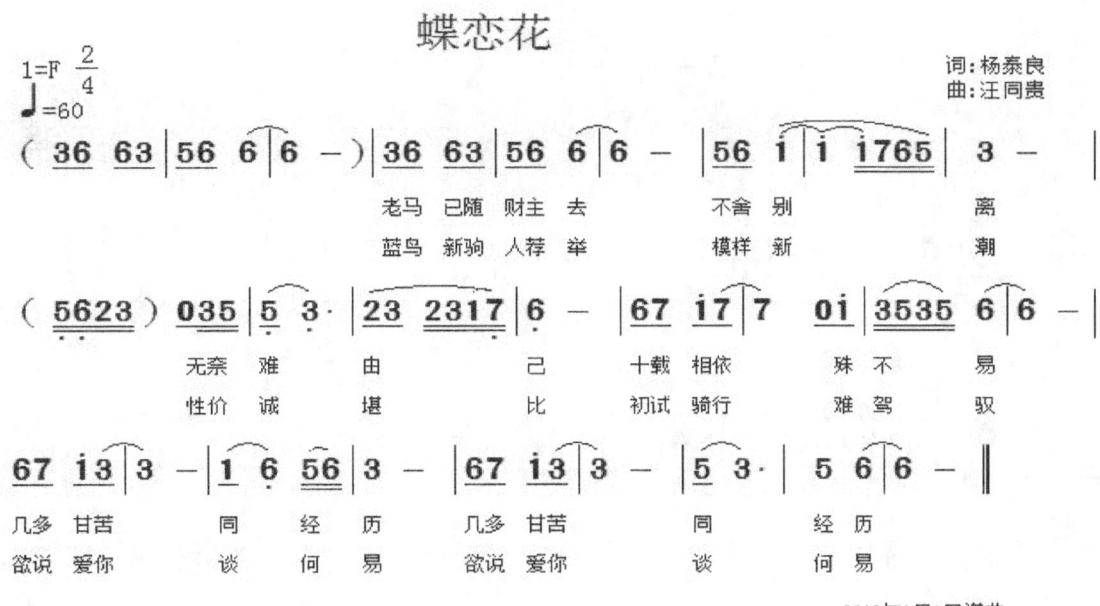

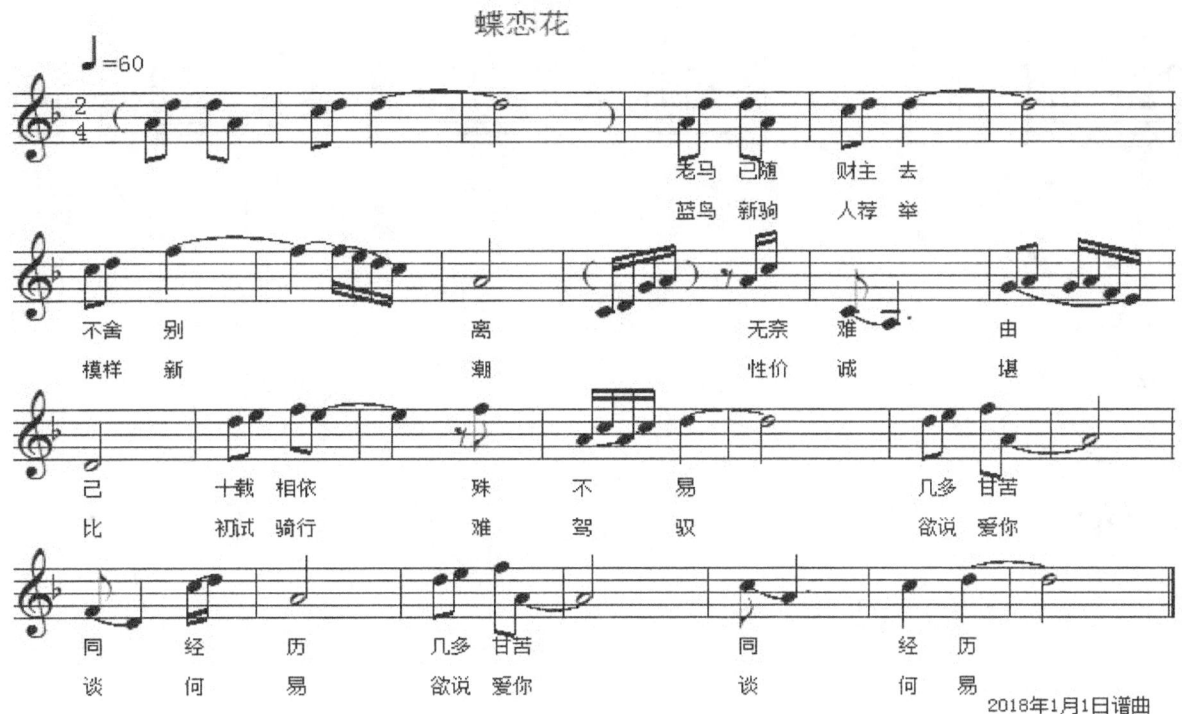

118. 蝶恋花·杏叶无心侬有意 词：杨泰良；曲：汪同贵

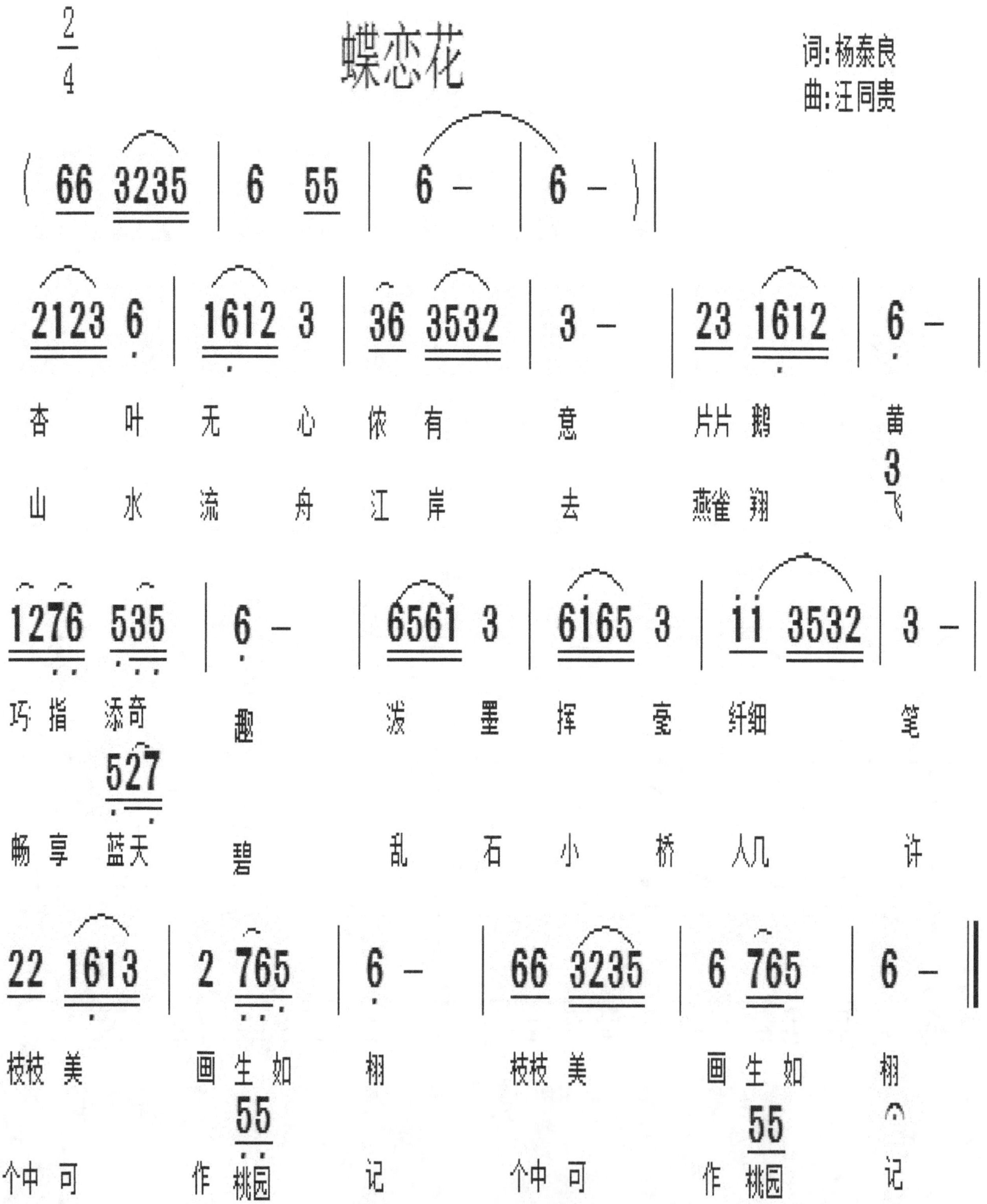

蝶恋花

词：杨泰良
曲：汪同贵

119. 俄语字母歌 词：佚名；曲：汪同贵

俄语字母歌

汪同贵曲

```
3  1  3  3 | 3  4  5 - | 6  5  3  1 | 2  2  2  2 | 3  1  5 - |
а  б  в  г   д  е  ё     ж  з  и  й   к        п        м

6  5  4 - | 5  5  3  1 | 2  2  1 - | 1  1  3 - |
н  о  п     р  с  т  у   ф  х  ц     ч  ш  щ

4  3  2 - | 5  4  3  1 | 5  3  1 - |
ъ           ы  ь           э  ю  я
```

й(и краткое) 短и
ъ(твёрдый знак) 硬音符号
ь(мягкий знак) 软音符号

俄语字母　读音　Русский Алфавит

```
А  а  ( а  )
Б  б  ( бэ )              Р  р  ( эр )
В  в  ( вэ )              С  с  ( эс )
Г  г  ( гэ )              Т  т  ( тэ )
Д  д  ( дэ )              У  у  ( у  )
Е  е  ( е  )              Ф  ф  ( эф )
Ё  ё  ( ё  )              Х  х  ( ха )
Ж  ж  ( жэ )              Ц  ц  ( це )
З  з  ( зэ )              Ч  ч  ( че )
И  и  ( и  )              Ш  ш  ( ша )
Й  й  (и краткое)         Щ  щ  ( ща )
К  к  ( ка )              ъ  (твёрдый знак)(不发音)
Л  л  ( эл )              ы  ( ы )
М  м  ( эм )              ь  (мягкий знак)(不发音)
Н  н  ( эн )              Э  э  ( э )
О  о  ( о  )              Ю  ю  ( ю )
П  п  ( пэ )              Я  я  ( я )
```

120. 二月桃花盛开 词：汪同贵；曲：汪同贵

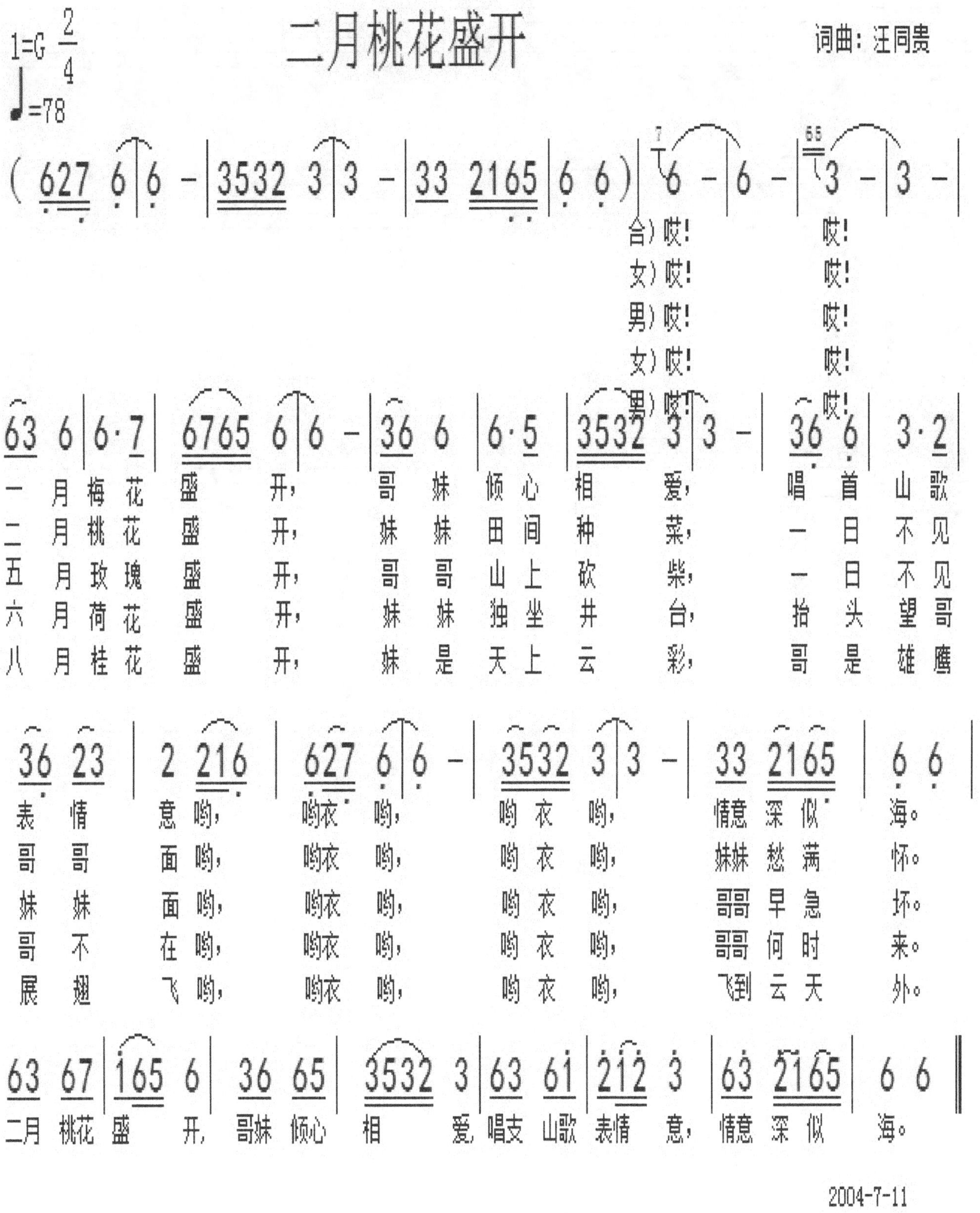

二月桃花盛开

词曲：汪同贵

1=G 2/4 ♩=78

(6·27 6·6 - | 3532 3 3 - | 33 2165 6·6) | 6 - 6 - | 3 - 3 - |
合）哎！　　　哎！
女）哎！　　　哎！
男）哎！　　　哎！
女）哎！　　　哎！
男）哎！　　　哎！

6·3 6 6·7 | 6765 6 6 - | 3·6 6·5 | 3532 3 3 - | 3·6 6 | 3·2 |

一 月 梅 花 盛　　开，　哥 妹 倾 心 相　爱，　唱 首 山 歌
二 月 桃 花 盛　　开，　妹 妹 田 间 种　菜，　一 日 不 见
五 月 玫 瑰 盛　　开，　哥 哥 山 上 砍　柴，　一 日 不 见
六 月 荷 花 盛　　开，　妹 妹 独 坐 井　台，　抬 头 望 哥
八 月 桂 花 盛　　开，　妹 是 天 上 云　彩，　哥 是 雄 鹰

3·6 23 | 2 216 | 6·27 6·6 - | 3532 3 3 - | 33 2165 | 6·6 |

表 情 意 哟，　哟衣 哟，　哟 衣 哟，　情 意 深 似 海。
哥 哥 面 哟，　哟衣 哟，　哟 衣 哟，　妹 妹 愁 满 怀。
妹 妹 面 哟，　哟衣 哟，　哟 衣 哟，　哥 哥 早 急 坏。
哥 不 在 哟，　哟衣 哟，　哟 衣 哟，　哥 哥 何 时 来。
展 翅 飞 哟，　哟衣 哟，　哟 衣 哟，　飞 到 云 天 外。

6·3 67 | 165 6 | 36 65 | 3532 3 | 63 61 | 212 3 | 63 2165 | 6 6 ||

二 月 桃 花 盛 开，哥 妹 倾 心 相　爱 唱 支 山 歌 表 情 意，情 意 深 似　海。

2004-7-11

二月桃花盛开

作词:汪同贵
作曲:汪同贵

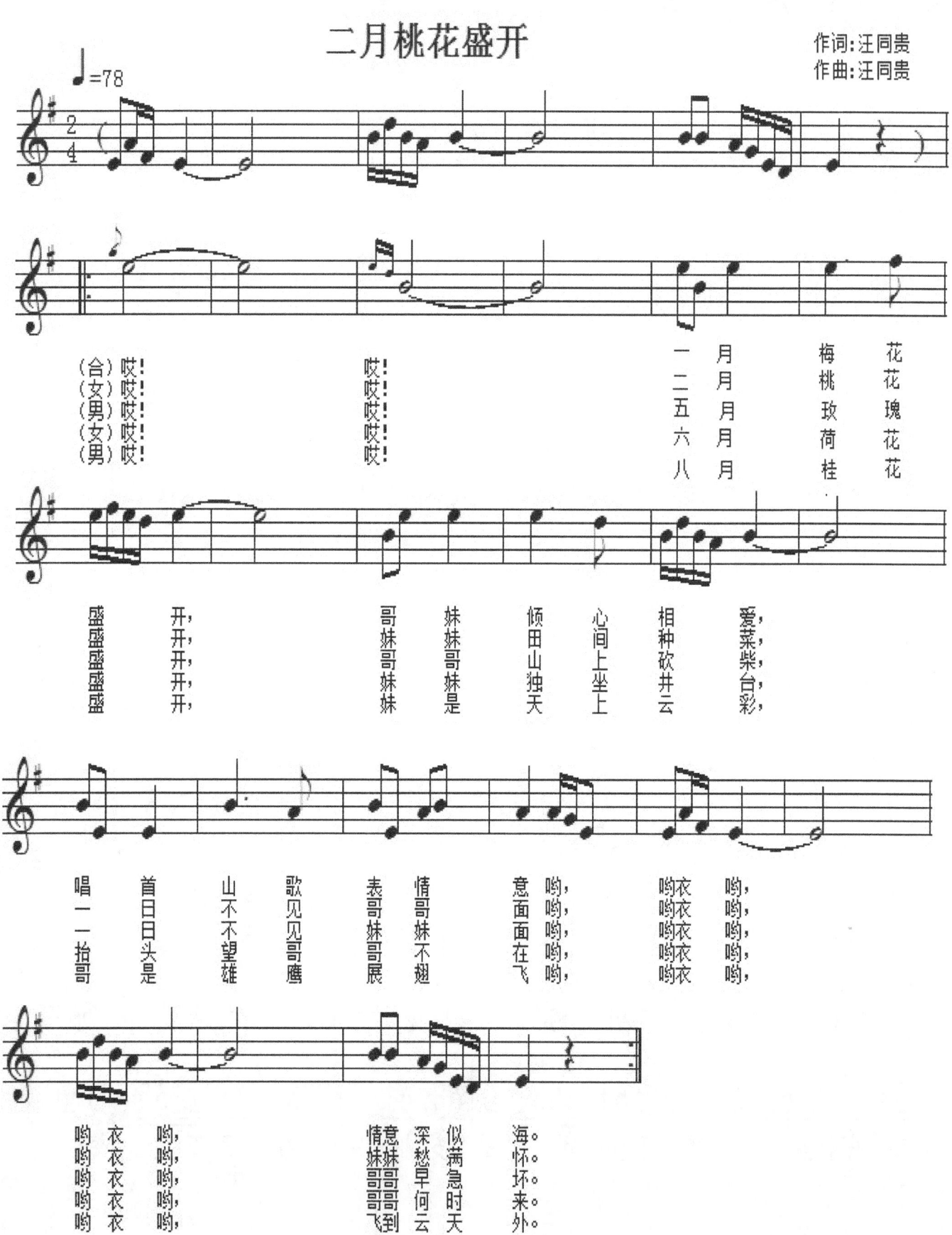

121. 风筝之都，美丽之城　词：王培元；曲：汪同贵

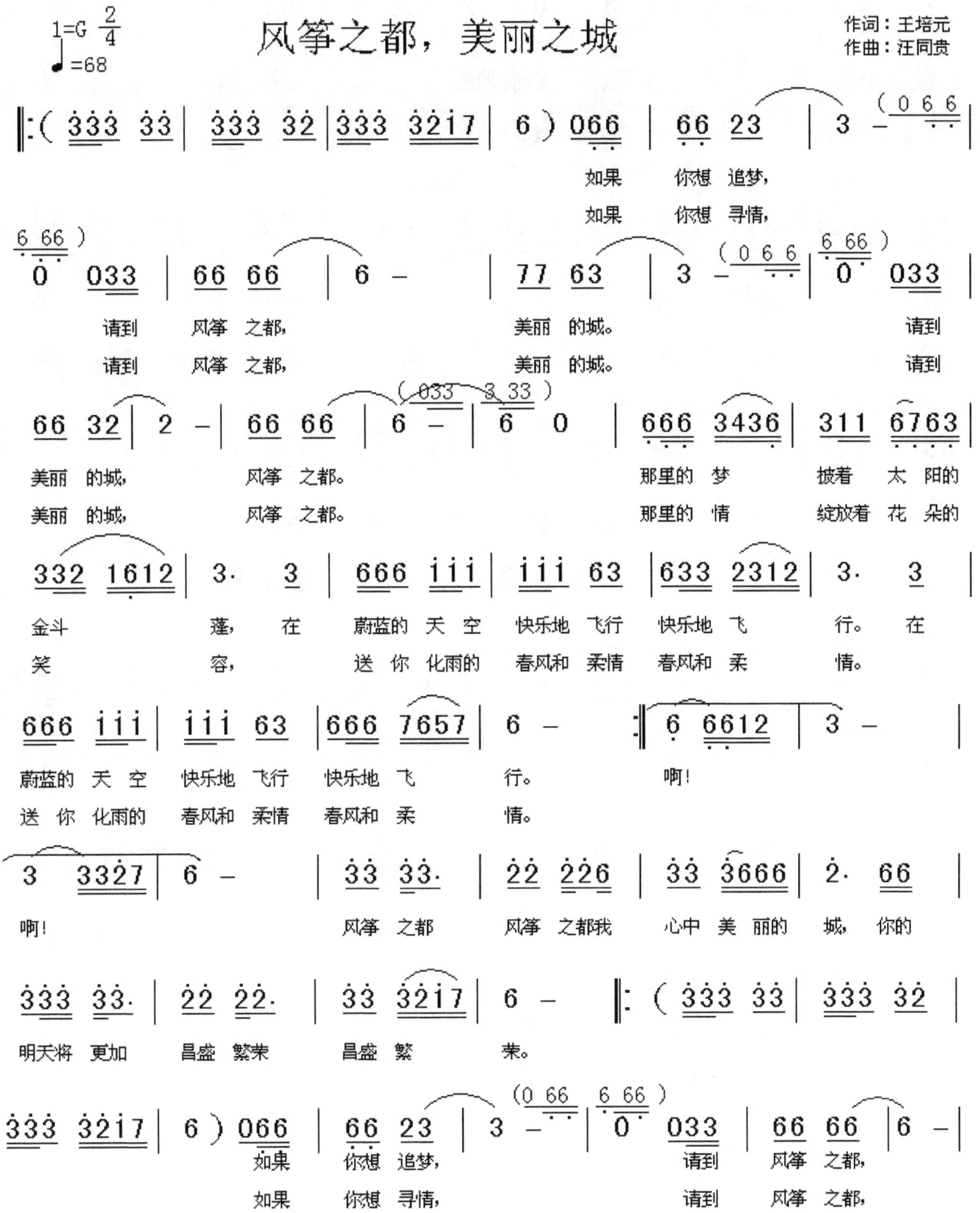

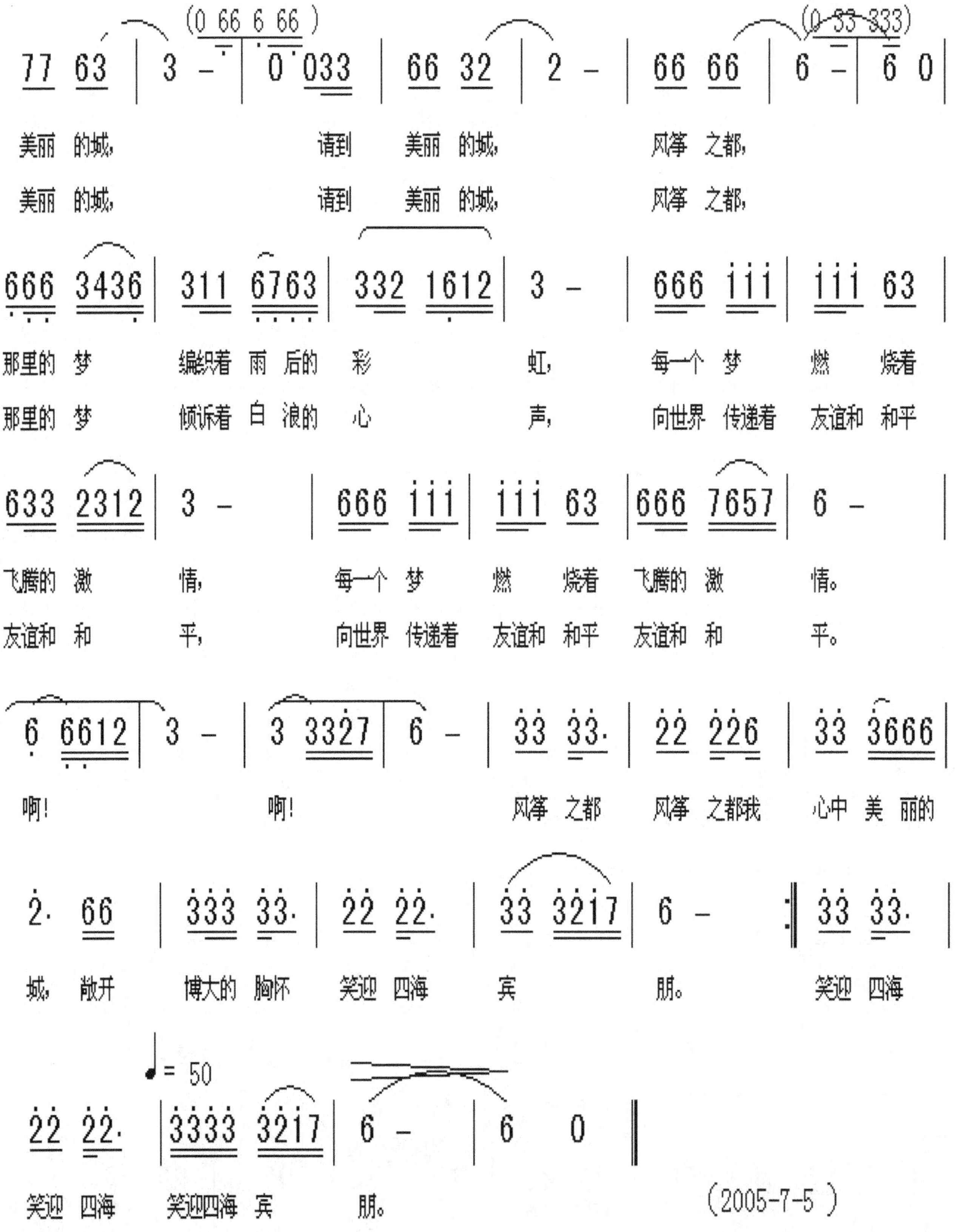

(numbered musical notation / 简谱)

歌词：
美丽 的城，请到 美丽 的城，风筝 之都，
那里的梦 编织着雨后的彩 虹，每一个梦 燃烧着飞腾的激 情，每一个梦 燃烧着飞腾的激 情。
那里的梦 倾诉着白浪的心 声，向世界 传递着友谊和 和平，友谊和 和 平，向世界 传递着友谊和 和平 友谊和 和 平。
啊！啊！风筝 之都 风筝 之都我 心中美 丽的城，敞开 博大的 胸怀 笑迎 四海 宾 朋。笑迎 四海 笑迎 四海 笑迎四海 宾 朋。

♩=50

(2005-7-5)

122. 歌女之歌 词：刘忠才；曲：汪同贵

歌女之歌

词：刘忠才
曲：汪同贵

1=F 2/4　♩=78

(2 3· | 5 6·) | 2 3· | 5 6· 6 | 0 22 21 | 3 | 0 11 75 | 6 - |
　　　　　　　　大　哥　　大　哥，　　请你 听我 说　　请你 听我 说：

| 35 6 | 63 55 | 3 - | 35 6 | 62 12 | 3 - | 1111 11 | 12 3 |
不是 我　不 陪你　玩，　不是 我　不 同你　乐。　我肩上的 压力　实在 大，

| 3333 66 | 17 1 | 66 77 | 66 3 | 22 33 | 32 1 | 022 22 | 01 76 | 6 |
我心中的 苦水　实在 多！父亲 英年　撒手 去，　留下 母亲、弟和 我。留下 母亲、弟 和我

| 33 67 | 17 6 | 022 32 | 16 12 | 3 - | 066 76 | 53 0 | 56 6· | 6 |
家里 什么 都没 有，　只有 酸甜 苦辣 一首 歌　只有 酸甜 苦辣　一首 歌！

| 06 2 | 02 3 | 011 23 | 3 | 06 3 | 01 1 | 011 23 | 6· | 33 67 |
母亲　病重　没钱 看医 生，　弟弟　适龄　没钱 去上 学。为了 母亲

| 17 1 | 22 33 | 23 6 | 66 17 | 67 63 | 111 22 | 22 3 | 61 71 | 66 3 |
能看 病，为了 弟弟　能上 学。工作 实在 难找 哇，　只好 到 酒吧 来唱 歌。正正 派派　的赚 钱，

| 632 11 | 23 6 | 23 116 | 23 3 | 67 176 | 17 6 | 32 1 | 1 |
清清　白白　的生 活。卖艺 决不　卖灵 魂，做人 不能　没品 格。大哥 啊，

| 76 3 | 17 11 - | 76 6 | 6 6 - ‖
请 你　理解 我，　理解　我！

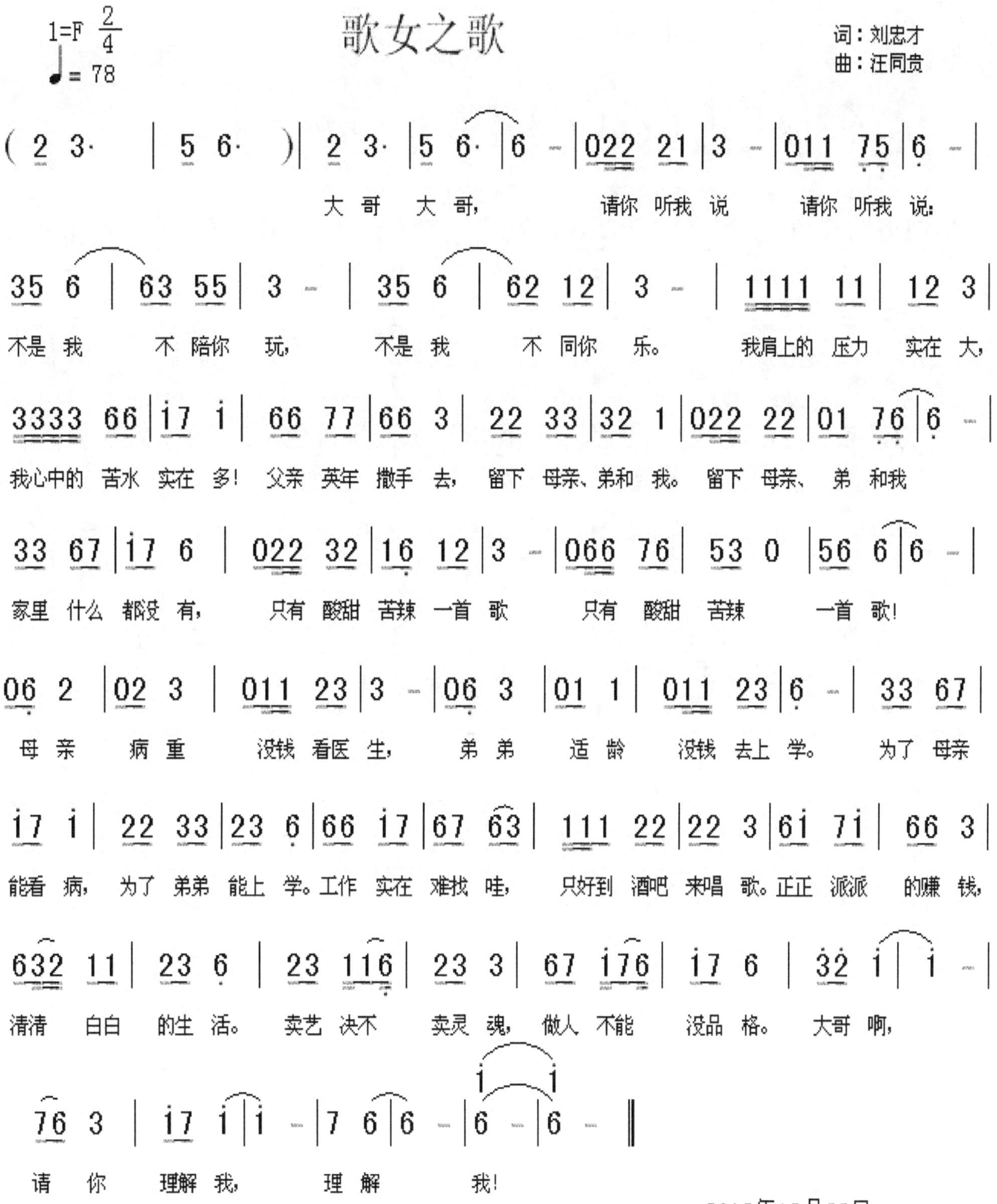

2012年12月28日

123. 姑娘的歌声 词：汪同贵；曲：汪同贵

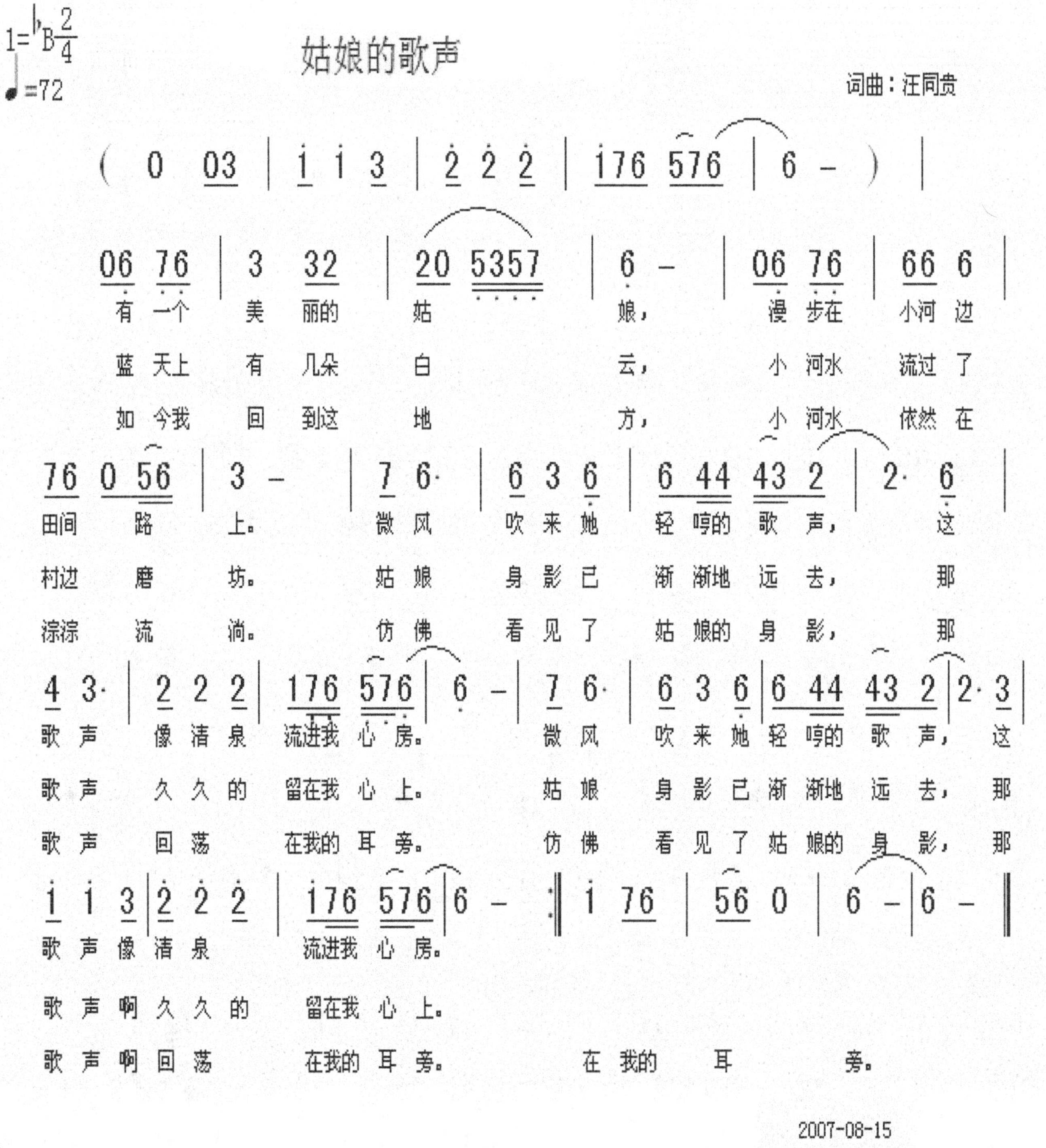

姑娘的歌声

词曲：汪同贵

$1=\flat B$ $\frac{2}{4}$ ♩=72

(0 03 | 1 1 3 | 2 2 2 | 176 576 | 6 -)

| 06 76 | 3 32 | 20 5357 | 6 - | 06 76 | 66 6 |

有一个　美丽的　姑　　　娘，　漫步在　小河边
蓝天上　有几朵　白　　　云，　小河水　流过了
如今我　回到这　地　　　方，　小河水　依然在

| 76 0 56 | 3 - | 7 6· | 6 36 | 6 44 43 2 | 2· 6 |

田间　路　　上。　微风　吹来她　轻哼的歌声，　这
村边　磨　　坊。　姑娘　身影已　渐渐地远去，　那
淙淙　流　　淌。　仿佛　看见了　姑娘的身影，　那

| 4 3· | 2 2 2 | 176 576 | 6 - | 7 6· | 6 36 | 6 44 43 2 | 2· 3 |

歌声　像清泉　流进我　心房。　微风　吹来她　轻哼的歌声，　这
歌声　久久的　留在我　心上。　姑娘　身影已　渐渐地远去，　那
歌声　回荡　　在我的　耳旁。　仿佛　看见了　姑娘的身影，　那

| 1 1 3 | 2 2 2 | 176 576 | 6 - ‖ 1 76 | 56 0 | 6 - 6 - ‖

歌声　像清泉　流进我　心房。
歌声　啊久久的　留在我　心上。
歌声　啊回荡　在我的　耳旁。　在我的　耳　　旁。

2007-08-15

2010年10月22日，0023部队五七农场学生一连部分战友为纪念离开农场40周年相聚成都，翌日来到彭县（现在叫彭州）敖平红塔坝（现在叫白塔坝）当年种田的地方寻梦……

姑娘的歌声

作词:汪同贵
作曲:汪同贵

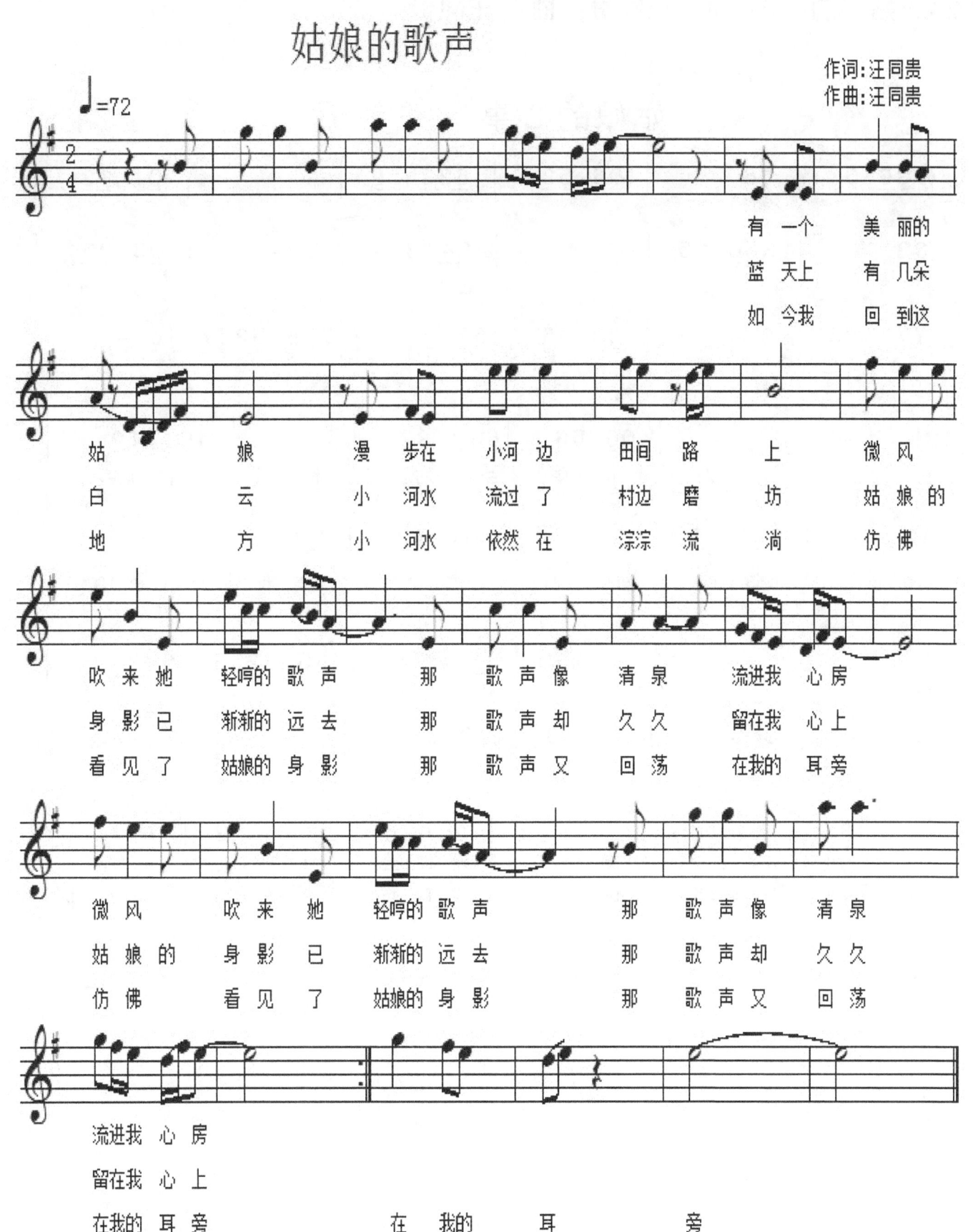

124. 姑娘的心事 词：汪同贵；曲：汪同贵

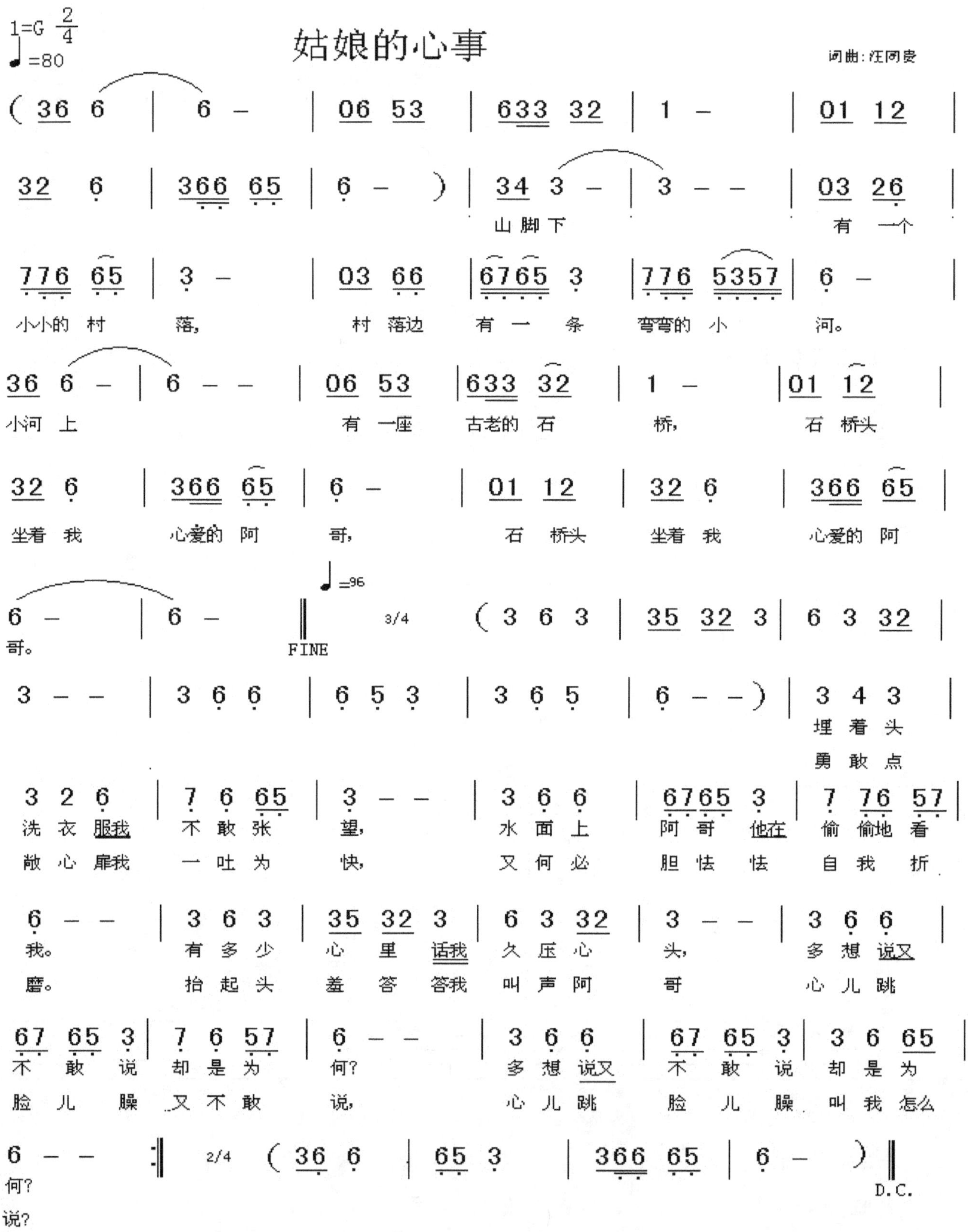

姑娘的心事

作词:汪同贵
作曲:汪同贵

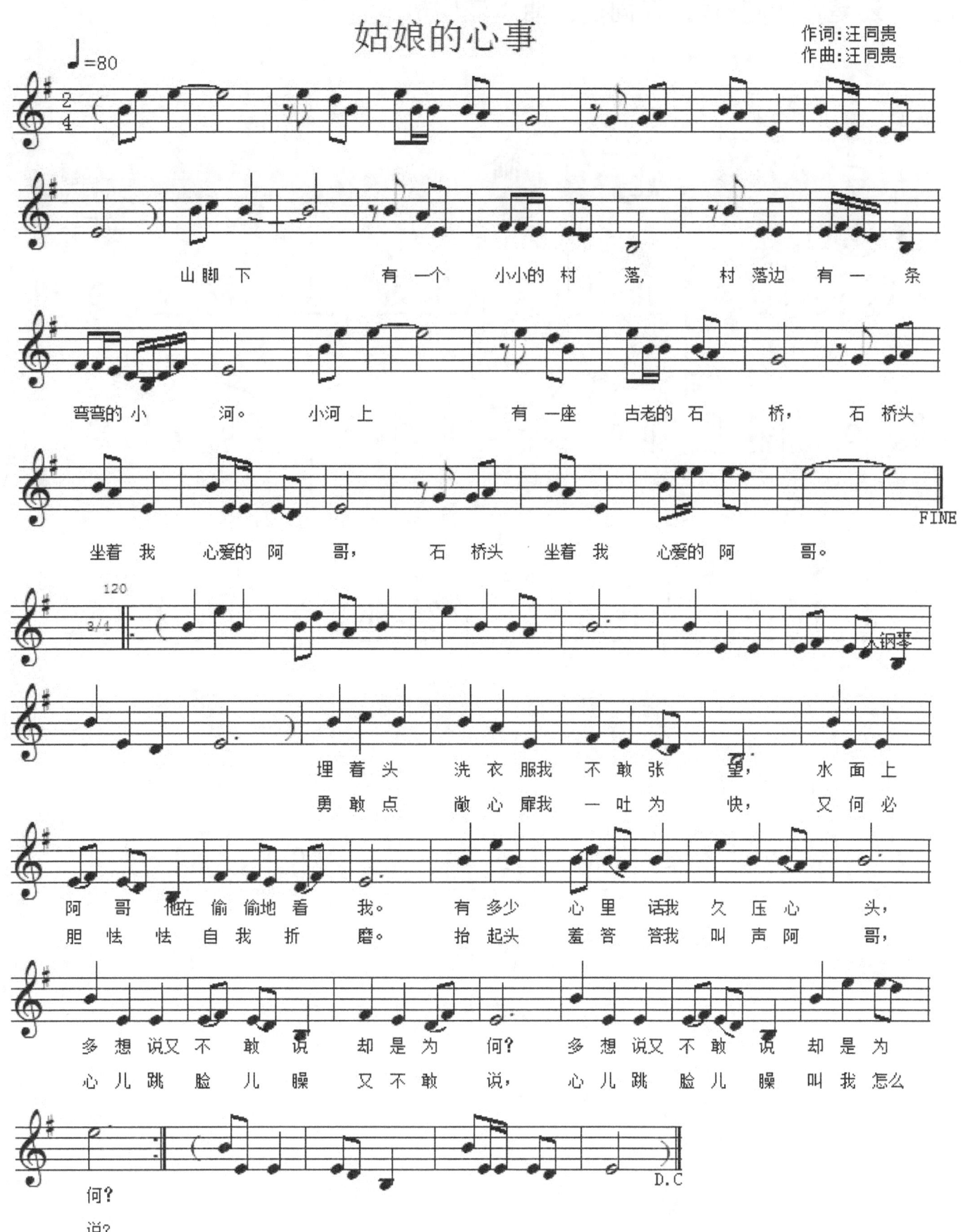

125. 还是算了吧 词：汪同贵；曲：汪同贵

126. 好奇的小蜜蜂 词：虞文琴；曲：汪同贵

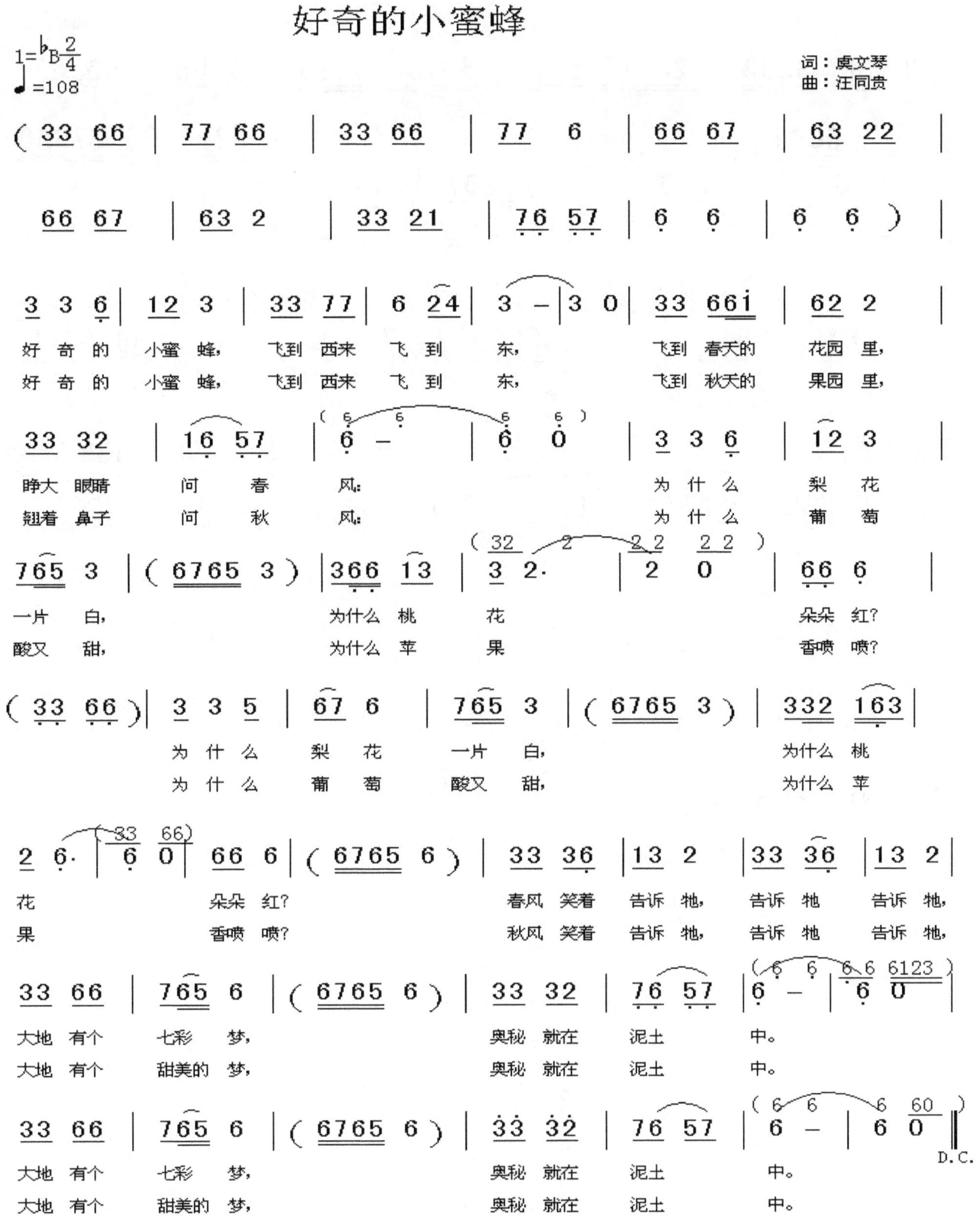

好奇的小蜜蜂

1=♭B 2/4　♩=108

词：虞文琴
曲：汪同贵

(33 66 | 77 66 | 33 66 | 77 6 | 66 67 | 63 22 |

66 67 | 63 2 | 33 21 | 76 57 | 6 6 | 6 6)

3 3 6 | 1 2 3 | 33 77 | 6 24 | 3 - | 3 0 | 33 661 | 62 2 |
好奇的　小蜜蜂，飞到 西来 飞到　东，　　　飞到 春天的　花园 里，
好奇的　小蜜蜂，飞到 西来 飞到　东，　　　飞到 秋天的　果园 里，

33 32 | 16 57 | 6 - | 6 0 | 3 3 6 | 1 2 3 |
睁大 眼睛　问 春　风：　　　　　　　　为 什么　梨 花
翘着 鼻子　问 秋　风：　　　　　　　　为 什么　葡 萄

765 3 | (6765 3) | 366 13 | 3 2· | 2 0 | 66 6 |
一片 白，　　为什么 桃　花　　　　　　　朵朵 红？
酸又 甜，　　为什么 苹　果　　　　　　　香喷 喷？

(33 66) | 3 3 5 | 67 6 | 765 3 | (6765 3) | 332 163 |
　　　　　为什么 梨 花　一片 白，　　　　　为什么 桃
　　　　　为什么 葡萄　酸又 甜，　　　　　为什么 苹

2 6· | 6 0 | 66 6 | (6765 6) | 33 36 | 13 2 | 33 36 | 13 2 |
花　　朵朵 红？　　　　　　春风 笑着 告诉 他，告诉 他 告诉 他，
果　　香喷 喷？　　　　　　秋风 笑着 告诉 他，告诉 他 告诉 他，

33 66 | 765 6 | (6765 6) | 33 32 | 76 57 | 6 - | 6 0 6123 |
大地 有个　七彩 梦，　　　　奥秘 就在 泥土 中。
大地 有个　甜美的 梦，　　　奥秘 就在 泥土 中。

33 66 | 765 6 | (6765 6) | 33 32 | 76 57 | 6 - | 6 0 ||
大地 有个　七彩 梦，　　　　奥秘 就在 泥土 中。
大地 有个　甜美的 梦，　　　奥秘 就在 泥土 中。

D.C.

127. 皓首重聚百花潭　词：顾三钧；曲：汪同贵

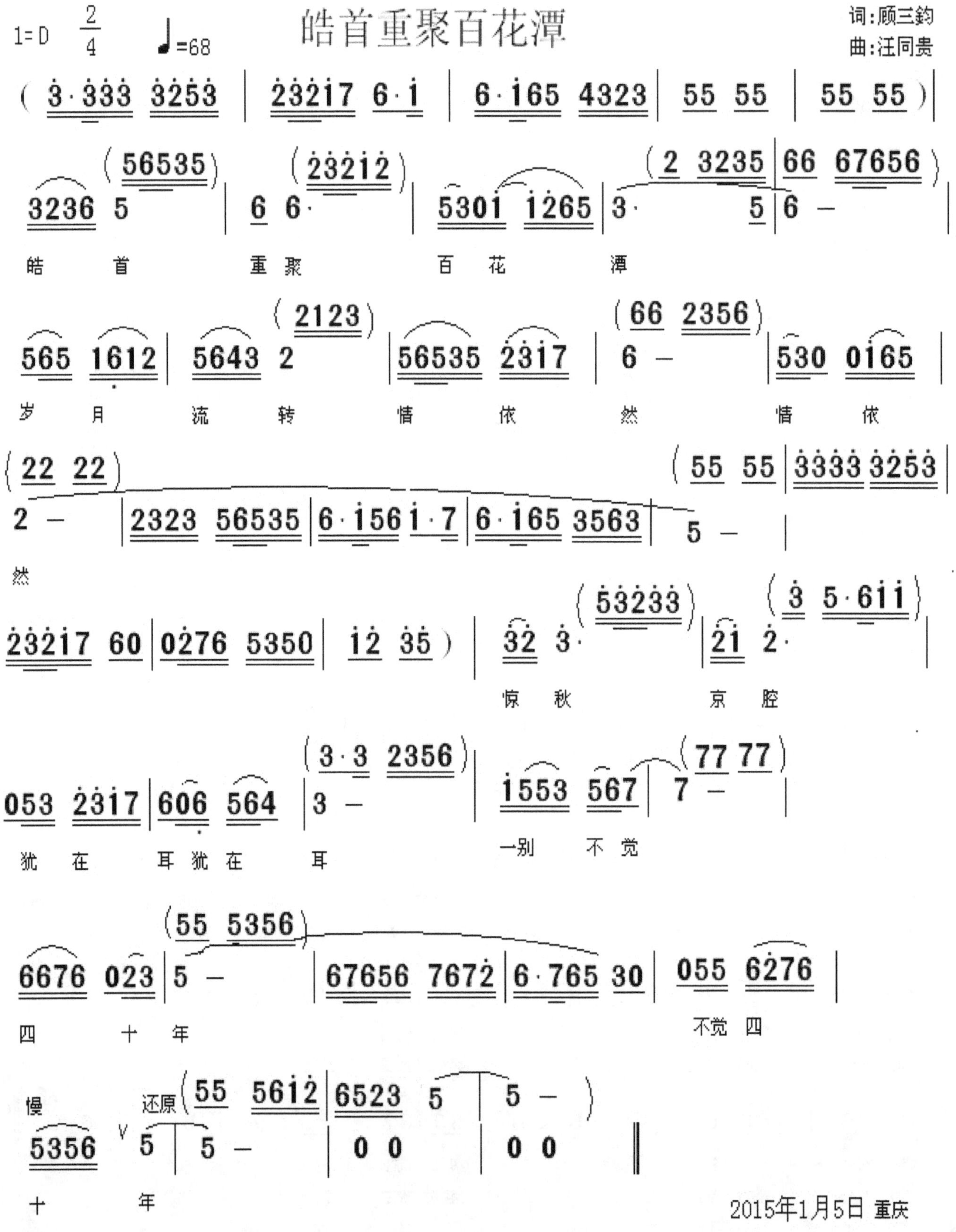

128. 蝴蝶蝴蝶真美丽　词：汪同贵；曲：汪同贵

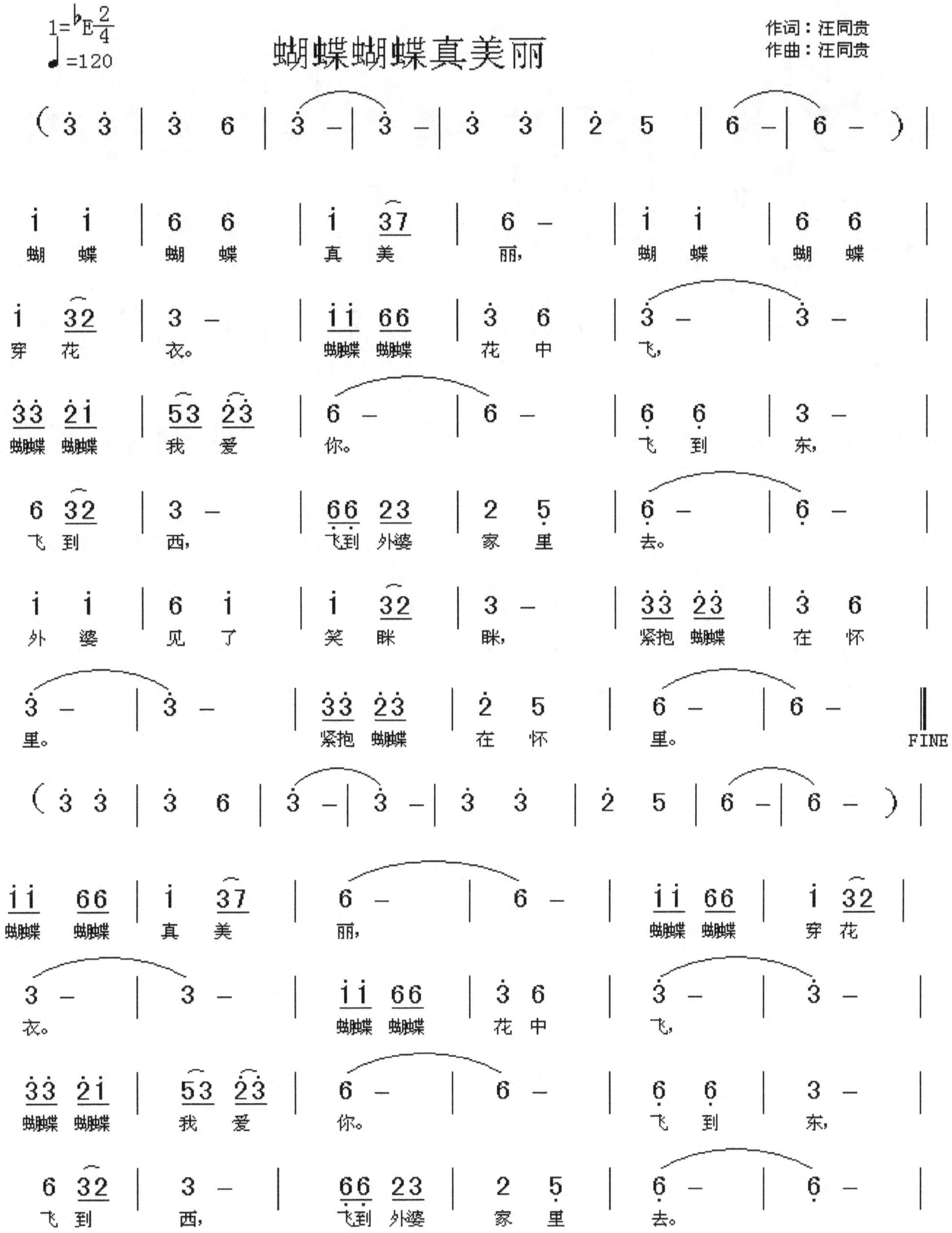

$1=$ ♭E　$\frac{2}{4}$　♩=120

作词：汪同贵
作曲：汪同贵

蝴蝶蝴蝶真美丽

(3 3 | 3 6 | 3 - | 3 - | 3 3 | 2 5 | 6 - | 6 -)

1 1 | 6 6 | 1 37 | 6 - | 1 1 | 6 6 |
蝴 蝶　蝴 蝶　真 美　丽，　蝴 蝶　蝴 蝶

1 32 | 3 - | 1 1 6 6 | 3 6 | 3 - | 3 - |
穿 花　衣。　蝴蝶 蝴蝶　花 中　飞

33 21 | 53 23 | 6 - | 6 - | 6 6 | 3 - |
蝴蝶 蝴蝶　我 爱　你。　　　飞 到　东，

6 32 | 3 - | 66 23 | 2 5 | 6 - | 6 - |
飞 到　西，　飞到 外婆　家 里　去。

1 1 | 6 1 | 1 32 | 3 - | 33 23 | 3 6 |
外 婆　见 了　笑 眯　眯，　紧抱 蝴蝶　在 怀

3 - | 3 - | 33 23 | 2 5 | 6 - | 6 - ‖
里。　　　紧抱 蝴蝶　在 怀　里。　　FINE

(3 3 | 3 6 | 3 - | 3 - | 3 3 | 2 5 | 6 - | 6 -) |

1 1 | 6 6 | 1 37 | 6 - | 6 - | 1 1 | 6 6 | 1 32 |
蝴蝶 蝴蝶　真 美　丽，　　　蝴蝶 蝴蝶　穿 花

3 - | 3 - | 1 1 6 6 | 3 6 | 3 - | 3 - |
衣。　　　蝴蝶 蝴蝶　花 中　飞

33 21 | 53 23 | 6 - | 6 - | 6 6 | 3 - |
蝴蝶 蝴蝶　我 爱　你。　　　飞 到　东，

6 32 | 3 - | 66 23 | 2 5 | 6 - | 6 - |
飞 到　西，　飞到 外婆　家 里　去。

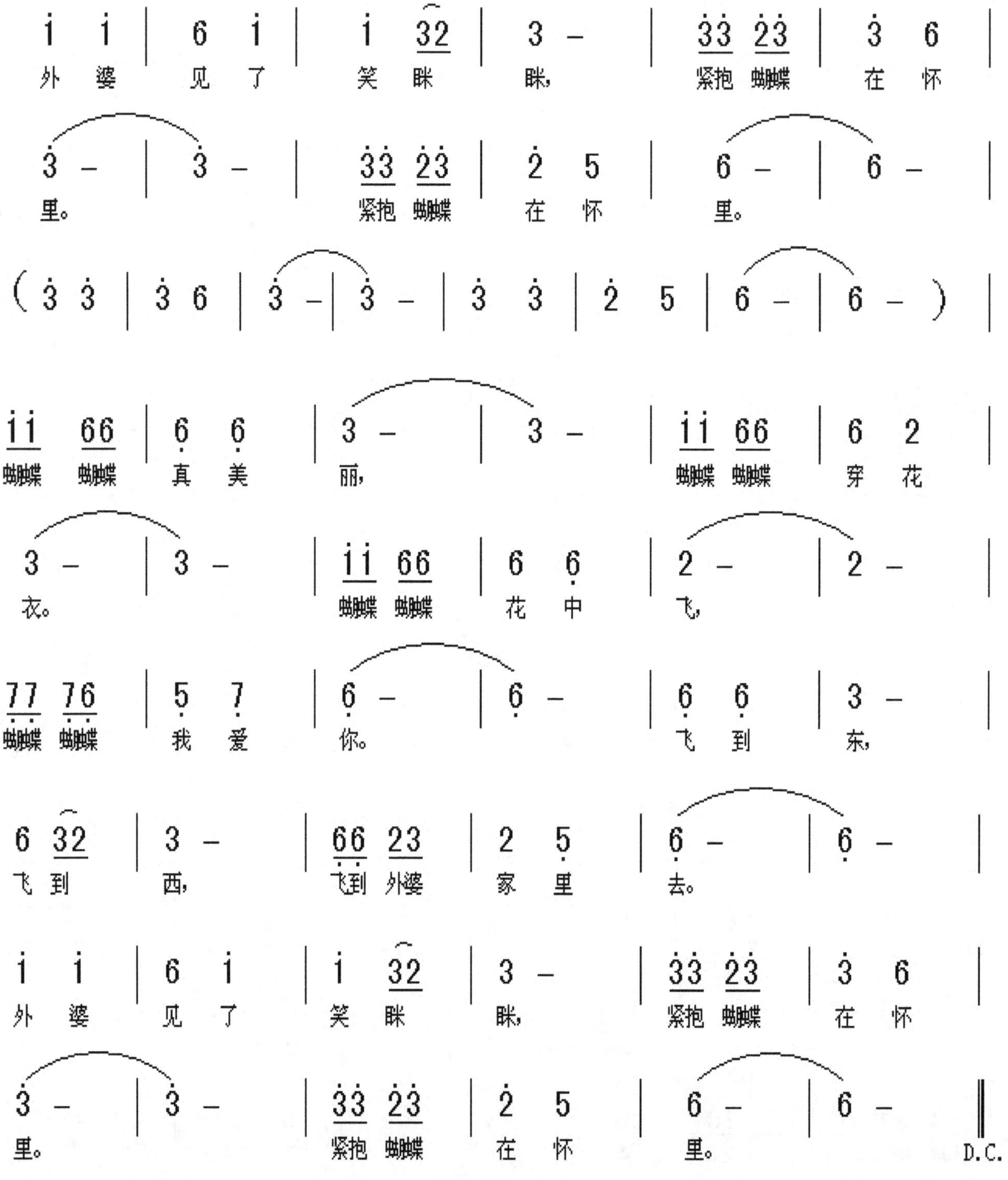

| 1 1 | 6 1 | 1 32 | 3 - | 33 23 | 3 6 |
外婆见了 笑眯 眯， 紧抱蝴蝶 在怀

| 3 - | 3 - | 33 23 | 2 5 | 6 - | 6 - |
里。 紧抱蝴蝶 在怀 里。

(| 33 | 3 6 | 3 - | 3 - | 3 3 | 2 5 | 6 - | 6 -)

| 11 66 | 6 6 | 3 - | 3 - | 11 66 | 6 2 |
蝴蝶 蝴蝶 真美 丽， 蝴蝶 蝴蝶 穿花

| 3 - | 3 - | 11 66 | 6 6 | 2 - | 2 - |
衣。 蝴蝶 蝴蝶 花中 飞，

| 77 76 | 5 7 | 6 - | 6 - | 6 6 | 3 - |
蝴蝶 蝴蝶 我爱 你。 飞到 东，

| 6 32 | 3 - | 66 23 | 2 5 | 6 - | 6 - |
飞到 西， 飞到外婆 家里 去。

| 1 1 | 6 1 | 1 32 | 3 - | 33 23 | 3 6 |
外婆见了 笑眯 眯， 紧抱蝴蝶 在怀

| 3 - | 3 - | 33 23 | 2 5 | 6 - | 6 - ‖
里。 紧抱蝴蝶 在怀 里。 D.C.

(2005-5-16)

蝴蝶蝴蝶真美丽

作词：汪同贵
作曲：汪同贵

蝴蝶蝴蝶真美丽，蝴蝶蝴蝶穿花衣。
蝴蝶蝴蝶花中飞，蝴蝶蝴蝶我爱你。
飞到东，飞到西，飞到外婆家里去。
外婆见了笑眯眯，紧抱蝴蝶在怀里。
紧抱蝴蝶在怀里。

（2005-5-16）

129. 画马 词：汪同贵；曲：汪同贵

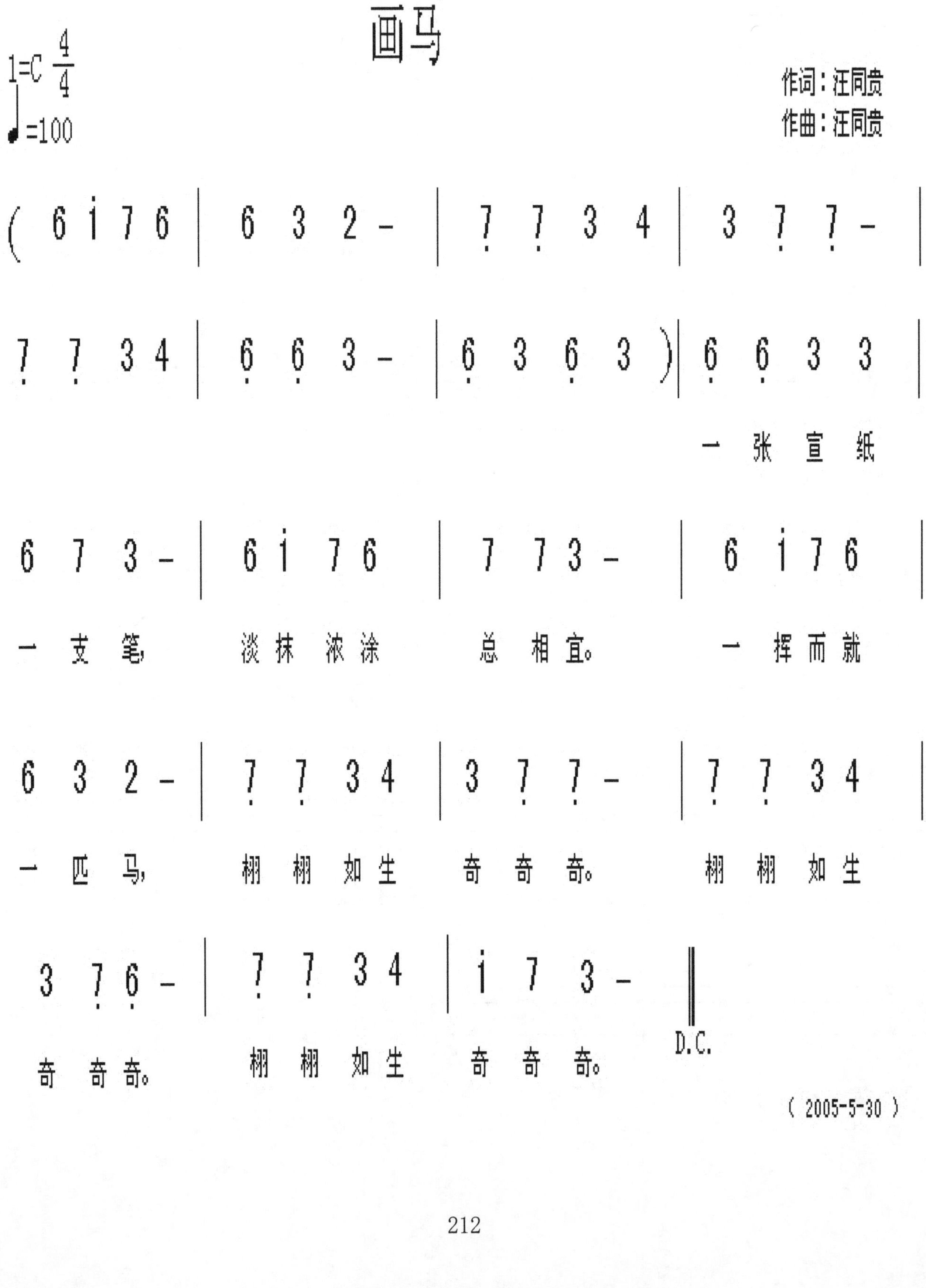

画马

1=C 4/4
♩=100

作词：汪同贵
作曲：汪同贵

(6 1 7 6 | 6 3 2 - | 7 7 3 4 | 3 7 7 - |

7 7 3 4 | 6 6 3 - | 6 3 6 3) | 6 6 3 3 |
　　　　　　　　　　　　　　　　　 一 张 宣 纸

6 7 3 - | 6 1 7 6 | 7 7 3 - | 6 1 7 6 |
一 支 笔， 淡 抹 浓 涂   总 相 宜。   一 挥 而 就

6 3 2 - | 7 7 3 4 | 3 7 7 - | 7 7 3 4 |
一 匹 马， 栩 栩 如 生   奇 奇 奇。   栩 栩 如 生

3 7 6 - | 7 7 3 4 | 1 7 3 - ‖
奇 奇 奇。 栩 栩 如 生   奇 奇 奇。 D.C.

（2005-5-30）

♩=100

画 马

作词:汪同贵
作曲:汪同贵

（2005-5-30）

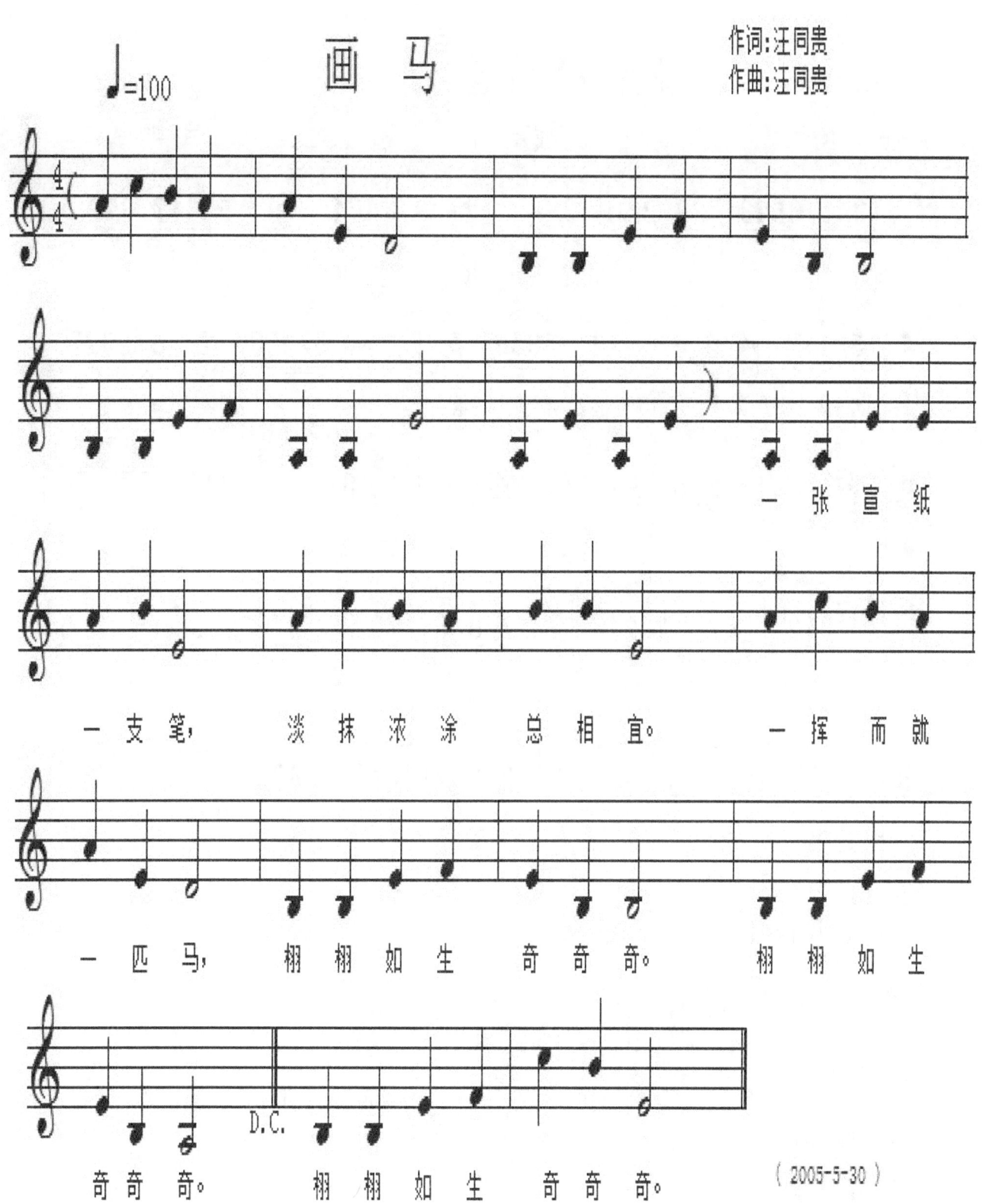

130. 花舞香飘蜂蝶追 词：刘忠才；曲：汪同贵

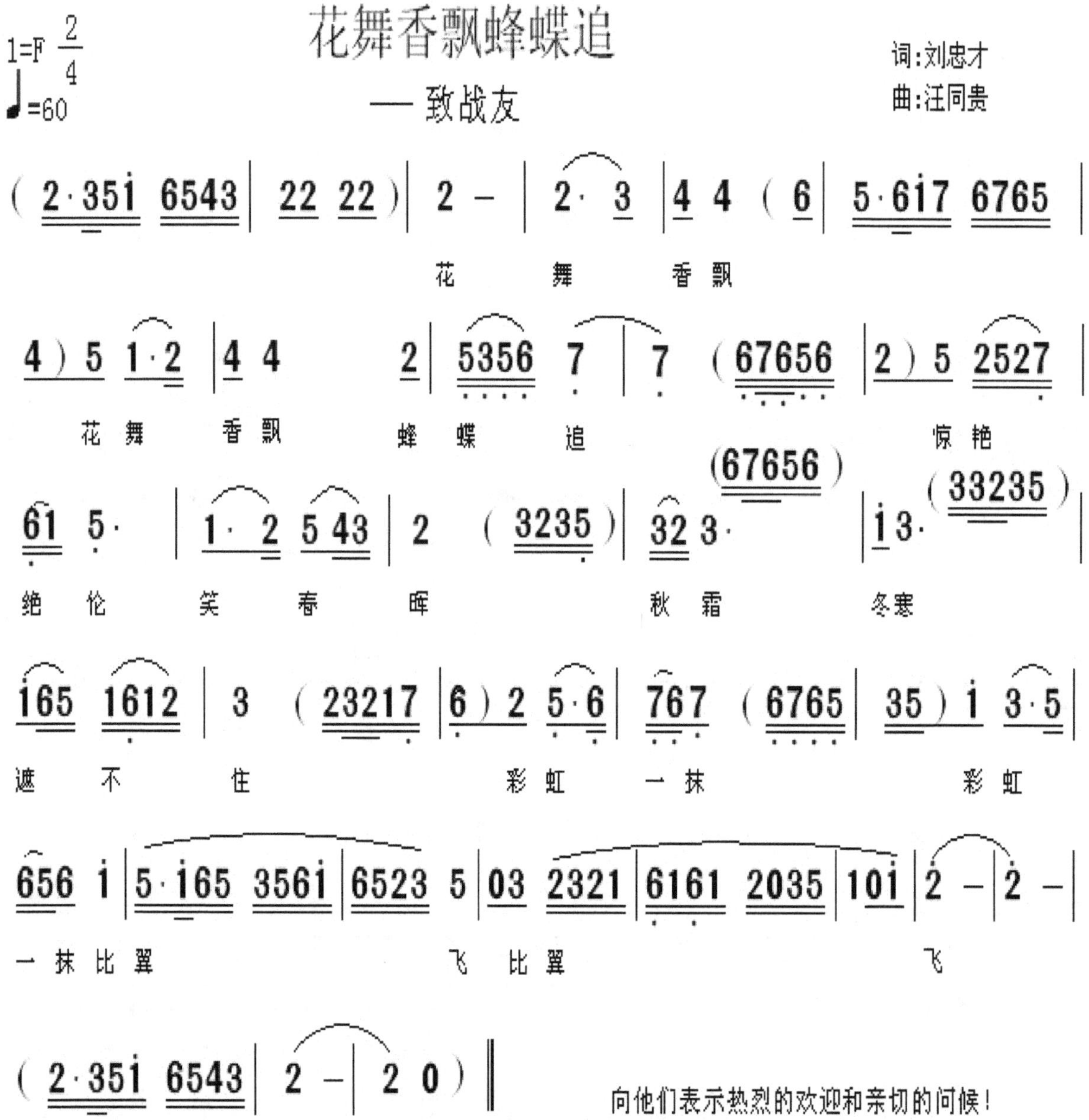

花舞香飘蜂蝶追
—致战友

词：刘忠才
曲：汪同贵

1=F 2/4 ♩=60

(2·35 1̲ 6̲5̲4̲3̲ | 2̲2̲ 2̲2̲) | 2 — | 2·̲ 3̲ | 4̲ 4̲ (6̲ | 5̲·6̲1̲ 7̲ 6̲7̲6̲5̲
　　　　　　　　　　　　　　花 舞　香 飘

4̲) 5̲ 1̲·2̲ | 4̲ 4̲ | 2̲ 5̲3̲5̲6̲ | 7̲ 7̲ (6̲7̲6̲5̲6̲ | 2̲) 5̲ 2̲5̲2̲7̲
花 舞　香 飘　　蜂 蝶 追　　　　　　　　　惊 艳

(6̲7̲6̲5̲6̲)　　　　　　　　　　　(3̲3̲2̲3̲5̲)
6̲1̲ 5̲· | 1̲·2̲ 5̲4̲3̲ | 2 (3̲2̲3̲5̲) | 3̲2̲ 3̲· | 1̲ 3̲·
绝 伦　笑 春 晖　　　　　　秋 霜　冬 寒

1̲6̲5̲ 1̲6̲1̲2̲ | 3 (2̲3̲2̲1̲7̲ | 6̲) 2̲ 5̲·6̲ | 7̲6̲7̲ (6̲7̲6̲5̲ | 3̲5̲) 1̲ 3̲·5̲
遮 不 住　　　　　　彩 虹 一 抹　　　　彩 虹

6̲5̲6̲ 1̲ | 5̲·1̲6̲5̲ 3̲5̲6̲1̲ | 6̲5̲2̲3̲ 5̲ | 0̲3̲ 2̲3̲2̲1̲ | 6̲1̲6̲1̲ 2̲0̲3̲5̲ | 1̲0̲1̲ | 2 — | 2 —
一 抹 比 翼　　　飞 比 翼　　　　　　　　飞

(2·35 1̲ 6̲5̲4̲3̲ | 2 — | 2 0) ‖

刘忠才：1958年10月，分配到重庆市新闻，政法，文化，农业和教育战线的66届毕业的一百多名大学生，按要求集中到驻四川彭县（现为彭州市）的中国人民解放军0023部队五七农场参加劳动锻炼，接收工农兵再教育，1970年5月30日结束返回重庆各单位，战友之一的花惊秋，徐诗虹夫妇在渝工作10年后调上海工作直至退休。今日来成都访友，饶士宪，张珩，冯元诚，瞿远碧，顾三钧，杨泰良，刘忠才，陈炜等在百花潭公园浣园聚会。时隔44年老战友再次相逢，激动欢愉之情难以言表，不才妄为，班门弄斧，即席吟就小诗《致战友》一首

向他们表示热烈的欢迎和亲切的问候！

致战友

花舞香飘蜂蝶追

惊艳绝伦笑春晖

秋霜冬寒遮不住

彩虹一抹比翼飞

2014年12月28日

131. 还我清清桃花溪 词：汪同贵；曲：汾同贵

还我清清桃花溪

词曲：汪同贵

1=G 2/4 ♩=92

‖: (6̇0 30 | 30 6̇0 | 323 6̇3 | 25 6̇ | 66 67 | 63 2 |

36̇ 65 | 33 3) | 30 6̇0 | 30 6̇0 | 2̇6 1̇2 | 3 - |
　　　　　　　　　昔 日　清　清　桃 花　溪，

66 23 | 30 6̇5 | 3 - | 3 - | 30 30 | 6̇0 6̇0 |
山青 水秀　风 景　　丽。　　　　游 人　纷 纷

6 6̇3 | 2 - | 77 76 | 53 70 | 6 - | 6 - |
来 踏　青，　白鹭 成群　来 栖　息。

30 6̇0 | 20 6̇0 | 6 76 | 5 3 | 2̇2 2̇1 | 70 57 |
鲢鱼　鲤鱼　水 中　游，　稻花 馨香　飘 万

6 - | 6 - | 70 70 | 6 3. | 6 3̇2 | 1̇6 3 |
里。　　　　孩童 游泳　多 惬　意，

33 23 | 7̇6 50 | 6 - | 6 - | 6̇0 6̇0 | 6 3· |
姑娘 结伴　去 洗　衣。　　　　孩童 游泳

1̇ 3̇2 | 3 - | 2̇2 2̇3 | 7̇6 50 | 6 - | 6 - :‖
多 惬　意，　姑娘 结伴　去 洗　衣。

♩=80
(6̇6 3 | 323 6̇ | 323 6̇3 | 25 6̇ | 66 67 | 63 2 |

36̇ 65 | 3 -) | 6 6 | 7 6 | 6 2̇7 | 6 - |
　　　　　如 今　工 厂　两 岸　立，

36̇ 66 | 10 6̇5 | 6 - | 6 - | 30 30 | 6̇0 6̇0 |
污水 直排　桃 花　溪。　　　　夏 日　炎 炎

6 6̇3 | 2 - | 77 76 | 53 70 | 6 - | 6 - |
蚊蝇　舞，　难闻 阵阵　恶 臭　气。

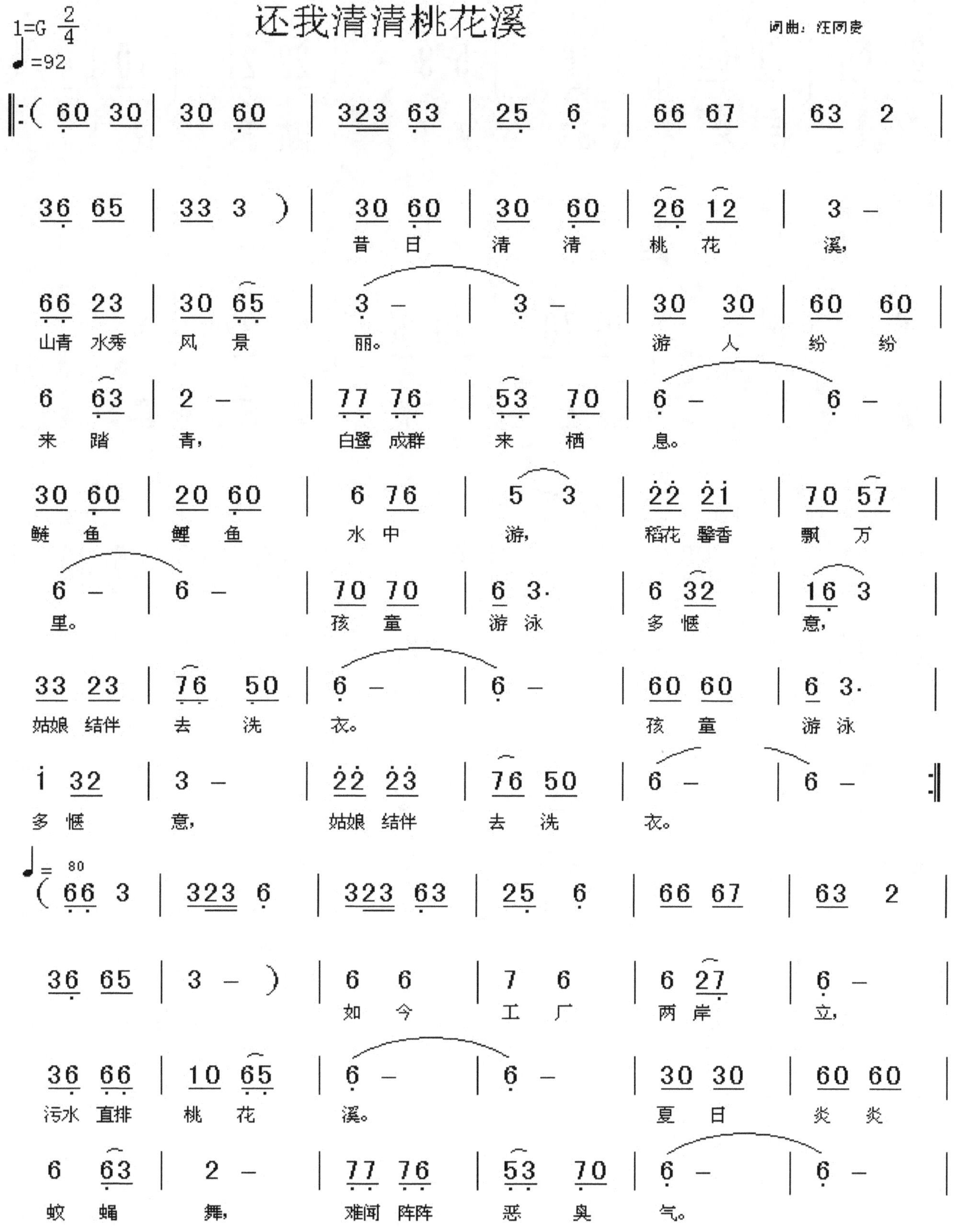

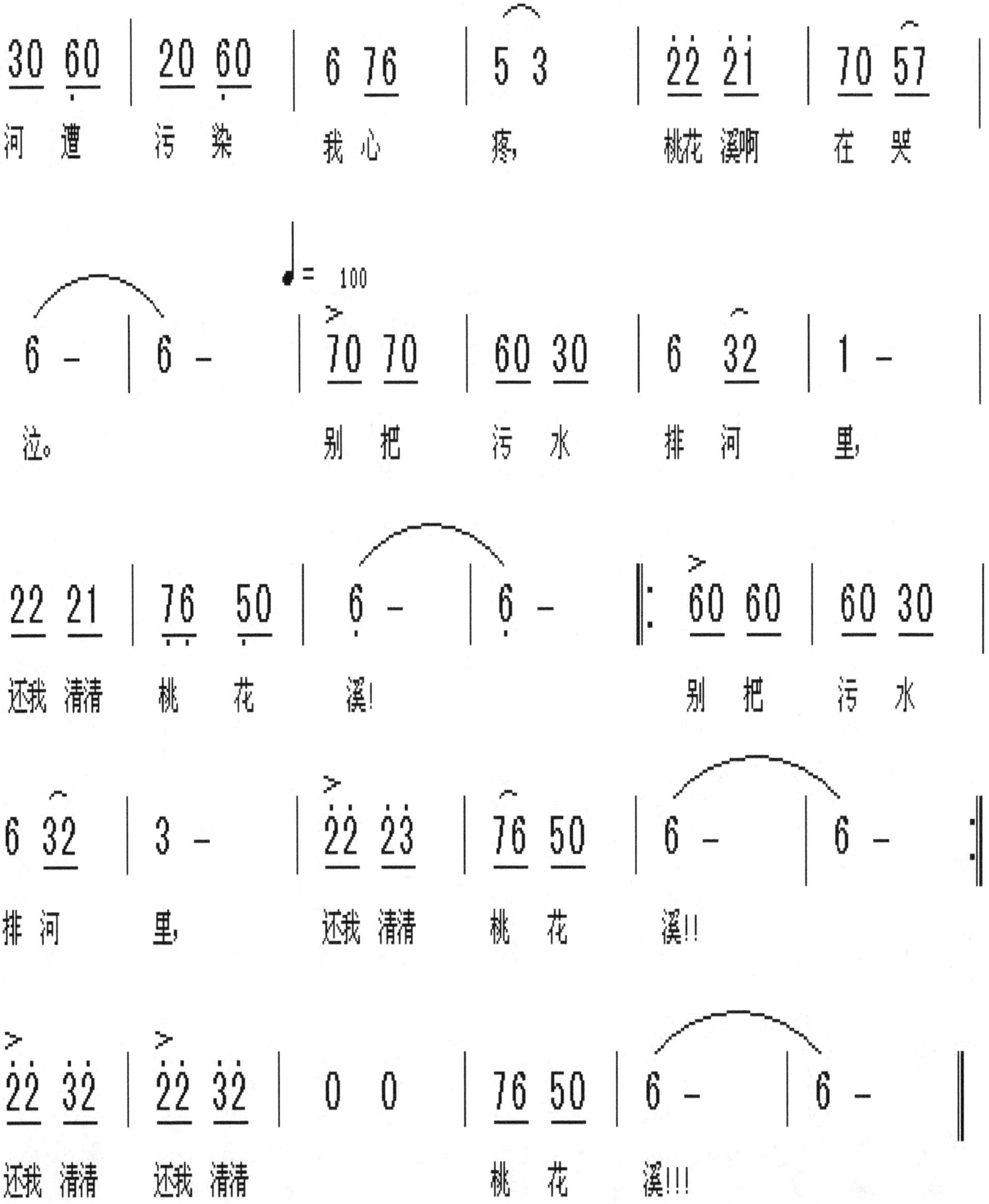

| 3 0 6 0 | 2 0 6 0 | 6 7̂6 | 5 3 | 2̂2 2̂1 | 7̂0 5̂7 |

河遭 污染 我心 疼， 桃花溪啊 在哭

♩=100

| 6 - | 6 - | >7̂0 7̂0 | 6̂0 3̂0 | 6 3̂2 | 1 - |

泣。 别把 污水 排河 里，

| 2̂2 2̂1 | 7̂6 5̂0 | 6 - | 6 - ‖: >6̂0 6̂0 | 6̂0 3̂0 |

还我清清 桃花 溪！ 别把 污水

| 6 3̂2 | 3 - | >2̂2 2̂3 | 7̂6 5̂0 | 6 - | 6 - :‖

排河 里， 还我清清 桃花 溪！！

| >2̂2 3̂2 | >2̂2 3̂2 | 0 0 | 7̂6 5̂0 | 6 - | 6 - ‖

还我清清 还我清清 桃花 溪！！！

(2005-3-19)

还我清清桃花溪

作词：汪同贵
作曲：汪同贵

如今 工厂 两岸 立，
污水 直排 桃 花 溪。 夏 日 炎 炎
蚊 蝇 舞， 难闻 阵阵 恶 臭 气。
河 遭 污 染 我 心 疼， 桃花 溪啊 在 哭
♩= 100
泣。 别 把 污 水 排 河 里，
还我 清清 桃 花 溪！ 别 把 污 水
排 河 里， 还我 清清 桃 花 溪!!
还我 清清 还我 清清 桃 花 溪!!!

132. 浣溪沙·春游古仙亭　词：汪同贵；曲：汪同贵

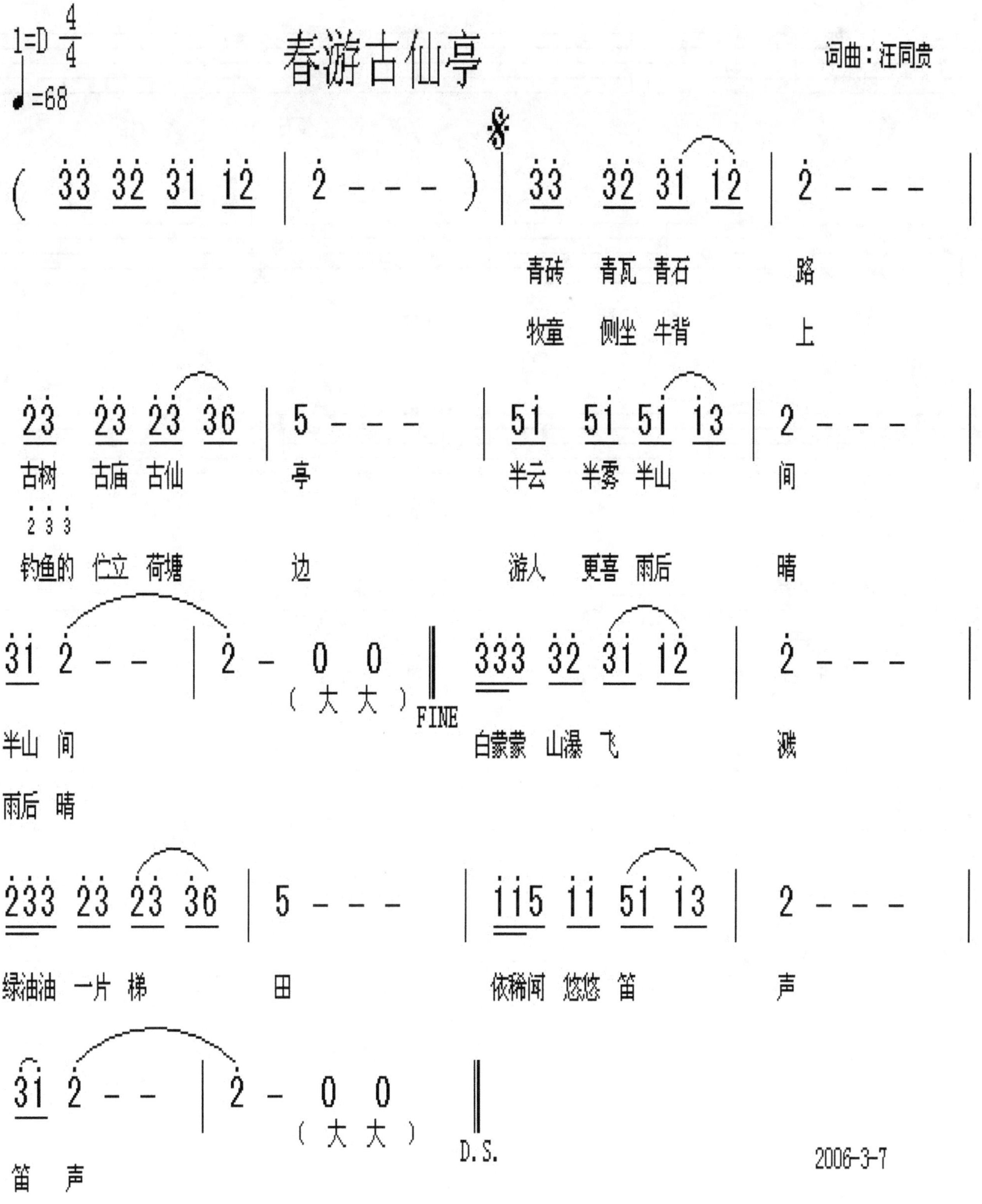

春游古仙亭

词曲：汪同贵

1=D 4/4
♩=68

(33 33 32 31 12 | 2 - - -) | 33 32 31 12 | 2 - - - |
青砖　青瓦　青石　　　　路
牧童　侧坐　牛背　　　　上

23 23 23 36 | 5 - - - | 51 51 51 13 | 2 - - - |
古树　古庙　古仙　　　亭　　　半云　半雾　半山　　　间
钓鱼的　伫立　荷塘　　　边　　　游人　更喜　雨后　　　晴

31 2 - - | 2 - 0 0 ‖ 333 32 31 12 | 2 - - - |
　　　　　　　（大 大）FINE　白蒙蒙　山瀑　飞　　　溅
半山　间
雨后　晴

233 23 23 36 | 5 - - - | 115 11 51 13 | 2 - - - |
绿油油　一片　梯　　　田　　　依稀闻　悠悠　笛　　　声

31 2 - - | 2 - 0 0 ‖
　　　　　　　（大 大）D.S.
笛　声

2006-3-7

春游古仙亭

词曲：汪同贵

=68
青砖 青瓦 青石 路
古树 古庙 古仙 亭
半云 半雾 半山 间
半山 间 （大 大） 白蒙蒙 山瀑 飞 溅
绿油油 一片 梯 田
依稀间 悠悠 笛 声
笛 声 （大 大） 牧童 侧坐 牛背 上
钓鱼的 伫立 荷塘 边
游人 更喜 雨后 晴
雨后 晴 （大 大）
2006-3-7

133. 黄叶满地枝头稀 词：俞才抡；曲：汪同贵

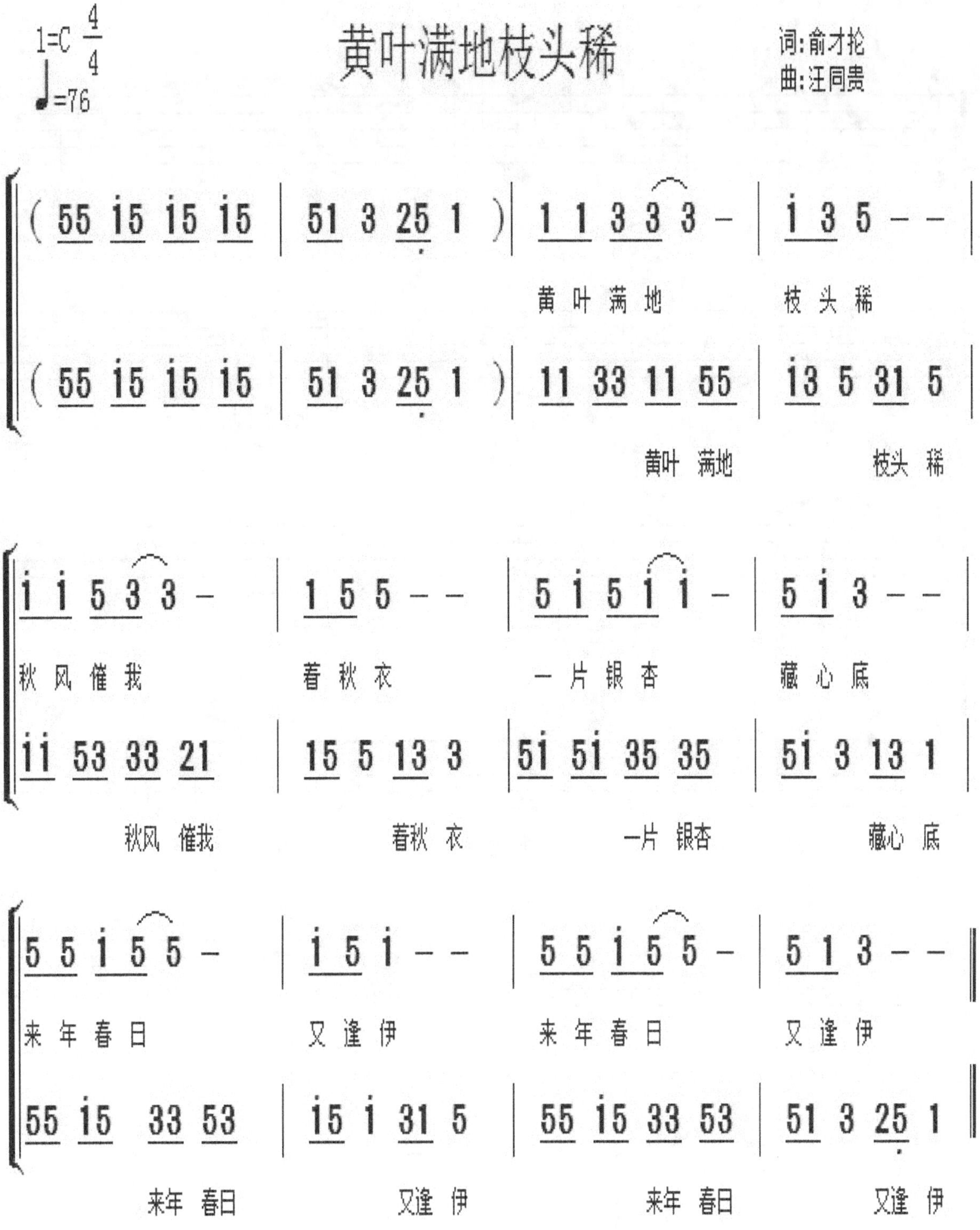

2016-12-16

黄叶满地枝头稀

词：俞才抡
曲：汪同贵

134. 回家 词：王培元；曲：汪同贵

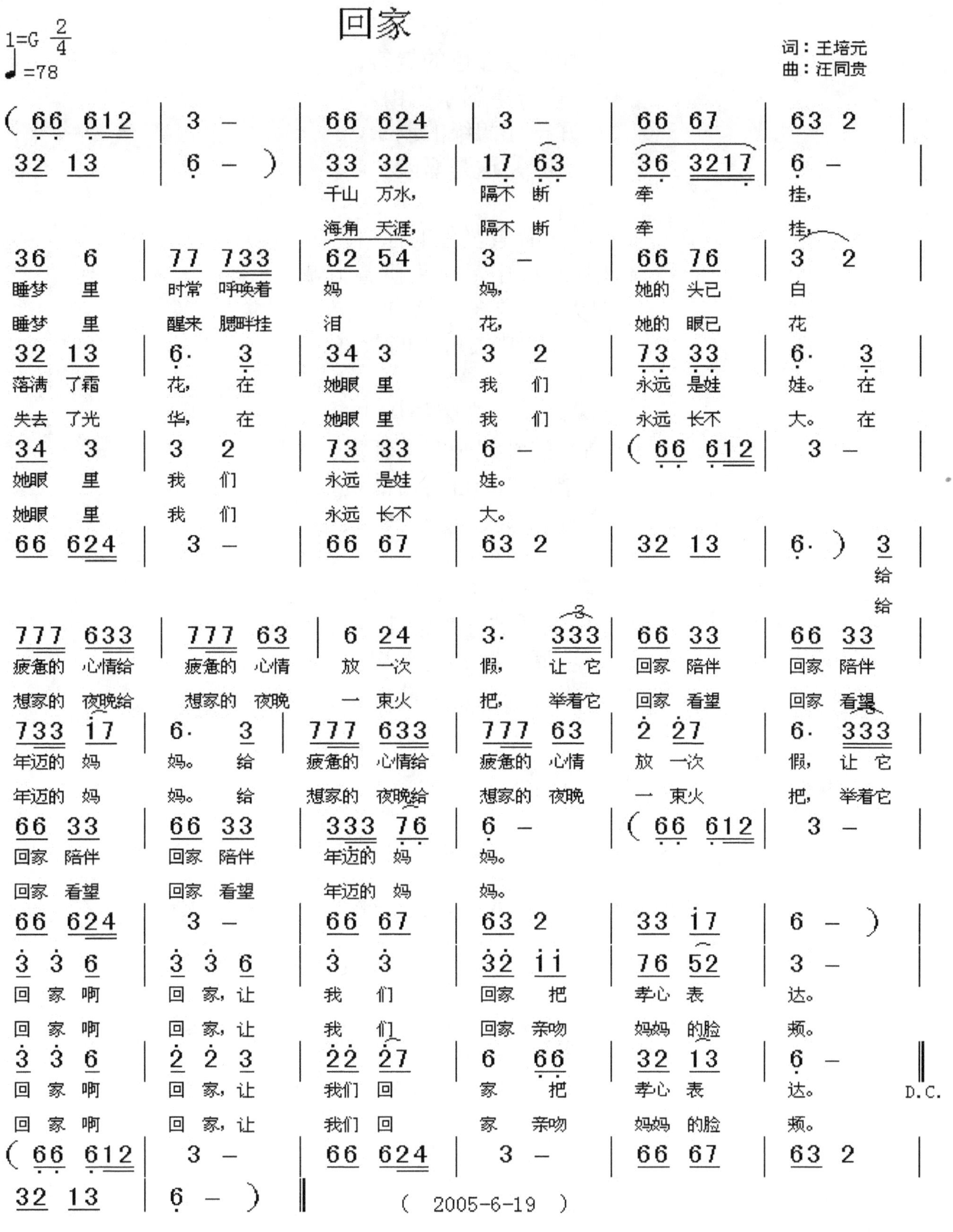

135. 嘉陵大合唱 1 前奏曲 词曲：川外俄语系 62 级集体

<序诗>
拨开玫瑰色的晨雾，
望一望蜀水巴山。
好一江碧绿的翡翠，
啊，这是嘉陵！

嘉陵有着坚强的性格，
一头挑着阆中，一头挑着山城。
白天， 送来上游的丰收，
晚上， 装去重庆的跃进。

嘉陵有着光荣的历史，
高高的红岩是它的证人。
它乘渡过千百游击队员，
它吞没过无数白匪官兵。

我愿江水更快地奔流，
送一川锦绣披挂六亿建设大军。
我愿嘉陵万古澄碧，
五大洲的朋友来此洗尘。

嘉陵大合唱 1　前奏曲

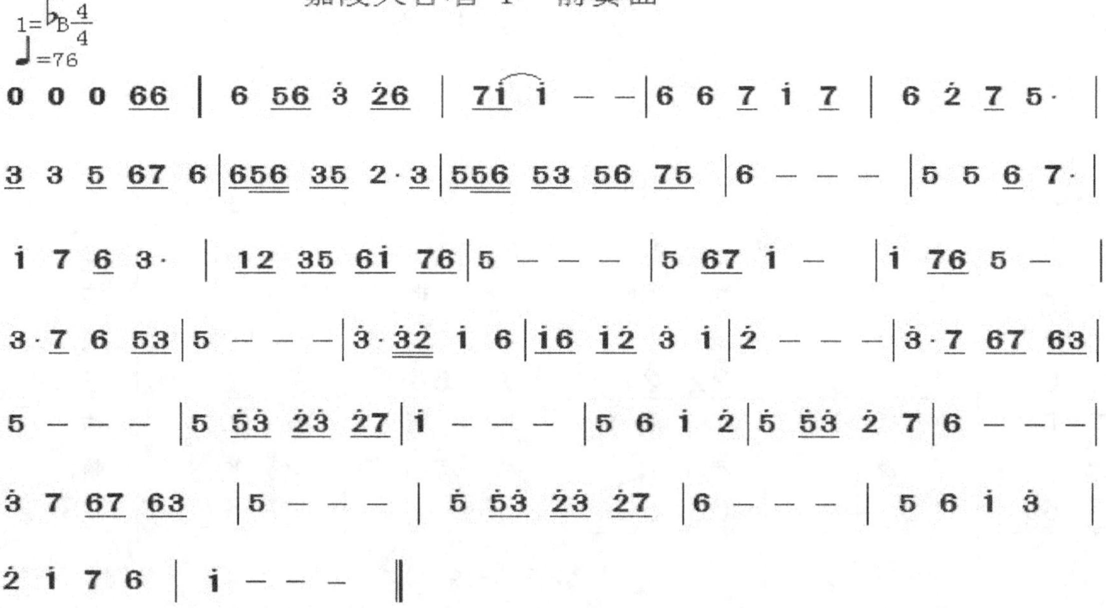

$1=\flat B \quad \frac{4}{4}$
$\quad \downarrow = 76$

```
0 0 0 66 | 6 56 3 26 | 7 1 1 - - | 6 6 7 1 7 | 6 2 7 5 · |
3 3 5 67 6 | 656 35 2·3 | 556 53 56 75 | 6 - - - | 5 5 6 7 · |
1 7 6 3 · | 1 2 3 5 6 1 7 6 | 5 - - - | 5 67 1 - | 1 7 6 5 - |
3·7 6 53 | 5 - - - | 3·32 1 6 | 16 12 3 1 | 2 - - - | 3·7 67 63 |
5 - - - | 5 53 23 27 | 1 - - - | 5 6 1 2 5 53 2 7 | 6 - - - |
3 7 67 63 | 5 - - - | 5 53 23 27 | 6 - - - | 5 6 1 3 |
2 1 7 6 | 1 - - - ‖
```

136. 嘉陵大合唱 2 嘉陵江颂 词曲：川外俄语系62级集体

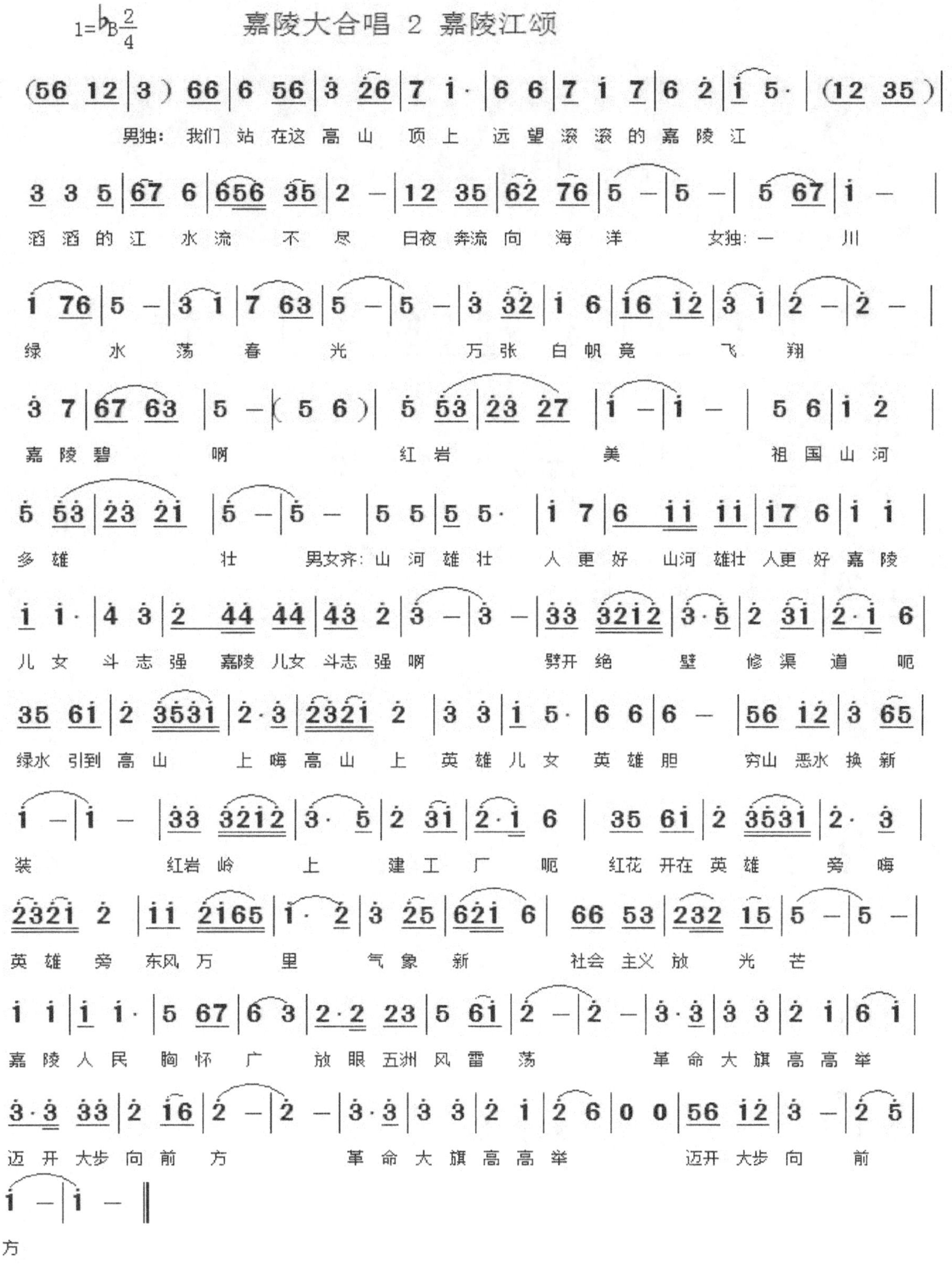

137. 嘉陵大合唱 3 嘉陵烽火 曲 1 词曲：川外俄语系 62 级集体

朗诵：今天，我们生活在幸福的日子里，可忘不了啊，忘不了过去，忘不了那凄风苦雨的岁月，血和泪的年代。十六年前，嘉陵江啊，是一番多么苦难的景象啊！

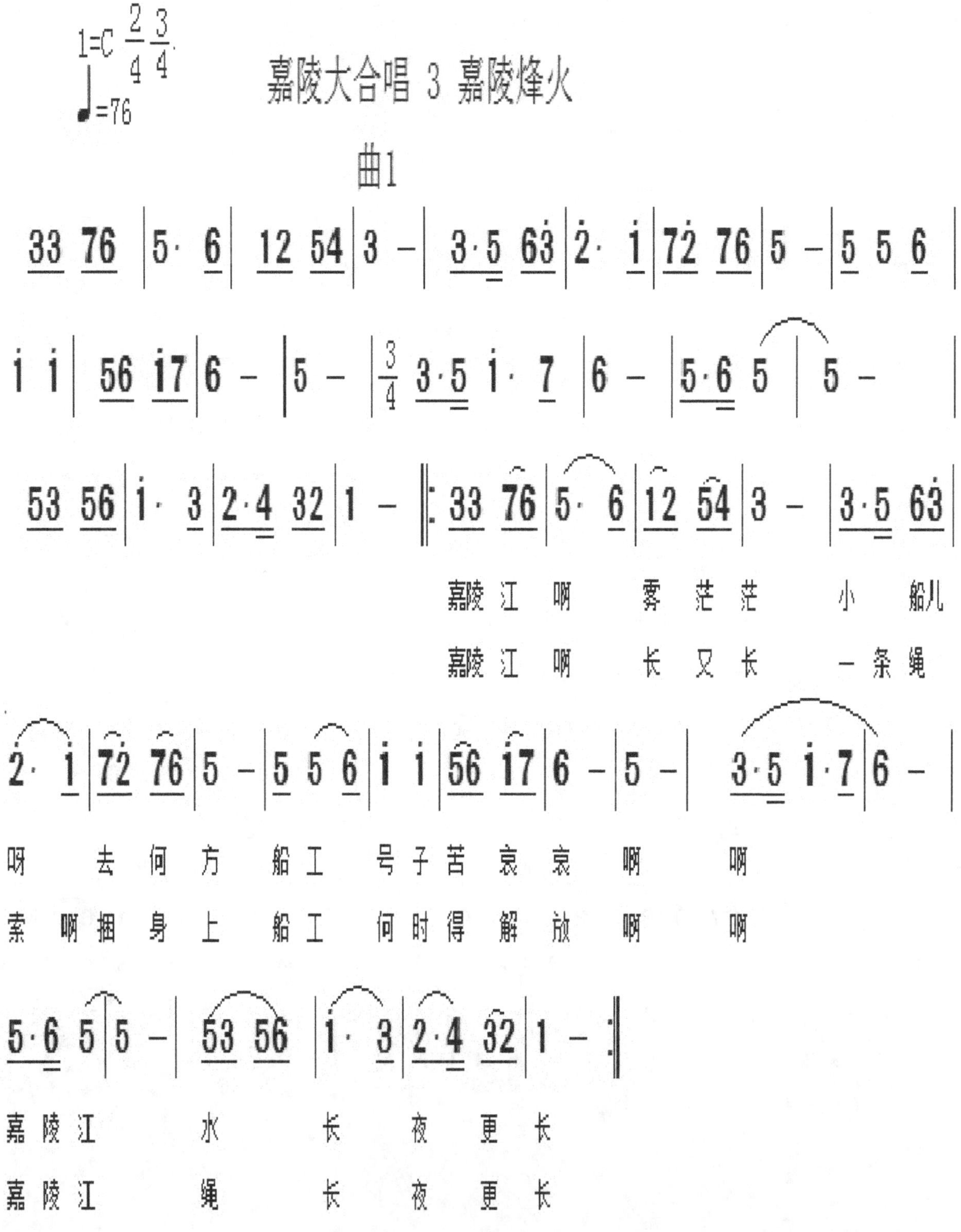

嘉陵 江 啊 雾 茫 茫 小 船儿
嘉陵 江 啊 长 又 长 一 条 绳
呀 去 何 方 船 工 号 子 苦 哀 哀 啊 啊
索 啊 捆 身 上 船 工 何 时 得 解 放 啊 啊
嘉 陵 江 水 长 夜 更 长
嘉 陵 江 绳 长 夜 更 长

138. 嘉陵大合唱 3 嘉陵烽火 曲 2 词曲：川外俄语系 62 级集体

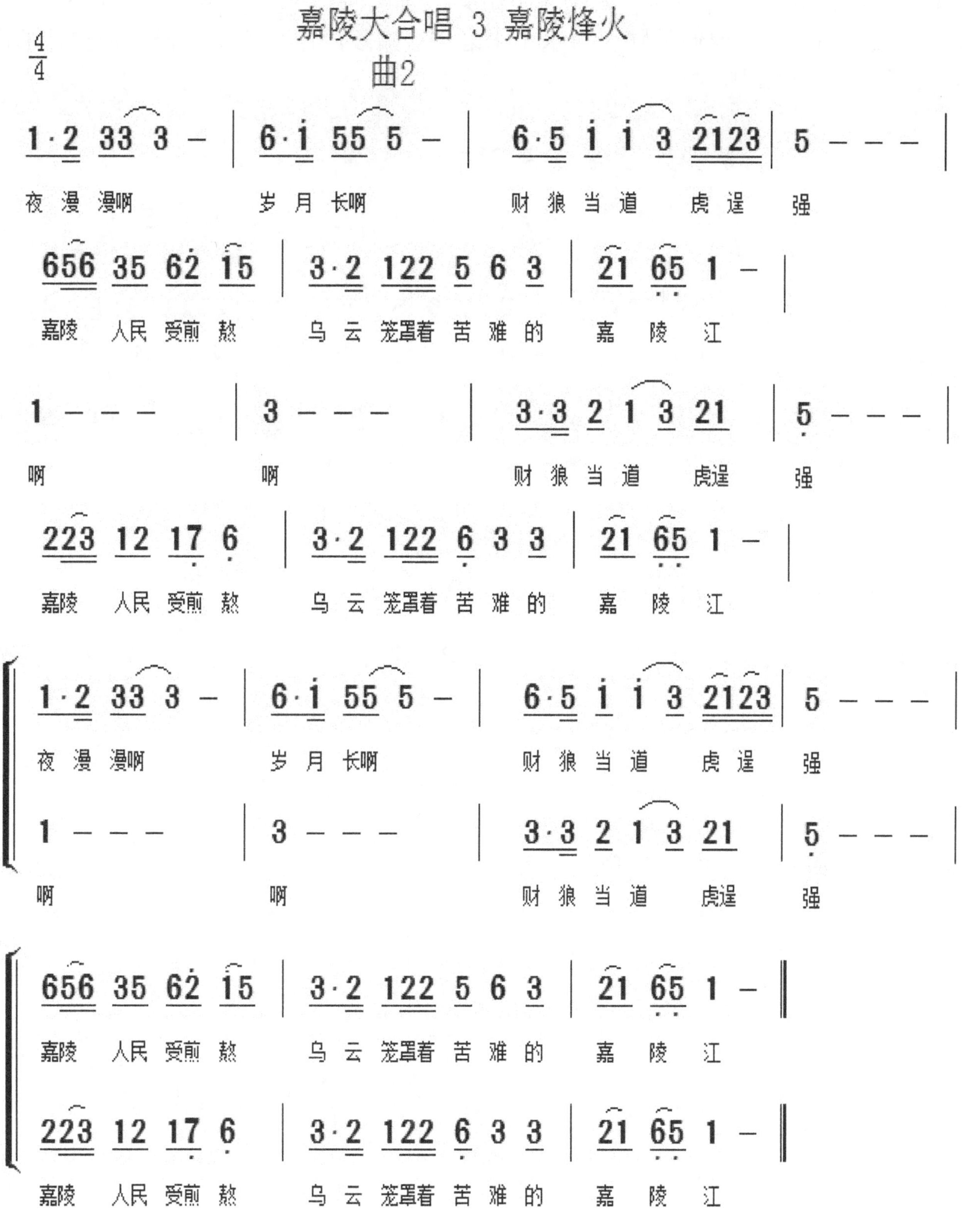

139. 嘉陵大合唱 3 嘉陵烽火 曲 3-5 词曲：川外俄语系 62 级集体

朗诵：在那黑暗的年代，我们有多少个阶级弟兄，在忍无可忍的情况下，拿起了大刀长矛，千里嘉陵掀起了狂涛怒浪。人民在中国共产党的领导下，按照毛泽东同志的指导，建立了无数支游击队，他们活跃在万水千山之中。嘉陵两岸也燃起了漫天烽火，革命的旋风，搅红了蜀水巴山。

嘉陵大合唱 3 嘉陵烽火 曲3

巍巍 华蓥 山 呃
茫 啊 茫 苍 苍 呃 游 击 健儿 哟 处 呀 处处 藏 呃 丛林 深处
燃篝 火 哎 大 青石 上 哎 磨 刀 枪 哎

嘉陵大合唱 3 嘉陵烽火 曲4

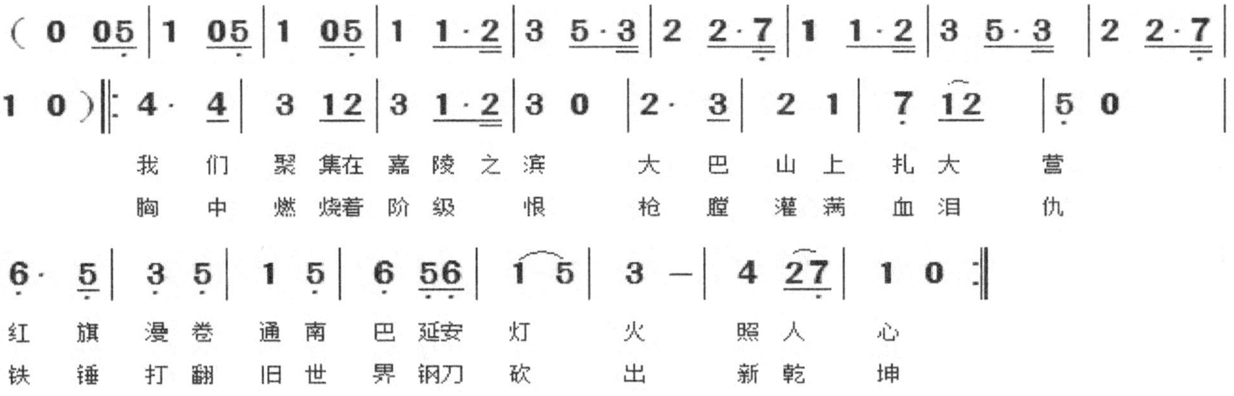

我 们 聚 集在 嘉 陵 之 滨 大 巴 山 上 扎 大 营
胸 中 燃 烧着 阶 级 恨 枪 膛 灌 满 血 泪 仇
红 旗 漫 卷 通 南 巴 延安 灯 火 照 人 心
铁 锤 打 翻 旧 世 界 钢刀 砍 出 新 乾 坤

嘉陵大合唱 3 嘉陵烽火 曲五

红 岩 挥手 山川 笑 嘉 陵 洪涛 逐浪 高 毛泽东 阳光 照大 地 穷人 齐 唱 翻身 谣
红 岩 挥手 山川 笑 嘉 陵 洪涛 逐浪 高 毛泽东 阳光 照大 地 穷人 齐 唱
翻 身 翻 身 谣

140. 嘉陵大合唱 4 纤夫曲 词曲：川外俄语系 62 级集体

嘉陵江啊嘉陵江，
船工水上摆战场。
吼起号子鼓干劲，
乘风破浪追太阳。

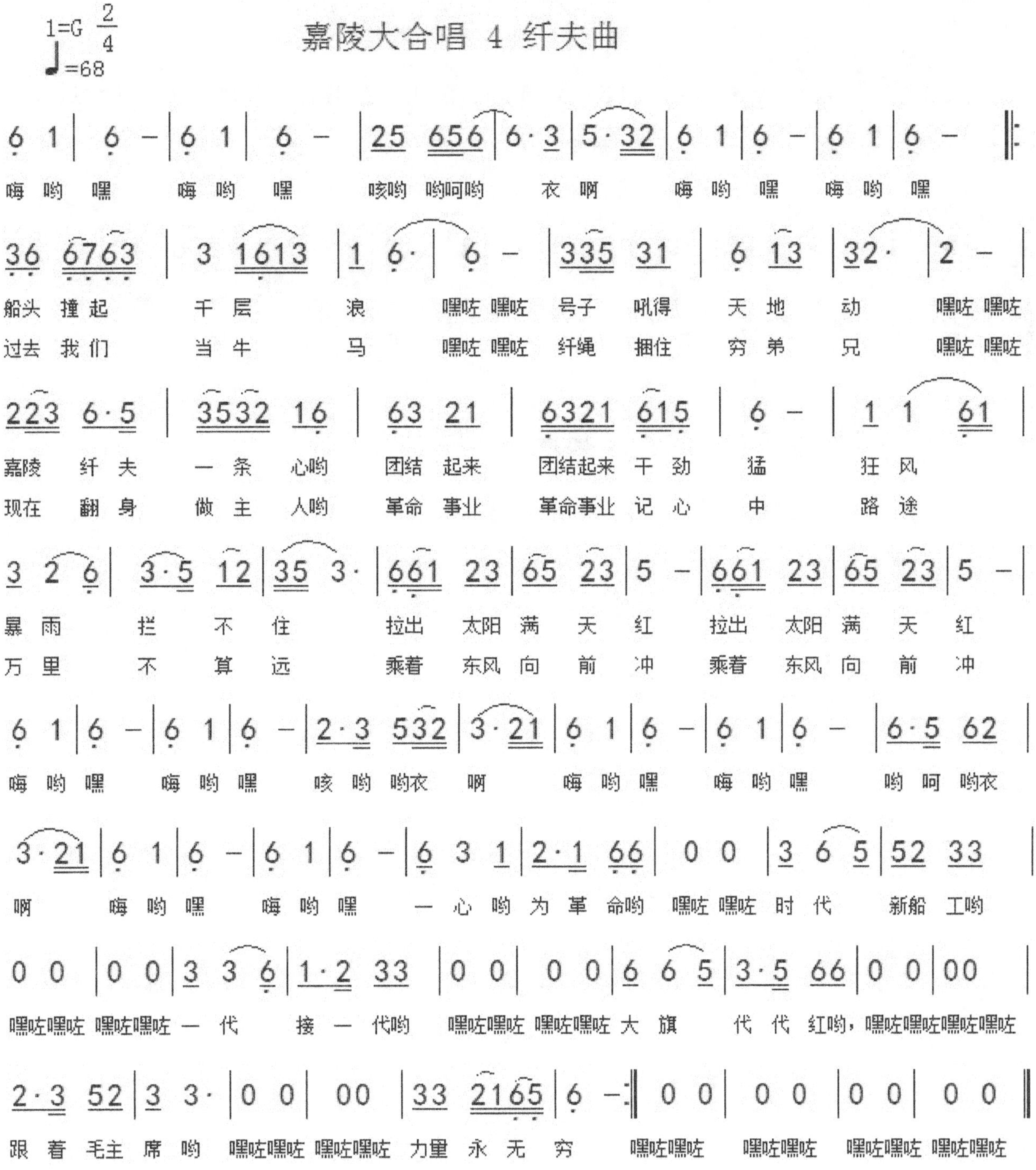

141. 嘉陵大合唱 5 嘉陵儿女有志气 曲 1-2 词曲：川外俄语系 62 级集体

嘉陵大合唱 5 嘉陵儿女有志气 曲1

1=C 2/4　♩=100

(1 05 | 15 15 | 1· 1 | 212 32 | 1 —) 5 5 | 656 5 | 161 23 | 2 — |

　　　　　　　　　　　　　　　　　层　层　高　山　上　九　天
　　　　　　　　　　　　　　　　　大　寨　红　旗　迎　风　展

1 1 | 232 1 | 656 26 | 5 — | 3·3 35 | 65 6 | 2 5 | 6 0 | 3 3 2 | 16 1 |

绿绿秧　苗接　云端　　嘉陵儿女　有志　气　有　志气　敢叫　日月
治山治　水干　得欢　　人民公社　威力　大　威　力大　千年　荒土

212 32 | 1 — | 3·3 35 | 65 6 | 2 5 | 6 0 | 3 3 2 | 16 1 | 2·5 32 | 1 — ‖

换　新天　嘉陵儿女　有志　气　有　志气　敢叫　日月　换　新天
变　梯田　人民公社　威力　大　威　力大　千年　荒土变　梯田

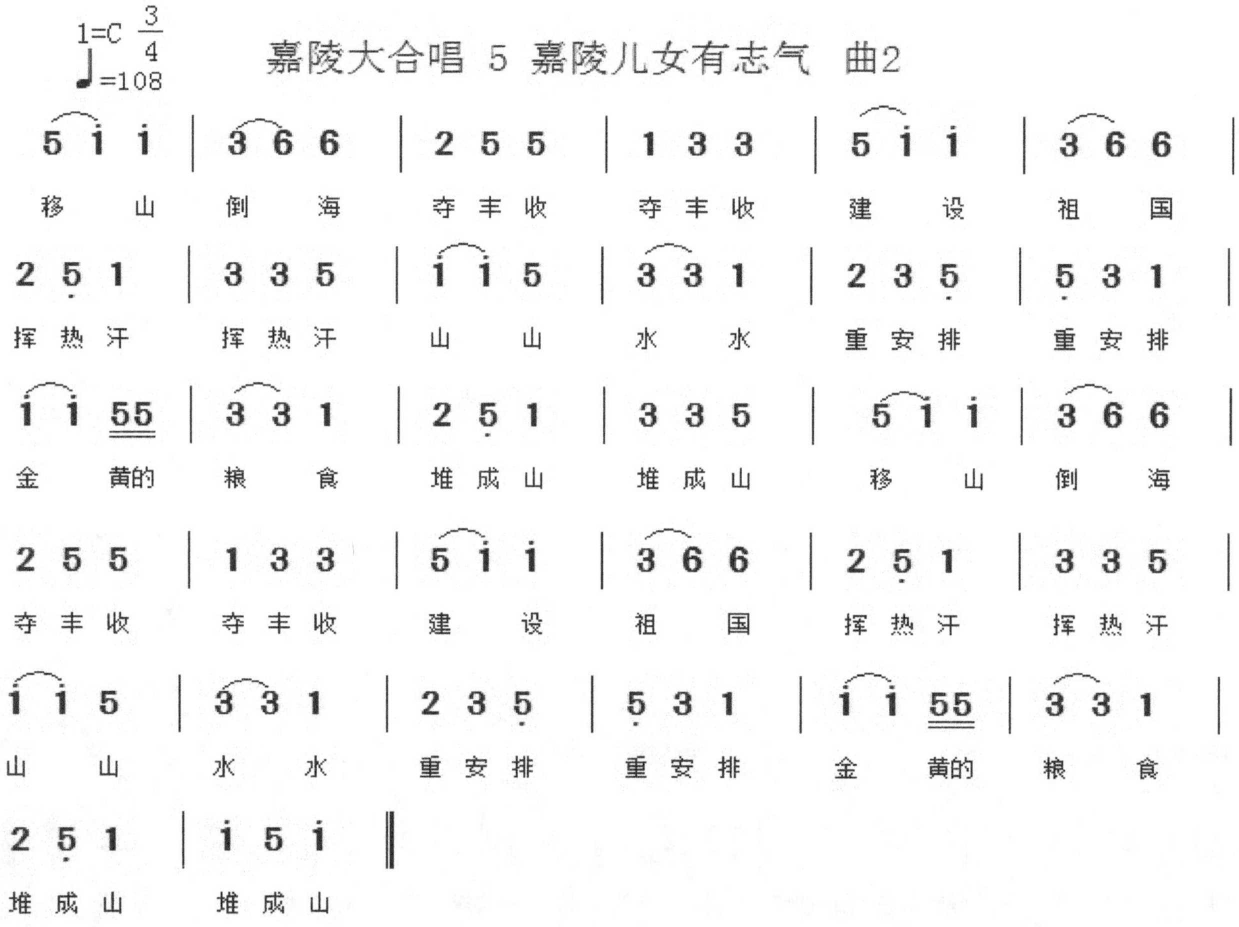

嘉陵大合唱 5 嘉陵儿女有志气 曲2

1=C 3/4　♩=108

5 1 1 | 3 6 6 | 2 5 5 | 1 3 3 | 5 1 1 | 3 6 6 |

移　山　倒　海　夺丰收　夺丰收　建设　祖国

2 5 1 | 3 3 5 | 1 1 5 | 3 3 1 | 2 3 5 | 5 3 1 |

挥热汗　挥热汗　山　山　水　水　重安排　重安排

1 1 55 | 3 3 1 | 2 5 1 | 3 3 5 | 5 1 1 | 3 6 6 |

金　黄的粮食　堆成山　堆成山　移　山　倒　海

2 5 5 | 1 3 3 | 5 1 1 | 3 6 6 | 2 5 1 | 3 3 5 |

夺丰收　夺丰收　建　设　祖　国　挥热汗　挥热汗

1 1 5 | 3 3 1 | 2 3 5 | 5 3 1 | 1 1 55 | 3 3 1 |

山　山　水　水　重安排　重安排　金　黄的粮食

2 5 1 | 1 5 1 ‖

堆成山　堆成山

142. 嘉陵大合唱 6 嘉陵人民紧握枪 词曲：川外俄语系 62 级集体

嘉陵大合唱 6 嘉陵人民紧握枪

1=C 2/4 ♩=100

(5 1 2 3 2 | 33 13 2 - | 33 3 21 | 61 12 5 -) | 1 5 6 | 32 3 |
　　　　　　　　　　　　　　　　　　　　　　　　　　　　　　　　　丰 收 的 喜 讯

12 61 | 5 - | 5 1 2 | 32 1 | 61 32 | 5 - | 112 3 | 3 - | 61 765 |
到 处 传　　胜 利 的 歌 儿 唱 不 尽　　毛 泽 东 时 代 多 幸

6· (1 65 3) | 012 33 | 3 3 5 | 12 3 | 3·3 3 | 065 65 | 61 15 | 6 02 |
福　　　　　　可是阶级 敌 人 不 甘 心 就是他 这个解放 前的土 皇 帝 心

12 35 | 05 13 | 2 0 | 5·5 5 | 6·6 65 | 05 12 | 3 0 | 06 56 | 6·1 76 |
怀 鬼胎 要 夺 印　　就是他煽风 点火 搞 单 干　　毒 蛇 想 挖

01 32 | 5 0 | 6·6 i·i | 3·3 21 | 65 6 | 05 65 | 2·3 | 1 076 |
公社的 根　　就是他就是他 立下 一本 变天账 梦 想 明 天 再 横

i 0 | 0 0 | 0 0 | iii ii | 02 12 | 3 - | 2·3 21 | 02 3 | 02 5 i |
行　　　　　　　不行!不行!不行! 人民的 江山　　铁打成 死灰复燃 绝不能 绝不能

5 5 5 6 | 15 12 | 3 - | 3· 32 | i 2 | 67 12 | 5 - | 3·2 5 | 5 i 65 |
嘉 陵 人民 紧握 手中 枪　　毛 主席 引 路 方 向 明 边搞 生产边练

6 - | 5 5 6 | 12 3·5 | 22 | i 0 ‖
武　 革命的 脚 步 永 不 停

143. 嘉陵大合唱 7 高举红旗直向前 词曲：川外俄语系 62 级集体

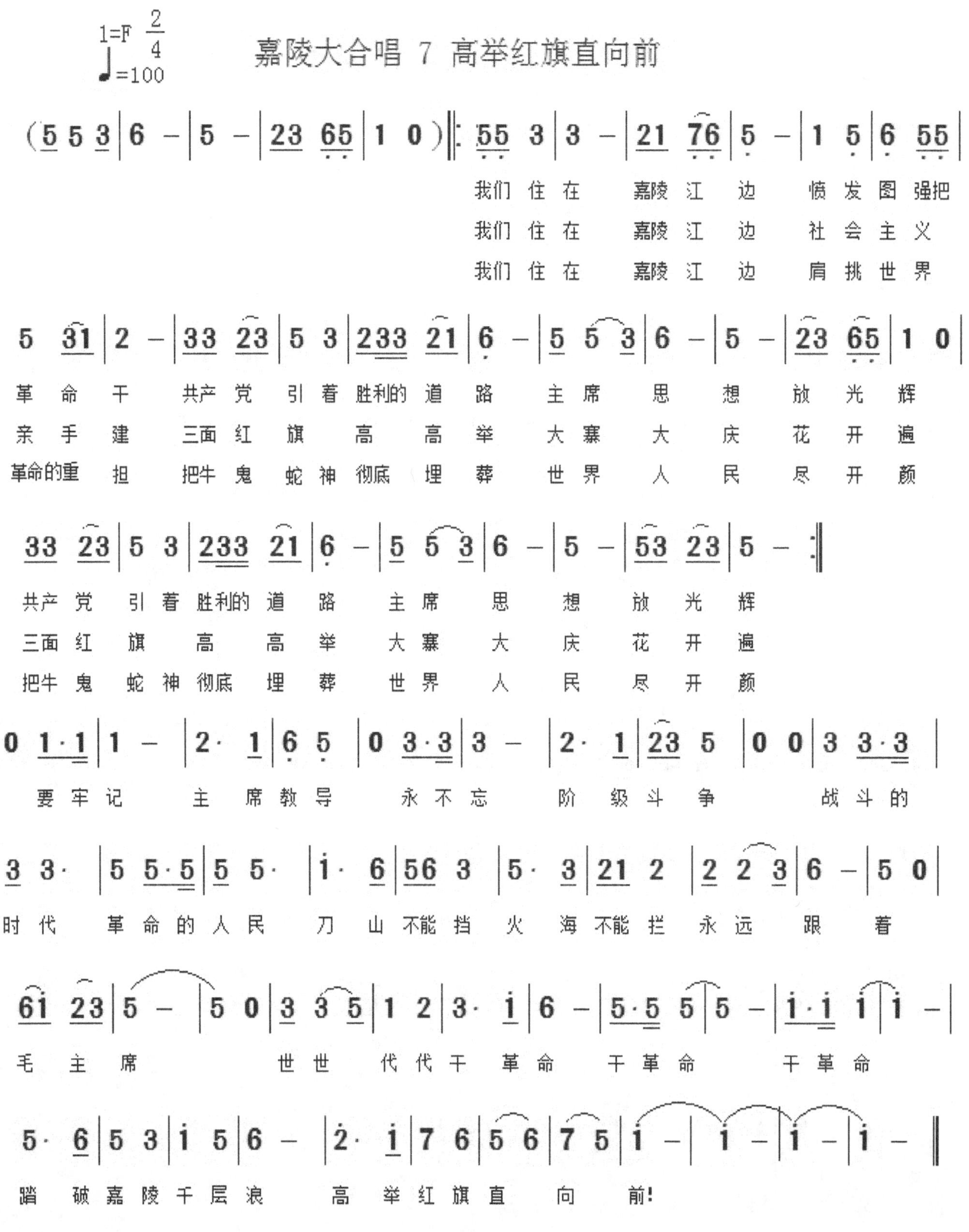

嘉陵大合唱 7 高举红旗直向前

1=F 2/4 ♩=100

(5 5 3 | 6 - | 5 - | 23 65 | 1 0) ‖: 55 3 | 3 - | 21 76 | 5 - | 1 5 | 6 55 |

我们 住 在　嘉陵 江　边　愤 发 图 强 把
我们 住 在　嘉陵 江　边　社 会 主 义
我们 住 在　嘉陵 江　边　肩 挑 世 界

5 31 | 2 - | 33 23 | 5 3 | 233 21 | 6 - | 5 5 3 | 6 - | 5 - | 23 65 | 1 0 |

革 命 干　共产 党 引着 胜利的 道路　主 席 思 想　放 光 辉
亲 手 建　三面 红 旗高 高举　大 寨 大 庆　花 开 遍
革命的 重 担 把牛 鬼 蛇神 彻底 埋葬　世 界 人 民　尽 开 颜

33 23 | 5 3 | 233 21 | 6 - | 5 5 3 | 6 - | 5 - | 53 23 | 5 - :‖

共产 党 引着 胜利的 道路　主 席 思 想　放 光 辉
三面 红 旗高 高举　大 寨 大 庆　花 开 遍
把牛 鬼 蛇神 彻底 埋葬　世 界 人 民　尽 开 颜

0 1·1 | 1 - | 2· 1 | 6· 5 | 0 3·3 | 3 - | 2· 1 | 23 5 | 0 0 | 3 3·3 |

要牢 记　主 席教 导　永不 忘　阶 级 斗争　战斗的

3 3· | 5 5·5 | 5 5· | 1· 6 | 56 3 | 5· 3 | 21 2 | 223 6 | - | 5 0 |

时代　革命的 人民　刀 山 不能 挡 火 海不能 拦　永远 跟着

61 23 | 5 - | 5 0 | 3·3 5 | 123· 1 | 6 - | 5·5 5 | 5 - | 1·1 1 | 1 - |

毛 主 席　世世 代代干 革命 干革命 干革命

5· 6 | 5 3 | 1 5 | 6 - | 2· 1 | 76 5 | 6 75 | 1 - | 1 - | 1 - | 1 - ‖

踏 破嘉 陵 千层 浪　高 举 红旗 直 向 前！

144. 家乡风景美如画 词：汪同贵；曲：汪同贵

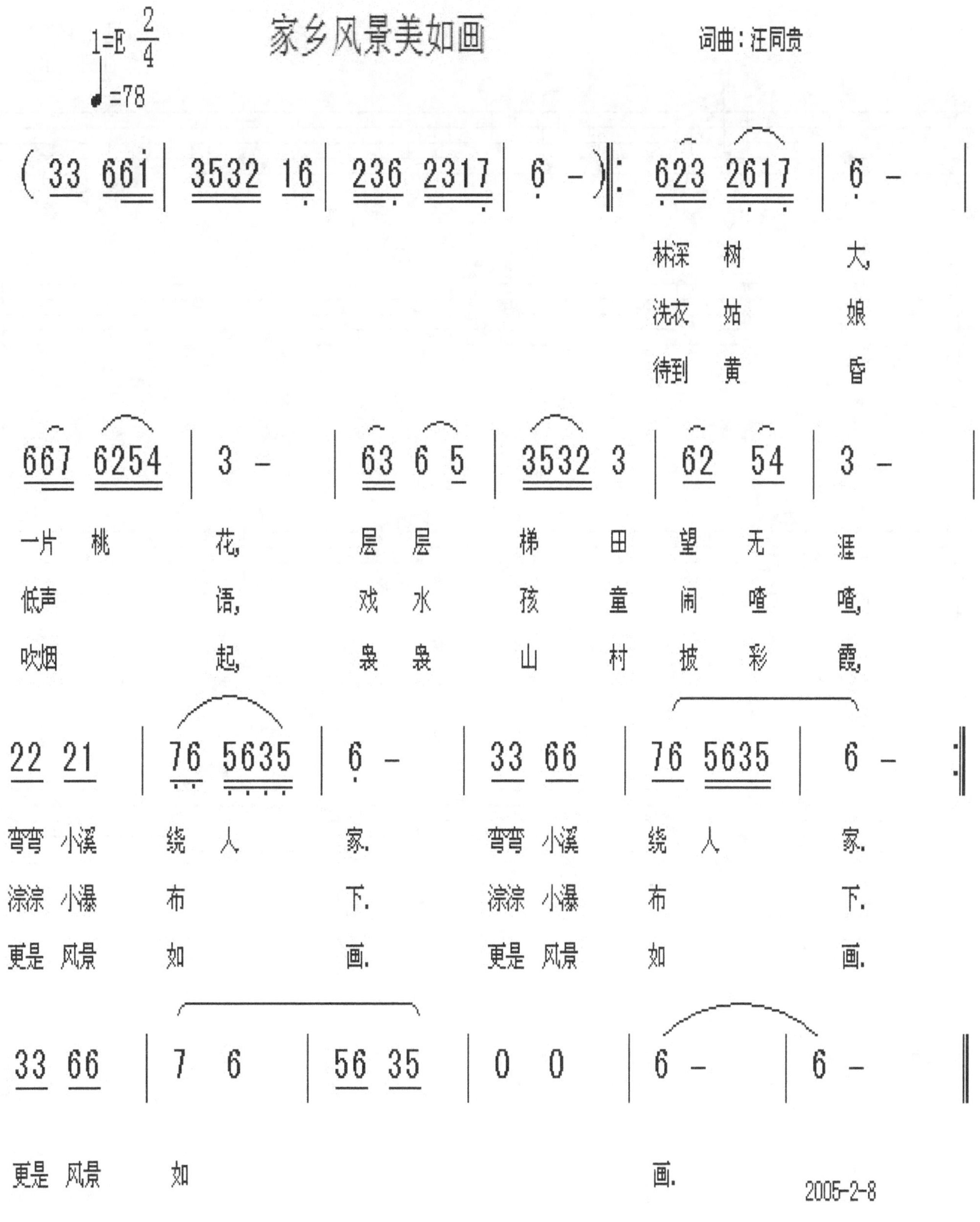

家乡风景美如画

1=E 2/4　♩=78　　　　　　　　　词曲：汪同贵

(33 66 1 | 3532 16 | 236 2317 | 6 - :‖ 6 23 26 17 | 6 - |

　　　　　　　　　　　　　　　　林深 树　 大
　　　　　　　　　　　　　　　　洗衣 姑　 娘
　　　　　　　　　　　　　　　　待到 黄　 昏

6 6 7 6 2 5 4 | 3 - | 6 3 6 5 | 3532 3 | 6 2 5 4 | 3 - |

一片 桃　 花,　　　　层层 梯 田 望 无 涯,
低声 　语,　　　　　戏水 孩 童 闹 喳 喳,
吹烟 　起,　　　　　袅袅 山 村 披 彩 霞,

22 21 | 76 5635 | 6 - | 33 66 | 76 5635 | 6 - :‖

弯弯 小溪　绕 人　　家.　 弯弯 小溪　绕 人　　家.
淙淙 小瀑　布　　　下.　 淙淙 小瀑　布　　　下.
更是 风景　如　　　画.　 更是 风景　如　　　画.

33 66 | 7 6 | 56 35 | 0 0 | 6 - | 6 - ‖

更是 风景　如　　　　　　　　　　　　画.

2005-2-8

家乡风景美如画

(2005-2-8)

145. 警告 词：刘忠才；曲：汪同贵

警告

词：刘忠才
曲：汪同贵

$\frac{4}{4}$

```
(2̇ - 6 - | 5 6 6 0 0)|

|: 2̇ - 6 - | 5 6 6 0 0 | 3 - 2 - | 1̇ 7 6 0 0 |
   怒   火      高 万 丈         仇   恨      满 胸 腔
   钢   枪      手 中 握         子   弹      早 上 膛
   警   告      小 日 本         莫   要      太 猖 狂

   2̇ 2̇ 2̇ 2̇ | 1̇ 2̇ 3 0 0 | 6· 6 6 6 5 6 | 6 - 0 0 :|
   全 国 人 民   齐 声 吼        打 倒 来 犯 野 心   狼
   众 志 成 城   保 国 土        片 石 粒 砂 决 不   让
   乖 乖 还 我   钓 鱼 岛        否 则 送 你 见 阎   王
```

2012年9月18日

146. 军垦战友聚会 绝句三首 词：刘培轩；曲：汪同贵

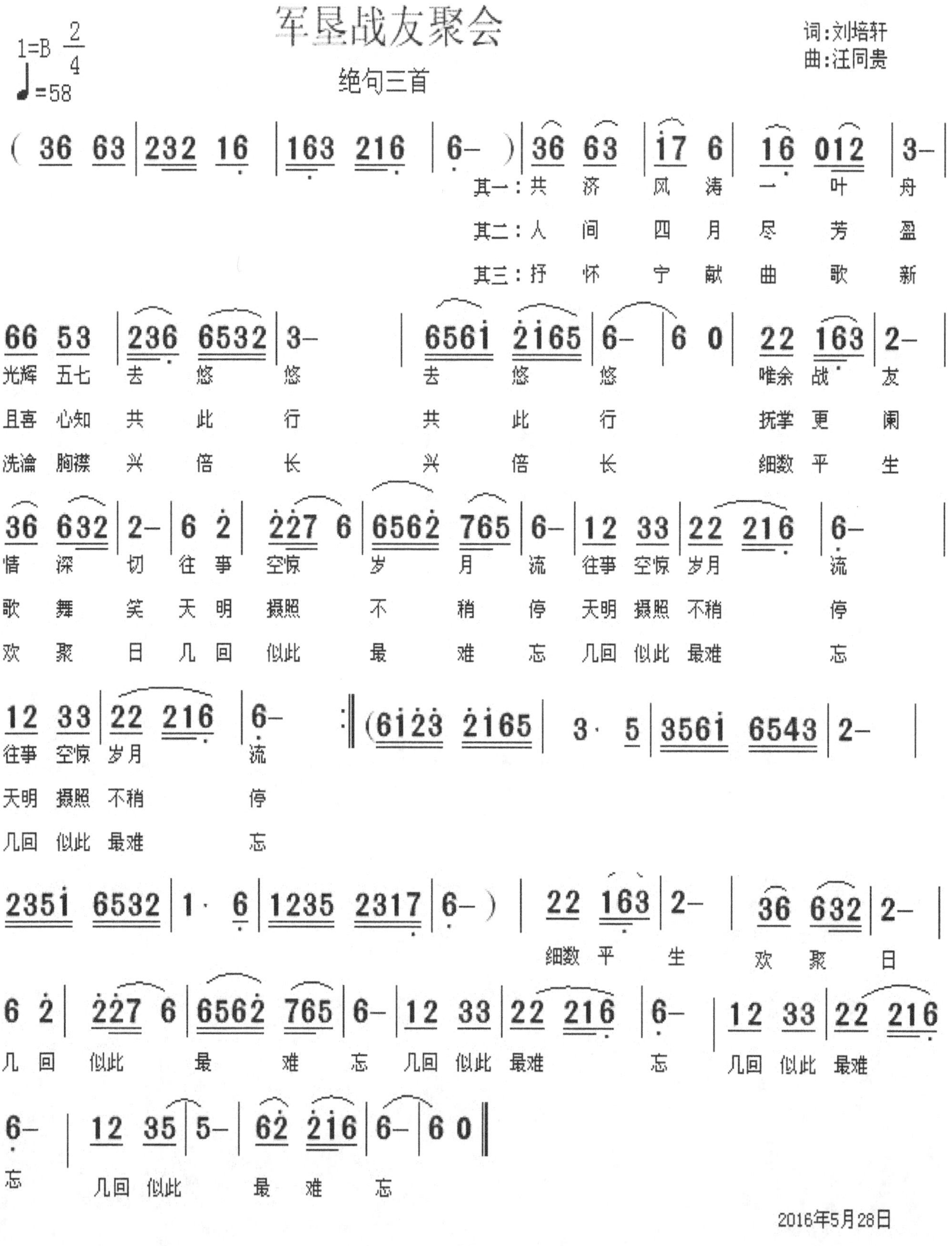

147. 军山的夜 词：汪同贵；曲：汪同贵

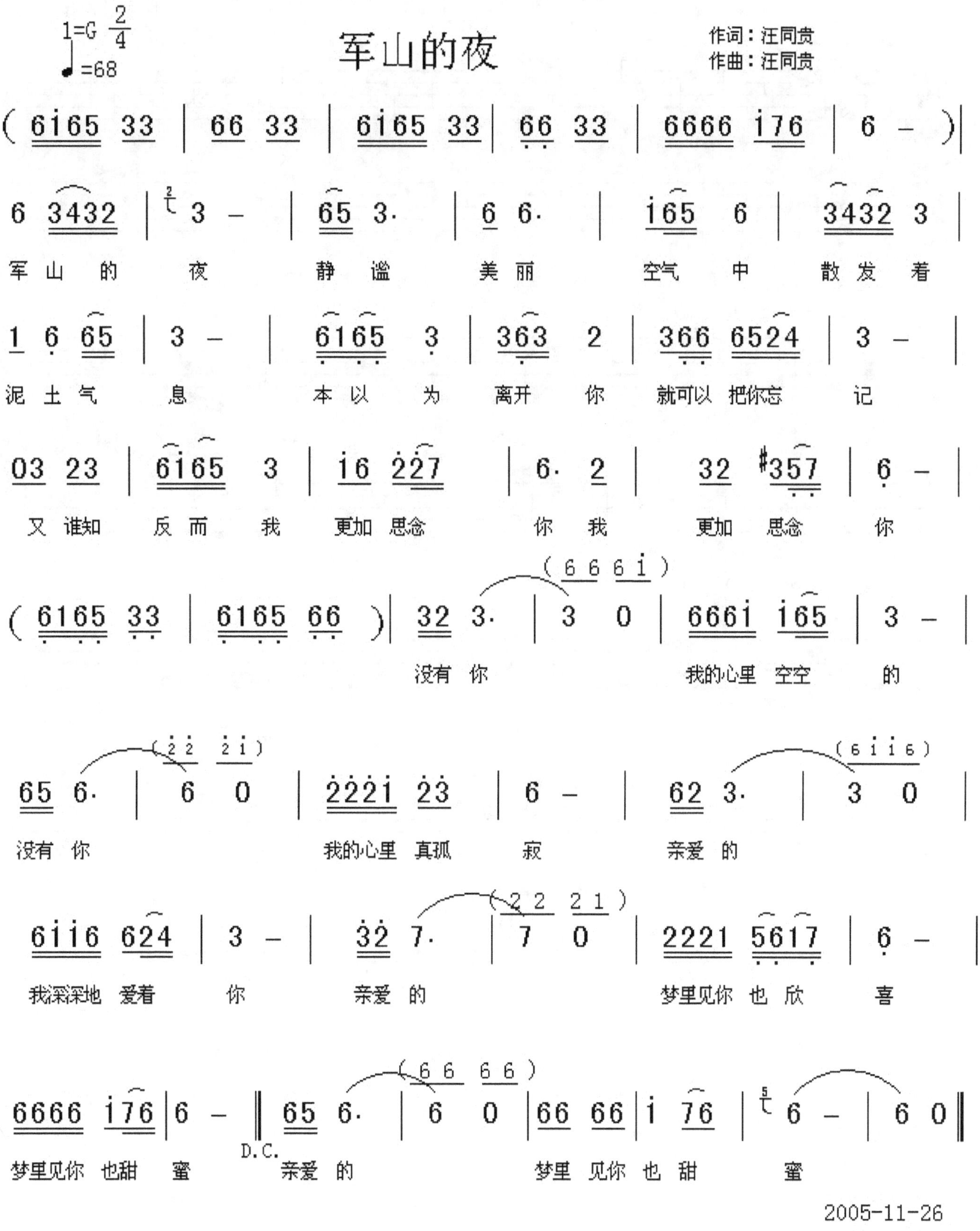

军山的夜

作词：汪同贵
作曲：汪同贵

1=G 2/4 ♩=68

军山的夜 静谧美丽 空气中散发着
泥土气息 本以为离开你就可以把你忘记
又谁知反而我更加思念你我更加思念你
没有你 我的心里空空的
没有你 我的心里真孤寂 亲爱的
我深深地爱着你 亲爱的 梦里见你也欣喜
梦里见你也甜蜜 亲爱的 梦里见你也甜蜜

2005-11-26

军山的夜

作词:汪同贵
作曲:汪同贵

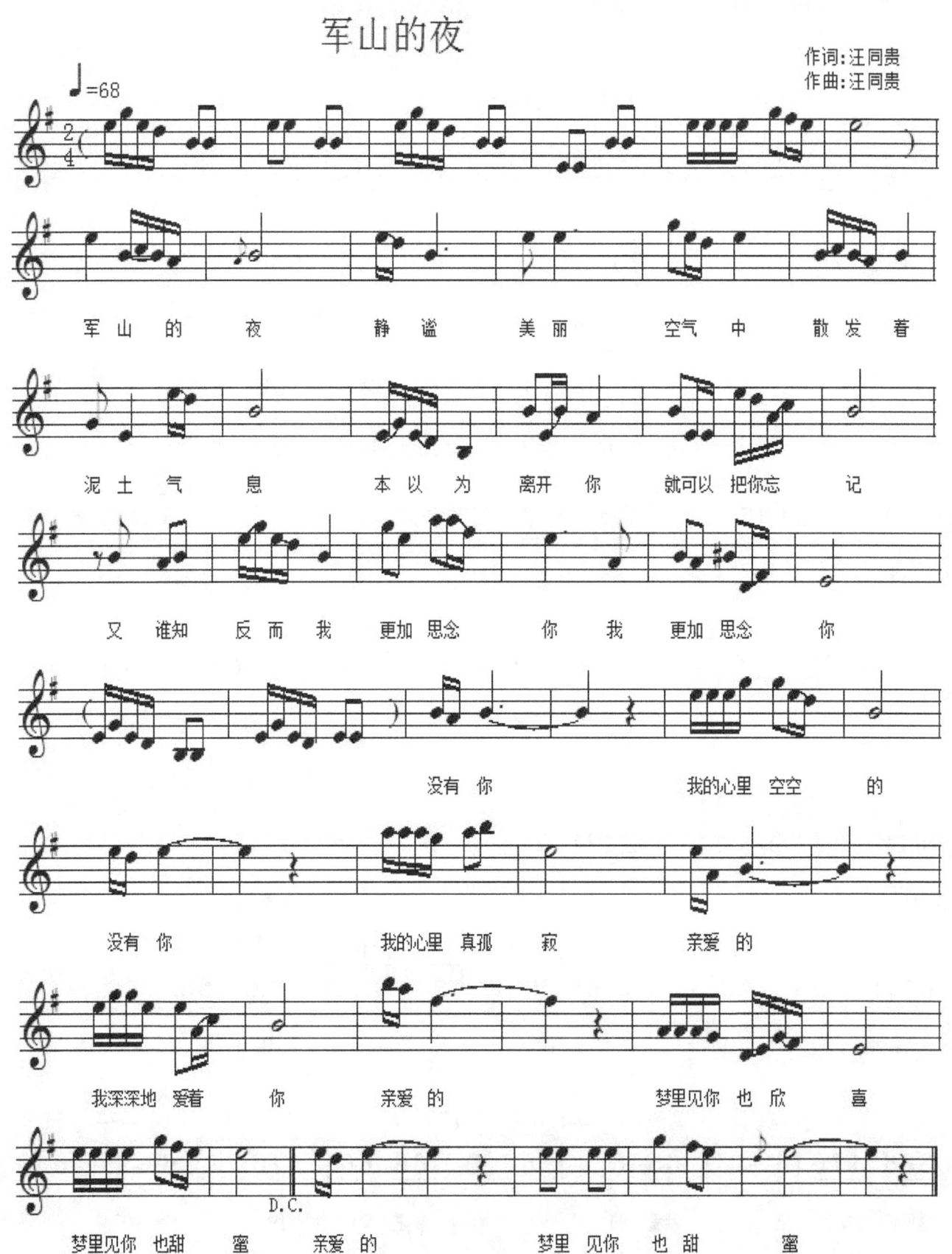

148. 伉俪情深手牵手　词：于红；曲：汪同贵

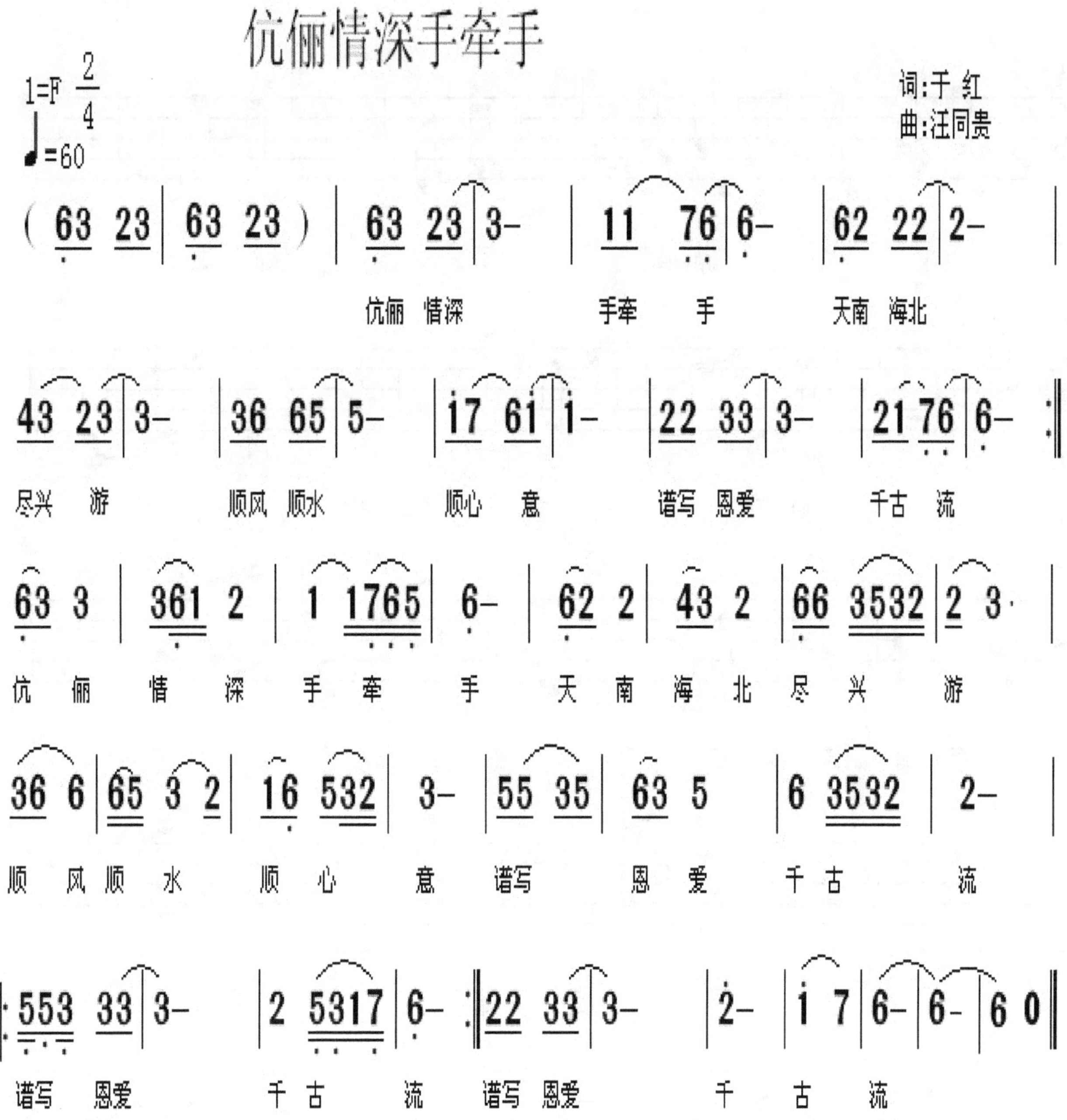

伉俪情深手牵手

♩=60

词:于 红
曲:汪同贵

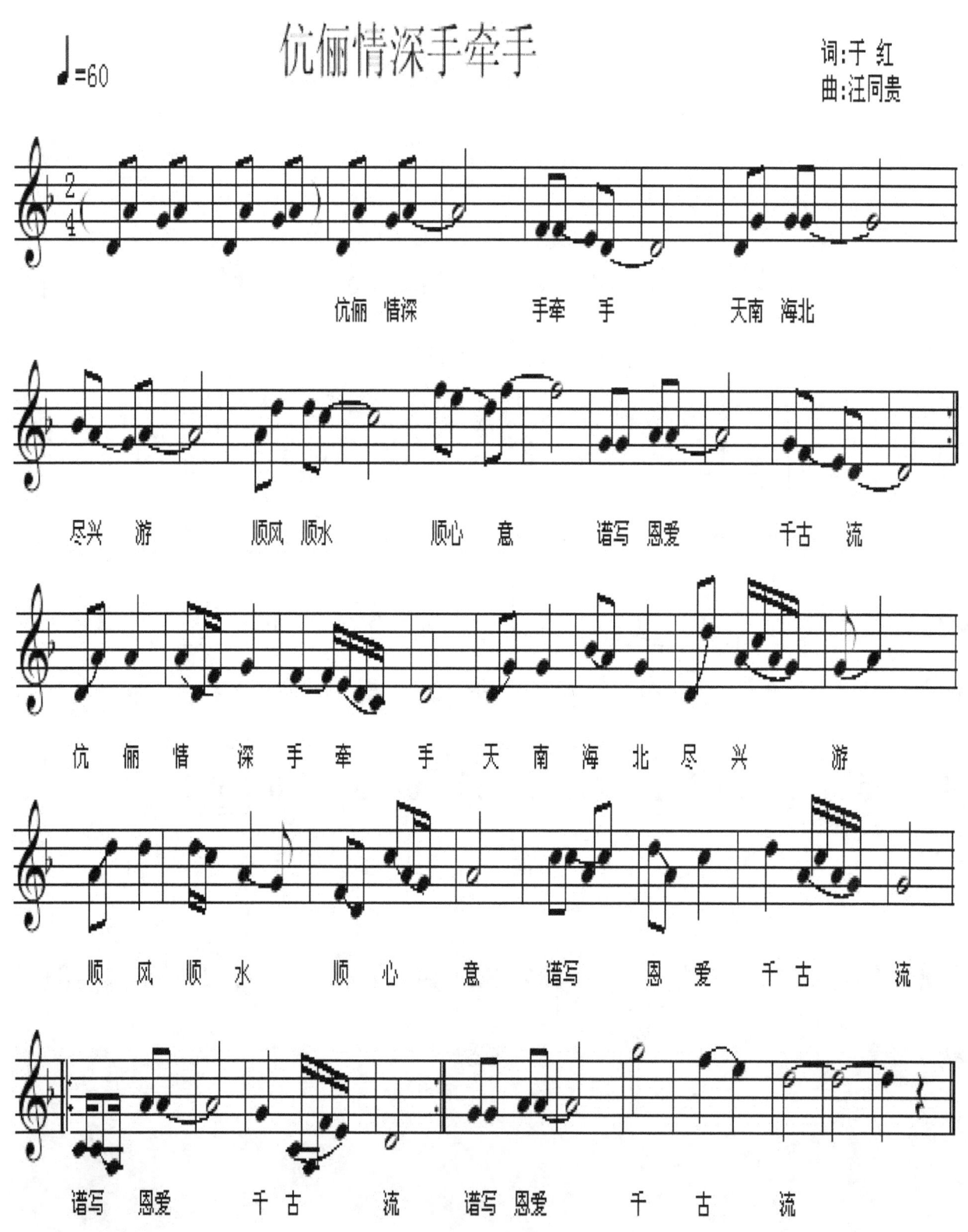

2016年7月22日

149. 可还记得那一天 词：阎肃；曲：汪同贵

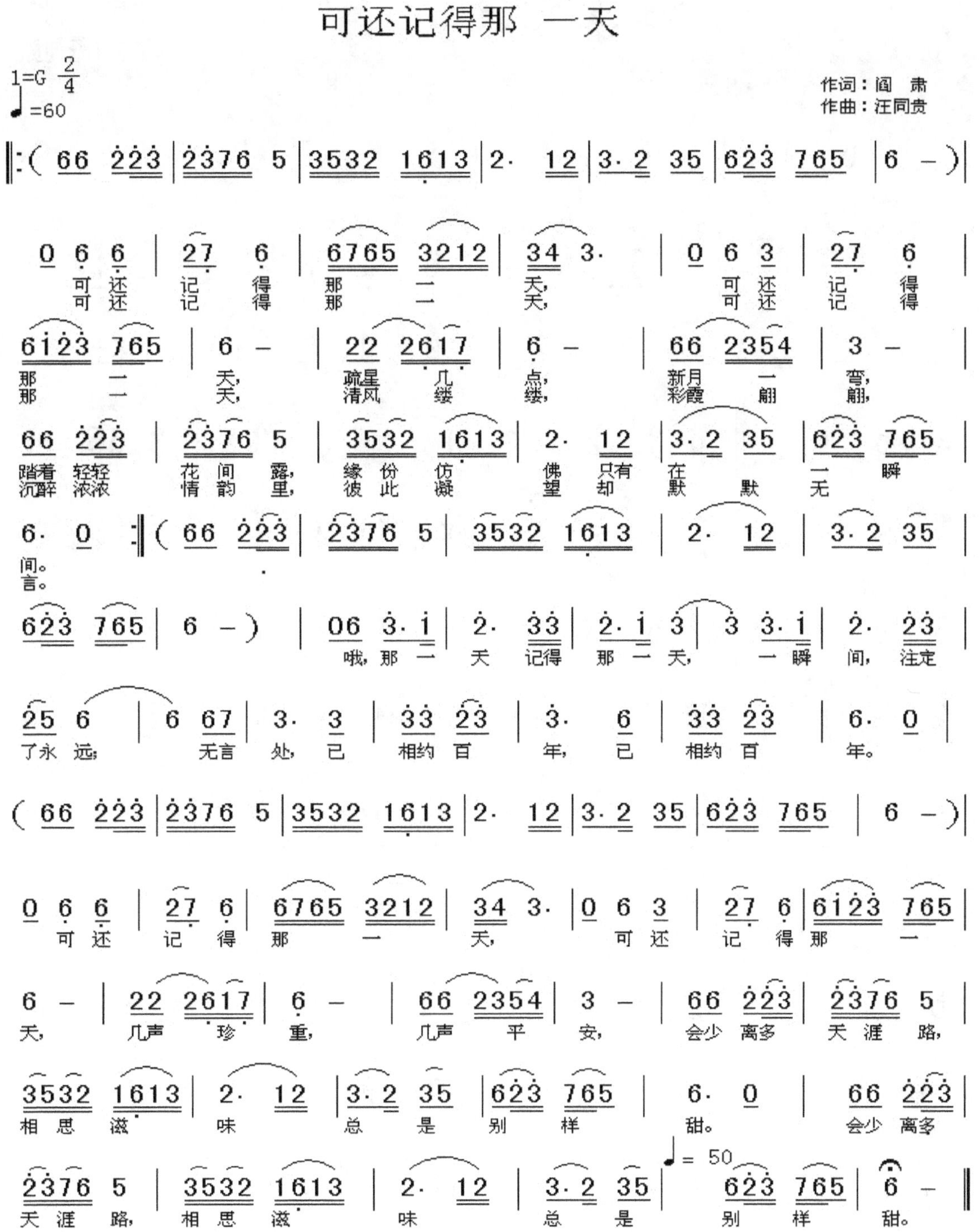

可还记得那一天

作词：阎肃
作曲：汪同贵

1=G 2/4 ♩=60

‖: (6 6 2̇2̇3̇ | 2̇3̇7 6 5 | 3532 1613 | 2· 12 | 3·2 35 | 62̇3̇ 765 | 6 —)

0 6̇· 6̇ | 2̇7 6 | 6765 3212 | 34 3· | 0 6 3 | 2̇7 6 |
可 还 记 得 那 一 天， 可 还 记 得

6̇1̇2̇3̇ 765 | 6 — | 22 2̇617 | 6· — | 66 2̇354 | 3 — |
那 一 天， 疏星 几 点， 新月 一 弯，
那 一 天， 清风 缕 缕， 彩霞 翩 翩，

66 2̇2̇3̇ | 2̇3̇76 5 | 3532 1613 | 2· 12 | 3·2 35 | 62̇3̇ 765 |
踏着 轻轻 花间 露， 缘份 仿 佛 只有 在 一瞬
沉醉 浓浓 情韵 里， 彼此 凝 望 却 默默 无

6· 0 :‖ (66 2̇2̇3̇ | 2̇3̇76 5 | 3532 1613 | 2· 12 | 3·2 35 |
间。
言。

62̇3̇ 765 | 6 —) | 0 6 3·1̇ | 2̇· 3̇3̇ | 2̇·1̇ 3̇ | 3̇ 3̇·1̇ | 2̇· 2̇3̇ |
哦，那 一 天 记得 那一天， 一瞬 间， 注定

2̇5̇ 6̇ | 6̇ 67̇ | 3̇· 3̇ | 3̇3̇ 2̇3̇ | 3̇· 6̇ | 3̇3̇ 2̇3̇ | 6̇· 0 |
了永 远， 无言 处， 已 相约 百 年， 已 相约 百 年。

(6 6 2̇2̇3̇ | 2̇3̇76 5 | 3532 1613 | 2· 12 | 3·2 35 | 62̇3̇ 765 | 6 —) |

0 6̇· 6̇ | 2̇7 6 | 6765 3212 | 34 3· | 0 6 3 | 2̇7 6 | 6̇1̇2̇3̇ 765 |
可 还 记 得 那 一 天， 可 还 记 得 那 一

6 — | 22 2̇617 | 6 — | 66 2̇354 | 3 — | 66 2̇2̇3̇ | 2̇3̇76 5 |
天， 几声 珍 重， 几声 平 安， 会少 离多 天涯 路，

3532 1613 | 2· 12 | 3·2 35 | 62̇3̇ 765 | 6· 0 | 66 2̇2̇3̇ |
相思 滋 味 总 是 别 样 甜。 会少 离多

♩=50

2̇3̇76 5 | 3532 1613 | 2· 12 | 3·2 35 | 62̇3̇ 765 | 6 — ‖
天涯 路， 相思 滋 味 总 是 别 样 甜。

150. 可知蚯蚓是益虫　词：汪同贵；曲：汪同贵

可知蚯蚓是益虫

作词：汪同贵
作曲：汪同贵

1=C 4/4
♩=100

(6 6 6 i | 7 6 3 - | 6 6 7 7 | 7 5 6 -)|

3 6 6 6 | 1 65 3 - | 6 6 3 3 | 2 12 3 -|
体 细 圆 长　软 暗 红，　夜 以 继 日　把 土 松。

3 3 6 6 | 6 3 2 - | 1 1 3 3 | 3 65 6 -|
土 壤 肥 沃　庄 稼 好，　暗 地 默 默　建 奇 功。

6 6 6 i | 7 6 3 - | 6 6 7 7 | 7 5 6 -|
土 壤 肥 沃　庄 稼 好，　暗 地 默 默　建 奇 功。

36 66 1 65 | 3 - - - | 66 33 2 12 | 3 - - -|
可脑 邻家 小 瞳　瞳，　　　手持 鱼竿 去 村　东。

33 66 6 3 | 2 - - - | 11 33 3 65 | 6 - - -|
挖来 曲蟮 瓶 中　装，　　　可知 蚯蚓 是 益　虫？

66 61 7 6 | 3 - - - | 66 77 7 5 | 6 - - -‖
挖来 曲蟮 瓶 中　装，　　　可知 蚯蚓 是 益　虫？

(2005-6-29)

151. 快来吧 我心爱的姑娘 词：汪同贵；曲：汪同贵

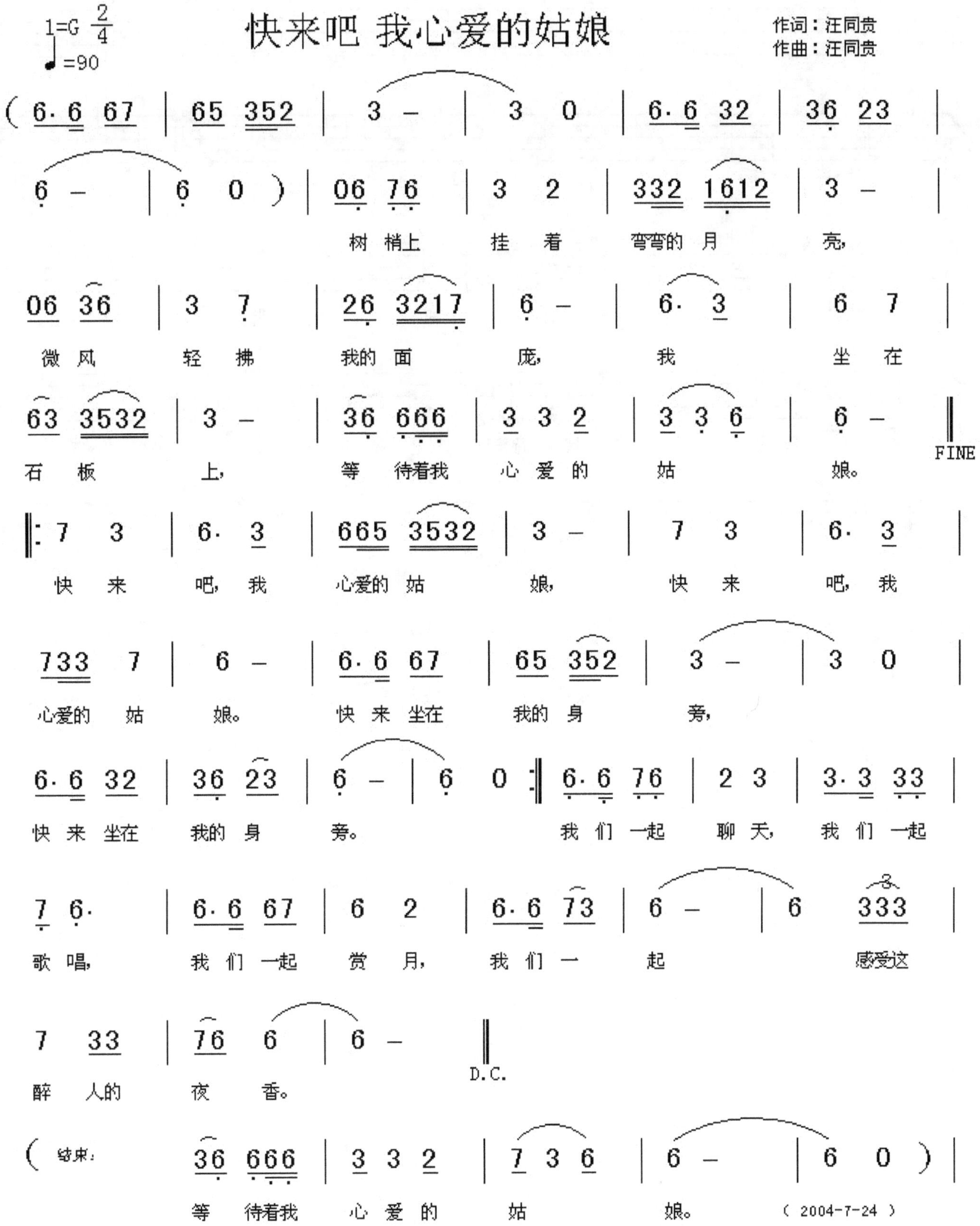

快来吧 我心爱的姑娘

作词：汪同贵
作曲：汪同贵

1=G 2/4 ♩=90

(6·6 67 | 65 352 | 3 - | 3 0 | 6·6 32 | 36 23 |

6 - | 6 0) | 06 76 | 3 2 | 332 1612 | 3 - |
　　　　　　　　树梢上　挂着　弯弯的月　亮，

06 36 | 3 7 | 26 3217 | 6 - | 6· 3 | 6 7 |
微风　轻拂　我的面　庞，　　我　坐在

63 3532 | 3 - | 36 666 | 3 3 2 | 3 3 6 | 6 - ‖ FINE
石板　上，　等待着我　心爱的　姑　娘。

‖: 7 3 | 6· 3 | 665 3532 | 3 - | 7 3 | 6· 3 |
快来　吧，我　心爱的姑　娘，　快来　吧，我

733 7 | 6 - | 6·6 67 | 65 352 | 3 - | 3 0 |
心爱的　姑　娘。　快来坐在　我的身　旁，

6·6 32 | 36 23 | 6 - | 6 0 :‖ 6·6 76 | 2 3 | 3·3 33 |
快来坐在　我的身　旁。　　　　我们一起　聊天，　我们一起

7 6· | 6·6 67 | 6 2 | 6·6 73 | 6 - | 6 333 |
歌唱，　我们一起　赏月，　我们一　起　感受这

7 33 | 76 6 | 6 - ‖ D.C.
醉人的　夜香。

(尾声：36 666 | 3 3 2 | 7 3 6 | 6 - | 6 0)|
　　　　等待着我　心爱的　姑娘。

(2004-7-24)

快来吧，我心爱的姑娘

152. 昆华赠围巾　词：史瑞芳；曲：汪同贵

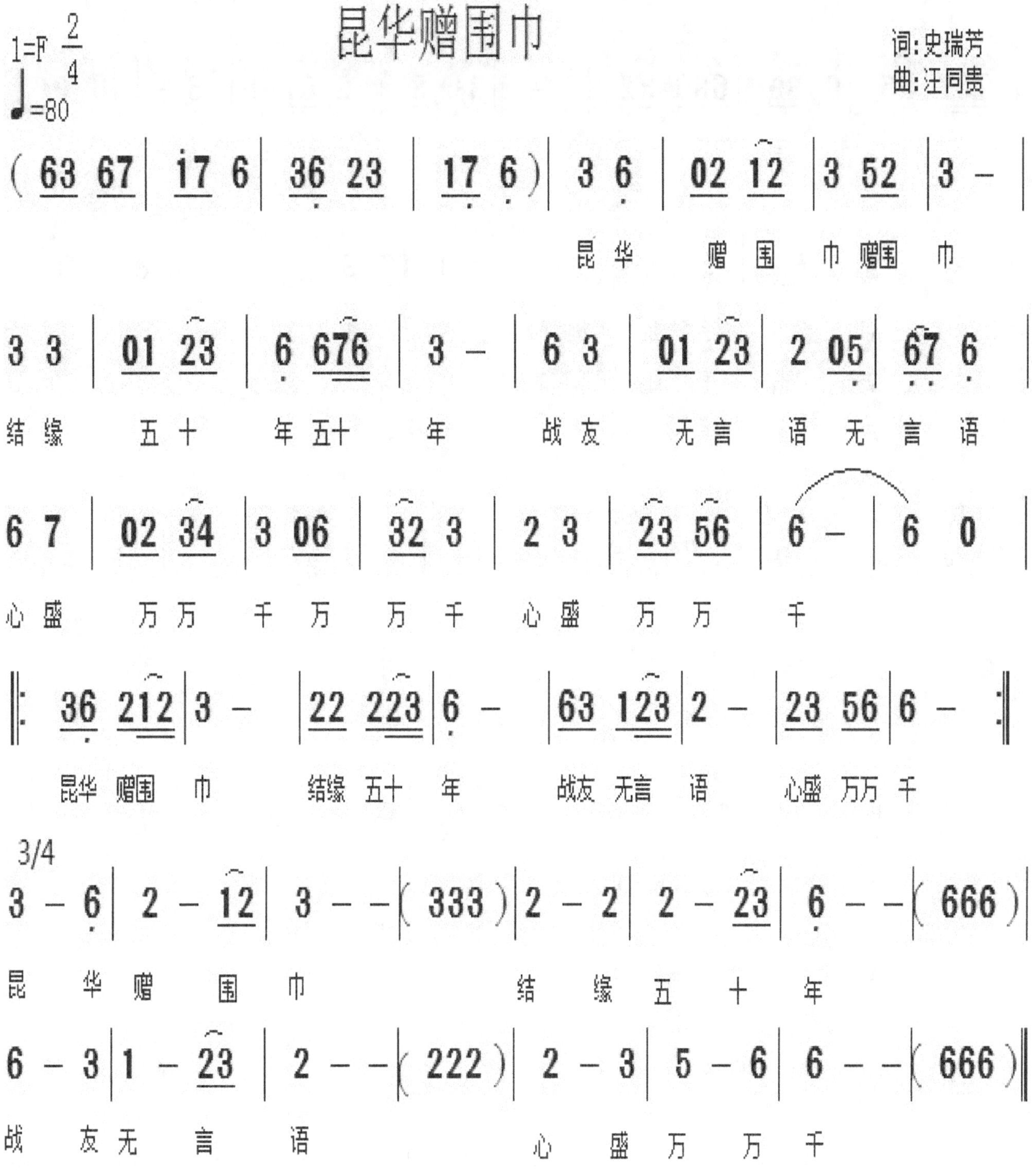

153. 拉手 词：汪同贵；曲：汪同贵

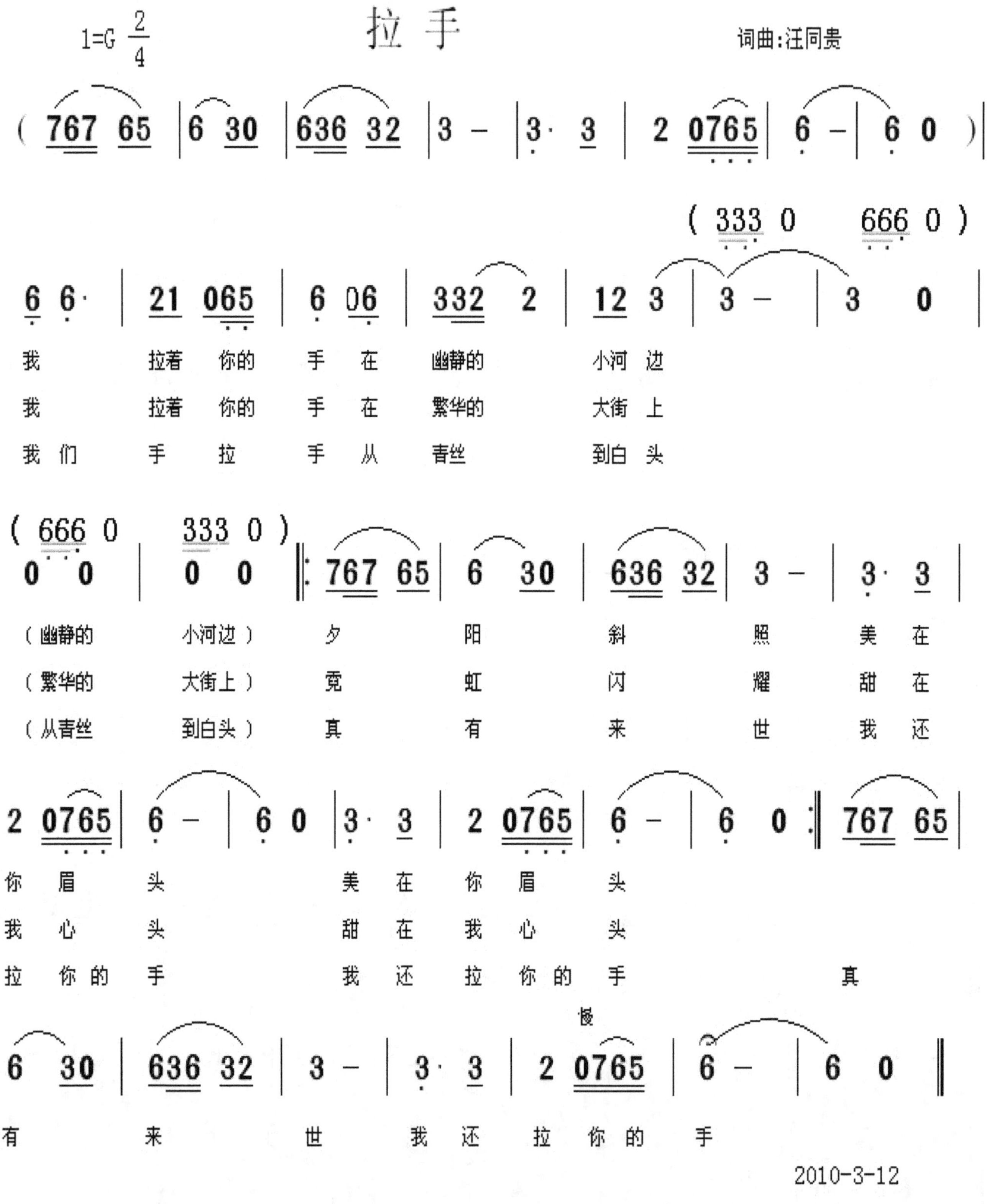

拉 手

1=G 2/4 词曲:汪同贵

(767 65 | 6 30 | 636 32 | 3 - | 3· 3 | 2 0765 | 6 - | 6 0)

(333 0 666 0)

6 6· | 21 065 | 6 06 | 332 2 | 12 3 | 3 - | 3 0 |
我 拉着 你的 手 在 幽静的 小河 边
我 拉着 你的 手 在 繁华的 大街 上
我 们 手 拉 手 从 青丝 到白 头

(666 0 333 0)
0· 0 | 0 0 ‖: 767 65 | 6 30 | 636 32 | 3 - | 3· 3 |
(幽静的 小河边) 夕 阳 斜 照 美 在
(繁华的 大街上) 霓 虹 闪 耀 甜 在
(从青丝 到白头) 真 有 来 世 我 还

2 0765 | 6 - | 6 0 | 3· 3 | 2 0765 | 6 - | 6 0 :‖ 767 65 |
你 眉 头 美 在 你 眉 头
我 心 头 甜 在 我 心 头
拉 你的手 我 还 拉 你的 手 真

6 30 | 636 32 | 3 - | 3· 3 | 2 0765 | 6 - | 6 0 ‖
有 来 世 我 还 拉 你的 手

2010-3-12

154. 蓝天旷野草场 词：杨泰良；曲：汪同贵

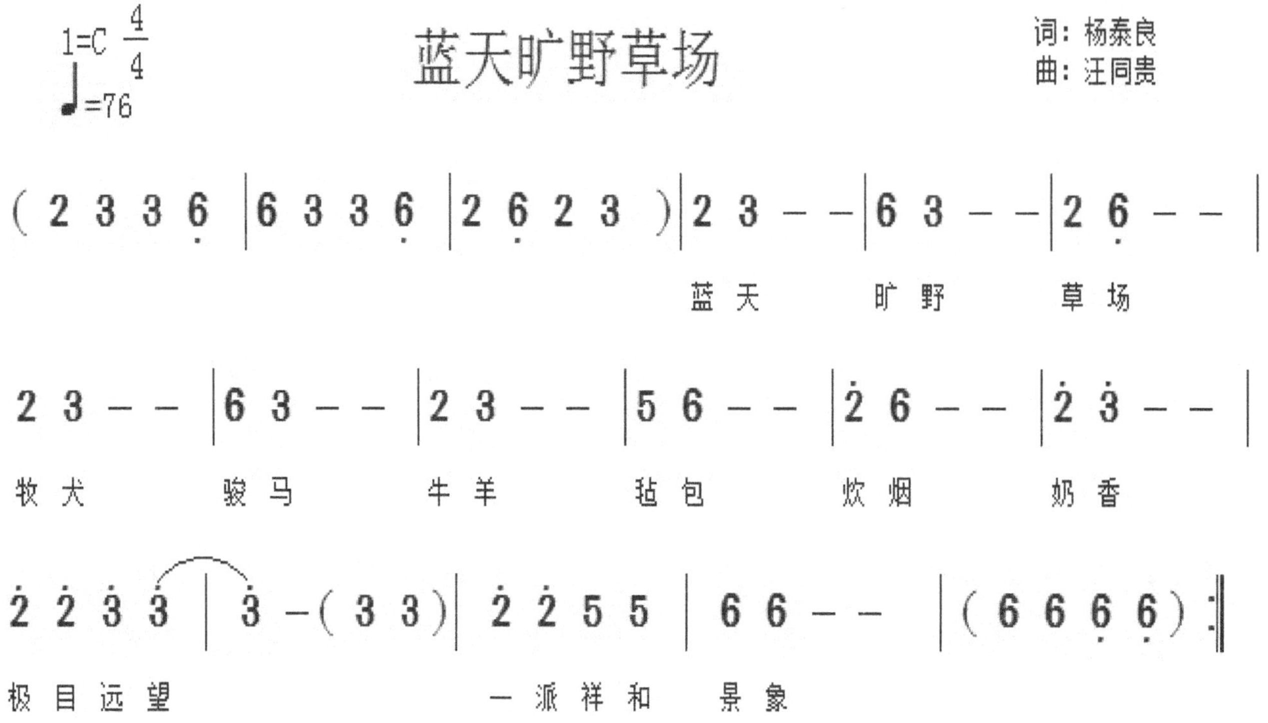

155. 老父亲 词：刘忠才；曲：汪同贵

老父亲

词：刘忠才
曲：汪同贵

1=C 2/4　♩=60

(2̇2̇2̇ 55 | 2̇3̇2̇6 55 | 6̇1̇65 456̇1̇ | 6543 2) | 2̇3̇2̇1̇ 2̇ | 02̇3̇ 1̇6 |
　　　　　　　　　　　　　　　　　　　　　　　　　　　　　风　霜　　在你　脸上

56 02̇ | 2̇ — | (3̇1̇ 2̇2̇) 3532 3 | 076 53 | 12 56 | 2 — |
刻下 艰 辛　　　　　　　　　黄　土　　在你 身上　留下 抗　争

(223 5356) | 2·3 2̇3̇2̇6 | 1̇76 5 | 2̇2̇3̇ 2̇61̇7 | 6 — | 5356 1̇76 |
　　　　　　白　发　　　记录了 你 普通　岁　　月　　老 茧

1̇265 3 | 335 321 | 2 — | (2̇2̇2̇ 55) | 2̇3̇2̇6 55 | 6̇1̇65 456̇1̇ |
展示了 你 平凡 人　生

6543 2) | 66 6̇1̇ | 7̇6 563 | 2 — | (23 56) | 2̇3̇ 53 | 56 3532 |
　　　你像 一头　老 黄　牛　　　　　　　　别无 他求　唯有 忠

2̇ — | (2̇3̇ 56) | 77 7̇276 | 53 6 | 36 1̇276 | 5·2̇3̇ | 76 53 | 2̇2̇3̇ 25 |
心　　　　　　　只要 给你　一个　窝　　棚 你就 心安 理得　默默 无

3 — | (3̇1̇ 2̇2̇) 77 7̇276 | 5 6· | 2̇3̇ 1̇7 | 6·2̇3̇ | 76 53 | 2 25 |
声　　　　　　　只要 给你　一把　稻　　草 你就　心满 意足 勤苦 躬

3 — | (3̇1̇ 2̇2̇) 77 7̇276 | 5 3· | 36 1̇21̇6 | 7·77 | 76 56 |
耕　　　　　　　只要 给你　一瓢　　清　　　　　水 你就　心甘 情愿

2̇2̇3̇ 25 | 6 — | ♩=80 (555 2̇2̇2̇ | 1̇1̇1̇ 666) | 5̇ 1̇6 | 2̇3̇2̇ 56 | 6 43 |
奉献 青 春　　　　　　　　　　　　　　　　　老黄　牛　啊 老黄

2 — | 2̇ 5 | 5 6· | 556 45 | 6 — | 5̇ 1̇6 | 2̇3̇2̇ 56 |
牛　　　就像 我那　朴实的 老父 亲　　　　老父　亲　啊

6 43 | 2̇ — | 2̇ 5 | 5 6· | 556 45 | 6 — | 5̇ 1̇6 | 2̇3̇2̇ 56 |
老 父 亲　　　就是 天下　典型的 老农　民　　　　老农　民 啊

6 43 | 2̇ — | 2̇2̇3̇ 2̇2̇ | 2 — | 1̇265 4 | (1̇265 42) | 555 52̇ | 2̇ — |
老 父 亲　　　你在我 眼里　　　是 座塔　　　　　　　你在我 心里

4246 5 | (4246 55) | 555 5̇1̇ | 1̇ — | ♩=60 56 2̇ | 2̇ — ‖
重 千 斤　　　　　　　你在我 心里　　　　　　重 千 斤

2013年4月21日

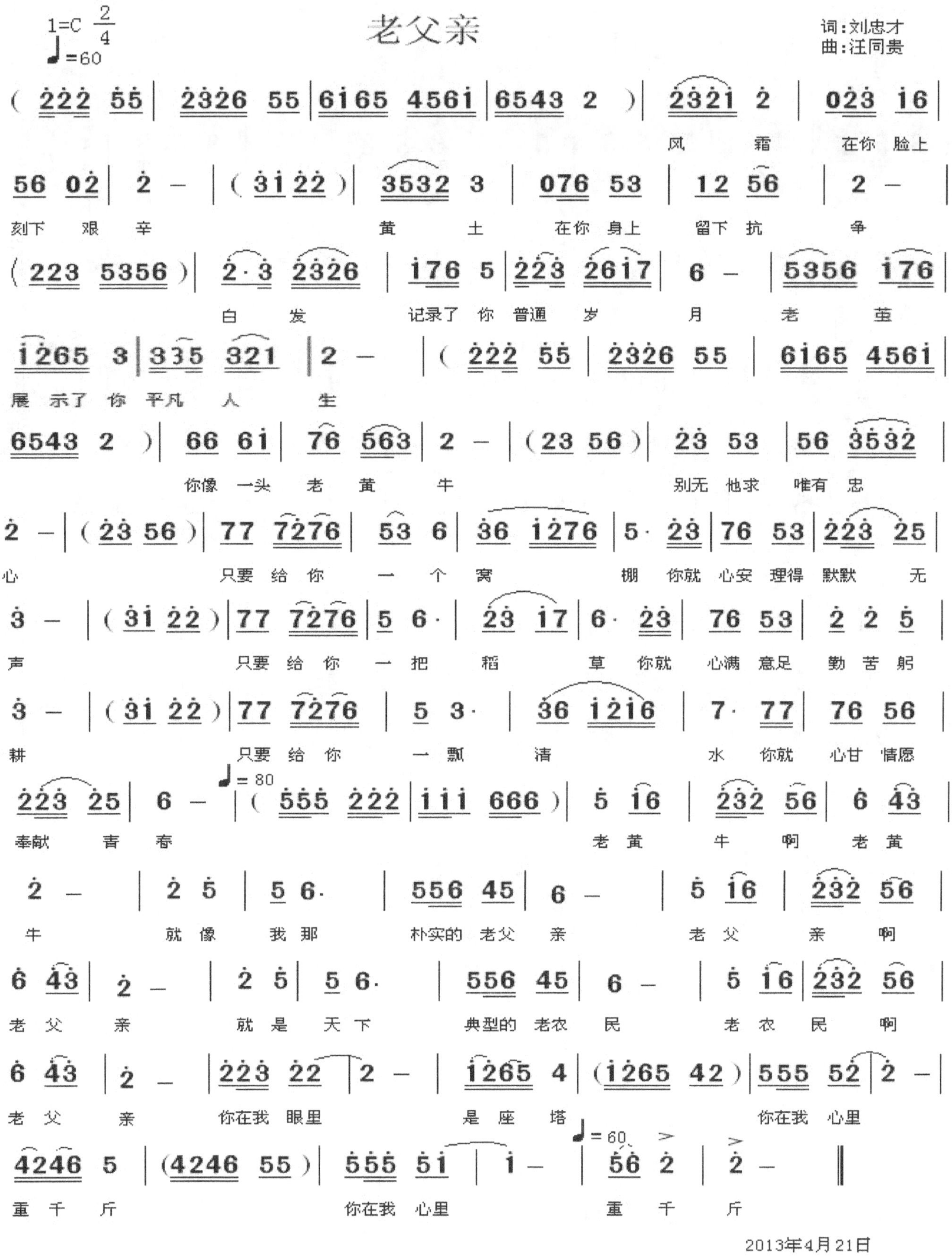

156. 老师 您好　词：汪同贵；曲：汪同贵

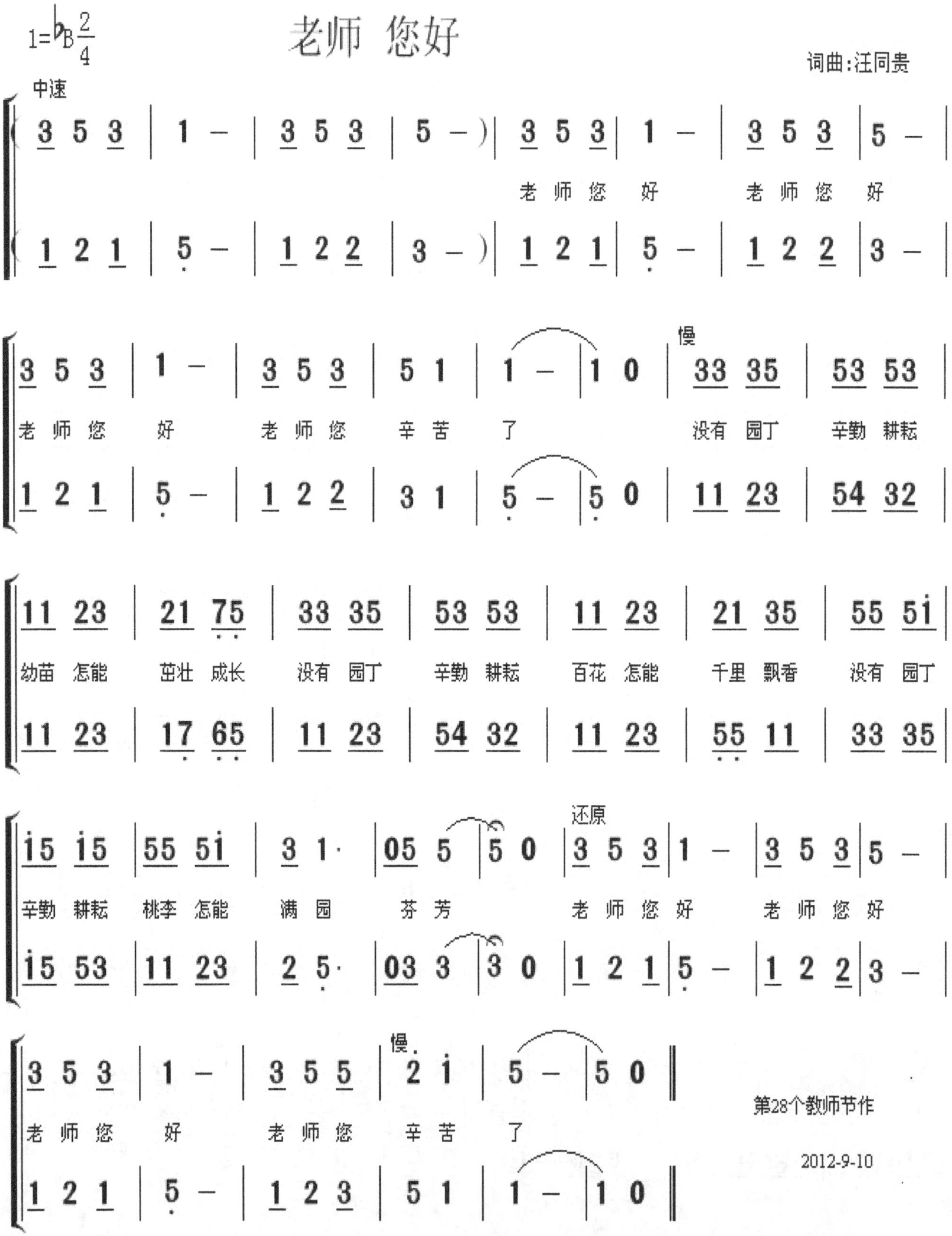

老师 您好

词曲：汪同贵

1=♭B 2/4

中速

```
| 3 5 3 | 1 - | 3 5 3 | 5 -) | 3 5 3 | 1 - | 3 5 3 | 5 - |
                              老师您好        老师您好
| 1 2 1 | 5. - | 1 2 2 | 3 -) | 1 2 1 | 5. - | 1 2 2 | 3 - |
```

```
| 3 5 3 | 1 - | 3 5 3 | 5 1 | 1 - | 1 0 | 33 35 | 53 53 |
  老师您  好    老师您 辛苦  了           没有 园丁  辛勤 耕耘
| 1 2 1 | 5. - | 1 2 2 | 3 1 | 5. - | 5. 0 | 11 23 | 54 32 |
```
（慢）

```
| 11 23 | 21 75 | 33 35 | 53 53 | 11 23 | 21 35 | 55 51 |
  幼苗 怎能   茁壮 成长   没有 园丁   辛勤 耕耘   百花 怎能   千里 飘香   没有 园丁
| 11 23 | 17 65 | 11 23 | 54 32 | 11 23 | 55 11 | 33 35 |
```

```
| 15 15 | 55 51 | 3 1. | 05 5 | 5 0 | 3 5 3 | 1 - | 3 5 3 | 5 - |
  辛勤 耕耘   桃李 怎能   满 园   芬 芳          老师您好        老师您好
| 15 53 | 11 23 | 2 5. | 03 3 | 3 0 | 1 2 1 | 5. - | 1 2 2 | 3 - |
```
还原

```
| 3 5 3 | 1 - | 3 5 5 | 2 1 | 5 - | 5 0 ‖
  老师您 好    老师您 辛苦  了
| 1 2 1 | 5. - | 1 2 3 | 5 1 | 1 - | 1 0 ‖
```
（慢）

第28个教师节作

2012-9-10

157. 老同学相会 词：彭章春；曲：汪同贵

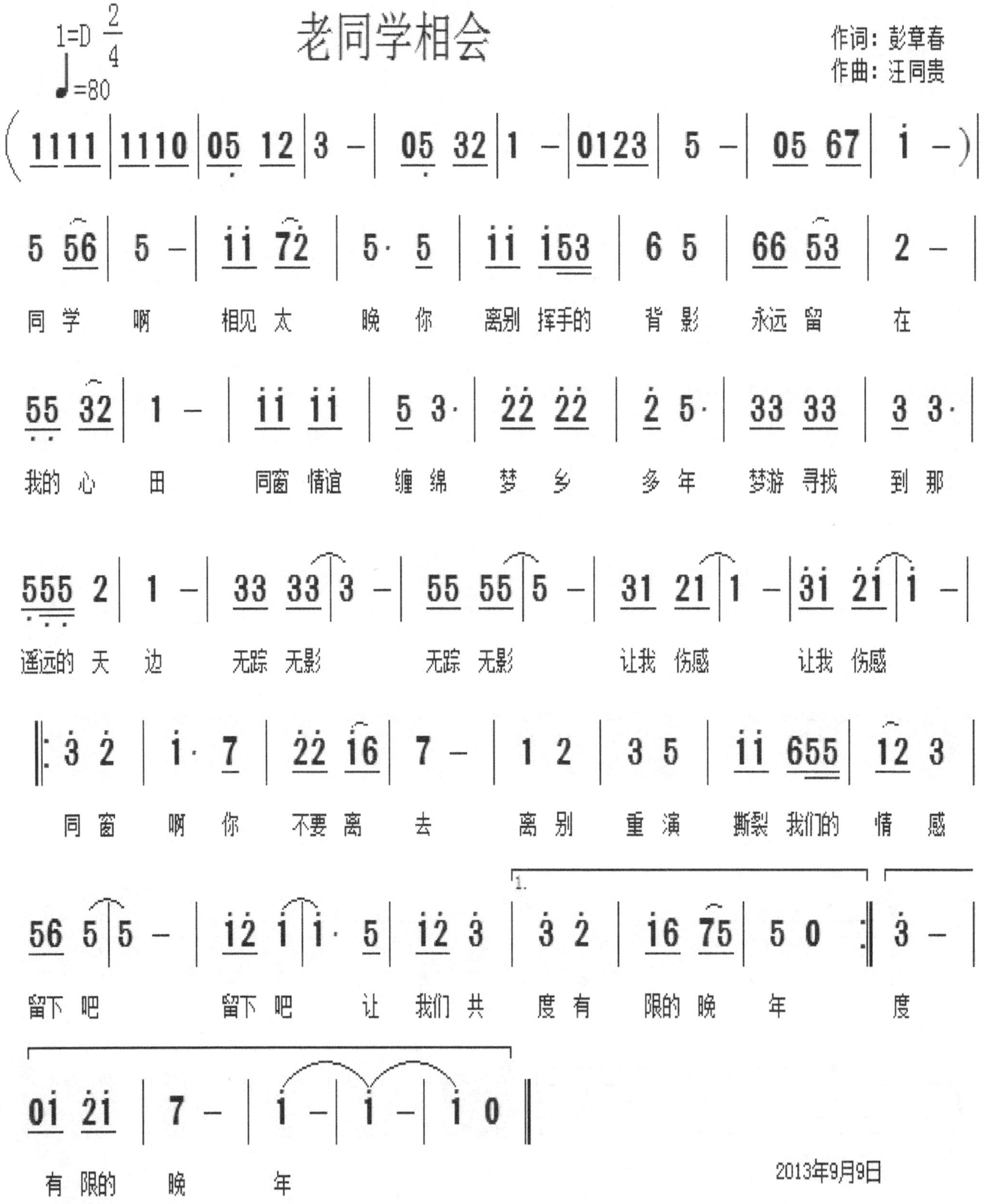

老同学相会

作词：彭章春
作曲：汪同贵

1=D 2/4　♩=80

（乐谱略）

歌词：
同学啊 相见太晚 你离别挥手的 背影 永远留 在
我的心田 同窗情谊 缠绵梦乡 多年梦游寻找 到那
遥远的天边 无踪无影 无踪无影 让我伤感 让我伤感
同窗啊你 不要离去 离别重演 撕裂我们的 情感
留下吧 留下吧 让我们共度有 限的晚年 度
有限的晚年

2013年9月9日

老同学相会

词：彭章春
曲：汪同贵

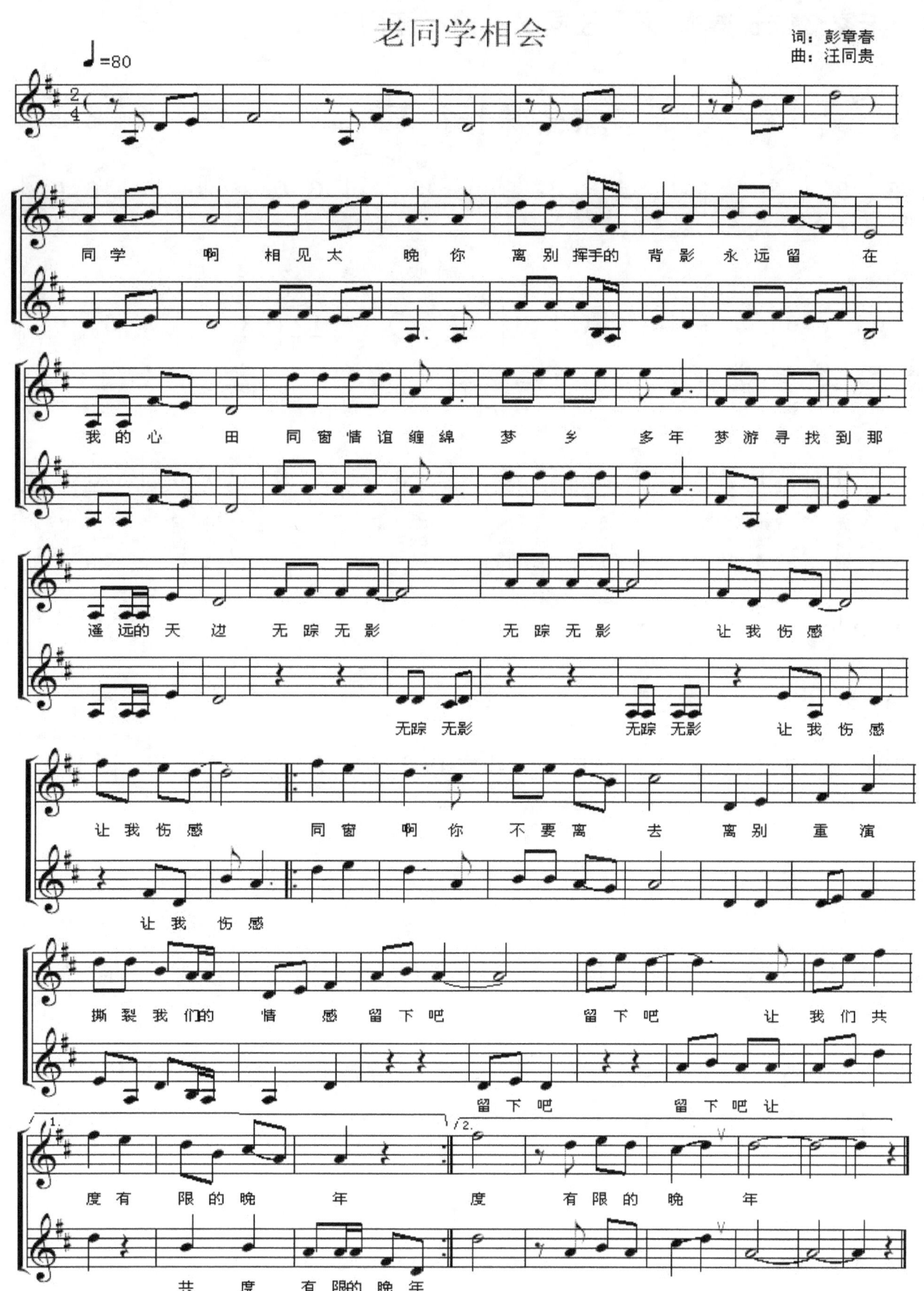

158. 李家幺妹长得乖 词：汪同贵；曲：汪同贵

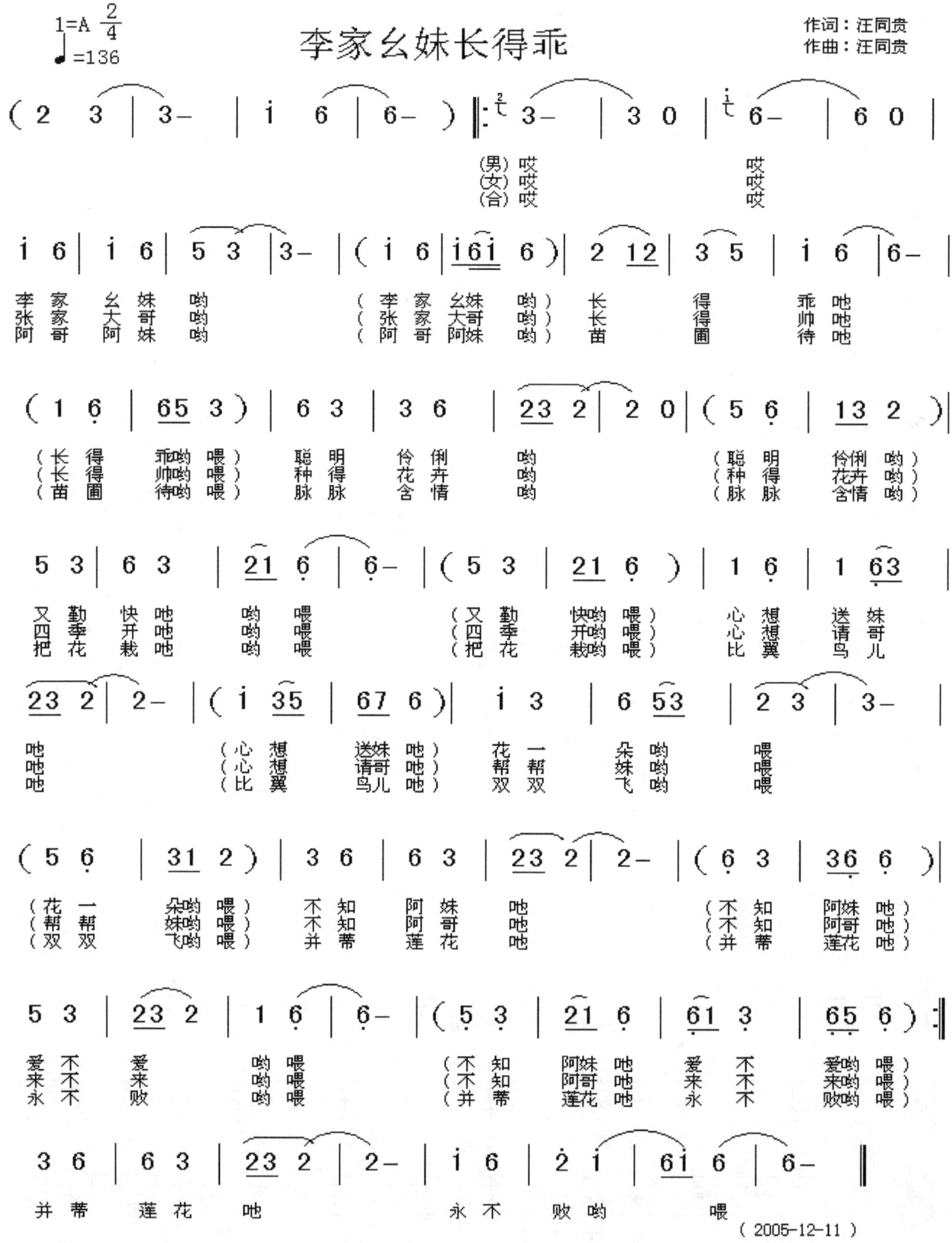

♩=136

李家幺妹长得乖

作词:汪同贵
作曲:汪同贵

(2005-12-11)

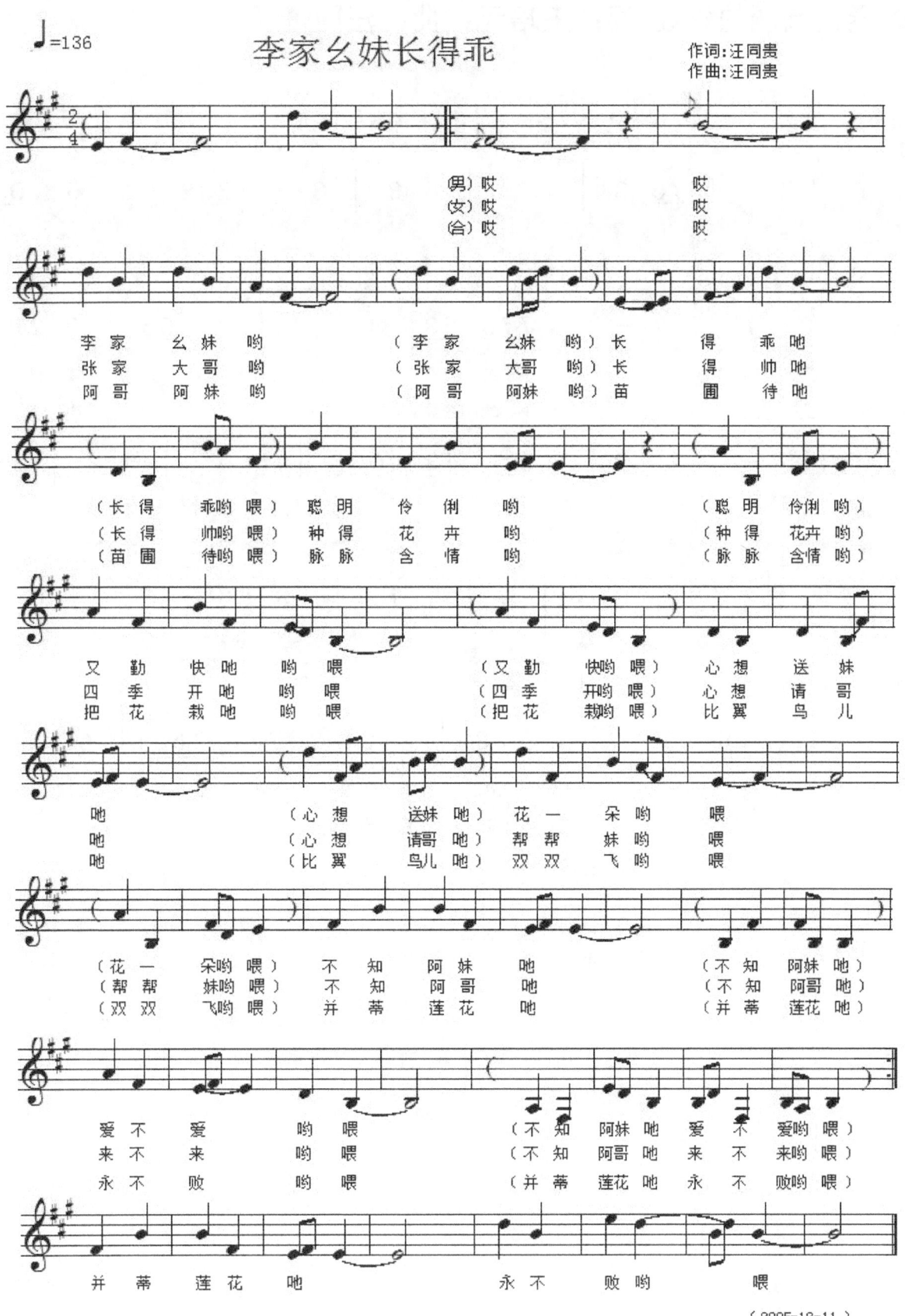

159. 联通，绚丽的彩虹 词：王培元；曲：汪同贵

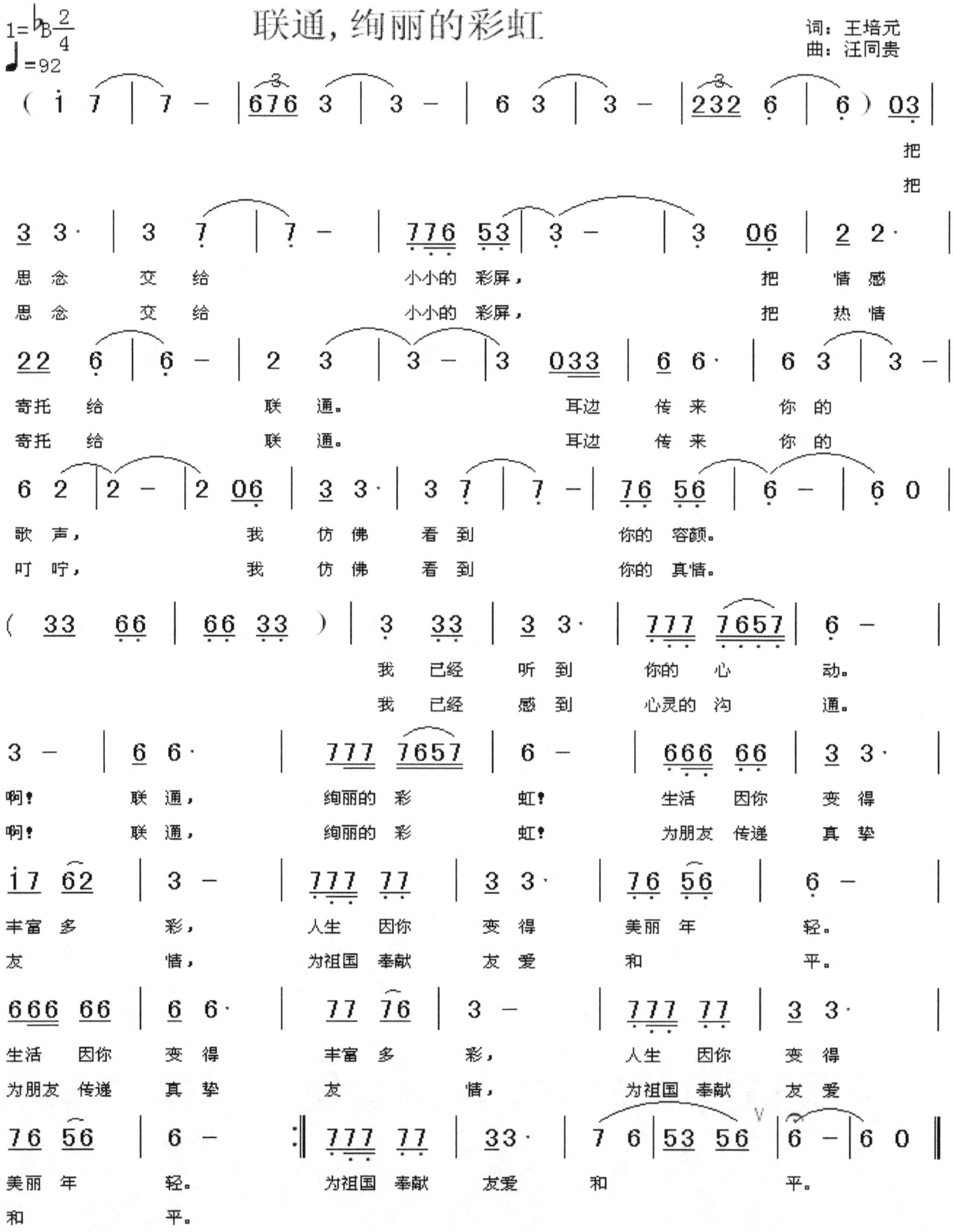

思念 交给 小小的彩屏， 把 情感
思念 交给 小小的彩屏， 把 热情

寄托 给 联通。 耳边 传来 你的
寄托 给 联通。 耳边 传来 你的

歌声， 我 仿佛 看到 你的 容颜。
叮咛， 我 仿佛 看到 你的 真情。

我 已经 听到 你的 心 动。
我 已经 感到 心灵的 沟 通。

啊！ 联通， 绚丽的 彩 虹！ 生活 因你 变得
啊！ 联通， 绚丽的 彩 虹！ 为朋友 传递 真挚

丰富 多 彩， 人生 因你 变得 美丽 年 轻。
友 情， 为祖国 奉献 友爱 和 平。

生活 因你 变得 丰富 多 彩， 人生 因你 变得
为朋友 传递 真挚 友 情， 为祖国 奉献 友爱

美丽 年 轻。 为祖国 奉献 友爱 和 平。
和 平。

联通，绚丽的彩虹

词：王培元
曲：汪同贵

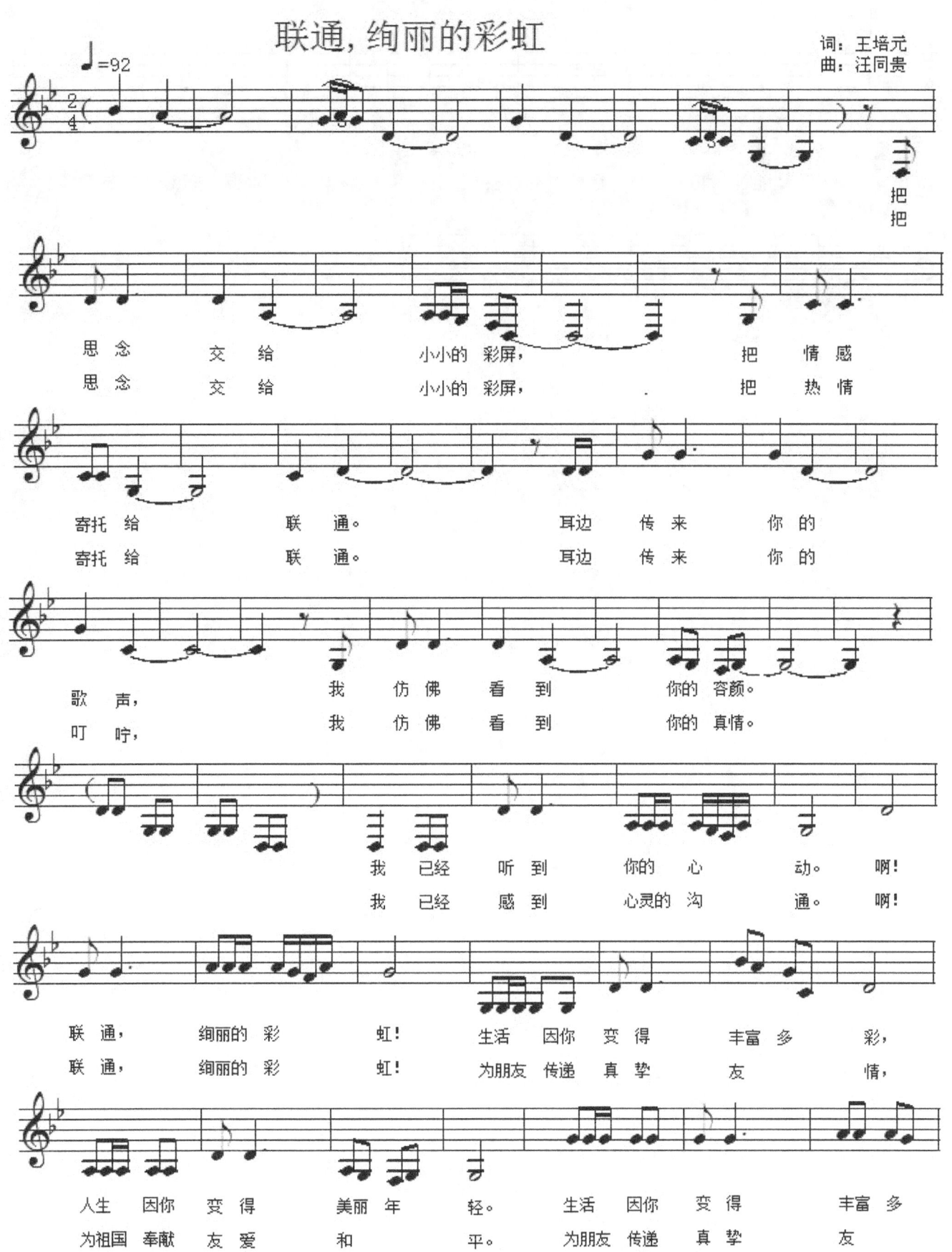

彩， 人生 因你 变 得 美丽 年 轻。
情， 为祖国 奉献 友 爱 和 平。 为祖国 奉献 友 爱
和 平。

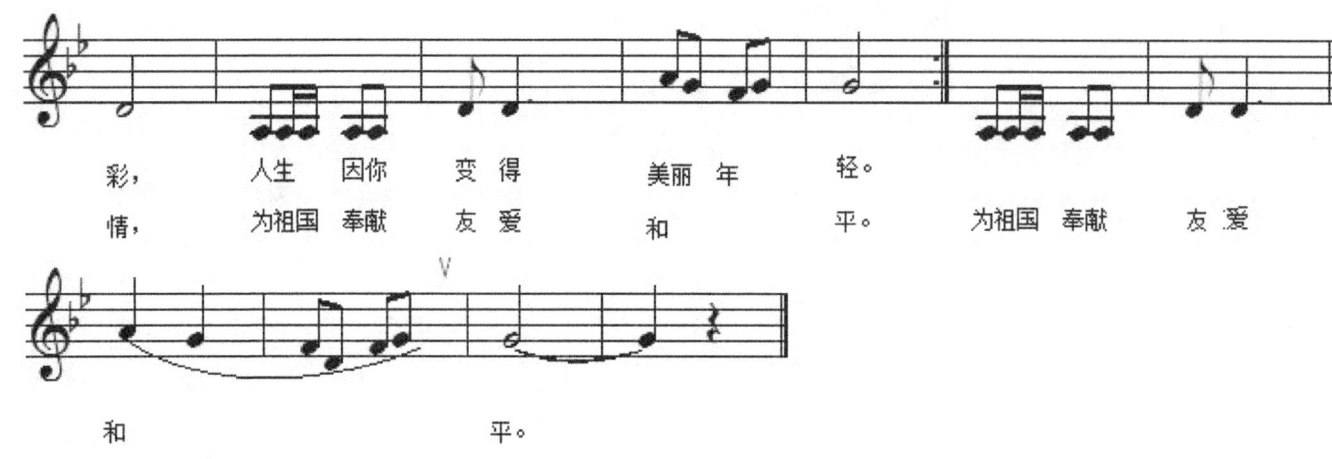

160. 刘晓庆纪念馆留歌 词：彭章春；曲：汪同贵

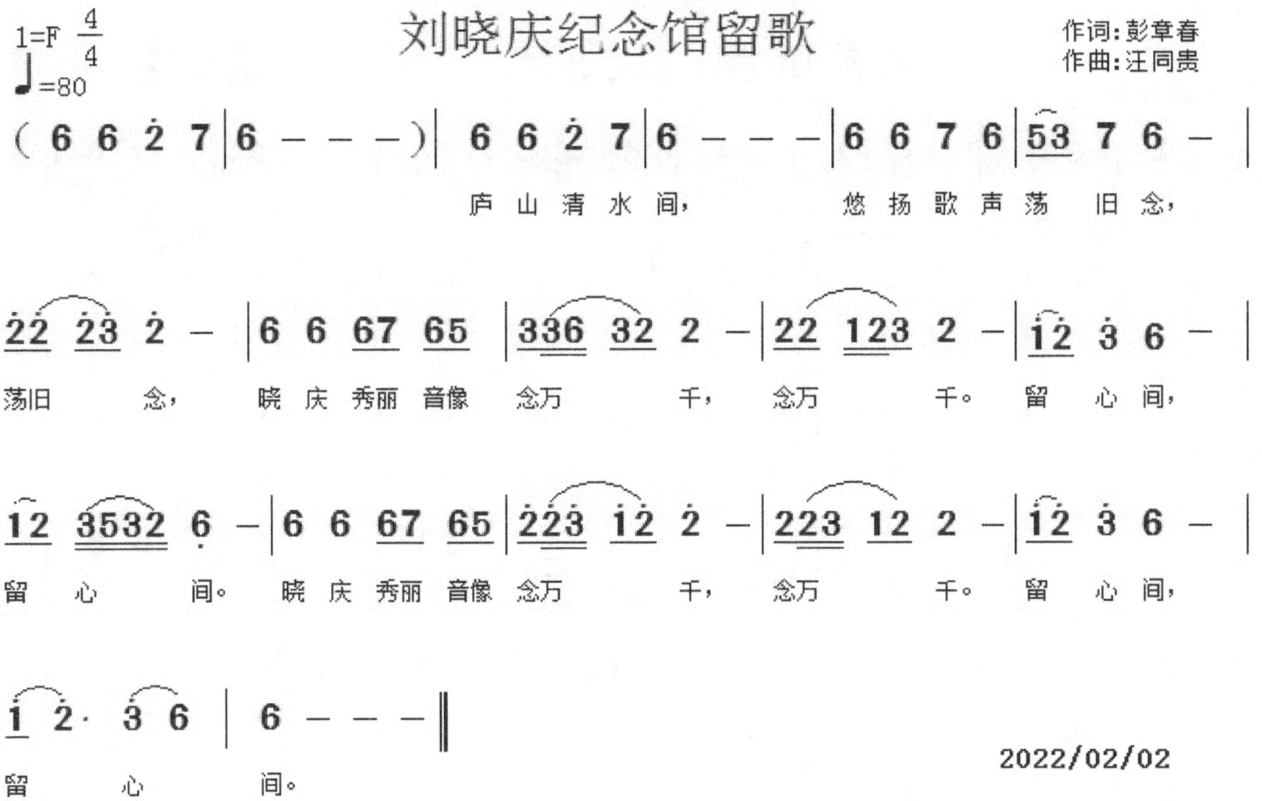

彭爸在看川渝春节晚会时，看到刘晓庆出场，激动不已，诗兴大发，写下一首"刘晓庆"，请你有空帮他谱一曲。

161. 美丽的澳门我的家　词：孙新凯；曲：汪同贵

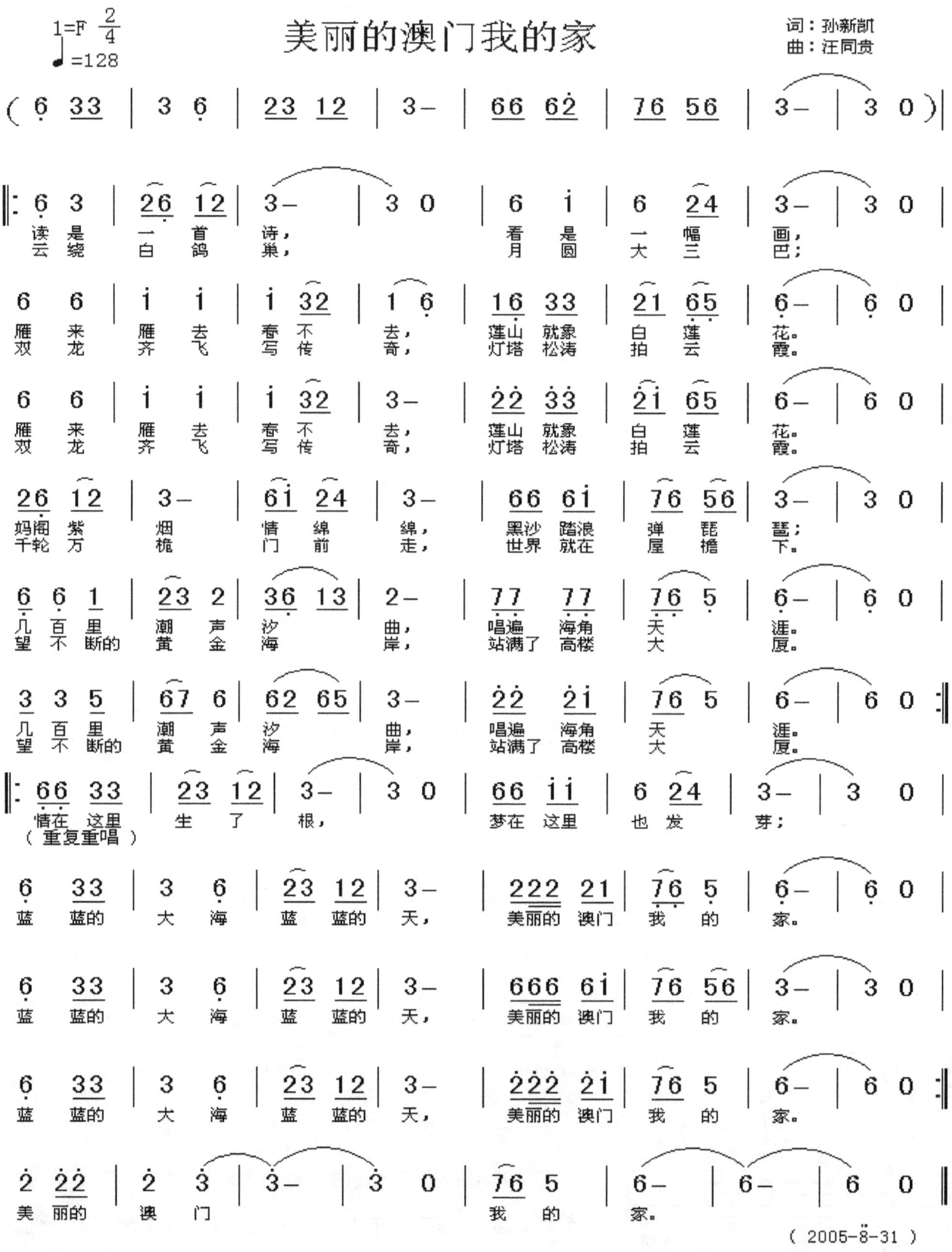

美丽的澳门我的家

作词：孙新凯
作曲：汪同贵

162. 美丽的湘西 词：张深奥；曲：汪同贵

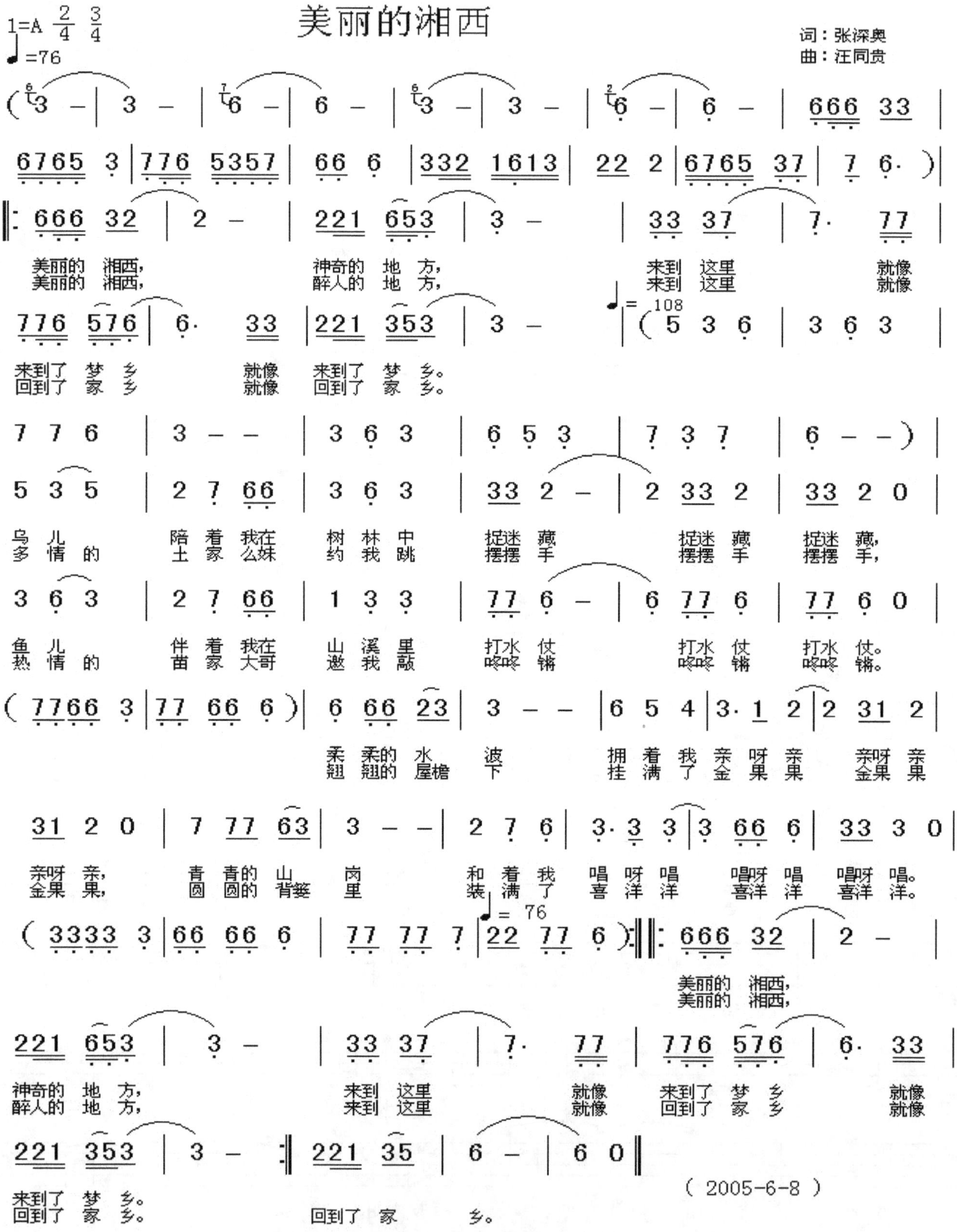

美丽的湘西

作词:张深奥
作曲:汪同贵

♩=76

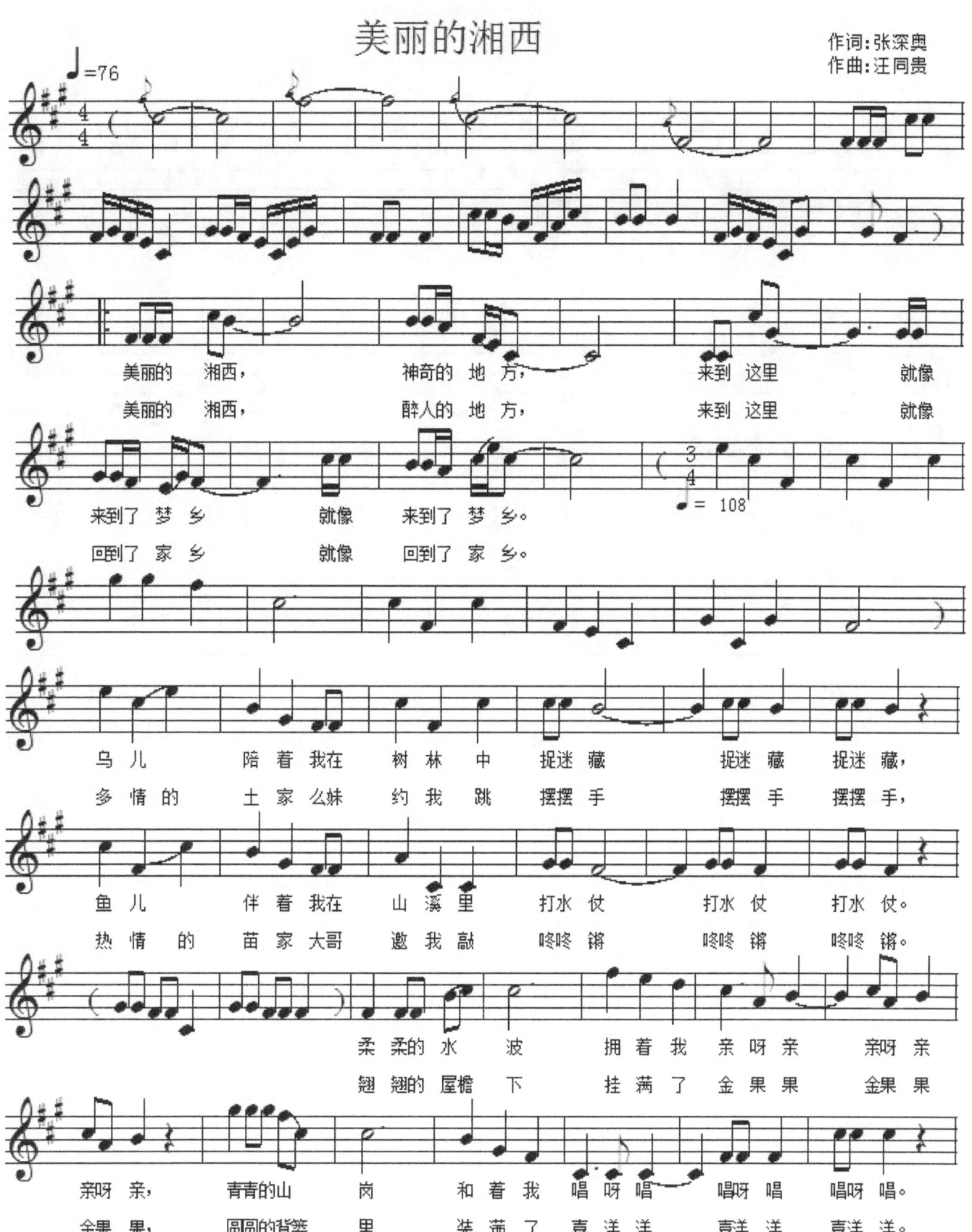

♩= 76
美丽的 湘西，
美丽的 湘西，
神奇的 地 方，
来到 这里
就像 来到了 梦 乡
就像
醉人的 地 方，
来到 这里
就像 回到了 家 乡
就像
来到了 梦 乡。
回到了 家 乡。
回到了 家 乡。
（2005-6-8）

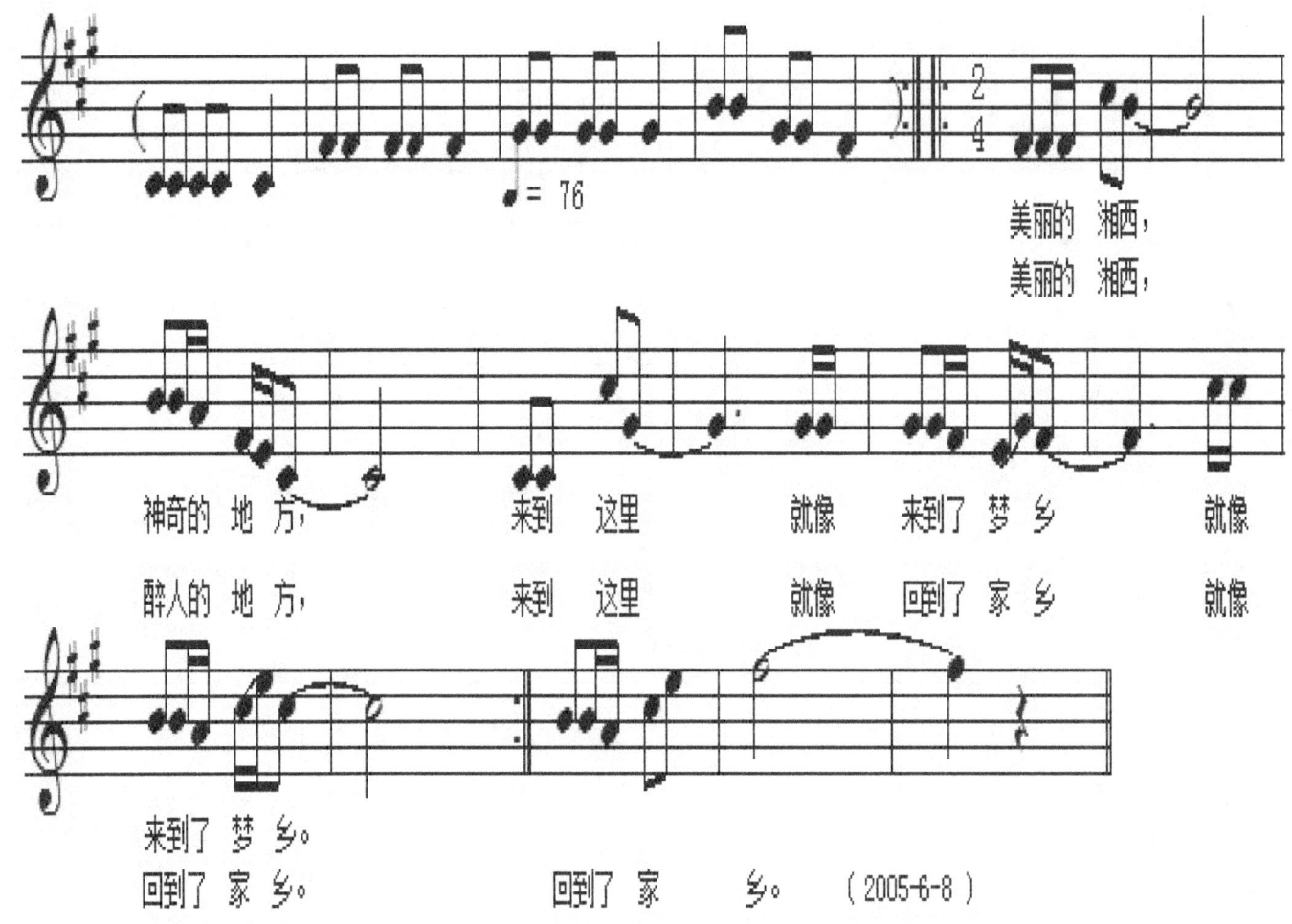

163. 妹妹啊你不要走 词：刘忠才；曲：汪同贵

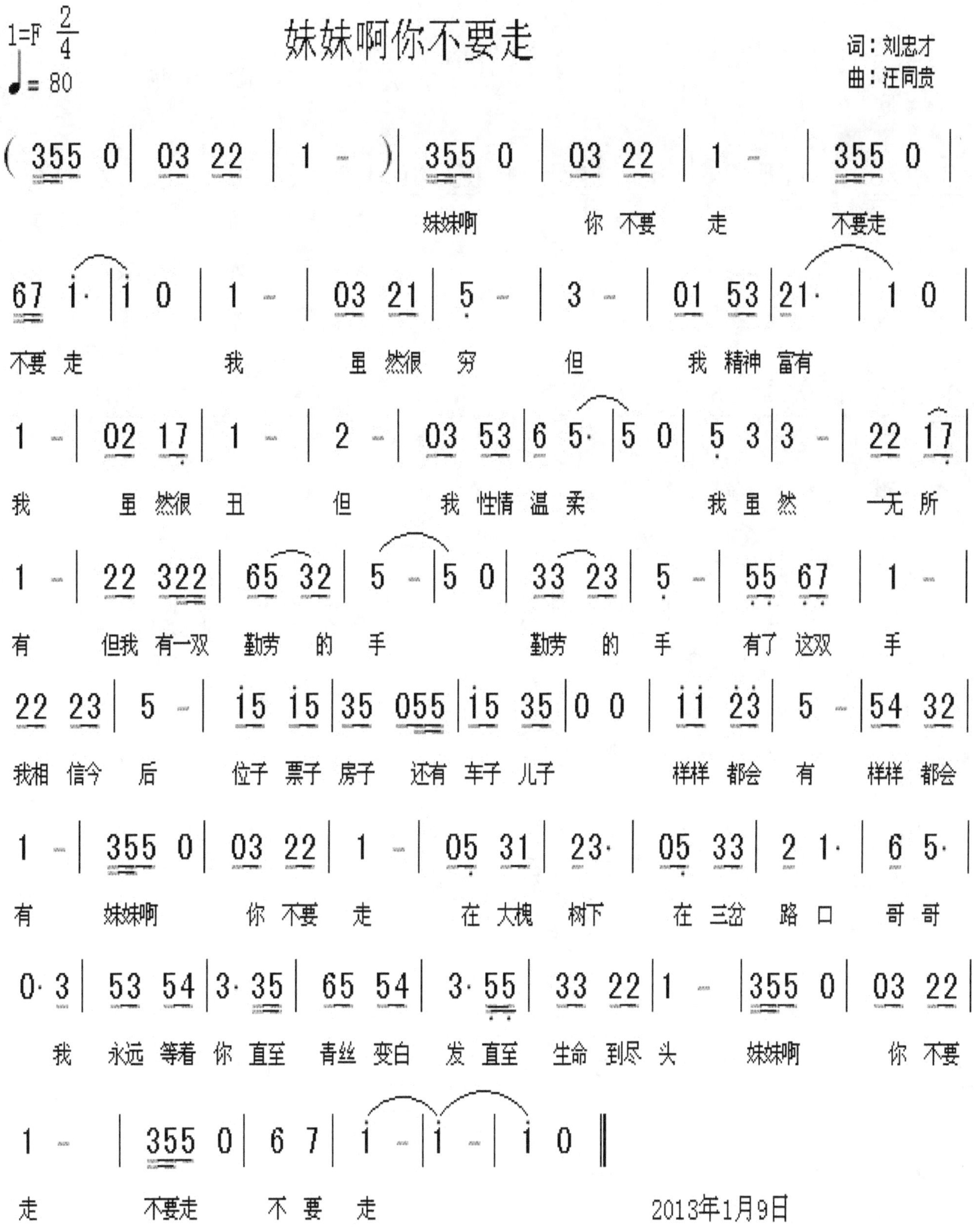

妹妹啊你不要走

1=F 2/4 ♩=80

词：刘忠才
曲：汪同贵

(355 0 | 03 22 | 1 —) | 355 0 | 03 22 | 1 — | 355 0 |
　　　　　　　　　　　　　　妹妹啊　　你不要走　　　不要走

67 1· | 1 0 | 1 — | 03 21 | 5 | 3 — | 01 53 | 21· | 1 0 |
不要走　　　　我　　虽然很穷　但　我精神富有

1 — | 02 17 | 1 — | 2 — | 03 53 | 6 5· | 5 0 | 5 3 | 22 17 |
我　　虽然很丑　但　　我性情温柔　　　我虽然　一无所

1 — | 22 322 | 65 32 | 5 | 5 0 | 33 23 | 5 | 55 67 | 1 — |
有　　但我有一双　勤劳的手　　　勤劳的手　有了这双手

22 23 | 5 — | 15 15 | 35 055 | 15 35 | 0 0 | 11 23 | 5 — | 54 32 |
我相信今后　位子 票子 房子 还有 车子 儿子　　样样 都会 有　样样 都会

1 — | 355 0 | 03 22 | 1 — | 05 31 | 23· | 05 33 | 2 1· | 6 5· |
有　　妹妹啊　　你不要走　　在大槐 树下　在三岔 路口　哥哥

0· 3 | 53 54 | 3· 35 | 65 54 | 3· 55 | 33 22 | 1 — | 355 0 | 03 22 |
我　永远 等着你 直至 青丝 变白 发 直至 生命 到尽 头　妹妹啊　　你不要

1 — | 355 0 | 67 | 1 — | 1 — | 1 0 ‖
走　　不要走　不要　走

2013年1月9日

164. 妹妹你等着我哟 词：汪同贵；曲：汪同贵

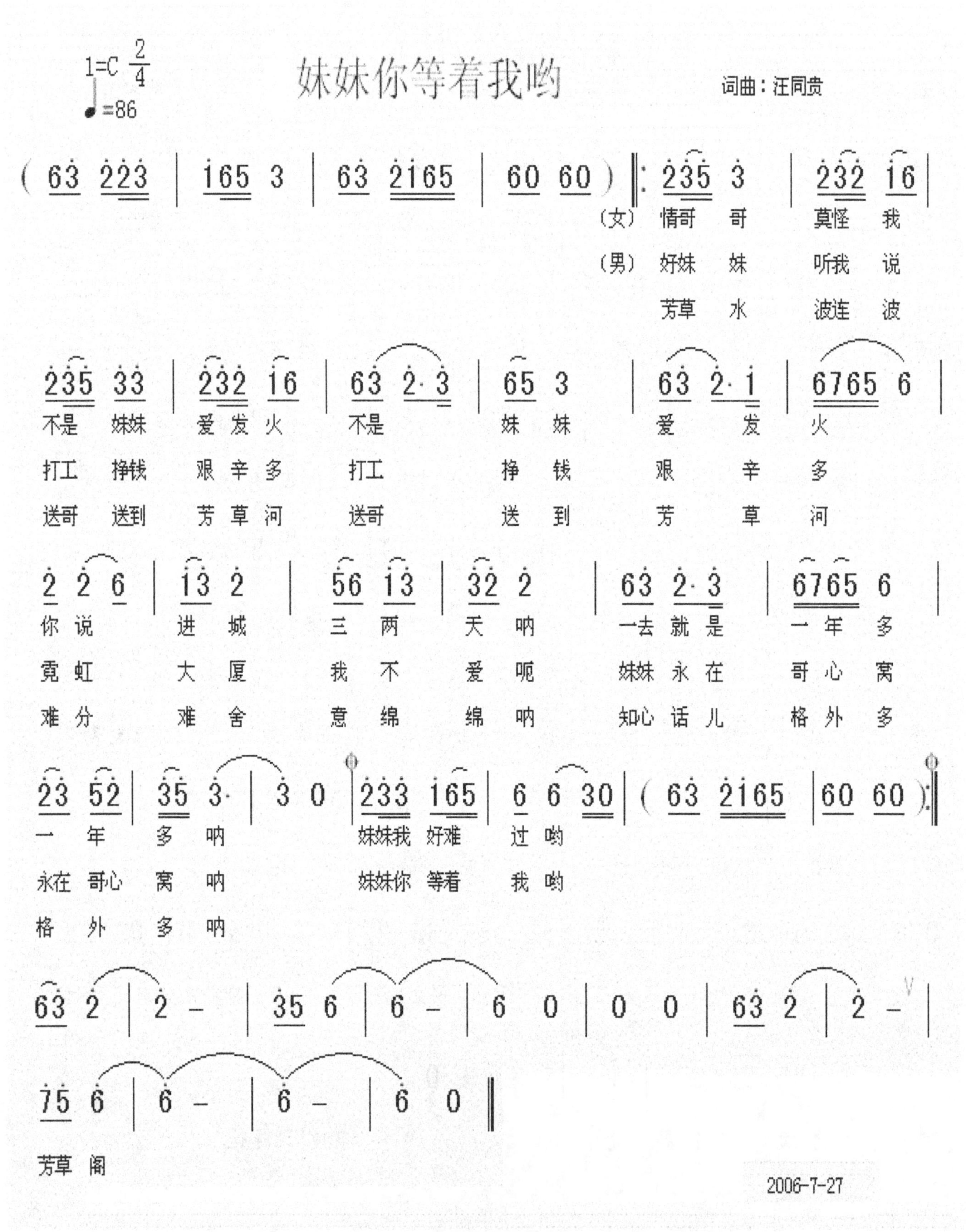

妹妹你等着我哟

词曲：汪同贵

1=C 2/4 ♩=86

(6̣3 2̣2̣3̣ | 1̣6̣5̣ 3̣ | 6̣3̣ 2̣1̣6̣5̣ | 6̣0 6̣0)‖: 235 3 | 232 16 |

（女）情 哥 哥 莫怪 我
（男）好 妹 妹 听我 说
　　　芳 草 水 波连 波

235 33 | 232 16 | 6̣3 2·3 | 65 3 | 6̣3 2·1 | 6765 6 |

不是 妹妹 爱发火 不是 妹妹 爱 发 火
打工 挣钱 艰辛多 打工 挣钱 艰 辛 多
送哥 送到 芳草河 送哥 送到 芳 草 河

2 2̣6̣ | 1̣3̣ 2 | 5̣6̣ 1̣3̣ | 3̣2̣ 2 | 6̣3 2·3 | 6765 6 |

你说 进城 三两 天呐 一去就是 一年 多
霓虹 大厦 我不 爱呃 妹妹永在 哥心 窝
难分 难舍 意绵 绵呐 知心话儿 格外 多

23 5̣2̣ | 35 3· | 3 0 | 233 165 | 6 630 | (6̣3 2̣1̣6̣5̣ | 6̣0 6̣0)‖

一年 多呐　　　　　妹妹我 好难 过 哟
永在 哥心 窝 呐　　妹妹你 等着 我 哟
格 外 多 呐

6̣3 2̣ | 2̣ - | 35 6 | 6 - | 6 0 | 0 0 | 6̣3 2̣ | 2̣ - |

7̣5̣ 6̣ | 6̣ - | 6̣ - | 6̣ 0 ‖

芳 草 阁

2006-7-27

妹妹你等着我哟

词曲：汪同贵

2006-7-27

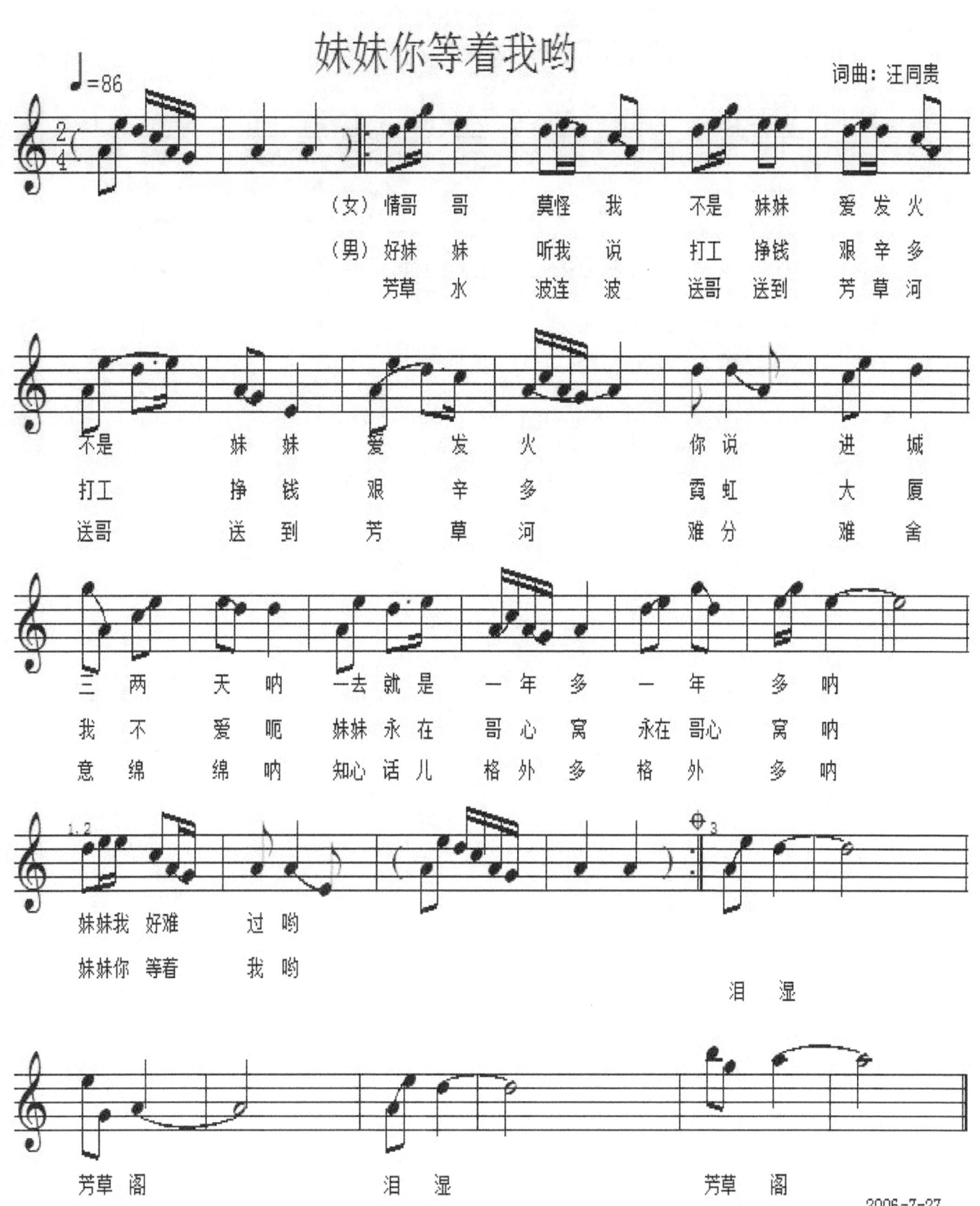

165. 门前那棵老枇杷 词：汪同贵；曲：汪同贵

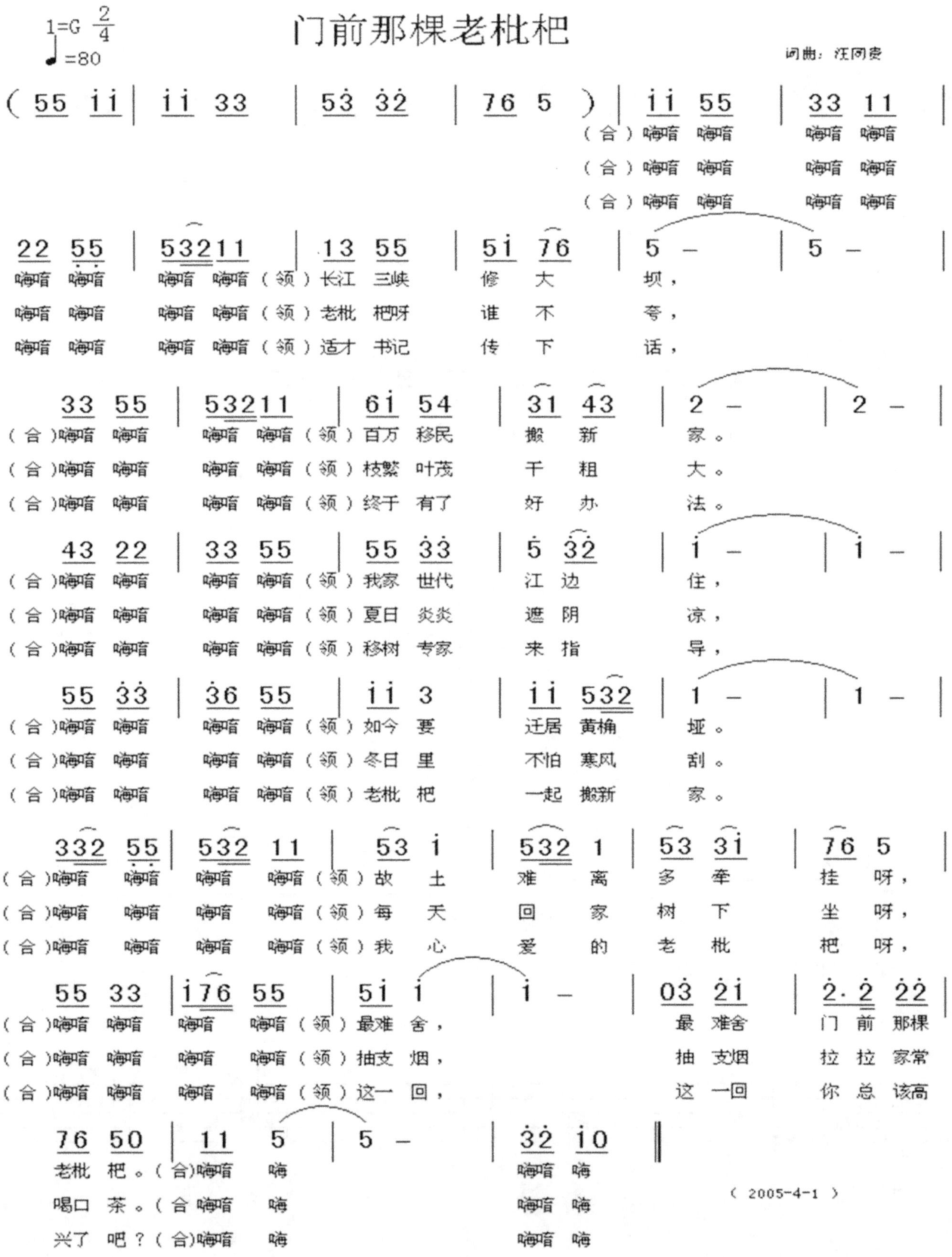

门前那棵老枇杷

词曲：汪同贵

1=G 2/4 ♩=80

(55 11 | 11 33 | 53 32 | 76 5) | 11 55 | 33 11 |
　　　　　　　　　　　　　　　　(合)嗨喳 嗨喳　嗨喳 嗨喳
　　　　　　　　　　　　　　　　(合)嗨喳 嗨喳　嗨喳 嗨喳
　　　　　　　　　　　　　　　　(合)嗨喳 嗨喳　嗨喳 嗨喳

22 55 | 53211 | 13 55 | 51 76 | 5 — | 5 — |
嗨喳 嗨喳 嗨喳 嗨喳 (领)长江 三峡 修 大 坝，
嗨喳 嗨喳 嗨喳 嗨喳 (领)老枇 杷呀 谁 不 夸，
嗨喳 嗨喳 嗨喳 嗨喳 (领)适才 书记 传 下 话，

33 55 | 53211 | 61 54 | 31 43 | 2 — | 2 — |
(合)嗨喳 嗨喳 嗨喳 嗨喳 (领)百万 移民 搬 新 家。
(合)嗨喳 嗨喳 嗨喳 嗨喳 (领)枝繁 叶茂 干 粗 大。
(合)嗨喳 嗨喳 嗨喳 嗨喳 (领)终于 有了 好 办 法。

43 22 | 33 55 | 55 33 | 5 32 | 1 — | 1 — |
(合)嗨喳 嗨喳 嗨喳 嗨喳 (领)我家 世代 江 边 住，
(合)嗨喳 嗨喳 嗨喳 嗨喳 (领)夏日 炎炎 遮 阴 凉，
(合)嗨喳 嗨喳 嗨喳 嗨喳 (领)移树 专家 来 指 导，

55 33 | 36 55 | 11 3 | 11 532 | 1 — | 1 — |
(合)嗨喳 嗨喳 嗨喳 嗨喳 (领)如今 要 迁居 黄桷 垭。
(合)嗨喳 嗨喳 嗨喳 嗨喳 (领)冬日 里 不怕 寒风 刮。
(合)嗨喳 嗨喳 嗨喳 嗨喳 (领)老枇 杷 一起 搬新 家。

332 55 | 532 11 | 53 1 | 532 1 | 53 31 | 76 5 |
(合)嗨喳 嗨喳 嗨喳 嗨喳 (领)故 土 难 离 多 牵 挂 呀，
(合)嗨喳 嗨喳 嗨喳 嗨喳 (领)每 天 回 家 树 下 坐 呀，
(合)嗨喳 嗨喳 嗨喳 嗨喳 (领)我 心 爱 的 老 枇 杷 呀，

55 33 | 176 55 | 51 1 | 1 — | 03 21 | 2.2 22 |
(合)嗨喳 嗨喳 嗨喳 嗨喳 (领)最难 舍，　　　最 难舍 门前 那棵
(合)嗨喳 嗨喳 嗨喳 嗨喳 (领)抽支 烟，　　　抽 支烟 拉拉 家常
(合)嗨喳 嗨喳 嗨喳 嗨喳 (领)这一 回，　　　这 一回 你总 该高

76 50 | 11 5 | 5 — | 32 10 ||
老枇 杷。(合)嗨喳 嗨　　　　嗨喳 嗨
喝口 茶。(合)嗨喳 嗨　　　　嗨喳 嗨
兴了 吧？(合)嗨喳 嗨　　　　嗨喳 嗨

(2005-4-1)

门前那棵老枇杷

作词:汪同贵
作曲:汪同贵

(2005-4-1)

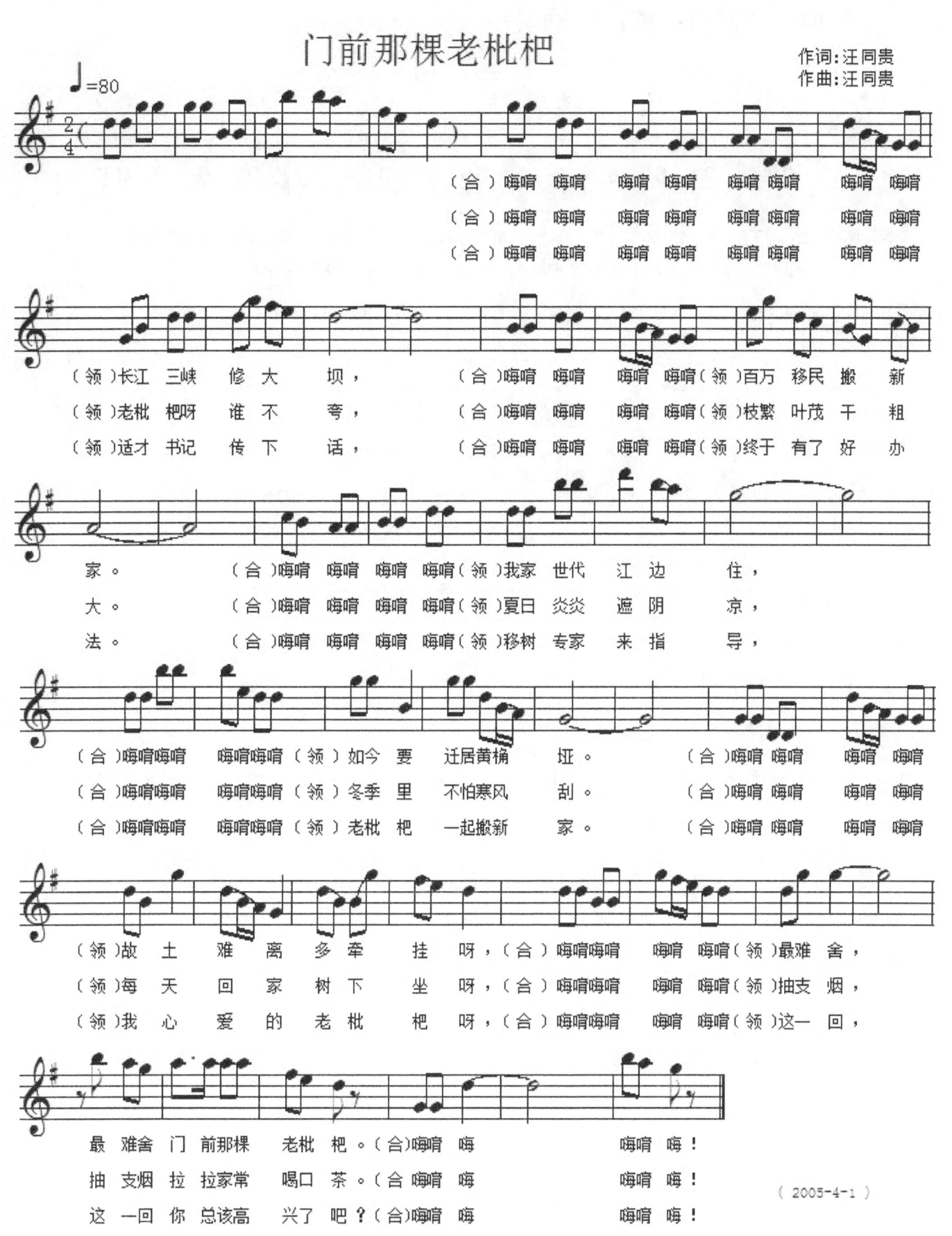

166. 梦　词：汪同贵；曲：汪同贵

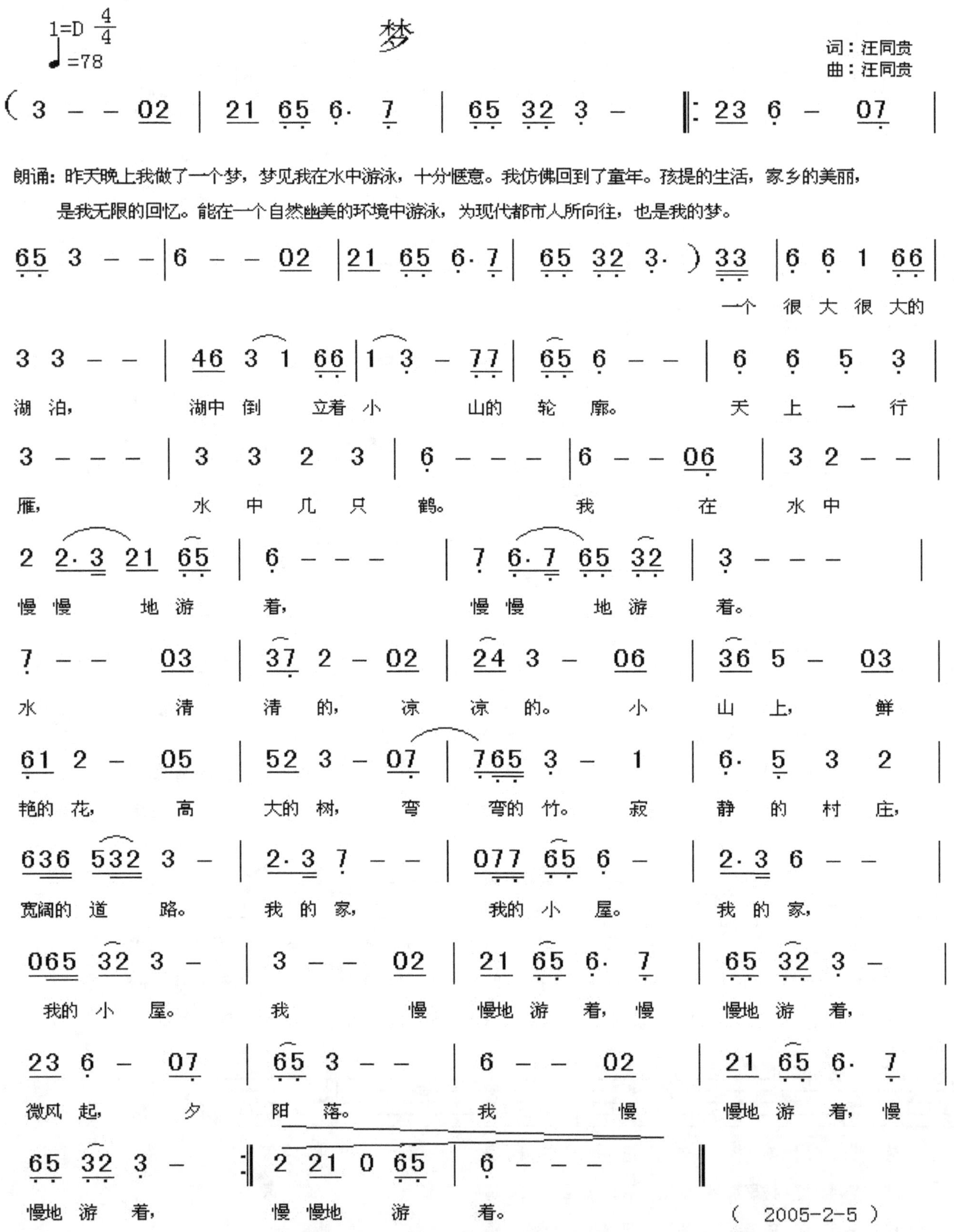

梦

1=D 4/4
♩=78

词：汪同贵
曲：汪同贵

(3 - - 02 | 21 65 6· 7 | 65 32 3 - ‖: 23 6 - 07 |

朗诵：昨天晚上我做了一个梦，梦见我在水中游泳，十分惬意。我仿佛回到了童年。孩提的生活，家乡的美丽，是我无限的回忆。能在一个自然幽美的环境中游泳，为现代都市人所向往，也是我的梦。

65 3 - - | 6 - - 02 | 21 65 6· 7 | 65 32 3·) 33 | 6 6 1 66 |
　　　　　　　　　　　　　　　　　　　　　　　　　　　一个 很 大 很大的

3 3 - - | 46 3 1 66 | 1 3 - 77 | 65 6 - - | 6 6 5 3 |
湖　泊，　湖中倒 立着小　山的 轮 廓。　天 上 一 行

3 - - - | 3 3 2 3 | 6 - - - | 6 - - 06 | 32 - - |
雁，　　　水 中 几只 鹤。　　　　我　　　在　水 中

2 2·3 21 65 | 6 - - - | 7 6·7 65 32 | 3 - - - |
慢 慢　地 游　着，　　　　慢 慢　地 游　着。

7 - - 03 | 37 2 - 02 | 24 3 - 06 | 36 5 - 03 |
水　　清　清的，　凉 凉的。　小　山上，　鲜

61 2 - 05 | 52 3 - 07 | 765 3 - 1 | 6· 5 3 2 |
艳的花，　高 大的 树，　弯 弯的竹。　寂 静 的 村庄，

636 532 3 - | 2·3 7 - - | 077 65 6 - | 2·3 6 - - |
宽阔的 道　路。　我 的 家，　我的小 屋。　我 的 家，

065 32 3 - | 3 - - 02 | 21 65 6· 7 | 65 32 3 - |
我的 小 屋。　我　　慢 慢地游着，慢 慢地游着，

23 6 - 07 | 65 3 - - | 6 - - 02 | 21 65 6· 7 |
微风起，夕　阳　落。　　我　　慢 慢地游着，慢

65 32 3 - ‖ 2 21 0 65 | 6 - - - |
慢地游 着，　　慢 慢地 游 着。

(2005-2-5)

大的 树， 弯 弯的 竹。 寂 静 的 村 庄， 宽阔的 道 路。
我 的 家， 我的 小 屋。 我 的 家， 我的 小 屋。
我 慢 慢地 游 着， 慢 慢地 游 着， 微风 起， 夕
阳 落。 我 慢 慢地 游 着， 慢 慢地 游 着。
慢 慢地 游 着。

167. 奶奶的拐杖 词：王培元；曲：汪同贵

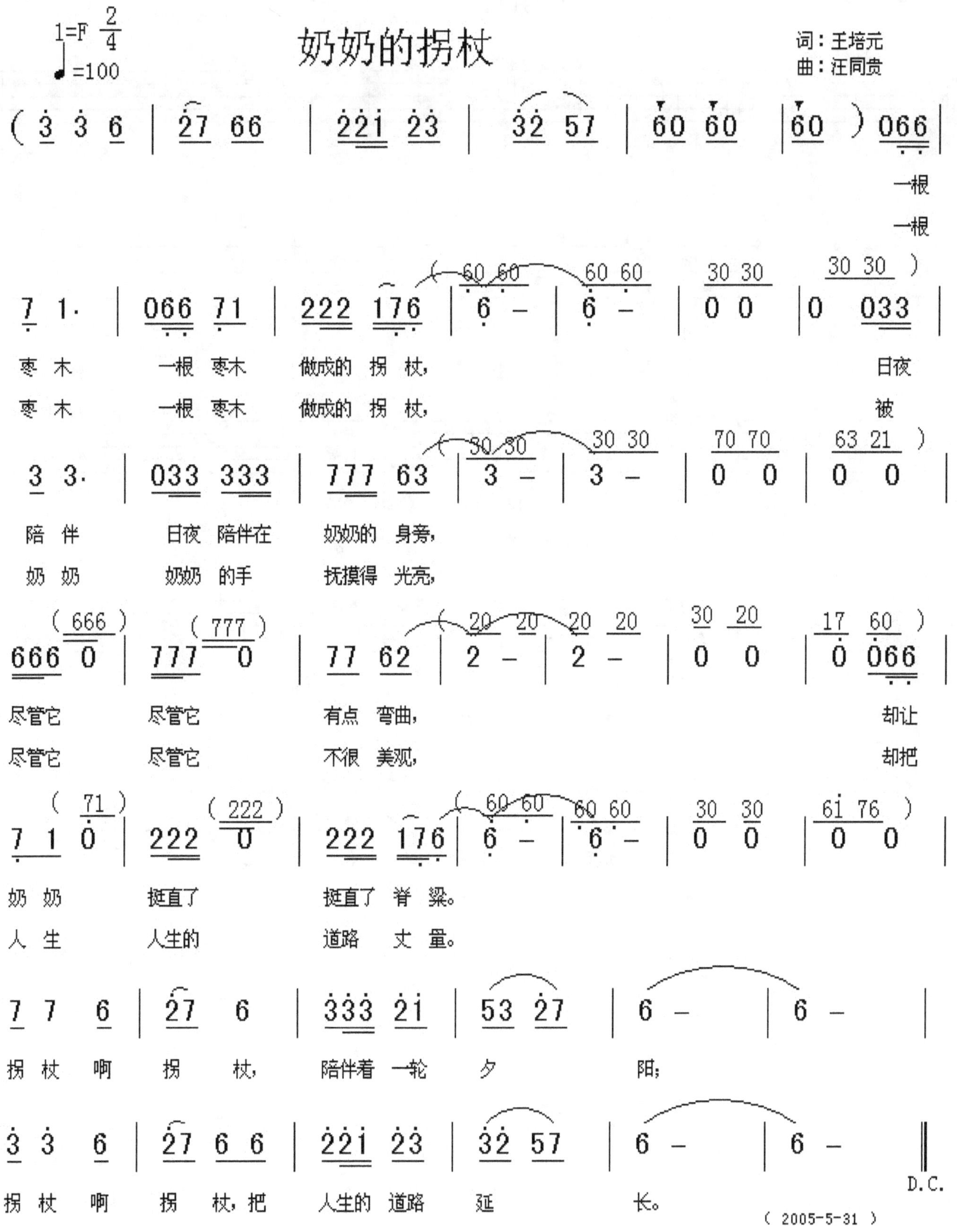

(2005-5-31)

奶奶的拐杖

♩=100

作词:王培元
作曲:汪同贵

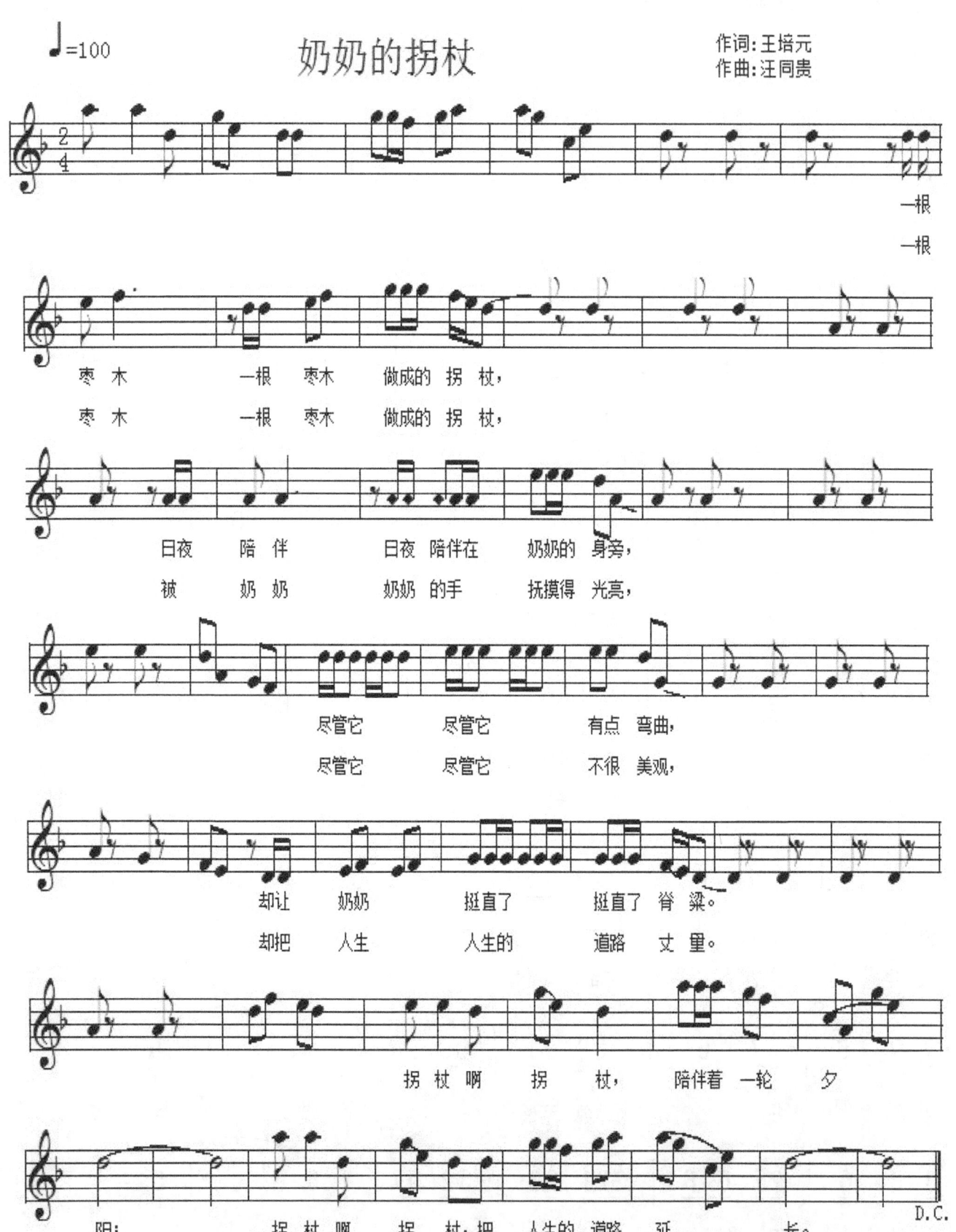

168. 南国初夏北国春 词：汪同贵；曲：汪同贵

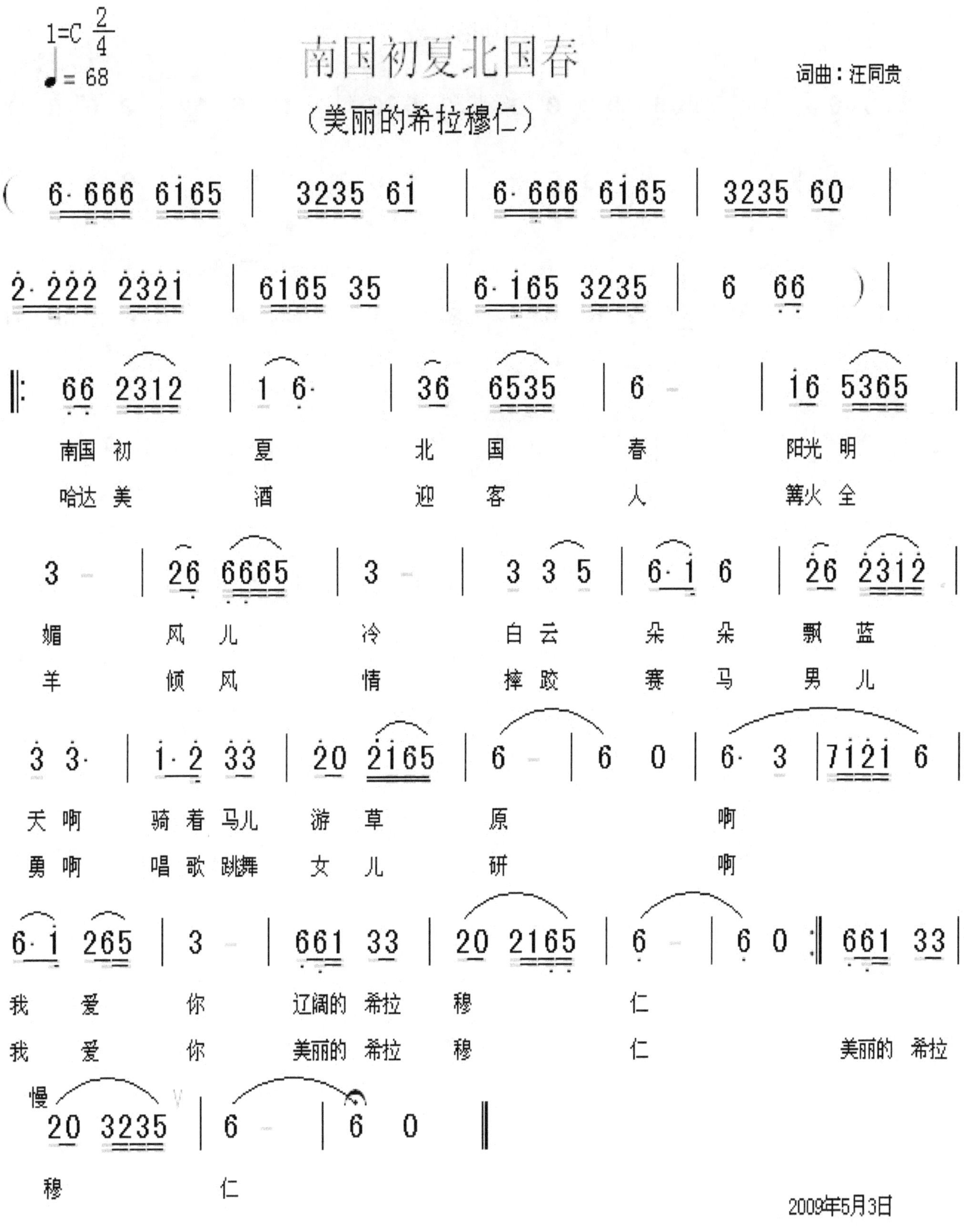

南国初夏北国春
（美丽的希拉穆仁）

词曲：汪同贵

1=C 2/4　♩=68

(6·666 6165 | 3235 61 | 6·666 6165 | 3235 60 |

2·222 2321 | 6165 35 | 6·165 3235 | 6 66)|

‖: 66 2312 | 1 6 | 36 6535 | 6 — | 16 5365 |

南国初　夏　　北国　春　　　　阳光　明
哈达美　酒　　迎客　人　　　　篝火　全

3 | 26 6665 | 3 | 335 | 6·1 6 | 26 2312 |

媚　　风儿　冷　　　白云　朵朵　飘蓝
羊　　倾风　情　　　摔跤　赛马　男儿

3 3· | 1·2 33 | 20 2165 | 6 — | 6 0 | 6·3 7121 6 |

天啊　骑着马儿　游草　原　　　　　啊
勇啊　唱歌跳舞　女儿　研　　　　　啊

6·1 265 | 3 | 661 33 | 20 2165 | 6 — | 6 0 :‖ 661 33 |

我爱　你　　辽阔的 希拉　穆　　　仁
我爱　你　　美丽的 希拉　穆　　　仁　　　美丽的 希拉

慢
20 3235 | 6 — | 6 0 ‖

穆　　仁

2009年5月3日

169. 你们是我的骄傲 词：汪同贵；曲：汪同贵

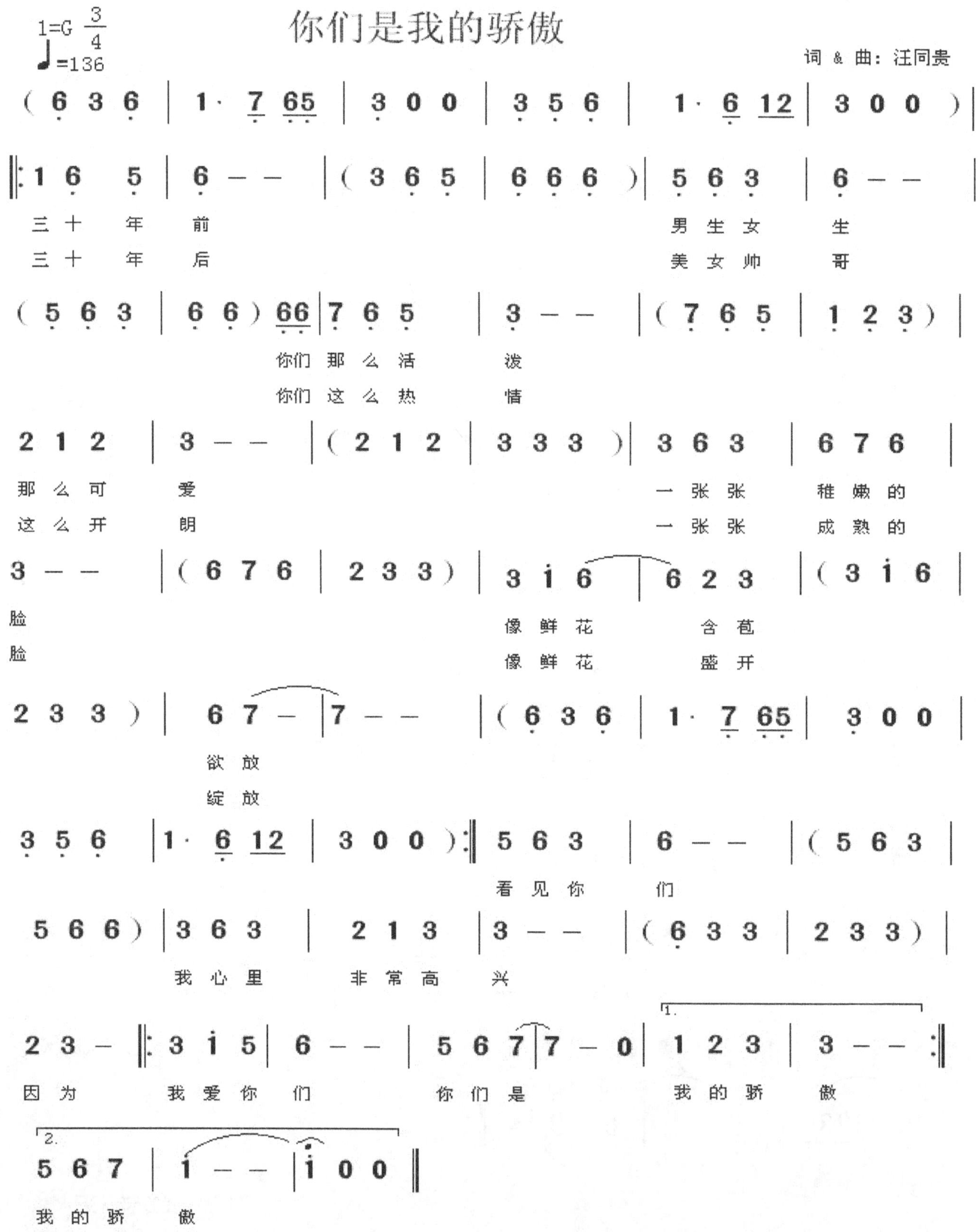

♩=136

你们是我的骄傲

词曲：汪同贵

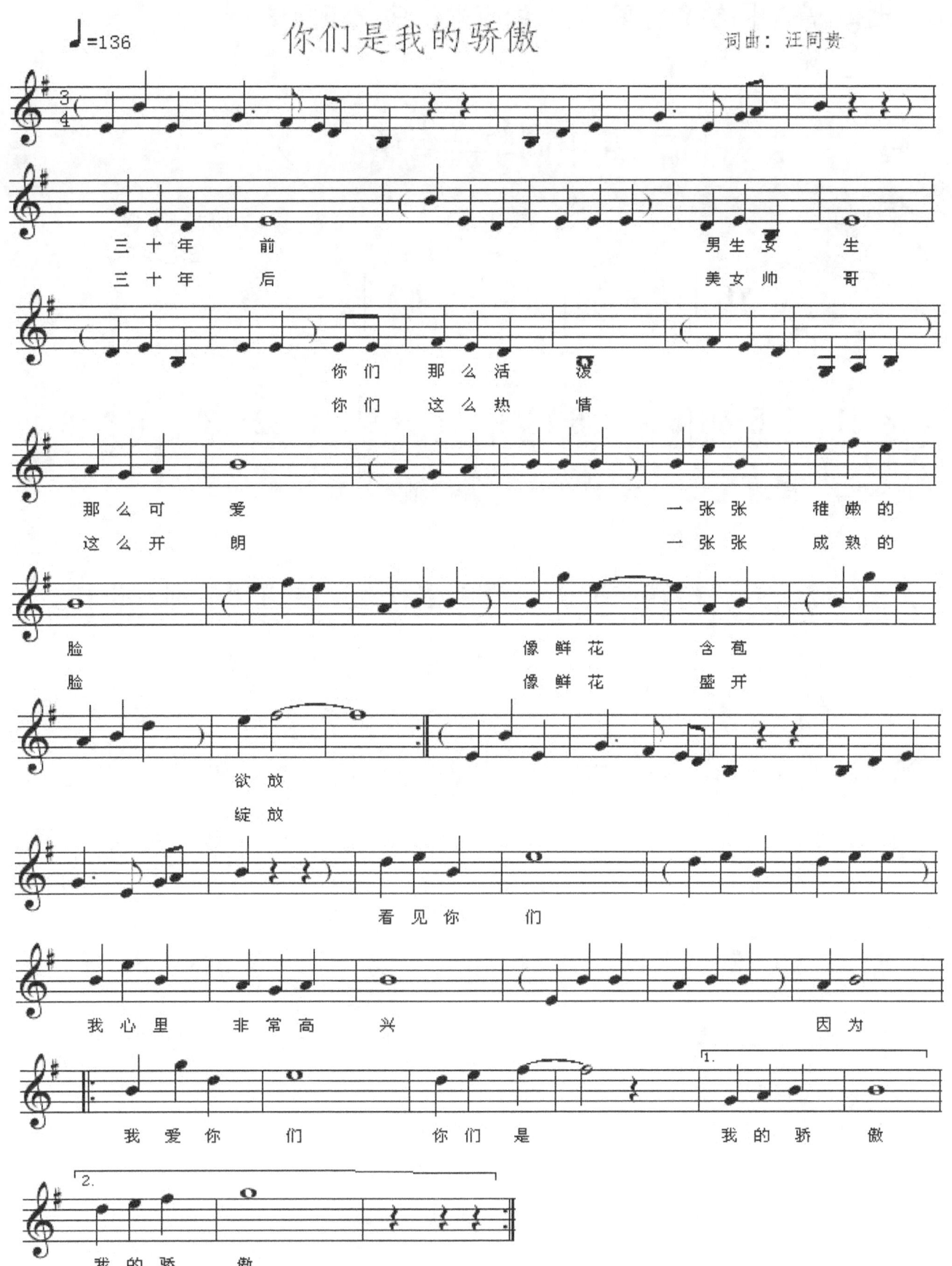

170. 七律 高中同学会有感 词：彭应侯；曲：汪同贵

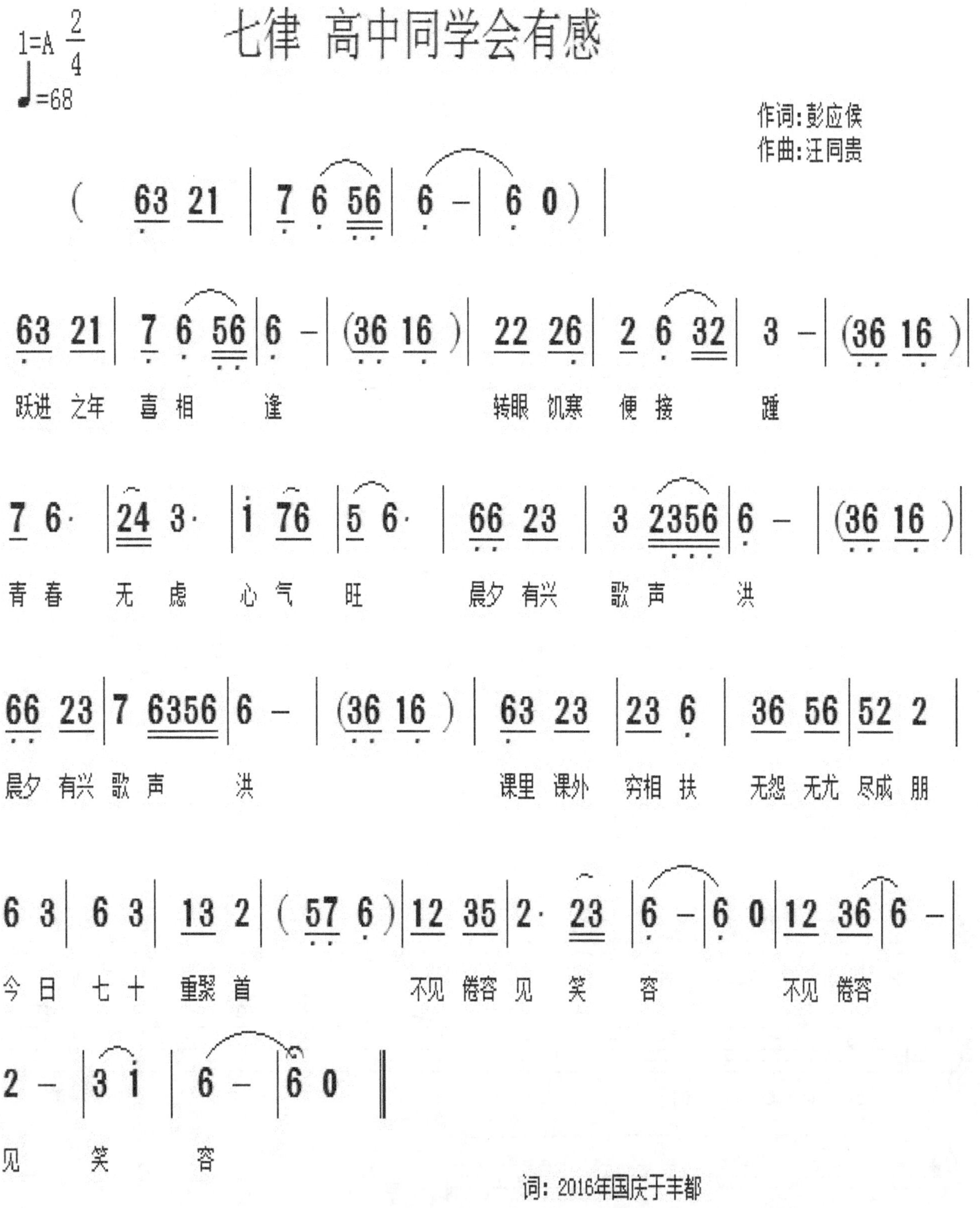

七律 高中同学会有感

1=A 2/4
♩=68

作词：彭应侯
作曲：汪同贵

(63 21 | 7 6 56 | 6 - | 6 0) |

63 21 | 7 6 56 | 6 - | (36 16) | 22 26 | 2 6 32 | 3 - | (36 16) |
跃进 之年 喜相 逢　　　　　　转眼 饥寒 便接 踵

7 6· | 24 3· | i 76 | 5 6· | 66 23 | 3 2356 | 6 - | (36 16) |
青春 无虑 心气 旺　　晨夕 有兴 歌声 洪

66 23 | 7 6356 | 6 - | (36 16) | 63 23 | 23 6 | 36 56 | 52 2 |
晨夕 有兴 歌声 洪　　　　　　课里 课外 穷相 扶　无怨 无尤 尽成 朋

6 3 | 6 3 | 13 2 | (57 6) | 12 35 | 2· 23 | 6 - | 6 0 | 12 36 | 6 - |
今日 七十 重聚 首　　不见 倦容见 笑 容　　　　不见 倦容

2 - | 3 i | 6 - | 6 0 ‖
见　 笑 容

词：2016年国庆于丰都

171. 情爱 词：汪同贵；曲：汪同贵

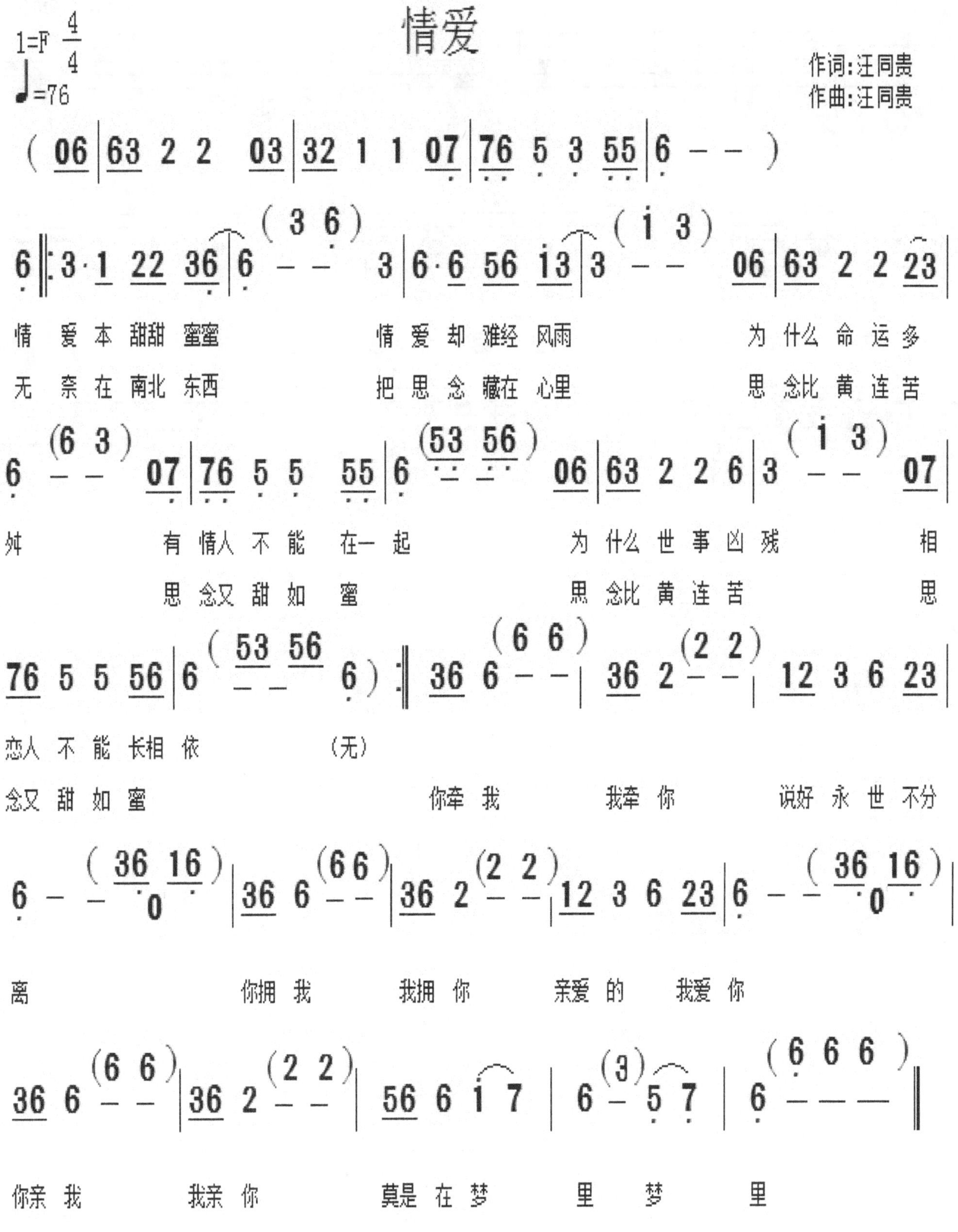

情爱

作词：汪同贵
作曲：汪同贵

1=F 4/4 ♩=76

情爱本甜甜蜜蜜　　情爱却难经风雨　　为什么命运多
无奈在南北东西　　把思念藏在心里　　思念比黄连苦

舛　　有情人不能在一起　　为什么世事凶残　　相
　　思念又甜如蜜　　　　思念比黄连苦　　　　思

恋人不能长相依　（无）
念又甜如蜜　　你牵我　我牵你　说好永世不分

离　　你拥我　我拥你　亲爱的　我爱你

你亲我　我亲你　莫是在梦里梦里

情爱

作词:汪同贵
作曲:汪同贵

172. 清晨的小鸟 词：汪同贵；曲：汪同贵

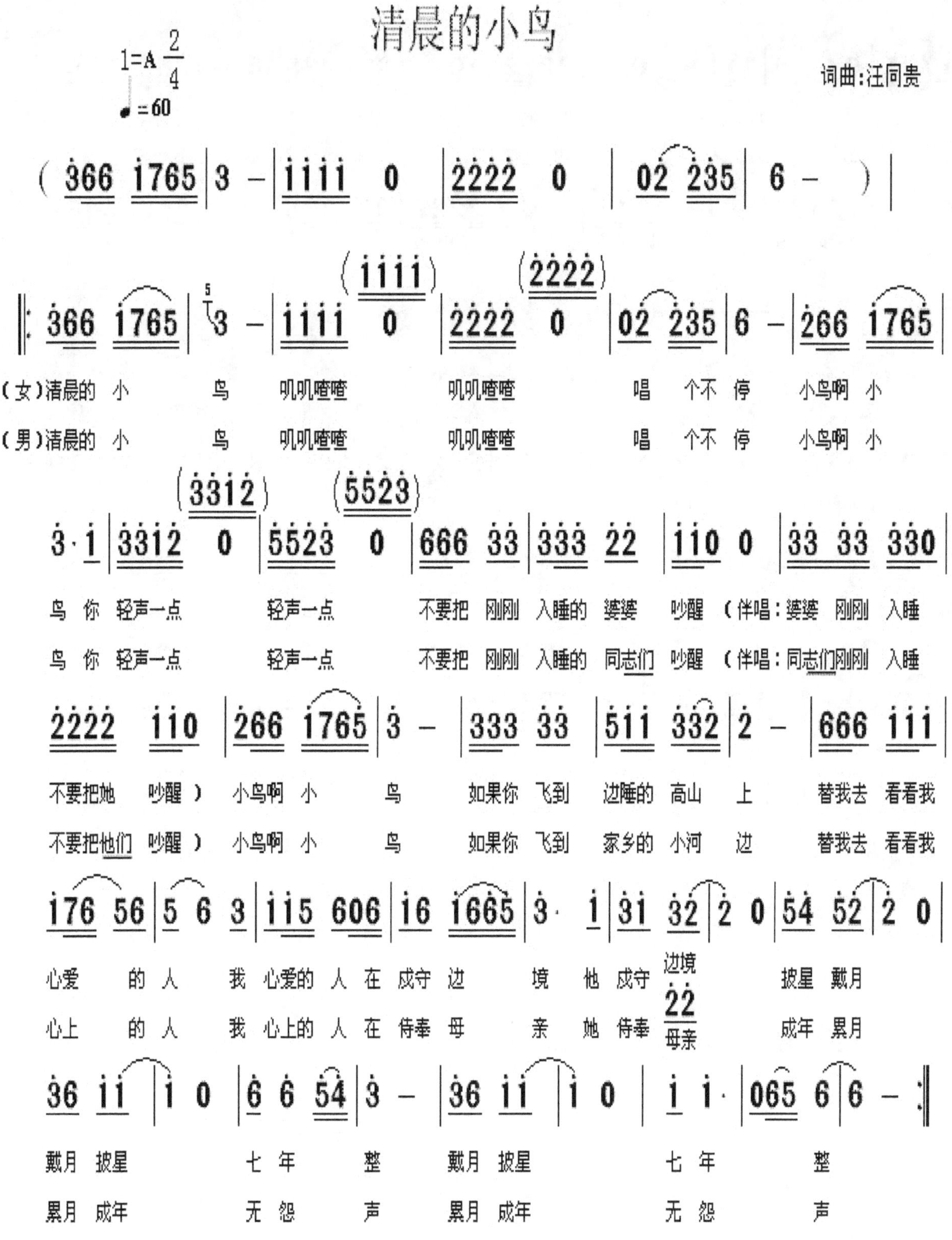

清晨的小鸟

词曲：汪同贵

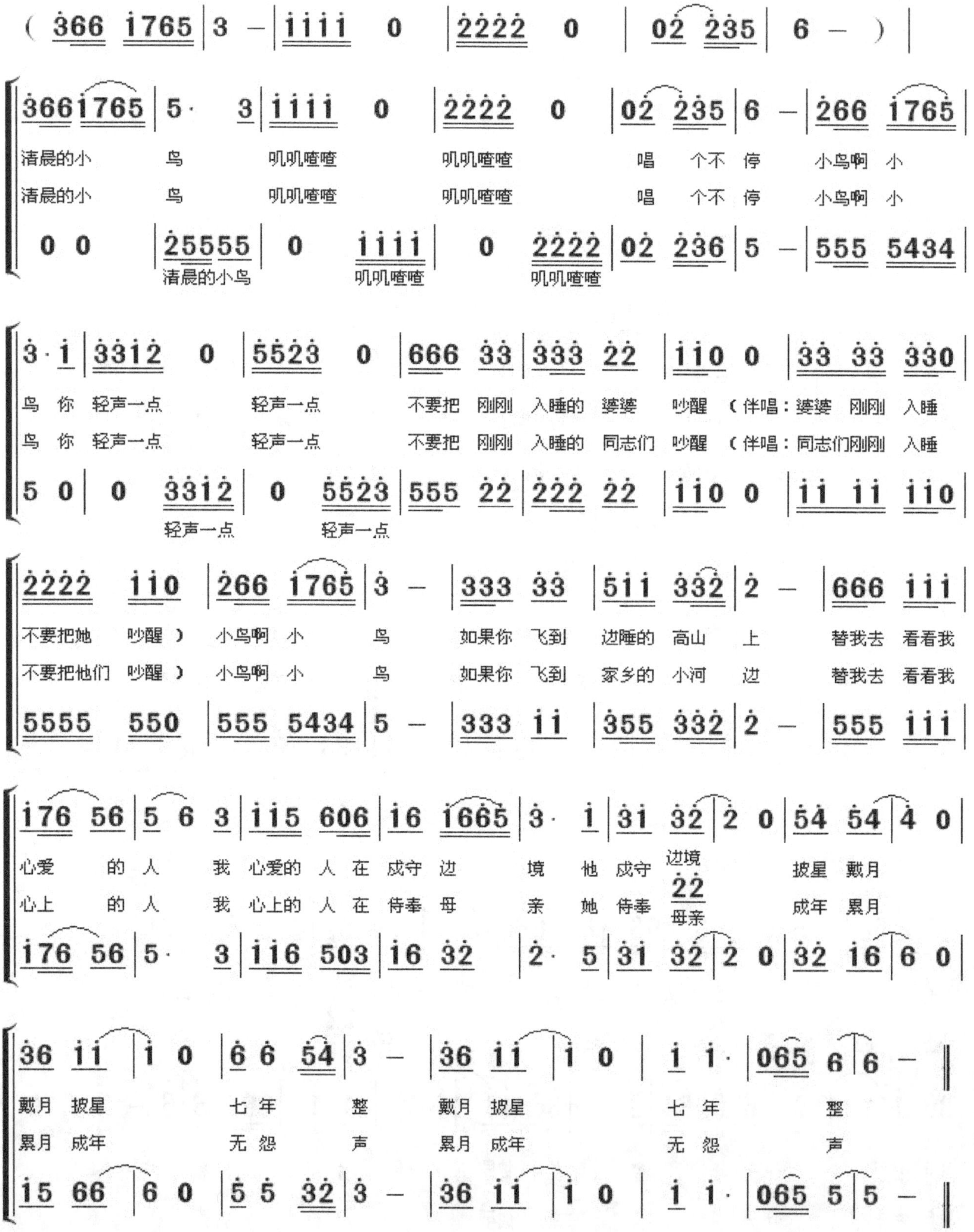

1=C 2/4 ♩=68

173. 青山无墨千年画 词：饶士宪；曲：汪同贵

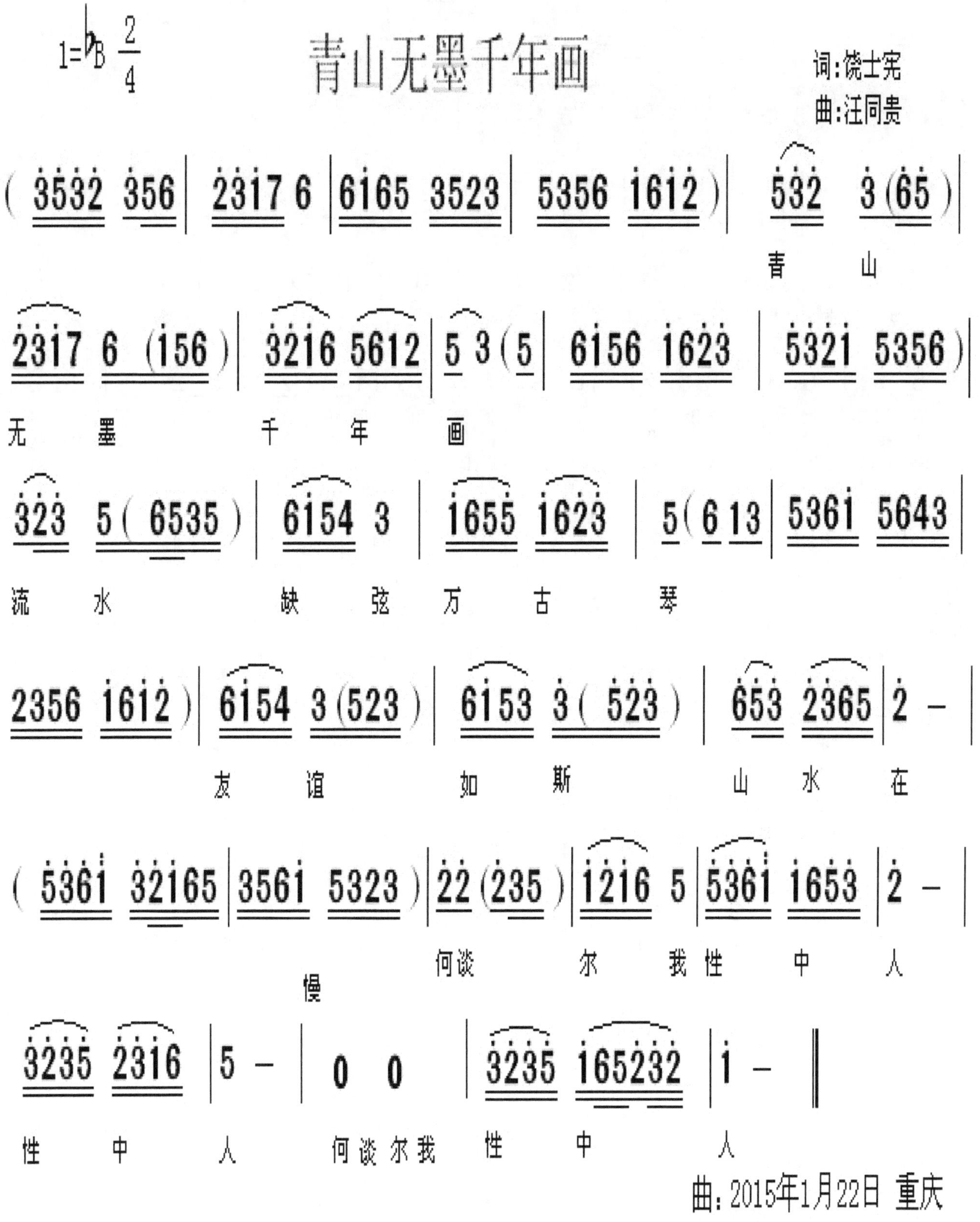

青山无墨千年画

词：饶士宪
曲：汪同贵

1=♭B 2/4

(3532 356 | 2317 6 | 6165 3523 | 5356 1612) | 5 3 2　3 (6 5) |
　　　　　　　　　　　　　　　　　　　　　　　　　　青　　山

2317 6 (156) | 3216 5612 | 5 3 (5 | 6156 1623 | 5321 5356) |
无　　墨　　　　千　年　画

3 2 3　5 (6535) | 6154 3 | 1655 1623 | 5 (6 1 3 | 5361 5643 |
流　水　　　　　　缺　弦　万　古　琴

2356 1612) | 6154 3 (523) | 6153 3 (523) | 6 5 3　2365 | 2 - |
　　　　　　　友　谊　　如　斯　　　　　　　　山　水　在

(5361 3216 5 | 3561 5323) | 2 2 (235) | 1216 5 | 5361 1653 | 2 - |
慢　　　　　　　　　　　　　何谈　尔　我　性　中　人

3235 2316 | 5 - | 0　0 | 3235 165232 | i - ‖
性　中　人　　何谈尔我　性　中　　人

曲：2015年1月22日 重庆

174. 请相信我们 词：佚名；曲：汪同贵

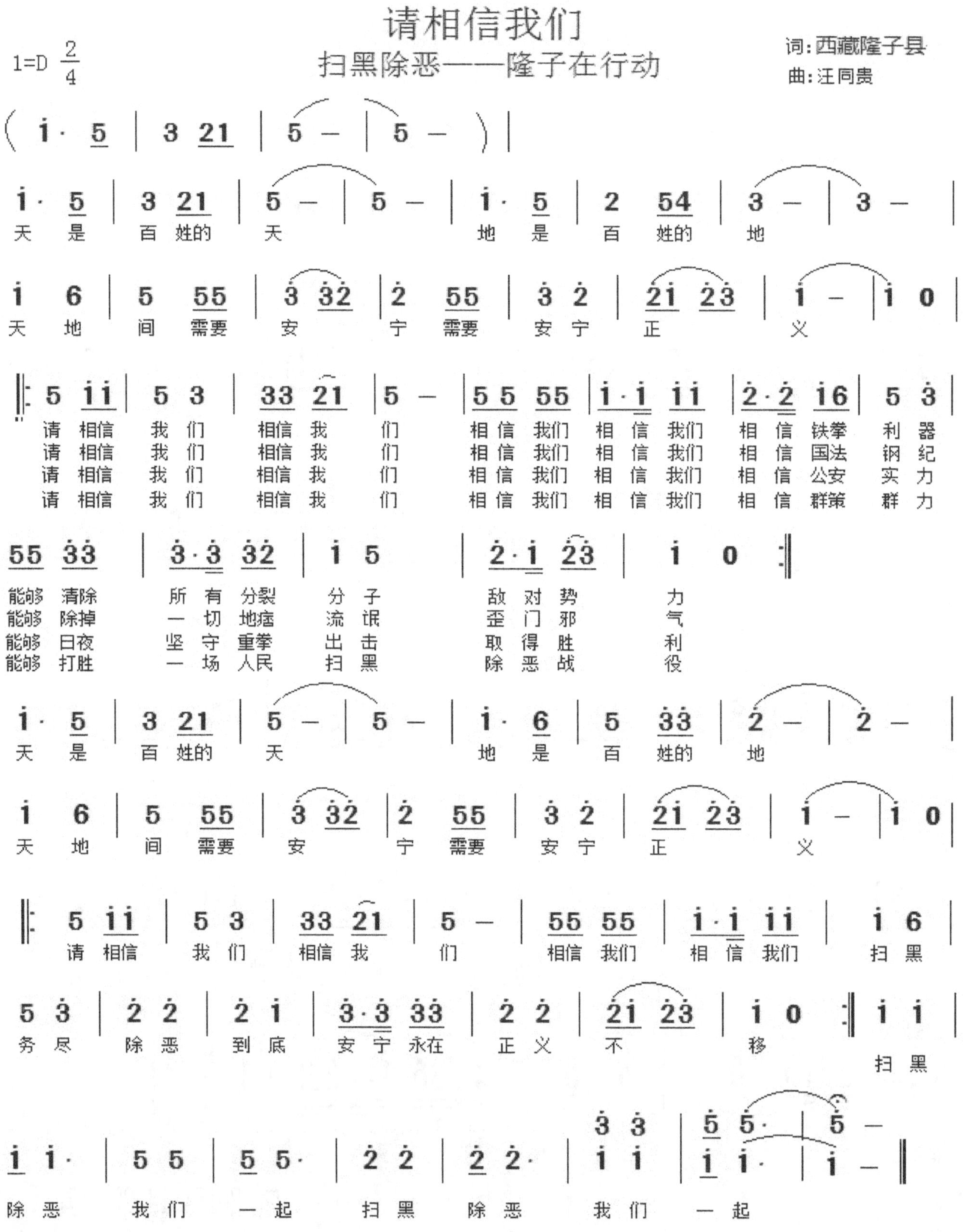

请相信我们
扫黑除恶——隆子在行动

词：西藏隆子县
曲：汪同贵

1=D 2/4

(1· 5 | 3 21 | 5 - | 5 -)

1· 5 | 3 21 | 5 - | 5 - | 1· 5 | 2 54 | 3 - | 3 - |
天 是 百 姓的 天　　　　　　 地 是 百 姓的 地

1 6 | 5 55 | 3 32 | 2 55 | 3 2 | 2̇1 23 | 1̇ - | 1̇ 0 |
天 地 间 需要 安 宁 需要 安宁 正 义

‖: 5 1̇1̇ | 5 3 | 33 21 | 5 - | 55 55 | 1̇·1̇ 1̇1̇ | 2̇·2̇ 1̇6 | 5 3 |
请 相信 我 们 相信 我 们 相信 我们 相信 我们 相信 铁拳 利器
请 相信 我 们 相信 我 们 相信 我们 相信 我们 相信 国法 钢纪
请 相信 我 们 相信 我 们 相信 我们 相信 我们 相信 公安 实力
请 相信 我 们 相信 我 们 相信 我们 相信 我们 相信 群策 群力

55 33 | 3·3 32 | 1 5 | 2̇ 1̇ 23 | 1̇ 0 :‖
能够 清除 所有 分裂 分 子 敌 对 势 力
能够 除掉 一切 地痞 流 氓 歪 门 邪 气
能够 日夜 坚守 重拳 出 击 取 得 胜 利
能够 打胜 一场 人民 扫 黑 除 恶 战 役

1· 5 | 3 21 | 5 - | 5 - | 1· 6 | 5 33 | 2 - | 2 - |
天 是 百 姓的 天　　　　　　 地 是 百 姓的 地

1 6 | 5 55 | 3 32 | 2 55 | 3 2 | 2̇1 23 | 1̇ - | 1̇ 0 |
天 地 间 需要 安 宁 需要 安宁 正 义

‖: 5 1̇1̇ | 5 3 | 33 21 | 5 - | 55 55 | 1̇·1̇ 1̇1̇ | 1̇ 6 |
请 相信 我 们 相信 我 们 相信 我们 相信 我们 扫 黑

5 3 | 2̇ 2̇ | 2̇ 1̇ | 3̇·3̇ 3̇3̇ | 2̇ 2̇ | 2̇1̇ 2̇3̇ | 1̇ 0 :‖ 1̇ 1̇ |
务 尽 除 恶 到 底 安宁 永在 正 义 不 移 扫黑

3̇3̇ | 5̇5̇ 5̇ - |
1̇ 1̇· | 5̇ 5̇ | 5̇ 5̇· | 2̇ 2̇ | 2̇ 2̇· | 1̇ 1̇ | 1̇ 1̇ | 1̇ - ‖
除 恶 我 们 一 起 扫 黑 除 恶 我 们 一 起

175. 轻摇澳门金色的甜梦　词：若舟；曲：汪同贵

轻摇澳门金色的甜梦

词：若　舟
曲：汪同贵

1=G 2/4　♩=68

（2 2 3　2 1 ｜ 6 7 6 5　3 3 ｜ 2 2 3　5 3 2 7 ｜ 6· 7 ｜ 6 7 6 5　3 3 ｜ 2 2 2　3 3 ）｜

3 1　2 3 ｜ 3 — ｜ 3 1　3 2 ｜ 2 — ｜ 3 3　1 1 ｜ 1 — ｜
海有　多宽，　　　浪有　几重，　　　打开　澳门
天有　多高，　　　霞有　多红，　　　融进　澳门

7 6　5 3 ｜ 3 — ｜（6 7 6 5　3 3 ｜ 2 2 2　3 3 ）｜ 3 1　2 3 ｜ 3 — ｜
就能　读懂；　　　　　　　　　　　　　　　　　　爱有　多真，
共享　繁荣；　　　　　　　　　　　　　　　　　　人有　多亲，

3 1　3 2 ｜ 2 — ｜ 3 3　1 1 ｜ 1 — ｜ 7 6　5 6 ｜ 6 — ｜
情有　多深，　　　走进　澳门　　　就会　感动。
歌有　多美，　　　升华　澳门　　　收获　成功。

3 3　1 1 ｜ 1 — ｜ 3 3　2 3 ｜ 3 — ｜ 5 3　5 6 ｜ 6 — ‖
走进　澳门　　　就会　感动　　　就会　感动。
升华　澳门　　　收获　成功　　　收获　成功。

‖:（6 6 7　6 7 6 5 ｜ 3 6　6 ｜ 6 6 7　6 7 6 5 ｜ 6　6· ）｜ 6· 1　6 3 ｜ 1 6 1 3　2 ｜
　　　　　　　　　　　　　　　　　　　　　　　　　　　　　　　　　　　映日　荷花　约

3 6　6 5 ｜ 3 2　3· ｜ 2· 3　2 1 ｜ 6 7 6 5　3 ｜ 2· 3　5 3 2 7 ｜ 6 — ｜
分　外　红，　　　迎客　荷叶　做媒　　　　舞春　情更　浓，

1 1 6 1　2 3 ｜ 2 ｜ 6 6 1　6 5 3 2 ｜ 3 4　3· ｜ 2 2 3　2 1 ｜ 6 7 6 5　3 3 ｜
迎接　　八方　亲吻　　旺盛的　香火，　　　　　喜看　妈祖　幸福的　笑容
海潮　　　　亲吻　　　不眠的　港湾，　　　　　轻摇　澳门　金色的　甜梦

2 2 3　5 3 2 7 ｜ 6 — ｜ 2 2 3　2 1 ｜ 6 7 6 5　3 3 ｜ 3 3 5　6 7 6 5 ｜ 6 — ｜
幸福的　笑　容。　　　喜看　妈祖　幸福的　笑容　幸福的　笑　容。
金色的　甜　梦。　　　轻摇　澳门　金色的　甜梦　金色的　甜　梦。

1 1 6 1　2 3 ｜ 2 ｜ 6 6 1　6 5 3 2 ｜ 3 4　3· ｜ 2 2 3　2 1 ｜ 6 7 6 5　3 3 ｜
海潮　　亲　吻　　　不眠的　港　湾，　　　轻摇　澳门　金色的　甜梦

2· 2 3　3 — ｜ 5 3　2 7 ｜ 6 — ｜ 6 — ｜ 6 0 ‖
金　色的　　　甜　梦。

(2005-9-2)

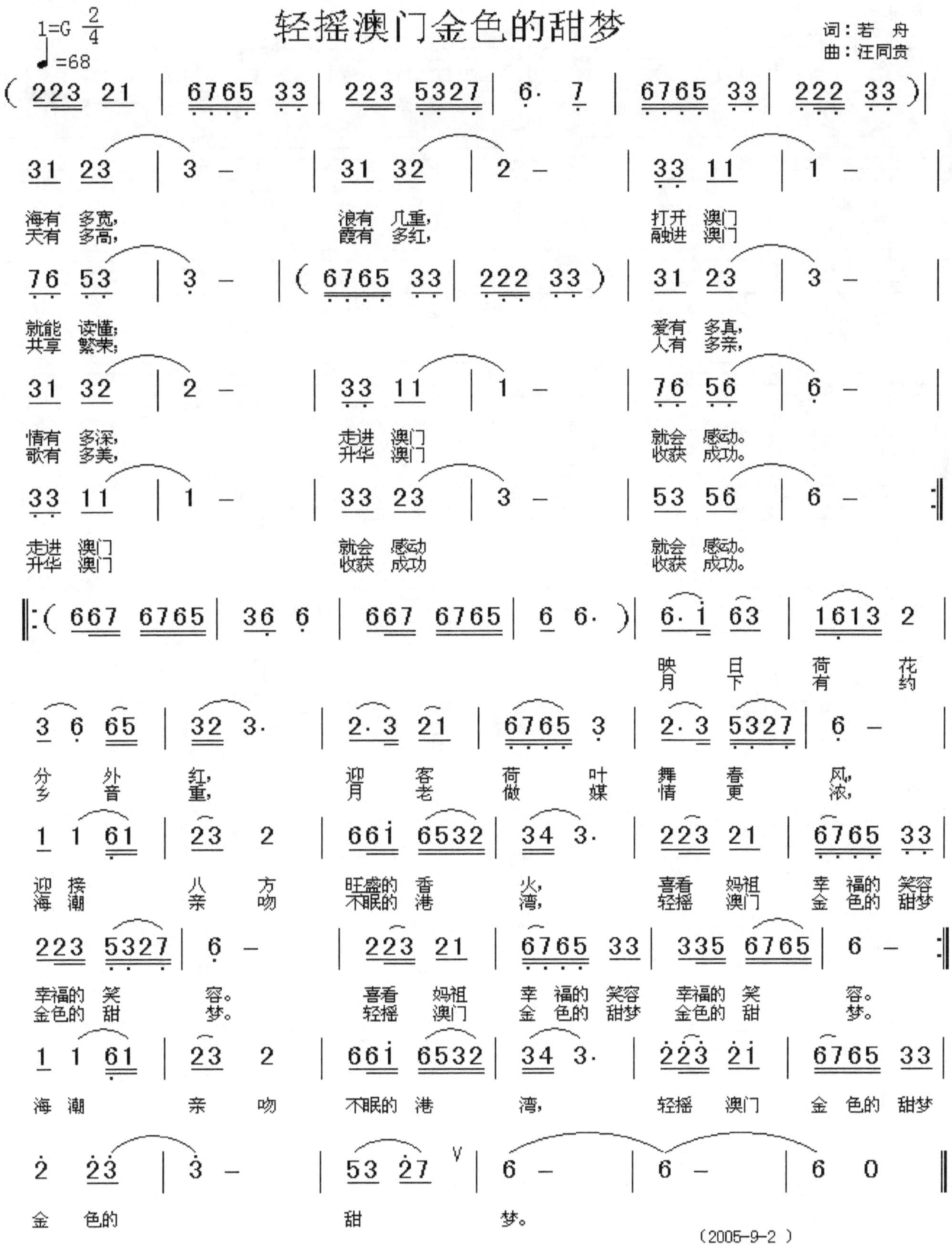

轻摇澳门金色的甜梦

作词：若 舟
作曲：汪同贵

176. 让我再玩一会儿吧 词：汪同贵；曲：汪同贵

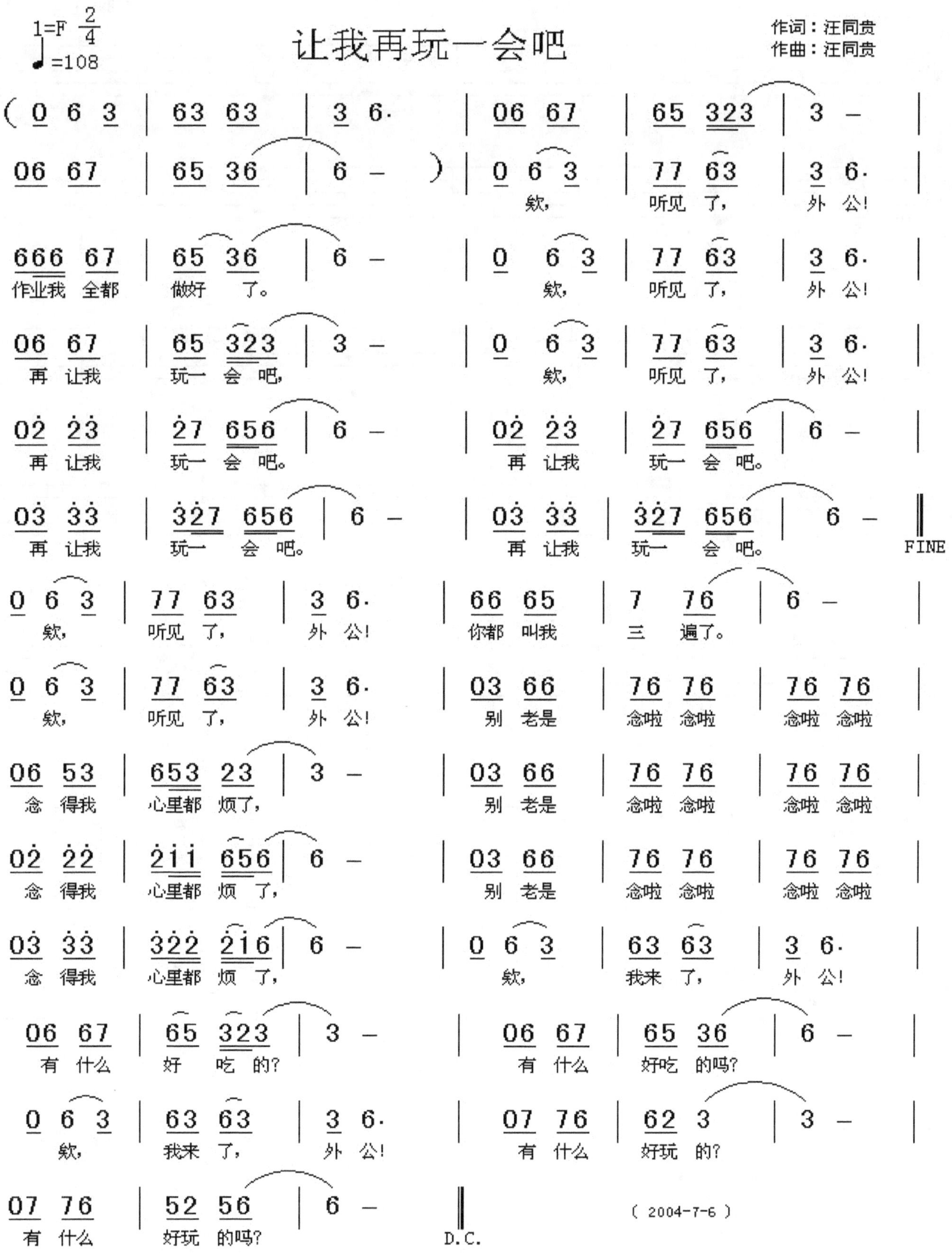

让我再玩一会吧

作词：汪同贵
作曲：汪同贵

1=F 2/4 ♩=108

（0 63 | 63 63 | 3 6· | 06 67 | 65 323 | 3 — |
06 67 | 65 36 | 6 — ）| 0 63 | 77 63 | 3 6· |
　　　　　　　　　　　　　　　欸，　听见了，　外　公！

666 67 | 65 36 | 6 — | 0 63 | 77 63 | 3 6· |
作业我 全都　做好　了。　　　　欸，　听见了，　外　公！

06 67 | 65 323 | 3 — | 0 63 | 77 63 | 3 6· |
再 让我　玩一会 吧，　　　　　　欸，　听见了，　外　公！

02̇ 2̇3 | 2̇7 656 | 6 — | 0 2̇ 2̇3 | 2̇7 656 | 6 — |
再 让我　玩一会 吧。　　　　　再 让我　玩一会 吧。

03 33 | 3̇2̇7 656 | 6 — | 03 33 | 3̇2̇7 656 | 6 — ‖
再 让我　玩一 会 吧。　　　　再 让我　玩一 会 吧。　FINE

0 63 | 77 63 | 3 6· | 66 65 | 7 76 | 6 — |
欸，　听见了，　外　公！　你都 叫我　三　遍了。

0 63 | 77 63 | 3 6· | 03 66 | 76 76 | 76 76 |
欸，　听见了，　外　公！　别 老是　念啦 念啦　念啦 念啦

06 53 | 653 23 | 3 — | 03 66 | 76 76 | 76 76 |
念 得我　心里都 烦了，　　　别 老是　念啦 念啦　念啦 念啦

0 2̇ 2̇2̇ | 2̇1̇1̇ 656 | 6 — | 03 66 | 76 76 | 76 76 |
念 得我　心里都 烦了，　　　别 老是　念啦 念啦　念啦 念啦

03 33 | 3̇2̇2̇ 2̇1̇6 | 6 — | 0 63 | 63 63 | 3 6· |
念 得我　心里都 烦 了，　　　欸，　我来了，　外　公！

06 67 | 65 323 | 3 — | 06 67 | 65 36 | 6 — |
有 什么　好 吃 的？　　　　　有 什么　好吃 的吗？

0 63 | 63 63 | 3 6· | 07 76 | 62 3 | 3 — |
欸，　我来了，　外　公！　　有 什么　好玩 的？

07 76 | 52 56 | 6 — ‖
有 什么　好玩 的吗？　D.C.

（2004-7-6）

让我再玩一会吧

作词：汪同贵
作曲：汪同贵

念 得我 心里都 烦了， 别 老是 念啦 念啦 念啦 念啦
念 得我 心里都 烦 了， 别 老是 念啦 念啦 念啦 念啦
念 得我 心里都 烦 了， 欸， 我来 了， 外 公！
有 什么 好吃 的？ 有 什么 好吃 的吗？
欸， 我来 了， 外 公！ 有 什么 好玩 的？
D.C
有 什么 好玩 的吗？

177. 人生甲子转眼至 词：申屠基达；曲：汪同贵

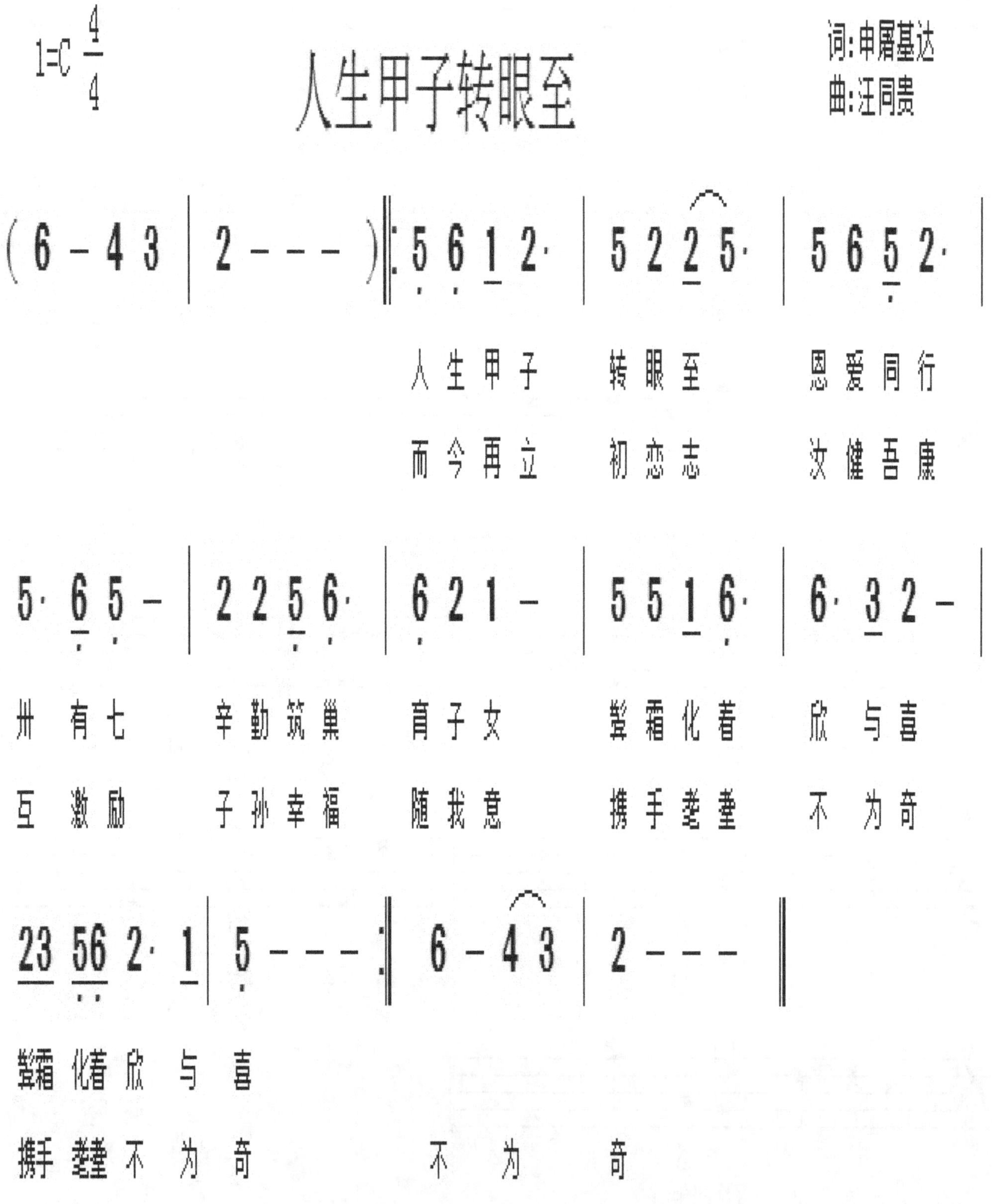

人生甲子转眼至

1=C 4/4

词：申屠基达
曲：汪同贵

(6 - 4 3 | 2 - - -)‖ 5 6 1 2· | 5 2 2 5· | 5 6 5 2· |

人生甲子　转眼至　　恩爱同行
而今再立　初恋志　　汝健吾康

5· 6 5 - | 2 2 5 6· | 6 2 1 - | 5 5 1 6· | 6· 3 2 - |

卅有七　　辛勤筑巢育子女　　簦霜化春　欣与喜
互激励　　子孙幸福随我意　　携手耄耋　不为奇

2 3 5 6 2· 1 | 5 - - - ‖ 6 - 4 3 | 2 - - - ‖

簦霜化春欣与喜
携手耄耋不为奇　　　不为奇

178. 日 月 卿　词：佚名；曲：汪同贵

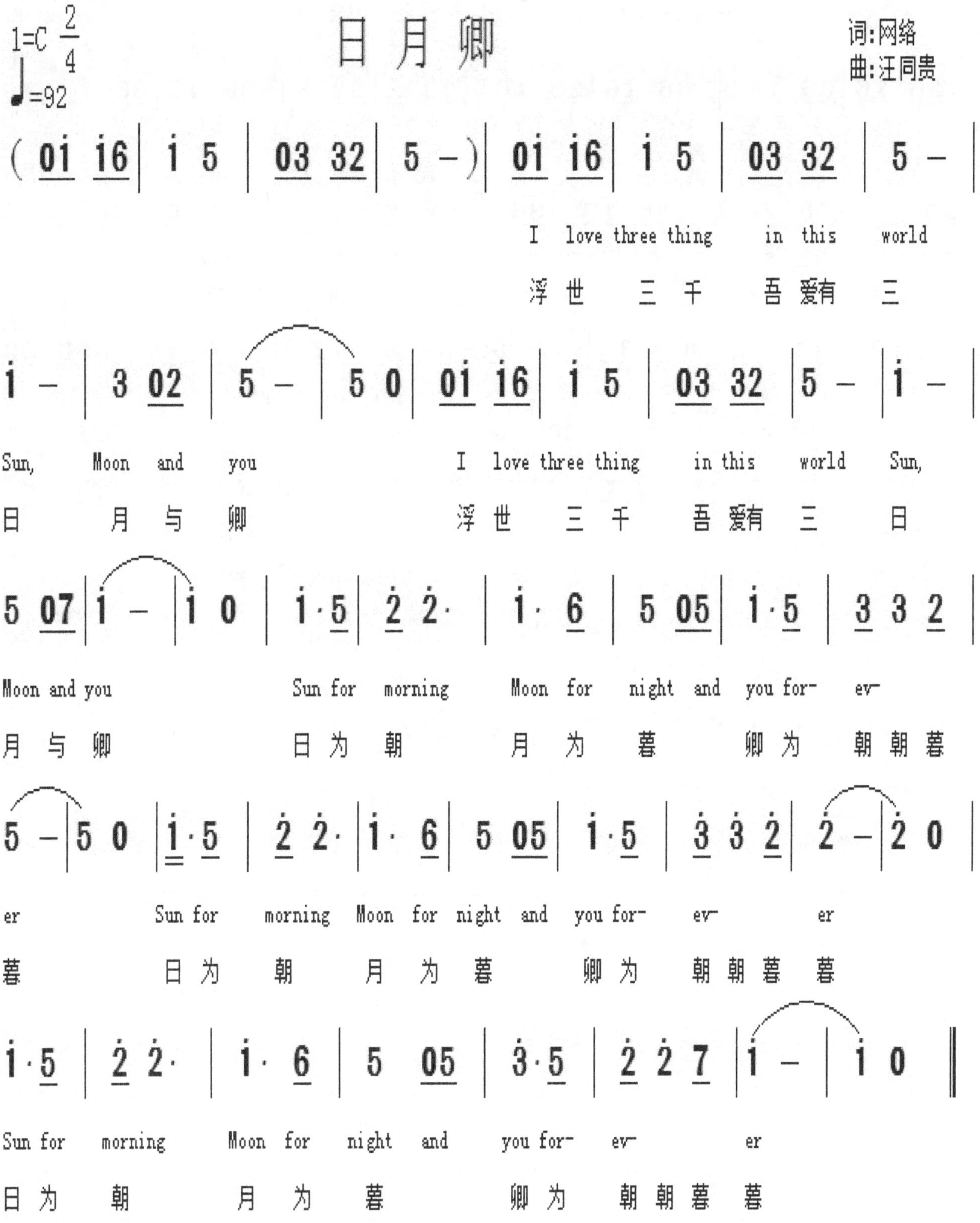

日 月 卿

词：网络
曲：汪同贵

1=C 2/4　♩=92

(0 1 | 1 6 | 1 5 | 0 3 3 2 | 5 -) | 0 1 | 1 6 | 1 5 | 0 3 3 2 | 5 -
　　　　　　　　　　　　　　　　　　　　I love three thing　in this　world
　　　　　　　　　　　　　　　　　　　　浮 世 三 千　吾 爱 有 三

1̇ - | 3 0 2 | 5 - | 5 0 | 0 1 | 1 6 | 1 5 | 0 3 3 2 | 5 - | 1̇ -
Sun,　Moon and　you　　　　I love three thing　in this　world　Sun,
日　　月 与 卿　　　　　　浮 世 三 千　吾 爱 有 三　　　日

5 0 7 | 1̇ - | 1̇ 0 | 1̇·5 | 2̇ 2̇· | 1̇ 6 | 5 0 5 | 1̇·5 | 3 3 2
Moon and you　　　　Sun for　morning　Moon for　night and　you for- ev-
月　与 卿　　　　　　日 为　朝　　　月 为　暮　　　卿 为　朝 朝 暮

5 - | 5 0 | 1̇·5 | 2̇ 2̇· | 1̇·6 | 5 0 5 | 1̇·5 | 3̇ 3̇ 2̇ | 2̇ - 2̇ 0
er　　　　Sun for　morning　Moon for night and　you for- ev-　　er
暮　　　　日 为　朝　　　月 为 暮　　　卿 为　朝 朝 暮 暮

1̇·5 | 2̇ 2̇· | 1̇·6 | 5 0 5 | 3̇·5 | 2̇ 2̇ 7 | 1̇ - | 1̇ 0
Sun for　morning　Moon for　night and　you for- ev-　　er
日 为　朝　　　月 为　暮　　　卿 为　朝 朝 暮 暮

179. 三花石回眸 词：刘忠才；曲：汪同贵

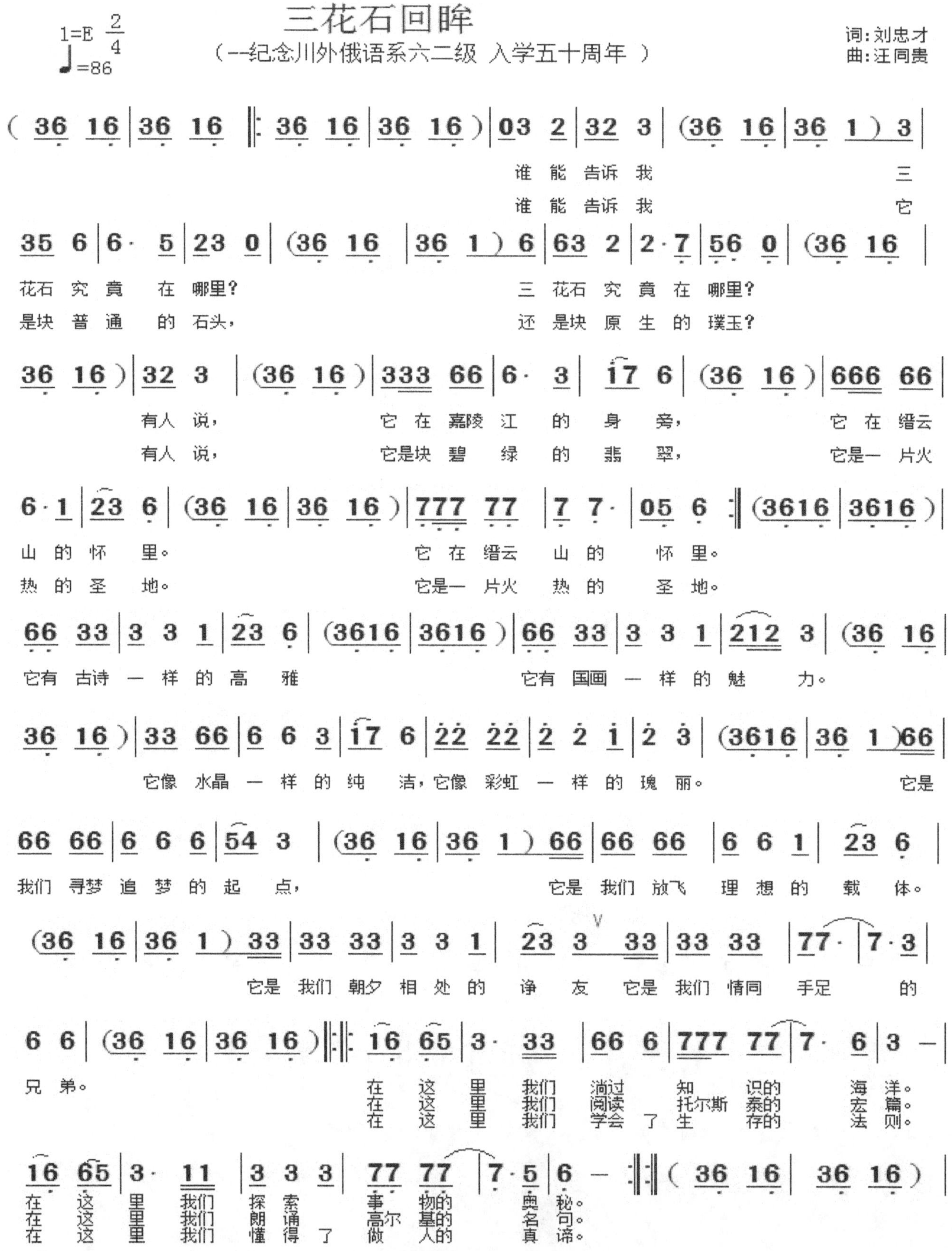

1=E 2/4
♩=86
三花石回眸
（--纪念川外俄语系六二级 入学五十周年 ）
词:刘忠才
曲:汪同贵
谁 能 告诉 我 三
谁 能 告诉 我 它
花石 究 竟 在 哪里？ 三 花石 究 竟 在 哪里？
是块 普 通 的 石头， 还 是块 原 生 的 璞玉？
有人 说， 它 在 嘉陵 江 的 身 旁， 它 在 缙云
有人 说， 它是块 碧 绿 的 翡 翠， 它是一 片火
山 的 怀 里。 它 在 缙云 山 的 怀 里。
热 的 圣 地。 它是一 片火 热 的 圣 地。
它有 古诗 一 样 的 高 雅 它有 国画 一 样 的 魅 力。
它像 水晶 一 样 的 纯 洁，它像 彩虹 一 样 的 瑰 丽。 它是
我们 寻梦 追 梦 的 起 点， 它是 我们 放飞 理 想 的 载 体。
它是 我们 朝夕 相 处 的 诤 友 它是 我们 情同 手足 的
兄 弟。
在 这 里 我们 淌过 知 识的 海 洋。
在 这 里 我们 阅读 托尔斯 泰的 宏 篇。
在 这 里 我们 学会 了 生 存的 法 则。
在 这 里 我们 探 索 事 物的 奥 秘。
在 这 里 我们 朗 诵 高尔 基的 名 句。
在 这 里 我们 懂 得 了 做 人的 真 谛。

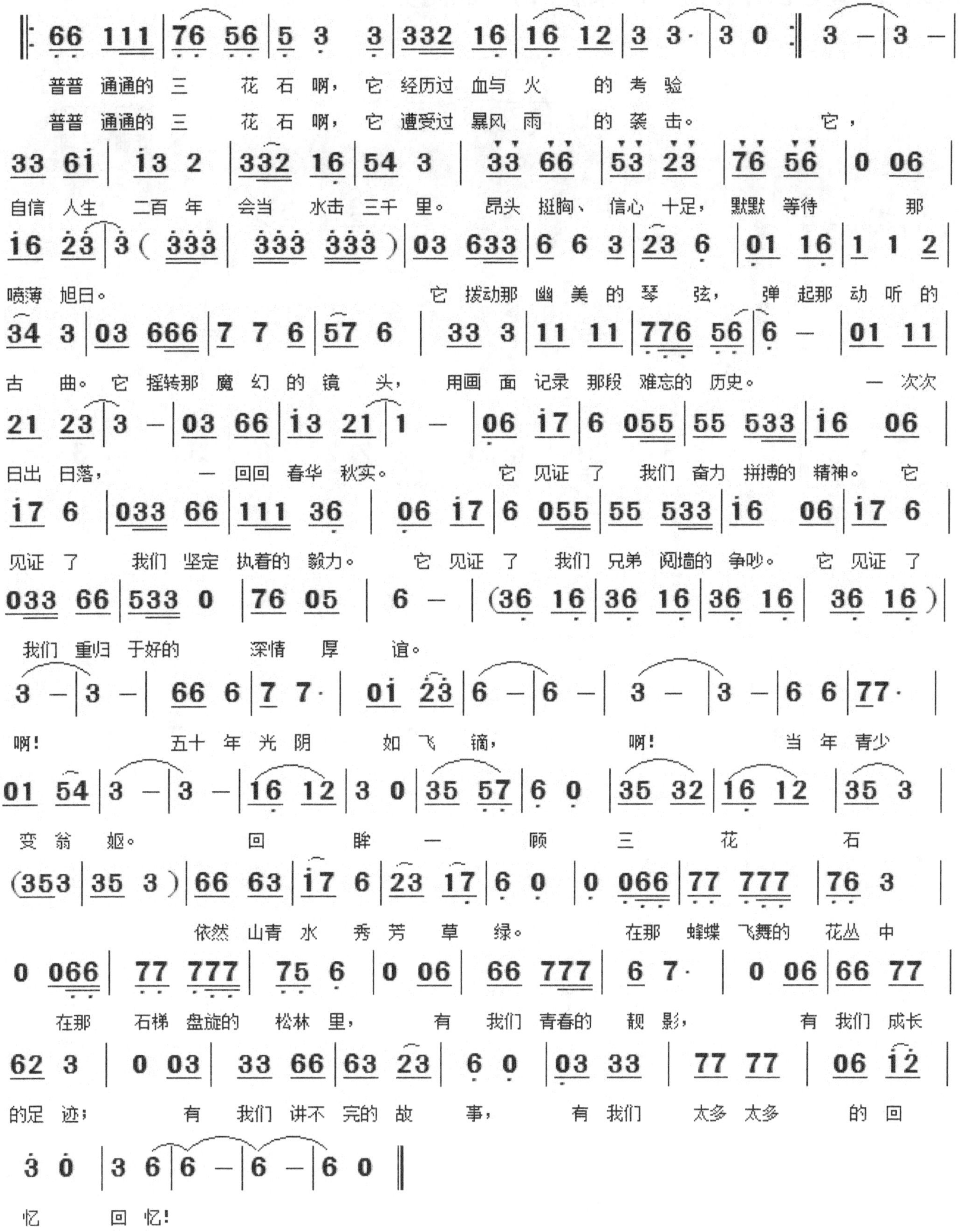

普普通通的三花石啊，它经历过血与火的考验
普普通通的三花石啊，它遭受过暴风雨的袭击。它，
自信人生二百年会当水击三千里。昂头挺胸、信心十足，默默等待那
喷薄旭日。它拨动那幽美的琴弦，弹起那动听的
古曲。它摇转那魔幻的镜头，用画面记录那段难忘的历史。一次次
日出日落，一回回春华秋实。它见证了我们奋力拼搏的精神。它
见证了我们坚定执着的毅力。它见证了我们兄弟阋墙的争吵。它见证了
我们重归于好的深情厚谊。
啊！五十年光阴如飞镝，啊！当年青少
变翁妪。回眸一顾三花石
依然山青水秀芳草绿。在那蜂蝶飞舞的花丛中
在那石梯盘旋的松林里，有我们青春的靓影，有我们成长
的足迹；有我们讲不完的故事，有我们太多太多的回
忆 回忆！

二〇一二年五月一日

180. 山那边也许有盛开的茉莉 词：汪同贵；曲：汪同贵

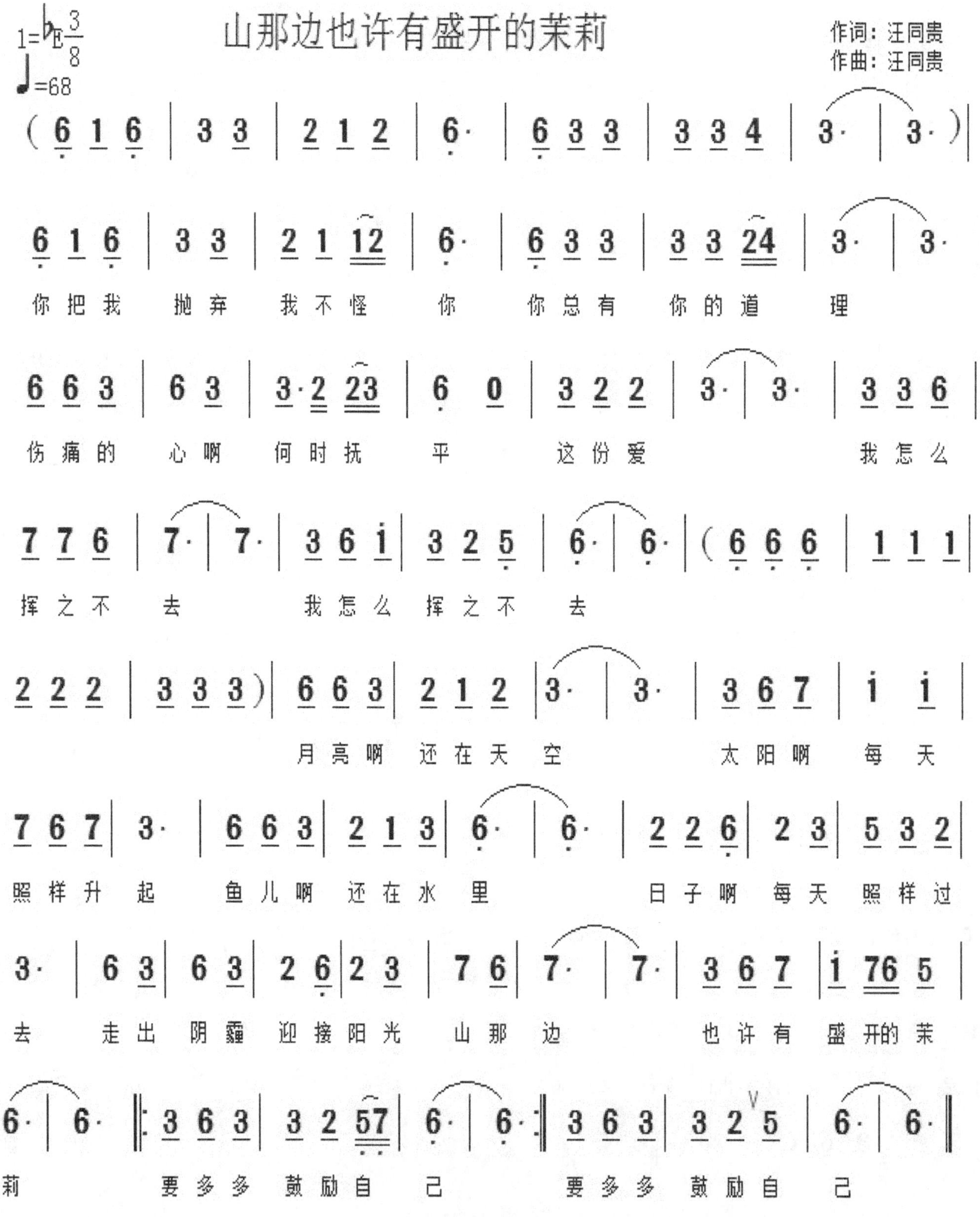

歌词：

你把我抛弃 我不怪你 你总有你的道理

伤痛的心啊 何时抚平 这份爱 我怎么

挥之不去 我怎么挥之不去

月亮啊还在天空 太阳啊每天

照样升起 鱼儿啊还在水里 日子啊每天照样过

去 走出阴霾迎接阳光 山那边 也许有盛开的茉

莉 要多多鼓励自己 要多多鼓励自己

181. 生日 词：任裕群；曲：汪同贵

182. 十二生肖歌 词：汪同贵；曲：汪同贵

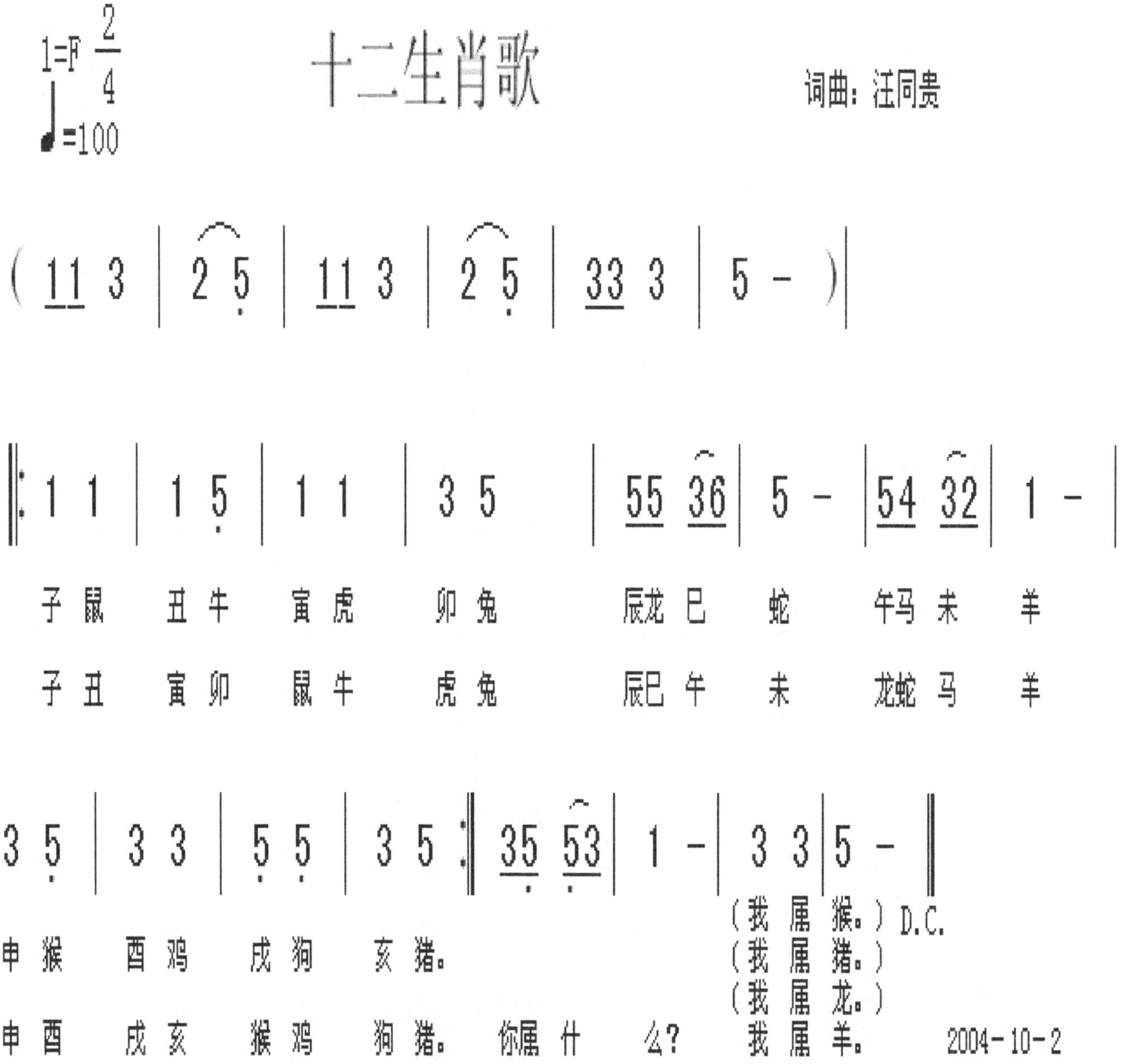

十二生肖歌

1=F 2/4
♩=100

词曲：汪同贵

(11 3 | 2 5 | 11 3 | 2 5 | 33 3 | 5 -)

| 1 1 | 1 5 | 1 1 | 3 5 | 55 36 | 5 - | 54 32 | 1 - |

子鼠　丑牛　寅虎　卯兔　　辰龙 巳　蛇　　午马 未　羊
子丑　寅卯　鼠牛　虎兔　　辰巳 午　未　　龙蛇 马　羊

| 3 5 | 3 3 | 5 5 | 3 5 ‖ 35 53 | 1 - | 3 3 | 5 - ‖

　　　　　　　　　　　　　　　　（我 属 猴。）D.C.
申猴　酉鸡　戌狗　亥猪。　　　　（我 属 猪。）
　　　　　　　　　　　　　　　　（我 属 龙。）
申酉　戌亥　猴鸡　狗猪。你属什　么？　我属羊。　2004-10-2

子	丑	寅	卯	辰	巳	午	未	申	酉	戌	亥
鼠	牛	虎	兔	龙	蛇	马	羊	猴	鸡	狗	猪

十二生肖歌

作词：汪同贵
作曲：汪同贵

183. 蜀道坦坦不再难　词：赵启发；曲：汪同贵

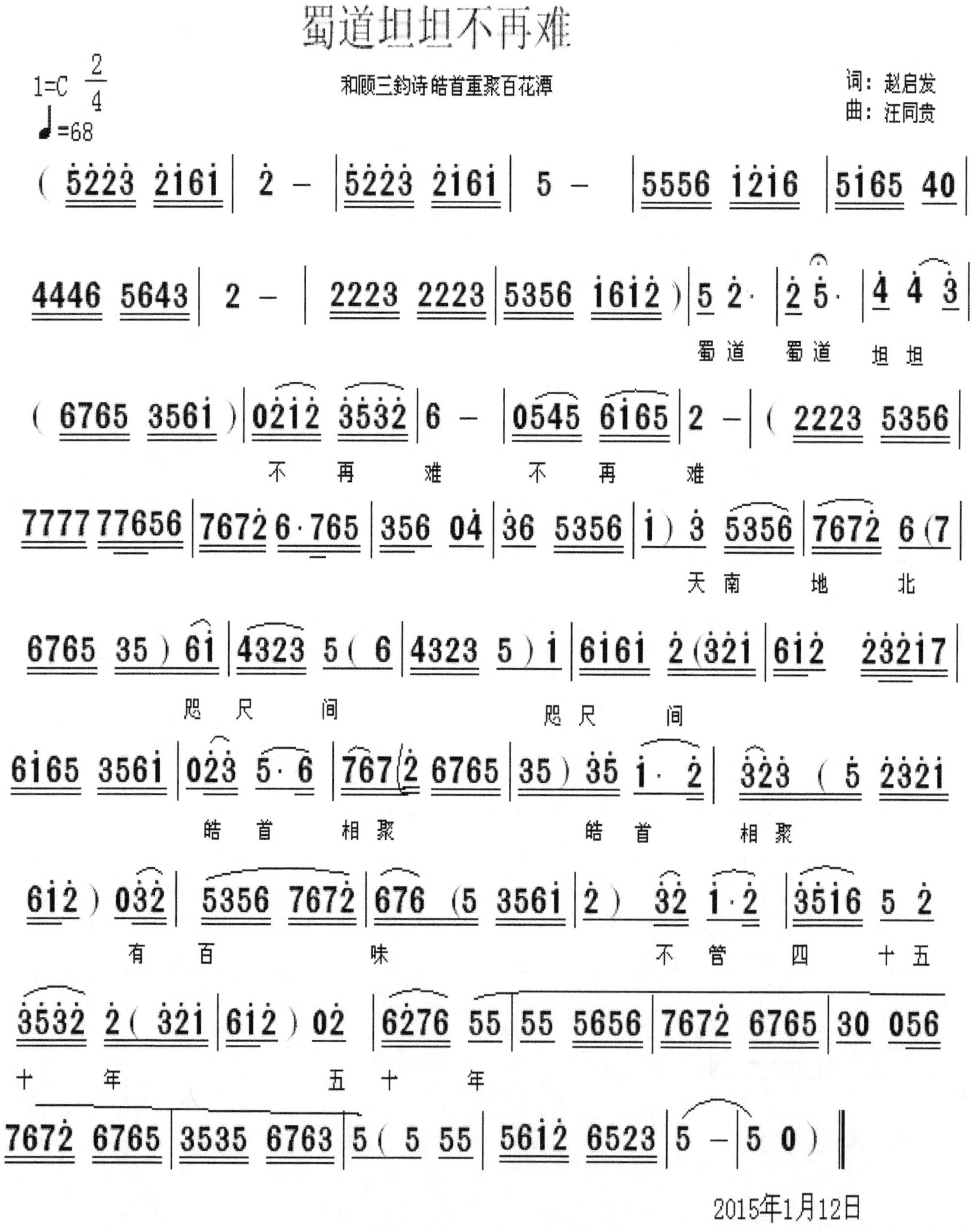

184. 树桩 词：史瑞芳；曲：汪同贵

树 桩

词：史瑞芳
曲：汪同贵

1=C 4/4　♩=140

(5 i 5 i | 5 7 i - | 2 4 3 2 | 1 - - -) | 5 i 5 i |
　　　　　　　　　　　　　　　　　　　　　　　　树 桩 树 桩

5 7 i - | i i 2 3 | 5 - - - | 5 i 5 i | 5 7 i - | 2 4 3 2 |
莫 心 慌　有 水 来 帮 忙　　　　树 桩 树 桩 莫 心 慌　有 水 来 帮

1 - - - | 5 7 i - | 2 3 5 - | 5 i 7 6 | 5 - - - | 5 7 i - |
忙　　　　抽　枝　　有 天 时　再 穿 绿 衣 裳　　　　抽　枝

2 3 5 - | 2 4 3 2 | 1 - - - | 5 7 i - | 3 5 1 - | 2 - 4 - |
有 天 时　再 穿 绿 衣 裳　　　　抽　枝　　有 天 时　再　穿

3 - 2 - | 1 - - 0 ‖
绿　衣　裳

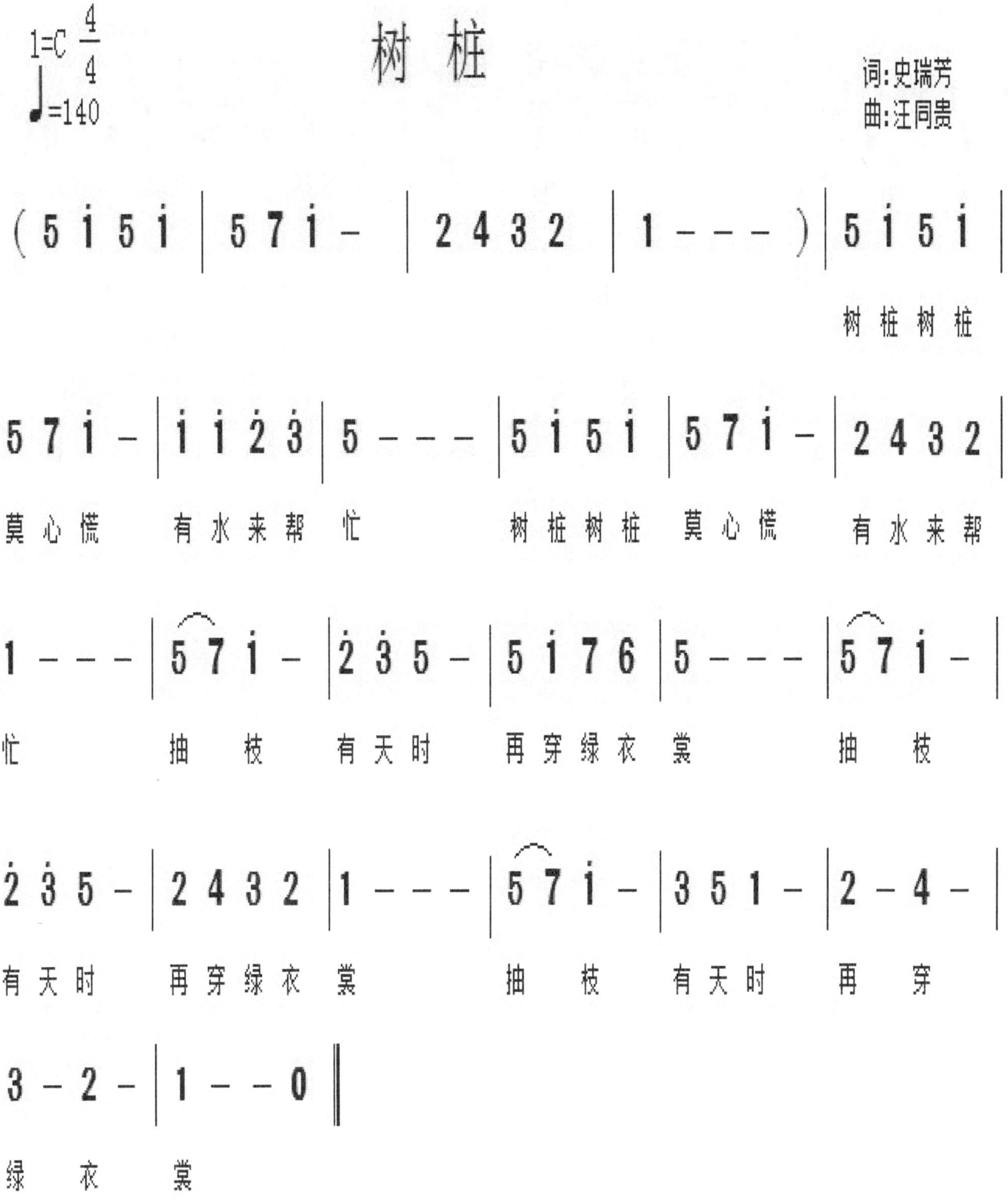

185. 树桩（五绝律诗&英文） 词：史瑞芳，汪一陟；曲：汪同贵

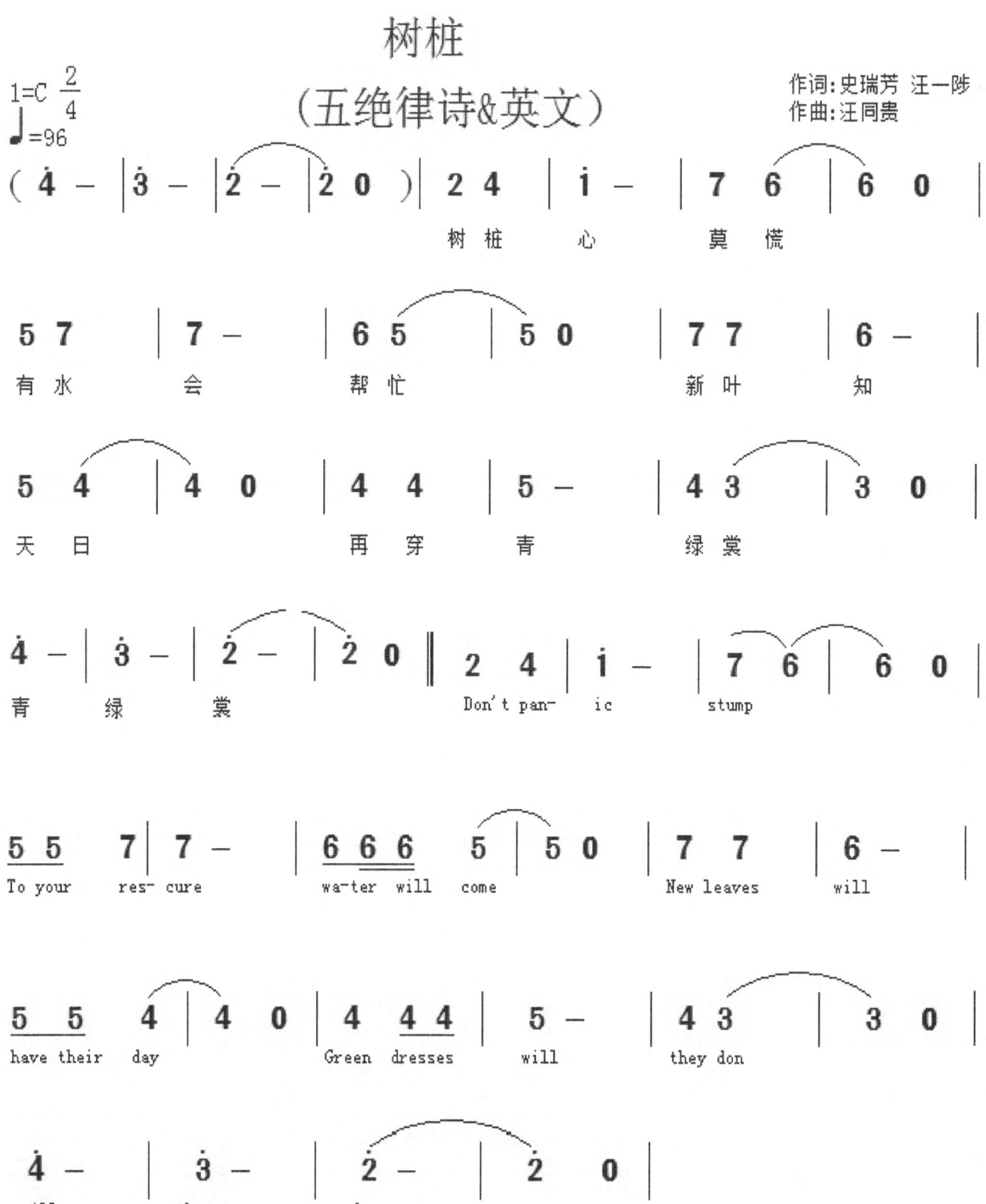

树桩

(五绝律诗&英文)

作词:史瑞芳 汪一陟
作曲:汪同贵

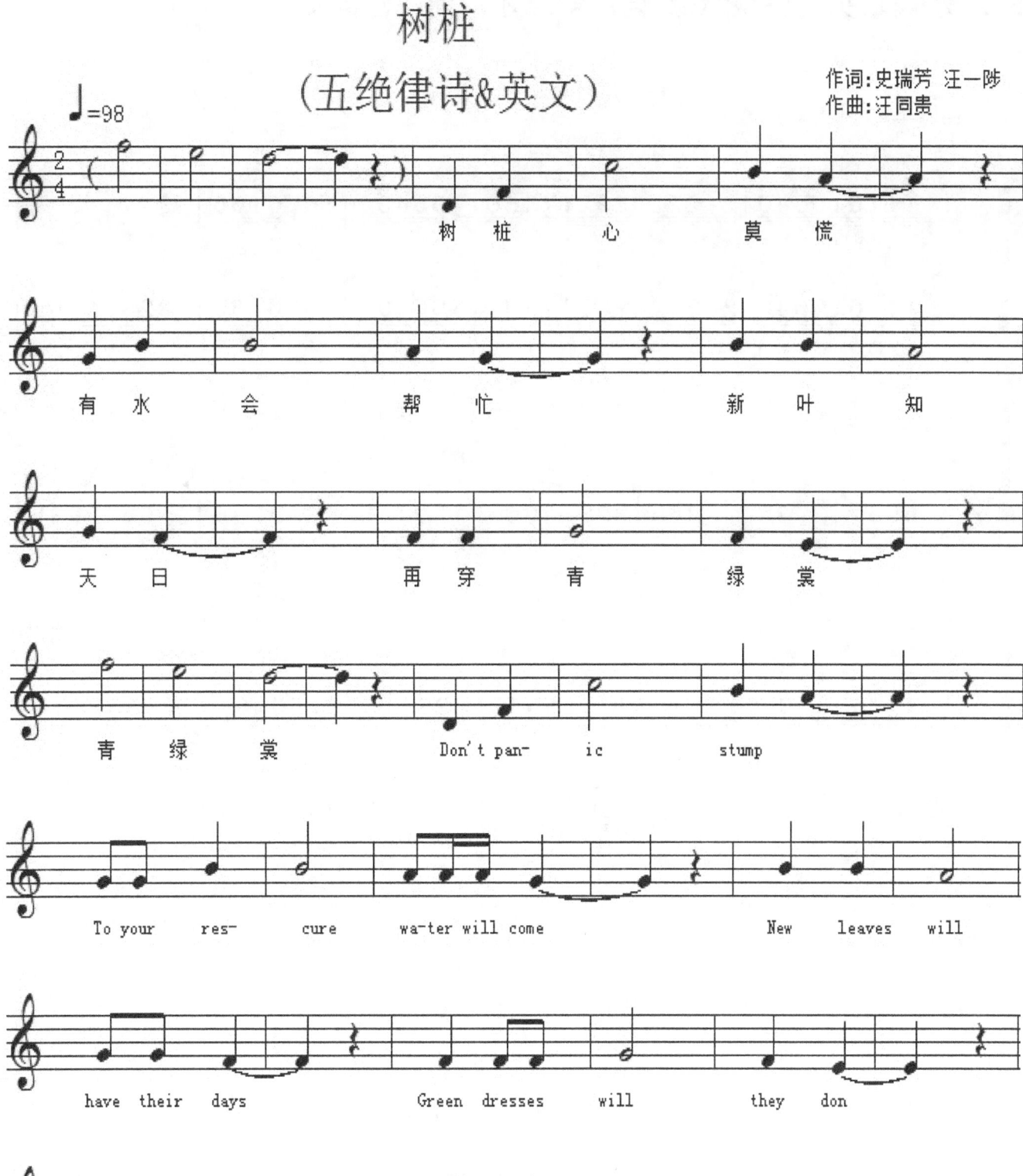

186. 水调歌头·中秋遐想 词：刘忠才；曲：汪同贵

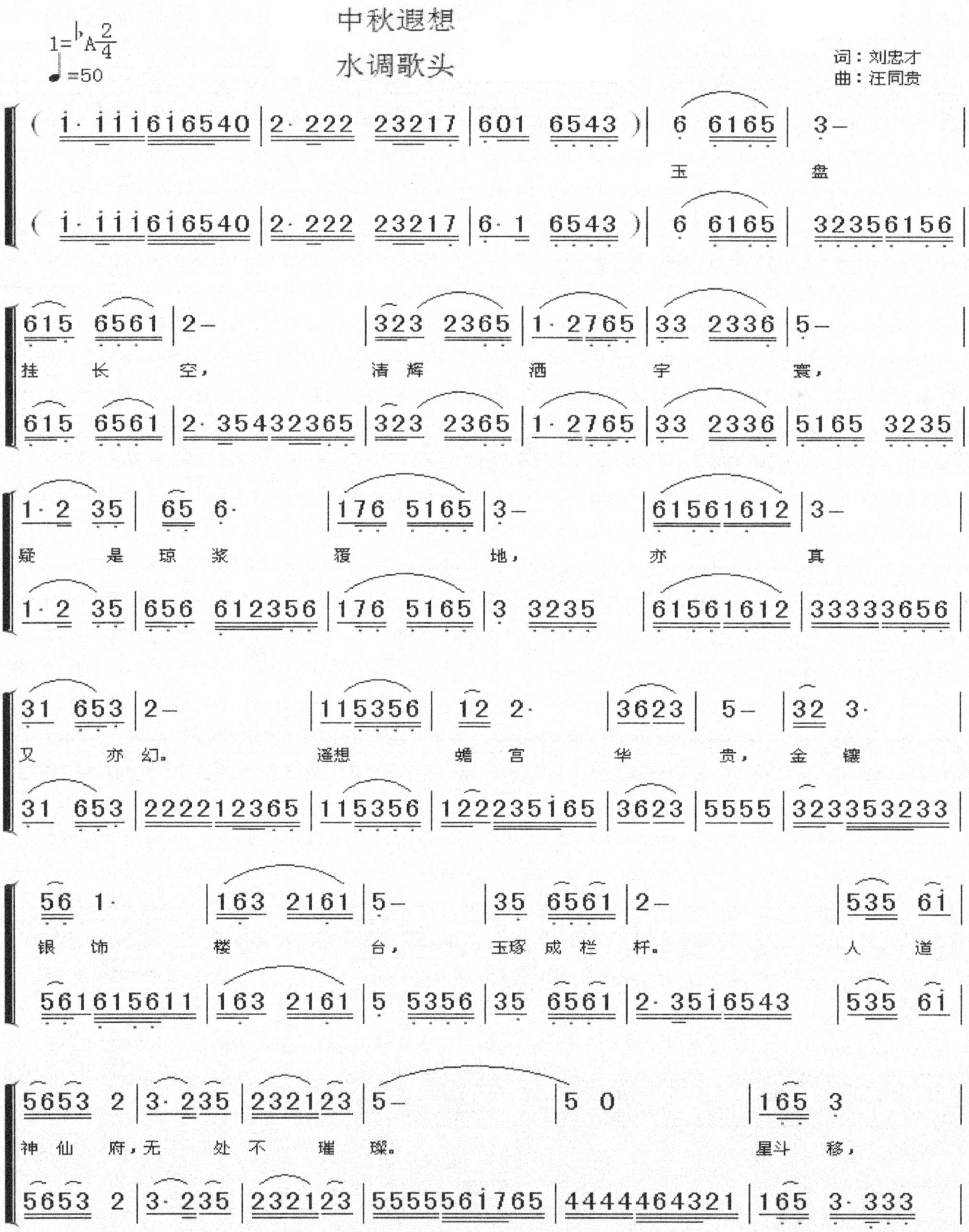

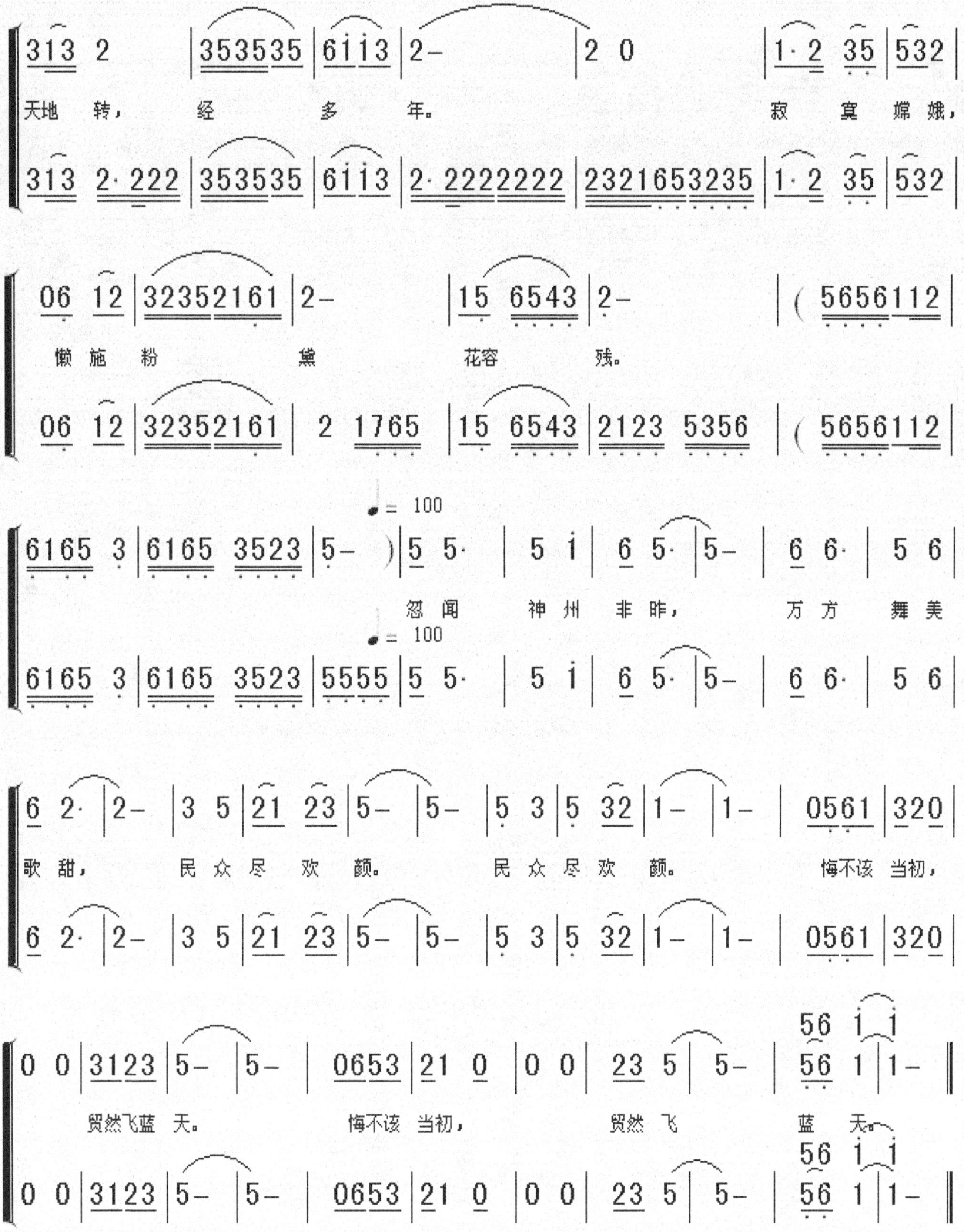
天地转，经多年。寂寞嫦娥，
懒施粉黛花容残。
= 100
忽闻神州非昨，万方舞美
歌甜，民众尽欢颜。民众尽欢颜。悔不该当初，
贸然飞蓝天。悔不该当初，贸然飞蓝天。

水调歌头《中秋遐想》

词：刘忠才
曲：汪同贵

金 镶 银 饰 楼 台， 玉琢成栏 杆。
人 道 神仙 府， 无 处 不 璀 璨。
星斗 移， 天地 转， 经 多 年。
寂 寞 嫦 娥， 懒施 粉 黛 花容

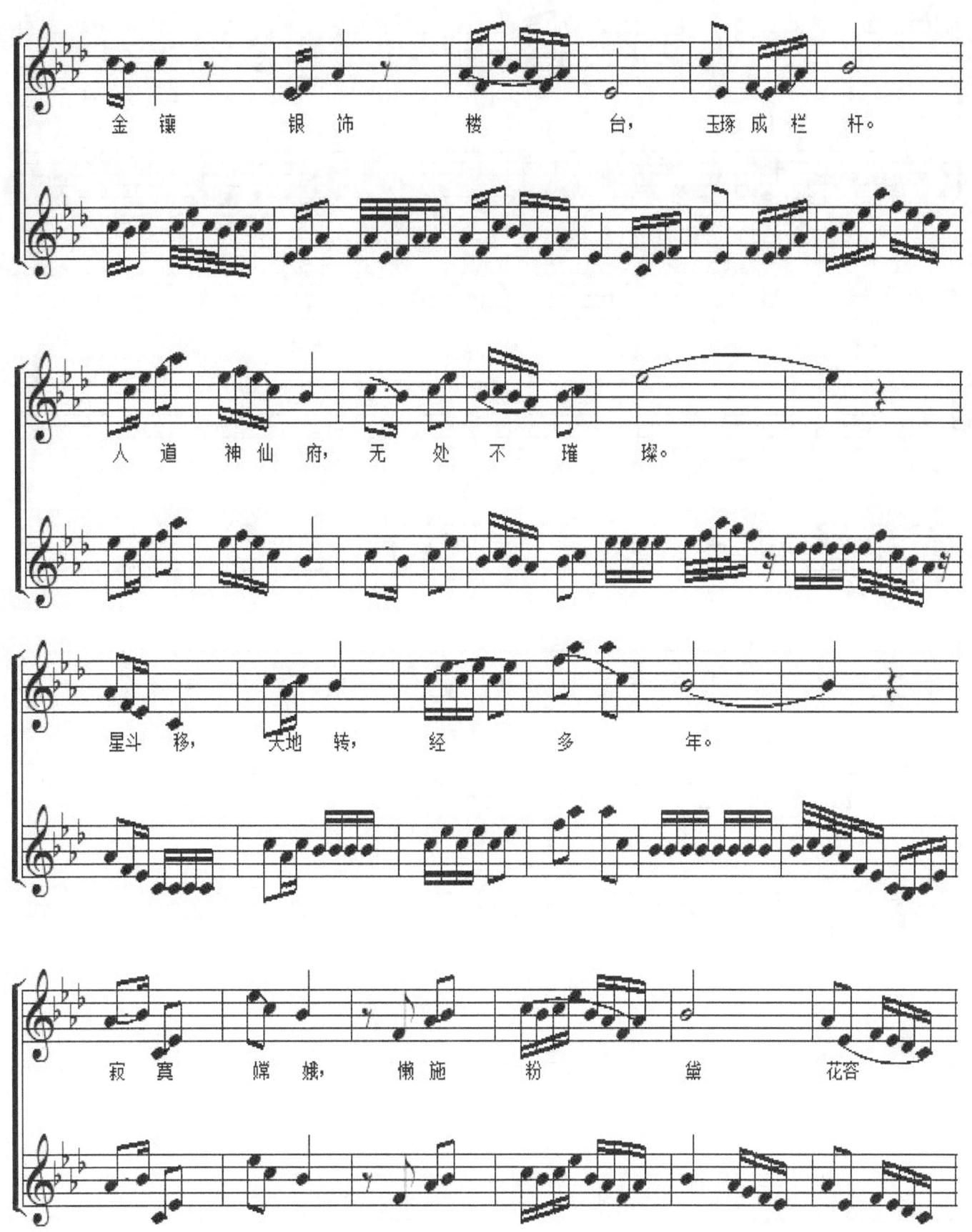

残。
忽闻
小号
神州非昨，
万方舞美歌甜，
入钢琴
民众尽欢颜。
民众尽欢颜。
悔不该当初，
毅然飞蓝天。
悔不该
当初，
毅然飞
蓝天。
2006-10-15

187. 水蜜桃 词：刘忠才；曲：汪同贵

水蜜桃

词：刘忠才
曲：汪同贵

1=F 2/4
♩=68

男领：哎　　妹妹住在前山腰哎　　哟　呃　　贤淑漂亮
女领：哎　　哥哥住在后山坳哎　　哟　呃　　憨厚帅气
男领：哎　　妹妹心灵手又巧哎　　哟　呃　　种了半山
女领：哎　　哎呀我的傻哥哥哎　　哟　呃　　哪个那样

♩=80

性格好哎　　哟　呃　　男合：妹妹　哟　住在　哟　前山那个
人品好哎　　哟　呃　　女合：哥哥　哟　住在　哟　后山那个
水蜜桃哎　　哟　呃　　男合：妹妹　哟　心灵　哟　手又那个
不开窍哎　　哟　呃　　女合：哎呀呀我的哟　傻哥那个

腰哟喂　贤淑哟　漂亮哟　性格那个好哟喂　哥哥哟想妹哟
坳哟喂　憨厚哟　帅气哟　人品那个好哟喂　想见哟哥哥哟
巧哟喂　种了哟　半山哟　水蜜那个桃哟喂　想摘哟一个哟
哥哟喂　哪个哟　那样哟　不开那个窍哟喂　想吃哟你就哟

睡不那个着哟喂　想着哟妹妹哟　心猛那个跳哟喂
又怕那个见哟喂　见到哟哥哥哟　脸红那个了哟喂
尝尝那个味哟喂　怕妹哟笑我哟　是馋那个猫哟喂
快来那个摘哟喂　妹妹的心思哟　你知那个道哟喂

♩=80

男领：水蜜　桃　　熟透了　　水蜜　桃　　熟透了　　男合：吃着妹妹的水蜜桃
女领：水蜜　桃　　熟透了　　水蜜　桃　　熟透了　　女合：哥哥吃妹的水蜜桃
男女领：水蜜桃　熟透了　　水蜜　桃　　熟透了　　男女合：哥哥妹妹心连心

♩=100　　　　　　　　　　　　　　　　　　　　　　　　　　　　　　♩=80

哥哥心里乐陶陶　吃着妹妹的水蜜桃　哥哥心里乐陶陶
妹妹心里乐陶陶　哥哥吃妹的水蜜桃　妹妹心里乐陶陶
两颗心儿紧依靠　海枯石烂心不变　相亲相爱直到老　哥哥妹妹心连心

两颗心儿紧依靠　海枯石烂心不变　相亲相爱直到老　相亲相爱

直　到　老

2013年 1月 5日

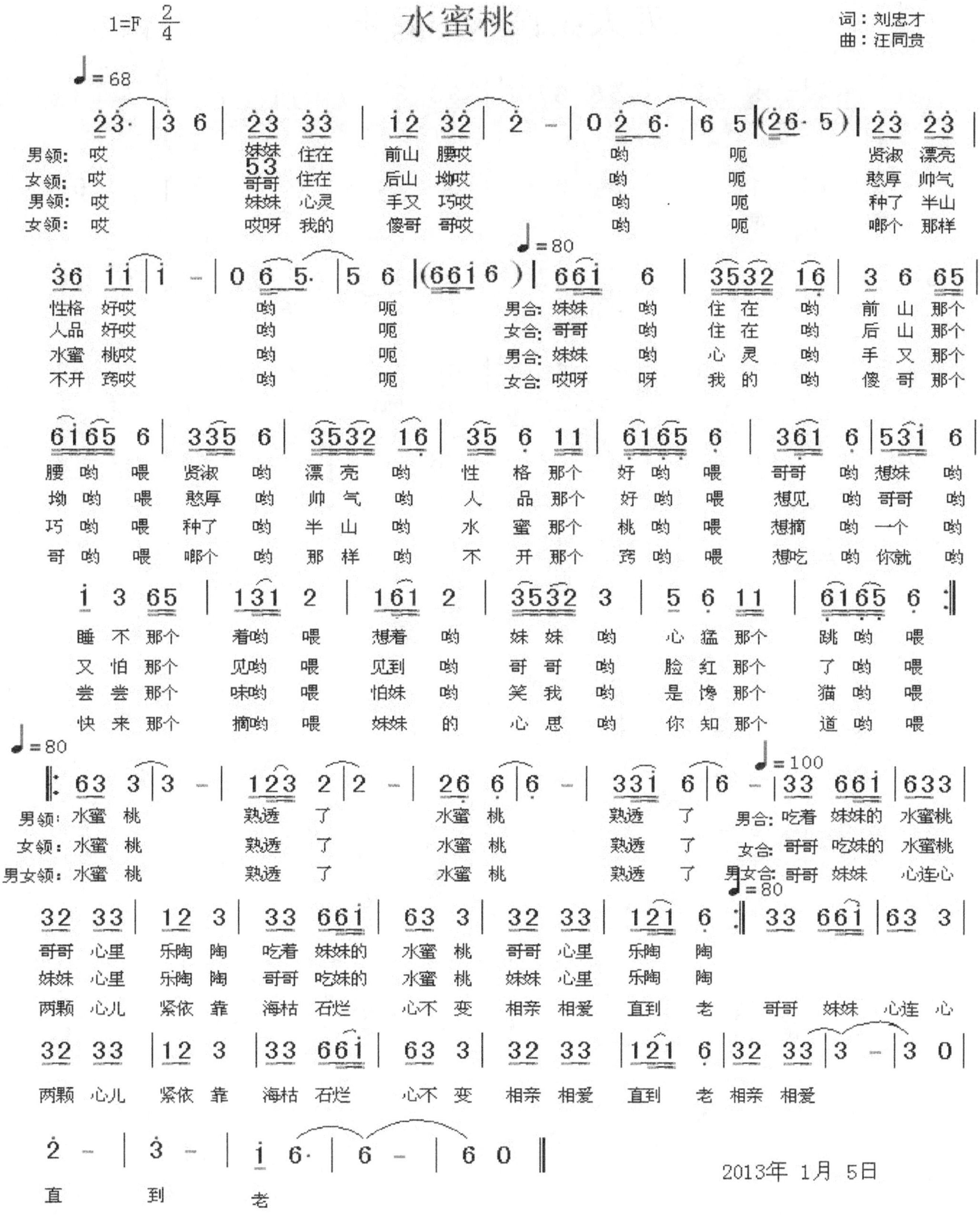

188. 四大纪律 八项要求 词：佚名；曲：汪同贵

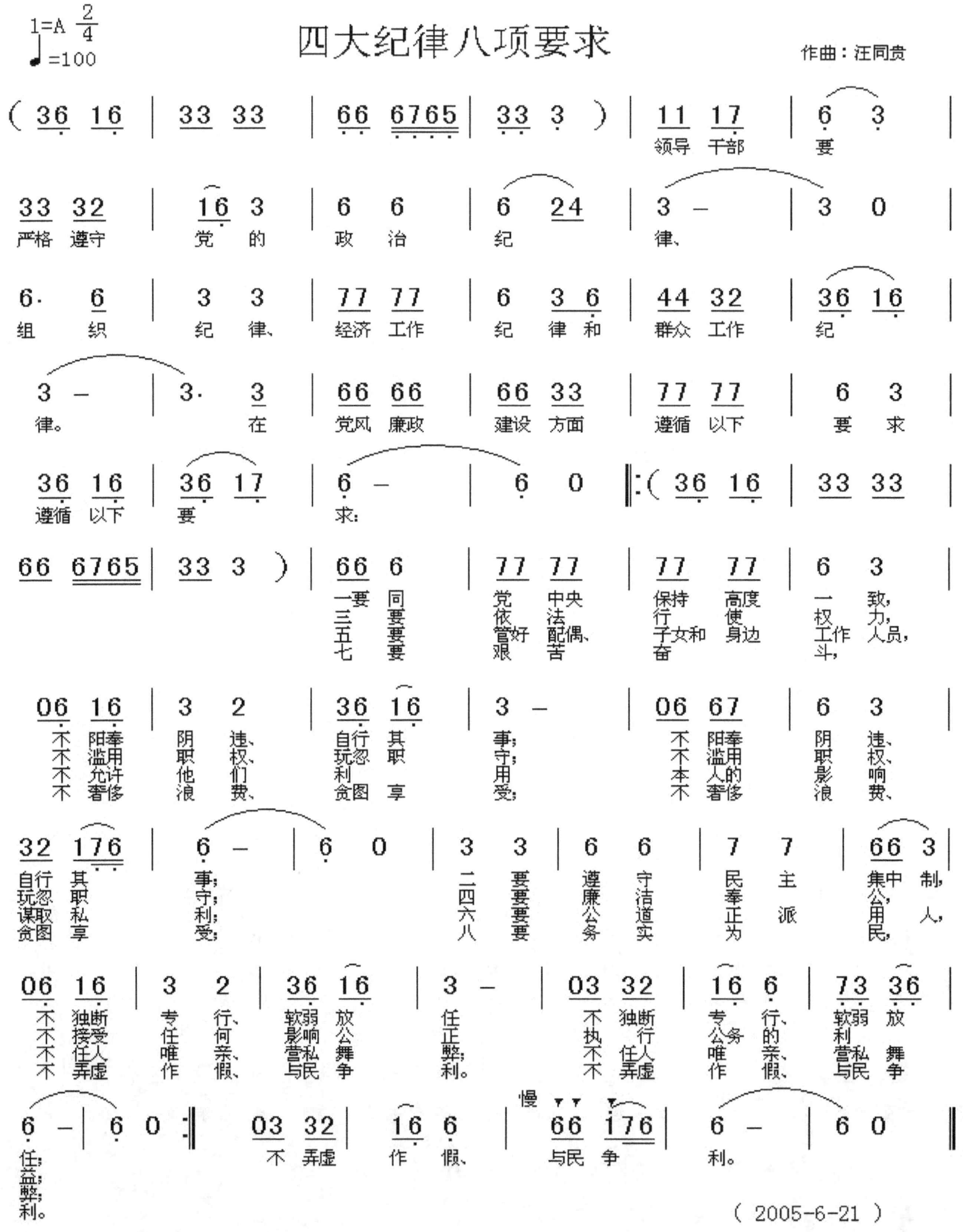

四大纪律八项要求

作曲：汪同贵

1=A 2/4 ♩=100

(36 16 | 33 33 | 66 6765 | 33 3) | 11 17 | 6 3 |
　　　　　　　　　　　　　　　　　　　领导 干部　要

33 32 | 16 3 | 6 6 | 6 24 | 3 - | 3 0 |
严格 遵守　党 的　政 治　纪　律、

6· 6 | 3 3 | 77 77 | 6 36 | 44 32 | 36 16 |
组 织　纪 律、经济 工作　纪 律和　群众 工作　纪

3 - | 3· 3 | 66 66 | 66 33 | 77 77 | 6 3 |
律。　　在　党风 廉政　建设 方面　遵循 以下　要 求

36 16 | 36 17 | 6 - | 6 0 ‖: (36 16 | 33 33 |
遵循 以下　要　　求：

66 6765 | 33 3) | 66 6 | 77 77 | 77 77 | 6 3 |
　　　　　　　一要　同要　党中　保持　高度　一致，
　　　　　　　一三　要要　依央　行使　子女　权力
　　　　　　　五七　要要　法配　奋和　工作 人员，
　　　　　　　　　　管好　苦身　斗边

06 16 | 3 2 | 36 16 | 3 - | 06 67 | 6 3 |
不不　阳奉　阴职　自行　其职　事；　不不　阳奉　阴职　违权、
不不　滥用　他浪　违权　玩忽　守；　本不　滥用　影响
　　　允许　费、　们利　用受；　　　的奢　浪费、
　　　奢侈　　　贪图　　　　　　　　侈　　
　　　　　　　享　　　　　　　　　　　　

32 176 | 6· - | 6 0 | 3 3 | 6 6 | 7 7 | 66 3 |
自行 其职　事；　　　　　　二要　遵廉　守洁　民主　集中 制人，
玩忽　谋私　守利；　　　　　四要　公务　奉道　派正　用公
贪图　　　受；　　　　　　六要　　　实为　　　民，
享　　　　　　　　　　　　八要　　　　　　　　　

06 16 | 3 2 | 36 16 | 3 - | 03 32 | 16 6 | 73 36 |
不不　独断　专任　行、何　软弱　放　任　不不　独断　专公　行、的　软弱 放
不不　接任　任唯　影亲　营私　公　弊不　执行　任唯　务亲　利私 舞
不不　弄虚　作假、　与民　争　利。　　　弄虚　作假、　与民 争

6 - | 6 0 :‖ 03 32 | 16 6 | 66 176 | 6 - | 6 0 ‖
任益　　　　　不　弄虚　作 假、　与民 1 76　利。
弊利。

（2005-6-21）

189. 松鹤延年 词：杨泰良；曲：汪同贵

松鹤延年

词：杨泰良
曲：汪同贵

1=C 2/4 ♩=68

(36 5· | 65 6·) | 36 5· | 65 6· | 51 6135 | 6 — |
　　　　　　　　　　　　不 老　　苍 松　　缠 枝　　蔓

56 1 2 | 6165 3 | 55 6532 | 1 — | 3235 6 | 6113 3 |
红 冠　　白 鹤　　双 双　　伴　　蓝 天　　信 步

16 3 | 2 — | 32 3 35 | 56 1· | 23 7656 | 1 — |
聚 山　　崖　　松 鹤　　延 年　　群 口　　赞

190. 诉衷情·变生不测 词：史重威；曲：汪同贵

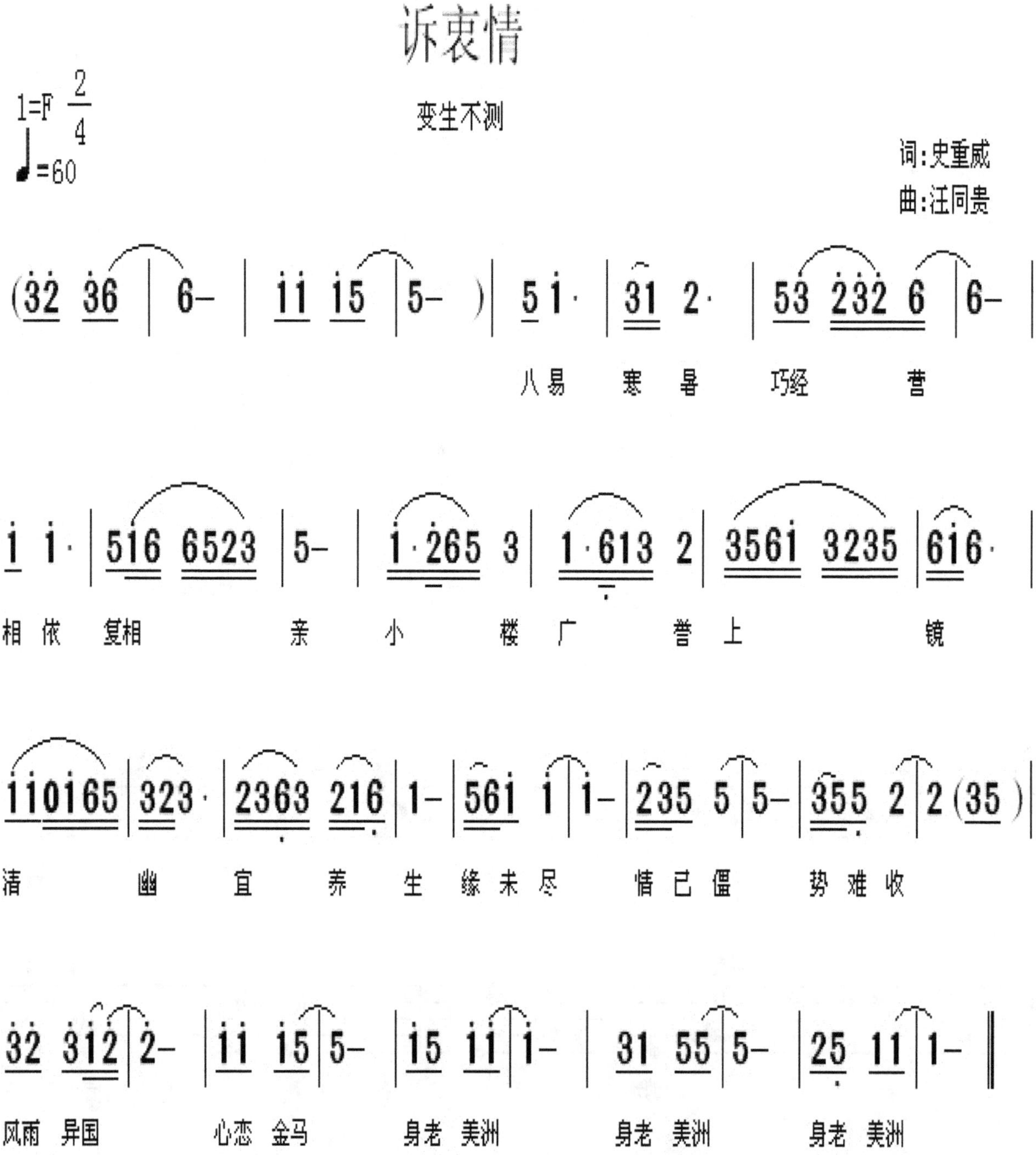

诉衷情

变生不测

1=F 2/4 ♩=60

词：史重威
曲：汪同贵

(32 36 | 6- | 11 15 | 5-) | 5 1· | 31 2· | 53 232 6 | 6- |
　　　　　　　　　　　　　　　　　八易　寒暑　巧经　营

1 1· | 516 6523 | 5- | 1·265 3 | 1·613 2 | 3561 3235 | 616· |
相依　复相　　　亲　小　楼　广　誉　上　　　　　　镜

110165 323· | 2363 216 | 1- | 561 1 1- | 235 5 5- | 355 2 2 (35) |
清　　幽　　宜养　生　缘未尽　　情已僵　　势难收

32 312 2- | 11 15 | 5- | 15 11 1- | 31 55 5- | 25 11 1- ‖
风雨　异国　　心恋 金马　身老 美洲　　身老 美洲　　身老 美洲

2014年3月15日

191. 锁定爱情的誓言 词：王培元；曲：汪同贵

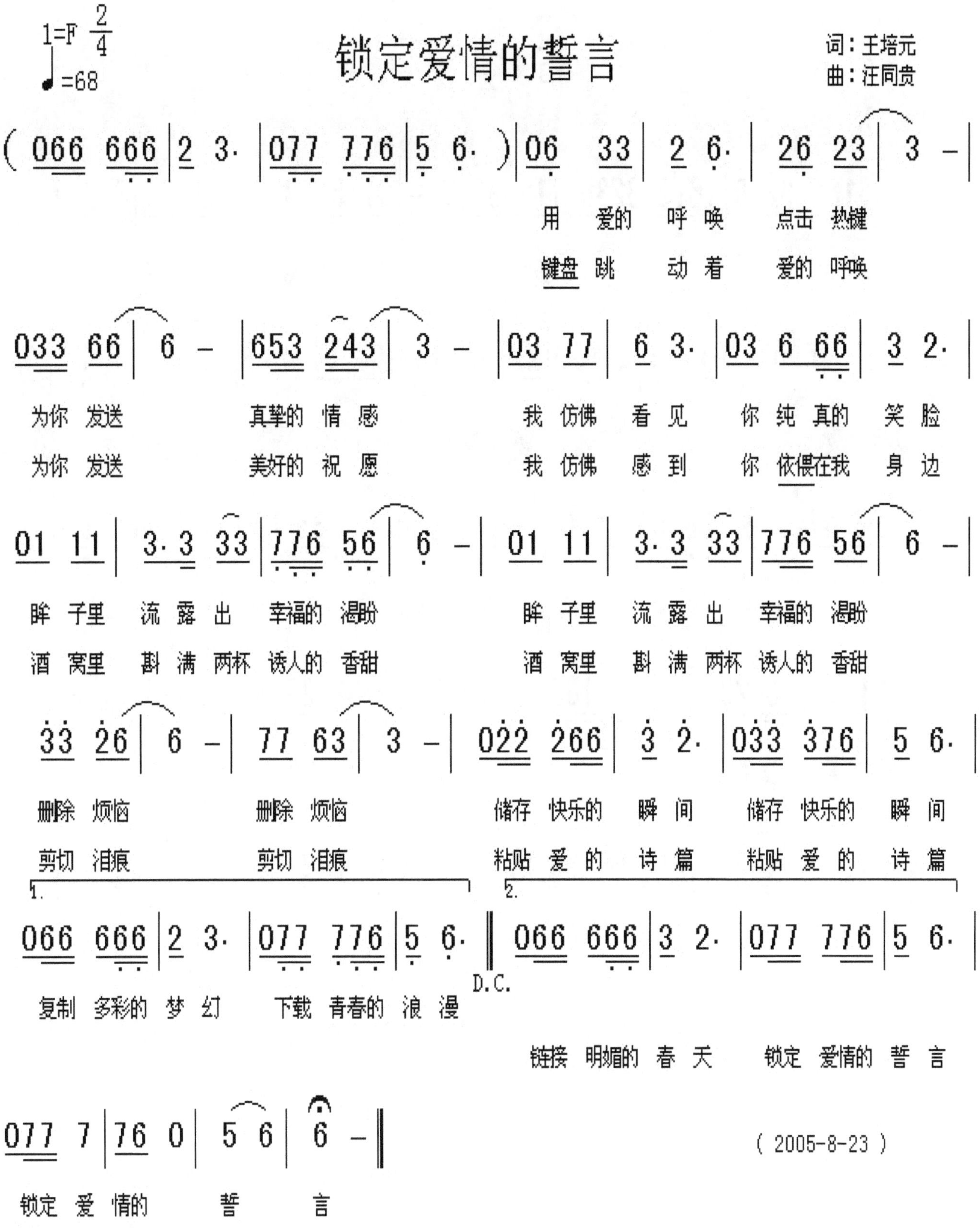

192. 所发帖子真够乐 词：于红；曲：汪同贵

所发帖子真够乐

1=F 2/4
♩=92

词：于 红
曲：汪同贵

(6165 3235 1612 3235) | 12 32 | 2 - | 01 65 | 3 5 | 01 65 | 3 (3) |

乐天杉杉　　　所发帖子　真够乐

25 25 | 5 - | 01 63 | 2 (6) | 22 33 | 3 - | 03 62 | 2 - | 01 65 | 3 3 |

对号入座　　在自我　人人都盼　寿绵绵　晚年玩年

03 21 | 6 6 | 56 6 | (56 6) | 55 6 | 35 5 | 35 61 | 65 3 | 36 63 |

晚年玩年　记心窝　　勤活动　莫懒惰　合理用餐　紧配合　睡足觉

21 1 | 3·3 | 23 33 | 3 | 163 2 | 213 6 | 31 23 | 3 - | 26 21 | 1 - |

多水果　唱歌　跳舞别闲着　爱家人　爱自个　保八争九　保八争九

216 6 | 163 2 | 213 6 | 63 65 | 5 - | 653 3 | 23 6 | 6 1 | 55 3 |

天伦乐　爱家人　爱自个　保八争九　天伦乐纵然阎王找到我

32 12 | 2 - | 55 3 | 23 6 | 6 1 | 6165 6 | 65 35 | 5 - | 6 1 | 6 66 6 |

优哉游哉　也洒脱　纵然阎王找到我　优哉游哉　也　也洒脱

（注：保八争九 意为保证活到八十岁，争取活到九十岁）

193. 踏莎行·闲上栖山 词：杨泰良；曲：汪同贵

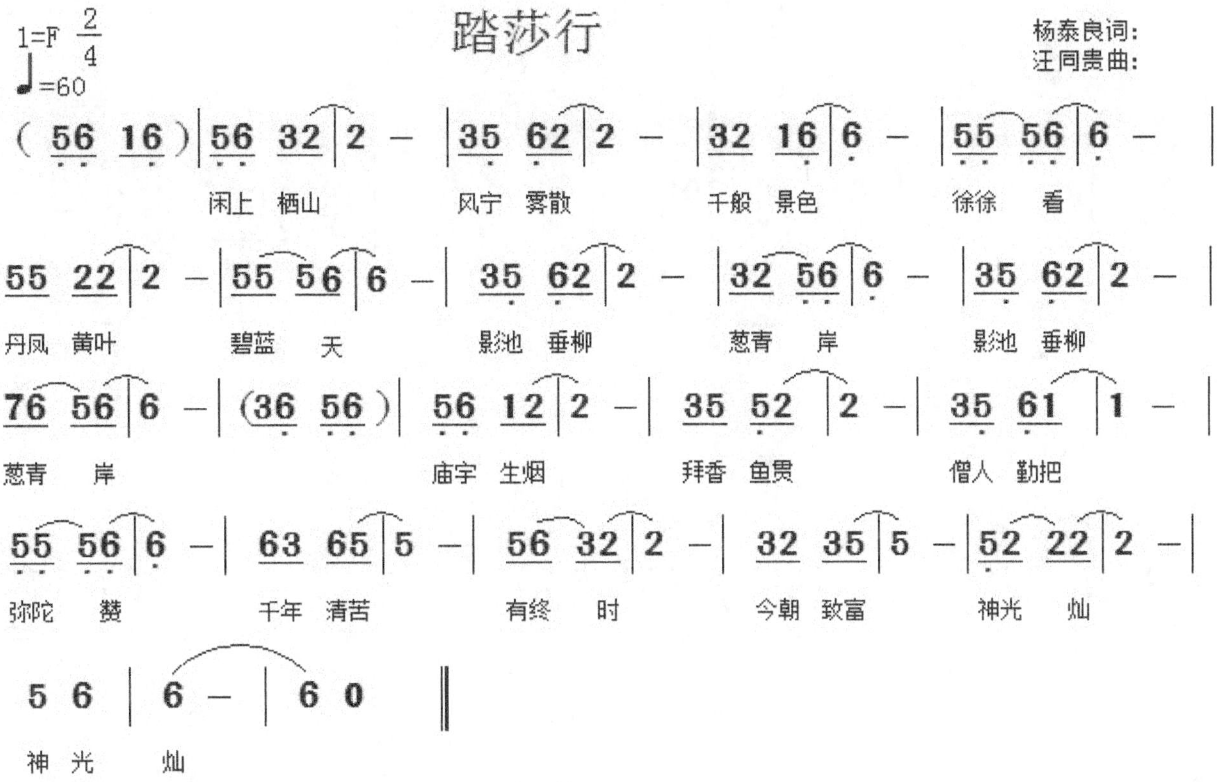

踏莎行

杨泰良词
汪同贵曲

1=F 2/4 ♩=60

(56 16) | 56 32 | 2 — | 35 62 | 2 — | 32 16 | 6 — | 55 56 | 6 — |
　　　　　闲上 栖山　　风宁 雾散　　　千般 景色　　徐徐 看

55 22 | 2 — | 55 56 | 6 — | 35 62 | 2 — | 32 56 | 6 — | 35 62 | 2 — |
丹凤 黄叶　碧蓝 天　　影池 垂柳　　葱青 岸　　　影池 垂柳

76 56 | 6 — | (36 56) | 56 12 | 2 — | 35 52 | 2 — | 35 61 | 1 — |
葱青 岸　　　　　　庙宇 生烟　　拜香 鱼贯　　僧人 勤把

55 56 | 6 — | 63 65 | 5 — | 56 32 | 2 — | 32 35 | 5 — | 52 22 | 2 — |
弥陀 赞　　千年 清苦　　有终 时　　今朝 致富　　神光 灿

5 6 | 6 — | 6 0 ‖
神光 灿

194. 躺在海边听海浪 词：汪同贵；曲：汪同贵

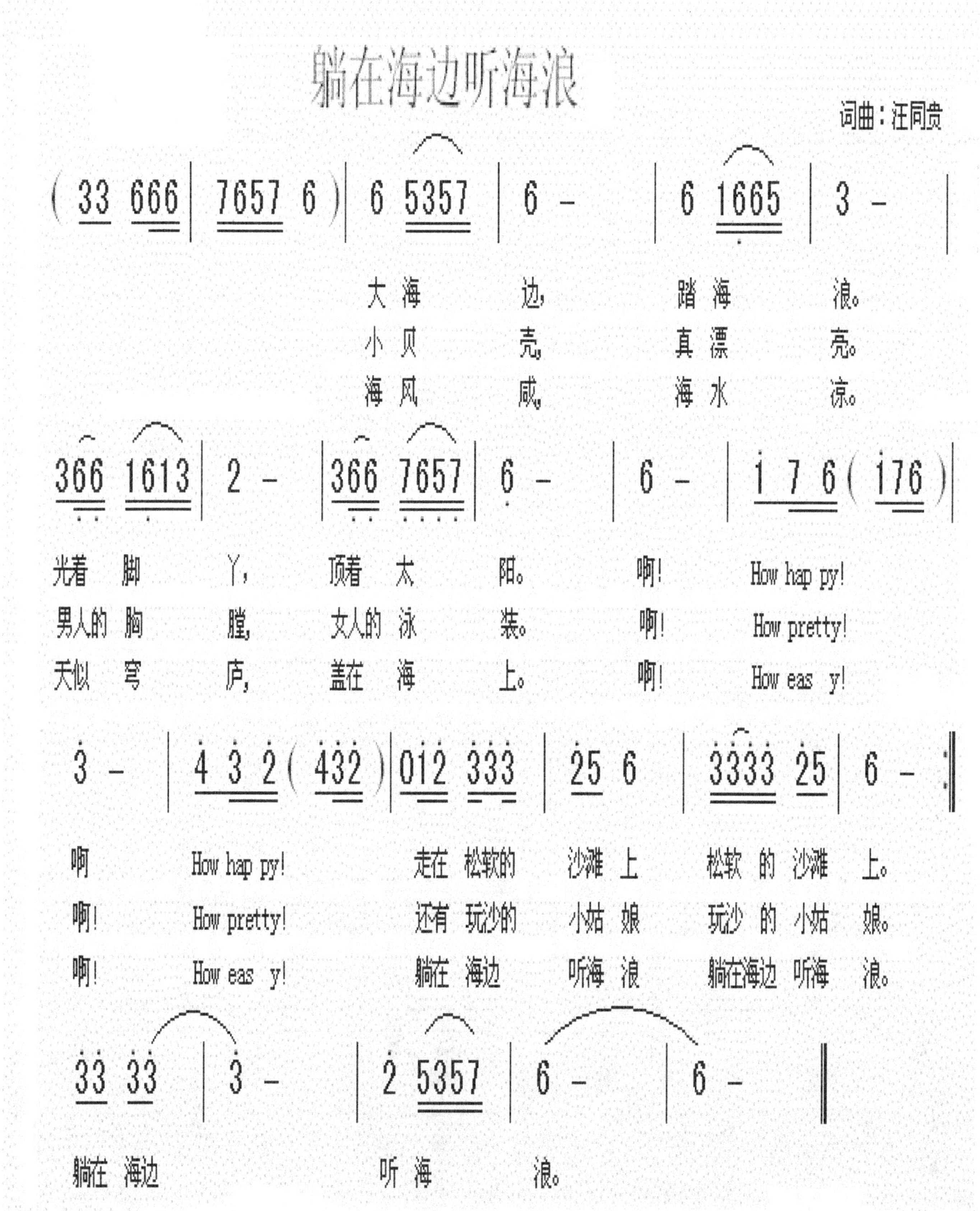

躺在海边听海浪

词曲：汪同贵

$(3\ 3\ 6\ 6\ 6\ |\ 7\ 6\ 5\ 7\ 6\ )\ |\ 6\ 5\ 3\ 5\ 7\ |\ 6\ -\ |\ 6\ 1\ 6\ 6\ 5\ |\ 3\ -\ |$

　　　　　　　　　　　　　大　海　边，　　踏　海　　浪。
　　　　　　　　　　　　　小　贝　壳，　　真　漂　　亮。
　　　　　　　　　　　　　海　风　咸，　　海　水　　凉。

$3\ 6\ 6\ |\ 1\ 6\ 1\ 3\ |\ 2\ -\ |\ 3\ 6\ 6\ |\ 7\ 6\ 5\ 7\ |\ 6\ -\ |\ 6\ -\ |\ \dot{1}\ 7\ 6\ (\dot{1}\ 7\ 6)\ |$

光着　脚　丫，　顶着　太　阳。　　啊！　　How happy!
男人的 胸　膛，　女人的 泳　装。　　啊！　　How pretty!
天似　穹　庐，　盖在　海　上。　　啊！　　How easy!

$3\ -\ |\ 4\ 3\ 2\ (4\ 3\ 2)\ |\ 0\ 1\ 2\ 3\ 3\ 3\ |\ 2\ 5\ 6\ |\ 3\ 3\ 3\ 3\ 2\ 5\ |\ 6\ -\ |$

啊！　How happy!　走在 松软的 沙滩 上　松软 的 沙滩 上。
啊！　How pretty!　还有 玩沙的 小姑 娘　玩沙 的 小姑 娘。
啊！　How easy!　躺在 海边 听海 浪　躺在海边 听海 浪。

$3\ 3\ 3\ 3\ |\ 3\ -\ |\ 2\ 5\ 3\ 5\ 7\ |\ 6\ -\ |\ 6\ -\ ||$

躺在 海边　　　　听 海　　浪。

躺在海边听海浪

195. 天净沙·忆祖父 词：王权；曲：汪同贵

天净沙·忆祖父

词：王权
曲：汪同贵

1=C 4/4 ♩=86

(3̇ 2 - - | 1̇ 2 - - | 5 6 - -) 3̇ 2 - - | 1̇ 2 - - | 5 6 - - |

　　　　　　　　　　　　　　　　　躬耕　　土地　　八分

2̇ 3 - - | 1̇ 2 - - | 5 3 - - | 3̇ 5 - - | 2̇ 6 - - | 5 2̇ - - |

舌耕　　严谨　　一生　　好学　　帮忙　　热心

5 3 - 3 | 6̇ - - - | 3 3 6 - | 02 5 5 0 | 3 3 6 - | 05 2̇ - - |

耄耋　尤勤　　　　为人师　受尊敬　为人师　受尊

2 - - - | 2 - - 0 ‖

敬

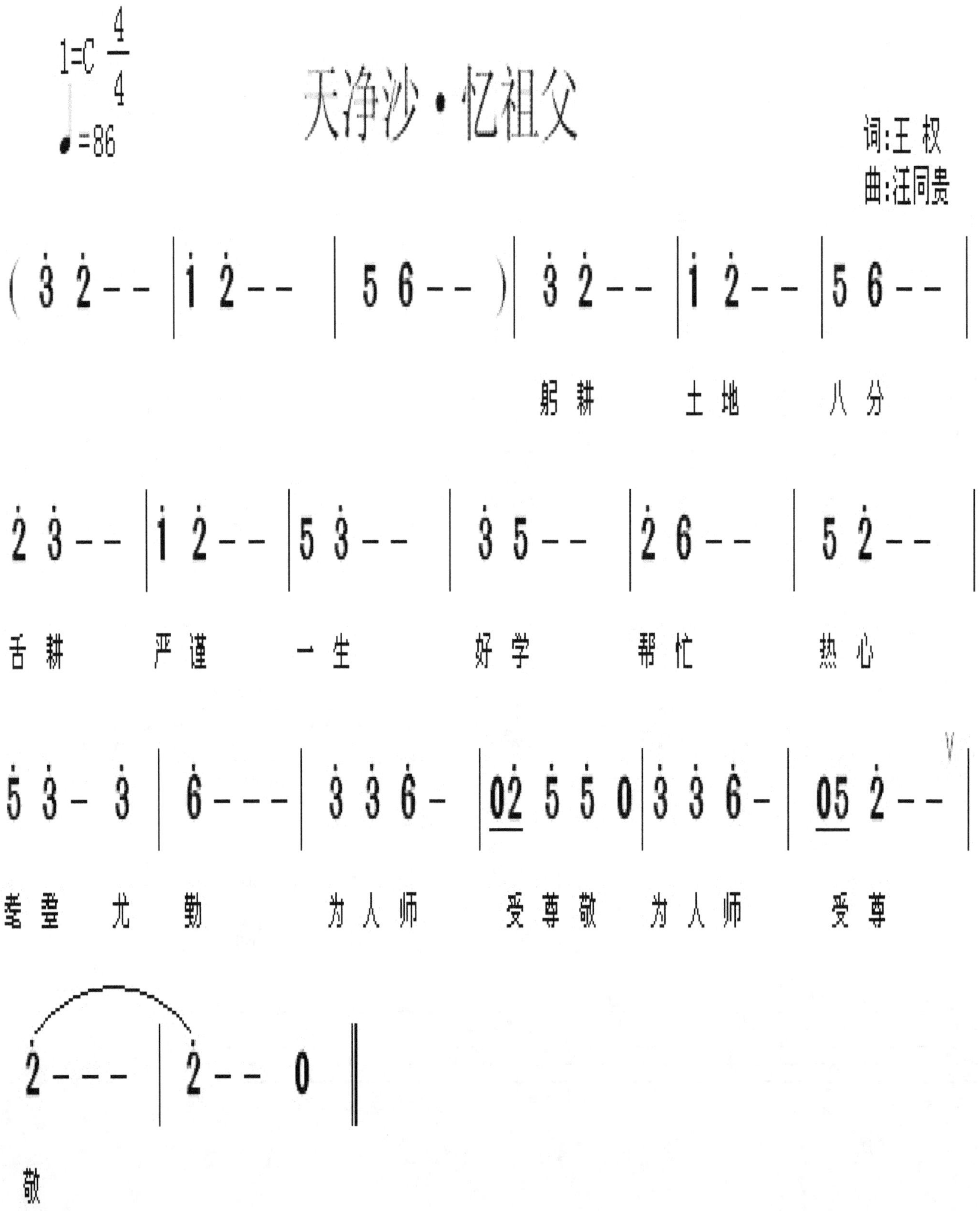

196. 同事相见 词：彭章春；曲：汪同贵

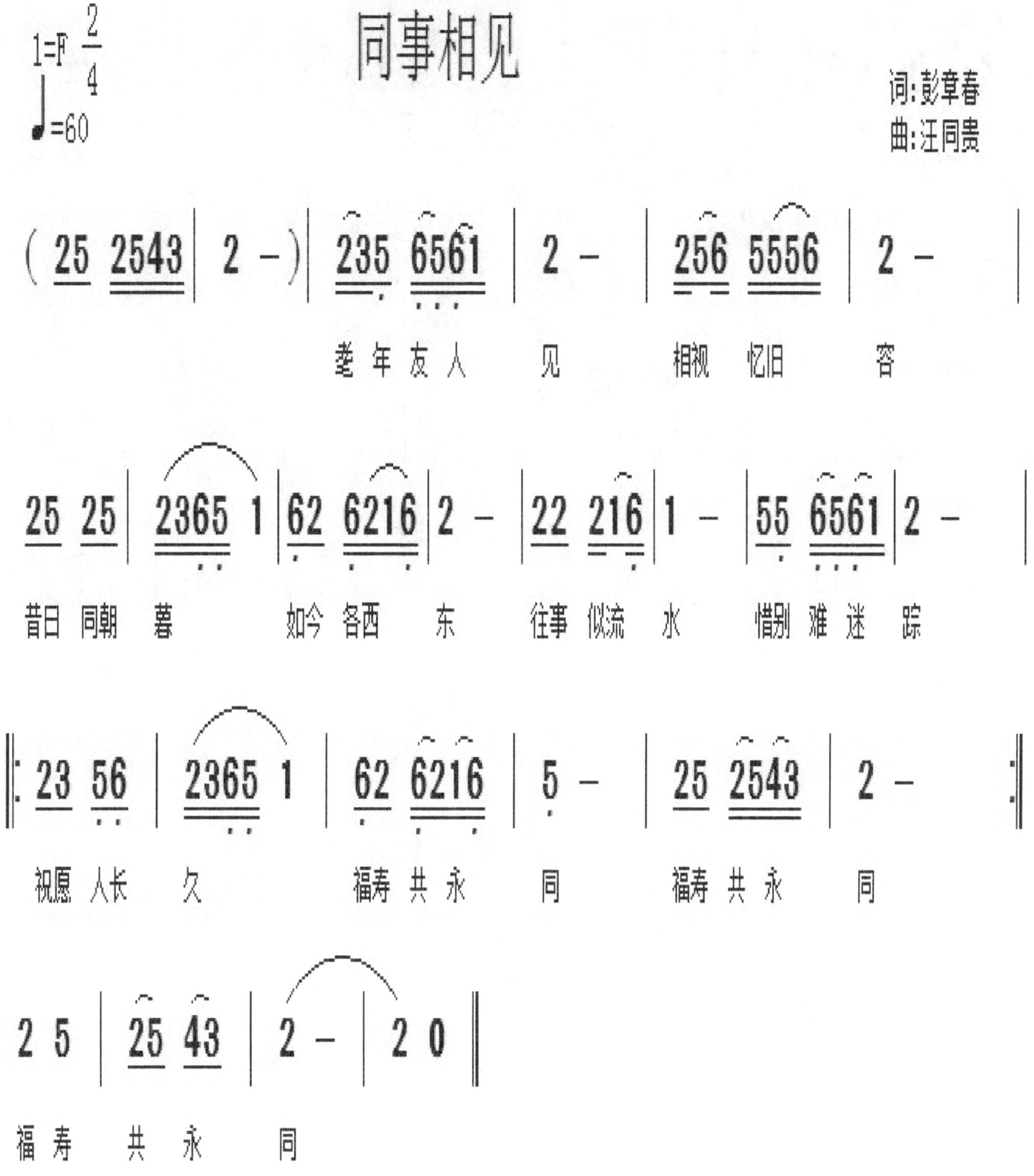

同事相见

1=F 2/4 ♩=60

词：彭章春
曲：汪同贵

(25 2543 | 2 -) | 235 6561 | 2 - | 256 5556 | 2 - |
　　　　　　　　　老年友人　见　　相视 忆旧　容

25 25 | 2365 1 | 62 6216 | 2 - | 22 216 | 1 - | 55 6561 | 2 - |
昔日 同朝 暮　如今 各西　东　　往事 似流　水　　惜别 难迷　踪

‖: 23 56 | 2365 1 | 62 6216 | 5 - | 25 2543 | 2 - :‖
祝愿 人长 久　　福寿 共 永 同　　福寿 共 永 同

25 | 25 43 | 2 - | 2 0 ‖
福寿　共 永　同

317

197. 同学情谊长 词：汪同贵；曲：汪同贵

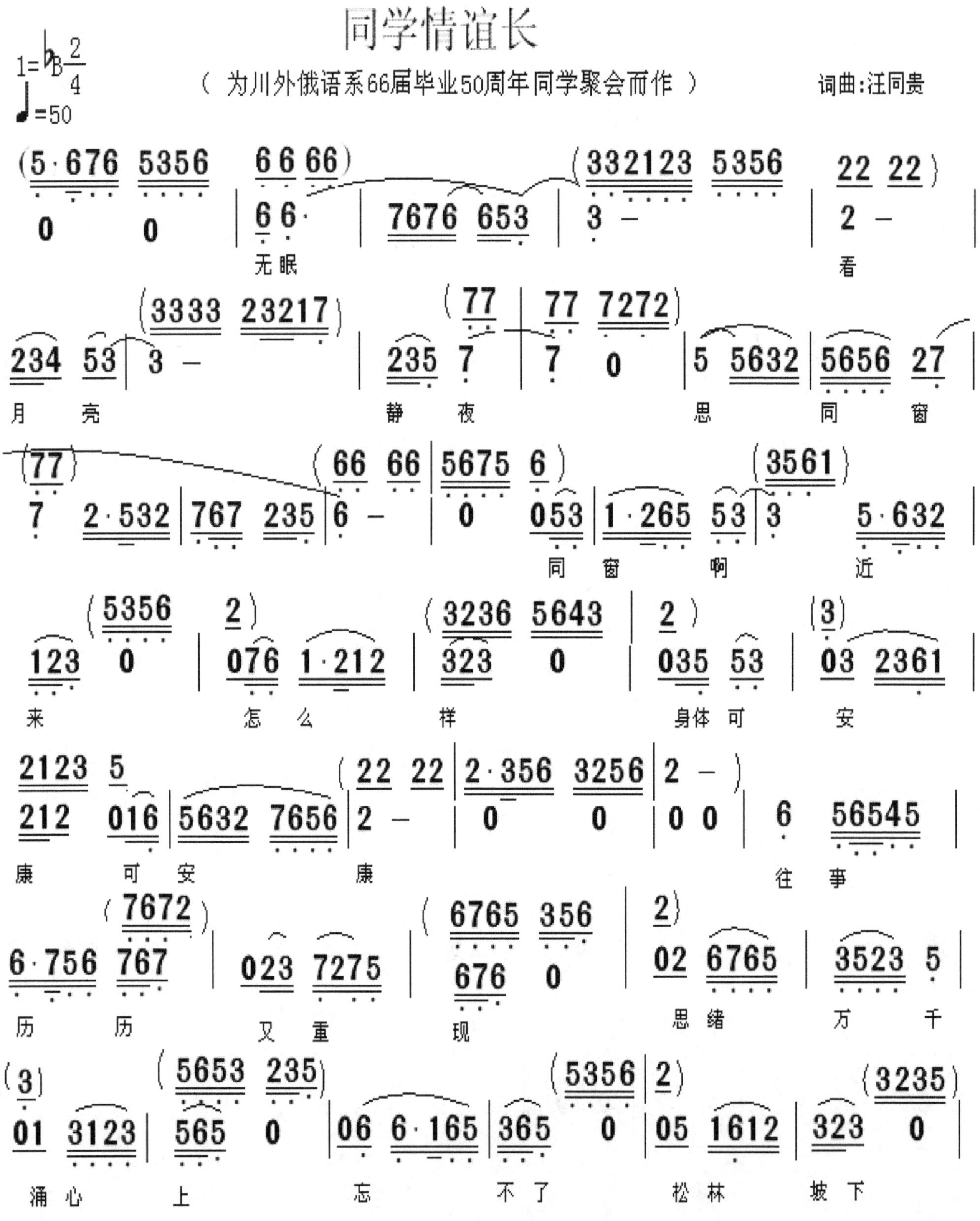

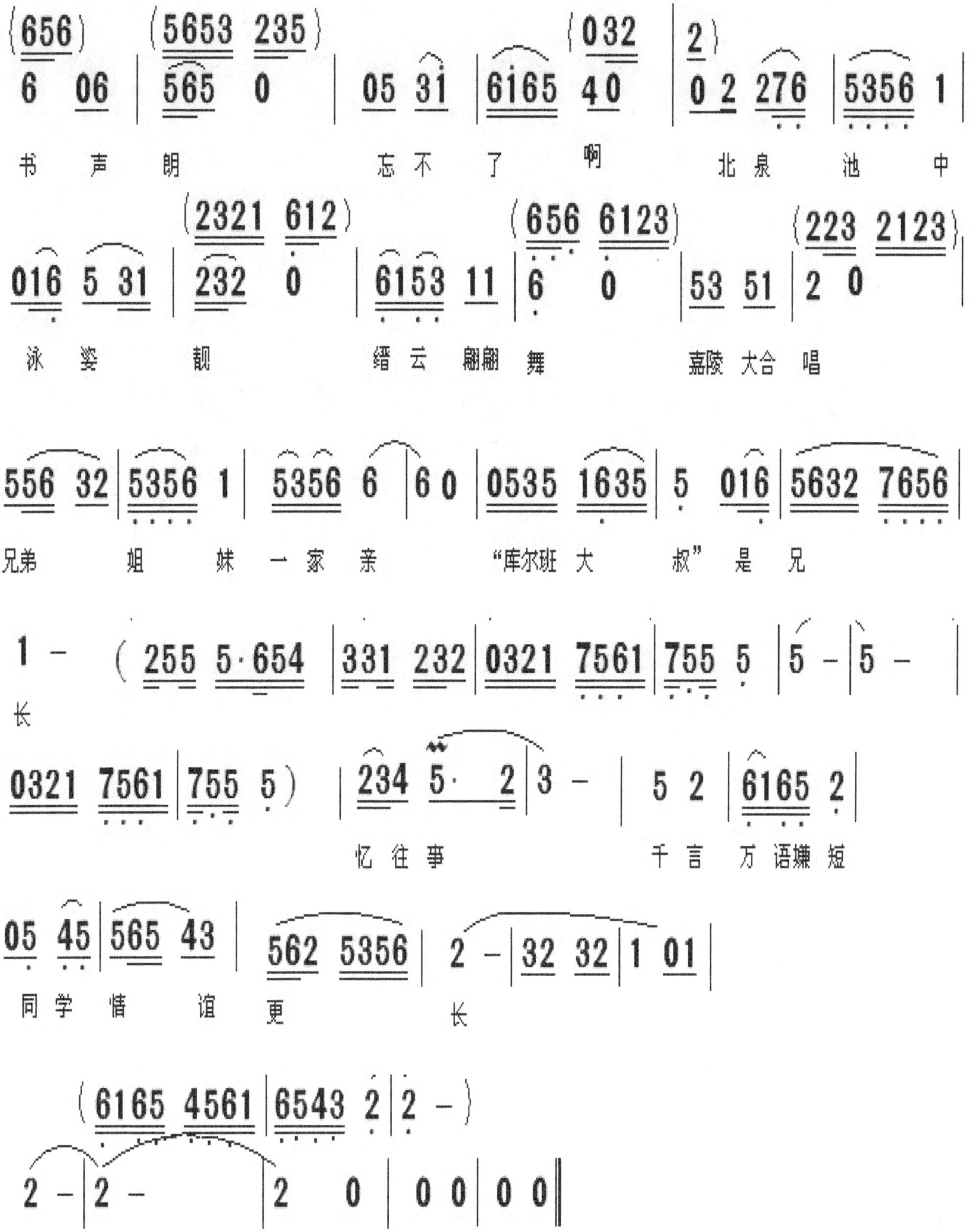

(简谱乐谱页面)

歌词:
书声朗 忘不了啊 北泉池中
泳姿靓 缙云翩翩舞 嘉陵大合唱
兄弟姐妹一家亲 "库尔班大叔"是兄
长
忆往事 千言万语嫌短
同学情谊更长

198. 徒步缙云 词：史瑞芳；曲：史瑞芳

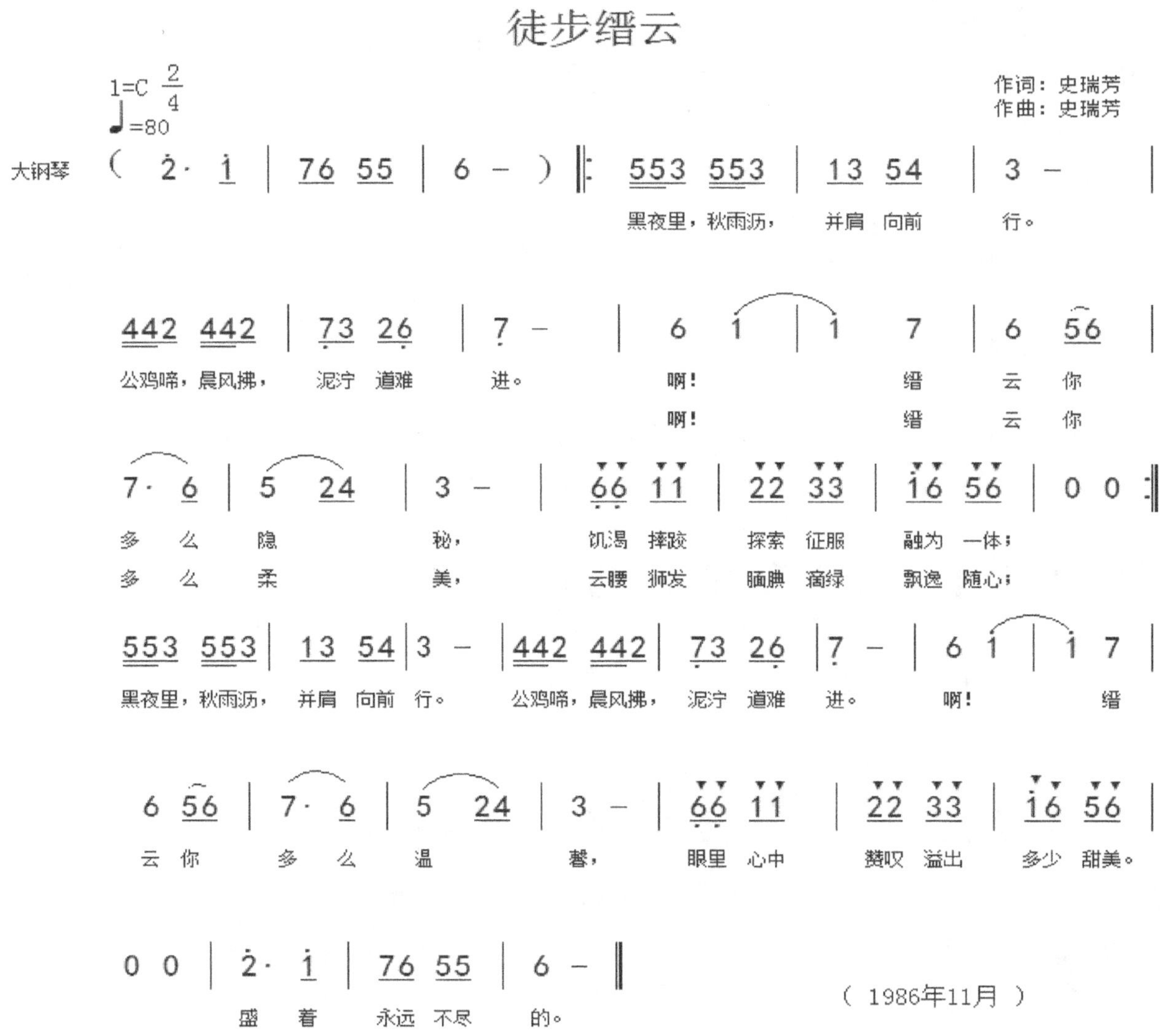

徒步缙云

作词：史瑞芳
作曲：史瑞芳

1=C 2/4 ♩=80

大钢琴 (2· 1 | 76 55 | 6 -) ‖: 553 553 | 13 54 | 3 - |
　　　　　　　　　　　　　　　　　黑夜里，秋雨沥，　并肩 向前　行。

442 442 | 73 26 | 7 - | 6 1 | 1 7 | 6 56 |
公鸡啼，晨风拂，　泥泞 道难　进。　　　啊！　　缙　云 你
　　　　　　　　　　　　　　　　　　　啊！　　缙　云 你

7· 6 | 5 24 | 3 - | 66 11 | 22 33 | 16 56 | 0 0 :‖
多　么 隐　　秘，　　饥渴 摔跤 探索 征服 融为 一体;
多　么 柔　　美，　　云腰 狮发 腼腆 滴绿 飘逸 随心;

553 553 | 13 54 | 3 - | 442 442 | 73 26 | 7 - | 6 1 | 1 7 |
黑夜里，秋雨沥，并肩 向前 行。 公鸡啼，晨风拂，泥泞 道难 进。 啊！ 缙

6 56 | 7· 6 | 5 24 | 3 - | 66 11 | 22 33 | 16 56 |
云 你　多 么　温　　馨，　　眼里 心中　赞叹 溢出　多少 甜美。

0 0 | 2· 1 | 76 55 | 6 - ‖
　　　盛 着　永远 不尽　的。

（1986年11月）

199. 团年 词：刘忠才；曲：汪同贵

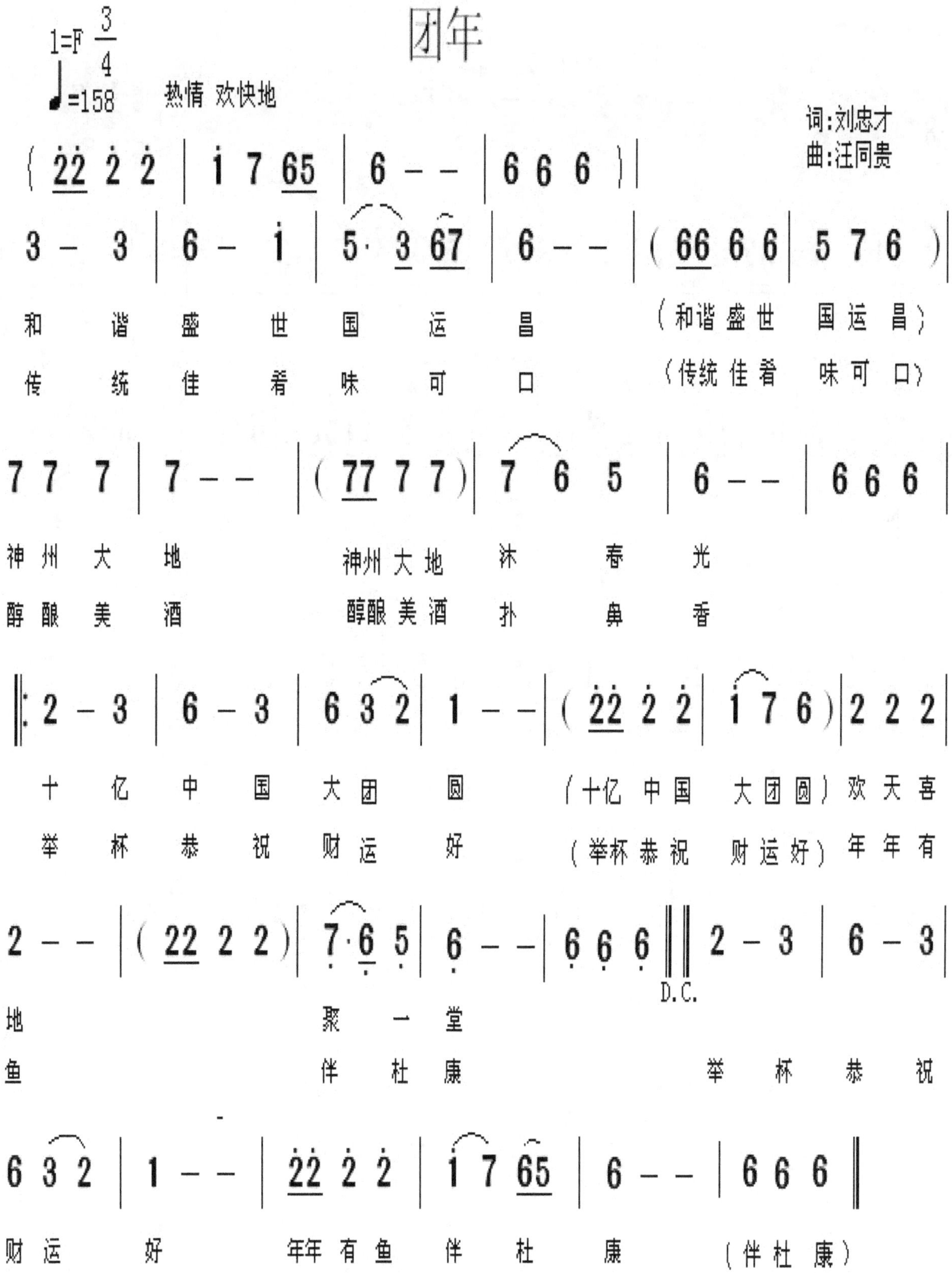

团年

1=F 3/4
♩=158 热情 欢快地

词：刘忠才
曲：汪同贵

(2 2 2 2 | 1 7 6 5 | 6 - - | 6 6 6)

3 - 3 | 6 - 1 | 5· 3 6 7 | 6 - - | (6 6 6 6 | 5 7 6)

和 谐 盛 世 国 运 昌　　　　（和谐盛世 国运昌）
传 统 佳 肴 味 可 口　　　　（传统佳肴 味可口）

7 7 7 | 7 - - | (7 7 7 7) | 7 6 5 | 6 - - | 6 6 6

神 州 大 地　　　　神州大地 沐 春 光
醇 酿 美 酒　　　　醇酿美酒 扑 鼻 香

‖: 2 - 3 | 6 - 3 | 6 3 2 | 1 - - | (2 2 2 2 | 1 7 6) | 2 2 2

十 亿 中 国 大 团 圆　（十亿中国 大团圆）欢 天 喜
举 杯 恭 祝 财 运 好　（举杯恭祝 财运好）年 年 有

2 - - | (2 2 2 2) | 7· 6 5 | 6 - - | 6 6 6 :‖ 2 - 3 | 6 - 3
　　　　　　　　　　　　　　　　　　D.C.

地　　　　　聚 一 堂
鱼　　　　　伴 杜 康　　　　　　举 杯 恭 祝

6 3 2 | 1 - - | 2 2 2 2 | 1 7 6 5 | 6 - - | 6 6 6

财 运 好　　　年 年 有 鱼 伴 杜 康　　（伴杜康）

200. 往日同窗在天涯 词：彭波；曲：汪同贵

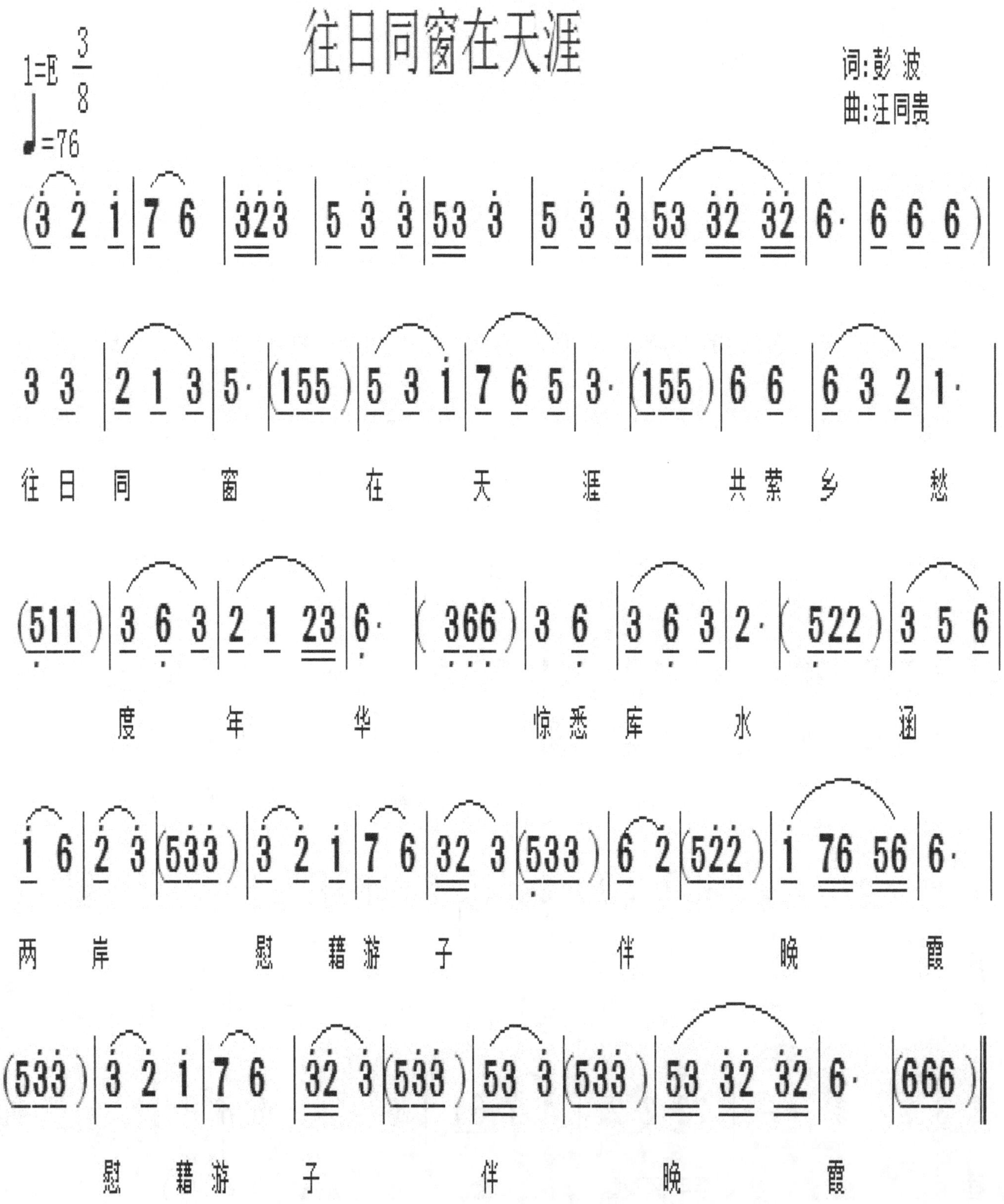

往日同窗在天涯

词：彭 波
曲：汪同贵

1=E 3/8 ♩=76

(3 2 1 7 6 | 3̲2̲3 | 5 3̲ 3̲ | 5̲3̲ 3 | 5 3̲ 3̲ | 5̲3̲ 3̲2̲ 3̲2̲ | 6· 6̲ 6̲ 6̲)

3̲ 3̲ | 2̲ 1̲ 3̲5̲· | (1̲5̲5) | 5̲ 3̲ 1̲ | 7̲ 6̲ 5̲ | 3· (1̲5̲5) | 6̲ 6̲ 6̲3̲ 2̲ 1·
往 日 同 窗 在 天 涯 共 萦 乡 愁

(5̲1̲1) | 3̲ 6̲ 3̲ | 2̲ 1̲ 2̲3̲ | 6· (3̲6̲6) | 3̲ 6̲ 3̲6̲ 3̲ | 2· (5̲2̲2) | 3̲ 5̲ 6̲
度 年 华 惊 悉 库 水 涵

1̲ 6̲ 2̲3̲ (5̲3̲3) | 3̲ 2̲ 1̲ 7̲ 6̲ | 3̲2̲ 3̲ (5̲3̲3) | 6̲ 2̲ (5̲2̲2) | 1̲ 7̲6̲ 5̲6̲ 6·
两 岸 慰 藉 游 子 伴 晚 霞

(5̲3̲3) | 3̲ 2̲ 1̲ 7̲ 6̲ | 3̲2̲ 3̲ (5̲3̲3) | 5̲3̲ 3̲ (5̲3̲3) | 5̲3̲ 3̲2̲ 3̲2̲ | 6· (6̲6̲6)‖
慰 藉 游 子 伴 晚 霞

201. 我爱你 丰都 词：汪同贵；曲：汪同贵

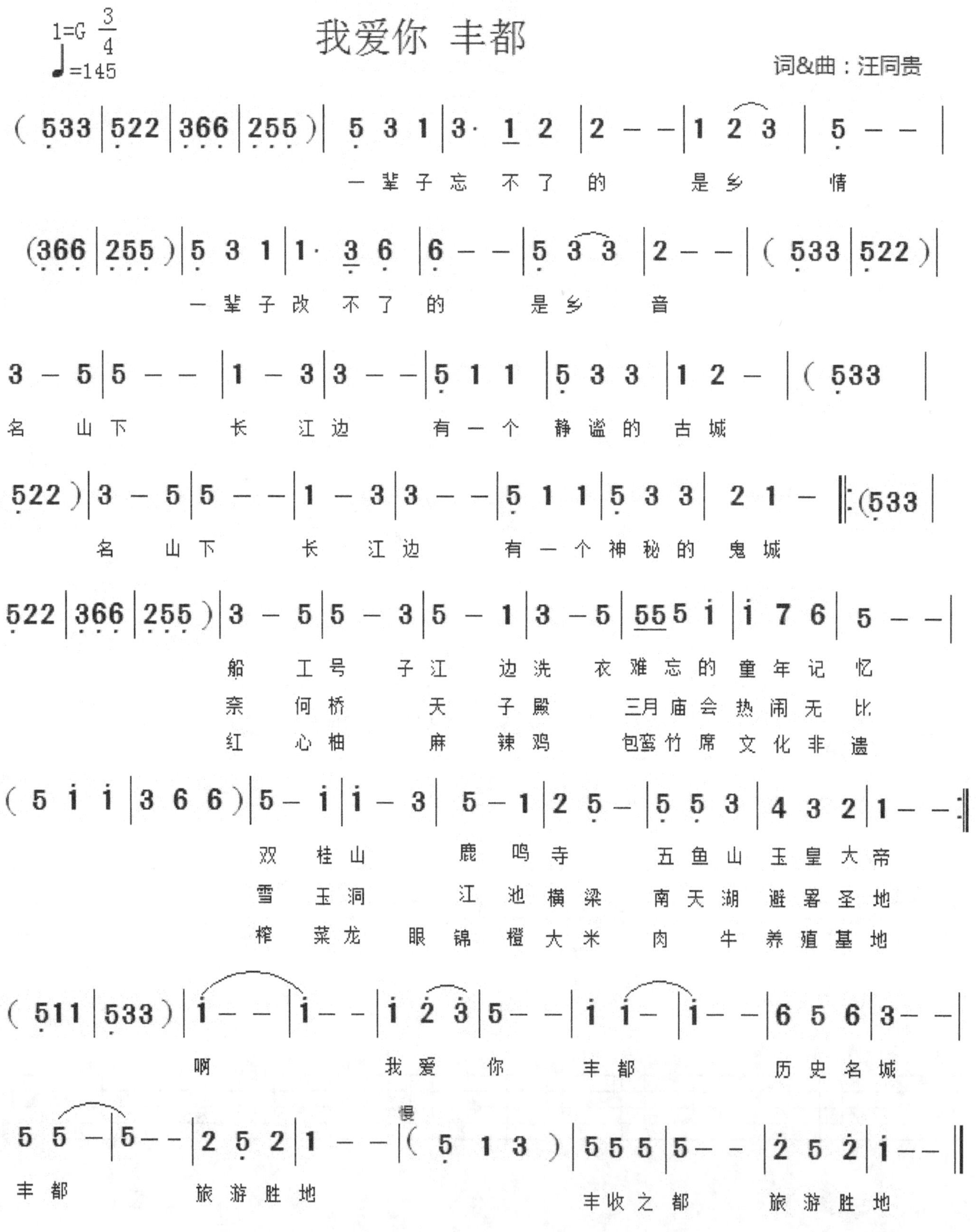

♩=145

我爱你 丰都

词&曲：汪同贵

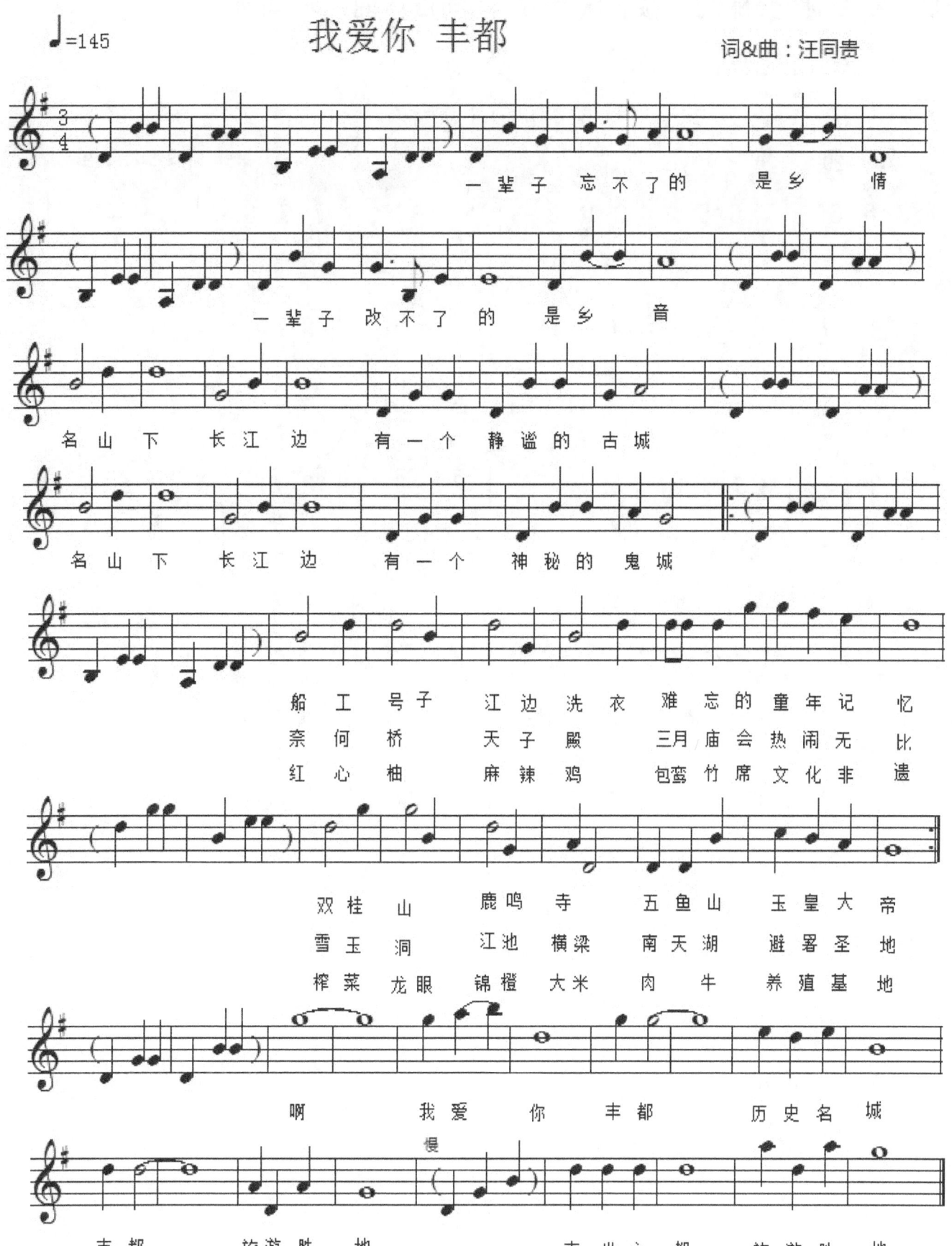

202. 我爱你 美丽的山城重庆　词：汪同贵；曲：汪同贵

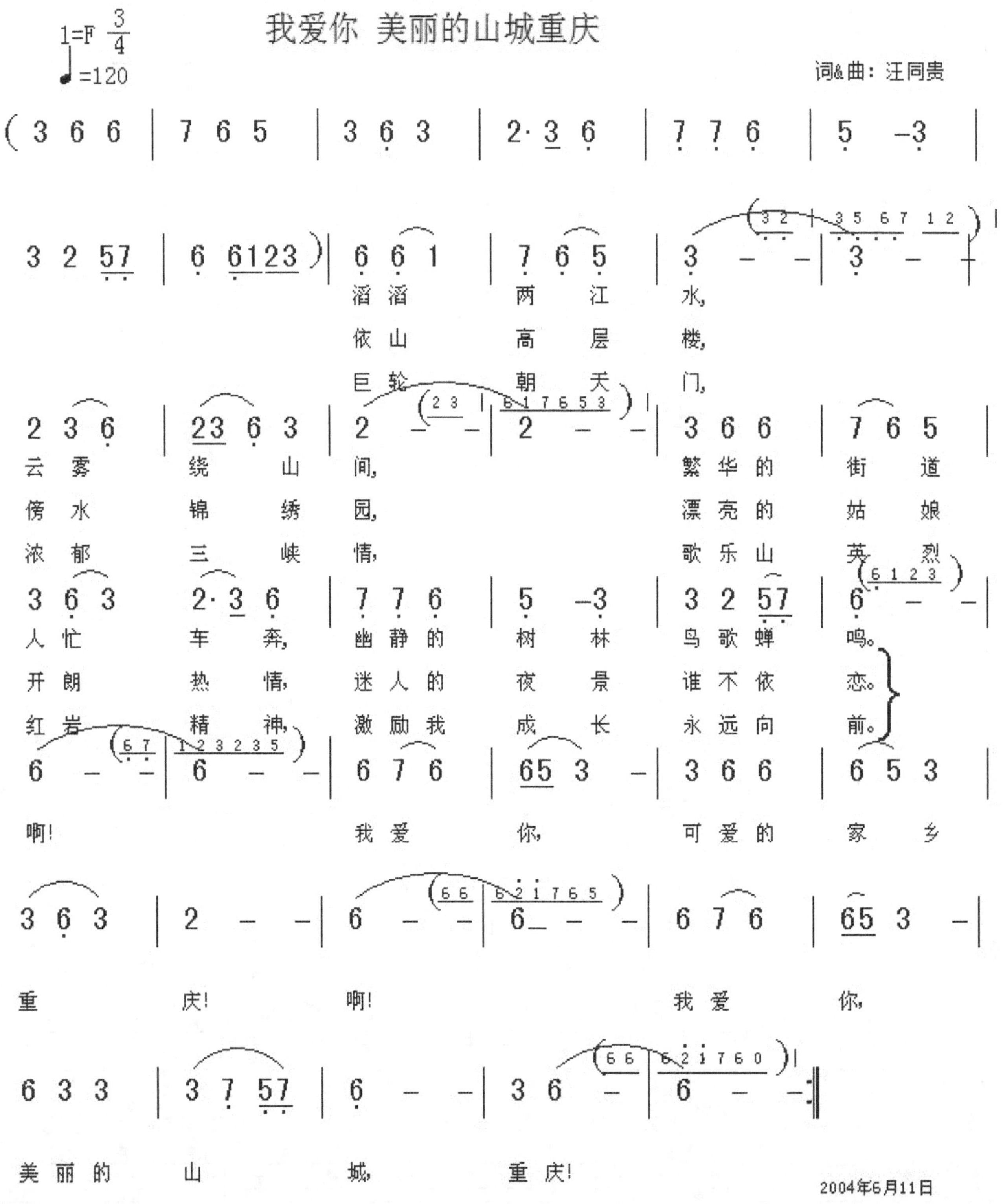

我爱你 美丽的山城重庆

作词：汪同贵
作曲：汪同贵

203. 我家门前的小路 词：汪同贵；曲：汪同贵

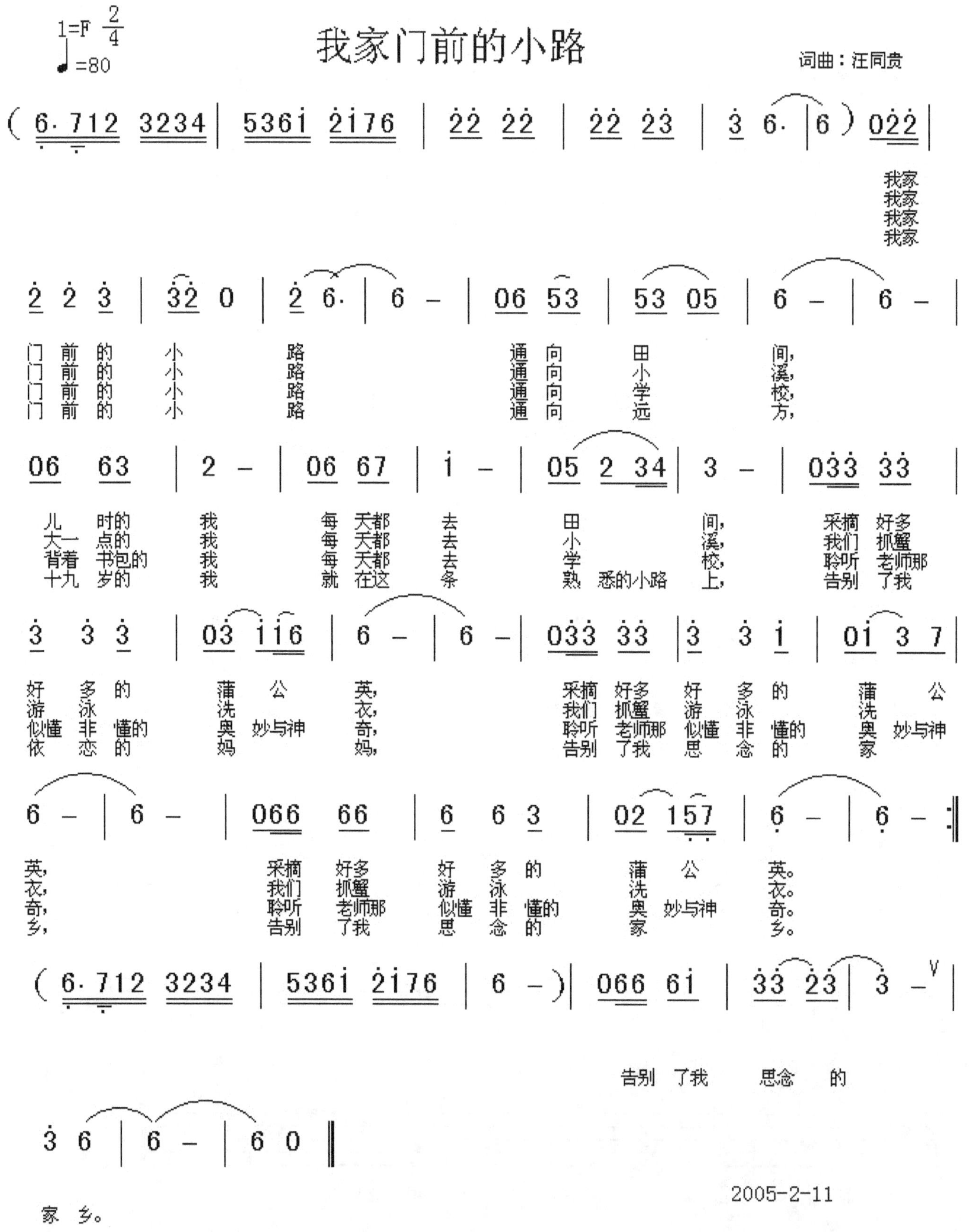

我家门前的小路

词曲：汪同贵

1=F 2/4 ♩=80

(6·712 3234 | 5361 2̇176 | 2̇2̇ 2̇2̇ | 2̇2̇ 2̇3̇ | 3̇ 6·| 6) 02̇2̇ |

我家
我家
我家
我家

2̇2̇3̇ | 3̇2̇ 0 | 2̇ 6·| 6 - | 06 53 | 53 05 | 6 - | 6 - |

门前的　小　　路　　　通向　田间，
门前的　小　　路　　　通向　小溪，
门前的　小　　路　　　通向　学校，
门　前　的　小　路　　通　向　远方，

06 63 | 2 - | 06 67 | 1̇ - | 05 2 34 | 3 - | 03̇3̇ 3̇3̇ |

儿　时的　　我　　每天都　　去　　田间，　　采摘　好多
大一　点的　　我　　每天都　　去　　小溪，　　我们　抓蟹
背着　书包的　我　　天天都　　去　　学校，　　聆听　老师那
十九　岁的　　我　　就在这条　熟悉的小路　上，　告别　了我

3̇ 3̇3̇ | 03̇ 1̇1̇6 | 6 - | 6 - | 03̇3̇ 3̇3̇ | 3̇ 3̇ 1̇ | 01̇ 3̇ 7 |

好　多的　　蒲公　英，
游　泳的　　洗奥　妈妈，
似懂　非懂的　妙与神奇，
依　恋的　　家　乡，　　采摘　好多　好　多的　蒲　公
　　　　　　　　　　　　我们　抓蟹　老　师那　告　别
　　　　　　　　　　　　好游　泳似　懂　非懂　的　妙
　　　　　　　　　　　　了我　思念　的　　　　家

6 - | 6 - | 066 66 | 6 63 | 02 157 | 6 - | 6 - ‖

英，
衣，
奇，
乡，　　　　　采摘　好多　好多　的　蒲公　英，
　　　　　　　我们　抓蟹　多的　　洗奥　衣，
　　　　　　　聆听　老师　游泳　　妙与　奇，
　　　　　　　告别　了我　似懂　非懂　公　乡。

(6·712 3234 | 5361 2̇176 | 6 -) | 066 61 | 3̇3̇ 2̇3̇ | 3̇ - |

告别　了我　思念　的

3̇ 6 | 6 - | 6 0 ‖

家　乡。

2005-2-11

我家门前的小路

204. 我们的学院实在美 词：刘忠才；曲：汪同贵

我们的学院实在美

词：刘忠才
曲：汪同贵

1=G 2/4 ♩=80

(6·1 65 3235 | 6·1 65 3235 | 6 - | 6 -)|

121 365 | 2· 3 | 665 3523 | 5 - | 3 3 6 | 5356 11 |
后面 缙云 山， 前面 嘉陵 水， 我们的 学 院呀

3·5 2321 | 1 6· | (1·235 2375 | 6 -) | 1 1 3 | 25 6 |
实 在 美。 耳听 松 涛

37 6765 | 3· 5 | 335 12 | 3·6 532 | 3 - | 5 5 35 | 32 1 |
歌 一 曲， 眼看 车辆 驶 如 飞。 川江 号子

661 43 | 2· 6 | 3·6 53 | 2321 6532 | 1 - ||
震巴 峡， 粗犷 民歌 引 人 醉。

1964年

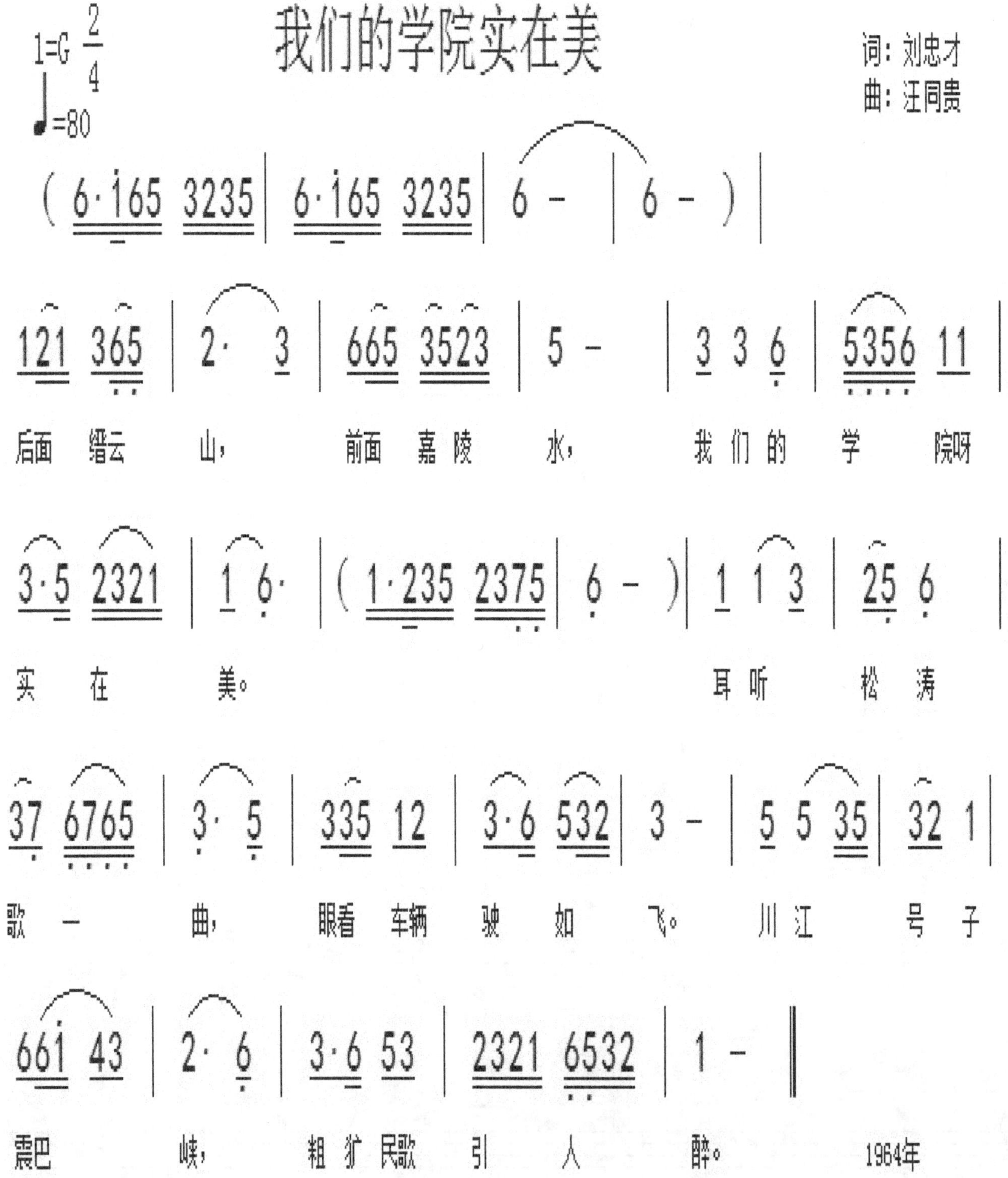

205. **我们在阿尔卑斯山巅** 词：汪同贵；曲：汪同贵

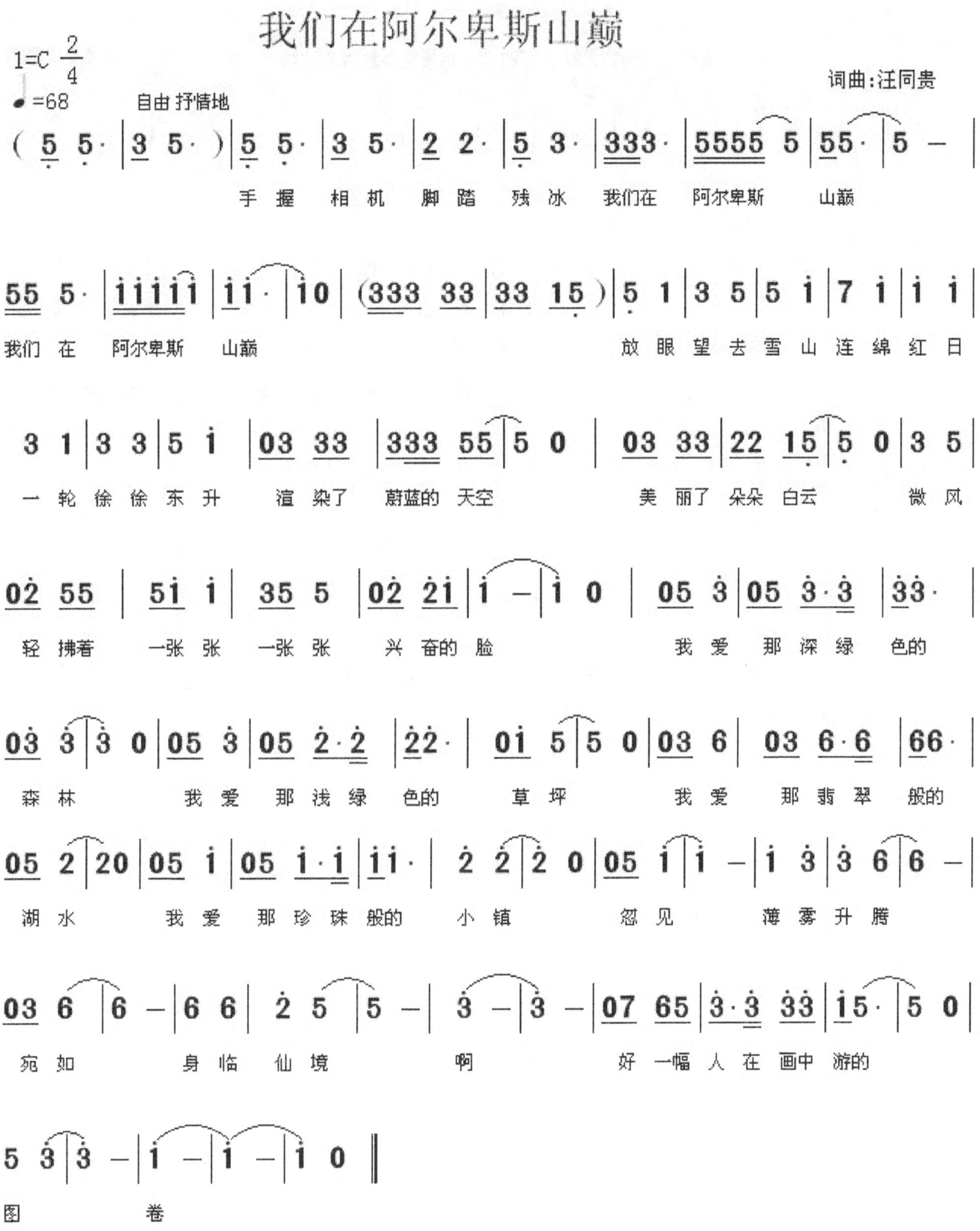

我们在阿尔卑斯山巅

词曲：汪同贵

1=C 2/4　♩=68　自由 抒情地

(5 5· | 3 5·) 5 5· | 3 5· | 2 2· 5 3· | 3 3 3· | 5555 5 55· | 5 —
　　　　　　　　　手握 相机 脚踏 残冰 我们在 阿尔卑斯 山巅

5 5 5· | 1 1 1 1 1 | 1 1· | 1 0 | (3 3 3 3 3 | 3 3 | 1 5·) | 5 1 | 3 5 | 5 1 | 7 1 | 1 1
我们 在 阿尔卑斯 山巅　　　　　　　　放眼 望去 雪山 连绵 红日

3 1 | 3 3 5 1 | 0 3 3 3 | 3 3 3 5 5 | 5 0 | 0 3 3 3 | 2 2 1 5· | 5 0 3 5
一 轮 徐徐 东升 渲染了 蔚蓝的 天空 美丽了 朵朵 白云 微风

0 2 5 5 | 5 1 1 | 3 5 5 | 0 2 2 1 | 1 — | 1 0 | 0 5 3 | 0 5 3· 3 | 3 3·
轻 拂着 一张 张 一张张 兴奋的 脸 我 爱 那深 绿 色的

0 3 3 3 0 | 0 5 3 | 0 5 2· 2 | 2 2· | 0 1 5 | 5 0 | 0 3 6 | 0 3 6· 6 | 6 6
森林 我 爱 那浅 绿 色的 草坪 我爱 那翡翠 般的

0 5 2 | 2 0 | 0 5 1 | 0 5 1· 1 | 1 1· | 2 2 | 2 0 | 0 5 1 | 1 — | 1 3 6 6 —
湖水 我 爱 那珍 珠 般的 小镇 忽见 薄雾升腾

0 3 6 | 6 — 6 6 | 2 5 | 5 — | 3 — | 3 — | 0 7 6 5 | 3· 3 | 3 3 | 1 5· | 5 0
宛 如 身临 仙境 啊 好一幅 人 在 画中 游的

5 3 3 — | 1 — | 1 — | 1 0 ‖
图 卷

206. 我愿意是激流 词：裴多菲（匈牙利）；曲：汪同贵

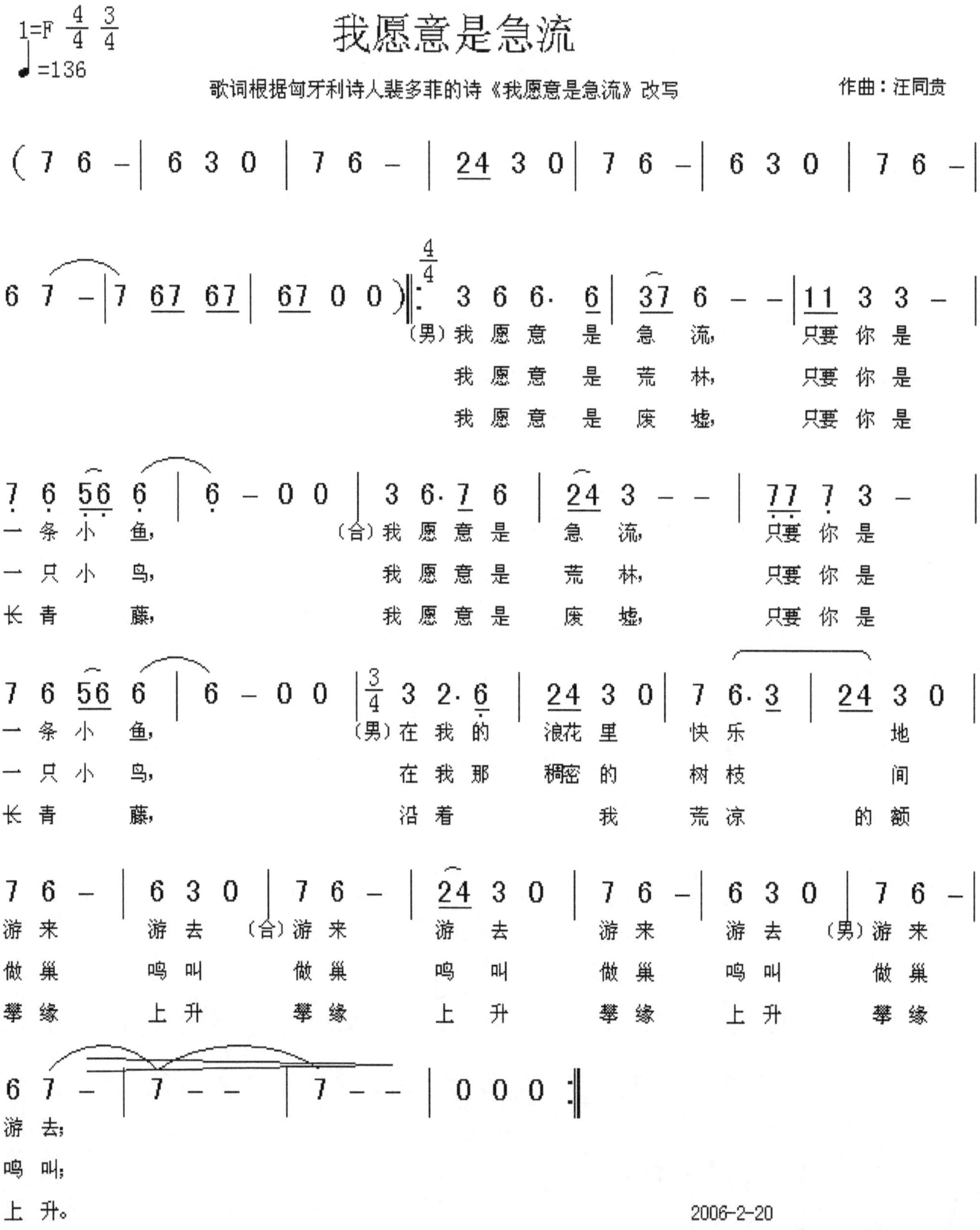

我愿意是急流

1=F 4/4 3/4
♩=136

歌词根据匈牙利诗人裴多菲的诗《我愿意是急流》改写

作曲：汪同贵

```
( 7 6 - | 6 3 0 | 7 6 - | 24 3 0 | 7 6 - | 6 3 0 | 7 6 - |

  6 7 - | 7 67 67 | 67 0 0 ) ‖: 4/4 3 6 6· 6 | 37 6 - - | 11 3 3 - |
                                （男）我愿意是  急  流，   只要你 是
                                     我愿意是  荒  林，   只要你 是
                                     我愿意是  废  墟，   只要你 是

  7 6 56 6 | 6 - 0 0 | 3 6· 7 6 | 24 3 - - | 77 7 3 - |
  一条 小 鱼，  （合）我愿意是 急 流，   只要你 是
  一只 小 鸟，       我愿意是 荒 林，   只要你 是
  长 青  藤，       我愿意是 废 墟，   只要你 是

  7 6 56 6 | 6 - 0 0 | 3/4 3 2· 6 | 24 3 0 | 7 6· 3 | 24 3 0 |
  一条 小 鱼，  （男）在我的  浪花里  快乐   地
  一只 小 鸟，       在我那  稠密的  树枝   间
  长 青  藤，       沿着   我荒凉  的    额

  7 6 - | 6 3 0 | 7 6 - | 24 3 0 | 7 6 - | 6 3 0 | 7 6 - |
  游来    游去 （合）游来   游去    游来    游去 （男）游来
  做巢    鸣叫    做巢    鸣叫    做巢    鸣叫    做巢
  攀缘    上升    攀缘    上升    攀缘    上升    攀缘

  6 7 - | 7 - - | 7 - - | 0 0 0 :‖
  游去；
  鸣叫；
  上升。
```

2006-2-20

207. 五环之花 词：长青；曲：汪同贵

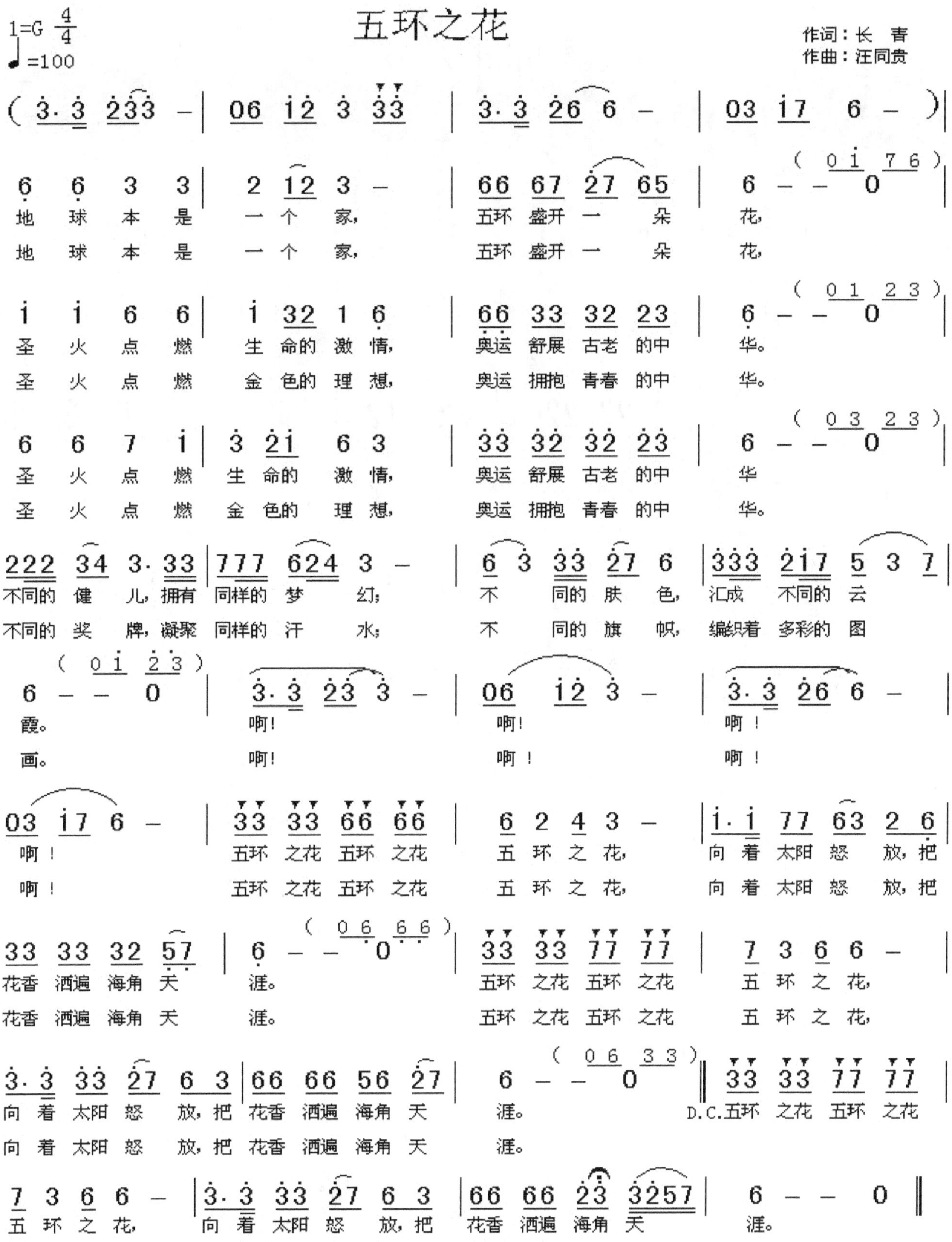

五环之花

作词：长青
作曲：汪同贵

1=G 4/4 ♩=100

(3·3 233 - | 06 12 3 33 | 3·3 26 6 - | 03 17 6 -)

6· 6 3 3 | 2 12 3 - | 66 67 27 65 | 6 - - 0 (01 76)
地球本是　一个家，　　五环盛开一　朵　花，
地球本是　一个家，　　五环盛开一　朵　花，

1 1 6 6 | 1 32 1 6 | 66 33 32 23 | 6 - - 0 (01 23)
圣火点燃　生命的激情，　奥运舒展古老的中　华，
圣火点燃　金色的理想，　奥运拥抱青春的中　华。

6 6 7 1 | 3 21 6 3 | 33 32 32 23 | 6 - - 0 (03 23)
圣火点燃　生命的激情，　奥运舒展古老的中　华，
圣火点燃　金色的理想，　奥运拥抱青春的中　华。

222 34 3·33 | 777 624 3 - | 6 3 33 27 6 | 333 217 5 3 7
不同的健　儿，拥有同样的梦　幻；　不　同的肤色，汇成不同的云
不同的奖　牌，凝聚同样的汗　水；　不　同的旗帜，编织着多彩的图

6 - - 0 (01 23) | 3·3 23 3 - | 06 12 3 - | 3·3 26 6 -
霞。　　啊！　　　　啊！　　　　啊！
画。　　啊！　　　　啊！　　　　啊！

03 17 6 - | 33 33 66 66 | 6 24 3 - | 1·1 77 63 2 6
啊！　　五环之花　五环之花　五环之花，　向着太阳怒放，把
啊！　　五环之花　五环之花　五环之花，　向着太阳怒放，把

33 33 32 57 | 6 - - 0 (06 66) | 33 33 77 77 | 7 3 6 6 -
花香洒遍海角天　涯。　　　五环之花　五环之花　五环之花，
花香洒遍海角天　涯。　　　五环之花　五环之花　五环之花，

3·3 33 27 6 3 | 66 66 56 27 | 6 - - 0 (06 33) ‖ 33 33 77 77
向着太阳怒　放，把花香洒遍海角天　涯。　D.C.五环之花　五环之花
向着太阳怒　放，把花香洒遍海角天　涯。

7 3 6 6 - | 3·3 33 27 6 3 | 66 66 23 3257 | 6 - - 0 ‖
五环之花，　向着太阳怒　放，把花香洒遍海角天　涯。

208. 洗贝贝 词：汪同贵；曲：汪同贵

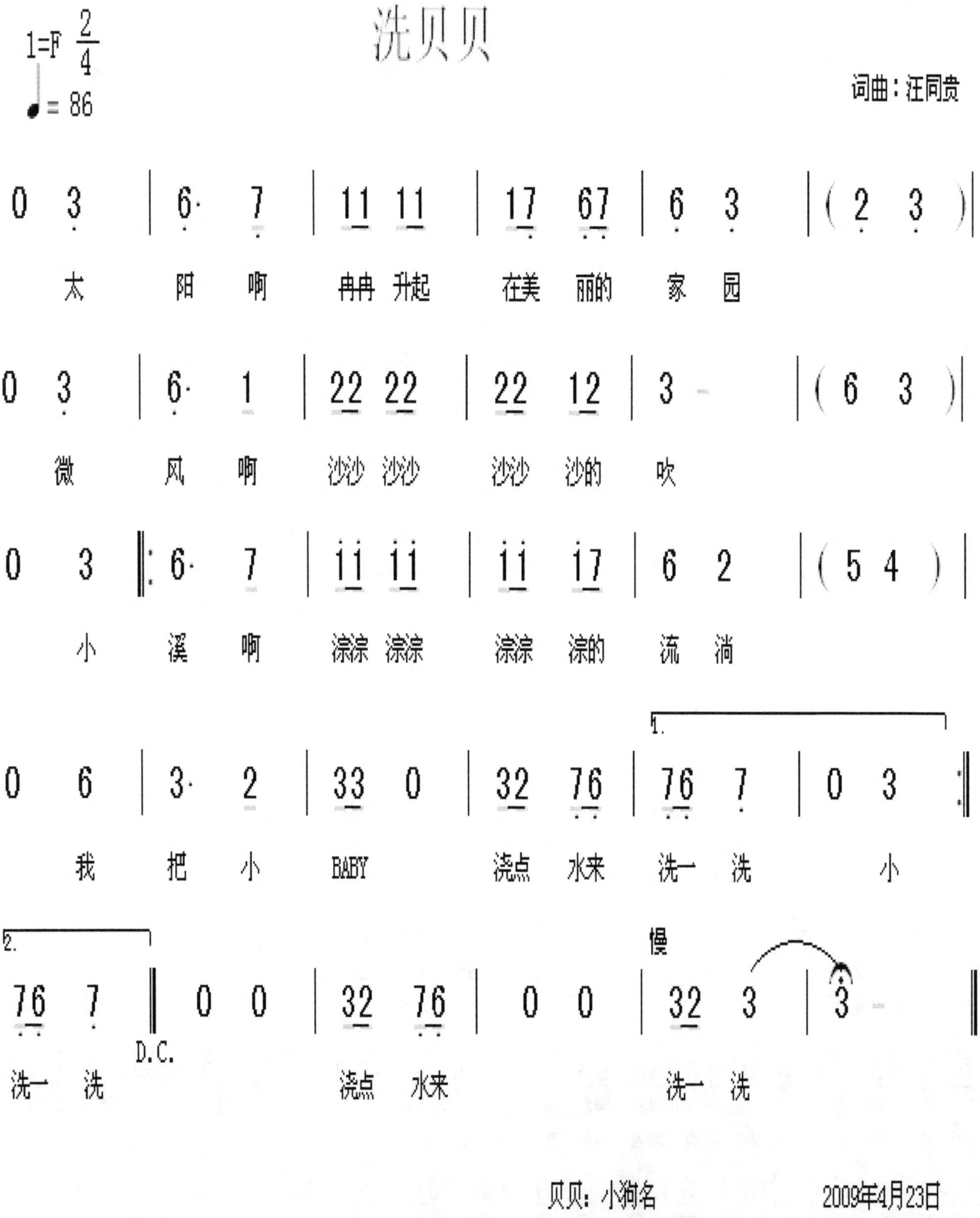

洗贝贝

词曲：汪同贵

1=F 2/4
♩=86

| 0 3 | 6· 7 | 11 11 | 17 67 | 6 3 | (2 3) |

太 阳 啊 冉冉 升起 在美 丽的 家 园

| 0 3 | 6· 1 | 22 22 | 22 12 | 3 - | (6 3) |

微 风 啊 沙沙 沙沙 沙沙 沙的 吹

| 0 3 ‖: 6· 7 | 11 11 | 11 17 | 6 2 | (5 4) |

小 溪 啊 淙淙 淙淙 淙淙 淙的 流淌

| 0 6 | 3· 2 | 33 0 | 32 76 | 76 7 | 0 3 :‖

我 把 小 BABY 浇点 水来 洗一 洗 小

1.
| 76 7 ‖ 0 0 | 32 76 | 0 0 | 32 3 | 3 |
D.C.
洗一 洗   浇点 水来   洗一 洗

2. 慢

贝贝：小狗名   2009年4月23日

209. 惜分飞·其一 相思赋劳燕 词：史重威；曲：汪同贵

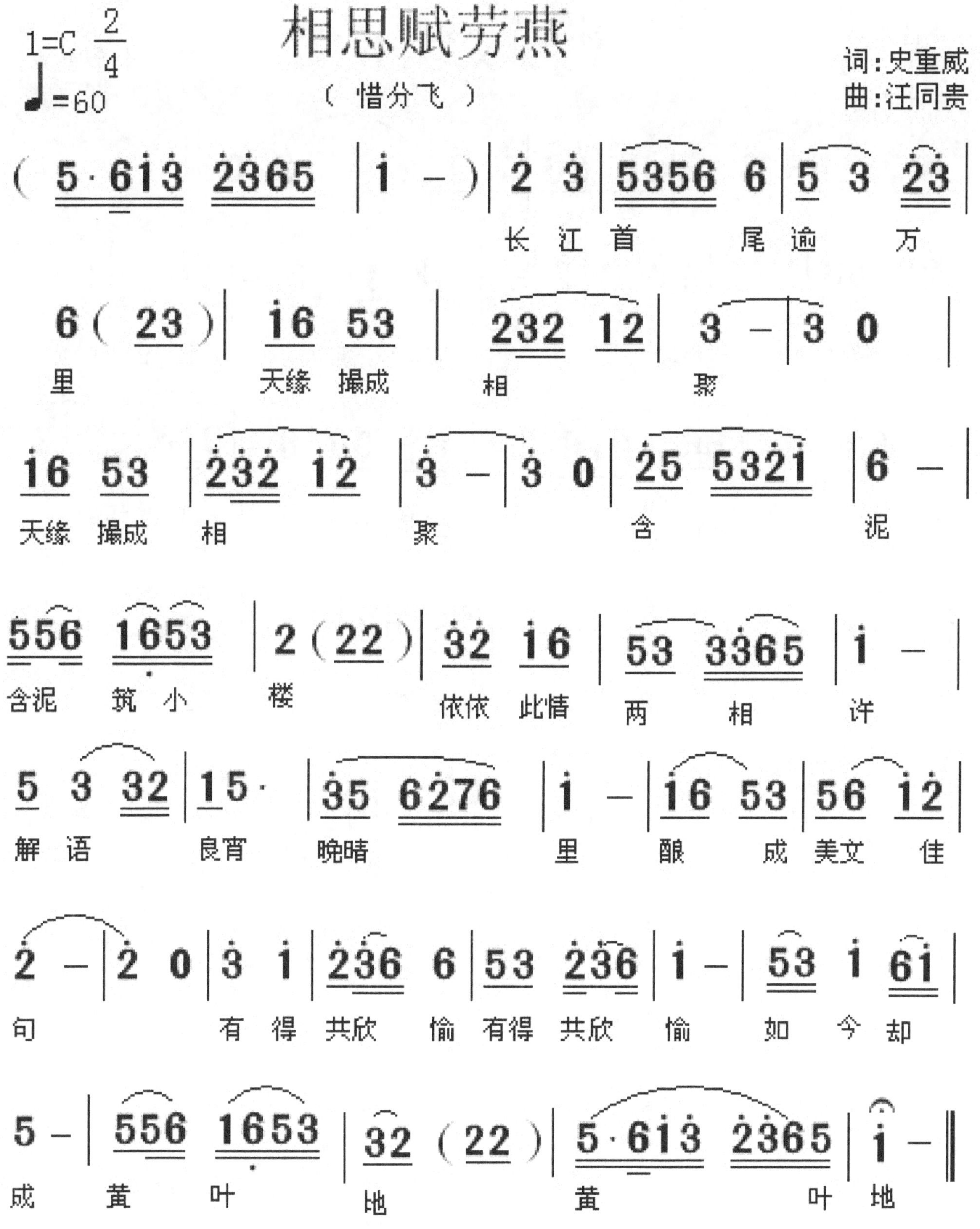

相思赋劳燕
（惜分飞）

词：史重威
曲：汪同贵

1=C 2/4 ♩=60

(5·6 1 3　2 3 6 5 | 1 -)| 2 3 | 5 3 5 6　6 | 5 3 | 2 3 |
　　　　　　　　　　　　　　　长 江　首 尾　逾　万

6 (2 3) | 1 6　5 3 | 2 3 2　1 2 | 3 - | 3 0 |
里　　　　　天缘 撮成　相　　　聚

1 6　5 3 | 2 3 2　1 2 | 3 - | 3 0 | 2 5　5 3 2 1 | 6 - |
天缘 撮成　相　　　聚　　　　　含　泥

5 5 6　1 6 5 3 | 2 (2 2) | 3 2　1 6 | 5 3　3 3 6 5 | 1 - |
含泥　筑 小 楼　　　　　侬侬 此情　两 相　许

5　3　3 2 | 1 5· | 3 5　6 2 7 6 | 1 - | 1 6　5 3 | 5 6　1 2 |
解　语　良宵　　晚晴　　　里　酿 成 美文 佳

2 - | 2 0 | 3 1　2 3 6 | 6　5 3 | 2 3 6 | 1 - | 5 3　1 6 1 |
句　　　　有 得 共欣　愉 有 得　共欣　愉　　　如　今 却

5 - | 5 5 6　1 6 5 3 | 3 2 (2 2) | 5·6 1 3　2 3 6 5 | 1 - ||
成　　黄　叶　　　地　　　　　黄　叶　　　地

2013年3月25日

210. 惜分飞·其二 梦醒交织 词：史重威；曲：汪同贵

梦醒交织

词：史重威
曲：汪同贵

1=C 2/4 ♩=68

恍惚 楼头　　重相 聚　　耳畔 窃窃　　私 语

相拥 入怀　　入怀　里　庆幸 此生　　能 相知

庆幸 此生　　能相 知　　儿女 嗫嚅　　寻常 事

会当 一笑　　置之　　却仓皇 异域

南柯 一觉　　尽休矣　　南柯 一觉

尽休 矣哎

2013年3月27日

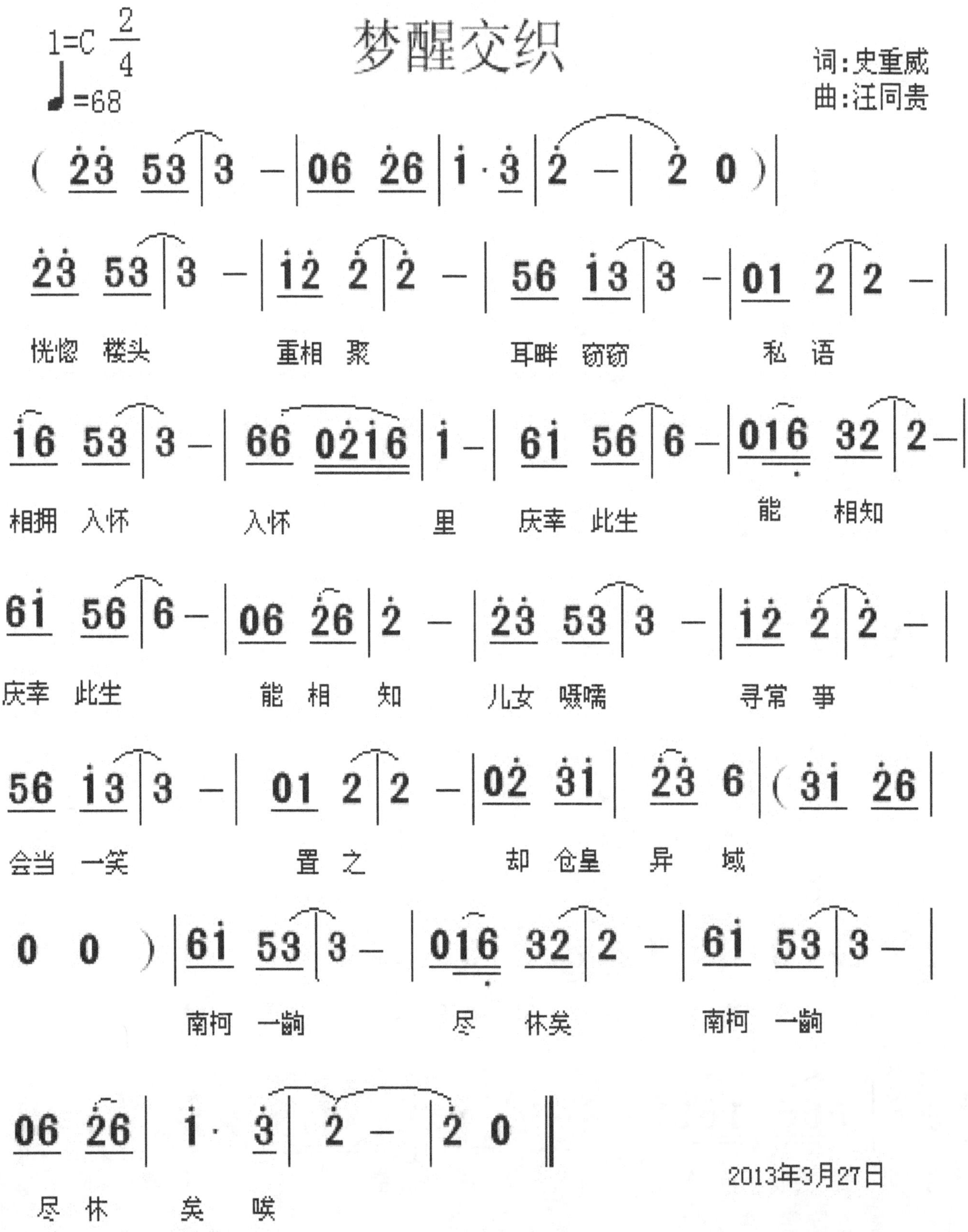

211. 惜分飞·其三 拟怀故国　词：史重威；曲：汪同贵

惜分飞 其三 拟怀故国

词：史重威
曲：汪同贵

1=D 2/4　♩=68

(0 6 6̲3̲ | 2 - ‖: 0 0 | 2 - | 2 - | 2 - 2 0) | 3̲2̲ 3̲5̲ | 5 - | 3̲5̲3̲ 3̲1̲2̲ | 2 - |
　　　　　　　　　　　　　　　　　　　　　　　　　　绕膝 儿孙　　意难 知

5̲6̲ 2̲1̲ | 1 - | 0̲2̲ 5 | 5 - | 3̲2̲ 5̲3̲6̲ | 6 - | 2̲3̲ 3̲6̲1̲ | 1 - | 6̲1̲5̲ 5̲3̲3̲6̲ | 6 - |
食饮 居止　　何 异　　悲声　　胡笳 里　　转蓬 域外

0̲6̲ 2̲5̲ | 5 - | 0̲ 6̲7̲6̲ 5̲ | 5 - | 2̲5̲ 3̲1̲ | 1 - | 3̲5̲3̲ 3̲1̲2̲ | 2 - | 3̲2̲ 2̲5̲ | 5 - |
应 如是　　　域内 满园　　尽桃 李　　芬芳 温柔

0̲2̲ 2 | 2 - | 0̲2̲3̲ 1̲2̲ | 2̲6̲ 1 | (3̲6̲ 5̲2̲) | 5̲3̲ 6̲5̲ | 5 - | 0̲6̲ 3̲3̲1̲ | 2 - |
多 趣　　弃 神仙 伴 侣　　　　渐行 渐远　　空相 忆

0 0 | 2 - | 2 - | 2 - | 2 0 :‖
空　相　忆

2014年3月13日

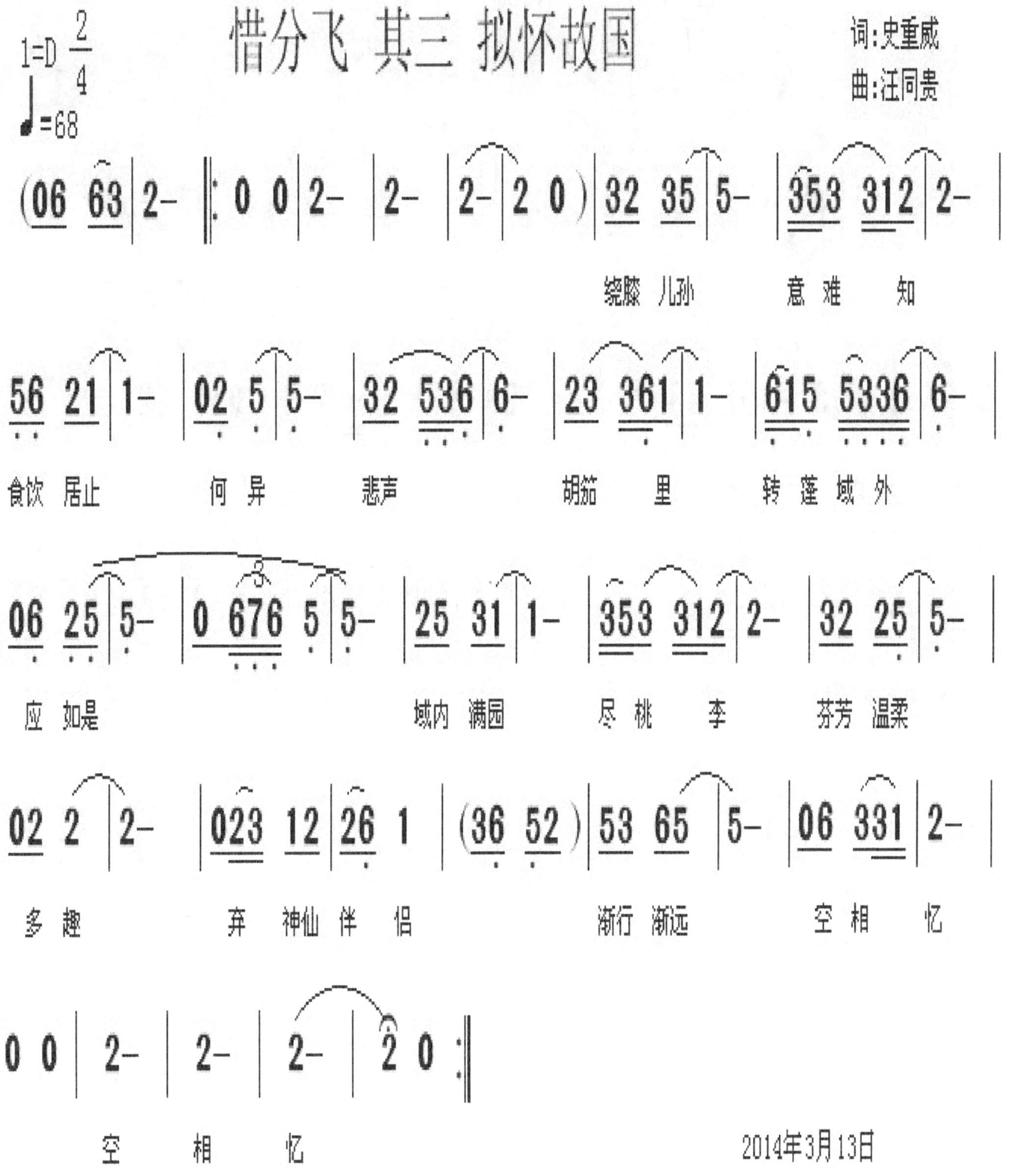

212. 惜分飞·其四 戏拟小结 词：史重威；曲：汪同贵

惜分飞 其四 戏拟小结

词：史重威
曲：汪同贵

1=A 2/4 ♩=60

(2 6 65 | 45 6 | 55 61 | 235 321 | 2 -) | 22 25 | 5 - | 05 254 | 2 - |
　　　　　　　　　　　　　　　　　　　　　　七十　六年　　　　初　盘点

5 25 1 6 | 6 - | 02 43 | 2 - | 23 6· | 6545 6 | 056 42 | 25 5 |
偏狭　铸成　骄　　　横　　对　人　何严　苛　对　己　放纵

02 642 | 5 - | 4·632 16 | 5 6· | 02 6165 | 4 - | 232 16 | 26 321 |
强自　尊　万　物　　平　等　普世　理　　应是　不言　自

6 - | 2 6 65 | 45 6 | 55 61 | 561 654 | 5 - | 2 6 65 | 45 6 |
明　　此　理　　不浅深　闲来　无事　自扪　心　　此　理　　不浅深

55 61 | 235 321 | 2 - | 2 31 | 2 - ‖
闲来　无事　自扪　　心　　自扪　心

2014年3月18日

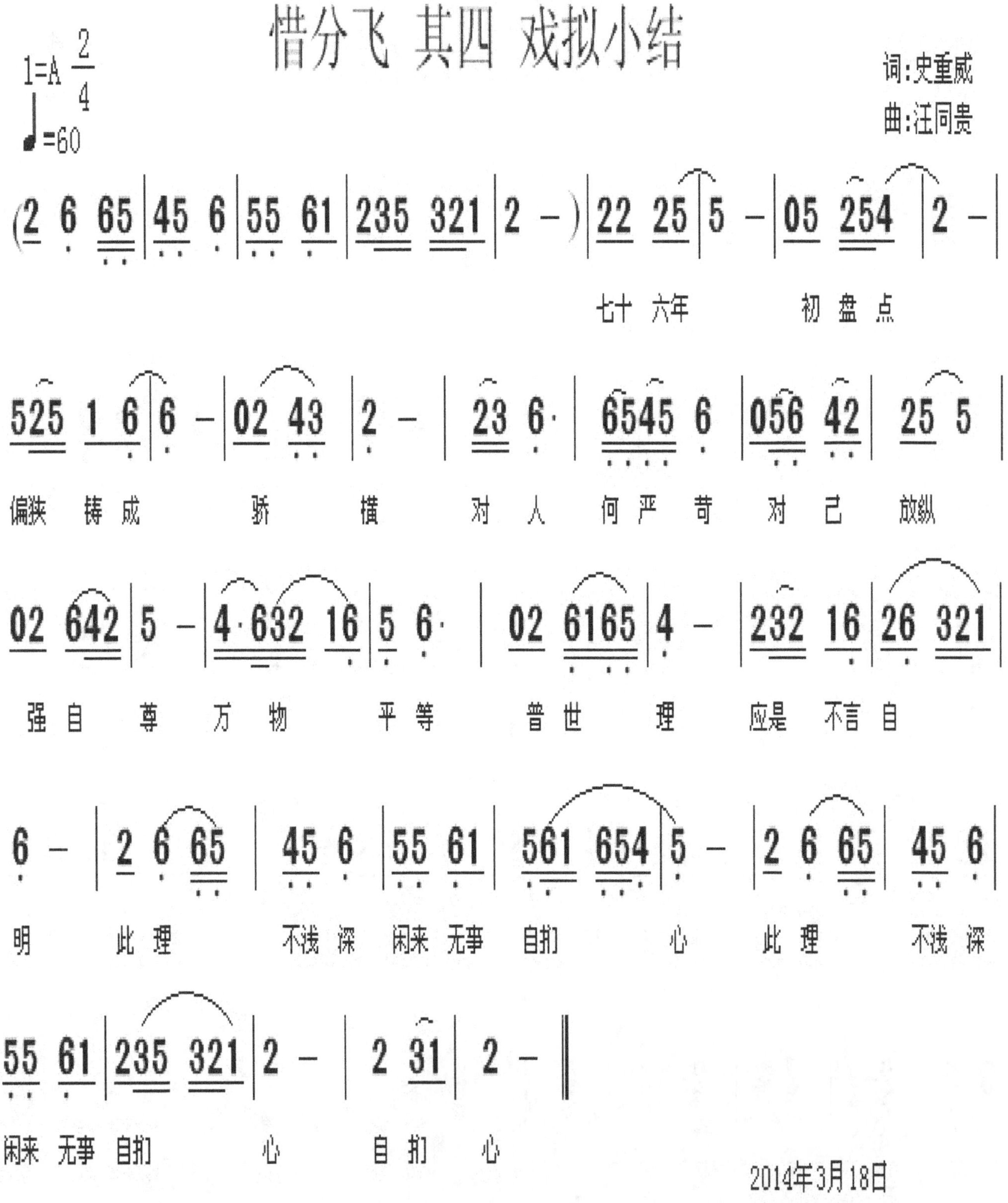

213. 惜分飞·其五 十年一梦　词：史重威；曲：汪同贵

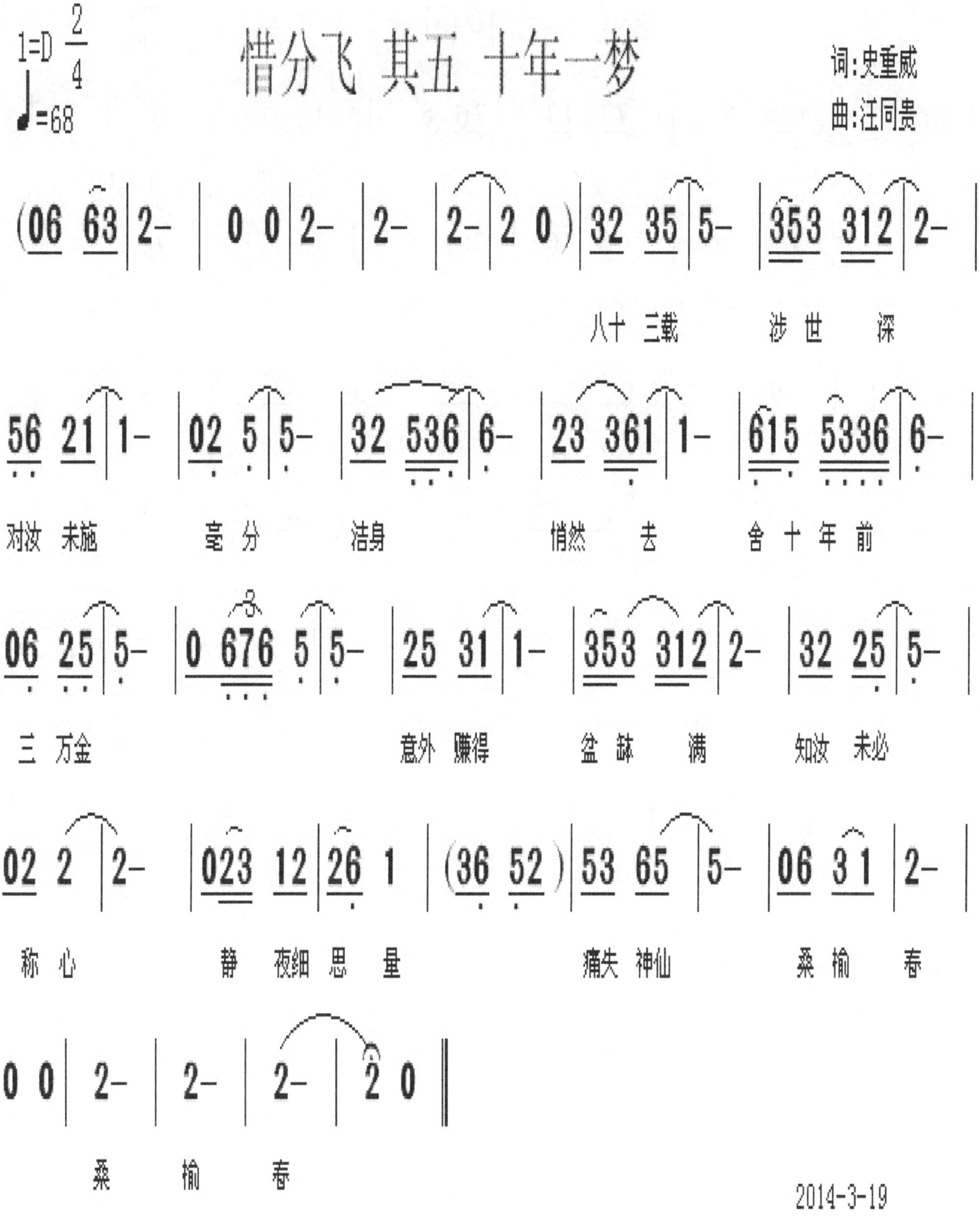

惜分飞 其五 十年一梦

1=D 2/4　♩=68

词：史重威
曲：汪同贵

(0 6 6̂3 | 2 - | 0 0 | 2 - | 2 - | 2 - 2 0) | 3̂2 3̂5 | 5 - | 3̂53 3̂12 | 2 - |

　　　　　　　　　　　　　　　　　　　　　　　　　八十 三载　　涉 世 深

5̂6 2̂1 | 1 - | 0̂2 5 | 5 - | 3̂2 5̂36 | 6 - | 2̂3 3̂61 | 1 - | 6̂15 5̂336 | 6 - |

对汝 未施　　毫 分　　洁 身　　　　悄然 去　　舍 十 年 前

0̂6 2̂5 | 5 - | 0 6̂7̂6 | 5 5 - | 2̂5 3̂1 | 1 - | 3̂53 3̂12 | 2 - | 3̂2 2̂5 | 5 - |

三 万金　　　　意外 赚得　　盆钵 满　　　知汝 未必

0̂2 2 | 2 - | 0̂23 1̂2 2̂6 1 | (3̂6 5̂2) | 5̂3 6̂5 | 5 - | 0̂6 3̂1 | 2 - |

称 心　　静 夜 细 思 量　　　　痛失 神仙　　柔 榆 春

0 0 | 2 - | 2 - | 2 - | 2̂ 0 ‖

柔　　榆　　春

2014-3-19

214. 西江月·清晨漫步校园 词：汪同贵；曲：汪同贵

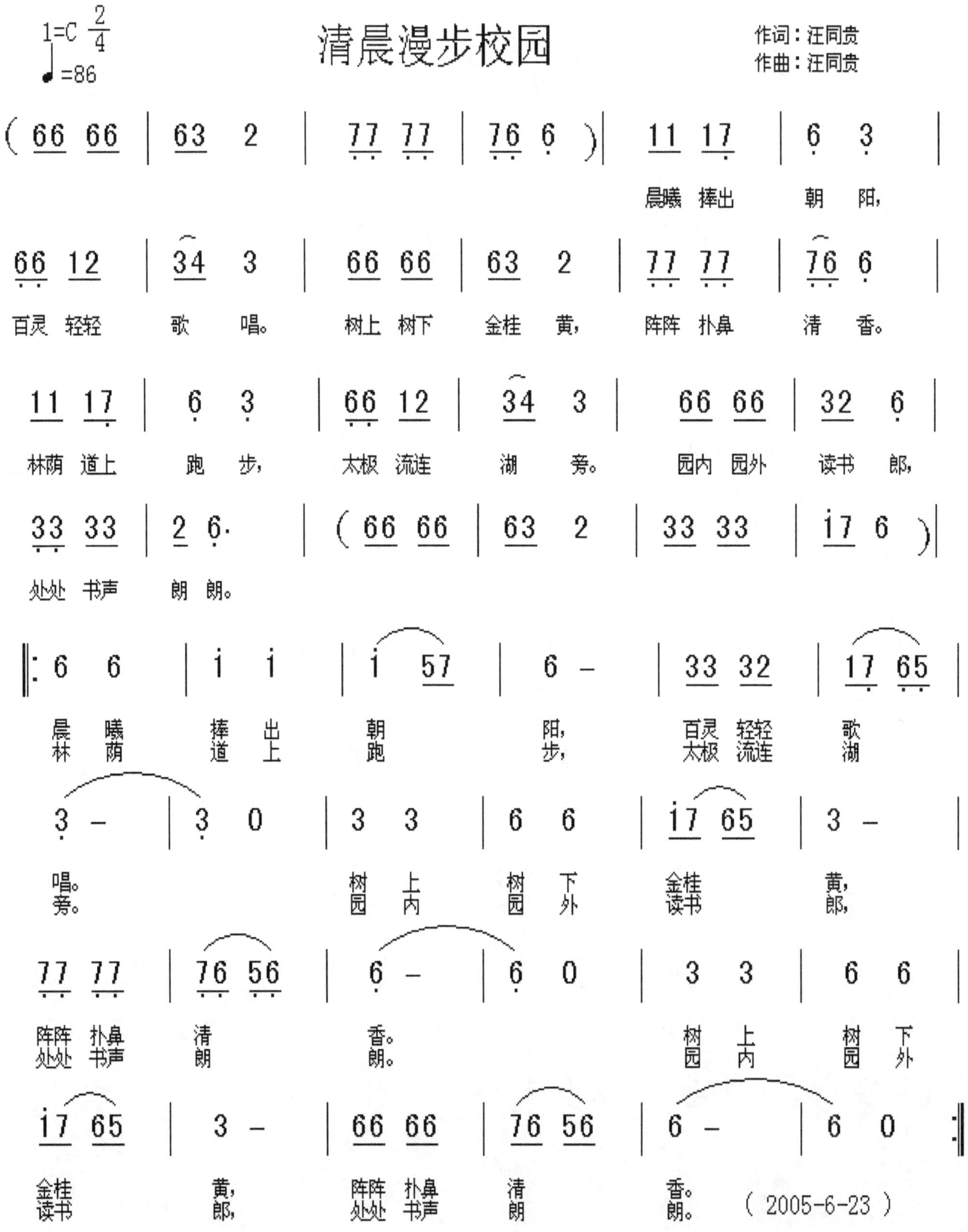

清晨漫步校园

作词：汪同贵
作曲：汪同贵

1=C 2/4 ♩=86

(66 66 | 63 2 | 77 77 | 76 6) | 11 17 | 6 3 |
　　　　　　　　　　　　　　　　　晨曦 捧出　　朝　阳，

66 12 | 34 3 | 66 66 | 63 2 | 77 77 | 76 6 |
百灵 轻轻　歌　唱。树上 树下　金桂　黄，阵阵 扑鼻　清　香。

11 17 | 6 3 | 66 12 | 34 3 | 66 66 | 32 6 |
林荫 道上　跑　步，太极 流连　湖　旁。园内 园外　读书　郎，

33 33 | 2 6· | (66 66 | 63 2 | 33 33 | 17 6) |
处处 书声　朗　朗。

‖: 6 6 | 1 1 | 1 57 | 6 - | 33 32 | 17 65 |
晨曦　捧出　朝　　阳，百灵 轻轻　歌
林荫　道上　跑　　步，太极 流连　湖

3 - | 3 0 | 3 3 | 6 6 | 17 65 | 3 - |
唱。　　　　树上　树下　金桂　　黄，
旁。　　　　园内　园外　读书　　郎，

77 77 | 76 56 | 6 - | 6 0 | 3 3 | 6 6 |
阵阵 扑鼻　清　香。　　　　　　树上　树下
处处 书声　朗　朗。　　　　　　园内　园外

17 65 | 3 - | 66 66 | 76 56 | 6 - | 6 0 :‖
金桂　　黄，阵阵 扑鼻　清　香。
读书　　郎，处处 书声　朗　朗。

（2005-6-23）

215. 溪水淙淙 词：汪同贵；曲：汪同贵

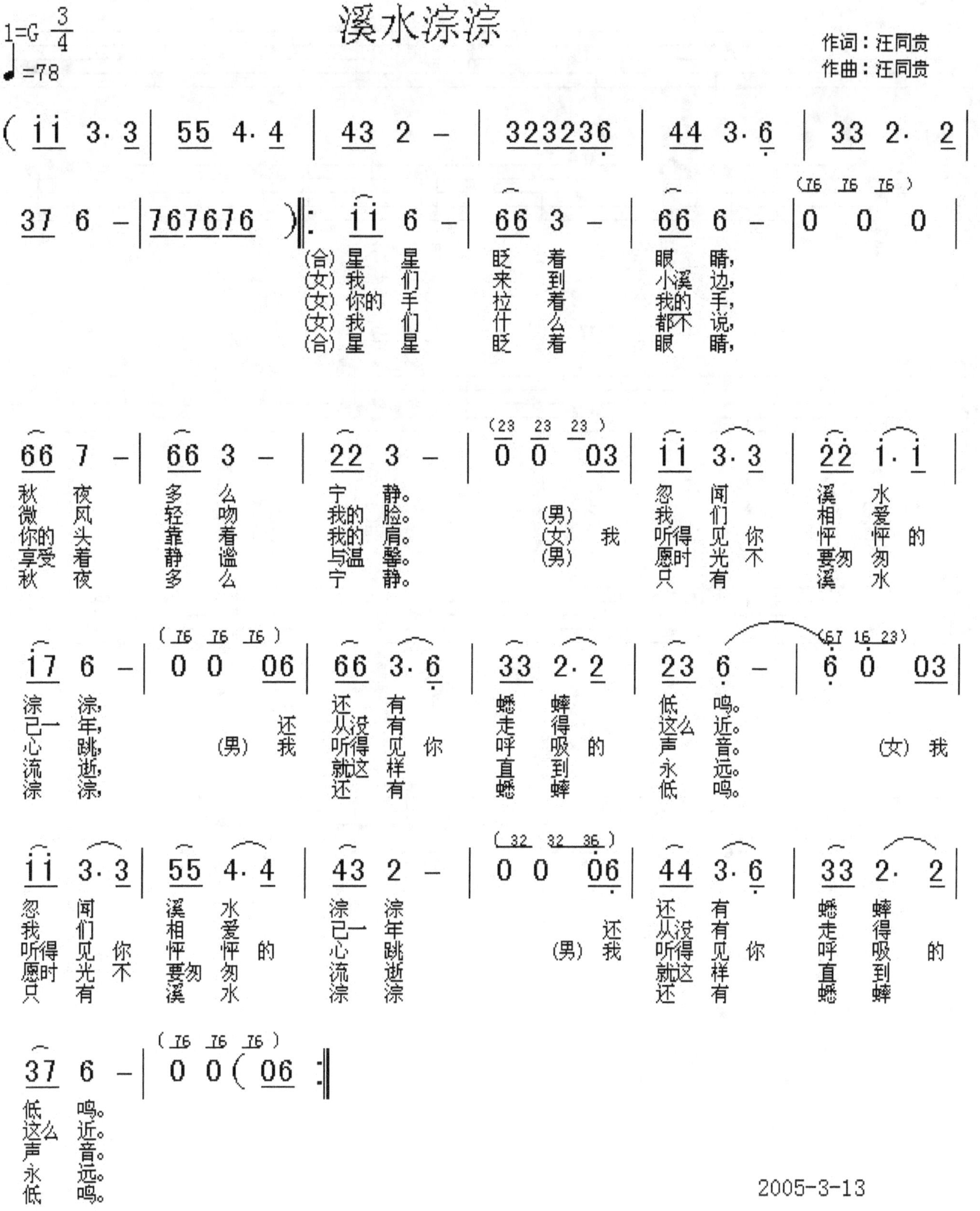

溪水淙淙

216. 喜雪四章 其一 怪来静夜冷莫支 词：刘培轩；曲：汪同贵

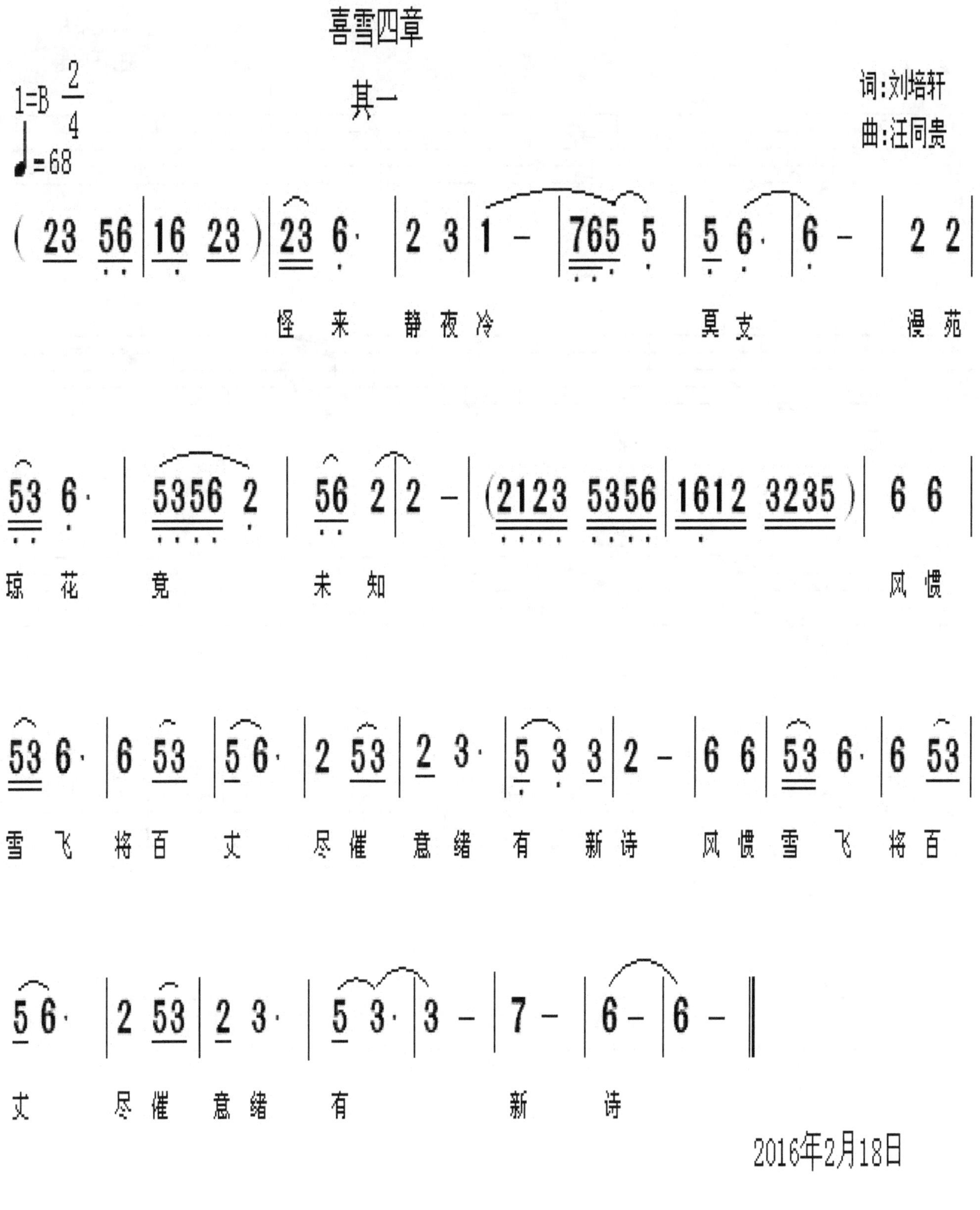

喜雪四章

其一

词:刘培轩
曲:汪同贵

=68
怪来 静夜 冷
真支 漫苑 琼花 竟 未 知
风惯 雪 飞 将百 丈
尽催 意绪 有 新 诗 风 惯 雪 飞 将 百
丈 尽 催 意绪 有 新 诗

2016年2月18日

217. 喜迎亚太市长峰会 词：汪同贵；曲：汪同贵

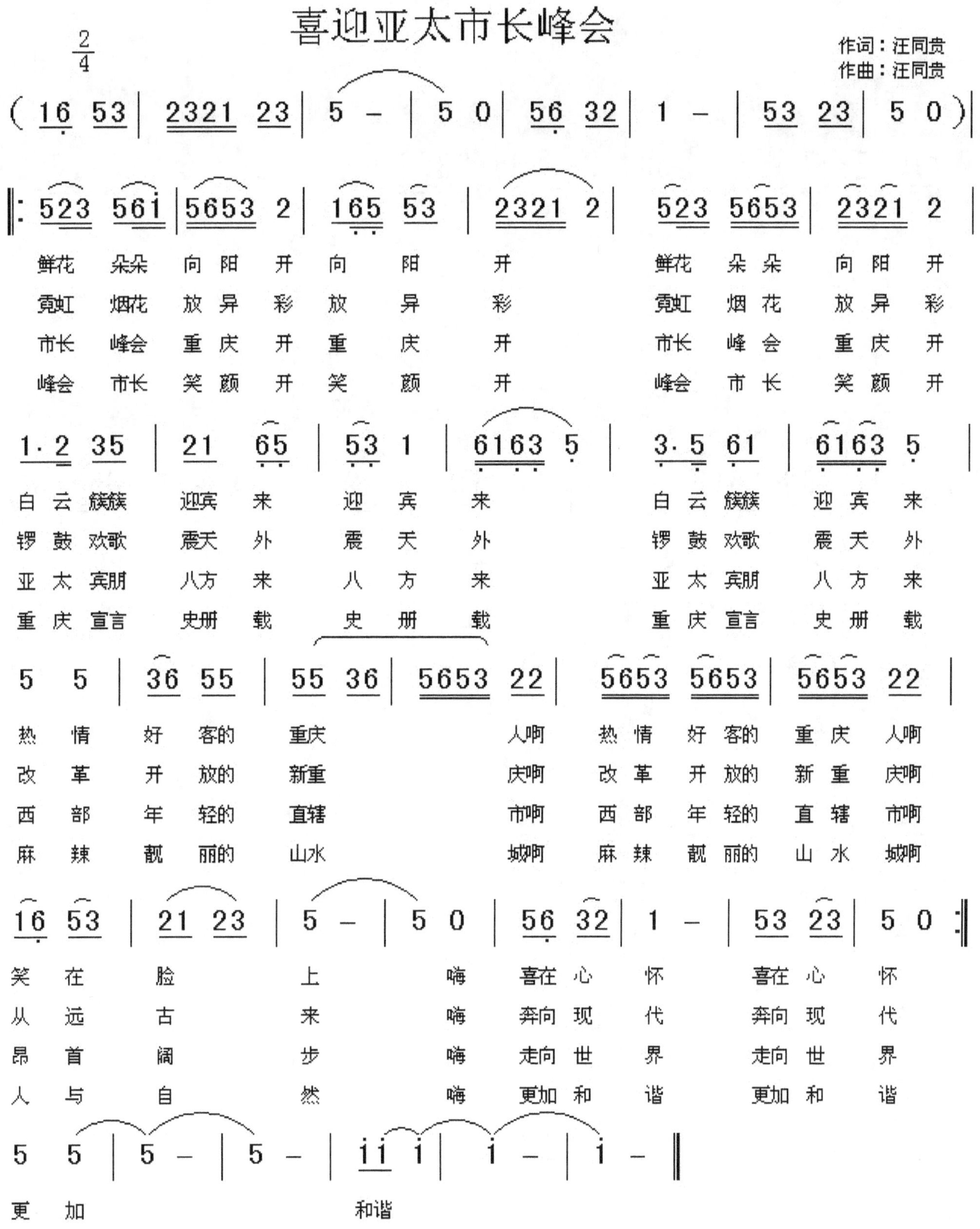

喜迎亚太市长峰会

作词：汪同贵
作曲：汪同贵

2/4

(16 53 | 2321 23 | 5 - | 5 0 | 56 32 | 1 - | 53 23 | 5 0)

‖: 523 561 | 5653 2 | 165 53 | 2321 2 | 523 5653 | 2321 2 |

鲜花 朵朵 向阳 开 向阳 开 鲜花 朵朵 向阳 开
霓虹 烟花 放异 彩 放异 彩 霓虹 烟花 放异 彩
市长 峰会 重庆 开 重庆 开 市长 峰会 重庆 开
峰会 市长 笑颜 开 笑颜 开 峰会 市长 笑颜 开

1·2 35 | 21 65 | 53 1 | 6163 5 | 3·5 61 | 6163 5 |

白云 簇簇 迎宾 来 迎宾 来 白云 簇簇 迎宾 来
锣鼓 欢歌 震天 外 震天 外 锣鼓 欢歌 震天 外
亚太 宾朋 八方 来 八方 来 亚太 宾朋 八方 来
重庆 宣言 史册 载 史册 载 重庆 宣言 史册 载

5 5 | 36 55 | 55 36 | 5653 22 | 5653 5653 | 5653 22 |

热 情 好 客的 重庆 人啊 热情 好客的 重庆 人啊
改 革 开 放的 新重 庆啊 改革 开放的 新重 庆啊
西 部 年 轻的 直辖 市啊 西部 年轻的 直辖 市啊
麻 辣 靓 丽的 山水 城啊 麻辣 靓丽的 山水 城啊

16 53 | 21 23 | 5 - | 5 0 | 56 32 | 1 - | 53 23 | 5 0 :‖

笑 在 脸 上 嗨 喜在 心怀 喜在 心怀
从 远 古 来 嗨 奔向 现代 奔向 现代
昂 首 阔 步 嗨 走向 世界 走向 世界
人 与 自 然 嗨 更加 和谐 更加 和谐

5 5 | 5 - | 5 - | 1 1 1 | 1 - | 1 - ‖

更 加 和谐

218. 乡愁 词：余光中（台湾）；曲：汪同贵

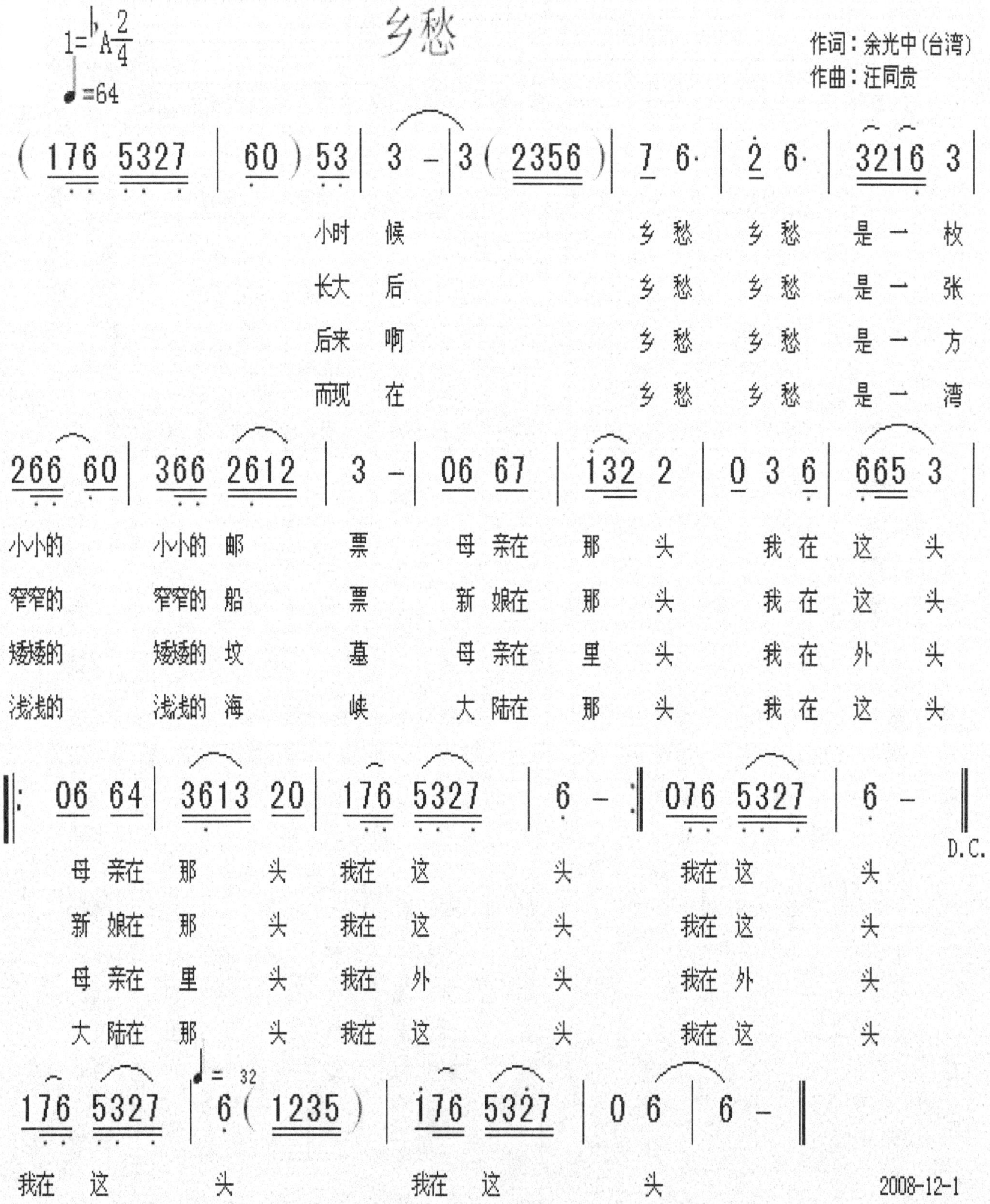

乡愁

作词：余光中(台湾)
作曲：汪同贵

1=♭A 2/4
♩=64

(176 5327 | 60) 53 | 3 — 3 (2356) | 7 6· | 2 6· | 3216 3 |

小时候　　　　　　　　　乡愁　乡愁　是一　枚
长大后　　　　　　　　　乡愁　乡愁　是一　张
后来啊　　　　　　　　　乡愁　乡愁　是一　方
而现在　　　　　　　　　乡愁　乡愁　是一　湾

266 60 | 366 2612 | 3 — | 06 67 | 132 2 | 0 3 6 | 665 3 |

小小的　　小小的 邮　票　　母 亲在 那　头　我在 这　头
窄窄的　　窄窄的 船　票　　新 娘在 那　头　我在 这　头
矮矮的　　矮矮的 坟　墓　　母 亲在 里　头　我在 外　头
浅浅的　　浅浅的 海　峡　　大 陆在 那　头　我在 这　头

‖: 06 64 | 3613 20 | 176 5327 | 6 — :‖ 076 5327 | 6 — ‖
　　　　　　　　　　　　　　　　　　　　　　　　　　D.C.

母 亲在 那　头　我在 这　　头　　我在 这　　头
新 娘在 那　头　我在 这　　头　　我在 这　　头
母 亲在 里　头　我在 外　　头　　我在 外　　头
大 陆在 那　头　我在 这　　头　　我在 这　　头

♩=32

176 5327 | 6 (1235) | 176 5327 | 0 6 | 6 — ‖

我在 这　头　　　　　　我在 这　头

2008-12-1

219. 相见欢·红梅　词：饶士宪；曲：汪同贵

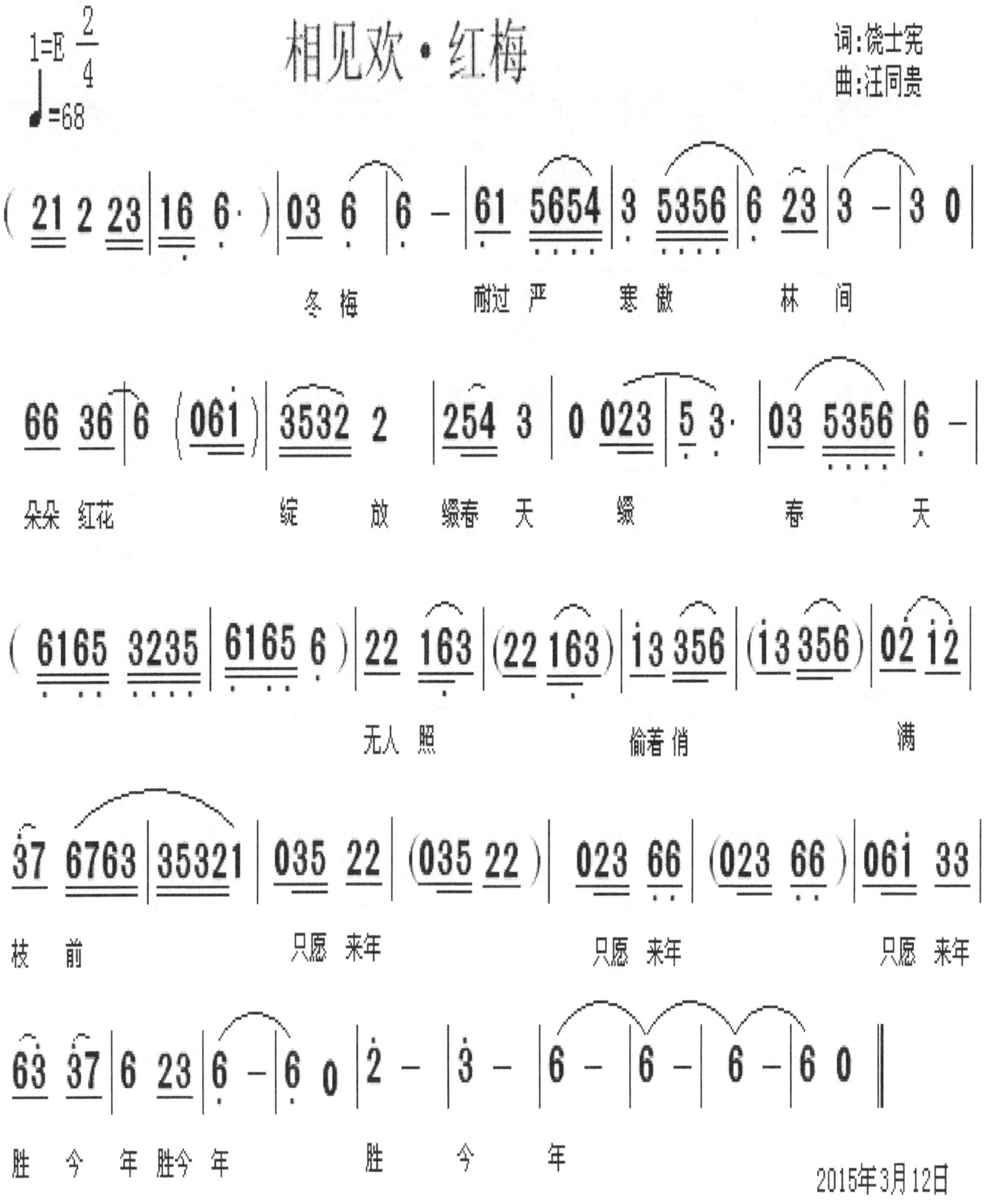

相见欢·红梅

词:饶士宪
曲:汪同贵

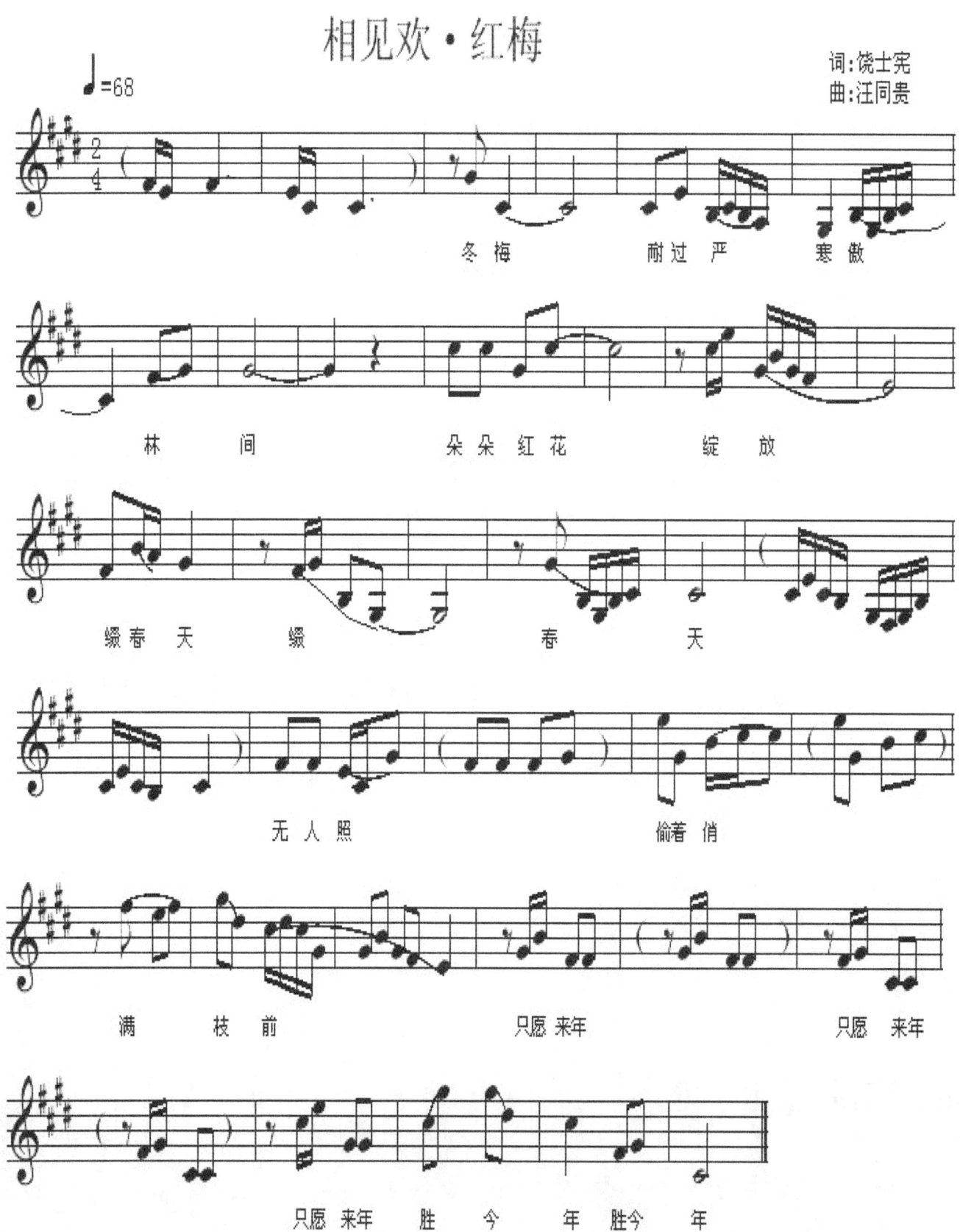

220. 相见欢·乐翻天 词：王权；曲：汪同贵

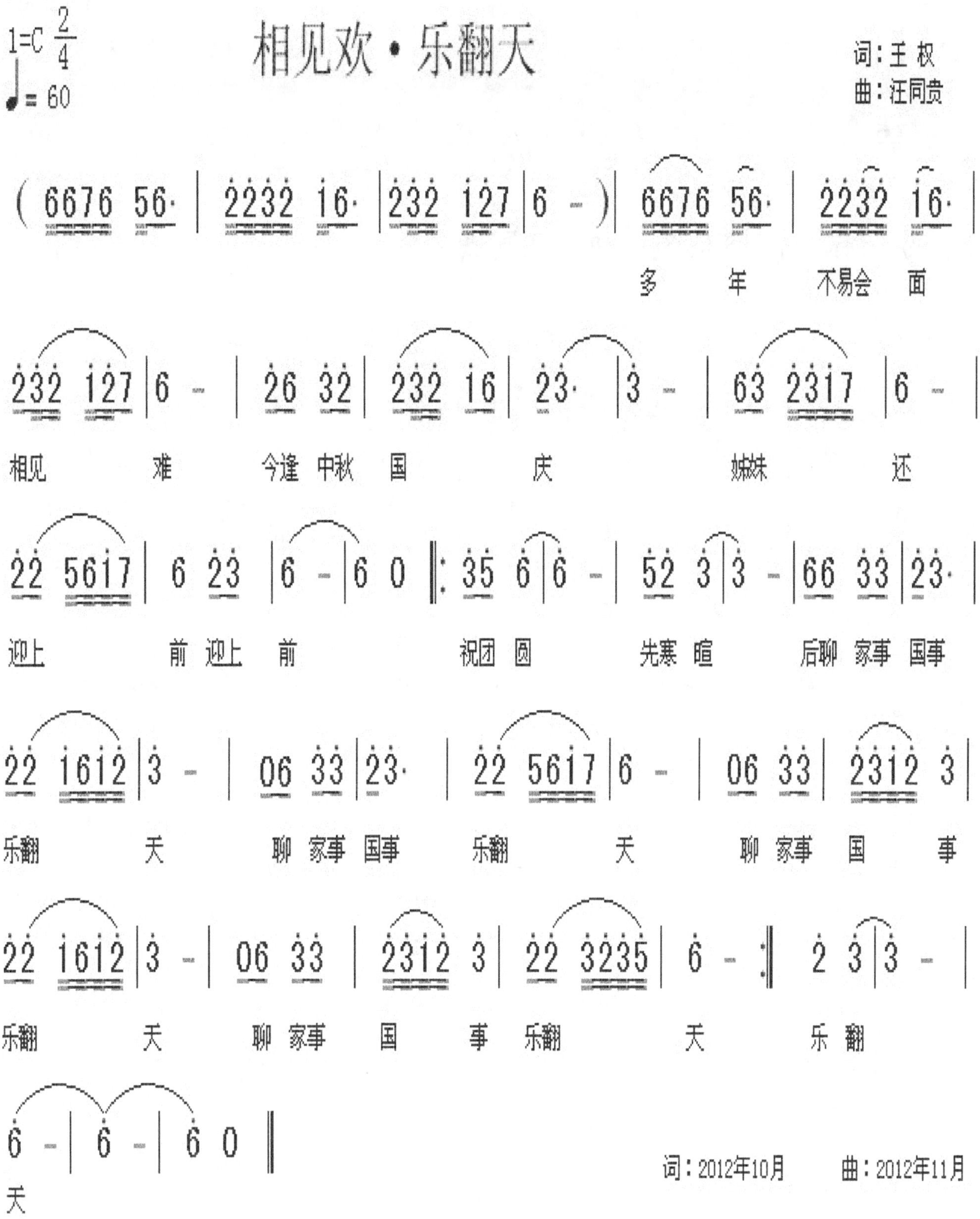

相见欢·乐翻天

1=C 2/4 ♩=60

词：王权
曲：汪同贵

(6676 56· | 2232 16· | 232 127 | 6 -) | 6676 56· | 2232 16· |

多　年　　不易　会　面

232 127 | 6 - | 26 32 | 232 16 | 23· 3 - | 63 2317 | 6 - |

相见　　难　　今逢 中秋　国　　庆　　　姊妹　还

22 5617 | 6 23 | 6 - 6 0 ‖: 35 6 6 - | 52 3 3 - | 66 33 | 23· |

迎上　　前　迎上　前　　　　祝团　圆　　先寒　暄　　后聊 家事 国事

22 1612 | 3 - | 06 33 | 23· | 22 5617 | 6 - | 06 33 | 2312 3 |

乐翻　天　　聊 家事 国事　乐翻　天　　聊 家事 国　事

22 1612 | 3 - | 06 33 | 2312 3 | 22 3235 | 6 - :‖ 2 3 3 - |

乐翻　天　　聊 家事 国　事　乐翻　天　　乐　翻

6 - | 6 - | 6 0 ‖

天

词：2012年10月　　曲：2012年11月

221. 小宝宝睡觉觉 词：汪同贵；曲：汪同贵

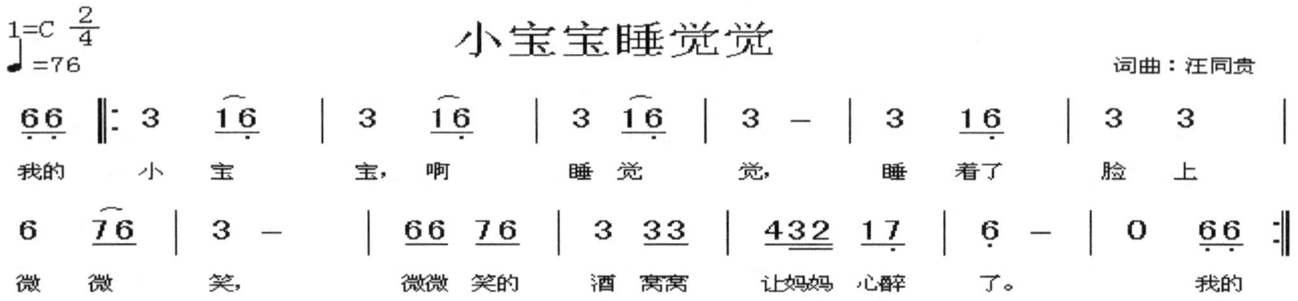

1=C 2/4
♩=76
小宝宝睡觉觉
词曲：汪同贵
我的 小 宝 宝，啊 睡 觉 觉， 睡 着了 脸 上
微 微 笑， 微微 笑的 酒 窝窝 让妈妈 心醉 了。 我的

222. 小树林 词：汪同贵；曲：汪同贵

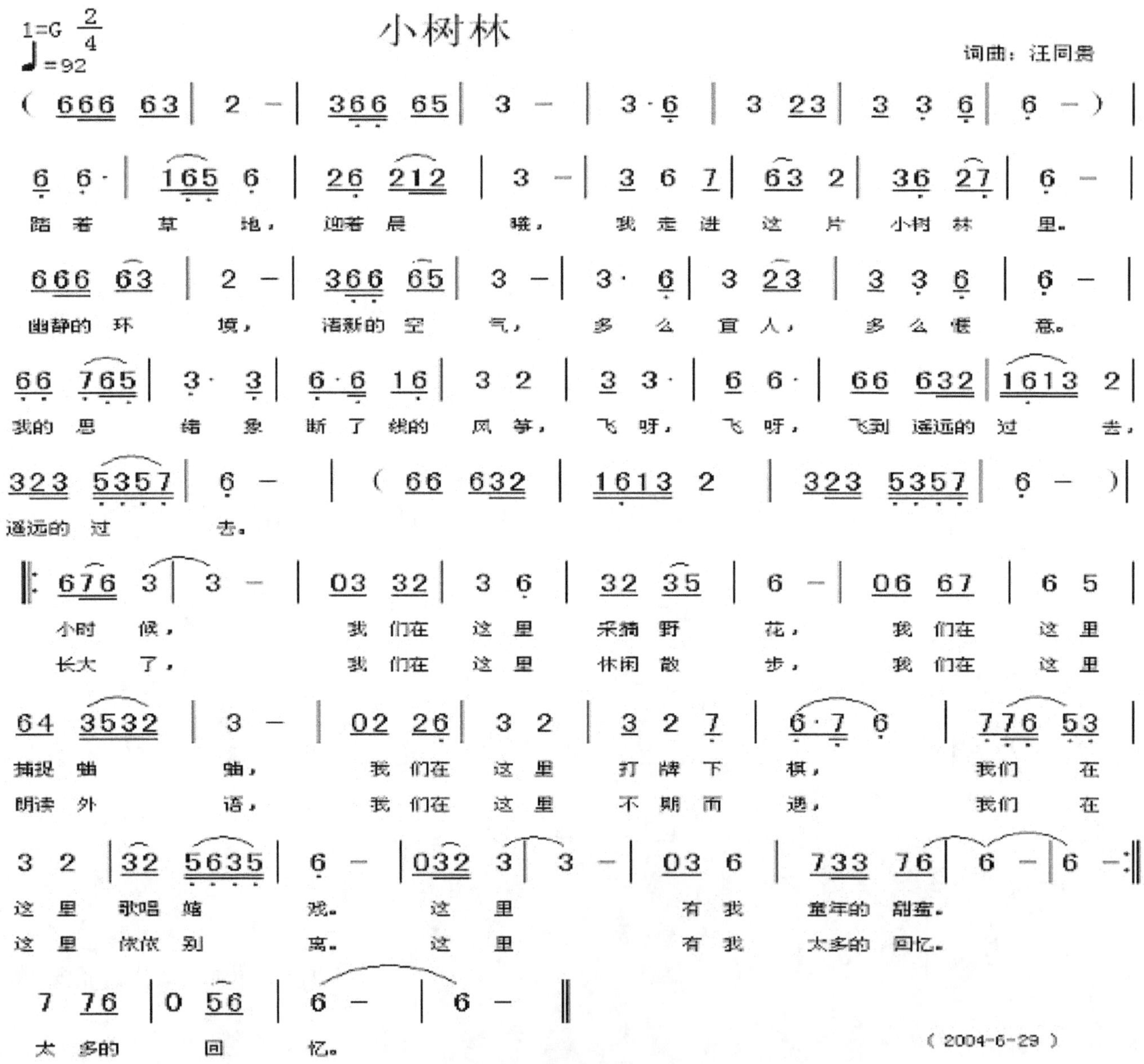

1=G 2/4
♩=92
小树林
词曲：汪同贵
踏 着 草 地， 迎着 晨 曦， 我 走 进 这 片 小树 林 里。
幽静的 环 境， 清新的 空 气， 多 么 宜 人， 多 么 惬 意。
我的 思 绪 象 断 了 线的 风 筝， 飞 呀， 飞 呀， 飞到 遥远的 过 去，
遥远的 过 去。
小时 候， 我 们在 这 里 采摘 野 花， 我 们在 这 里
长大 了， 我 们在 这 里 休闲 散 步， 我 们在 这 里
捕捉 蛐 蛐， 我 们在 这 里 打 牌 下 棋， 我们 在
朗读 外 语， 我 们在 这 里 不 期 而 遇， 我们 在
这 里 歌唱 嬉 戏。 这 里 有 我 童年的 甜蜜。
这 里 依依 别 离。 这 里 有 我 太多的 回忆。
太 多的 回 忆。
(2004-6-29)

小树林

作词：汪同贵
作曲：汪同贵

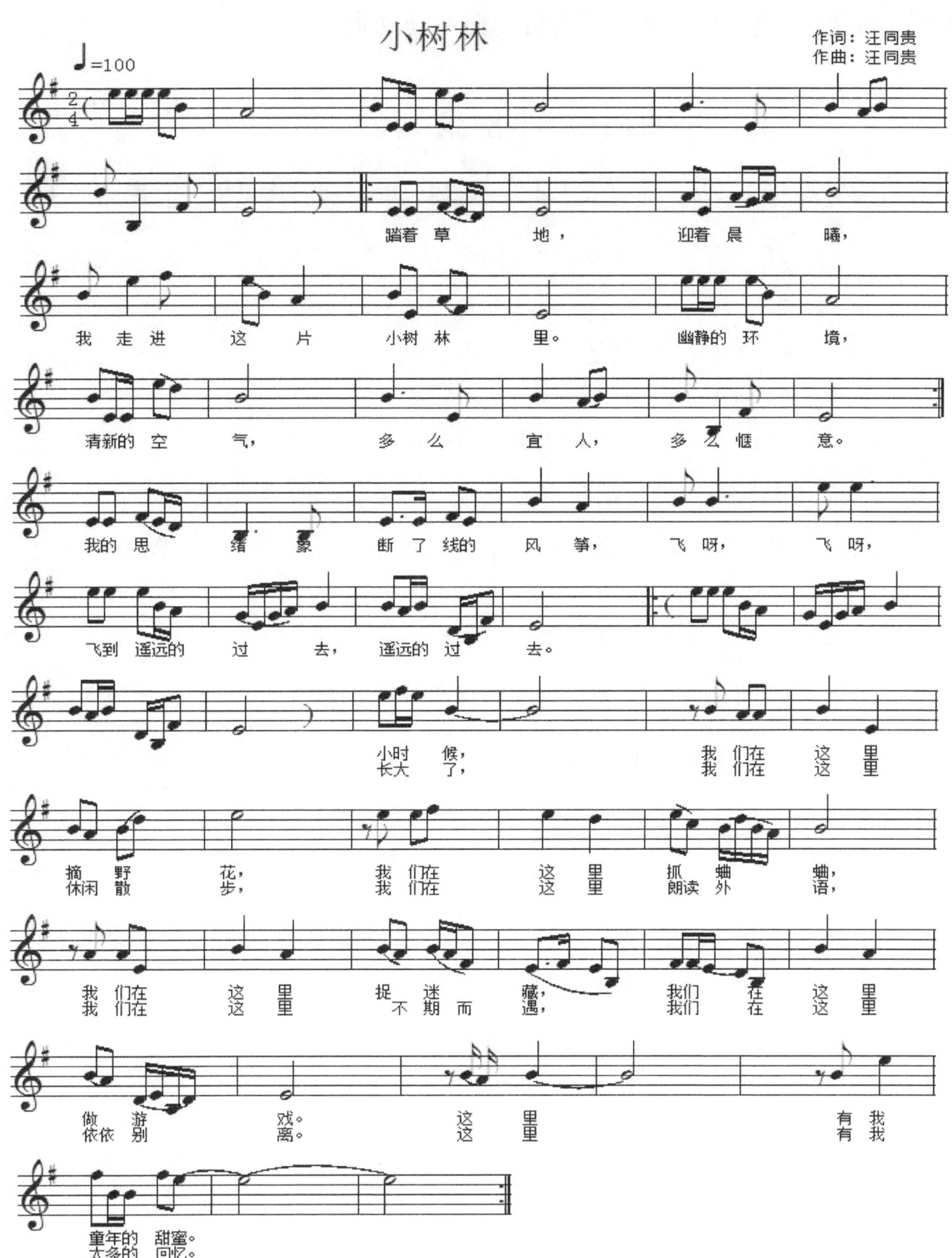

223. 谢谢你，小松鼠 词：汪同贵；曲：汪同贵

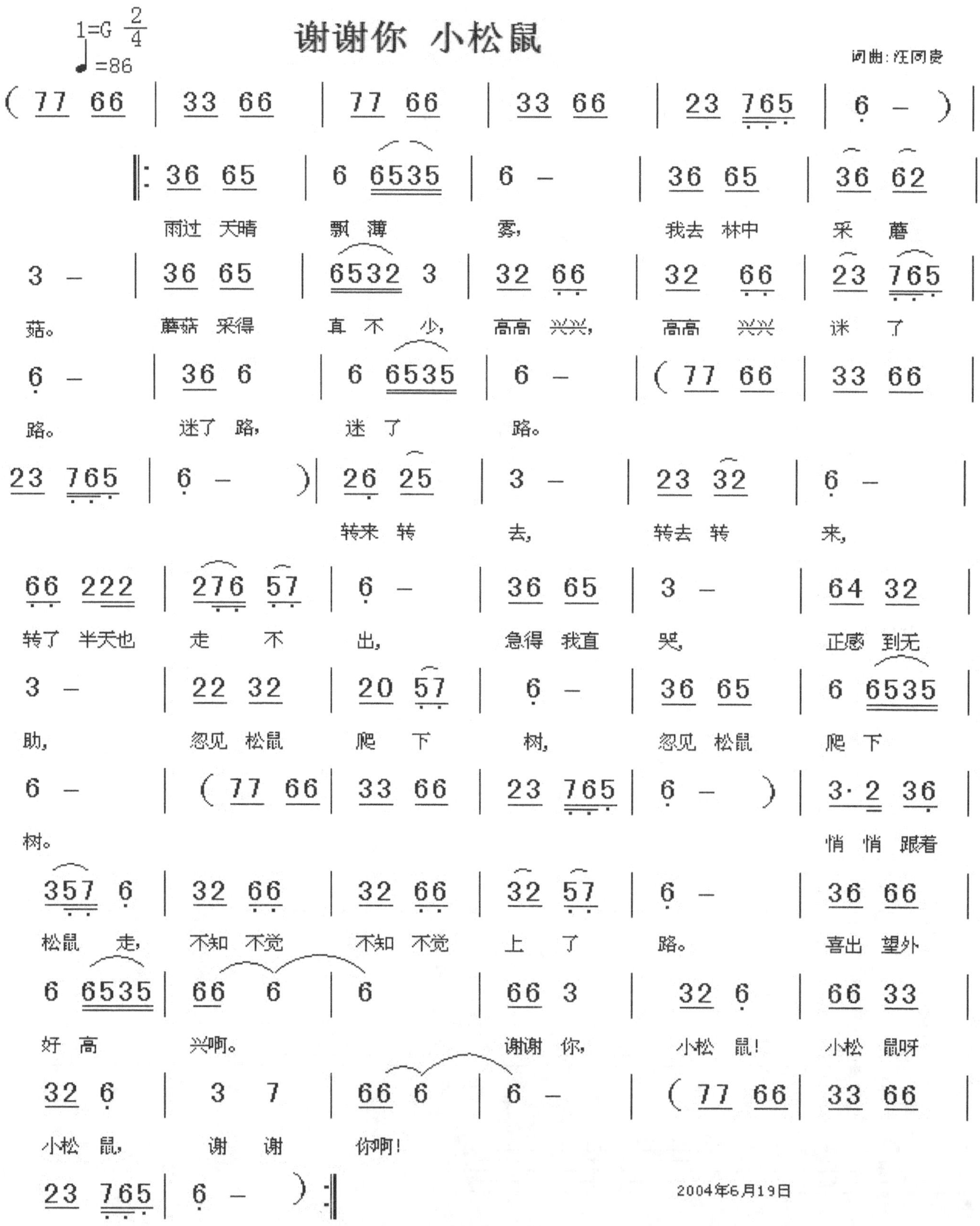

谢谢你 小松鼠

词曲：汪同贵

1=G 2/4 ♩=86

(77 66 | 33 66 | 77 66 | 33 66 | 23 765 | 6 -)

‖: 36 65 | 6 6535 | 6 - | 36 65 | 36 62 |
　　雨过 天晴　飘 薄　雾，　　　我去 林中　采　蘑

3 - | 36 65 | 6532 3 | 32 66 | 32 66 | 23 765 |
菇。　蘑菇 采得　真 不 少，高高 兴兴　高高 兴兴　迷 了

6 - | 36 6 | 6 6535 | 6 - | (77 66 | 33 66 |
路。　　迷了 路，　迷 了　路。

23 765 | 6 -) | 26 25 | 3 - | 23 32 | 6 - |
　　　　　　　　转来 转　去，　　转去 转　来，

66 222 | 276 57 | 6 - | 36 65 | 3 - | 64 32 |
转了 半天也　走 不　出，　急得 我直　哭，　正感 到无

3 - | 22 32 | 20 57 | 6 - | 36 65 | 6 6535 |
助，　忽见 松鼠　爬 下　树，　忽见 松鼠　爬 下

6 - | (77 66 | 33 66 | 23 765 | 6 -) | 3·2 36 |
树。　　　　　　　　　　　　　　　　　　　悄悄 跟着

357 6 | 32 66 | 32 66 | 32 57 | 6 - | 36 66 |
松鼠 走，不知 不觉　不知 不觉　上 了　路。　喜出 望外

6 6535 | 66 6 | 6 | 66 3 | 32 6 | 66 33 |
好 高　兴啊。　　　　谢谢你，小松 鼠！小松 鼠呀

32 6 | 3 7 | 66 6 | 6 - | (77 66 | 33 66 |
小松 鼠，　谢 谢　你啊！

23 765 | 6 -) :‖

2004年6月19日

谢谢你，小松鼠！

作词：汪同贵
作曲：汪同贵

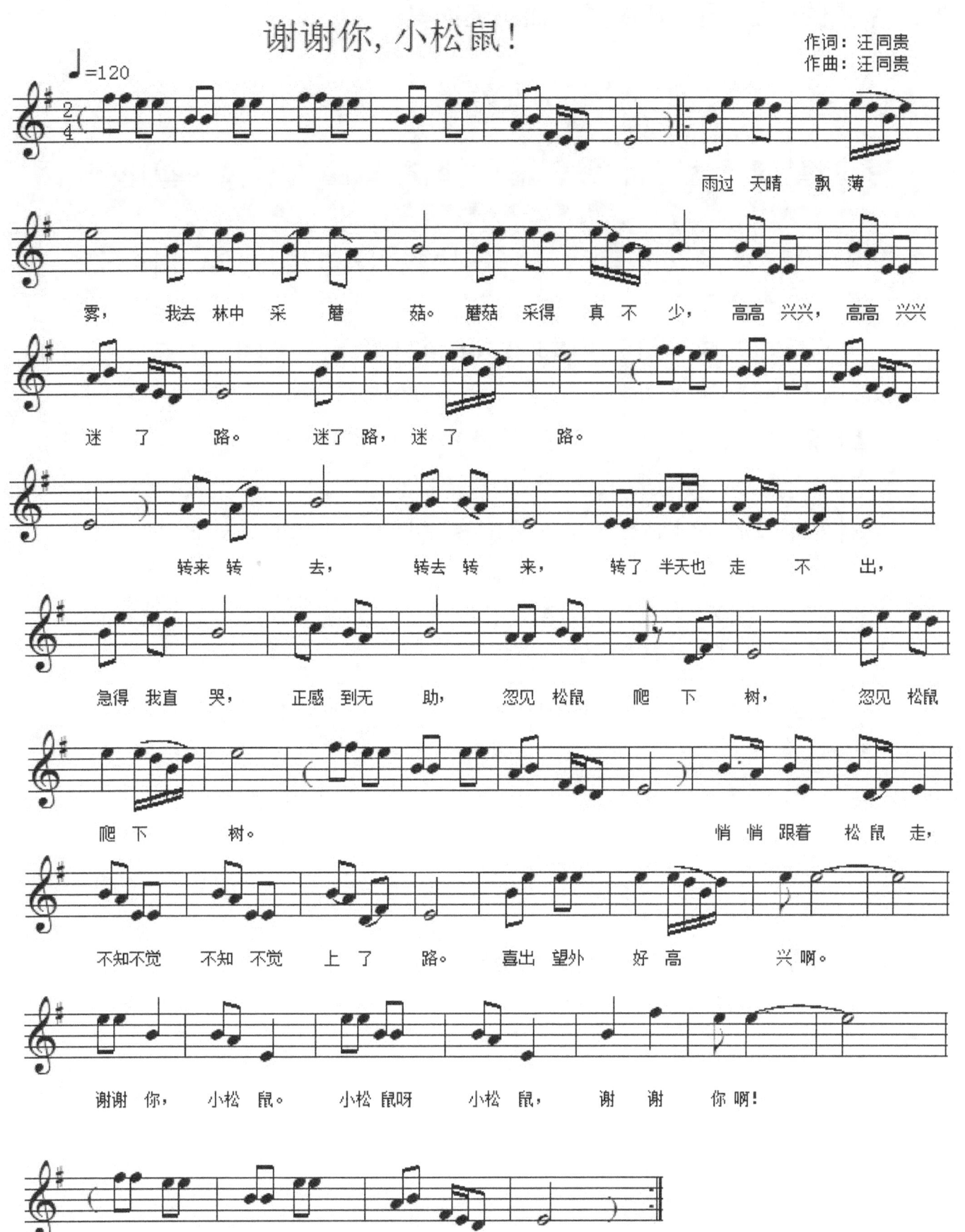

224. 幸福的回忆 词：汪同贵；曲：汪同贵

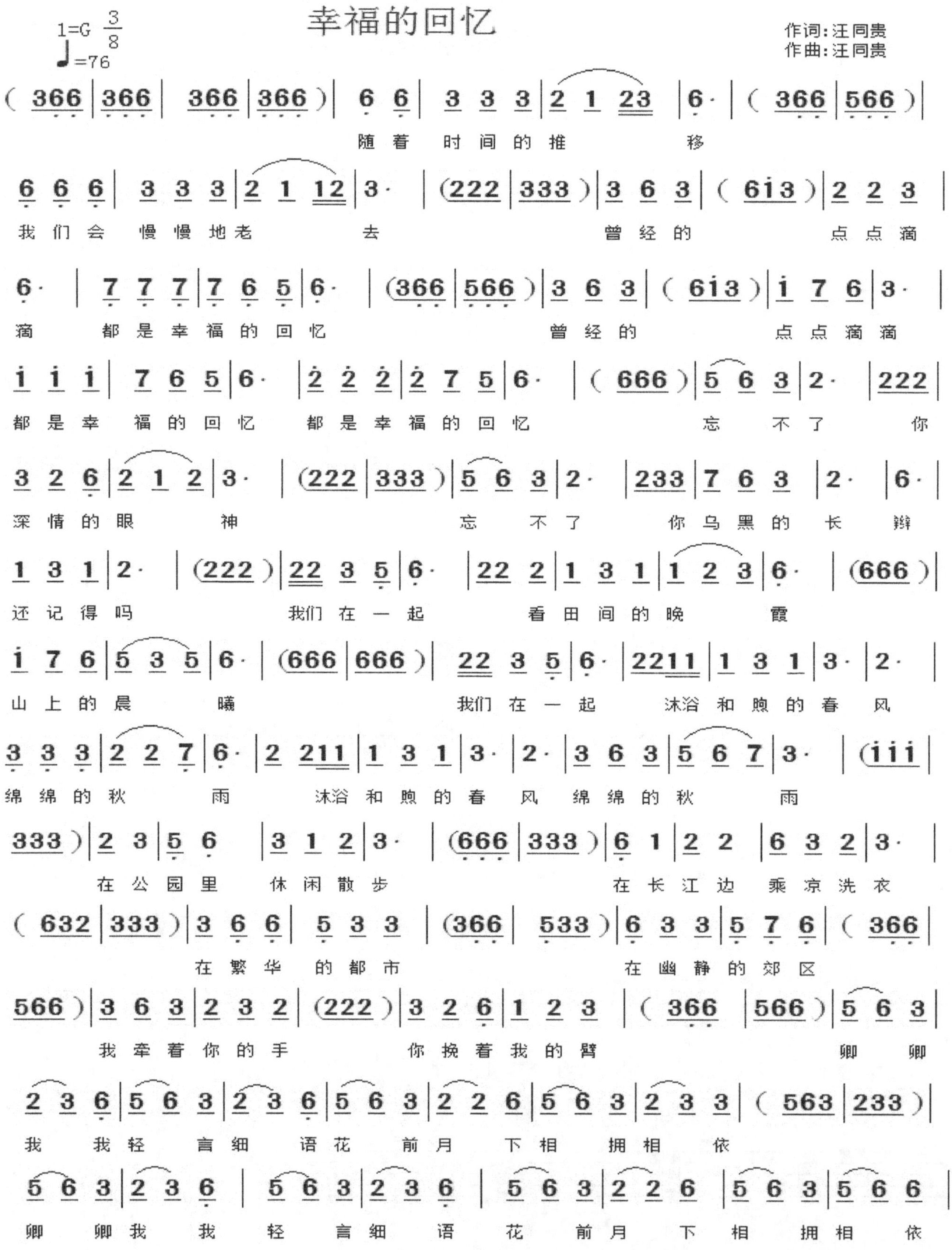
1=G 3/8
♩=76
幸福的回忆
作词:汪同贵
作曲:汪同贵
随着时间的推移
我们会慢慢地老去 曾经的点点滴
滴都是幸福的回忆 曾经的点点滴滴
都是幸福的回忆 都是幸福的回忆 忘不了你
深情的眼神 忘不了你乌黑的长辫
还记得吗 我们在一起 看田间的晚霞
山上的晨曦 我们在一起 沐浴和煦的春风
绵绵的秋雨 沐浴和煦的春风 绵绵的秋雨
在公园里 休闲散步 在长江边 乘凉洗衣
在繁华的都市 在幽静的郊区
我牵着你的手 你挽着我的臂 卿卿
我我轻言细语花前月下相拥相依
卿卿我我轻言细语花前月下相拥相依

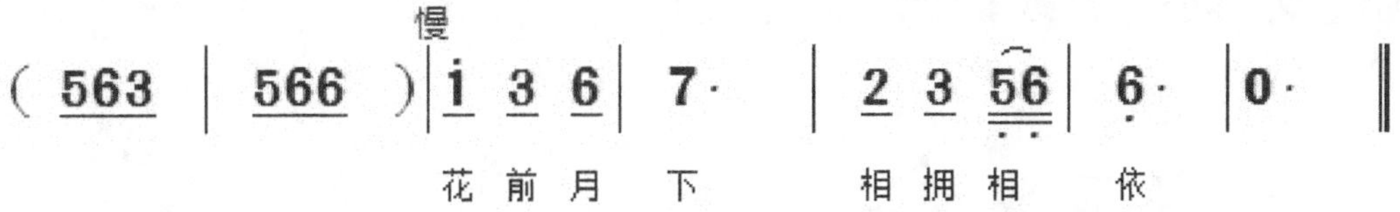

(5 6 3 | 5 6 6) | 慢
$\dot{1}$ 3 6 | 7· | 2 3 5̂6̂ | 6̣· | 0· ||

花 前 月 下　　相 拥 相　依

225. 幸福生活　词：汪同贵；曲：汪同贵

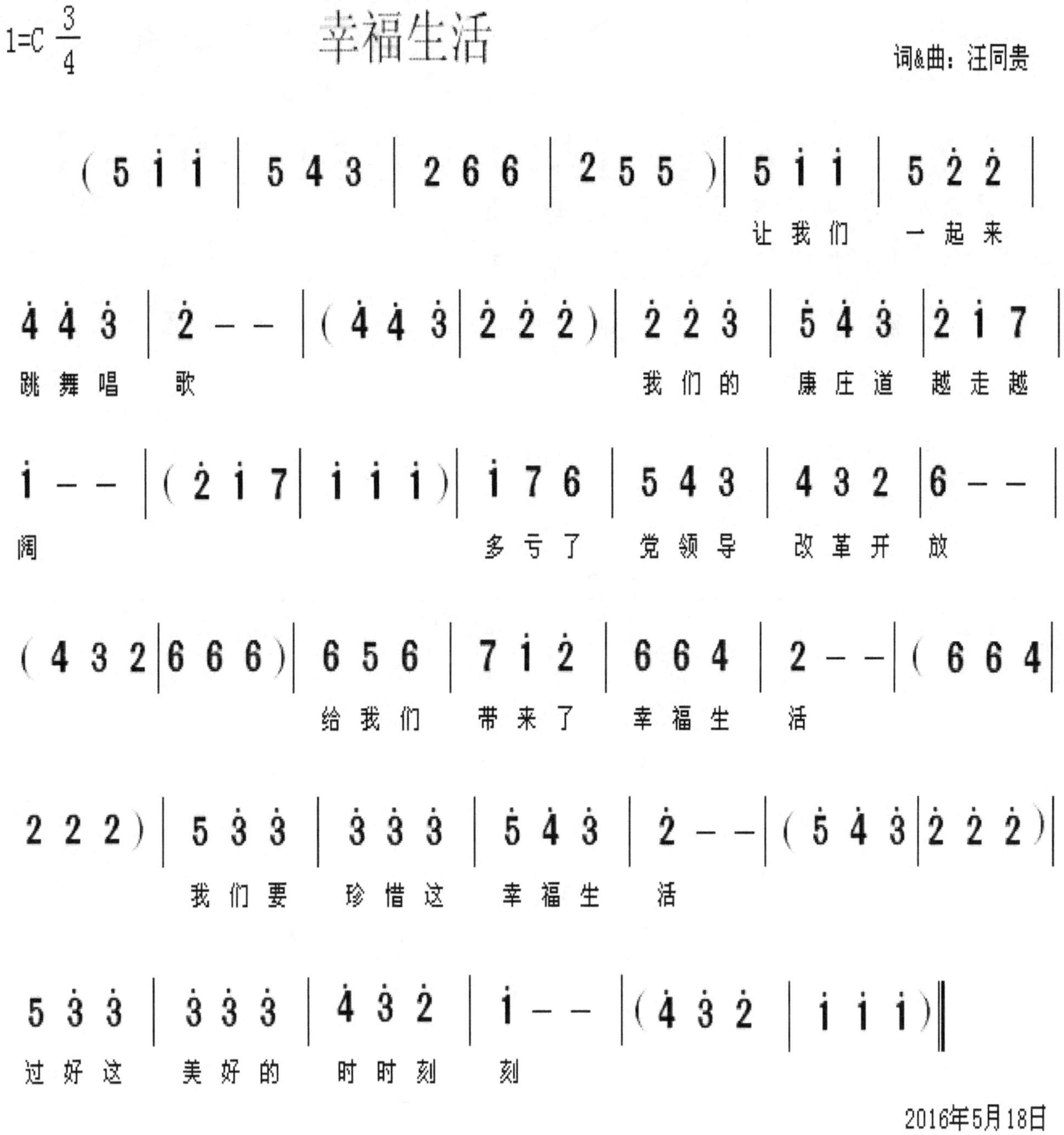

幸福生活

1=C 3/4　　　　　　　　　　　　　　　词&曲：汉同贵

(5 1̇ 1̇ | 5 4 3 | 2 6 6 | 2 5 5) | 5 1̇ 1̇ | 5 2̇ 2̇ |

　　　　　　　　　　　　　　　让 我 们　一 起 来

4̇ 4̇ 3̇ | 2̇ - - | (4̇ 4̇ 3̇ | 2̇ 2̇ 2̇) | 2̇ 2̇ 3̇ | 5 4 3 | 2̇ 1̇ 7 |

跳 舞 唱　歌　　　　　　　　　　　我 们 的　康 庄 道　越 走 越

1̇ - - | (2̇ 1̇ 7 | 1̇ 1̇ 1̇) | 1̇ 7 6 | 5 4 3 | 4 3 2 | 6 - - |

阔　　　　　　　　　　　　多 亏 了　党 领 导　改 革 开　放

(4 3 2 | 6 6 6) | 6 5 6 | 7 1̇ 2̇ | 6 6 4 | 2 - - | (6 6 4 |

　　　　　　　　给 我 们　带 来 了　幸 福 生　活

2 2 2) | 5 3̇ 3̇ | 3̇ 3̇ 3̇ | 5 4 3 | 2̇ - - | (5 4 3 | 2̇ 2̇ 2̇)

　　　　　我 们 要　珍 惜 这　幸 福 生　活

5 3̇ 3̇ | 3̇ 3̇ 3̇ | 4̇ 3̇ 2̇ | 1̇ - - | (4̇ 3̇ 2̇ | 1̇ 1̇ 1̇) ||

过 好 这　美 好 的　时 时 刻　刻

2016年5月18日

226. 学友天涯祝健安 词：于红；曲：汪同贵

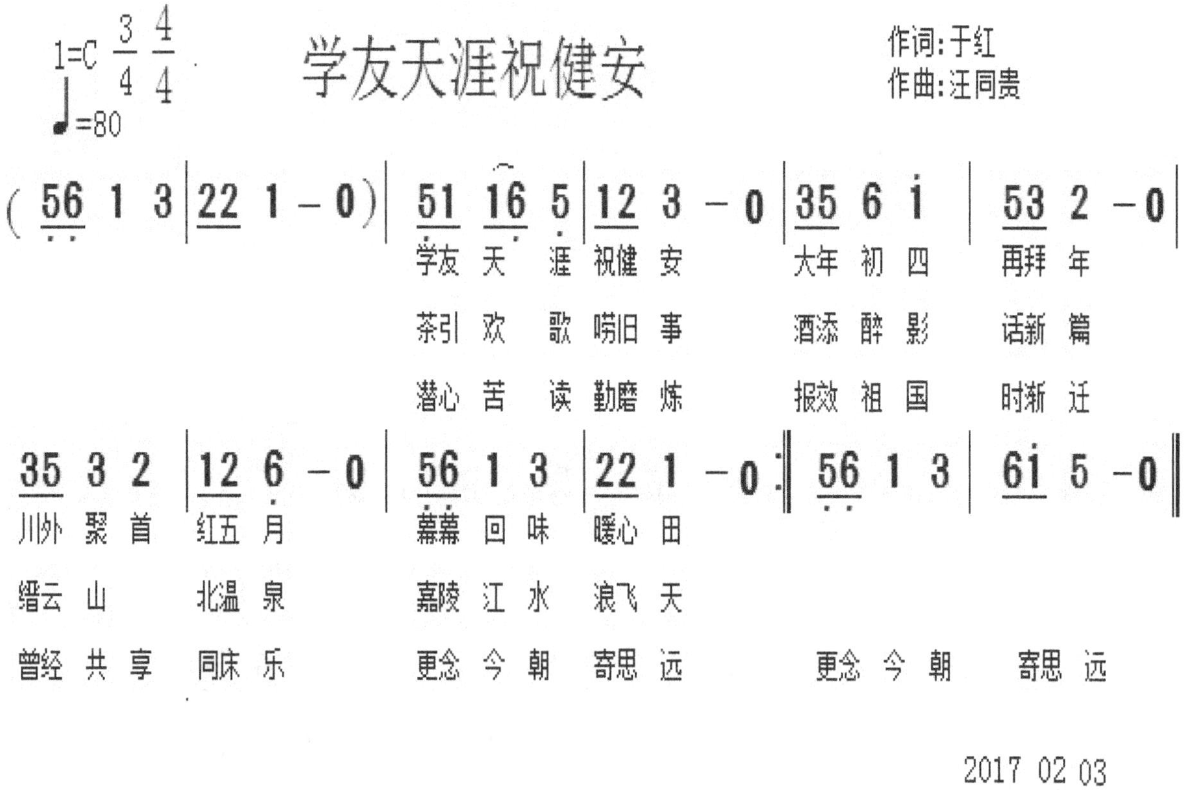

227. 鸭子河畔 词：汪同贵；曲：汪同贵

鸭子河畔

1=G 3/8 2/4

词：汪同贵
曲：汪同贵

(5 5 5 | 1· 1 5 6 | 5·) 5 5 5 1· | 1 5 6 5· | 1 6 5 3· | 3 5 3 2· |

鸭子河畔　岁月蹉跎　养儿育女　乐也多多

5 5 5 | 1· 2 1 2 3 | 6· 5 5 5 3· | 5 3 5 2 1· | (5 1 | 1 2 3) |

油盐柴米　就是生活　平平淡淡　名利淡泊

5 1 | 1 2 3 | 5 1 2 1 2 3 | 6 - | 5 1 1 | 2 3 1 2 3 | 5 5 2 1 2 3 | 5 - |

一起散步　一起旅游　一起唱样板戏　一起唱歌

‖: 7 6 | 5 3 | 7 6 | 5 3 | 2 2 | 2 6 | 2 5 | 2 1 :‖

琴瑟谐和　相濡以沫　并蒂莲开　永不凋落
公不离婆　秤不离砣　夕阳灿烂　霓虹闪烁

2 2 | 2 6 | 6 - 6 - | 3 3 | 2 6 | 5 - | 5 - |

夕阳灿烂　霓虹闪烁

2020年4月19日 重庆

鸭子河畔

作词:汪同贵
作曲:汪同贵

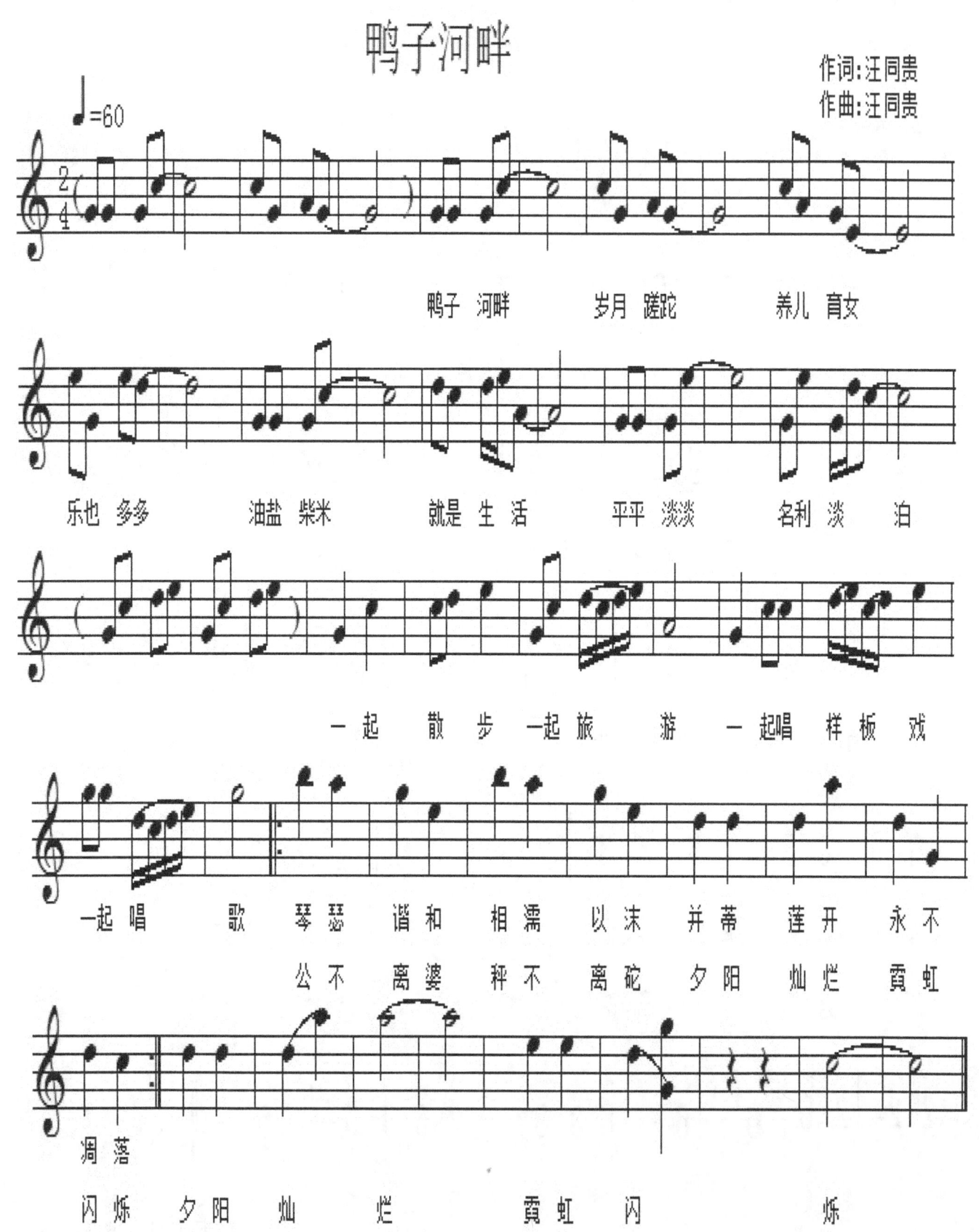

228. 燕儿飞 词：汪同贵；曲：汪同贵

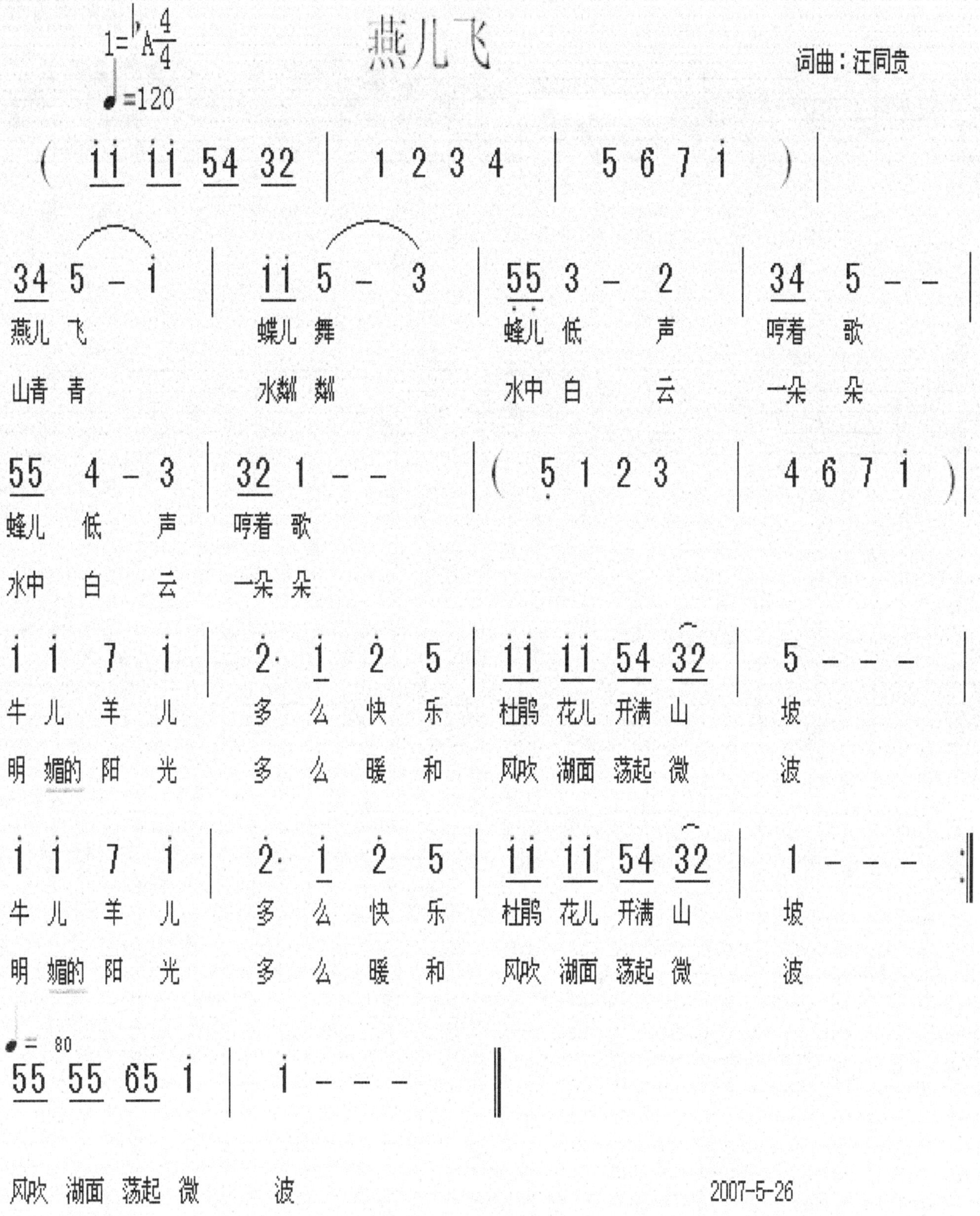

燕儿飞

词曲：汪同贵

1=♭A 4/4
♩=120

(i i i i 5 4 3 2 | 1 2 3 4 | 5 6 7 i)

3 4 5 - i | i i 5 - 3 | 5 5 3 - 2 | 3 4 5 - - -
燕儿 飞　　　蝶儿 舞　　　蜂儿 低　声　　哼着 歌
山青 青　　　水粼 粼　　　水中 白　云　　一朵 朵

5 5 4 - 3 | 3 2 1 - - | (5 1 2 3 | 4 6 7 i)
蜂儿 低 声　哼着 歌
水中 白 云　一朵 朵

i i 7 i | 2· i 2 5 | i i i i 5 4 3 2 | 5 - - -
牛儿 羊儿　多 么 快 乐　杜鹃 花儿 开满 山　　坡
明媚的 阳光　多 么 暖 和　风吹 湖面 荡起 微　　波

i i 7 i | 2· i 2 5 | i i i i 5 4 3 2 | 1 - - -
牛儿 羊儿　多 么 快 乐　杜鹃 花儿 开满 山　　坡
明媚的 阳光　多 么 暖 和　风吹 湖面 荡起 微　　波

♩=80

5 5 5 5 6 5 i | i - - -
风吹 湖面 荡起 微　波

2007-5-26

燕儿飞

作词:汪同贵
作曲:汪同贵

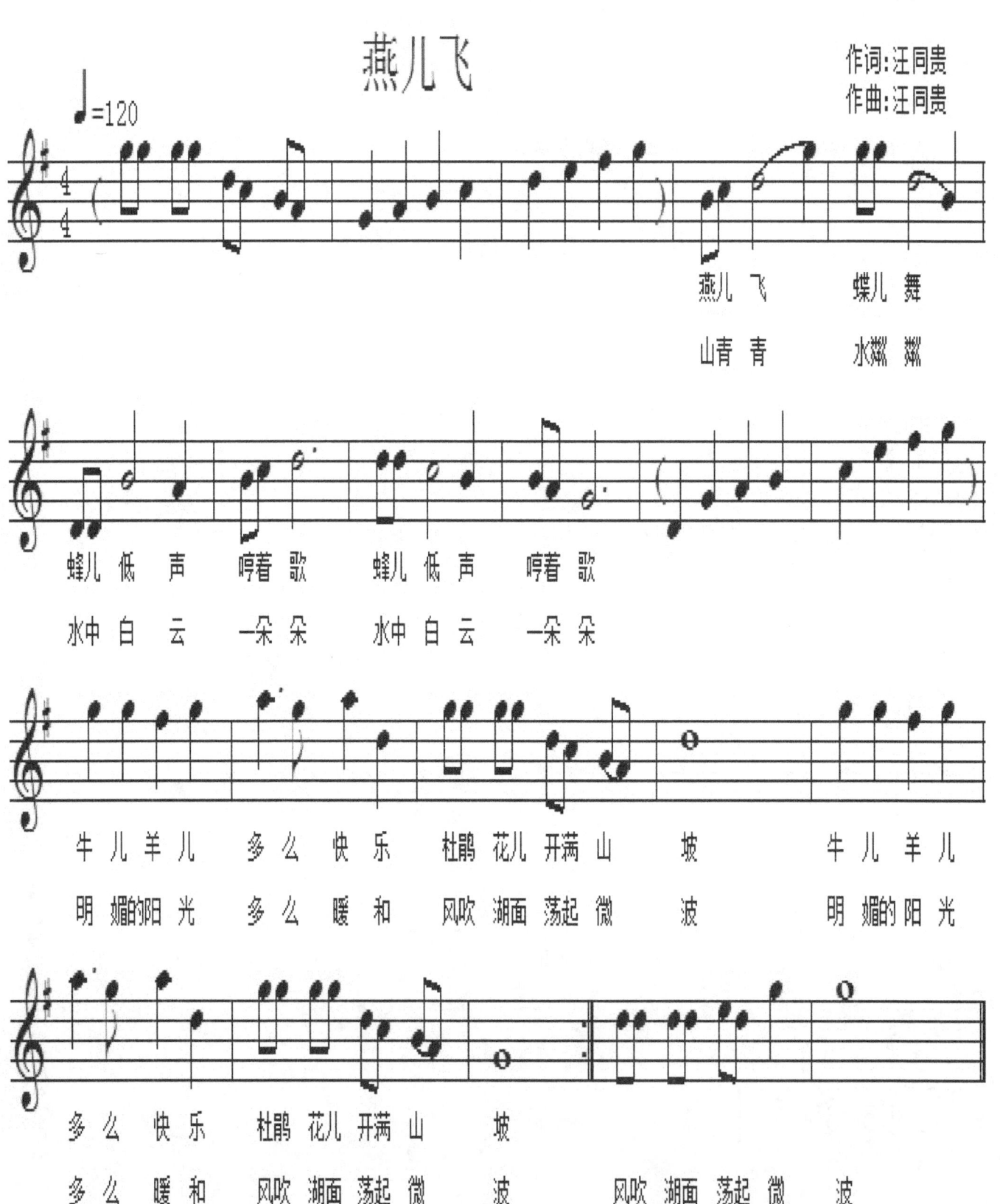

229. 阳台看书 词：彭章春；曲：汪同贵

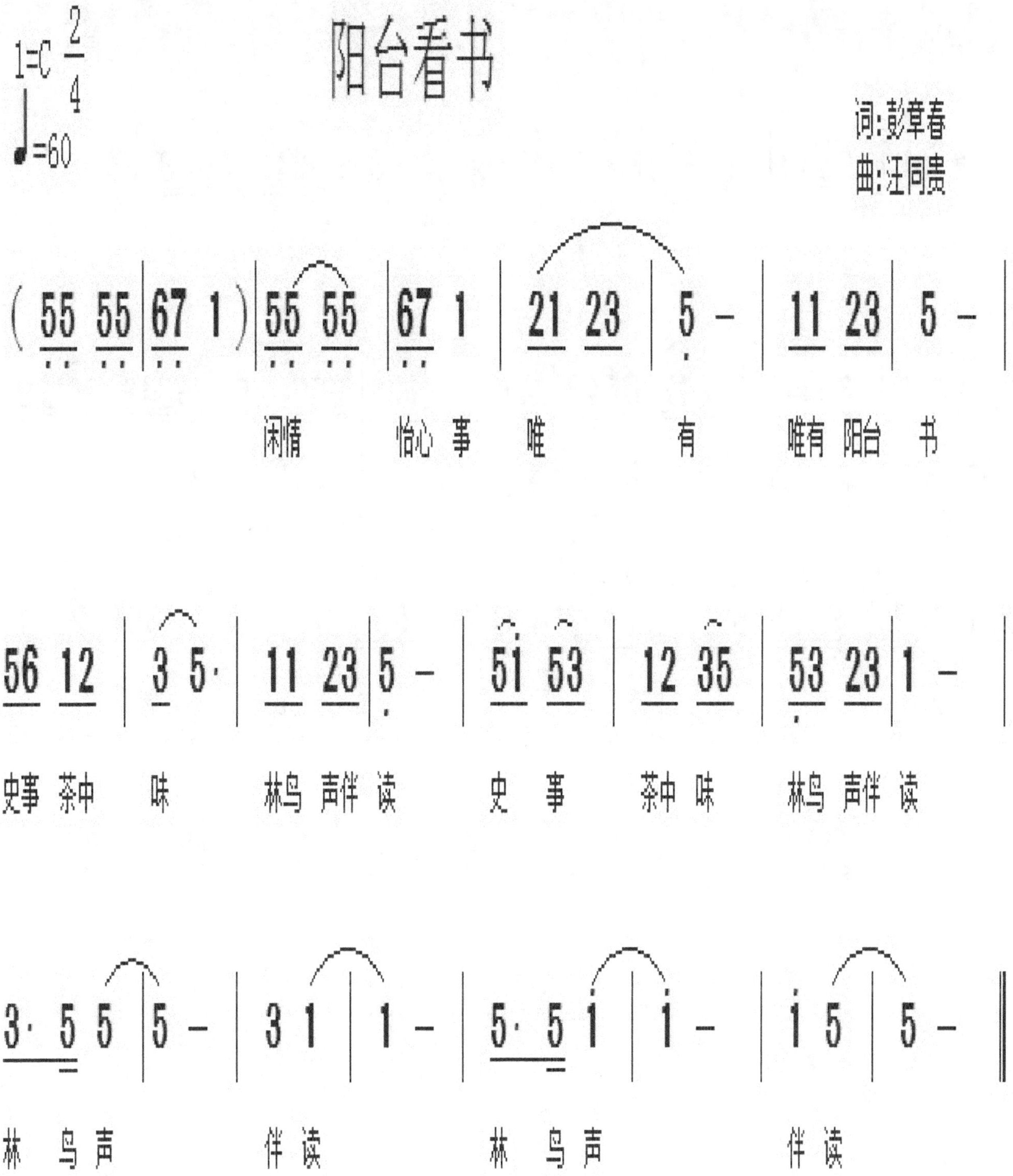

阳台看书

1=C 2/4
♩=60

词：彭章春
曲：汪同贵

(55 55 | 67 1) | 55 55 | 67 1 | 21 23 | 5 - | 11 23 | 5 - |

　　　　　　　　　　闲情　　怡心事　唯　有　　唯有 阳台 书

| 56 12 | 3 5· | 11 23 | 5 - | 51 53 | 12 35 | 53 23 | 1 - |

史事 茶中 味　林鸟 声伴 读　　史 事　　茶中 味　林鸟 声伴 读

| 3· 5 5 | 5 - | 31 1 | 1 - | 5· 5 1 | 1 - | 1 5 | 5 - ‖

林 鸟 声　　　伴 读　　　林 鸟 声　　　伴 读

230. 夜静未眠铃声响 词：于红；曲：汪同贵

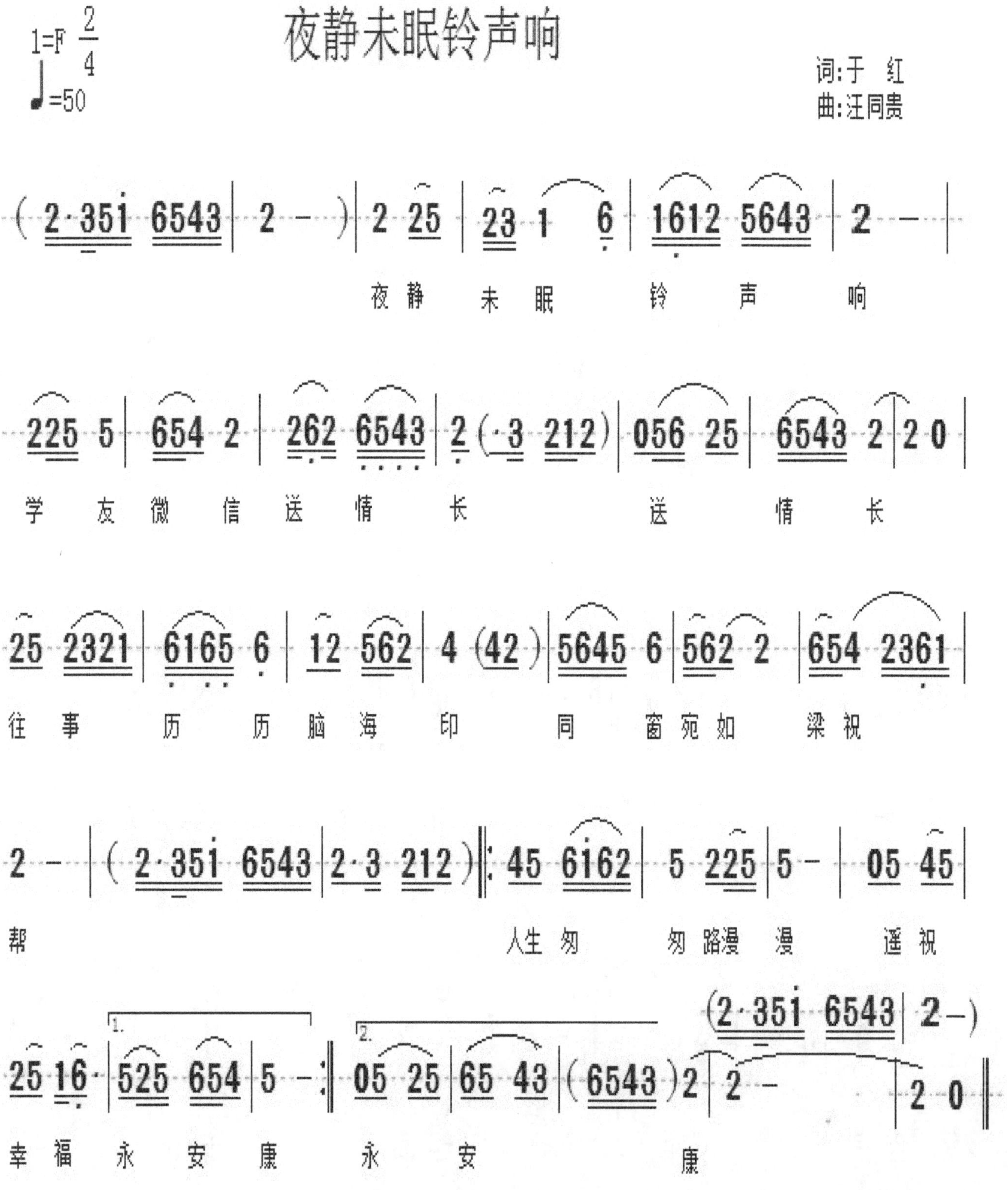

夜静未眠铃声响

词：于 红
曲：汪同贵

1=F 2/4 ♩=50

(2·351 6543 | 2 —) | 2 25 | 23 1 6 | 1612 5643 | 2 — |
　　　　　　　　　　　夜静　未眠　铃　声　响

225 5 | 654 2 | 262 6543 | 2 (·3 212) | 056 25 | 6543 2 | 2 0 |
学 友 微 信 送 情 长　　　　　送 情 长

25 2321 | 6165 6 | 12 562 | 4 (42) | 5645 6 | 562 2 | 654 2361 |
往 事 历 历 脑 海 印　　同 窗 宛 如 梁 祝

2 — | (2·351 6543 | 2·3 212) ‖: 45 6162 | 5 225 | 5 — | 05 45 |
帮　　　　　　　　　　　　　　人生匆　匆路漫漫　　　　遥祝

1.
25 16 | 525 654 | 5 — :‖
幸福 永 安　康

2.
05 25 | 65 43 | (6543) 2 | 2 — | (2·351 6543 | 2 —) | 2 0 ‖
永　安　　　康

夜静未眠铃声响

词：于 红
曲：汪同贵

231. 移动，爱的心声　词：王培元；曲：汪同贵

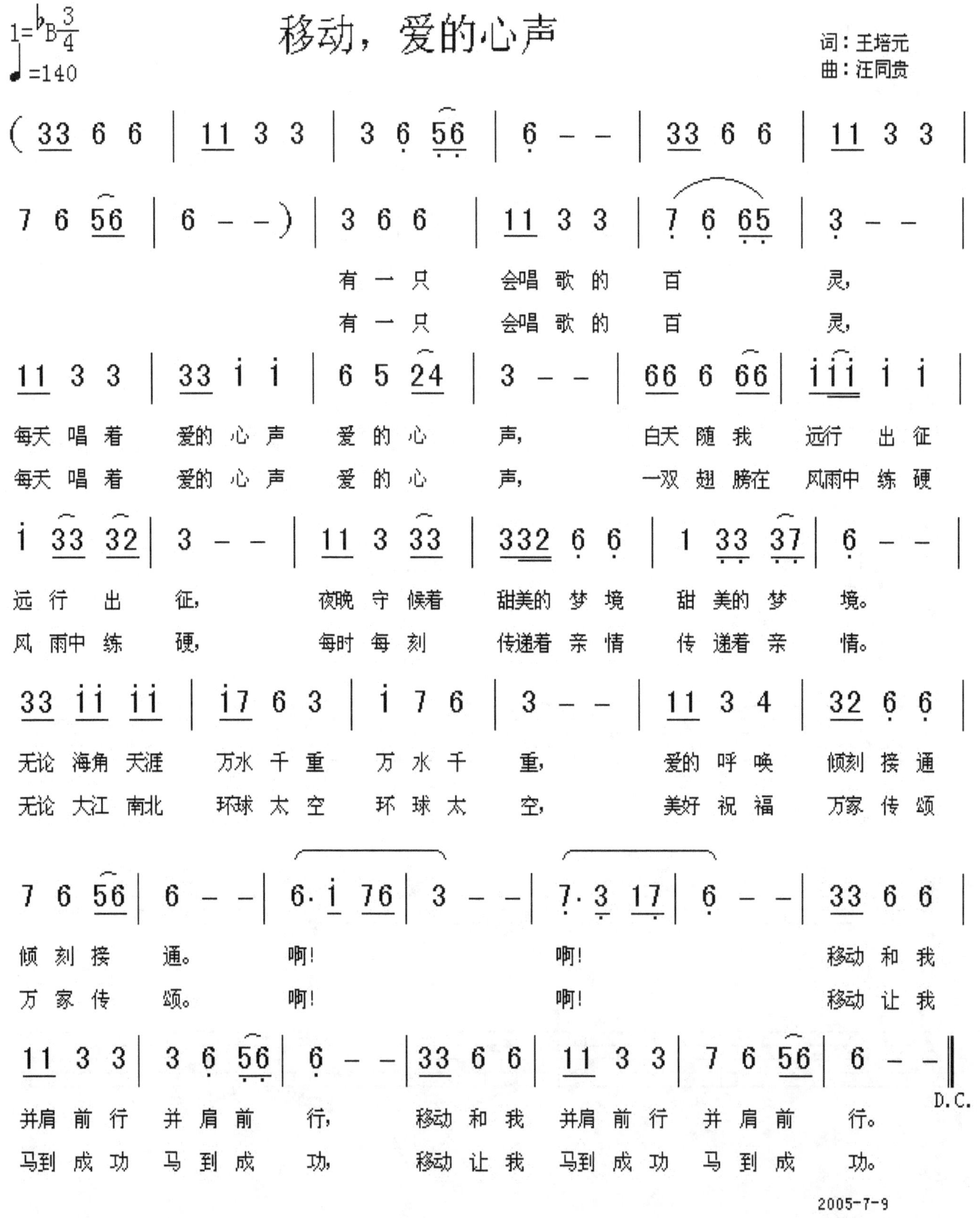

232. 忆秦娥·长相忆 词：杨泰良；曲：汪同贵

233. 引吭高歌新时代 词：刘忠才；曲：汪同贵

引吭高歌新时代

作词：刘忠才
作曲：汪同贵

1=F 4/4 ♩=88

(22 55 20 65 | 5 - - 0 | 22 55 20 51 | 2 - - 0)

22 55 20 65 | 5 - - 0 | 22 55 20 51 | 2 - - 0 | 1 5 2 5·

五星 红旗 亮 风　采　　　雄壮 国歌 飘 天 外　　　腐恶 旧 制
讲起 春天 的 故　事　　　阳光 明媚 花 似 海　　　联产 承 包
超级 工程 扬 国　威　　　大国 重器 惊 世 界　　　科技 创 新

25 21 6·0 | 6·5 44 51 76 | 5 - - 0 | 2 5 2 5 | 2 21 6·0

不 复 返　中 国 人民 站 起 来　　　　昂首 挺胸 跟 党 走
结 硕 果　中 国 人民 富 起 来　　　　改革 开放 谋 发 展
誉 全 球　中 国 人民 强 起 来　　　　共圆 华夏 复 兴 梦

51 23 12 35 | 6 2 5·0 | 2 5 - - | 5 1 - - | 16 5 26 5

我们 迈进 我们 迈进　新 时 代　　啊　　　　啊　　　　站起来 富起来
我们 迈进 我们 迈进　新 时 代
我们 迈进 我们 迈进　新 时 代

25 2 - - | 2·6 5 2·6 5 | 11 61 64 5 | 2·6 5 2·6 5

强起 来　　　强 起来 强 起来　万众 一心 朝前 迈　强 起来 强 起来

22 55 51 2 | 2 5 5 5· 5 0 2 - | 5 0 1 - | 1 - 0 0 ‖

引吭 高歌 新时 代　引吭 高歌　　新　时　代

引吭高歌新时代

-----庆祝新中国七秩华诞

作词:刘忠才
作曲:汪同贵

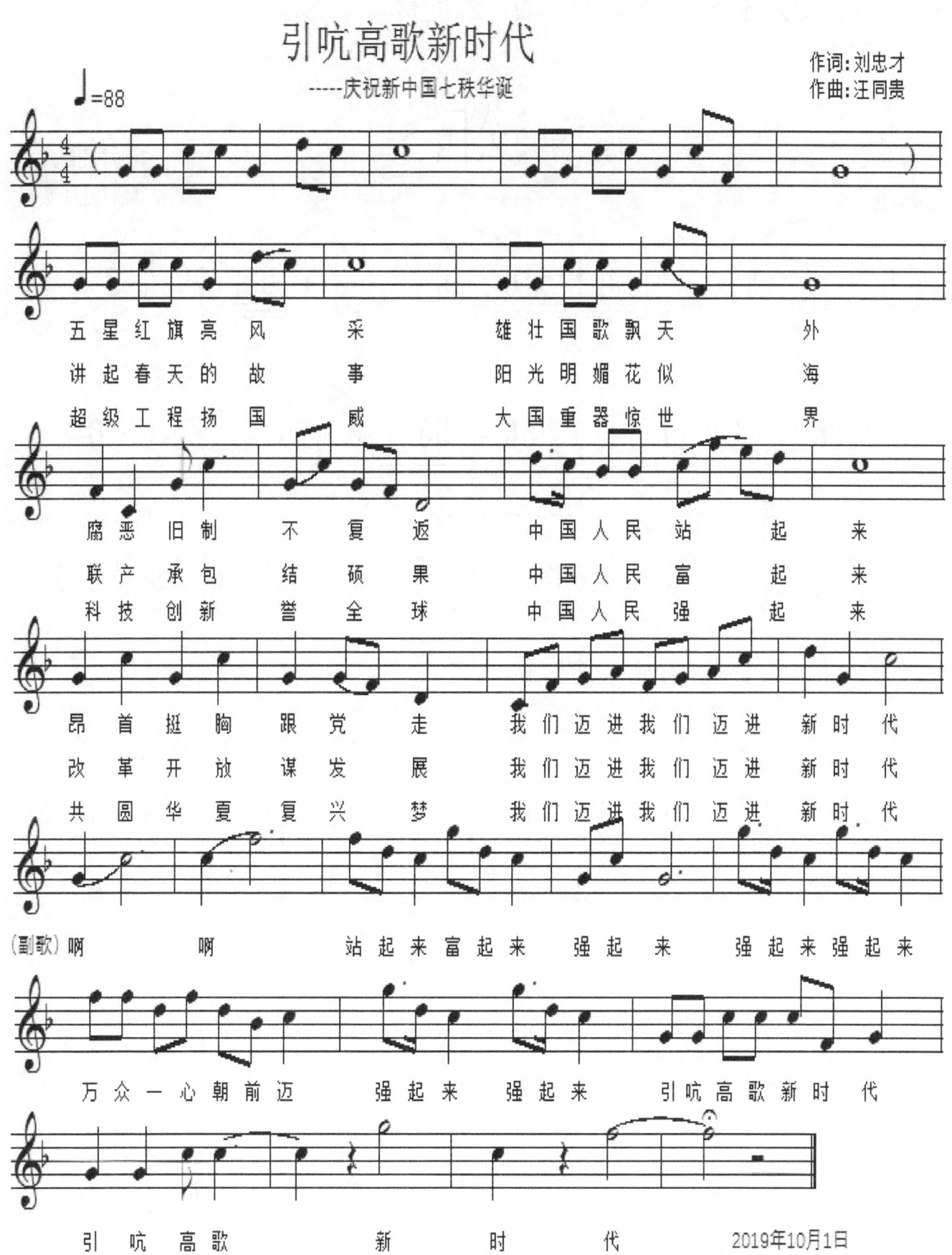

234. 游鹅岭公园 词：周朝诚；曲：汪同贵

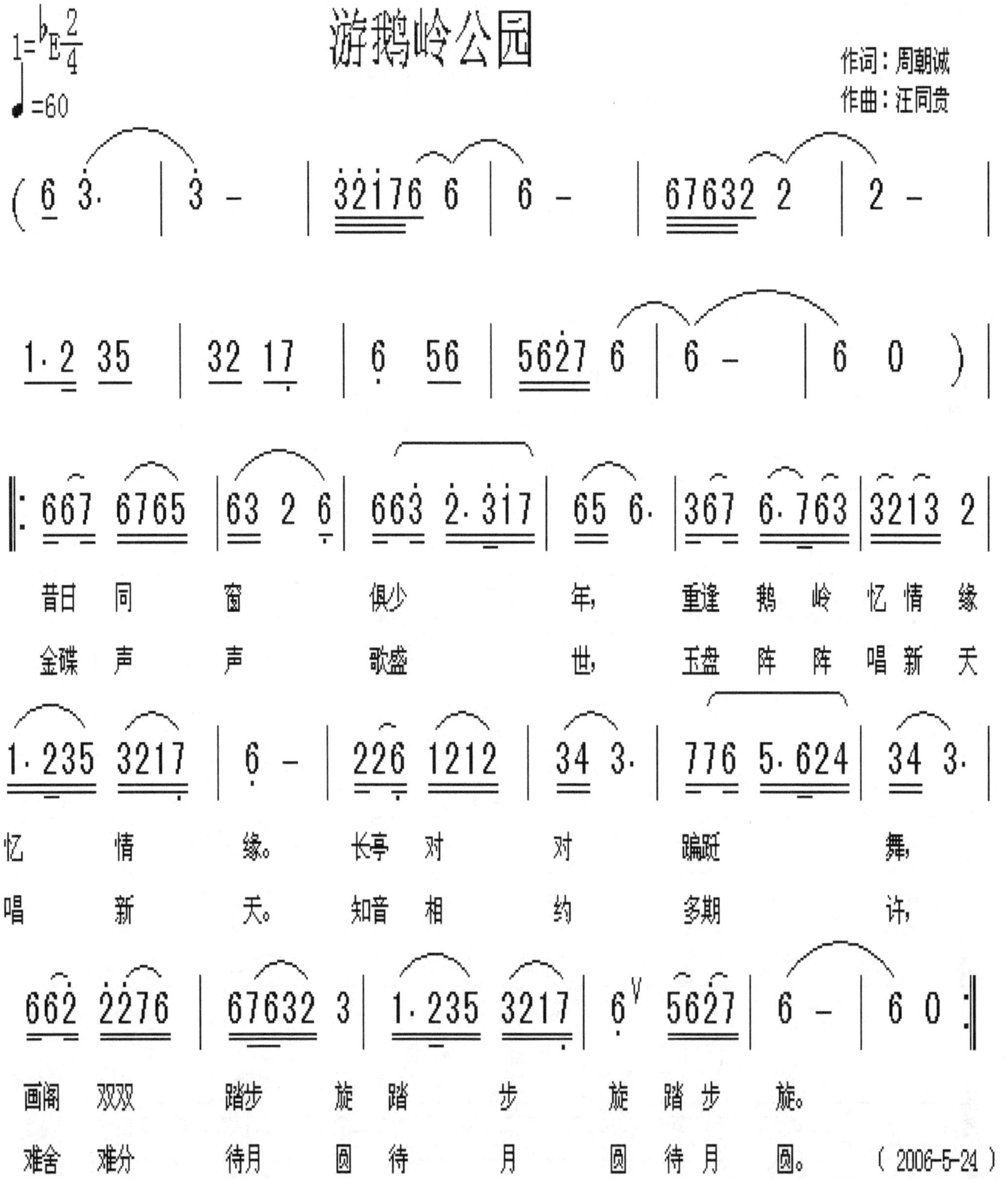

游鹅岭公园

作词：周朝诚
作曲：汪同贵

1=♭E 2/4
♩=60

(6 3· | 3 - | 3 2̇1̇7̇6̇ 6 | 6 - | 6̇7̇6̇3̇2̇ 2 | 2 - |

1·2 35 | 32 17 | 6· 56 | 5627 6 | 6 - | 6 0)

‖: 667 6765 | 63 2 6 | 663 2·317 | 65 6· | 367 6·763 | 3213 2 |

昔日 同窗 俱少 年， 重逢 鹅岭 忆情 缘
金碟 声 声 歌盛 世， 玉盘 阵阵 唱新 天

1·235 3217 | 6 - | 226 1212 | 34 3· | 776 5·624 | 34 3· |

忆 情 缘。 长亭 对 对 蹁跹 舞，
唱 新 天。 知音 相 约 多期 许，

662 2276 | 67632 3 | 1·235 3217 | 6 5627 | 6 - | 6 0 :‖

画阁 双双 踏步 旋踏 步 旋踏 步 旋。
难舍 难分 待月 圆 待 月 圆 待月 圆。 （2006-5-24）

235. 游子之歌 词：汪同贵；曲：汪同贵

游子之歌

词：汪同贵
曲：汪同贵

1=F 3/4 ♩=128

(6 3 6 | 7 - 3 | 7 6 65 | 3 - - | 2 6 3 | 2 - 6 |

3 2 57 | 6 - -) | 3 6 6 | 7 6 65 | 3 - - | 3 2 6 |
　　　　　　　　　　生 在　昆 仑 山　下，　　　长 在

2 6 2 | 3 - - | 6 3 6 | 7 - 3 | 7 6 65 | 3 - - |
黄 河 之　滨。　　求 学 深　造 我　离 乡 背　井，

2 3 6 3 | 2 - 6 | 3 2 57 | 6 - - ‖: 76 76 6 | 76 76 3 |
浪 迹 天　涯，我　打 工 挣　钱。　　啦啦 啦啦 啦，啦啦 啦啦 啦，

66 63 2 | 32 32 6 | 6 6 32 | 3 - - | 6 6 27 | 6 - - |
啦啦 啦啦 啦，啦啦 啦啦 啦。几 多 艰　辛！　　几 多 思　念！

6 6 3 | 2 - - | 6 3 32 | 6 - - | 6 6 23 | 6 - - |
人 在 他　乡，　　更 知 故乡　情，　　身 在 异　国，

7 3 75 | 6 - - :‖ (6 3 6 | 7 - 3 | 7 6 65 | 3 - - |
倍 觉 祖国　亲。

2 6 3 | 2 - 6 | 3 2 57 | 6 - -) | 2 3 6 2 | 3 - 6 |
　　　　　　　　　　　　　　　　　　　　再 苦 再　累，我

3 2 57 | 6 - - | 7 3 7 | 6 - 6 | 6 3 32 | 3 - - |
心 甘 情　愿。　　再 难 再　险，我　满 怀 信　心。

66 7 3 | 3. 3 7 | 6 - - | 6 - - ‖
为 了 美 好　的 明　天。

(2004-7-2)

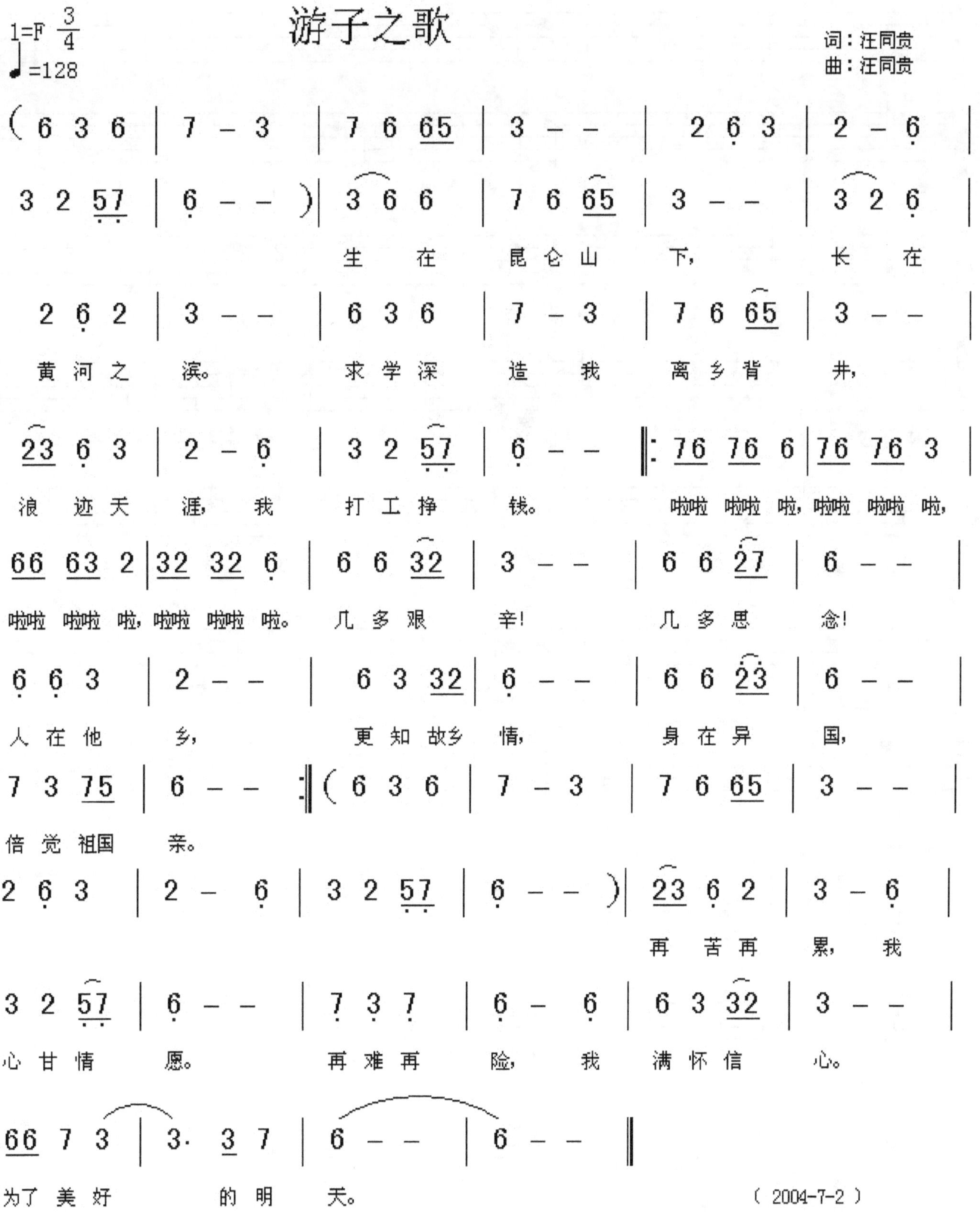

游子之歌

作词:汪同贵
作曲:汪同贵

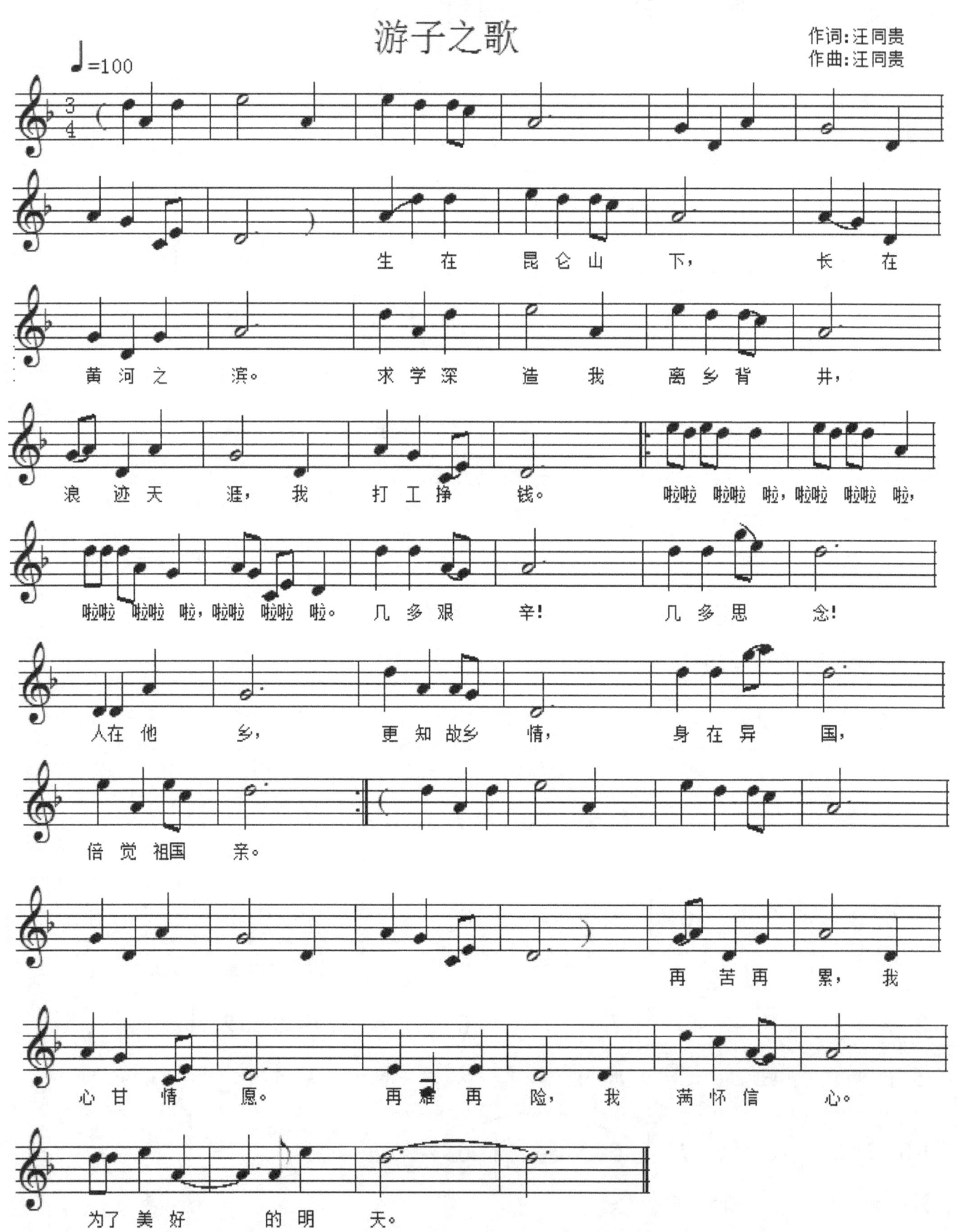

236. 玉楼春·晚照 词：朱晓轩；曲：汪同贵

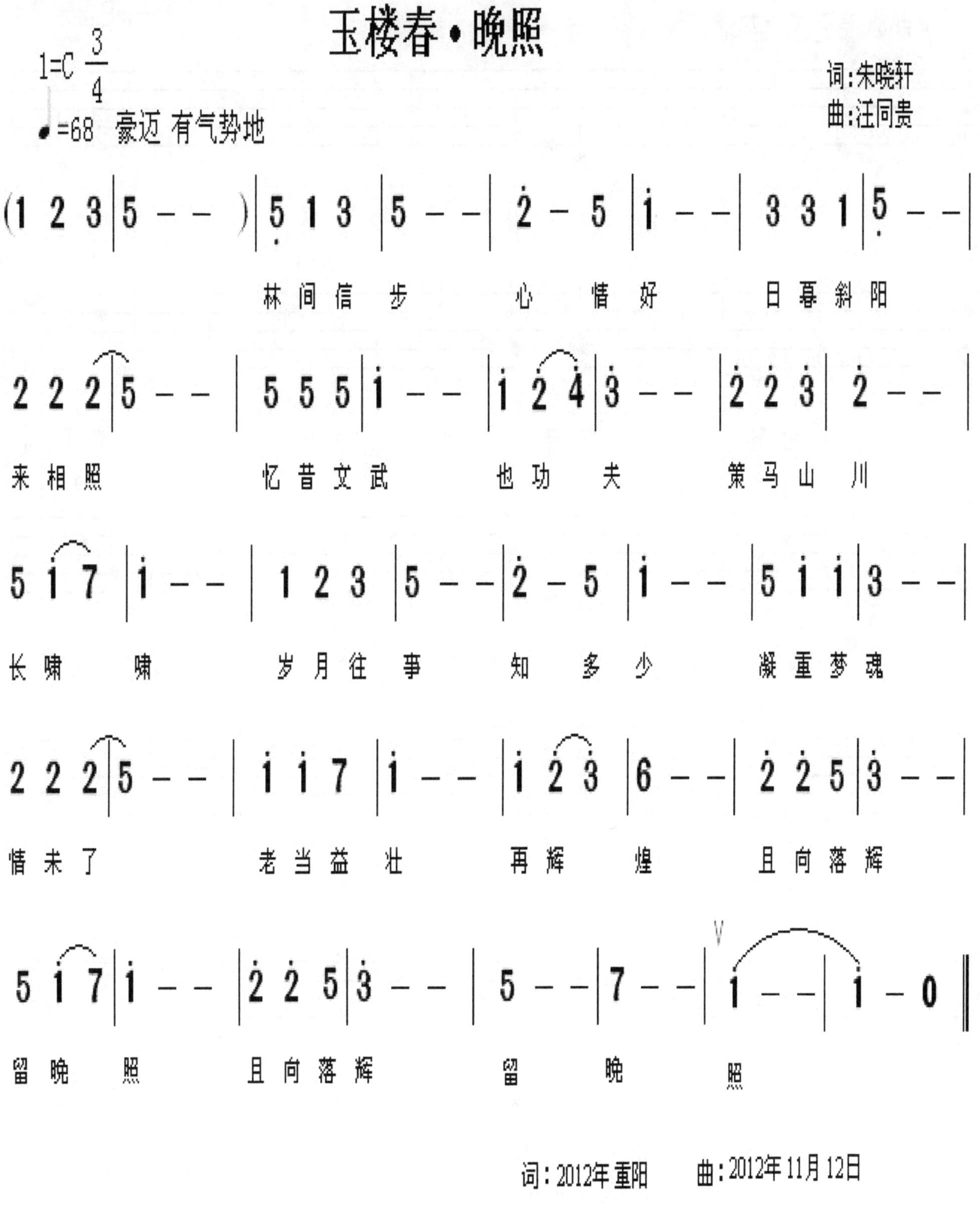

玉楼春·晚照

1=C 3/4
♩=68 豪迈 有气势地

词：朱晓轩
曲：汪同贵

(1 2 3 | 5 - -) | 5̣ 1 3 | 5 - - | 2̇ - 5 | 1̇ - - | 3 3 1 | 5̣· - - |

　　　　　　　　　林 间 信 步　　心 情 好　　日 暮 斜 阳

2 2 2 | 5 - - | 5 5 5 | 1̇ - - | 1̇ 2̇ 4̇ | 3̇ - - | 2̇ 2̇ 3̇ | 2̇ - - |

来 相 照　　忆 昔 文 武　　也 功 夫　　策 马 山 川

5 1̇ 7 | 1̇ - - | 1 2 3 | 5 - - | 2̇ - 5 | 1̇ - - | 5 1 3 | 3 - - |

长 啸 啸　　岁 月 往 事　　知 多 少　　凝 重 梦 魂

2 2 2 | 5 - - | 1̇ 1̇ 7 | 1̇ - - | 1̇ 2̇ 3̇ | 6̇ - - | 2̇ 2̇ 5̇ | 3̇ - - |

情 未 了　　老 当 益 壮　　再 辉 煌　　且 向 落 辉

5 1̇ 7 | 1̇ - - | 2̇ 2̇ 5̇ | 3̇ - - | 5̇ - - | 7 - - | 1̇ - - | 1̇ - 0 ||

留 晚 照　　且 向 落 辉　　　留　　　晚　　　照

词：2012年重阳　　曲：2012年11月12日

玉楼春·晚照

词：朱晓轩
曲：汪同贵

2012年11月

237. 站台上 词：汪同贵；曲：汪同贵

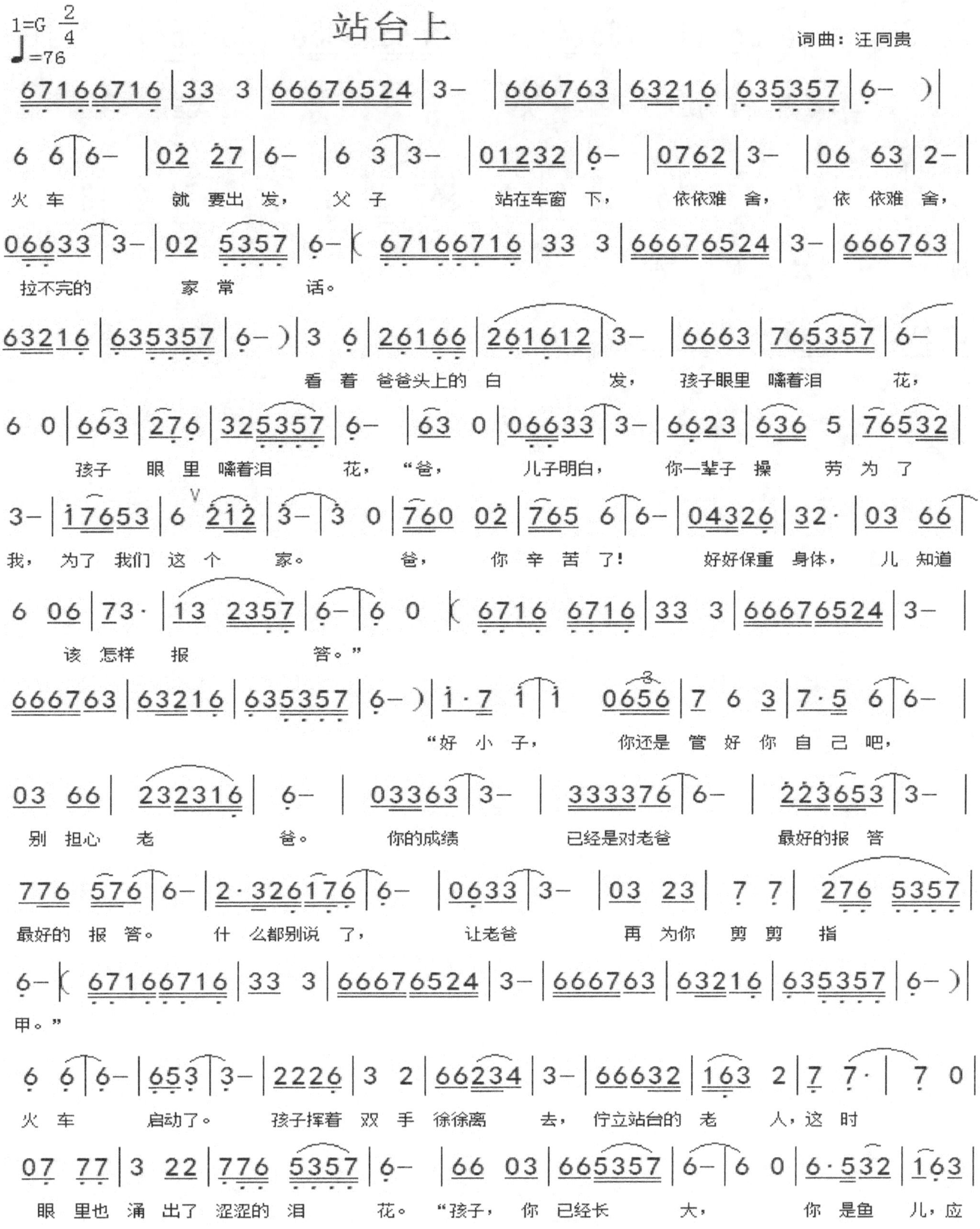

站台上

词曲：汪同贵

1=G 2/4 ♩=76

67166716 | 33 3 | 66676524 | 3- | 666763 | 63216 | 635357 | 6-)|

6 6 6- | 02 27 | 6- | 6 3 3- | 01232 | 6- | 0762 | 3- | 06 63 | 2- |
火车　　就要出发，父子　站在车窗下，依依难舍，依依难舍，

06633 | 3- | 02 5357 | 6- (67166716 | 33 3 | 66676524 | 3- | 666763 |
拉不完的　家常话。

63216 | 635357 | 6-) 3 6 | 26166 | 261612 | 3- | 6663 | 765357 | 6- |
　　　　　　看着 爸爸头上的白　　发，孩子眼里 噙着泪　花，

6 0 | 663 | 276 | 325357 | 6- | 63 0 | 06633 | 3- | 6623 | 636 5 | 76532 |
孩子　眼里 噙着泪　花，"爸，儿子明白，你一辈子操　劳为了

3- | 17653 | 6 212 | 3- 3 0 | 760 02 | 765 | 6- | 04326 | 32· | 03 66 |
我，为了 我们这个　家。　 爸，你辛苦了！好好保重 身体，儿 知道

6 06 | 73· | 13 2357 | 6- | 6 0 (6716 | 6716 | 33 3 | 66676524 | 3- |
该 怎样 报　答。"

666763 | 63216 | 635357 | 6-) 1·7 1 1 | 0656 | 7 6 3 | 7·5 | 6- |
　　　　　　　　　　　　"好 小 子，你还是 管好 你 自 己 吧，

03 66 | 232316 | 6- | 03363 | 3- | 333376 | 6- | 223653 | 3- |
别 担心 老　　爸。你的成绩　已经是对老爸　最好的报 答

776 576 | 6- | 2·326176 | 6- | 0633 | 3- | 03 23 | 7 7 | 276 5357 |
最好的报 答。什么都别说 了，　让老爸　再 为你 剪剪 指

6- (67166716 | 33 3 | 66676524 | 3- | 666763 | 63216 | 635357 | 6-)|
甲。"

6 6 6- | 653 | 3- | 2226 | 3 2 | 66234 | 3- | 66632 | 163 | 2 7 7· | 7 0 |
火车　启动了。孩子挥着双手 徐徐离 去，伫立站台的 老　人，这时

07 77 | 3 22 | 776 | 5357 | 6- | 66 03 | 665357 | 6- 6 0 | 6·532 | 163 |
眼里也 涌 出了 涩涩的 泪　花。"孩子，你已经长　大，　你 是鱼儿，应

373

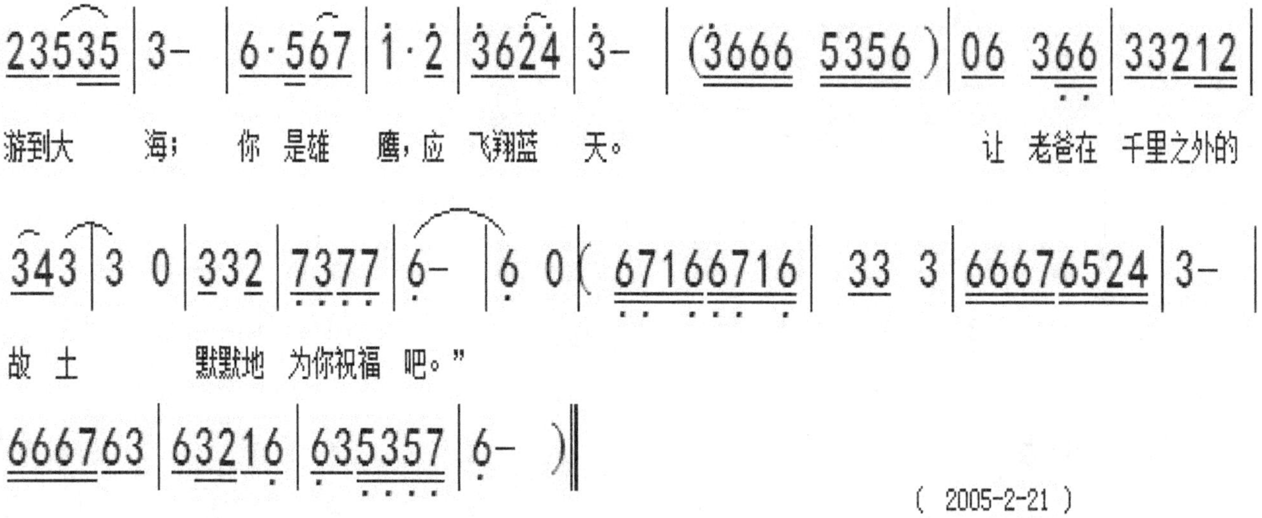

2 3 5̲3̲5̂ | 3 - | 6·5̲6̲7 | 1̇·2̇ | 3̲6̂2̲4 | 3 - | (3̂6̲6̲6 5̲3̲5̲6̲) | 0 6 3̲6̲6 | 3̲3̲2̲1̲2

游到大　海； 你 是雄　鹰，应 飞翔蓝　天。　　　　　　　　　让 老爸在 千里之外的

3̲4̲3̂ | 3 0 | 3̲3̲2 7̲3̲7̲7̲ | 6̂ - | 6̂ 0 (6̲7̲1̲6̲6̲7̲1̲6̲ | 3̲3̲ 3 | 6̲6̲6̲7̲6̲5̲2̲4̲ | 3 -

故 土　　默默地 为你祝福 吧。"

6̲6̲6̲7̲6̲3̲ | 6̲3̲2̲1̲6̣ | 6̲3̲5̲3̲5̲7̣ | 6̣ -)‖

(2005-2-21)

374

站台上

作词:汪同贵
作曲:汪同贵

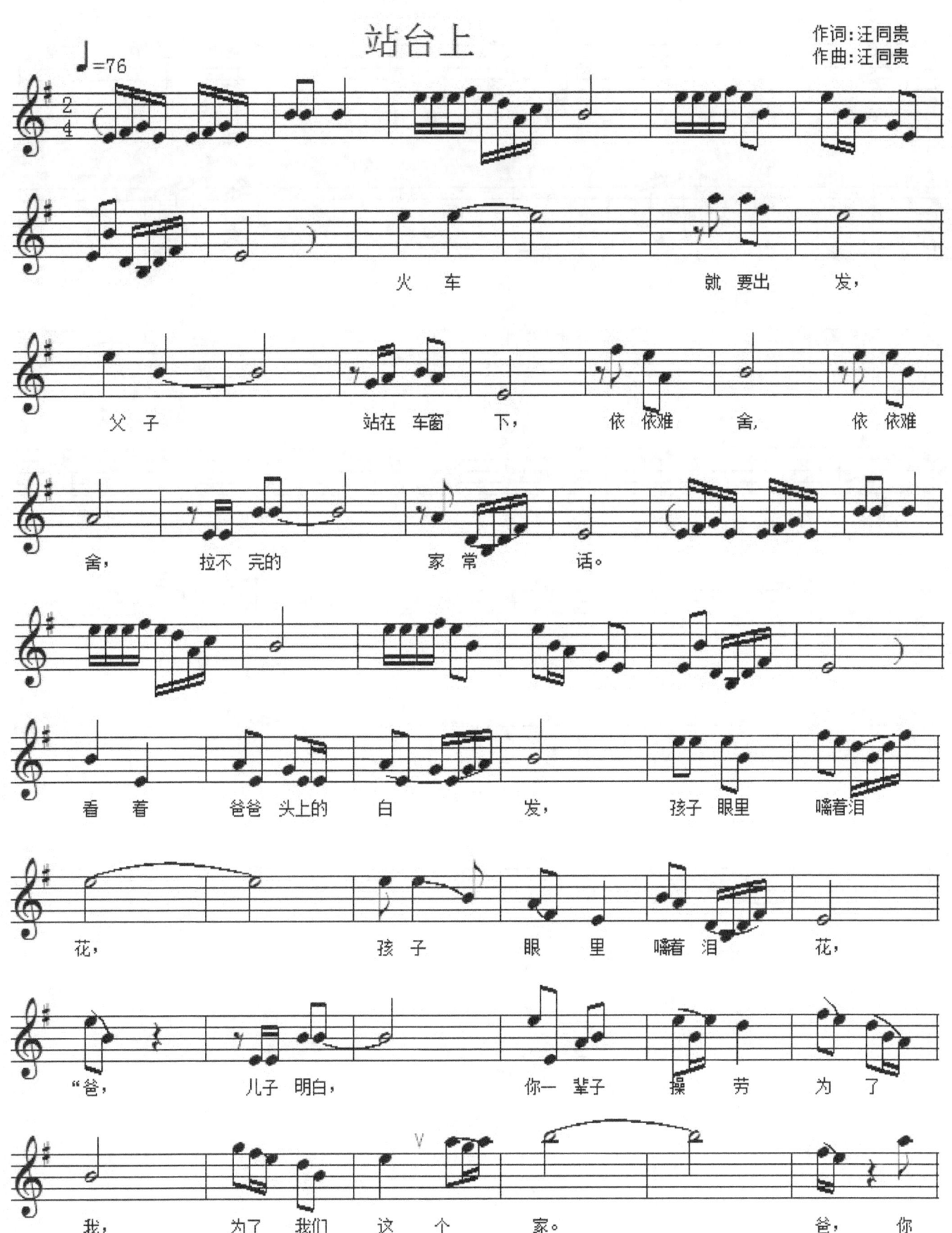

238. 鹧鸪天·烟雨蒙蒙黄叶地　词：汪同贵；曲：汪同贵

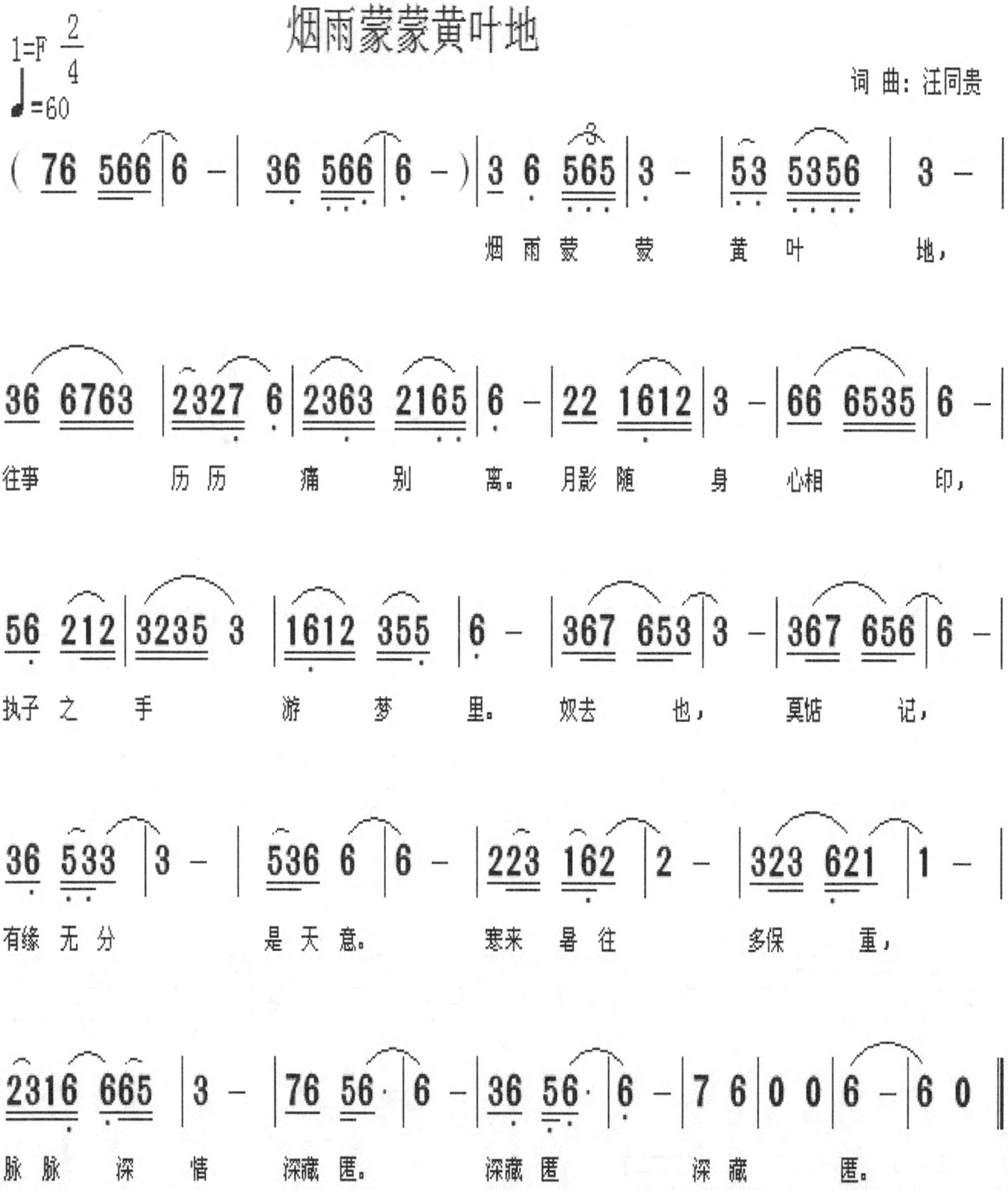

烟雨蒙蒙黄叶地

词 曲：汪同贵

1=F 2/4　♩=60

(76 566 | 6 - | 36 566 | 6 -) | 3 6 565 | 3 - | 53 5356 | 3 - |
　　　　　　　　　　　　　　　　　烟 雨 蒙　蒙　　　黄 叶　　地，

36 6763 | 2327 6 | 2363 2165 | 6 - | 22 1612 | 3 - | 66 6535 | 6 - |
往事　历 历　痛 别　离。月影 随　身　心 相　印，

56 212 | 3235 3 | 1612 355 | 6 - | 367 653 | 3 - | 367 656 | 6 - |
执子 之 手　游 梦 里。奴去　也，　莫 惦　记，

36 533 | 3 - | 536 6 | 6 - | 223 162 | 2 - | 323 621 | 1 - |
有缘 无 分　是 天 意。寒来 暑 往　多 保　重，

2316 665 | 3 - | 76 56 | 6 - | 36 56 | 6 - | 76 0 0 | 6 - 6 0 ||
脉脉 深 情　深 藏 匿。　深 藏 匿　　深 藏　　匿。

239. 这世界上最烦的人是你 词：汪同贵；曲：汪同贵

这世界上最烦的人是你

词曲：汪同贵

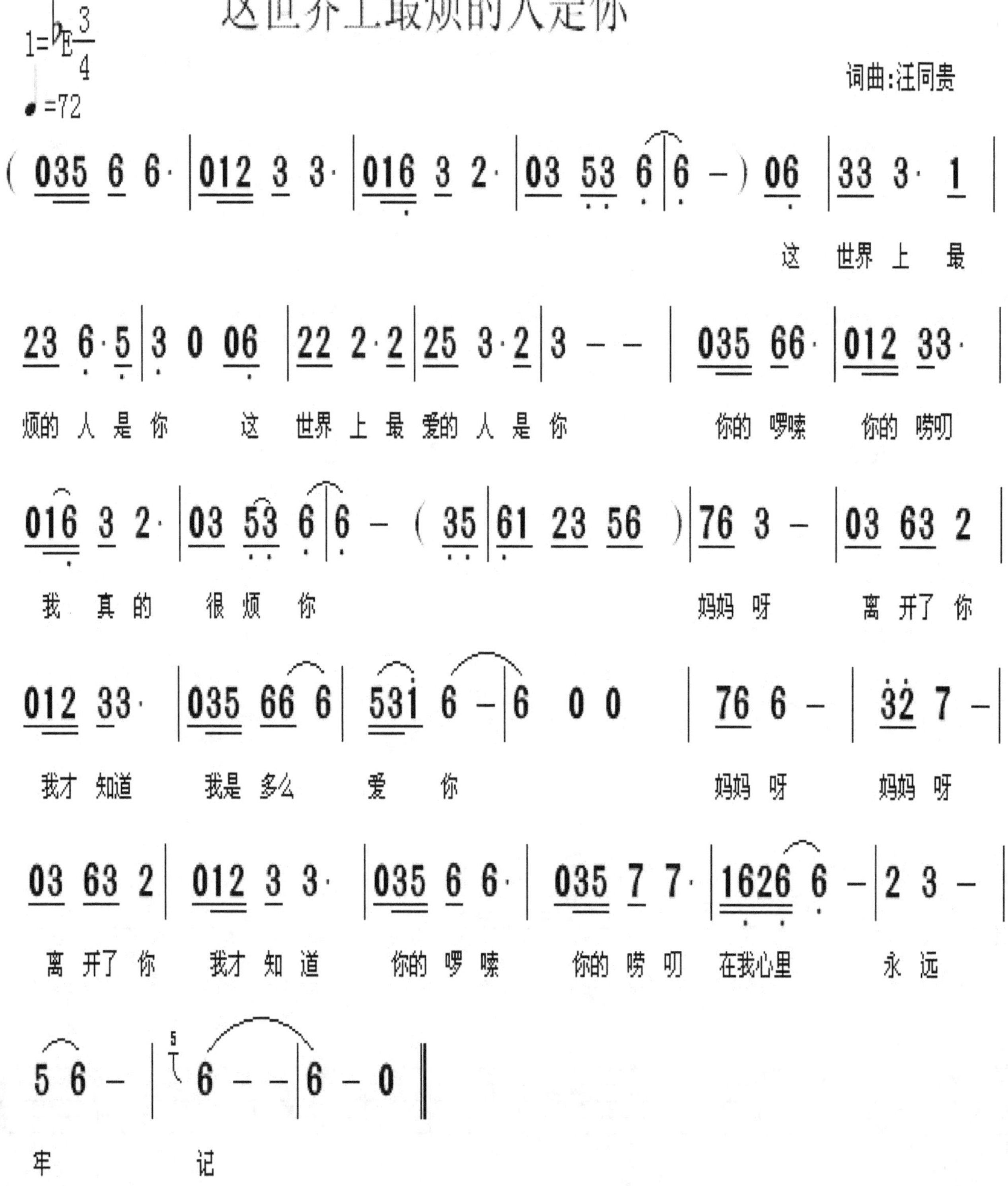

1=♭E 3/4 ♩=72

(035 66· | 012 33· | 016 32· | 03 53 6 6 -) | 06 | 33 3· 1 |
　　　　　　　　　　　　　　　　　　　　　　　　　　这　世界上最

23 6·5 | 3 0 06 | 22 2·2 | 25 3·2 | 3 - - | 035 66· | 012 33· |
烦的人是你　　这　世界上最爱的人是你　　　你的啰嗦　你的唠叨

016 32· | 03 53 6 6 - (35 | 61 23 56) | 76 3 - | 03 63 2 |
我　真的　很烦你　　　　　　　　　　　妈妈呀　离开了你

012 33· | 035 66 6 | 531 6 - 6 0 0 | 76 6 - | 3̇2 7 - |
我才知道　我是多么　爱　你　　　　　妈妈呀　妈妈呀

03 63 2 | 012 33· | 035 66· | 035 77· | 1626 6 - | 2 3 - |
离开了你　我才知道　你的啰嗦　你的唠叨　在我心里　永远

5 6 - | 5̇ 6 - - 6 - 0 ‖
牢　　　记

2012年11月17日

240. 只怕凉了黄花菜 词：汪同贵；曲：汪同贵

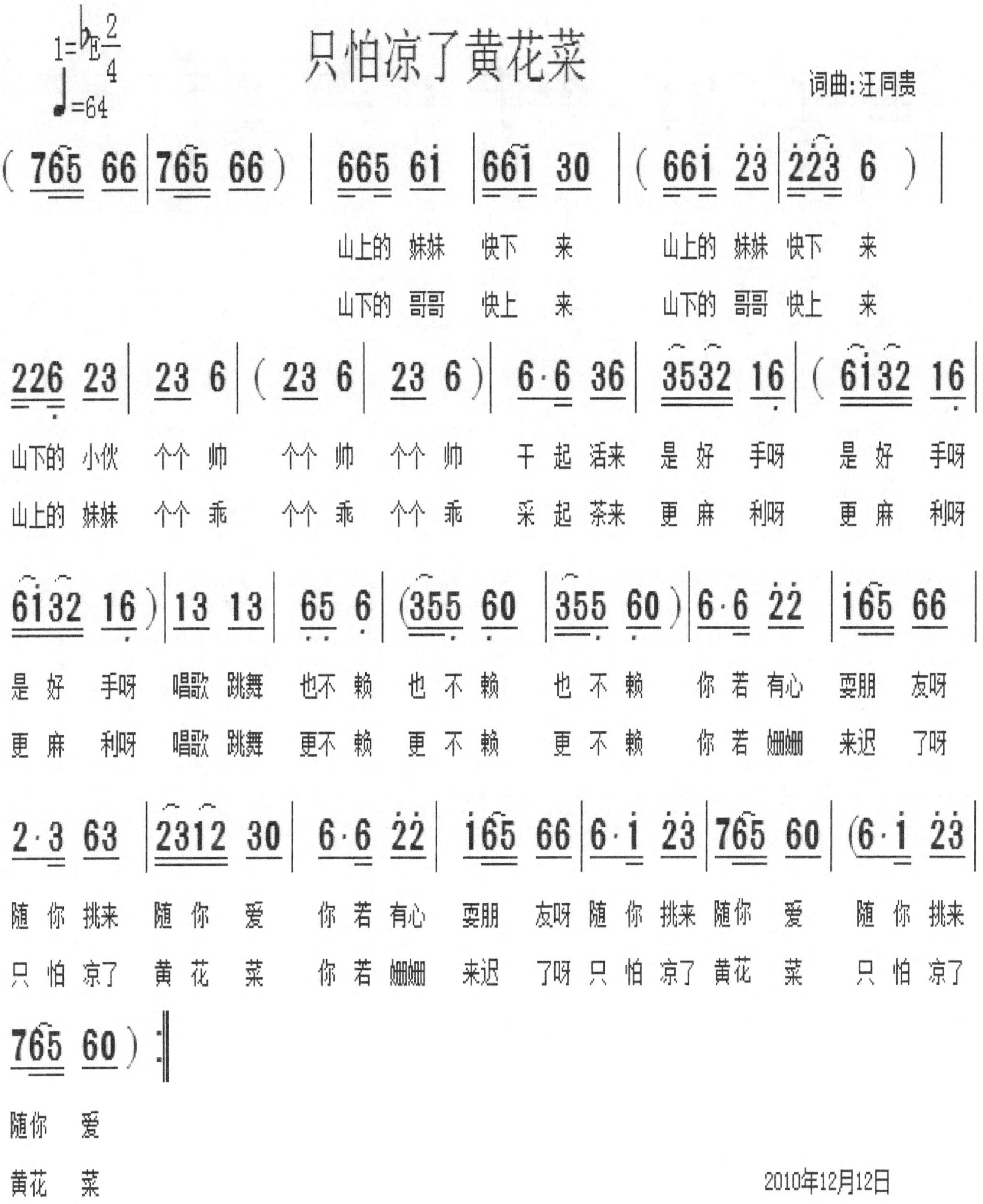

只怕凉了黄花菜

词曲：汪同贵

1=♭E 2/4 ♩=64

(7̲6̲5 6̲6̲ | 7̲6̲5 6̲6̲) | 6̲6̲5 6̲1̲ | 6̲6̲1̲ 3̲0̲ | (6̲6̲1̲ 2̲3̲ | 2̲2̲3̲ 6) |

山上的 妹妹　快下　来　　山上的 妹妹 快下　来
山下的 哥哥　快上　来　　山下的 哥哥 快上　来

2̲2̲6 2̲3̲ | 2̲3̲ 6 | (2̲3̲ 6 | 2̲3̲ 6) | 6·6̲ 3̲6̲ | 3̲5̲3̲2̲ 1̲6̲ | (6̲1̲3̲2̲ 1̲6̲ |

山下的 小伙　个个 帅　 个个 帅　个个 帅　 干起 活来　是 好　手呀　是 好　手呀
山上的 妹妹　个个 乖　 个个 乖　个个 乖　 采起 茶来　更 麻　利呀　更 麻　利呀

6̲1̲3̲2̲ 1̲6̲) | 1̲3̲ 1̲3̲ | 6̲5̲ 6 | (3̲5̲5̲ 6̲0̲ | 3̲5̲5̲ 6̲0̲) | 6·6̲ 2̲2̲ | 1̲6̲5 6̲6̲ |

是 好　手呀　唱歌 跳舞　也不 赖　也 不 赖　也 不 赖　你若 有心　耍朋　友呀
更 麻　利呀　唱歌 跳舞　更不 赖　更 不 赖　更 不 赖　你若 姗姗　来迟　了呀

2·3̲ 6̲3̲ | 2̲3̲1̲2̲ 3̲0̲ | 6·6̲ 2̲2̲ | 1̲6̲5 6̲6̲ | 6̲·1̲ 2̲3̲ | 7̲6̲5 6̲0̲ | (6̲·1̲ 2̲3̲ |

随你 挑来　随你 爱　 你若 有心　耍朋　友呀　随你 挑来　随你 爱　随你 挑来
只怕 凉了　黄花 菜　 你若 姗姗　来迟　了呀　只怕 凉了　黄花 菜　只怕 凉了

7̲6̲5 6̲0̲) ‖

随你　爱
黄花　菜

2010年12月12日

只怕凉了黄花菜

作词:汪同贵
作曲:汪同贵

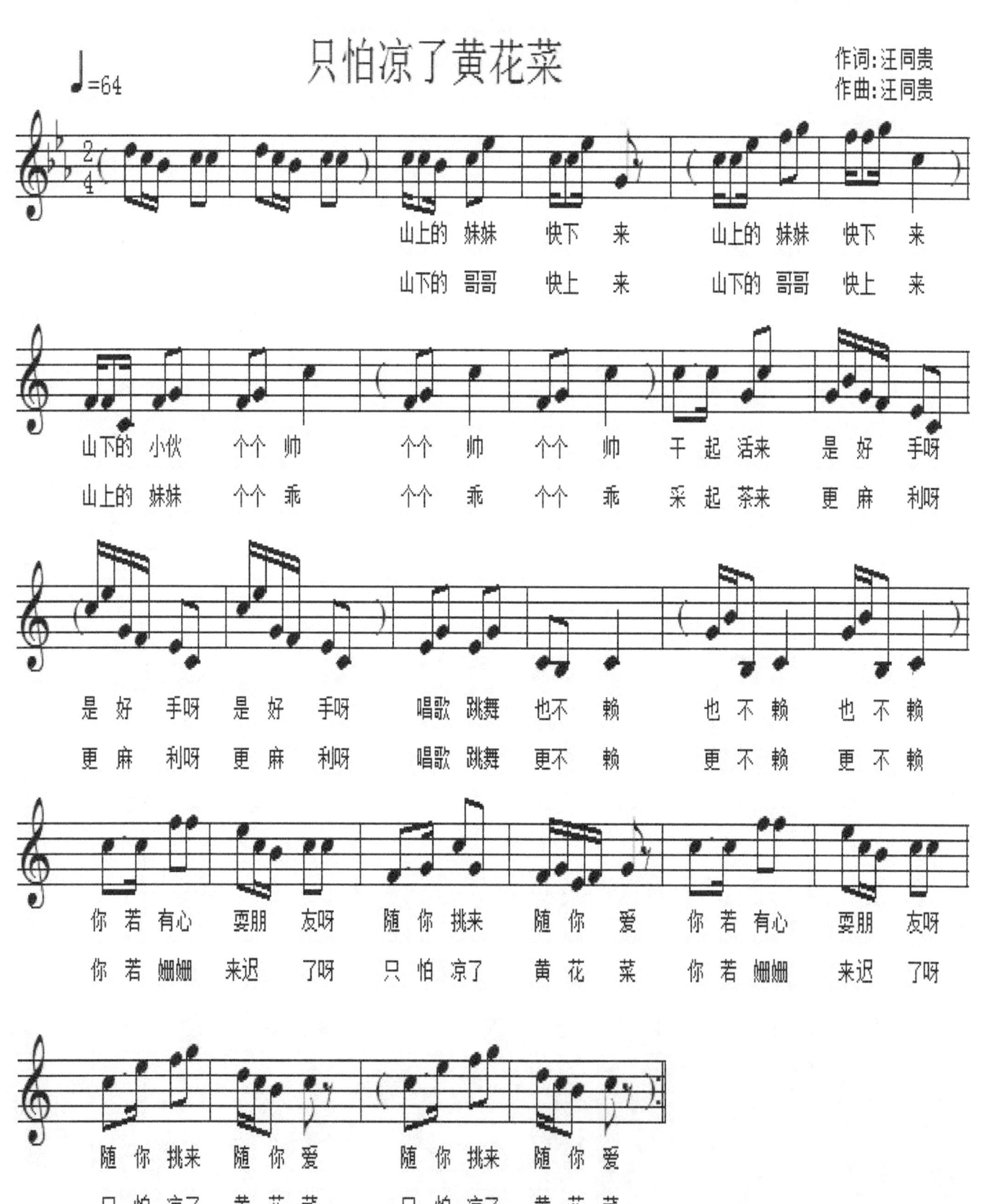

《嘉陵大合唱》原版

（1966年五月）

影印件

嘉陵大合唱
俄语系四年级创作
一九六二年四月
СЫЧУАНЬСКИЙ ИНСТИТУТ
ИНОСТРАННЫХ ЯЗЫКОВ
УНЦИН

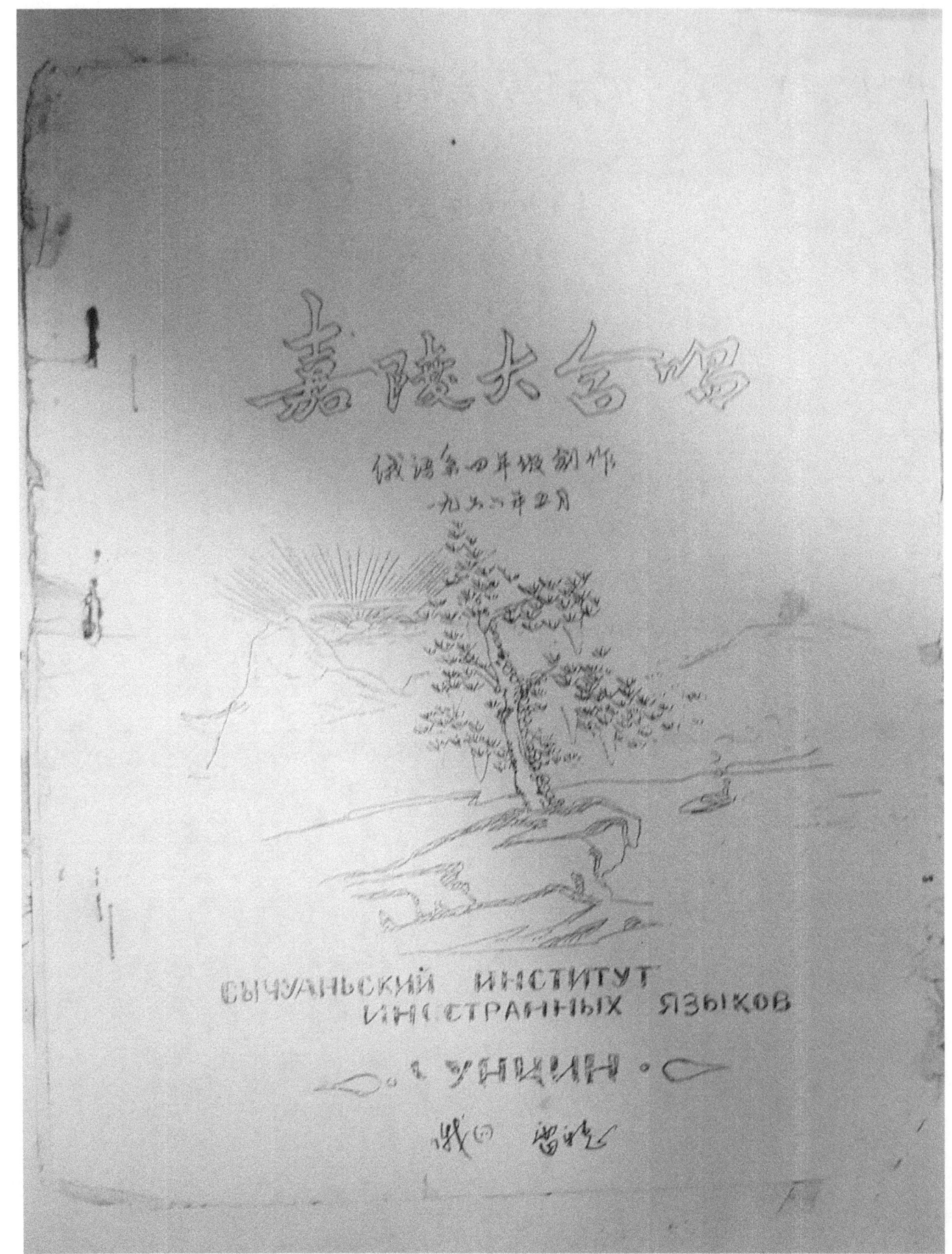

嘉陵大合唱

(序诗)

城开making班巴的民家，
望一泼蜀水碧绿，
好一江这里是嘉陵翠！
呵！

嘉陵有着坚强的性格，
一头挑着闹中，一头挑着山城。
白天，这条上游的丰收
晚上，载去重庆的跃进。

嘉陵有着光荣的历史，
南南如红岩是亡的诗人。
它东波过千百次以真，
它奋波迎无敌的匪兵。

我愿红水更快地奔流，
送一川锦绣投往八亿建城大军。
我族嘉陵塔万古澄碧，
五大洲的朋友来此洗尘。

$1={}^b B$ 4/4

前奏曲

0 0 0 (6 6) | 6 56 3 26 | 7 1 — · | 66 71 7 | 6 27 5 — | 3 35 676 |

65 635 2·3 | 556 53 5675 | 6 — — — | 5 5 6 7· | 1 7 6 3· | 12 35 6 17 6 |

5 — — — | 5 67 1 — | 1 76 5 — | 3·7 6 53 | 5 — — $ | 3·3 2 1 6 |

16 12 31 | 2 — — — | 3 767 03 | 5 — — $ | 553 23 27 | 1 — — — |

5 6 1 2 | 5 53 27 | 6 — — — | 3 767 03 | 5 — — $ | 553 23 27 |

6 — — — | 56 1 3 | 2 1 7 6 | 5 — — (66) |

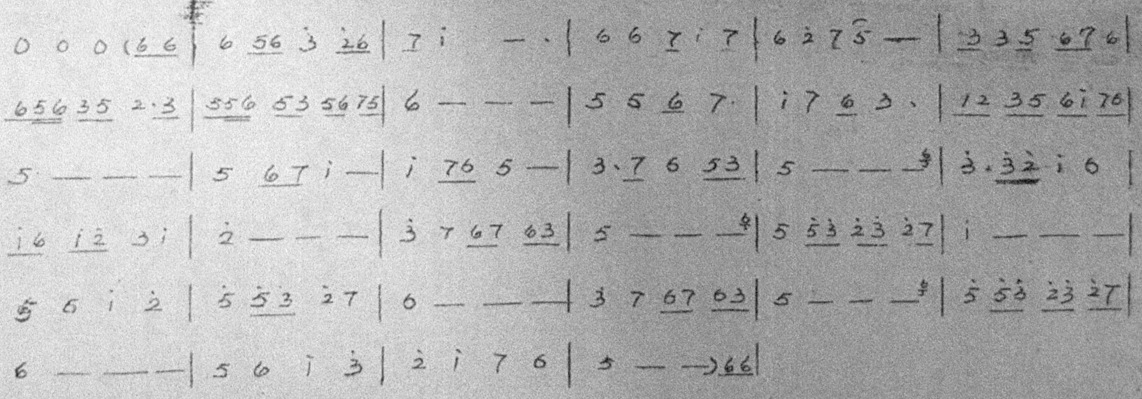

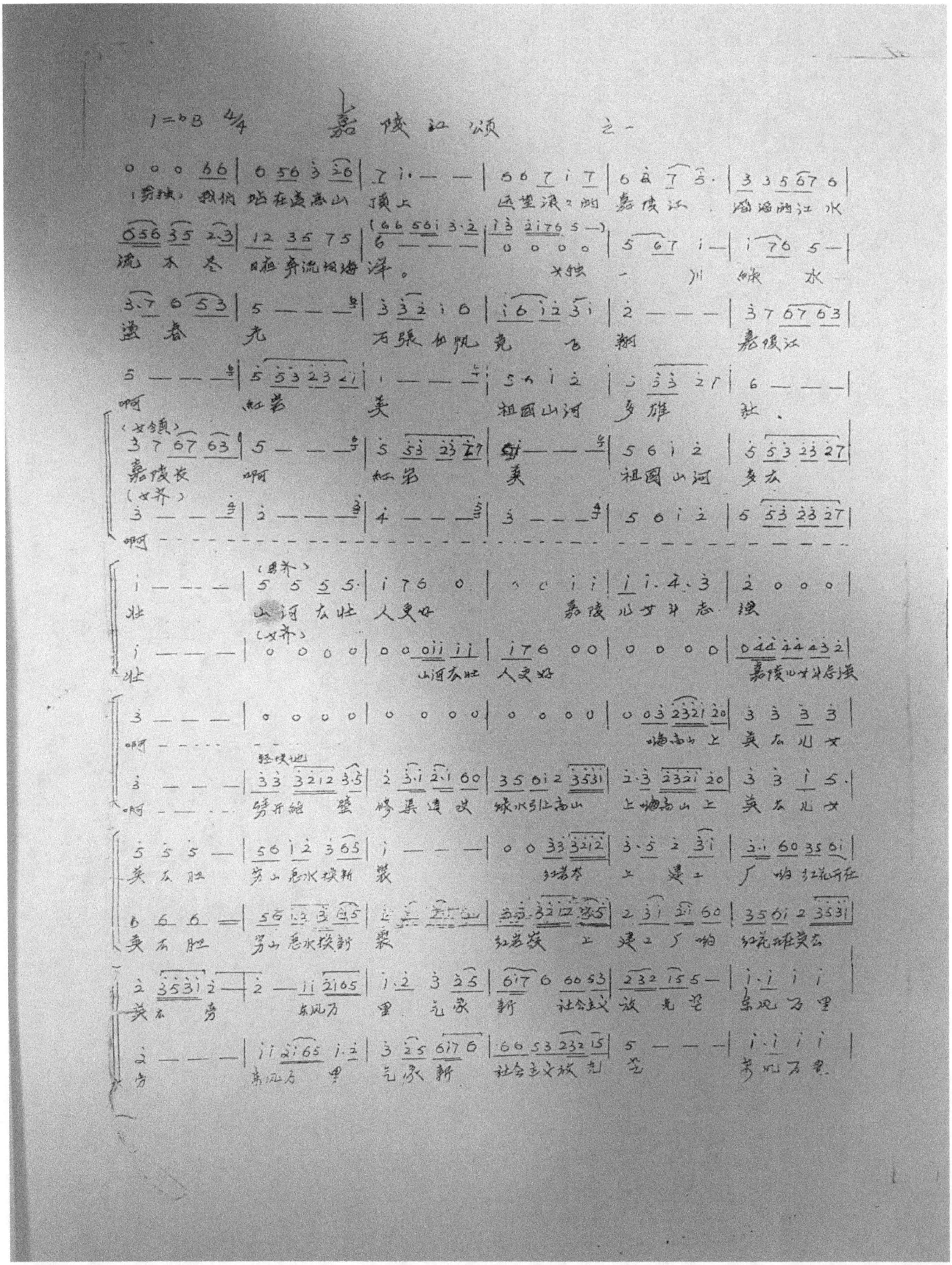
1=♭B 4/4
嘉陵江颂 之一

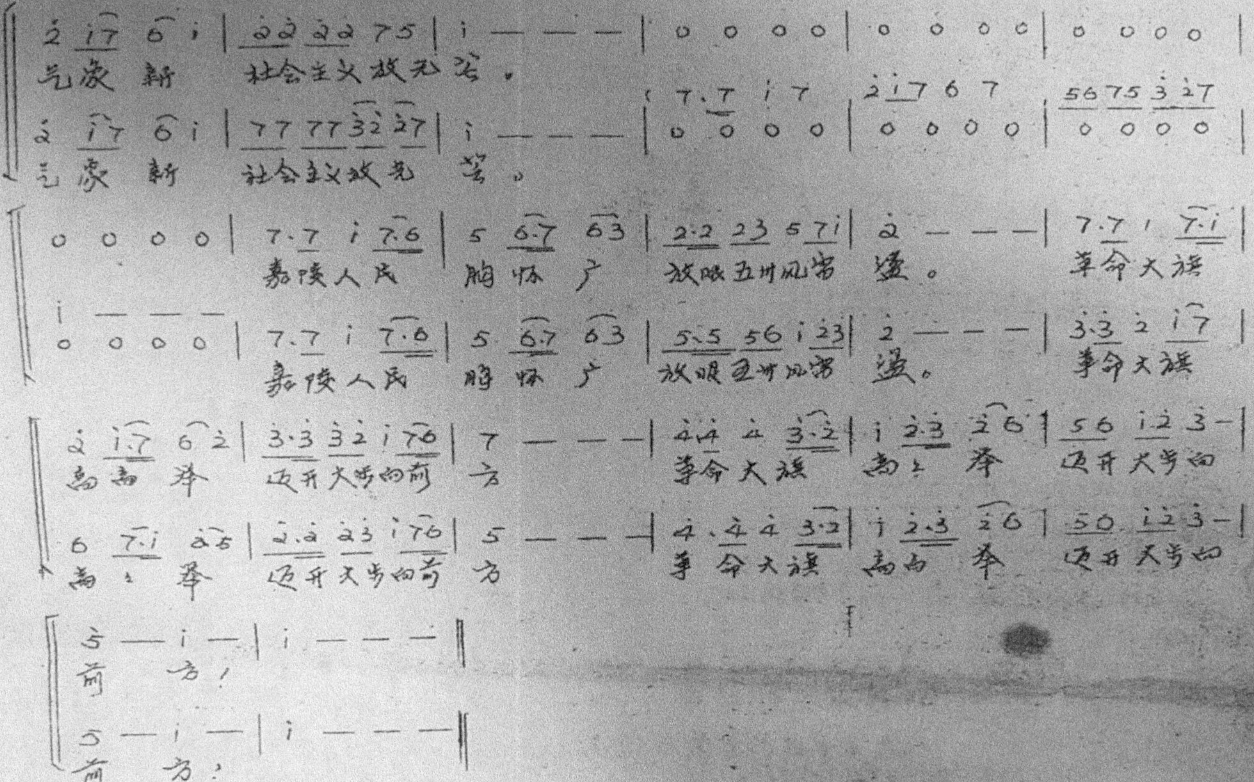

嘉陵烽火 之二

1=℃ 2/4

朗诵：今天，我们生活在幸福的日子里，可忘不了啊，忘不了
主席。忘不了那凄风苦雨的岁月，血和泪的年代。十二年前，
嘉陵江啊，是一番多么苦难的景象啊！

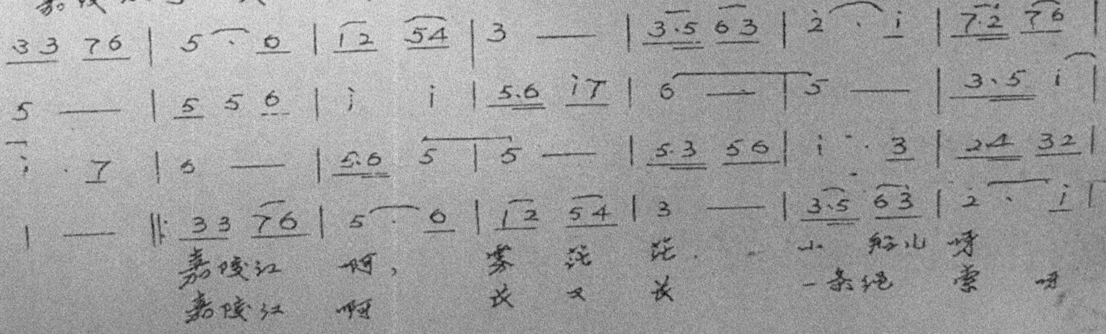

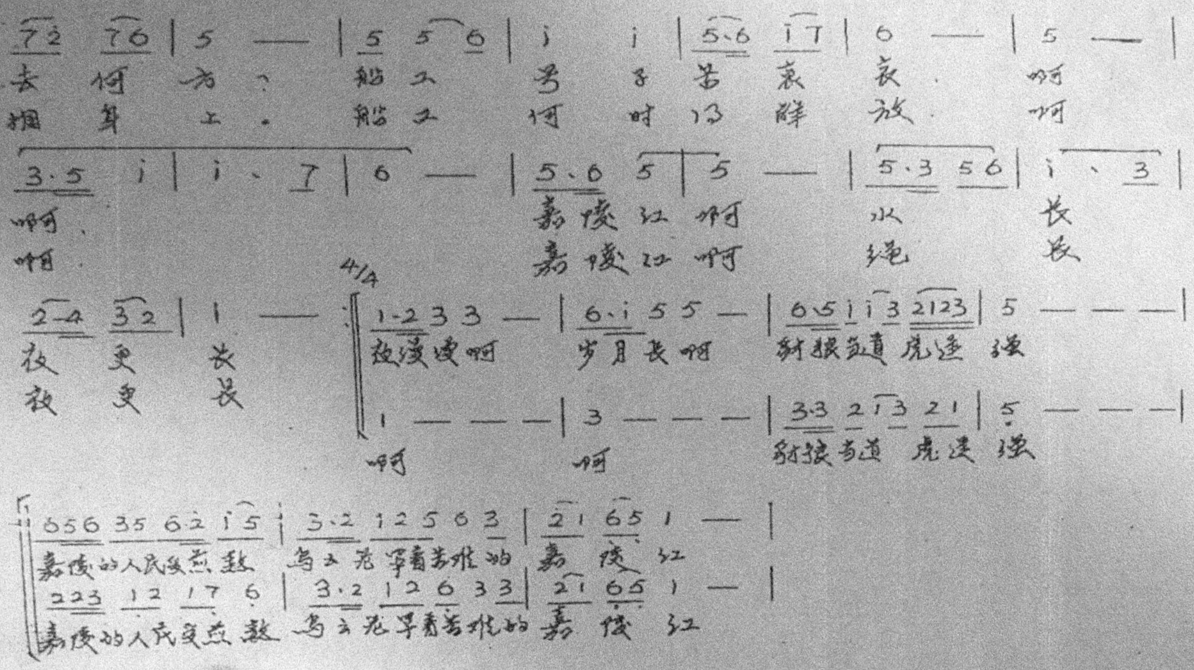

（乐谱）

朗诵：在那黑暗的年代，我们有多少阶级弟兄，在忍无可忍的情况下，拿起了大刀长矛，千里嘉陵掀起了狂涛怒浪。人民在中国共产党的领导下，按照毛泽东同志的指导，建立了无数支游击队，他们活跃在千水千山之中。嘉陵西岸也燃起了漫天烽火，革命的旋风，搅红了蜀水巴山。

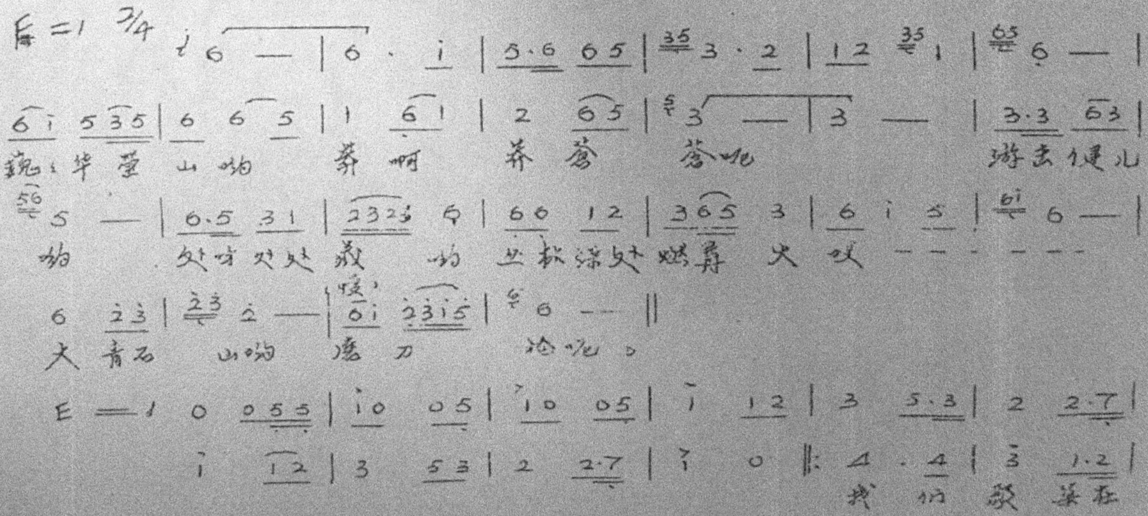

（乐谱）

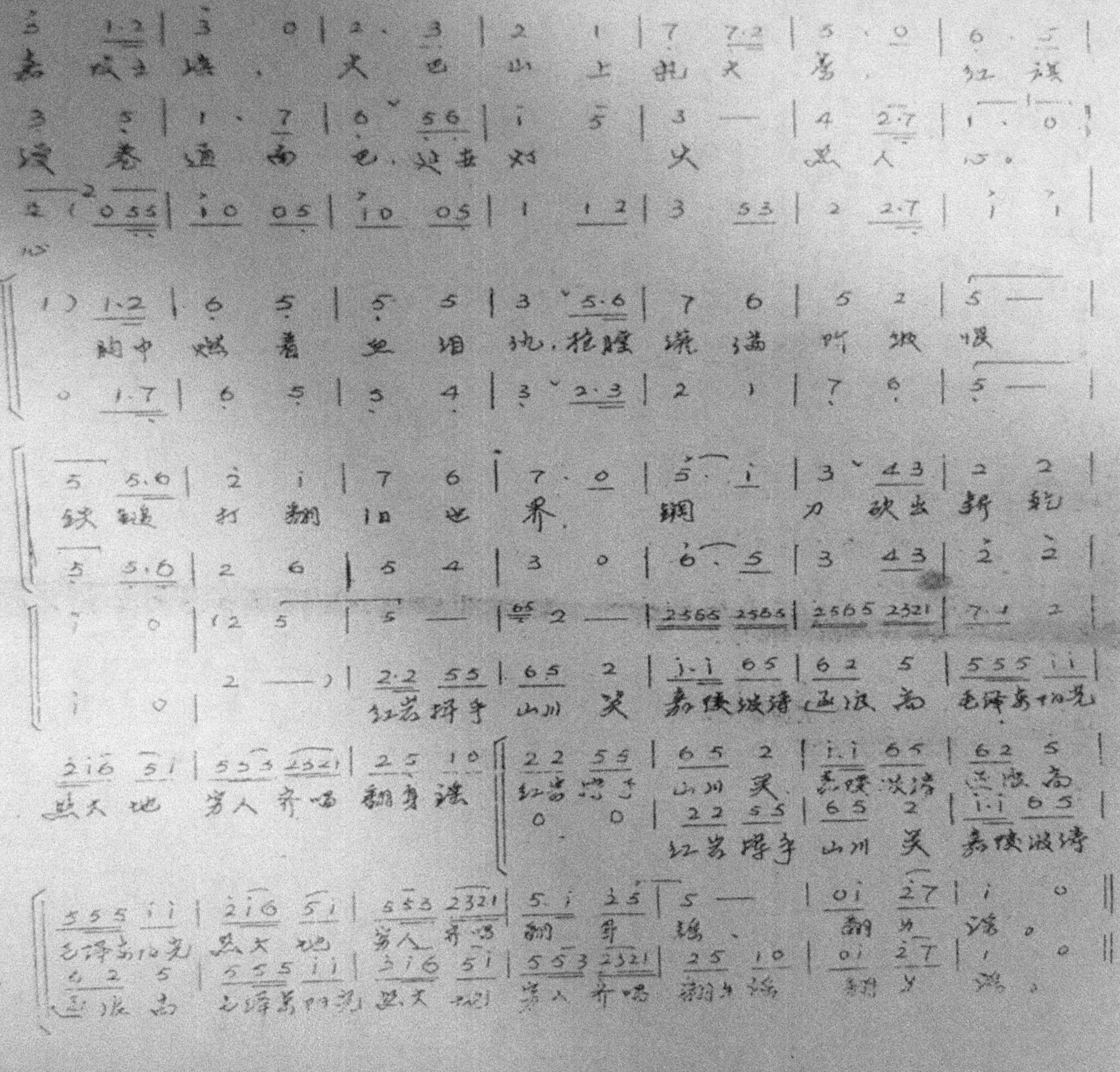

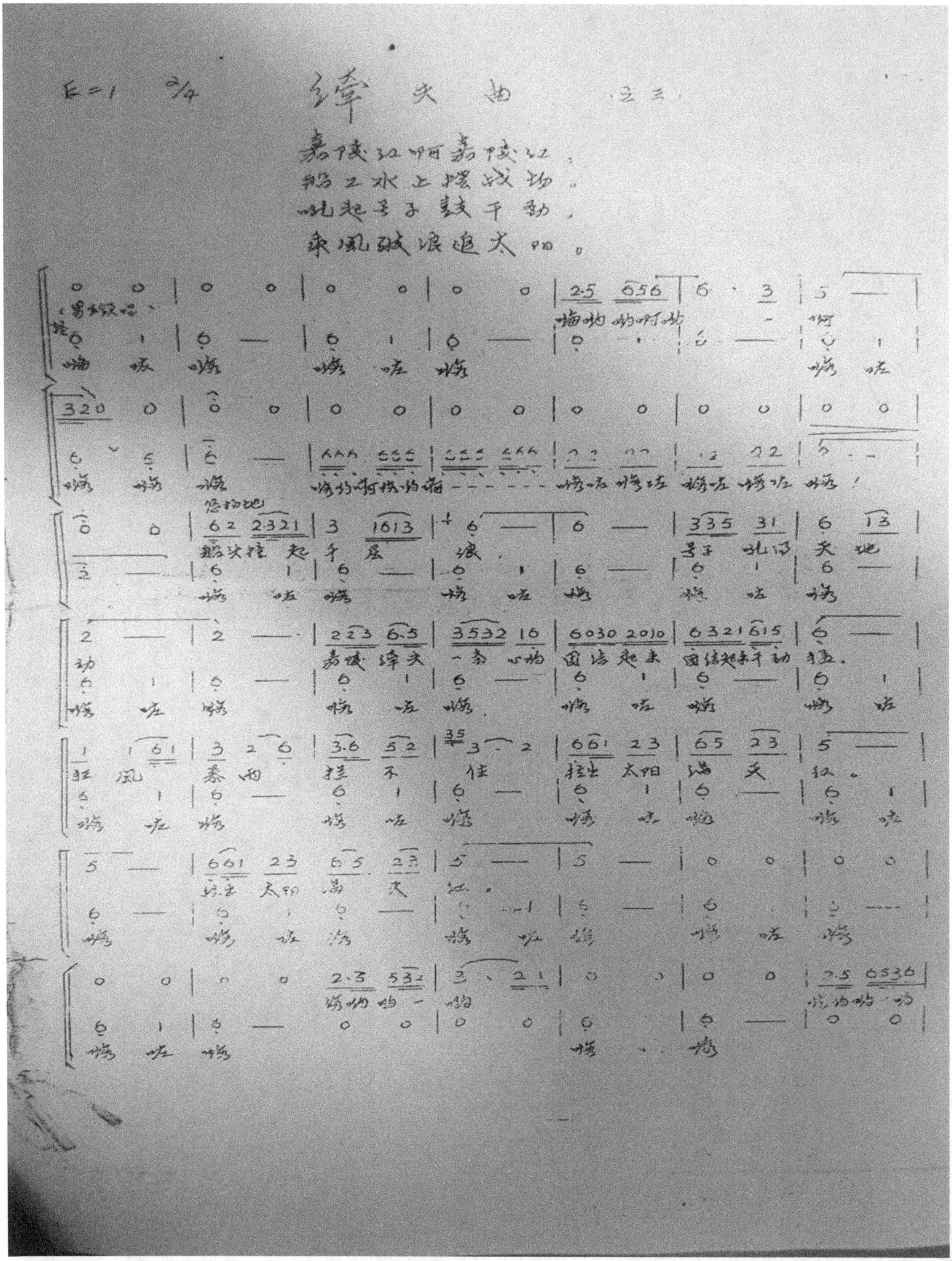

纤夫曲

1=E 2/4

嘉陵江啊嘉陵江，
船工水上摆战场。
吼起号子鼓干劲，
乘风破浪追太阳。

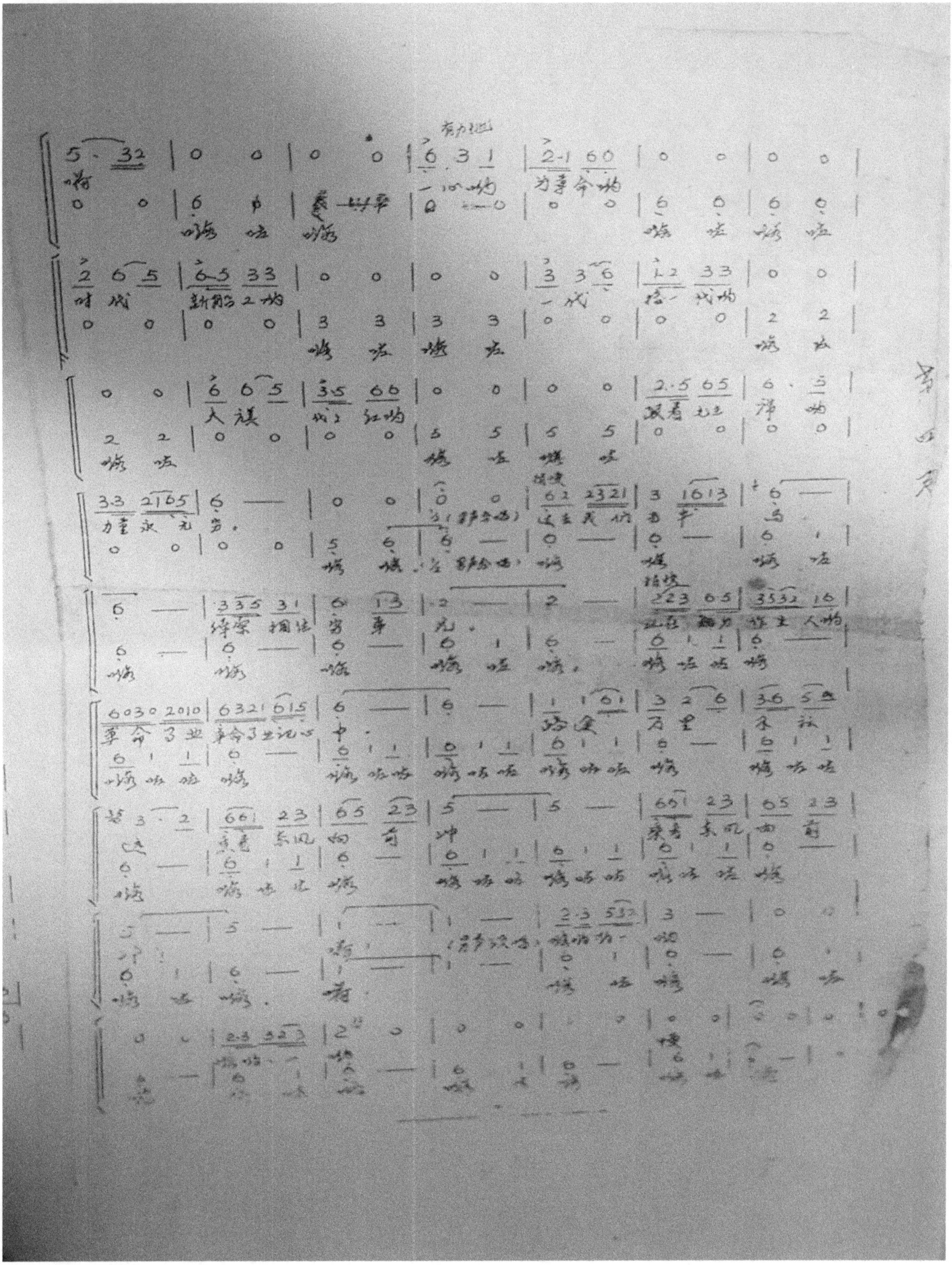

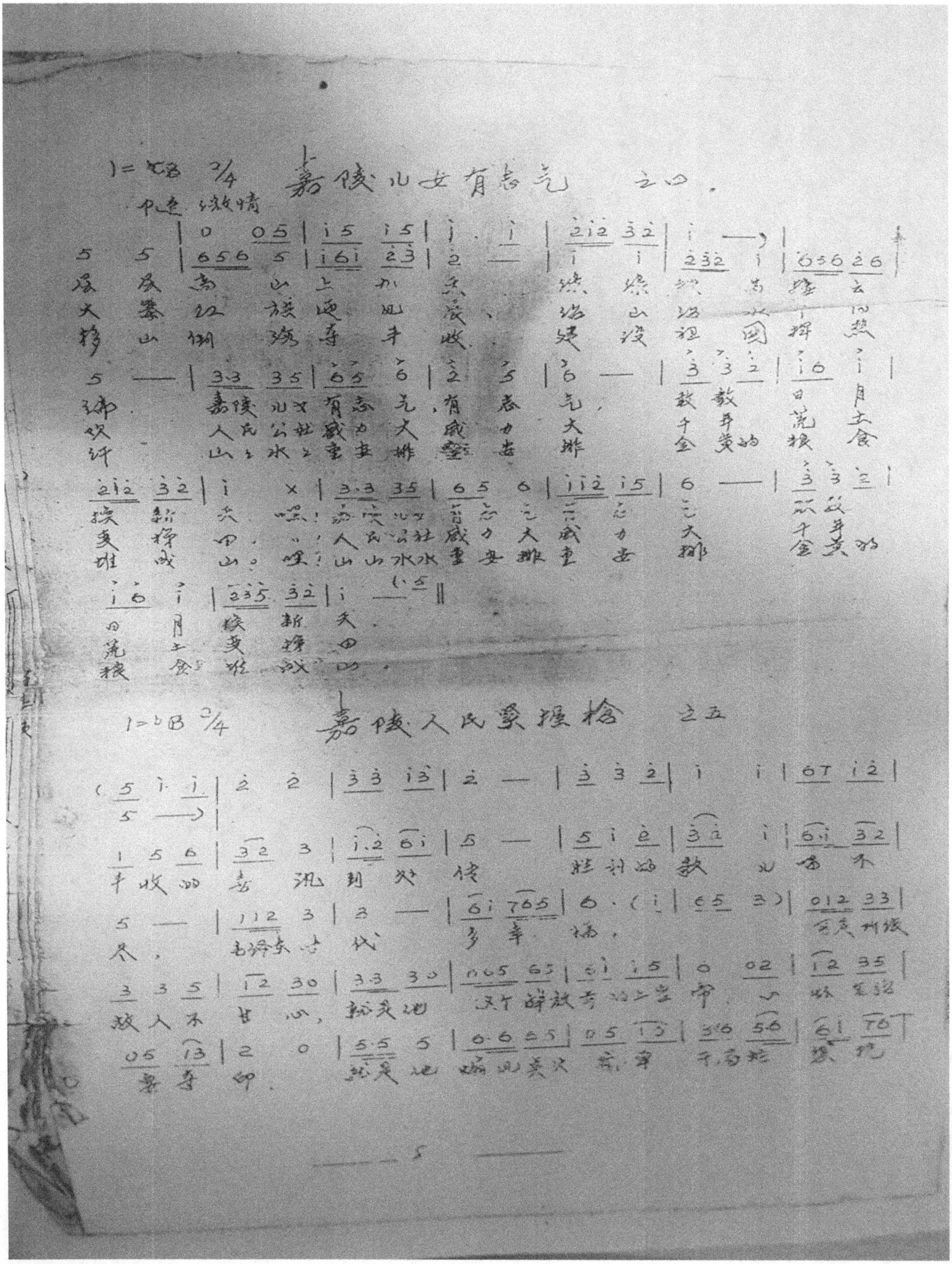

嘉陵儿女有志气 之四
之五

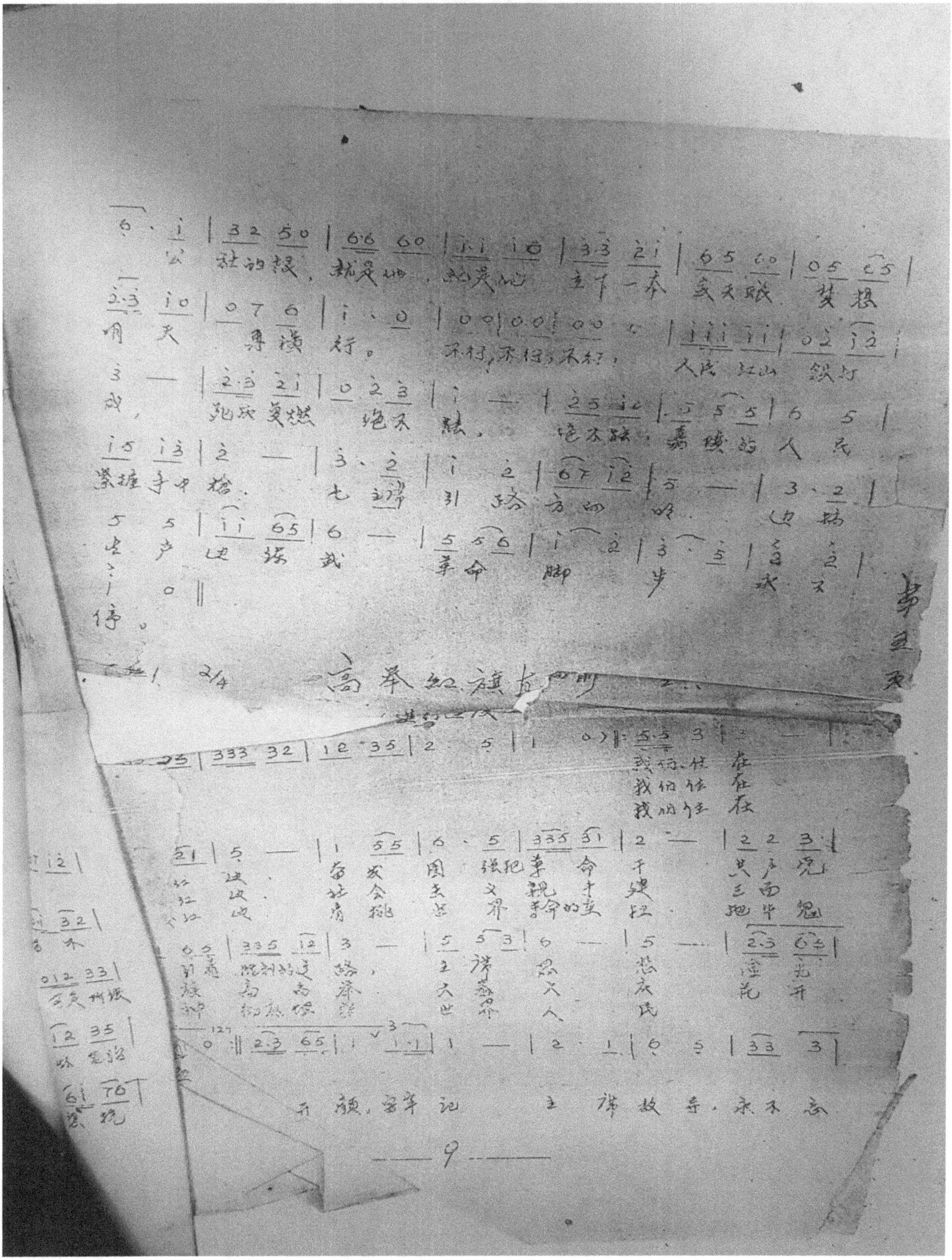
高举红旗
—— 9 ——

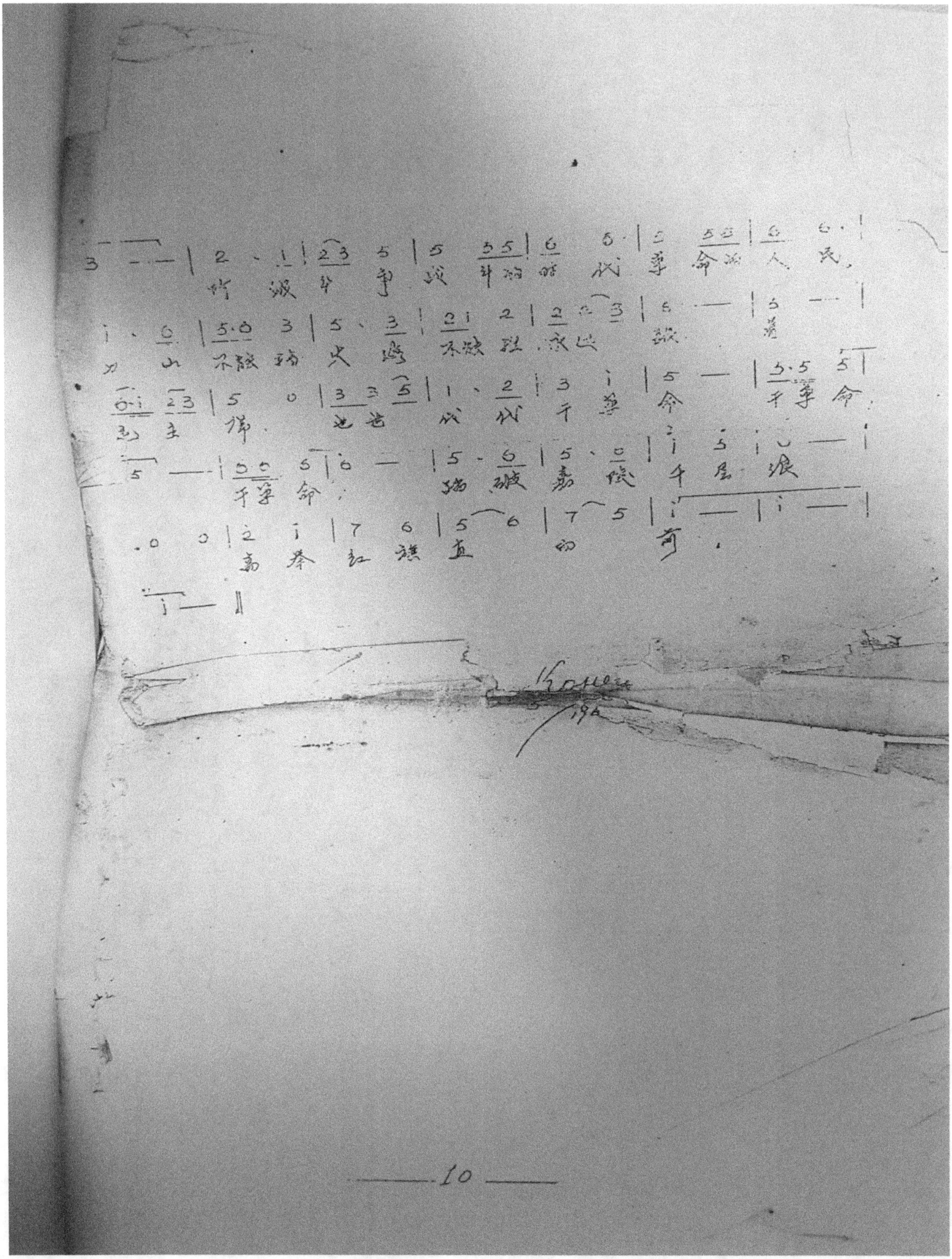

```
3 - - | 2 · 1 | 2̂3 5 | 5  35 | 6  6· | 5  55 | 6· 6· |
         炸  破  牛  争  战 斗 的  时  代  革 命 的 人  民,

1· 0 | 5·0 3 | 5· 3 | 21 2 | 2  3 | 5 - | 5 - |
刀 山  不  能 挡  火 海  不 能 拦, 永 远  跟  着

0 1̂ | 2̂3 | 5  0 | 3  35 | 1· 2 | 3  1 | 5 - | 5·5 5 |
毛 主 席,    也 也  代 代  干 革  命;       干革命,

5 - | 0 0 5 | 6 - | 5· 6 | 5· 5 |
         踏 破 嘉 陵 千 层 浪

0  0 | 2 1 | 7  6 | 5  6 | 7̂ 5 | 1 - | 1 - |
        高 举 红 旗 直  向 前。

1 - ‖
```

— 10 —

歌词作者索引

(歌词作者分别按古代与当代汉语拼音顺序排列；同一作者歌曲名按汉语拼音顺序排列)

#	词作者	歌曲名	曲作者	页码
	古代			
1	白居易（唐）	长相思·汴水流	汪同贵	8
2	白居易（唐）	村夜	汪同贵	19
3	白居易（唐）	大林寺桃花	汪同贵	20
4	白居易（唐）	赋得古原草送别	汪同贵	30
5	白居易（唐）	忆江南	汪同贵	118
6	曹伯启（元）	南乡子·四川道中作	汪同贵	64
7	曹操（东汉）	观沧海	汪同贵	36
8	曹操（东汉）	龟虽寿	汪同贵	38
9	曹植（东汉）	七步诗	汪同贵	68
10	程垓（宋）	卜算子·独自上层楼	汪同贵	1
11	杜甫（唐）	春夜喜雨	汪同贵	16
12	杜甫（唐）	江畔独步寻花	汪同贵	49
13	杜甫（唐）	绝句 两个黄鹂鸣翠柳	汪同贵	56
14	杜甫（唐）	前出塞 挽弓当挽强	汪同贵	69
15	杜甫（唐）	望岳	汪同贵	103
16	杜牧（唐）	清明	汪同贵	73
17	杜牧（唐）	山行	汪同贵	83
18	范仲淹（宋）	岳阳楼记	汪同贵	132
19	韩愈（唐）	早春呈水部张十八员外	汪同贵	136
20	贺知章（唐）	咏柳	汪同贵	121
21	胡祗遹（元）	喜春来·春景	汪同贵	107
22	蒋捷（宋）	一剪梅·舟过吴江	汪同贵	115
23	蒋捷（宋）	虞美人·听雨	汪同贵	128
24	李白（唐）	黄鹤楼送孟浩然之广陵	汪同贵	44
25	李白（唐）	静夜思	汪同贵	52
26	李白（唐）	将进酒	汪同贵	71
27	李白（唐）	清平调	汪同贵	74
28	李白（唐）	蜀道难	汪同贵	88
29	李白（唐）	望庐山瀑布	汪同贵	102
30	李白（唐）	兴唐寺	汪同贵	111
31	李白（唐）	早发白帝城	汪同贵	137
32	李白（唐）	赠汪伦	汪同贵	139
33	李清照（宋）	如梦令·常记溪亭日暮	汪同贵	80
34	李清照（宋）	如梦令·昨夜雨疏风骤	汪同贵	81
35	李清照（宋）	声声慢·寻寻觅觅	汪同贵	84
36	李清照（宋）	武陵春·春晚	汪同贵	105
37	李清照（宋）	夏日绝句 生当作人杰	汪同贵	109

#	词作者	歌曲名	曲作者	页码
38	李清照（宋）	一剪梅·红藕香残玉簟秋	汪同贵	114
39	李清照（宋）	醉花阴·薄雾浓云愁永昼	汪同贵	144
40	李商隐（唐）	锦瑟	汪同贵	50
41	李商隐（唐）	雨夜寄北	汪同贵	130
42	李绅（唐）	悯农	汪同贵	62
43	李煜（南唐）	浪淘沙·帘外雨潺潺	汪同贵	58
44	李煜（南唐）	乌夜啼·无言独上西楼	汪同贵	106
45	李之仪（宋）	卜算子·我住长江头	汪同贵	3
46	刘过（宋）	唐多令·芦叶满汀洲	汪同贵	95
47	柳永（宋）	蝶恋花·伫倚危楼风细细	汪同贵	25
48	柳永（宋）	雨霖铃·寒蝉凄切	汪同贵	126
49	刘禹锡（唐）	竹枝词·杨柳青青江水平	汪同贵	142
50	陆游（宋）	钗头凤·红酥手	汪同贵	6
51	骆宾王（唐）	咏鹅	汪同贵	120
52	马致远（元）	天净沙·秋思	汪同贵	98
53	孟浩然（唐）	春晓	汪同贵	14
54	孟浩然（唐）	过故人庄	汪同贵	40
55	孟郊（唐）	游子吟	汪同贵	123
56	欧阳修（宋）	生查子·元夕	汪同贵	86
57	秦观（宋）	江城子·西城杨柳弄春柔	汪同贵	45
58	秦观（宋）	鹊桥仙·纤云弄巧	汪同贵	79
59	秦观（宋）	行香子·树绕村庄	汪同贵	112
60	施耐庵（明）	赤日炎炎似火烧	汪同贵	13
61	宋之问（唐）	渡汉江	汪同贵	27
62	苏轼（宋）	蝶恋花·春景	汪同贵	23
63	苏轼（宋）	江城子·乙卯正月二十日夜记梦	汪同贵	47
64	苏轼（宋）	念奴娇·赤壁怀古	汪同贵	65
65	苏轼（宋）	题西林壁	汪同贵	97
66	苏轼（宋）	饮湖上初晴后雨	汪同贵	119
67	唐婉（宋）	钗头凤·世情薄	汪同贵	7
68	王昌龄（唐）	从军行·琵琶起舞换新声	汪同贵	18
69	王磐（明）	朝天子·瓶杏为鼠所啮	汪同贵	9
70	王磐（明）	朝天子·咏喇叭	汪同贵	10
71	王磐（明）	古蟾宫·元宵	汪同贵	35
72	王维（唐）	九月九日忆山东兄弟	汪同贵	55
73	王维（唐）	田园乐	汪同贵	100
74	王维（唐）	相思	汪同贵	110
75	王之涣（唐）	登鹳雀楼	汪同贵	22
76	王之涣（唐）	凉州词	汪同贵	60
77	韦庄（唐）	浣溪沙·惆怅梦余山月斜	汪同贵	42
78	辛弃疾（宋）	南乡子·登京口北固亭有怀	汪同贵	63
79	辛弃疾（宋）	破阵子·为陈同甫赋壮词以寄之	汪同贵	67

#	词作者	歌曲名	曲作者	页码
80	辛弃疾（宋）	青玉案·元夕	汪同贵	77
81	辛弃疾（宋）	西江月·夜行黄沙道中	汪同贵	108
82	辛弃疾（宋）	鹧鸪天·送人	汪同贵	140
83	晏殊（宋）	清平乐·红笺小字	汪同贵	76
84	叶绍翁（宋）	游园不值	汪同贵	122
85	佚名（北朝）	敕勒歌	汪同贵	12
86	佚名（明）	锁南枝·风情	汪同贵	93
87	张继（唐）	枫桥夜泊	汪同贵	28
88	张俞（宋）	蚕妇	汪同贵	5
89	张志和（唐）	渔歌子·西塞山前白鹭飞	汪同贵	124
	当代			
90	长青	五环之花	汪同贵	333
91	川外俄语系62级集体	嘉陵大合唱 1 前奏曲	川外俄语系62级集体	224
92	川外俄语系62级集体	嘉陵大合唱 2 嘉陵江颂	川外俄语系62级集体	225
93	川外俄语系62级集体	嘉陵大合唱 3 嘉陵烽火 曲1	川外俄语系62级集体	226
94	川外俄语系62级集体	嘉陵大合唱 3 嘉陵烽火 曲2	川外俄语系62级集体	227
95	川外俄语系62级集体	嘉陵大合唱 3 嘉陵烽火 曲3-5	川外俄语系62级集体	228
96	川外俄语系62级集体	嘉陵大合唱 4 纤夫曲	川外俄语系62级集体	229
97	川外俄语系62级集体	嘉陵大合唱 5 嘉陵儿女有志气 曲1-2	川外俄语系62级集体	230
98	川外俄语系62级集体	嘉陵大合唱 6 嘉陵人民紧握枪	川外俄语系62级集体	231
99	川外俄语系62级集体	嘉陵大合唱 7 高举红旗直向前	川外俄语系62级集体	232
100	顾三钧	皓首重聚百花潭	汪同贵	208
101	狼爪2号	川外聚英贤	汪同贵	186
102	雷无声	长长的麻花辫	汪同贵	171
103	刘培轩	军垦战友聚会 绝句三首	汪同贵	236
104	刘培轩	喜雪四章 其一 怪来静夜冷莫支	汪同贵	343
105	刘忠才	卜算子·赞梅	汪同贵	166
106	刘忠才	唱邻水赞邻水爱邻水	汪同贵	173
107	刘忠才	歌女之歌	汪同贵	201
108	刘忠才	花舞香飘蜂蝶追	汪同贵	214
109	刘忠才	警告	汪同贵	235
110	刘忠才	老父亲	汪同贵	249
111	刘忠才	妹妹啊你不要走	汪同贵	265
112	刘忠才	三花石回眸	汪同贵	292
113	刘忠才	水调歌头·中秋遐想	汪同贵	302
114	刘忠才	水蜜桃	汪同贵	307
115	刘忠才	团年	汪同贵	321
116	刘忠才	我们的学院实在美	汪同贵	330
117	刘忠才	引吭高歌新时代	汪同贵	366
118	毛泽东	采桑子·重阳	汪同贵	170
119	裴多菲（匈牙利）	我愿意是激流	汪同贵	332
120	彭波	往日同窗在天涯	汪同贵	322

#	词作者	歌曲名	曲作者	页码
121	彭应侯	七律 高中同学会有感	汪同贵	278
122	彭章春	老同学相会	汪同贵	252
123	彭章春	刘晓庆纪念馆留歌	汪同贵	259
124	彭章春	同事相见	汪同贵	317
125	彭章春	阳台看书	汪同贵	361
126	饶士宪	青山无墨千年画	汪同贵	283
127	饶士宪	相见欢·红梅	汪同贵	347
128	任裕群	生日	汪同贵	295
129	若舟	轻摇澳门金色的甜梦	汪同贵	285
130	佘德银	川外赋	汪同贵	182
131	申屠基达	人生甲子转眼至	汪同贵	290
132	史瑞芳	昆华赠围巾	汪同贵	245
133	史瑞芳	树桩	汪同贵	299
134	史瑞芳	徒步缙云	史瑞芳	320
135	史瑞芳·汪一陟	树桩（五绝律诗&英文）	汪同贵	300
136	史重威	诉衷情·变生不测	汪同贵	310
137	史重威	惜分飞·其一 相思赋劳燕	汪同贵	335
138	史重威	惜分飞·其二 梦醒交织	汪同贵	336
139	史重威	惜分飞·其三 拟怀故国	汪同贵	337
140	史重威	惜分飞·其四 戏拟小结	汪同贵	338
141	史重威	惜分飞·其五 十年一梦	汪同贵	339
142	孙新凯	美丽的澳门我的家	汪同贵	260
143	谭连兴	长寿的故事	汪同贵	175
144	王家骥	重游陪都	汪同贵	180
145	王培元	风筝之都，美丽之城	汪同贵	199
146	王培元	回家	汪同贵	223
147	王培元	联通，绚丽的彩虹	汪同贵	256
148	王培元	奶奶的拐杖	汪同贵	273
149	王培元	锁定爱情的誓言	汪同贵	311
150	王培元	移动，爱的心声	汪同贵	364
151	王权	天净沙·忆祖父	汪同贵	316
152	王权	相见欢·乐翻天	汪同贵	349
153	汪同贵	阿里山的姑娘你在哪里	汪同贵	154
154	汪同贵	安息吧，妈妈！	汪同贵	155
155	汪同贵	半根生黄瓜	汪同贵	158
156	汪同贵	保护地球	汪同贵	161
157	汪同贵	卜算子·江北城河边看船	汪同贵	164
158	汪同贵	采茶姐妹爱唱歌	汪同贵	167
159	汪同贵	长相思·共诵红酥手	汪同贵	177
160	汪同贵	笛声忧伤	汪同贵	190
161	汪同贵	二月桃花盛开	汪同贵	197
162	汪同贵	姑娘的歌声	汪同贵	202

#	词作者	歌曲名	曲作者	页码
163	汪同贵	姑娘的心事	汪同贵	204
164	汪同贵	还是算了吧	汪同贵	206
165	汪同贵	蝴蝶蝴蝶真美丽	汪同贵	209
166	汪同贵	画马	汪同贵	212
167	汪同贵	还我清清桃花溪	汪同贵	215
168	汪同贵	浣溪沙·春游古仙亭	汪同贵	219
169	汪同贵	家乡风景美如画	汪同贵	233
170	汪同贵	军山的夜	汪同贵	237
171	汪同贵	可知蚯蚓是益虫	汪同贵	242
172	汪同贵	快来吧 我心爱的姑娘	汪同贵	243
173	汪同贵	拉手	汪同贵	246
174	汪同贵	老师 您好	汪同贵	250
175	汪同贵	李家幺妹长得乖	汪同贵	254
176	汪同贵	MARIANNE 玛丽安	汪同贵	146
177	汪同贵	妹妹你等着我哟	汪同贵	266
178	汪同贵	门前那棵老枇杷	汪同贵	268
179	汪同贵	梦	汪同贵	270
180	汪同贵	MORNING 清晨	汪一陟	152
181	汪同贵	南国初夏北国春	汪同贵	275
182	汪同贵	你们是我的骄傲	汪同贵	276
183	汪同贵	情爱	汪同贵	279
184	汪同贵	清晨的小鸟	汪同贵	281
185	汪同贵	让我再玩一会儿吧	汪同贵	287
186	汪同贵	山那边也许有盛开的茉莉	汪同贵	294
187	汪同贵	十二生肖歌	汪同贵	296
188	汪同贵	躺在海边听海浪	汪同贵	314
189	汪同贵	同学情谊长	汪同贵	318
190	汪同贵	我爱你 丰都	汪同贵	324
191	汪同贵	我爱你 美丽的山城重庆	汪同贵	326
192	汪同贵	我家门前的小路	汪同贵	328
193	汪同贵	我们在阿尔卑斯山巅	汪同贵	331
194	汪同贵	洗贝贝	汪同贵	334
195	汪同贵	西江月·清晨漫步校园	汪同贵	340
196	汪同贵	溪水淙淙	汪同贵	341
197	汪同贵	喜迎亚太市长峰会	汪同贵	345
198	汪同贵	小宝宝睡觉觉	汪同贵	350
199	汪同贵	小树林	汪同贵	350
200	汪同贵	谢谢你，小松鼠	汪同贵	352
201	汪同贵	幸福的回忆	汪同贵	354
202	汪同贵	幸福生活	汪同贵	355
203	汪同贵	鸭子河畔	汪同贵	357
204	汪同贵	燕儿飞	汪同贵	359

#	词作者	歌曲名	曲作者	页码
205	汪同贵	游子之歌	汪同贵	369
206	汪同贵	站台上	汪同贵	373
207	汪同贵	鹧鸪天·烟雨蒙蒙黄叶地	汪同贵	378
208	汪同贵	这世界上最烦的人是你	汪同贵	380
209	汪同贵	只怕凉了黄花菜	汪同贵	381
210	汪一陟	MARIANNE'S SONG 玛丽安之歌	汪同贵	148
211	汪一陟	MARIANNE'S SONG 玛丽安之歌	汪一陟	150
212	汪一陟	SPRING HAS COME 春天来了	汪一陟	153
213	阎肃	可还记得那一天	汪同贵	241
214	杨泰良	蝶恋花·老马已随财主去	汪同贵	193
215	杨泰良	蝶恋花·杏叶无心侬有意	汪同贵	194
216	杨泰良	蓝天旷野草场	汪同贵	248
217	杨泰良	松鹤延年	汪同贵	309
218	杨泰良	踏莎行·闲上栖山	汪同贵	313
219	杨泰良	忆秦娥·长相忆	汪同贵	365
220	佚名	八个坚持，八个反对	汪同贵	157
221	佚名	重庆老太婆1 广场坝坝舞	汪同贵	178
222	佚名	重庆老太婆2 爱耍农家乐	汪同贵	178
223	佚名	重庆老太婆3 麻将打五角	汪同贵	179
224	佚名	重庆老太婆4 电脑上网络	汪同贵	179
225	佚名	俄语字母歌	汪同贵	196
226	佚名	请相信我们	汪同贵	284
227	佚名	日 月 卿	汪同贵	291
228	佚名	四大纪律 八项要求	汪同贵	308
229	俞才抡	黄叶满地枝头稀	汪同贵	221
230	余光中（台湾）	乡愁	汪同贵	346
231	于红	伉俪情深手牵手	汪同贵	239
232	于红	所发帖子真够乐	汪同贵	312
233	于红	学友天涯祝健安	汪同贵	356
234	于红	夜静未眠铃声响	汪同贵	362
235	虞文琴	好奇的小蜜蜂	汪同贵	207
236	曾宪瑞	当你步入老年的时候	汪同贵	188
237	张深奥	美丽的湘西	汪同贵	262
238	赵启发	蜀道坦坦不再难	汪同贵	298
239	周朝诚	游鹅岭公园	汪同贵	368
240	朱晓轩	玉楼春·晚照	汪同贵	371

www.ingramcontent.com/pod-product-compliance
Lightning Source LLC
Chambersburg PA
CBHW080539230426
43663CB00015B/2647